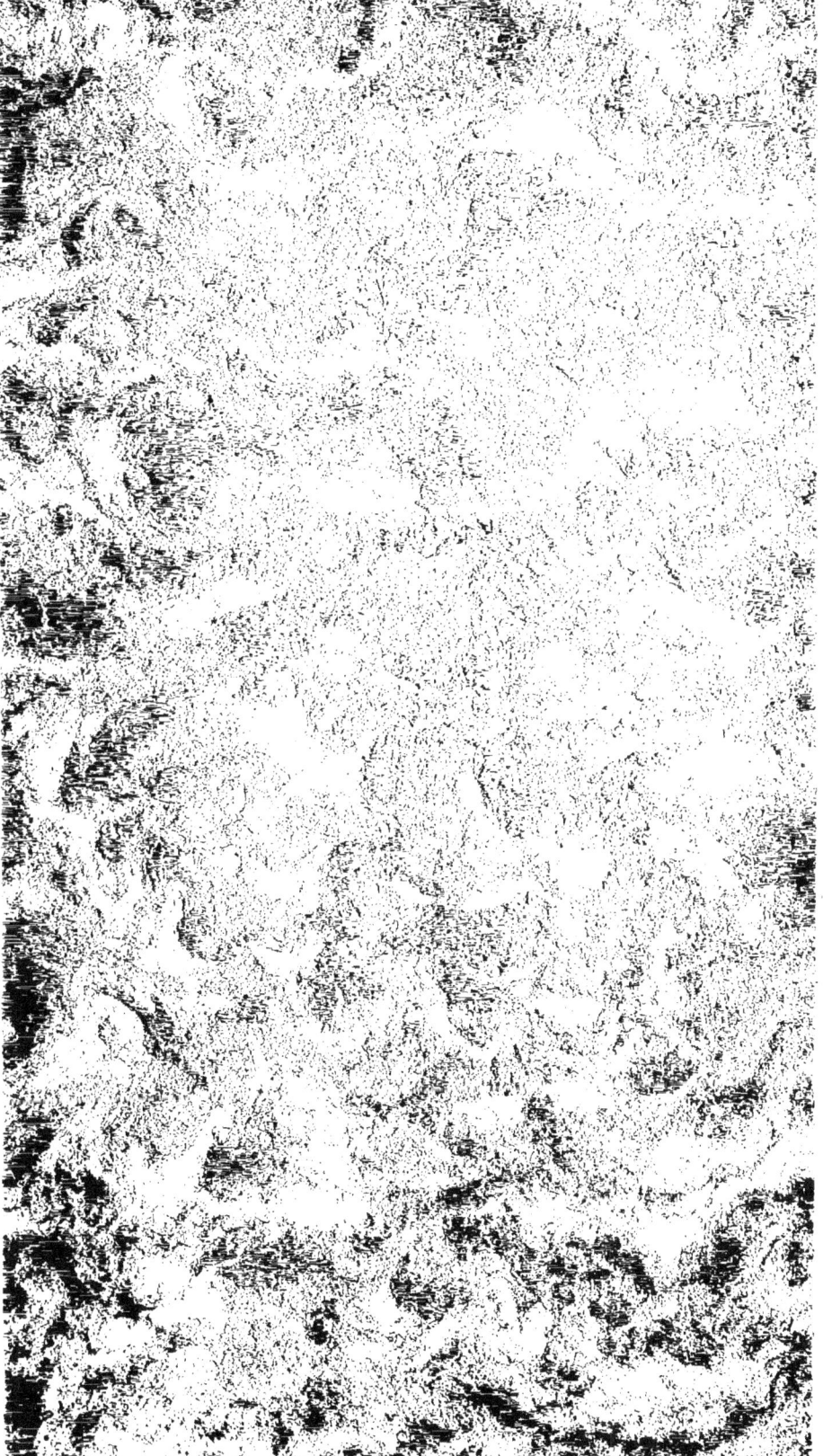

BRODARD

MARET
DUC DE BASSANO

A LA MÊME LIBRAIRIE

OUVRAGES DU MÊME AUTEUR

Souvenirs militaires d'un jeune abbé, soldat de la République. 1 vol. in-12.. 3 fr.
Souvenirs de la Terreur, mémoires d'un curé de campagne. 1 vol. in-12.. 3 fr.
Les Français en Prusse, d'après des documents contemporains. 1 vol. in-12.. 3 fr.
Le général Kléber, Mayence, Vendée, Allemagne, Égypte. 1 vol. in-18. 3 fr.

Paris. — Imp. E. Capiomont et V. Renault, rue des Poitevins, 6.

BARON ERNOUF

MARET
DUC DE BASSANO

> En France, l'honneur, le désintéressement, le dévouement et la fidélité, sont des titres à une popularité durable.
>
> MARET.

DEUXIÈME ÉDITION

PARIS

LIBRAIRIE ACADÉMIQUE DIDIER
ÉMILE PERRIN, LIBRAIRE-ÉDITEUR
35, QUAI DES AUGUSTINS, 35

1884

Tous droits réservés.

AVANT-PROPOS

La plus grande partie de cette Étude a été publiée dans un recueil disparu depuis 1870 : la *Revue Contemporaine*. Ce n'est donc pas une œuvre de circonstance, mais « un livre de bonne foi, » conçu en dehors de toute préoccupation d'esprit de parti. Il tire sa principale valeur des nombreux documents inédits qu'il m'a été permis de consulter et de reproduire [1].

[1]. Je ne saurais être trop reconnaissant du concours qu'ont bien voulu me prêter, dans cette occasion, les savants et obligeants directeurs des Archives Nationales et des Affaires Étrangères, MM. Maury et Faugère. Je dois aussi un tribut spécial de gratitude à la mémoire de M. Tétot, « l'un des meilleurs esprits qui se soient rencontrés au département des Affaires Étrangères, » comme l'a dit avec raison son digne élève M. Masson, historien de ce département. Cet excellent homme, dont l'urbanité et la modestie égalaient le mérite, eut la complaisance de faire copier pour moi plusieurs pièces de la correspondance diplomatique de Maret pendant les années 1792 et 93, pièces d'un grand intérêt historique et d'une lecture difficile.

Ces documents, qui se rapportent à tous les événements auxquels Maret a été mêlé, de 1792 à 1815, appartiennent, pour la plupart, aux Archives Nationales ou à celles des Affaires Étrangères. J'ai trouvé aussi de précieux renseignements dans la correspondance particulière de Maret avec le baron Bignon, mon beau-père, qui a rempli sous ses ordres des fonctions importantes, et qu'il honorait de son affection et de sa plus intime confiance. Enfin M. le duc de Bassano fils a bien voulu me communiquer de nombreuses notes inédites de son père, et m'autoriser à les insérer dans ce travail. Elles révèlent ou expliquent bien des faits considérables, et montrent ou laissent deviner quel fut, dans les circonstances les plus graves, le véritable rôle de Maret auprès de l'Empereur Napoléon Ier.

J'ose espérer que tous les hommes impartiaux me sauront gré d'avoir remis dans son vrai jour une des figures les plus respectables, les plus sympathiques de notre histoire moderne ; — un ministre aussi capable qu'honnête, qui jusqu'ici n'avait pas été apprécié à sa juste valeur, ayant poussé jusqu'à l'exagération les qualités les plus estimables de l'homme d'État : la discrétion, le dévouement et la modestie. On peut dire de lui, et avec plus de raison peut-être, ce qu'un historien a dit de Coligny : « Au contraire de tant d'autres qui se mettent en avant, il s'est montré si peu, que c'est par un hasard, souvent par ses ennemis, qu'on découvre ce qu'il a fait... Des choses et non des mots, agir et non paraître ; c'est ce qu'on voit dans toute sa vie. »

MARET, DUC DE BASSANO

1763-1839

I

Maret père. — L'Académie de Dijon. — Beau caractère et sages appréhensions de Maret père. — Sa correspondance avec Piron. — Sa mort glorieuse.

La carrière publique de Maret se divise en deux périodes bien distinctes, dont la première, moins connue, n'est pas la moins intéressante. Il existe, d'ailleurs, entre elles, une corrélation intime; ce furent les antécédents de Maret comme journaliste et ensuite comme diplomate, depuis l'ouverture des états-généraux jusqu'au 18 brumaire, qui le recommandèrent à la confiance de Bonaparte.

Peu d'hommes avaient été mieux préparés que lui, par l'éducation, à jouer un rôle honorable et utile dans la France nouvelle. Depuis près de deux siècles, ses ancêtres exerçaient avec distinction la médecine dans la capitale de la Bourgogne. Son père, dont les enseignements et le souvenir eurent une grande influence sur sa destinée, était un savant distingué et un homme de bien. Praticien habile, quoique fort lettré; très-avancé, pour son temps, en hygiène publique et en médecine légale; passionné pour la chimie, science alors toute nouvelle, dont il prévit, l'un des premiers, l'avenir; vulgarisateur hardi, infatigable, de toutes les notions profitables au bien-être général, Maret père mérite une place très-distinguée parmi les hommes utiles du dix-huitième siècle. Sa prodigieuse activité d'esprit, qui ne le laissait étranger à aucune branche des connaissances humaines, lui avait valu la position de secrétaire perpétuel de l'Académie de Dijon. Cette société littéraire et savante jouissait alors d'une réputation européenne. Ce n'était pas une de ces filles de l'Académie française, dont Voltaire disait « qu'elles étaient trop sages, trop honnêtes, n'ayant jamais fait parler d'elles! » Lui-même n'avait pas dédaigné de figurer parmi les membres de l'Académie de Dijon, dont faisaient naturellement partie toutes les illustrations bourguignonnes : le président de Brosses, les deux frères Sainte-Palaye, Guyton de Morveau, et l'auteur de la *Métromanie*, un confrère dont Voltaire se serait bien passé. On voit par la correspondance de Piron avec Maret et autres, récemment exhumée par quelques érudits, que Voltaire et Piron avaient chacun leur parti au sein de l'Académie dijonnaise, et que Maret était du parti de Piron. Il transmettait à celui-ci, alors établi à Paris (1765-70), les commérages de Ferney qui circulaient dans la coterie voltairienne.

Malgré la différence d'âge et de caractère, cette correspondance entre le secrétaire perpétuel et Piron était aussi amicale qu'assidue. Les lettres du docteur Maret ne font pas moins honneur à son jugement qu'à son esprit. On est surpris d'y trouver une certaine appréhension des dangers sociaux du libertinage philosophique, si fort à la mode dans ce temps-là. En ceci, Maret se montrait bien clairvoyant et bien hardi pour un bel esprit de province. C'est seulement vingt-deux ans avant la Révolution qu'il écrivait : « L'éloge de M. de Voltaire m'embarrassera beaucoup si jamais j'en suis chargé. Un médecin n'est pas soupçonné d'être bien crédule et bien dévot, et j'aurais tort de vouloir faire à ce sujet mon apologie ; mais un bon citoyen, quelle que soit sa façon de penser, doit sentir tous les torts qu'a M. de V... en mettant au jour tant de livres ou brochures qu'il prétend philosophiques... Pourquoi ose-t-il saper les fondements de la société? Quand il cherche, en détruisant le dogme de l'immortalité de l'âme, à renverser la digue que tous les législateurs ont eu soin d'opposer au torrent des crimes..., ne ressemble-t-il pas au moins à Érostrate? Quant à moi, je ne puis réfléchir de sang-froid à l'abus qu'il fait de ses talents. » Ainsi, tandis que d'autres appelaient impatiemment la Révolution, dont ils devaient être victimes, Maret entrevoyait avec effroi l'approche d'un cataclysme dont il aurait eu lieu de se réjouir comme père, s'il avait lu plus avant dans l'avenir[1]!

Une autre de ses lettres peut encore donner matière à un rapprochement curieux. Il y félicite Piron des conseils qu'il donnait aux princes pour le choix de leurs serviteurs, dans l'épître de feu le Dauphin à la nation, et témoigne l'espoir que la France sera plus tard assez heureuse pour posséder un ministre

> Plus occupé que fier de son poste honorable.

Il était loin de prévoir que cet idéal serait réalisé par son fils.

Quelques traits, encore empruntés à ces lettres,

---

1. Ces appréhensions étaient, depuis longtemps déjà, exprimées par des hommes sensés. Un auteur peu suspect de bigoterie ou de servilisme écrivait, dès 1750, les lignes suivantes, vraiment prophétiques et encore bonnes à méditer aujourd'hui : « Je ne puis me dispenser de blâmer les écrivains qui, sous prétexte, ou voulant de bonne foi attaquer la superstition, sapent les fondements de la morale, et donnent atteinte aux lois de la Société, *d'autant plus dangereux qu'il serait dangereux pour eux de faire des prosélytes*, etc. » (Duclos, *Considérations sur les mœurs*.)

achèveront de mettre dans tout son jour cette physionomie sympathique. Au commencement de 1768, Maret père était devenu veuf, et en paraissait plus sérieusement affecté qu'il n'était de bon ton de l'être ou de le laisser voir à cette époque en pareille occasion. Il écrivait, le 7 mars suivant, à Piron : « Monsieur, quoique la perte d'une femme que j'aimais tendrement, *bien qu'elle fût la mienne,* m'ait enlevé le peu de gaieté que m'avait laissée mon état, et m'ait rendu fort peu sensible à tout ce qui se passe ici-bas, mon cœur est encore affecté de ce qui peut intéresser ceux qui m'honorent de leur amitié... »

Une autre lettre, écrite deux mois plus tard, est un témoignage curieux de l'attraction qu'exerçait dès lors Paris sur les hommes intelligents de la classe moyenne.

Monsieur, un de mes oncles, qui a déjà eu le plaisir et l'honneur de vous voir à Paris il y a deux ans, va jouir une seconde fois d'un bonheur que je lui envie : c'est lui qui vous remettra sa lettre. Si nous étions encore à ces temps de féeries si maussadement décrits par quelques-uns de nos romanciers modernes, je n'aurais rien à lui envier, et j'arriverais avant lui à Paris. Ç'aurait été l'affaire d'un coup de chapeau de Fortunatus ou d'un élan du cheval d'Astolphe. Mais à présent le chemin de la plaine éthérée est impraticable, et, malgré la vitesse de nos coursiers terrestres, nos courses les plus rapides ne sont que des traînées de limaçon, en comparaison de celles qu'on eût pu faire autrefois sans fatigue, à l'aide de quelque nécromant. Encore celles-ci ne coûtaient-elles que des complaisances pour quelques sorcières, tandis que dans les autres l'or et l'argent sont volatilisés par la chaleur qu'excite le frottement des roues. Aussi, triste médecin, triste père de famille, me vois-je réduit à arpenter tous les jours sept à huit fois les rues désertes de notre pauvre cité. Un médecin, qui peut-être contribue à la dépopulation de sa patrie, devrait aussi avoir la discrétion de la dissimuler. Mais quel est le bavard auquel il n'échappe quelques propos indiscrets?

Quoi qu'il en soit, voilà le partage d'un pauvre diable, qui ne s'est jamais senti tant d'envie qu'à présent de revoir Paris...

La fin de cet excellent homme fut de celles qu'on peut nommer glorieuses. Tout en plaisantant de bonne grâce sur sa profession, il en prenait au sérieux les devoirs. En 1785, le village de Fresne-Saint-Mammès, dépendance de la Bourgogne enclavée dans la Franche-Comté, était ravagé par le typhus. Maret, en sa qualité de médecin des États de Bourgogne, se transporta sur les lieux, combattit heureusement le fléau par de sages mesures sanitaires, mais fut sa dernière victime. Il avait alors cinquante-neuf ans.

Maret père nous semble un type achevé de ces hommes éclairés et paisibles de la classe moyenne, qui, tout en détestant les abus, redoutaient les bouleversements, et auraient voulu devoir des réformes à l'initiative d'un pouvoir respectable et respecté. La fortune du secrétaire de l'Académie de Dijon était modeste, mais il laissait à ses deux fils et à sa fille un nom et des relations honorables et une saine et forte éducation, avantages inappréciables dans la crise sociale qui s'approchait.

II

Premières années de Hugues-Bernard Maret. — Il obtient à vingt ans le second prix pour l'éloge de Vauban. — Ses études diplomatiques interrompues par la mort de Vergennes. — Jugement sur ce ministre.

Le médecin des États de Bourgogne laissait donc deux fils ; le futur duc de Bassano était le second. Son frère aîné, Jean-Philibert, né en 1758, que nous retrouverons de temps en temps dans le cours de ce récit, avait été l'un des meilleurs élèves de l'École des ponts et chaussées, fondée en 1747 par Trudaine, et placée sous l'habile direction de Perronet.

Hugues-Bernard, né le 22 juillet 1763, avait eu un frère jumeau. Ainsi qu'il arrive souvent en pareil cas, la ressemblance entre les deux frères était si frappante, que, lorsqu'ils étaient habillés de même, leur père ne pouvait les distinguer. Il n'y avait dans la famille qu'une seule personne qui ne s'y méprît pas; c'était un cousin aveugle, dont l'ouïe très-fine discernait entre eux une légère différence dans la manière de marcher. On sait combien l'affection est profonde, d'ordinaire, entre frères jumeaux. Bernard Maret vit mourir le sien à quinze ans, et il ne pouvait encore parler de cette perte sans émotion dans les dernières années de sa vie.

Aussi laborieux qu'intelligent, il acquit de bonne heure une instruction étendue. Son père lui faisait faire l'analyse raisonnée des nombreux Mémoires que recevait l'Académie de Dijon. L'habitude précoce de ce genre de travail lui fut ultérieurement d'un grand secours. Destiné d'abord à continuer les traditions médicales de la famille, il dut y renoncer, par suite de la répugnance insurmontable que lui causait le détail des opérations d'anatomie et de chirurgie. Son père songea alors pour lui à la carrière des armes savantes, l'une de celles qui offraient alors les meilleures chances aux jeunes gens instruits, d'une naissance et d'une fortune médiocres. Il avait sous les yeux l'exemple encourageant du jeune Carnot, l'un des dix-huit enfants d'un petit bourgeois de l'humble cité bourguignonne de Nolay, et devenu l'un des brillants élèves de l'école de Mézières.

Des raisons de famille modifièrent ces projets d'avenir. Le frère aîné du jeune Hugues venait d'être envoyé comme ingénieur à l'autre extrémité du royaume, aux Sables d'Olonne. Un semblable éloignement, que les nécessités de la carrière pouvaient indéfiniment prolonger, équivalait, dans ce temps-là, à une expatriation. D'un autre côté, un mariage avantageux avait éloigné de Dijon leur sœur. Veuf et au déclin de l'âge, Maret père allait se trouver condamné à passer dans l'isolement les dernières et pénibles années de la vie. La piété filiale retint le jeune Hugues au foyer paternel. Il se consacra dès lors à l'étude des lois, à laquelle il joignit celle du droit politique, par une sorte de pressentiment de son avenir. Pourtant il garda, de ses premières études, des souvenirs dont Napoléon sut tirer parti trente ans plus tard, dans de mémorables et pénibles circonstances.

En 1784, une occasion heureuse le mit en évidence pour la première fois. L'Académie de Dijon avait proposé un double prix pour l'éloge de Vauban. Les concours de cette académie étaient devenus de véritables événements littéraires, depuis qu'elle avait couronné, à deux reprises, les éloquents paradoxes de J.-J. Rousseau. L'idée d'un semblable éloge avait aussi un mérite spécial d'à-propos, à une époque où l'opinion se prononçait avec une énergie croissante en faveur des réformes dont l'illustre auteur de la *Dixme Royale* avait depuis longtemps proclamé la nécessité. Les concurrents pour le prix de 1784 furent nombreux ; on remarquait parmi eux le jeune Maret, alors âgé de vingt ans à peine, et Carnot, son aîné d'une dizaine d'années, et dont l'*Essai sur les machines,* publié quelques mois auparavant, avait produit une certaine sensation dans l'Europe savante. Entre ces deux champions, le succès ne pouvait être douteux : personne n'était plus capable que Carnot d'apprécier le mérite technique des travaux de Vauban. Son travail fut unanimement jugé digne du premier prix, qui lui fut décerné en séance solennelle, dans le local ordinaire des séances de l'Académie, l'hôtel de Pringle, l'un des plus beaux de la ville, qu'elle avait acheté en 1773. L'assemblée était présidée par le prince de Condé, alors gouverneur de la Bourgogne. Le futur chef militaire de l'émigration ne semblait rien moins qu'antipathique, alors, aux idées de réforme et de progrès. Une lettre de lui écrite à cette époque contenait cette phrase remarquable : « Je suis prince français, *et par conséquent plus citoyen qu'un autre!* » Il félicita chaleureusement, dans cette circonstance, le jeune officier du génie auquel sa recommandation, quoi qu'on en ait dit, n'avait pas dû être inutile jusque-là. Maret obtint le second prix, succès encore assez flatteur pour un si jeune concurrent. Loin de paraître humilié ou froissé de sa défaite, il fut un des plus empressés à acclamer le vainqueur et à solliciter son amitié[1], ne se doutant guère pourtant que cette amitié devait plus tard lui sauver la vie. Maret, qui était poëte, ou, si l'on veut, versificateur à ses moments perdus, profita aussi de l'occasion pour offrir au prince de Condé un poëme en deux chants sur la bataille de Rocroi. Il pensait fort sagement à se ménager pour l'avenir cette protection puissante. Qui aurait pu prévoir alors que la belle-fille de ce prince aurait un jour besoin d'être protégée par le lauréat de Dijon ?

En abordant le droit politique, Hugues Maret s'était senti, pour la première fois, dans sa voie véritable.

---

1. *Mémoires de Carnot.* Les deux concurrents eurent l'honneur d'être complimentés par le prince Henri de Prusse. Ce digne frère du grand Frédéric se trouvait alors en France, chargé de négocier entre les deux puissances un rapprochement qui aurait pu exercer une action incalculable sur les événements ultérieurs, et que l'influence autrichienne fit échouer. Aussi familier que son frère avec la littérature française, Henri avait voulu assister à la solennité académique de Dijon.

Vers la même époque, son frère, nommé ingénieur des États de Bourgogne, était revenu habiter la maison paternelle. Hugues se retrouvait donc libre de choisir sa carrière, et il pouvait espérer dans celle-là le plus sérieux de tous les patronages, celui du ministre lui-même, compatriote de son père, et son collègue à l'Académie de leur ville natale. Ce fut sur l'invitation de M. de Vergennes que Maret père envoya à Paris son second fils, qui ne devait pas le revoir (1785).

Les renseignements positifs nous manquent sur les relations personnelles qui ont pu exister entre le ministre de Louis XVI et son humble protégé, le futur ministre de Napoléon. Nous savons seulement que M. de Vergennes accueillit avec une bienveillance marquée son jeune compatriote. Il lui reconnut promptement les plus heureuses dispositions : une mémoire et une facilité d'appropriation remarquables, une grande sûreté de jugement, une instruction déjà étendue, enfin l'ambition d'apprendre encore davantage et de se rendre utile, dépassant de beaucoup celle de parvenir. Mais, suivant les idées de l'ancien régime, toutes ces qualités ne pouvaient suppléer à la noblesse dans les hauts emplois. Il ne pouvait y avoir dans un roturier, si intelligent qu'il fût, que l'étoffe d'un bon commis, et M. de Vergennes n'a certainement jamais soupçonné que ce jeune Maret pût devenir autre chose [1].

D'après ses conseils, Maret travailla sans relâche à acquérir les connaissances indispensables pour le service des relations extérieures. Il suivit, au Collège de France, le cours de Bouchaud, le commentateur de la loi des Douze Tables. Là, il eut, entre autres condisciples, un jeune Anglais que ses parents avaient placé

---

1. Ce qu'on a dit d'un lien de parenté qui aurait existé entre eux est inexact.

comme pensionnaire chez ce savant professeur, et qui s'illustra plus tard dans la diplomatie sous le nom de lord Elgin. De cette époque aussi datent les relations de Maret avec la plupart des hommes qui devaient être, dans d'autres temps, ses collègues et ses subordonnés.

M. de Vergennes l'avait engagé à se rendre en Allemagne, pour y compléter son éducation politique sous deux maîtres célèbres. Rien en France ne pouvait remplacer, dans ce temps-là, les leçons de Klüber à Erlangen et celles de Martens à Gœttingue, pour la connaissance de l'ancien droit germanique. Maret devait partir pour l'Allemagne au printemps de 1787. La mort de M. de Vergennes (février) arrêta son jeune protégé sur le seuil de la carrière dans laquelle devait le rejeter bientôt la Révolution.

Maret ne parlait jamais qu'avec reconnaissance et respect de M. de Vergennes; il le considérait comme le dernier grand ministre qu'ait eu l'ancienne monarchie. Cette appréciation est conforme à celle des publicistes les plus autorisés. Suivant l'un d'eux, « les dix années du règne de Louis XVI, écoulées depuis le commencement de la guerre d'Amérique jusqu'en 1787, étaient la période la plus honorable que notre histoire eût présentée depuis un siècle. Louis XIV semblait avoir emporté avec lui dans la tombe tout sentiment de dignité et de grandeur. Déshabituée de la gloire, la nation avait cessé d'être exigeante. Loin de demander aux dépositaires de l'autorité des prodiges de talent, elle croyait leur devoir des hommages, quand on n'avait pas à leur reprocher des prodiges d'ineptie. Tout ce qui n'était pas un échec lui paraissait presque une victoire. La médiocrité passait comparativement pour du génie, témoin le cardinal de Fleury, que les vices de ses devanciers et de ses successeurs avaient fait regarder comme un ministre de premier ordre. L'apparition de Turgot et de Malesherbes ne fut qu'un éclair…; les mœurs de la cour ne comportaient pas de tels ministres; ils devaient promptement tomber, n'ayant que le roi pour appui! Le reste d'éclat qu'a jeté la monarchie dans ces derniers temps est dû tout entier à **M. de Vergennes**. Condamné à une lutte délicate contre l'influence d'une jeune reine à laquelle il était permis de ne pas bien juger nos rapports politiques, ce ministre fut le constant défenseur des vrais intérêts de l'État. Presque tous ses actes en font foi… Ce n'était pas surtout un médiocre triomphe, après avoir enlevé à l'Angleterre l'ancienne alliance des Hollandais, que de parvenir à entrer avec cette puissance en partage du commerce de la Russie, commerce que l'Angleterre s'était accoutumée à regarder comme sa propriété exclusive, en raison de la longue durée de sa possession. On doit pardonner à **M.** de Vergennes de n'avoir pu prendre une attitude plus énergique dans les contestations relatives à la Bavière, aux Provinces-Unies, embarrassé comme il l'était dans les entraves de l'alliance autrichienne. Quelques actes de ce ministre peuvent prêter à la critique, mais il avait des sentiments français et l'âme d'un citoyen[1]. » (Bignon, *Fragments inédits*.)

III

Portrait de Maret. — Ses relations avec Buffon, Condorcet, Panckoucke, etc.

La disparition de ce bienveillant protecteur modifiait encore une fois les projets d'avenir du jeune

---

[1]. On consultera utilement sur ce ministre, un excellent ouvrage auquel nous renverrons plus d'une fois, le *Département des Affaires étrangères*, par M. F. Masson, bibliothécaire du ministère. (Plon.)

Maret. Il eut pendant quelque temps l'idée d'acheter un office de magistrature ou une charge d'avocat au conseil. Mais toute son attention fut bientôt absorbée par les mouvements précurseurs de la Révolution. Peu de jours après la mort de M. de Vergennes, la première assemblée des notables s'ouvrit à Versailles.

Maret suivit avec un intérêt ardent les péripéties bien connues qui se succédèrent depuis cette époque jusqu'à l'ouverture des états-généraux. Ses aspirations, ses illusions étaient alors celles de l'immense majorité des citoyens éclairés et honnêtes de la classe moyenne. Dès l'époque de son arrivée à Paris, il s'était trouvé engagé dans des relations propres à fortifier les tendances libérales qu'il tenait de son père. Celui-ci avait naguère entretenu des rapports suivis avec tous les hommes considérables de sa province qui habitaient Paris, et les anciens amis du père s'intéressaient naturellement au fils. Maret possédait d'ailleurs toutes les qualités qui assurent aux jeunes gens les sympathies des hommes distingués, parvenus à la maturité ou au déclin de l'âge. Il recherchait de préférence leur conversation, écoutait surtout religieusement ce qu'ils disaient des choses qu'ils devaient le mieux savoir. Cette recherche, dont il s'était fait de très-bonne heure une règle immuable, était secondée par un jugement sûr, par une mémoire des plus fidèles, et le tout constituait ce que J.-J. Rousseau a heureusement défini « un appareil d'études accompli. » Maret avait encore un principe de conduite inflexible, et qui a contribué à sa fortune plus qu'on ne pourrait le croire. Il s'efforçait, en tout temps et partout, de faire le mieux possible ce qu'il avait à faire. C'était pour lui une préoccupation constante, qui, des travaux les plus graves, s'étendait aux détails les plus ordinaires de la vie.

Un extérieur sympathique faisait encore valoir ces

heureuses qualités. Maret était d'une taille un peu au-dessous de la moyenne. Le caractère dominant de sa physionomie était la discrétion, la finesse, tempérées par un sentiment marqué de bienveillance. Ses traits n'ont pas le relief énergique de ceux des grands révolutionnaires. On pressent qu'une telle figure, intelligente mais réservée, n'a pas dû apparaître au premier plan dans ces jours de crise, où tout le monde avait la fièvre et ne vivait que par elle. En effet, pendant la période la plus agitée de la Révolution, Maret s'en tint d'abord au rôle d'observateur ; il fut ensuite chargé de diverses missions qui ne le mettaient pas en évidence, bien qu'elles ne fussent, comme on le verra, ni sans importance ni sans danger. Il ne sera appelé à prendre une part considérable et suivie aux affaires publiques, qu'à l'époque où la France nouvelle commencera enfin à être gouvernée.

Parmi les hommes qui l'avaient le mieux accueilli en souvenir de son père, Maret aimait à citer Buffon, Lacépède et Condorcet. Tous trois signèrent sa présentation au Lycée (depuis l'Athénée de Paris), établissement scientifique et littéraire alors très-protégé par *Monsieur*, comte de Provence, et qui comptait parmi ses fondateurs et ses professeurs les savants les plus distingués de l'époque[1]. Maret s'y lia avec la plupart des jeunes gens qui commençaient à se faire connaître dans le monde littéraire et au théâtre, notamment le sentimental Collin-d'Harleville, dont les premières comédies, l'*Inconstant* (1786) et l'*Optimiste*

---

[1]. Cette société, fondée primitivement par Pilâtre des Rosiers, le célèbre et malheureux aéronaute, avait tenu ses premières séances dans une maison de la rue Sainte-Avoie, dès 1781. Après la mort de des Rosiers, elle fut réorganisée sous le nom de Lycée, qu'elle a conservé jusqu'en 1803, et transportée rue de Valois, n° 2. C'est pour le Lycée que La Harpe fit son *Cours de littérature*, Ginguené son *Histoire littéraire d'Italie*, Cuvier ses *Premières leçons d'histoire naturelle et d'anatomie comparée*, etc.

(1788), et surtout le *Vieux Célibataire* (1792), promettaient plus qu'il n'a tenu; Andrieux et Arnault, qui débutèrent avec tant d'éclat, l'un, dès 1787, par les *Étourdis;* l'autre, en 1791, par *Marius;* Marie-Joseph Chénier qui réparait l'échec d'*Azémire* (1786) par le succès foudroyant de *Charles IX* (1789), etc. Maret fut l'un des confidents les plus attentifs de leurs premiers travaux, et ils retrouvèrent plus tard, dans le ministre d'État de Napoléon, le fidèle ami de leur jeunesse. Nous apprenons encore par ses notes que « les relations étendues de son père lui avaient procuré, tout d'abord, l'accès de plusieurs maisons distinguées de la capitale; qu'il y prit l'usage et la connaissance du monde, si nécessaires dans la carrière qu'il avait l'espoir de parcourir. » Buffon l'avait présenté tout d'abord chez madame Fanny de Beauharnais, muse encore aimable et, dit-on, aimante, en dépit de la cinquantaine. Le jeune Maret fut l'un des hôtes assidus de ce petit salon bleu et argent que Dorat-Cubières, collaborateur intime de la maîtresse du logis, définissait plus tard « l'œuf de l'Assemblée nationale. » Là se retrouvaient, deux fois par semaine, la plupart des célébrités scientifiques et littéraires du temps, le vénérable abbé Barthélemy, Bailly, Vicq-d'Azir, Rabaut Saint-Étienne, Dussaulx, Bitaubé, Clootz, Mercier, Restif de la Bretonne. On y remarquait d'habitude le neveu de madame de Beauharnais, Alexandre, et aussi, vers 1790, sa jeune et charmante femme, Joséphine Tascher de la Pagerie, la future impératrice! Alexandre, qui devait périr sur l'échafaud et dont l'arrière-petit-fils a été l'empereur Napoléon III, était alors un beau jeune homme, « d'un sérieux précoce : » comme si, parmi tous ces amoureux impatients de la Révolution, il eût pressenti les surprises terribles qu'elle leur réservait.

Maret fut conduit par Condorcet aux célèbres jeudis

du Contrôle Général (1787-89). Là, les personnages les plus saillants étaient d'abord la fille du maître de la maison (madame de Staël), « allant, venant, brusque de corps et d'idées; puis, auprès de la cheminée, M. Necker lui-même, manœuvrant pesamment sa lourde personne[1]; » l'abbé Siéyès, s'essayant déjà à son rôle de sphinx révolutionnaire; Condorcet lui-même, avec ses façons froides et calmes d'argumenter, aboutissant à des conclusions si violentes, qu'on l'avait surnommé *le Volcan couvert de neige.* C'est au Contrôle Général que Maret dut rencontrer pour la première fois un personnage dont l'aversion jalouse, longtemps déguisée sous des dehors d'amitié, devait le harceler dans toute la suite de sa carrière politique et jusque dans l'histoire : nous avons nommé Talleyrand.

On voyait encore, dans bien d'autres réunions, la figure fine et discrète du jeune avocat de Dijon, parmi beaucoup d'autres destinées à une célébrité plus prompte, plus sinistre. Il fréquenta le salon « bleu avec des baguettes dorées » de madame de Sillery-Genlis; — celui de madame Helvétius à Auteuil, « chapelle où l'on gardait souvenir des saints de l'Encyclopédie » (d'étranges saints pour la plupart); — celui de madame de Sabran, où trônaient Ségur et Boufflers, mais surtout celui de la rue des Poitevins, siége des opérations du célèbre manufacturier Panckoucke. L'hôtel de Thou, dont madame Panckoucke et sa belle-sœur, madame Suard, faisaient gracieusement les honneurs, était devenu un centre littéraire important, depuis que Panckoucke avait commencé la publication de son *Encyclopédie méthodique* (1781). Pour l'exécution de ce grand ouvrage, qu'il poursuivit courageusement jusque dans les plus mauvais jours

---

1. E. et G. de Goncourt, *la Société française pendant la Révolution.*

de la Révolution, Panckoucke avait fait appel aux anciens collaborateurs de la grande *Encyclopédie* et aux jeunes écrivains leurs disciples. Maret père avait fourni d'importants articles d'hygiène à la vaste entreprise dirigée par Diderot et d'Alembert, et la mort seule l'avait empêché de prendre part à la rédaction du nouveau recueil. Son fils n'avait donc pu qu'être favorablement accueilli dans une maison ouverte de droit à quiconque portait un nom scientifique ou littéraire. C'est ainsi que commencèrent, entre le grand imprimeur-libraire de la rue des Poitevins et le modeste avocat de Dijon, des rapports qui devinrent, quelques années plus tard, la cause première du succès du *Moniteur*, et de la fortune politique de son premier rédacteur en chef[1].

Parmi les savants, les littérateurs, habitués de l'hôtel de Thou, on remarquait Condorcet, le spirituel et cynique Chamfort, le pastoral Berquin, précepteur des enfants de Panckoucke; le secrétaire perpétuel de l'Académie Morellet, abbé fort soupçonné d'athéisme et ne s'en défendant guère; La Harpe; Ginguené; Fontanes, et enfin deux hommes qui rendirent à Maret de grands services dans les jours les plus difficiles de la Révolution, parce qu'ils purent le faire sans trop de risque pour eux-mêmes, Garat et Barrère de Vieuzac. Ce fut surtout aux *jeudis* de Panckoucke que Maret put suivre pas à pas le mouvement philosophique et littéraire, précurseur immédiat de la Révolution. Avec l'ardeur et la confiance de la jeunesse, il applaudissait aux divers incidents qui hâtaient l'avènement d'un nouvel ordre de choses, aux vœux libéraux de la première assemblée des notables, à la résistance des parlements, à la convocation des états-généraux, au

---

1. Consulter sur ces entreprises de Panckoucke l'*Histoire de la Presse*, de M. Hatin.

doublement du tiers. Mais son jugement droit et sûr répugnait aux hyperboles des coryphées de la philosophie qui mettaient la religion, l'immortalité de l'âme et Dieu même au rang des abus à détruire. Il avait hérité de la judicieuse aversion de son père pour ces témérités[1].

Pendant ces premières années, Maret ne s'était pas seulement occupé d'études diplomatiques et administratives. Les questions de littérature, de beaux-arts, ne pouvaient rester étrangères à cet esprit étendu et flexible. On a vu plus haut que, dès l'âge de vingt ans, il avait sur la conscience une épopée en deux chants. Depuis, il avait composé d'autres poésies que bien des gens, vingt ans plus tard, n'auraient pas manqué de trouver excellentes. Mais le duc de Bassano n'abusa pas à ce point de la fortune, et condamna courageusement à l'oubli ces péchés de jeunesse.

IV

Premiers travaux de Maret. — Son *Bulletin de l'Assemblée*. — Prompt et grand succès de cette publication.

Il est des temps pleins de promesses, d'espérances généreuses, dans lesquels tout ami sincère de l'huma-

---

1. On connaît l'ode matérialiste de Chamfort, le secrétaire athée de la pieuse princesse Élisabeth. Cette pièce, digne de nos plus libres penseurs d'aujourd'hui, se termine ainsi :

> De nos jours la philosophie
> A porté quelque économie
> Dans la croyance du chrétien.
> Laissons de côté l'autre vie !
> Ce qu'on perd en théologie,
> En finance on le gagne bien.

Quelques années plus tard, ces gentillesses portaient leurs fruits, et Chamfort cherchait dans le suicide un refuge contre l'échafaud.

nité voudrait avoir vécu. L'époque de la convocation des états généraux fut un de ces moments privilégiés. Jamais, peut-être, aucun pays n'avait vu autant de nobles aspirations, de vœux légitimes d'améliorations sociales, se produire avec une véhémence à ce point irrésistible; jamais l'activité humaine n'avait été plus puissamment surexcitée pour des objets plus dignes d'elle. Les excès qui suivirent ne sauraient flétrir ni abolir la mémoire de cet élan national, pas plus que Waterloo n'a fait oublier Arcole ni Austerlitz.

Maret salua avec enthousiasme cette grande aurore. Il fut le disciple le plus fervent, le plus désintéressé des législateurs de la Constituante et resta, plus tard, le représentant fidèle, trop rarement écouté, de leurs meilleures aspirations dans les conseils de l'empire. Nous croyons nécessaire d'entrer ici dans quelques détails sur le rôle, aussi modeste qu'essentiel, rempli à l'origine de notre histoire parlementaire et de la presse moderne par le futur ministre de Napoléon.

Maret fut, dès l'origine, l'auditeur le plus assidu, le plus attentif, des délibérations du tiers état. Il commença à rédiger ses analyses dans l'intervalle des séances, à partir de la discussion préliminaire sur la vérification des pouvoirs (mai), qui allait décider du sort de la Révolution. A l'origine, confondu dans la foule qui encombrait le pourtour de la salle des Menus, incessamment pressé, coudoyé, il ne prenait aucune note pendant les séances, et travaillait uniquement de mémoire[1]. Il s'était mis à l'œuvre d'abord sans aucune arrière-pensée de spéculation, de publicité, ne songeant qu'à son instruction. On lit dans

---

1. Ceci a été attesté au laborieux auteur de l'*Histoire de la presse*, M. Hatin, par M. Cousin, qui tenait le fait de Maret lui-même. Une note émanée de Maret, note que nous transcrivons plus loin, semble prouver qu'il n'a jamais recouru, pour son compte, à aucun système de sténographie.

une ancienne biographie dont Maret avait fourni les matériaux, qu'il avait renoncé définitivement au projet d'aller suivre des leçons de professeurs allemands, en présence de la convocation des états généraux, qui allaient lui offrir, comme objet d'étude, « le cours le plus vaste, le plus imposant, de droit politique et d'administration. » Pour suivre ce cours en conscience, il s'assujettit courageusement, au début, à une existence pénible, dont il aimait à évoquer le souvenir dans sa vieillesse. N'ayant pu trouver de logement à Versailles, il était obligé de franchir plusieurs fois par semaine, et le plus souvent à pied et de nuit, la distance fort respectable qui sépare cette ville de l'extrémité du faubourg Saint-Jacques, où il avait loué une mansarde. Là, pour sécher ses habits humides de la rosée des bois de Meudon, il allumait en rentrant un feu brillant, mais éphémère, dont de vieux papiers faisaient les frais. De graves motifs d'économie contraignaient le futur duc de Bassano à s'interdire tout autre combustible. Il n'était encore riche que d'espérance [1].

Le désir de vérifier l'exactitude de ses analyses inspira de bonne heure à Maret l'idée de les communiquer aux chefs les plus éminents de la Constituante. Son travail acquit ainsi une notoriété que sa modestie n'avait pas prévue. Mirabeau, déjà acclamé comme « la grande voix de la France, » fut naturellement l'un des premiers à signaler ces cahiers, qui reproduisaient encore toute vivante l'impression de ses débuts éclatants et formidables. Dès le mois de juin, la réputation des « Bulletins » du jeune avocat de Dijon était faite. Tous les moments dont il pouvait disposer étaient employés à des lectures de ses cahiers, tantôt

---

1. Je tiens ces détails du fils aîné de Maret, M. le duc de Bassano, grand chambellan de S. M. Napoléon III.

rue du Grand-Chantier, chez Adrien Duport, tantôt à la Monnaie, chez Condorcet; ou dans quelqu'autre de ces salons devenus « démocrates comme des antichambres, » suivant l'expression d'un écrivain du parti opposé. Irréprochable dans sa tenue comme dans son langage; assez joli garçon, ce qui ne gâtait rien à la politique, le jeune *notateur* était gracieusement accueilli par ces nobles dames, transfuges de l'aristocratie, « que la Révolution avait converties à l'illusion du bonheur de l'humanité; » illusion que plus d'une devait payer de sa fortune ou de sa vie. Parmi les jeunes femmes dont le sourire avait encouragé ses modestes débuts, Maret aimait à citer la jeune et vertueuse épouse de Condorcet, qui aurait pu être son père; et cette charmante marquise de Coigny, que Marie-Antoinette elle-même nommait alors la *Reine de Paris;* — une royauté fragile comme l'autre, et qu'allaient bientôt voiler les tristes brumes de l'exil.

Après la réunion des trois Ordres, plusieurs des hommes les plus considérables de l'Assemblée désormais souveraine, jugèrent que la publication des analyses de Maret pourrait utilement suppléer à celle d'un bulletin officiel, dont la proposition avait été précédemment écartée à une grande majorité. Cédant aux instances de Mirabeau, des comtes de Clermont-Tonnerre et de Lally-Tolendal, de Target, de Thouret, de Le Chapelier, etc., Maret se décida à livrer chaque soir à l'impression le compte rendu de la séance du jour. Le premier numéro du « Bulletin de l'Assemblée » parut dès le 7 *juillet* 1789, huit jours avant la prise de la Bastille[1]. Vers le même temps, Maret eut

---

1. Nous nous écartons sur ce point d'une tradition généralement admise jusqu'ici, suivant laquelle l'impression du *Bulletin* n'aurait commencé qu'après la translation de l'Assemblée à Paris, c'est-à-dire en octobre. La date véritable est indiquée d'une façon non équivoque par un avis du libraire Knapen, inséré dans le *Moniteur*

la chance de rencontrer un auxiliaire aussi zélé qu'intelligent dans la personne de Méjan, jeune avocat provençal, recommandé par son compatriote Mirabeau. L'entente cordiale de ces deux collaborateurs profita singulièrement à la perfection et à la célérité de l'œuvre. Ils furent les premiers qui, en se distribuant le travail, arrivèrent à esquisser leur compte rendu séance tenante, ce qui paraissait alors un véritable tour de force. Maret avait pris pour modèle l'habile annotateur anglais Woodfall, auteur du *Woodfall-Register*. Il ne reproduisait pas mot pour mot les discours, mais il en retraçait le sens exact, et en conservait la couleur, par le choix des expressions les plus caractéristiques.

« Ce Bulletin présentait le tableau animé des séances sous une forme dramatique. Ce n'était pas, comme dans d'autres recueils, une collection de discours sans proportion entre eux, les uns communiqués par les orateurs et transmis textuellement, les autres resserrés dans des extraits sans vie. Ce n'était point une copie, c'était un tableau de l'Assemblée ; c'était, plus exactement, une traduction de la langue parlée dans la langue écrite. L'orateur avait eu affaire à une grande assemblée qu'entourait un public nombreux ; il s'était adressé à des auditeurs plus ou moins inattentifs. Le rédacteur, au contraire, écrivait pour des lecteurs dont l'attention n'était point troublée. Moins de paroles devaient reproduire les mêmes effets, si les expressions caractéristiques du sentiment de l'orateur, les mouvements, la couleur du style, étaient reproduits avec art et impartialité. Le lecteur voyait, entendait l'orateur ; l'Assemblée elle-même

du 12 mars 1790. Knapen prévenait le public qu'il ne lui restait plus que cinquante *collections complètes* du *Bulletin* in-8°, depuis le 7 juillet précédent jusqu'au 6 février, époque de sa réunion au *Moniteur*. Le prix de ces collections était de 42 livres pour Paris, et de 52 l. 10 s. pour la province. Les premiers mois étaient beaucoup plus rares, le tirage du *Bulletin* ayant considérablement augmenté depuis la translation de l'Assemblée ; c'est là sans doute l'origine de cette confusion.

était sous ses yeux; l'impression produite sur l'auditoire revivait pour lui. L'interprète de ces illustres débats ayant des relations avec la plupart des orateurs, il lui était d'autant plus facile de s'identifier avec eux. Sa pensée s'associait aux discussions qui allaient s'ouvrir; il les étudiait comme s'il avait dû y prendre part; il s'en pénétrait d'avance. C'est à l'aide d'une mémoire intelligente et de ces procédés intellectuels; c'est au moyen d'un travail de dix-heures par jour, pendant deux ans et demi, que le Bulletin se soutint avec le même succès jusqu'à la fin de l'Assemblée constituante. »

C'est ainsi que Maret lui-même a défini sa méthode de travail dans les notes inédites que nous avons sous les yeux. Il ajoute que, pour une reproduction intégrale, « les longue colonnes du *Moniteur* n'auraient pas suffi, le nombre en eût-il été décuplé; que le Logographe substitua plus tard le système *matériel* au système *intellectuel*, qui était celui de la rédaction du *Bulletin de la Constituante.* »

Il est incontestable qu'au début, la reproduction intégrale des séances si longues et si tumultueuses des assemblées révolutionnaires présentait des difficultés insurmontables, à cause de l'imperfection des premières méthodes d'abréviation et de l'énormité des frais. Dans cette situation primitive, le procédé éclectique de Maret était plus propre à donner une idée exacte de l'ensemble des débats qu'un travail sténographique morcelé, qui aurait reproduit mot à mot certains discours, certains incidents et négligé le reste. Mais, dans la suite, disposant d'un personnel plus nombreux, Maret put donner de plus grands développements à son travail. Dès 1790, les procédés sténographiques de John Taylor, importés par Bertin, commencèrent à être employés au *Moniteur*[1].

1. Ce Bertin, que Maret avait accueilli sur la recommandation de

La vogue du *Bulletin* s'accrut sensiblement après la translation de l'Assemblée à Paris (octobre). Il reçut même alors une sorte de caractère semi-officiel par une décision de l'Assemblée, qui mit à la disposition de Maret une « loge » spéciale pour faciliter son travail et celui de ses secrétaires. Déjà, en effet, les ressources du *Bulletin* avaient permis à ses auteurs de s'adjoindre plusieurs auxiliaires, qui plus tard passèrent avec Maret lui-même au *Moniteur* et y restèrent après lui. Cette attribution d'une loge, si importante pour Maret à tous les points de vue, fut faite sur la proposition du député Dandré, qui appartenait à la droite. C'était un témoignage non équivoque de l'impartialité du recueil. Elle eut lieu lors de l'installation de l'Assemblée dans la salle du Manége. Le *Bulletin*, grâce à sa supériorité d'organisation, se soutenait victorieusement contre les concurrences que son succès avait fait surgir. De plus, son impersonnalité le garantissait des attaques des feuilles de toute nuance. Tous étaient plus ou moins ses tributaires, car, tout en faisant subir au compte rendu des altérations dictées par l'esprit de parti, ils n'en étaient pas moins obligés de consulter le tableau exact et vivant des séances. C'est ainsi que, pour conserver à une caricature le mérite essentiel de la ressemblance, il faut avoir sous les yeux l'original ou son portrait fidèle. Aussi les journalistes de toute couleur, depuis les démocrates les plus furibonds jusqu'aux royalistes, qui ne l'étaient guère moins à cette époque, étaient quotidiennement forcés de recourir au *Bulletin*, lequel bénéficiait indirectement de la vogue des journaux les plus répandus. Son succès ne fit que s'accroître,

---

Frochot, était un homme laborieux, assez instruit, qui vivait péniblement de traductions anglaises. Son *Traité de Sténographie* fut publié en 1792.

jusqu'au jour où il reçut une sanction définitive par la réunion du *Bulletin* au *Moniteur*.

V

Réunion du *Bulletin* de Maret avec la *Gazette Nationale* ou *Moniteur universel*. — Influence modératrice de Maret sur l'esprit du journal. — La *Chanson patriotique* du 26 février 1790; curieux rapprochement. — Histoire apocryphe des premières relations entre Bonaparte et Maret.

On connaît les circonstances qui précédèrent et accompagnèrent la fondation de la *Gazette Nationale* ou *Moniteur universel*, ce « journal patagon, » comme il fut tout de suite appelé dans les petites feuilles. Panckoucke avait pris du temps pour voir venir les événements. Le *Bulletin* de Maret avait été hardiment lancé huit jours avant la prise de la Bastille, tandis que la *Gazette Nationale* ne commença à paraître que le 24 octobre suivant, c'est-à-dire à une époque où il était devenu moins dangereux et plus lucratif de servir la Révolution que de la combattre. Depuis que l'autorité royale avait subi un nouvel abaissement par le succès des journées des 5 et 6 octobre, les séances de l'Assemblée souveraine excitaient plus que jamais l'intérêt public. Aussi le prospectus de la nouvelle *Gazette* promettait « les résultats de chaque séance de la veille dans la séance du jour, et les détails dans celle du lendemain. » Pendant les premières semaines, l'exécution de cette partie essentielle laissa à désirer; aussi le journal n'obtenait qu'un succès médiocre. Dès son début, le *Moniteur* avait affecté dans ses idées comme dans la façon de les exprimer une sorte d'impersonnalité, dont s'accommodaient mal les passions fougueuses du temps. Ce système, qui devint à la longue une des principales causes de son succès, parut d'abord insipide au milieu des luttes ardentes, à visage découvert, qui défrayaient chaque jour la curiosité publique. On trouvait le « journal patagon » terne, insignifiant; il lui fallut racheter son défaut de couleur par la rapidité et l'exactitude des informations, principalement en ce qui concernait l'Assemblée. Ce fut ainsi que Panckoucke fut amené graduellement, d'abord à faire des emprunts fréquents au travail de Maret, puis à lui proposer, avec des conditions très-avantageuses, la réunion de son *Bulletin* au *Moniteur*.

Ce traité, dont l'original a dû périr en 1855, dans l'incendie des archives du *Moniteur*, fut signé vers la fin de janvier 1790. Le titre de rédacteur en chef fut offert à Maret, qui déclina cette responsabilité. Mais il resta maître absolu de la partie du journal consacrée au compte rendu, et qui allait recevoir un développement considérable. Il fut également stipulé que ce compte rendu prendrait dans le *Moniteur*, à partir du 1er juillet suivant, le titre de *Bulletin de l'Assemblée nationale*. Ce rappel du titre en vogue satisfaisait le légitime amour-propre du créateur du *Bulletin;* c'était, en même temps, une mesure bien entendue dans l'intérêt du journal. Malgré sa confiance dans l'avenir de cette combinaison, Maret n'avait pas voulu brûler ses vaisseaux : il exigea que, pendant quelques mois, il fût fait de son *Bulletin* un tirage à part, dans l'ancien format *in-octavo*. De cette manière, s'il était arrivé malheur au journal, Maret aurait sauvé le *Bulletin* du naufrage. Il persista dans cette précaution du tirage à part pendant une grande partie de l'année 1790. Mais la combinaison des deux entreprises avait justifié et dépassé toutes les espérances; elle commençait la brillante et durable fortune du

Moniteur. Comme nous l'avons dit ailleurs, « ce journal, éclos sous les premiers rayons de la Révolution, nous présente le phénomène le plus rare dans les temps modernes, la stabilité. Ces derniers trois quarts de siècle, qui ont vu commencer et finir tant d'institutions politiques et industrielles, n'avaient fait que consolider l'œuvre créée par Panckoucke et Maret[1]. » Ce qui a surtout fait et soutenu la fortune de ce recueil célèbre, c'est l'esprit de suite, de fidélité à la conception primitive. Avant même que l'Assemblée fût régulièrement formée, mais quand déjà l'opinion pressentait en elle le futur souverain, on avait vu l'idée d'une publication, organe officiel de ce nouveau pouvoir, poindre chez les esprits les plus libéraux et les plus hardis. Ajournée et prudemment tenue à distance jusqu'à l'issue des premiers conflits, elle avait reçu un commencement d'exécution par le patronage accordé à l'œuvre de Maret. L'association du *Moniteur* au *Bulletin* signale un pas en avant dans cette voie; le nouveau journal est désormais l'organe au moins officieux de l'Assemblée.

Maret resta attaché au *Moniteur* jusqu'à la clôture de l'Assemblée Constituante. Pendant toute cette période, et surtout jusqu'à la mort de Mirabeau, son action ne resta pas limitée dans la sphère du compte rendu. Son influence était d'autant plus réelle, qu'elle s'exerçait avec plus de discrétion. Il aurait voulu étendre à la composition entière du journal l'esprit d'impartialité rigoureuse qui présidait à la rédaction de son *Bulletin*.

A partir de son entrée, en février 1790, et pendant tout le cours de cette année, le langage du journal

---

1. Le *Moniteur* n'a existé, à vrai dire, que depuis l'adjonction du *Bulletin*. Le chiffre du tirage s'accrut immédiatement dans une proportion décuple. C'est pour cela qu'il est si difficile de se procurer des exemplaires des numéros antérieurs.

devint plus modéré qu'il n'avait été au début. Le *Moniteur* osa quelquefois parler avec éloge de Louis XVI ; il alla même une fois jusqu'à justifier indirectement la reine d'un soupçon de complot contre-révolutionnaire, en insérant un mémoire justificatif du secrétaire des commandements Augeard, arrêté quelques semaines auparavant par ordre de la municipalité comme prévenu d'avoir tramé l'évasion de la famille royale. Ici, surtout, le revirement était sensible depuis l'arrivée de Maret, car au mois de novembre précédent, le *Moniteur*, cherchant à se rendre populaire, s'était montré peu bienveillant pour cet accusé. C'était également pour flatter les passions de la multitude que ce journal avait inséré, dans l'un de ses premiers numéros, la pièce cynique de Chamfort, intitulée *Calcul patriotique*, qui insultait aux disgrâces temporelles du clergé, et conseillait aux Français de ne pas s'arrêter en si beau chemin, d'envoyer par économie la croyance à l'immortalité de l'âme rejoindre la « sacristie. »

Après l'entrée de Maret, le *Moniteur* s'abstient de telles boutades ; il recommande même au peuple des égards pour les citoyens dont la Révolution a détruit les privilèges. Ces tendances conciliantes sont résumées exactement dans une *Chanson patriotique* anonyme qui parut dans le numéro du 26 février 1790. On peut, avec beaucoup de vraisemblance, l'attribuer à Maret lui-même. Voici quelques passages de cette pièce, qui fait honneur au jugement et au caractère de l'auteur, sinon à son talent poétique.

> Français, achevons notre ouvrage,
> Gardons-nous d'être désunis ;
> Concorde, paix, ordre et courage,
> Notre bonheur est à ce prix.....
> Luttons, résistons, tenons ferme,

Parons, mais épargnons les coups,
Et tâchons d'arriver au terme
Sans cesser d'être humains et doux.

Ah! ménageons nos adversaires,
Tout en repoussant leurs efforts;
N'oublions pas qu'ils sont nos frères,
Et que nous sommes les plus forts!
Français *(bis)* que la liberté règne en France,
Mais puisqu'enfin vous avez su la recouvrer,
Ne la changez point en licence,
Si vous voulez la conserver!

Cette chanson offre une particularité intéressante aux amateurs de rapprochements historiques. Elle se chantait sur un air de l'opéra comique du *Renaud d'Ast* de Dalayrac, le grand succès musical du moment :

Vous qui d'amoureuse aventure...

On sait que Bonaparte affectionnait singulièrement cet air, sur lequel fut parodié plus tard l'hymne célèbre : *Veillons au salut de l'Empire!* Ainsi, au commencement de la Révolution, le jeune rédacteur du *Moniteur*, félicitant les Français de posséder enfin la liberté, leur disait :

Ne la changez pas en licence,
Si vous voulez la conserver!

Quinze ans plus tard, devenu ministre secrétaire d'État de Napoléon, il devait entendre cette même mélodie, sur laquelle il avait rimé ces sages et inutiles conseils, retentir dans les marches triomphales du premier Empire.

Ce rapprochement serait encore plus piquant si

l'on ajoutait foi aux biographes qui font remonter à cette époque les premières relations de Maret avec Bonaparte. Ils prétendent que Maret, établi depuis la translation à Paris de l'Assemblée constituante rue Saint-Thomas-du-Louvre, à l'hôtel de l'Union, y fit la connaissance intime du jeune lieutenant d'artillerie Bonaparte, et que les bons offices du journaliste contribuèrent plus d'une fois à tirer de graves embarras pécuniaires le futur dominateur de l'Europe. Il serait facile, avec un peu d'imagination, de compléter cette légende; de raconter que Maret, entendant toujours Bonaparte fredonner son air favori de *Renaud d'Ast,* eut l'idée de composer sur ce même air la chanson insérée au *Moniteur.* Malheureusement cette histoire des premières rencontres de Bonaparte avec son futur ministre est absolument apocryphe. Maret, depuis la translation de l'Assemblée, logeait rue des Blancs-Manteaux, au Marais; il avait seulement loué à l'hôtel de l'Union, situé tout près du local des séances, une chambrette qui lui servait de bureau, et où il passait quelquefois la nuit, quand son travail le retenait jusqu'à une heure trop avancée. Il n'y fit aucunement connaissance avec le lieutenant Bonaparte, qui ne descendit jamais dans cet hôtel[1]. On verra, dans la suite de ce récit, que leurs relations ne commencèrent qu'à l'époque du retour de Maret en France après sa captivité, c'est-à-dire postérieurement au 13 vendémiaire.

1. Notes inédites de Maret.

VI

Relations entre Maret et Mirabeau. — Maret au club des Feuillants. — Il quitte le *Moniteur* à la clôture de la Constituante. — Beau trait de désintéressement.

Nous savions peu de chose des relations particulières qui ont existé entre Maret et Mirabeau jusqu'à l'époque où la mort « se saisit de cette immense proie[1]. » Un livre récemment publié nous donne à ce sujet quelques indications curieuses. Les deux premiers rédacteurs du *Bulletin*, Maret et Méjan, appartenaient à ce cénacle intime d'hommes pratiques et laborieux qui s'était formé peu à peu autour de Mirabeau. Il lui composait une véritable secrétairerie d'État, incessamment occupée, dans son petit hôtel de la rue de la Chaussée-d'Antin, à lire, à extraire pour lui les documents de tout genre et de toute valeur que la poste lui apportait chaque jour. Méjan avait quitté le *Bulletin* après sa réunion au *Moniteur* pour s'occuper spécialement du *Courrier de Provence*, qu'il rédigeait sous la direction de Mirabeau. Parmi les autres secrétaires du grand orateur, on remarquait Étienne Dumont, Clavière, Lamourette, et encore deux hommes de moralité et d'aptitudes fort diverses, Pellenc et Frochot[2]. Tous deux se lièrent avec Maret,

---

1. Ce mot, que Michelet attribue à Camille Desmoulins, avait été escamoté par lui à Talleyrand. Il se trouve dans le discours prononcé par celui-ci le 2 avril, jour de la mort de Mirabeau.

2. *Frochot, préfet de la Seine*, par M. L. Passy, pp. 25, 26. Possesseur par héritage de famille des papiers de cet homme honorable, M. L. Passy en a extrait des renseignements du plus grand intérêt sur les relations de Mirabeau avec son collègue Frochot, dont il appréciait à juste titre le sincère et modeste dévouement.

et l'on verra qu'ils n'eurent pas lieu de s'en repentir. Plusieurs de ces hommes, notamment Frochot, ressentaient pour Mirabeau une affection sincère ; tous avaient le sentiment de sa force, et c'était là surtout ce qui les attachait à lui. Ils le considéraient, et avec raison peut-être, comme seul capable d'enrayer à cette époque la Révolution, sans compromettre les réformes nécessaires.

Une lettre écrite par Mirabeau un mois à peine avant sa mort, nous laisse entrevoir l'importance de la collaboration anonyme de Maret. Pendant sa présidence, Mirabeau, tourmenté par le pressentiment d'une fin prochaine, avait témoigné à Frochot le désir de recueillir promptement tous ses travaux. C'est à ce sujet qu'il lui écrivait : « Je devais avoir les substitutions samedi, et voilà lundi consommé sans substitutions ; cependant, avant de me servir de ce travail, il me faut encore le raccorder avec ce que j'ai proposé sur le droit de tester. En vérité, mon cher Frochot, *M. Maret devrait bien se décider* et me délivrer du moins du mal-être de l'incertitude... » Il s'agissait du discours annoncé par Mirabeau dans la séance du 21 novembre précédent, à l'appui de sa proposition pour l'égalité des successions en ligne directe, et l'abolition des fidéi-commis et majorats. Ce discours, préparé par Maret, fut lu le soir même à l'Assemblée par Talleyrand. Celui-là aussi avait deviné Mirabeau, et se tenait prêt à le servir, sans doute avec autant de fidélité qu'il servit ensuite Bonaparte et la branche aînée des Bourbons.

Maret considérait Mirabeau comme l'un des principaux auteurs de sa fortune politique. Il est du nombre des contemporains de cet homme célèbre qui ont toujours cru que sa disparition avait changé le cours des événements, que lui seul était assez fort, assez habile pour sauver la monarchie en dépit d'elle-même, pour la raffermir sur les bases d'une constitution libre, et sans le secours de l'étranger.

Les travaux particuliers dont le chargeait Mirabeau ne nuisaient aucunement à celui du *Moniteur*. Le compte rendu recevait chaque jour des améliorations nouvelles. Dans cette partie du journal, dont son traité le rendait maître absolu, Maret s'attachait de plus en plus à reproduire exactement non-seulement les longs discours, mais les apostrophes échangées dans le tumulte de la discussion, et les impressions de l'Assemblée. Il accueillait avec empressement toutes les rectifications, même celles que présentaient des membres de la minorité. Voici un exemple remarquable de cette exactitude, assez méritoire en temps de révolution. Dans la discussion qui s'éleva, vers la fin de 1790, sur les événements du mois d'octobre de l'année précédente, l'un des députés les plus ardents de la droite, M. de Bonnay, avait eu le courage de faire l'apologie des gardes du corps, et le tumulte avait empêché les annotateurs de saisir exactement ses paroles. Sur la réclamation de M. de Bonnay, la copie communiquée par lui-même fut immédiatement insérée dans le *Moniteur*.

Dans les derniers temps de l'Assemblée Constituante, le *Bulletin* continue d'offrir, en général, le même cachet d'impartialité. Toutefois, on y remarque, çà et là, des abréviations, même des suppressions, évidemment imposées par de hautes influences. Vers la même époque, l'esprit du journal accuse une progression d'hostilité assez marquée contre le pouvoir exécutif. Cette évolution est surtout sensible à partir du refus de sanction des décrets sur le clergé, et de l'émeute du 18 avril 1791, qui consigna Louis XVI aux Tuileries. Sans prendre place parmi les journaux les plus violents, le *Moniteur* avait diminué la distance qui le séparait d'eux, en insérant des dénonciations contre les trames contre-révolutionnaires du dehors, et celles de l'*intérieur*. L'une de ces dénonciations, signalée avec amertume à l'Assemblée par le ministre Montmorin, souleva une violente tempête contre le *Moniteur*. Plusieurs députés de la droite allèrent jusqu'à réclamer l'expulsion immédiate des annotateurs, fort innocents de cette insertion. Le *Moniteur* eut l'honneur peu enviable d'être défendu dans cette circonstance par Robespierre. Quoique cet incident eût tourné, en définitive, à l'avantage du journal, dont la tentative d'évasion du roi parut justifier les révélations, Maret en fut péniblement affecté. Sa résolution, d'ailleurs, était déjà prise de quitter le *Moniteur*, dès que l'Assemblée aurait terminé ses travaux. En s'assujettissant à cette pénible tâche du compte rendu, son but avait été de s'initier profondément à la lettre et à l'esprit des réformes fondamentales opérées par la Constituante dans l'organisation sociale, et dans toutes les branches des grands services publics. Mais il avait de très-bonne heure conçu le projet de mettre à profit ses relations avec les hommes les plus considérables de l'Assemblée, notamment avec Mirabeau, pour aborder enfin, sous leurs auspices, la carrière diplomatique, vers laquelle il se sentait toujours porté.

Après le retour de Varennes, Maret demeura d'abord tout à fait constitutionnel. Il crut de bonne foi, comme bien d'autres, que le raffermissement de la monarchie, sur les bases d'une constitution libérale, pouvait être opéré par le rapprochement des révolutionnaires de la première heure avec les royalistes sensés. Il donna une preuve non équivoque de ses sentiments dans la circonstance mémorable qui fut comme le point de partage entre les partisans de la monarchie et ceux de la république, la scission du club des Amis de la Constitution ou Jacobins. Quoi qu'en aient dit presque tous ses biographes, Maret n'avait jamais fait partie de cette société fameuse, même à l'époque où les grands orateurs qu'il admirait si fort exerçaient sur elle une influence prépondérante. Mais quand la scission eut lieu à propos de la question de déchéance, Maret se fit inscrire des premiers au club des Feuillants, à la suite de Barnave, de Duport et des Lameth. Ces premiers fondateurs des Jacobins commençaient un peu tard à s'épouvanter de leur œuvre! Heureusement pour Maret, à la suite de la journée du Champ-de-Mars, la division se mit parmi les membres du nouveau club. Aussi l'on ne considéra pas comme un crime irrémissible d'en avoir fait partie à l'origine[1].

Le 30 septembre 1791, le rédacteur du *Bulletin* vit finir, par la clôture de l'Assemblée, ce « cours *admirable* de droit politique et d'administration publique auquel il consacrait, depuis plus de deux ans, dix-huit heures de travail par jour. » Malgré cette admiration, légitime à certains égards, et qu'il ne renia jamais, il était trop initié aux difficultés pratiques de la situation pour envisager l'avenir d'un œil tranquille. Il regrettait surtout que l'abstention systématique des royalistes purs eût paralysé le repentir tardif des premiers révolutionnaires, et fait échouer le plan concerté entre Barnave et Malouet pour rendre la force nécessaire au pouvoir exécutif[2].

---

1. Il est certain que beaucoup de gens d'opinions très-diverses avaient pris part à la scission originaire. « Il était impossible, dit avec raison Michelet, que des feuillants comme Merlin ou Dubois-Crancé, marchassent avec des feuillants tels que Barnave et les Lameth. » Ce fut aussi une faute d'abandonner à la minorité violente l'ancien local, et le nom de Jacobins, dont le prestige était grand.

2. Sur cet incident trop peu connu, on peut consulter les *Mémoires* de Malouet et Michelet, liv. V, chap. x. Ce dernier a bien compris l'influence considérable, et fâcheuse selon lui, que le succès

En résignant ses fonctions de directeur du *Bulletin*, Maret conserva d'intimes relations avec le journal qui lui devait sa prospérité. L'un des secrétaires qu'il avait formés, Thuau-Grandville, le remplaça, sur sa désignation, dans les fonctions d'annotateur en chef, qui allaient bientôt devenir périlleuses. Il fallut, en effet, s'abaisser, pendant la Terreur, à d'étranges concessions pour sauvegarder la vie du journal et celle des rédacteurs. Néanmoins on peut dire, à la décharge des successeurs de Maret, qu'ils ne dérogèrent jamais qu'à leur corps défendant et transitoirement, au système d'impartialité qui avait fait dans le principe la fortune du *Bulletin*, puis celle du *Moniteur*, et qu'ils y revinrent spontanément dès qu'ils purent le faire sans trop de péril[1].

La retraite de Maret fut signalée par un incident

---

de ce plan aurait exercé sur les événements ultérieurs. Dans la Constitution de 1791, la royauté était moins que nominale, elle était anomale. Elle ne pouvait plus donner signe de vie que par le *veto suspensif*, « puissance irritante, provocante, qui devait infailliblement amener des explosions, ramener le despotisme. » Dans cette circonstance, les royalistes aimèrent mieux être vengés que sauvés. Ou plutôt ils ne voulurent compter pour la vengeance, comme pour le salut, que sur l'intervention étrangère. Cette complicité tacite des royalistes exaltés de l'intérieur avec les démocrates ardents, contre les hommes de 1789, a été, après l'émigration, la plus grande cause de la chute de la royauté et des violences qui suivirent.

1. Avant le 31 mai 1793, Rabaud, qui avait la haute main sur le *Bulletin*, lui avait en mainte occasion donné une couleur *girondine*, et le journal s'en trouva gravement compromis. Cette partialité était contraire aux antécédents créés par Maret. De son temps, on avait vu quelquefois un débat irritant ou scandaleux supprimé *en entier*, pour déférer aux observations des chefs de la majorité. Mais Maret s'était fait dès le principe un devoir de conscience de laisser aux discussions leur véritable physionomie, et cette tradition fut d'abord scrupuleusement respectée. Dans une supplique, adressée à Robespierre, le 17 juin 1793, Grandville s'excusait plus que timidement de cette impartialité, mais rappelait en même temps combien elle était conforme aux précédents du *Moniteur*. « Il n'y a que

intime, aussi honorable pour les propriétaires du *Moniteur* que pour Maret lui-même. Voulant rémunérer dignement les services de l'ex-rédacteur en chef du *Bulletin*, Panckoucke et Agasse lui offrirent une pension viagère dont ils avaient laissé d'abord le montant à son appréciation. Ils doublèrent le chiffre de mille écus auquel il s'était modestement arrêté. Plus tard, sur sa demande, cette pension fut transmise à l'un de ses anciens secrétaires, auquel elle a été fidèlement payée pendant près de quarante ans.

On verra, par la suite de ce récit, que Maret, tout en cessant sa collaboration régulière au *Moniteur*, resta un auxiliaire précieux pour ce journal, dont il avait bien compris l'importance et deviné l'avenir.

VII

Débuts de Maret dans la carrière diplomatique (Avril 1792). — Révolutions du Brabant et de Liége. — Lebrun-*Tondu*.

Plusieurs biographes ont écrit que Maret n'avait commencé à être employé aux relations extérieures qu'après le 10 août. Cette assertion est démentie par les notes de Maret lui-même, et par les documents conservés aux Archives des affaires étrangères, qui constatent sa présence dans le service dès le mois d'avril 1792. Dès le temps de la Constituante et dans les premiers mois de la nouvelle Assemblée, ses aptitudes pour la diplomatie avaient été appréciées. On trouvera plus loin la preuve qu'il était déjà, au commencement de 1792, le collaborateur intime

deux mois, disait-il, qu'on avait encore l'opinion que ce journal devait également publier tout ce qui s'était dit dans une séance pour et contre. » Cette tradition honorable remontait à Maret.

des hommes qui exerçaient, en fait, la principale influence dans le service des relations extérieures. Mais son admission officielle dans les bureaux ne date que de la réorganisation opérée, vers la fin de mars, par le nouveau ministre Dumouriez. Celui-ci avait pour auxiliaire et pour conseiller dans cette refonte l'un des hommes qui avaient le plus contribué à sa nomination, son ancien ami Bonne-Carrère, pour lequel il avait rétabli la place de directeur. Or, Maret avait été jadis recommandé à Dumouriez et plus spécialement encore à Bonne-Carrère par Mirabeau, qui avait appartenu comme eux à ce département comme agent secret[1]. Ils remplacèrent plusieurs anciens employés suspects d'aristocratie par des hommes plus ou moins prononcés dans le sens de la Révolution, comme Mourgues, Noël et l'ex-abbé Tondu, dit Lebrun, dont nous aurons beaucoup à parler. Dans un semblable remaniement, le choix d'un sujet tel que Maret était en quelque sorte indiqué de lui-même. Jadis remarqué par M. de Vergennes et depuis par Mirabeau ; intéressé par ses antécédents au maintien des réformes, apportant au service du nouvel ordre de choses une forte éducation

---

1. Les antécédents de Bonne-Carrère ressemblaient fort à ceux de ses deux grands amis. Il avait eu aussi ce que Dumouriez appelle « une jeunesse pétulante, » et n'avait figuré sous l'ancien régime que dans des missions secrètes. Aussi il s'était jeté d'abord avec ardeur dans le parti de la Révolution, et avait figuré, dès l'origine, à la Société des Jacobins. Nommé avant la fin de mars 1791, sur la recommandation secrète de Mirabeau, ministre de France à Liége, il n'y alla jamais, resta à Paris, et acquit peu à peu une grande influence au ministère. On trouvera sur ce curieux personnage de grands détails, puisés pour la première fois aux sources authentiques, dans l'ouvrage déjà cité de M. F. Masson, pp. 156-9, et *passim*. Cet estimable écrivain blâme, avec une sévérité peut-être excessive, les changements opérés dans les bureaux. Le ministre et le directeur n'étaient pas seuls les maîtres ; il leur fallait compter avec les députés influents, qui avaient des protégés à placer, et se méfiaient, à tort ou à raison, des employés anciens.

politique et des manières distinguées, Maret devait avancer dans la carrière diplomatique, avec la même rapidité que nos jeunes sous-officiers de fortune dans celle des armes.

On lui confia, pour son début, une mission sur nos frontières du Nord, mission à la fois politique et militaire, qui exigeait beaucoup d'énergie et de dextérité. Pour en faire comprendre la nature et le but, il est indispensable de retourner un moment en arrière, de rappeler sommairement les péripéties dont les Pays-Bas autrichiens venaient d'être le théâtre, et leur situation au mois d'avril 1792[1].

On sait que la première insurrection belge, la Révolution du Brabant, comme on disait alors, avait éclaté à l'occasion des réformes politiques et religieuses imposées avec une brusquerie despotique par Joseph II. Cette révolution, qui disputa un moment à la nôtre l'attention de l'Europe, avait réussi d'abord, par la coalition momentanée des partis *Statiste* et *Vonckiste*, le premier énergiquement conservateur, le second libéral, ne s'entendant tous deux que pour haïr et rejeter la domination étrangère. L'Autriche avait dû faire des prodiges de maladresse pour réunir contre elle deux coteries dont les principaux chefs, les avocats Vander Noot et Vonck, se traitaient mutuellement de coquin (*shorken*) et d'imbécile (*grosgeestig*).

Cette alliance factice avait fini avec l'expulsion des Autrichiens. Dans plusieurs villes et notamment à Bruxelles, les *Vonckistes* furent l'objet de violences regrettables. Ils y répondirent par une tentative de révolution militaire qui échoua complétement. Les principaux chefs de ce parti, réfugiés en France,

---

[1]. L'ouvrage le plus important qui ait été publié jusqu'ici sur ce sujet est celui de M. Borgnet (*Histoire des Belges à la fin du XVIIIe siècle*), dont la troisième édition a paru, en 1861, à Bruxelles.

se vengèrent aux dépens de l'indépendance de leur pays, d'abord en faisant échouer les démarches de leurs adversaires auprès de l'Assemblée nationale, puis en se faisant directement complices de la restauration autrichienne [1]. Ces libéraux belges comprenaient singulièrement le patriotisme, et nos constitutionnels n'entendaient pas mieux le véritable intérêt français. La raison était cette fois du côté de nos plus fougueux démocrates, qui soutenaient que l'on aurait dû s'opposer à cette restauration par les négociations et, au besoin, par les armes. « Que me fait à moi, écrivait Camille Desmoulins, le catholicisme, ou si l'on veut, le fanatisme des Belges? C'est leur républicanisme que je regarde... C'est contre notre liberté qu'on fait la guerre dans le Brabant. » Les hommes d'État autrichiens, qui venaient d'invoquer avec succès les appréhensions causées par notre Révolution pour déterminer les autres puissances à abandonner la cause des insurgés belges, étaient charmés de voir le groupe le plus considérable des révolutionnaires français faire si bien, de son côté, les affaires de l'Autriche. Ils apprenaient avec satisfaction, par leurs agents de Paris, que les déclamations de Carra, « enragé de premier ordre, » contre la rentrée des Autrichiens à Bruxelles avaient été sifflées aux Jacobins [2]. « Cette neutralité des constitutionnels, dit avec raison M. Borgnet, fut une faute, même dans le système des partisans de la paix. » On crut y voir un signe de timidité, de faiblesse. La Révolution française parut douter d'elle-même, et ses ennemis de toute provenance s'encouragèrent à penser qu'il suffirait pour la réduire d'une promenade

---

1. V. Borgnet, pour les détails.
2. *Lettre adressée de Paris au prince de Kaunitz.* Borgnet, I, 233. Cette scène se passait à la fin de 1790, époque où le parti constitutionnel avait encore la majorité aux Jacobins.

militaire semblable à celle qui venait de clore la première insurrection des Belges (décembre 1790).

La principauté ecclésiastique de Liége avait fait, en 1789, sa révolution particulière. Après diverses péripéties, cette révolution démocratique, miniature assez ressemblante de la nôtre, avait été comprimée, de même que le soulèvement aristocratique et clérical des provinces belges, par une « exécution » autrichienne, qui avait rétabli sans conditions l'autorité du prince-évêque (janvier 1791). Les principaux auteurs de l'insurrection avaient cherché un asile en France. L'un d'eux, Français d'origine, était Lebrun-Tondu, ou plutôt Tondu dit Lebrun, car ce deuxième nom n'était qu'un sobriquet joint et plus tard substitué à l'autre, comme moins compromettant. Il faut dire quelque chose des antécédents de ce personnage, qui allait exercer une grande influence sur la destinée de Maret.

Tondu-Lebrun, né à Noyon, orphelin ou enfant trouvé, avait sans doute intéressé par ses heureuses dispositions quelque chanoine de cette ville. Ce qui est certain, c'est que le chapitre de Noyon fit les frais de son éducation au collége de Clermont, où il eut pour condisciples Dumouriez, Robespierre, Camille Desmoulins et bien d'autres acteurs futurs de la grande tragédie révolutionnaire. Lebrun eut une jeunesse assez agitée. Rebuté bientôt de l'état ecclésiastique, auquel l'avaient destiné ses protecteurs, il s'engagea, déserta peu de temps après, et se réfugia à Liége, où il se fit ouvrier imprimeur, ensuite journaliste, et s'allia à une famille honnête du pays. Son nom avait rapidement grandi par la lutte et la proscription. Dès le commencement de juillet 1789, nous le trouvons rédigeant, dans une petite ville de la principauté, à deux pas d'une frontière alors autrichienne, un *Journal général de France*. Il osait y louer les premières résistances du tiers état, la prise de la Bastille, et recommander aux peuples encore esclaves, et spécialement aux Belges, l'exemple du peuple de Paris. Il fallait quelque courage pour entreprendre une semblable propagande, à une époque où la révolution n'était pas commencée en Belgique, et où l'issue de celle de France était encore si incertaine. Aussi le téméraire journaliste avait été décrété de prise de corps par le gouvernement général. Après l'expulsion des Autrichiens, quand les conservateurs et les démocrates belges en vinrent à une rupture ouverte, Lebrun prit chaleureusement parti pour ces derniers, ce qui lui valut un autre arrêt de proscription de la part de leurs adversaires. Enfin, établi et naturalisé à Liége, il avait concouru activement à la révolution particulière de ce pays, et accepté les fonctions de secrétaire de la municipalité insurrectionnelle au mois d'août 1790, c'est-à-dire dans un moment où cette révolution était déjà fort compromise. Aussi avait-il été d'abord l'objet d'un arrêt solennel de bannissement du territoire de l'Empire, puis condamné à mort par contumace, après la restauration du gouvernement épiscopal à Liége (janvier 1791).

Lebrun se rendit aussitôt à Paris, avec la plupart des réfugiés liégeois, dont il réglait et centralisait les démarches. Cette circonstance explique ses rapports avec Bonne-Carrère, ministre titulaire de France à Liége[1]. Cette ville venait de retomber au pouvoir du prince-évêque et de ses chanoines tréfonciers, lesquels n'entendaient pas raillerie en fait de révolution. Bonne-Carrère n'eut garde d'aller résider auprès de

---

1. Cette nomination valut au ministre Montmorin, de la part des deux fractions extrêmes de la Constituante, des reproches contradictoires. Les uns blâmaient ce choix, parce que Bonne-Carrère avait été jadis aux Jacobins; les autres, parce qu'il avait cessé d'y aller.

ce gouvernement ultra-réactionnaire, et n'entretint de rapports qu'avec les réfugiés. Ce fut par lui que Lebrun-Tondu fut mis ultérieurement en relation avec Dumouriez et les notabilités du parti de la Gironde ; car Bonne-Carrère avait des amis partout. Ce fut également lui qui adjoignit Maret à Lebrun, pour travailler aux affaires des réfugiés liégeois et belges. Moins violent, moins orgueilleux que Brissot, Lebrun avait, comme lui, des connaissances assez étendues en fait de politique extérieure. Il avait de plus une certaine pratique de l'administration, acquise dans ses fonctions de secrétaire du gouvernement insurrectionnel liégeois. C'était là une qualité fort rare et fort prisée parmi les partisans du régime nouveau. Elle menait à d'importantes fonctions — et aussi à l'échafaud[1].

VIII

Situation de la Belgique après la restauration autrichienne. — Discordes des réfugiés belges. — Communications secrètes du ministère français avec le comité des réfugiés belges et liégeois unis par l'intermédiaire de Maret. — Motifs de sa conduite.

Lors du rétablissement de la domination de l'Autriche en Belgique, le gouvernement général avait été

---

1. En sa qualité de secrétaire du gouvernement liégeois, Lebrun avait été initié aux communications intimes et suivies qui avaient eu lieu entre ce gouvernement et le cabinet de Berlin. (V. Borgnet, chap. IV et IX.) Les Liégeois avaient trop longtemps compté sur la protection du roi de Prusse. Camille Desmoulins blâmait leur crédulité, il disait : « Oh ! le beau gardien pour des moutons qu'un loup cervier ! » L'agent prussien Döhm leur conseillait de devancer l'exécution autrichienne par une soumission spontanée, et promettait, à ce prix, une intervention officieuse de la Prusse pour une

confié, par *intérim*, à l'ancien ambassadeur de cette puissance à Paris, le comte de Mercy (déc. 1790). Pendant cet intérim, qui dura six mois, Mercy s'efforça, conformément aux instructions du prince de Kaunitz, de tenir la balance égale entre les deux partis extrêmes, qui composaient en réalité la nation entière, car, comme il l'écrivait lui-même, « ce pauvre gouvernement n'avait pas d'amis. » Cette situation anomale avait donné lieu à d'étranges tiraillements[1]. D'un côté, Mercy était entraîné à révoquer sans distinction toutes les réformes religieuses de Joseph II, tout en avouant dans sa correspondance particulière que « cette mesure était digne du quatorzième siècle ; » de l'autre, il tolérait à Bruxelles l'ouverture d'un club démocratique, contre-façon de celui des Jacobins, sous le nom de « Société des Amis du bien public : » — du bien *du* public, disait méchamment à cette occasion un pamphlet aristocratique.

Au mois de juin 1791, le gouvernement général fut replacé nominalement dans les mains de l'archiduc Albert et de Marie-Christine, mais la direction des affaires remise en fait au comte de Metternich, père du diplomate fameux dont le nom reviendra souvent dans ces pages. Conformément à ses instructions, le comte favorisa tour à tour libéraux et conservateurs, mais sans grand résultat. Les uns et les autres

---

amnistie et le maintien de quelques réformes. Les Liégeois ne pouvaient espérer de résister aux soldats réguliers de l'Autriche avec des bandes de *volontaires*, ainsi nommés, dit un contemporain, parce qu'ils ne faisaient que ce qu'ils voulaient. Ils n'avaient pas non plus la ressource de se jeter dans les bras de la France, que les constitutionnels tenaient fermés. Il fallait donc en passer par les insinuations de la Prusse ou par la fenêtre, et une fenêtre des plus hautes, le rétablissement sans conditions du prince-évêque ; et ce fut ainsi qu'on finit, faute d'avoir pris à temps l'autre parti.

1. V. Borgnet, chap. X et XI.

avaient fini par s'apercevoir qu'ils étaient joués, et que le masque tomberait le jour où l'on croirait n'avoir plus rien à redouter du côté de la France. La renonciation solennelle à toute entreprise contre la liberté d'aucun peuple, renonciation inscrite dans la Constitution de 1791, avait inspiré aux Belges de toutes les opinions une confiance un peu naïve. « Aristocrates et démocrates, dit leur historien, s'imaginaient que la France se bornerait à les affranchir, et les laisserait ensuite librement se débattre entre eux. »

Vers la fin de 1791, la situation devenant chaque jour plus tendue, les hommes les plus ardents des deux partis se réfugièrent en France, mais sans abjurer les discordes qui déjà leur avaient été si funestes. Cette fois encore, les plus grands obstacles à la réconciliation étaient du côté des démocrates. A leurs yeux, le grand crime de l'Autriche était de trop ménager leurs adversaires. Ils se donnèrent même beaucoup de mouvement pour décider la nouvelle Assemblée française à prescrire par un décret la dispersion d'un rassemblement qui s'organisait à la frontière contre l'ennemi, parce que les chefs de ce rassemblement n'étaient pas des leurs[1]. La discussion qui s'engagea à ce sujet offrit la même anomalie que celle de mars 1790; les conservateurs belges ne furent défendus que par les patriotes ardents. Le décret passa à une grande majorité, par suite de la coalition des Feuillants et d'une partie des Girondins. Les premiers, voulant le maintien de la paix, entendaient donner à l'Autriche une nouvelle preuve de bienveillance; les seconds

---

1. Ce rassemblement se composait en grande partie d'anciens militaires natifs des provinces belges, et qui avaient suivi le parti *statiste* ou clérical dans la précédente révolution. Un de leurs principaux chefs était le duc de Béthune-Charost, jeune homme aventureux qui voulait, dit-on, se faire nommer duc de Belgique, et qui périt pendant la Terreur.

réprouvaient une insurrection qui leur paraissait *de mauvais genre*, suivant l'expression d'un journal royaliste. L'un des démocrates belges annonçait de Paris ce résultat comme un grand triomphe. Il écrivait : « J'ai influé au comité diplomatique... Il faudra que ces *Messieurs* renoncent à l'appui de cette nation, et même à se rassembler en France. » Les démocrates belges ne se doutaient pas qu'en manœuvrant ainsi, ils discréditaient non-seulement leurs adversaires, mais la nationalité belge elle-même. Cette intolérance était vivement blâmée par les hommes les plus sensés des deux partis, qui firent à diverses reprises d'inutiles tentatives de conciliation. Elle n'était pas moins opposée aux vues et au langage des agents français en Belgique, qui, dans la prévision d'une rupture prochaine entre la France et l'Autriche, « encourageaient les aristocrates aussi bien que les démocrates, et réussissaient à entretenir ainsi parmi les anciens rebelles une fermentation susceptible d'être utile plus tard à la France[1]. » Plusieurs de ces agents appartenaient aux relations extérieures, notamment La Gravière, ministre titulaire à Bruxelles, et ses secrétaires de légation. Ils agissaient sous l'influence combinée de l'esprit révolutionnaire et de notre ancienne tradition politique, hostile à la maison d'Autriche, tradition qui s'était conservée dans la diplomatie occulte de Louis XV, à laquelle Dumouriez avait appartenu.

Jusqu'à la fin de 1791, l'influence de Lebrun semble avoir été circonscrite aux réfugiés liégeois. Nous le voyons, le 17 décembre, se présenter à l'Assemblée législative, à la tête d'une députation de ces réfugiés, sollicitant l'autorisation de former une légion de volontaires. Ce projet reçut un plus grand développe-

---

[1]. Lettre du comte de Metternich au prince de Kaunitz. (Borgnet.)

ment à la suite de la mémorable séance du 14 janvier 1792, dans laquelle Gensonnet et Guadet déclaraient d'avance la guerre à l'Autriche[1]. Un rapprochement s'opéra alors entre les Liégeois et la fraction la plus impatiente des *vonckistes*. Ils formèrent à Paris un comité des Belges et Liégeois unis, qui, dès le mois de février, faisait faire publiquement des enrôlements à la frontière, avec l'assentiment du comité diplomatique. On s'entendit sur les mesures à prendre pour le commencement inévitable et prochain des hostilités. Maret, travaillant alors avec Bonne-Carrère, qui faisait les fonctions de secrétaire du ministre de Lessart, prédécesseur de Dumouriez, était l'intermédiaire habituel de Bonne-Carrère et de Lebrun auprès de ce comité belge.

Telle fut la première mission politique de Maret. On voit de reste qu'il ne suivait plus, au commencement de 1792, la bannière de ceux des anciens chefs de la Constituante qu'on nommait alors les Feuillants. Parmi ces révolutionnaires de la première heure, il en était un pourtant qu'il eût volontiers servi, comme il servit plus tard Napoléon. Mais Mirabeau était mort, et nul parmi les survivants n'était capable de reprendre et de mener à bien l'œuvre de force et de conciliation, rêve de ses derniers jours. Ils se perdaient tout à fait « en comptant, pour rétablir l'ordre, sur la *salutaire terreur* qu'inspireraient les menaces de l'étranger. » Cette combinaison malheureuse, fort propre à être confondue avec la trahison dans un moment de crise, ne peut plus être reléguée parmi les inventions calomnieuses de l'esprit de parti. On a aujourd'hui la preuve matérielle qu'une dépêche au-

---

1. Ce fut en lisant le compte rendu de cette séance que l'empereur Léopold, jusque-là assez placide, s'écria : « Ils veulent la guerre, ils l'auront! »

trichienne du 17 décembre 1791, menaçante pour les révolutionnaires ardents, avait été copiée en partie dans un mémoire secret rédigé par les Feuillants et communiqué avec leur autorisation à Vienne par l'intermédiaire d'une personne auguste [1]. Cette entente tacite avec l'étranger fut aussitôt dénoncée, exagérée avec une violence qu'expliquaient la marche des événements et l'état des esprits. Les plus exaltés considérèrent ces ci-devant patriotes de 89 ralliés à la contre-révolution, comme des transfuges non moins odieux que les émigrés. D'autres, sans qualifier aussi sévèrement cette tactique des Feuillants, avaient jugé périlleux de les suivre dans une telle voie. Maret fut de ceux-là, et l'on ne saurait le taxer équitablement, à cette occasion, de versatilité ou d'ingratitude. Sa conduite à cette époque était pleinement d'accord avec le sentiment général. Il marchait non-seulement avec les Girondins, mais avec les agents imbus, comme Dumouriez, de l'ancienne tradition politique; avec les constitutionnels belliqueux comme le ministre Narbonne, qui cherchaient dans cette guerre avec l'Autriche une dernière chance de salut pour la monarchie. D'ailleurs, il obéissait à l'autorité; et l'autorité, à cette époque, ne résidait pas dans les ministères, encore moins aux Tuileries, mais uniquement dans l'Assemblée législative. Les opérations des Belges et Liégeois unis avaient reçu l'assentiment des comités diplomatique et militaire, avant la formation du ministère girondin. Ces graves mesures, qui en réalité préjugeaient la guerre, étaient prises par anticipation, sans scrupule et sans péril, tant était profonde la nullité du pouvoir exécutif, traîné agonisant à la remorque de la Révolution!

1. Voir à ce sujet de Bourgoing, I, 464.

IX

Dumouriez et Maret. — Premières dépêches de celui-ci. — Manifeste des réfugiés, rédigé par lui. — Il est nommé secrétaire de légation à Bruxelles, puis à Hambourg. — Instructions de Bonne-Carrère à Maret, au sujet de sa véritable mission d'agent général en Belgique. — Maret et Deshacquets.

Enfin, après la destitution du ministre de la guerre Narbonne, « coup de boutoir » imprudent auquel l'Assemblée riposta immédiatement par la mise en accusation de de Lessart, le roi subit un ministère *Girondin*. Dans cette combinaison nouvelle, Dumouriez obtint le portefeuille des affaires étrangères. Il devait quelque chose de cette fortune inespérée à ses amis Laporte et Gensonné, qui l'avaient recommandé, celui-ci à Louis XVI, celui-là aux Girondins. Mais, en réalité, le premier auteur de cette nomination fut Bonne-Carrère, qui avait décidé de Lessart à faire venir à Paris Dumouriez, son ancien camarade de collége, en le lui vantant comme seul capable de le tirer d'embarras.

Dumouriez, homme de grands moyens et de petite moralité, avait néanmoins en politique extérieure des convictions très-arrêtées. Tout ce qui lui restait de conscience s'était réfugié là. Il se hâta de représenter au conseil que, dans la situation présente, « on ne devait s'acharner politiquement qu'à un seul ennemi, qu'à l'Autriche, pour lui ravir les Pays-Bas, remplis de mécontents et à portée de la France. » Toutes ses démarches furent calculées dans le double but d'isoler l'Autriche, et d'imprimer aux négociations directes avec cette puissance une allure pressante, agressive, propre à hâter la rupture, si, comme on devait s'y attendre, l'Autriche refusait de désarmer et de rompre le concert éventuel formé à Pilnitz contre la France [1]. En même temps, Lebrun et Maret, compris dans la nouvelle composition des bureaux, l'un comme chef de division, l'autre avec le titre de secrétaire de légation à Bruxelles, continuaient à s'occuper activement des affaires belges et liégeoises. Dumouriez avait pris Maret en grande amitié ; il se plaisait à lui raconter les détails de l'aventureuse mission qu'il avait remplie vingt ans auparavant en Pologne, auprès des confédérés de Bar. Maret puisa dans ces entretiens un sentiment profond de l'iniquité du partage, et une sympathie pour la cause polonaise dont nous retrouverons des témoignages non équivoques dans d'autres temps.

Les premiers documents écrits constatant la présence de Maret aux affaires étrangères remontent au commencement d'avril, et prouvent que dès lors il centralisait toutes les correspondances, officielles ou secrètes, relatives aux affaires de la Belgique. Ce sont des minutes de lettres pour le chevalier de la Gravière, résident de France à Bruxelles, pour son secrétaire, nommé Ruelle, et pour divers agents secrets. Une de ces lettres, adressée à Ruelle, annonçait l'expédition d'une tabatière en or, envoyée comme offrande nationale à un certain Léagre, qui avait fait découvrir une fabrique de faux assignats français à Bruxelles [2]. Une

---

1. M. de Bourgoing a parfaitement résumé ce travail de Dumouriez depuis le 15 mars, jour de son entrée au ministère, jusqu'à la déclaration de guerre (20 avril) (*Hist. diplom.*, I, 474-486). On peut aussi consulter sur ce sujet le chap. IV de l'ouvrage de M. Masson. Partisan de l'alliance autrichienne, il est parfois un peu trop sévère pour Dumouriez.

2. On voit par d'autres lettres que l'émissaire chargé de porter cette tabatière s'était si fort attaché à elle, qu'il fallut la lui réclamer plus de dix fois, de Paris et à Bruxelles, pour le décider à s'en séparer.

autre lettre prescrivait à la Gravière de réclamer contre la détention présumée d'un sieur Droët, accusé d'intrigues politiques. « Le gouvernement général, écrivait Maret, nie avec tant d'humeur cette détention, que nous la croyons réelle. » On remarque aussi, de son écriture, un projet de réclamation relatif aux enrôlements qui se faisaient dans les provinces belges pour l'armée des princes. Le ministre français avait sollicité antérieurement un ordre du gouvernement général pour faire cesser ces enrôlements ; cet ordre avait été obtenu, mais non notifié à la France. On pourrait trouver qu'au point où en étaient les choses, il était un peu tard pour remettre une semblable question sur le tapis. Mais à cette époque, c'est-à-dire dans les premiers jours d'avril, les ministres autrichiens protestaient encore à Vienne qu'ils ne voulaient pas appuyer les émigrés, bien que leurs actes fussent en désaccord flagrant avec cette affirmation[1].

En même temps, Maret s'occupait de la rédaction du manifeste insurrectionnel qui, d'après les résolutions du comité belge et liégeois de Paris, devait être lancé au moment de la déclaration de guerre si elle avait lieu. Ce manifeste, dont le projet original est aux Archives, écrit de la main de Maret, avait la forme emphatique qui était un des caractères et une des nécessités du temps, mais il contenait autre chose que de vaines déclamations. Dès qu'il eut paru, le *Moniteur* en publia une analyse, communiquée par Maret à de Marcilly, l'un de ses anciens secrétaires, devenu rédacteur principal. « Les Belges et Liégeois unis adressent à l'Europe non l'excuse, mais le plan des mesures hardies qu'ils sont résolus d'employer... Il

---

1. De Bourgoing, I, 484. — Voir aussi ce que dit Dumouriez d'une négociation particulière qu'il aurait essayé de suivre avec le comte de Metternich, pendant les premiers jours de son ministère (Mém. IV, 1).

leur suffisait de dire : moi peuple, je veux être libre, je vais combattre pour le devenir. Cependant, après avoir établi ce principe, ils croient devoir apporter les preuves de leur fidélité aux conventions mutuellement jurées, celles de leur longue patience lorsque toutes furent indignement violées. Ils remontent jusqu'au temps où les Belges obtinrent des constitutions et des franchises. Ces constitutions, bien qu'entachées de tous les vices des siècles barbares, avaient mis au moins des bornes au despotisme du prince; au moins elles garantissaient au peuple la plus chère des libertés, celle de ses actions et de sa personne. Mais toutes les conditions du pacte inaugural des Belges ont été violées; les Liégeois ont été encore plus infortunés[1]. » Ce manifeste était suivi d'un plan de république fédérative, d'inspiration évidemment *Girondine*. Le comité organisait un pouvoir révolutionnaire pour éviter l'anarchie ; mais les fonctions de ce pouvoir devaient se modifier graduellement, et finalement cesser dès que les vrais représentants de la nation seraient réunis. Aux termes de l'article 11 du projet, l'élection des « vrais représentants » devait avoir lieu, dans la proportion d'un par dix mille âmes, au fur et à mesure de l'affranchissement des villes et territoires. Aussitôt élus, ces représentants devaient se joindre au comité révolutionnaire primitif et participer à son pouvoir, lequel devait cesser aussitôt que les représentants élus, arrivant au chiffre de cent cinquante, pourraient se former en Assemblée constituante[2]. Enfin, on recommandait d'avance à l'attention de cette future assemblée un projet de démocratie représentative,

1. *Moniteur* du 29 avril.
2. Une pensée de haute prévoyance avait inspiré cette idée d'une rapide organisation de l'unité belge. On verra bientôt que l'abandon de cette combinaison, au moment de la conquête, fut un grand malheur pour les deux pays.

dans lequel on s'était efforcé d'atténuer par un compromis l'inconvénient, alors si vivement senti en France, du *veto* suspensif inscrit dans la constitution de 1791. Le pouvoir exécutif était délégué à un sénat électif comme les représentants. Le droit de *veto* était conservé à ce sénat, mais il devait alors faire connaître les motifs de son refus au Corps législatif; en cas de persistance de la part de celui-ci, la difficulté était tranchée, dans le délai d'un mois, par un appel au peuple.

Dumouriez voulait la guerre et pas autre chose, bien qu'il ait dit le contraire dans ses Mémoires. Mais il fut entraîné à la faire déclarer plus promptement qu'il n'eût voulu, par suite du retrait de la démission de Noailles et de l'arrivée intempestive de l'ultimatum autrichien, remis le 7 avril à cet ambassadeur. Après ce qui venait d'arriver à de Lessart, Dumouriez ne pouvait, sans imprudence, différer la communication de cette pièce, qui contenait un refus hautain de rompre le concert formé contre la France, « tant que les circonstances qui avaient amené ce concert subsisteraient, » ce qui pouvait être interprété sans effort comme une sommation de rétablir purement et simplement l'ancien régime. La seule réplique possible à une semblable communication, devenue publique, était la déclaration de guerre immédiate. Cette accélération forcée du dénouement déconcertait les mesures de Dumouriez, qui, pour gagner du temps et mettre le roi en meilleure posture devant l'Assemblée, avait combiné l'envoi à Vienne d'un nouvel ambassadeur (de Maulde), porteur d'une lettre très-ferme de Louis XVI[1]. De plus, il venait de faire partir Maret, chargé d'une mission assez complexe, qui

---

1. La dépêche de M. de Noailles contenant l'ultimatum arriva la veille du jour fixé pour le départ de M. de Maulde.

devait successivement exiger sa présence dans les principales villes du département du Nord et à Bruxelles, où son titre de secrétaire de légation l'autorisait à se rendre tant que la rupture ne serait pas consommée officiellement. « Il devait, dans ce cas, y remplacer provisoirement La Gravière, dont le rappel venait d'être expédié. La rupture qui survint l'empêcha de déployer ce caractère officiel, et il reçut celui d'agent général du gouvernement pour les affaires de Belgique[1] ». Sa mission consistait à fusionner, en vue de l'invasion prochaine, tous les éléments insurrectionnels qui existaient en deçà comme au delà des frontières. C'était là, il faut en convenir, de la diplomatie révolutionnaire s'il en fut jamais. Mais, si l'on veut bien tenir compte des entraînements, des nécessités inexorables de la situation, on excusera le ministre, et à plus forte raison l'agent qui acceptait cette mission délicate et périlleuse. Le langage et les démarches de la cour de Vienne étaient d'une telle nature, que tout Français opposé au rétablissement absolu de l'ancien régime devait la regarder dès lors comme une ennemie déclarée, et les rapports secrets du ministère français avec les mécontents des provinces belges pouvaient être considérés comme des représailles légitimes de la protection accordée en fait, sur le territoire belge, aux rassemblements d'émigrés français[2].

Devancé par les événements, Maret ne put aller jusqu'à Bruxelles; il n'eut pas davantage le temps d'agir auprès des réfugiés belges avant la première tentative d'évasion, qui eut lieu à la fin d'avril. Une seule mesure put être prise à temps, la publication du manifeste. Il fut lancé au moment où l'armée

1. Notes inédites de Maret.
2. Notamment à Ath, d'où les émigrés avaient fait, peu de temps auparavant, une tentative sur Valenciennes.

française s'ébranlait pour entrer sur le territoire belge.

On sait que cette tentative ne fut pas heureuse. La Fayette, qui la désapprouvait, était dans les meilleures dispositions pour la mal conduire. Le 1er mai, il menaçait avec des forces supérieures la ville de Namur, dont l'occupation aurait probablement suffi pour faire insurger Liége et une grande partie de la Belgique. Mais La Fayette, apprenant le double *sauve-qui-peut* de Mons et de Tournay, s'empressa de rétrograder[1]. Cette reculade faisait peu d'honneur à la perspicacité politique et militaire du général. Elle compromettait les volontaires liégeois, qui, seuls, avaient marché en avant et fait soulever Dinan. Ils durent se retirer précipitamment, et cette ville fut réoccupée et maltraitée par l'ennemi.

Malgré cet échec, Dumouriez persista dans son plan offensif. Le 4 mai, Maret, qui se trouvait à Valenciennes, fut nommé secrétaire de légation à Hambourg, titre de fantaisie en ce qui concernait cette ville où il ne devait pas aller, mais à l'ombre duquel il pouvait remplir sa véritable mission, et, dans ce but, se transporter sur différents points de la frontière, et souvent à la suite des corps d'armée. A la même date, le directeur général lui fit parvenir des instructions détaillées, dont le projet original existe aux Archives.

1. Le même jour et à la même heure, les troupes de Théobald Dillon et celles de Biron, saisies d'une terreur panique, fuyaient devant des forces très-inférieures. Cette coïncidence donna lieu à des accusations aussi absurdes qu'odieuses. Beaucoup d'officiers avaient émigré; on en conclut que les autres ne restaient que pour mieux trahir. Les déclamations des journaux jacobins avaient accrédité cette opinion dans l'armée; aussi ils s'empressèrent de crier à la trahison, pour donner le change. Marat dit, dans son numéro du 3 mai, que « la première chose qu'avait à faire l'armée, c'était de massacrer ses généraux. » Les soldats de Dillon avaient devancé cet atroce conseil.

« C'est à présent, écrivait Bonne-Carrère, qu'il ne faut négliger aucun moyen de nous faire des amis parmi les Belges, de favoriser leur émigration, d'exciter en eux l'esprit d'insurrection. Elle ne sera profitable pour nous et pour eux qu'autant qu'elle sera générale. Tous vos efforts doivent tendre à rallier les partis. Plus de Vonckistes, de Vandernootistes, de Confédérés (c'était le nom du rassemblement formé par le jeune Béthune-Charost) ; que tous se montrent *solidement patriotes*. Autrement que gagnerions-nous à chasser les Autrichiens, s'il restait encore deux ou trois partis, prêts à s'entre-déchirer ? »

Ce projet contenait des indications spéciales sur la manière de traiter avec les Vandernootistes ou Statistes, dont il importait fort de s'assurer l'appui.

« Il ne faut jamais perdre de vue que les Belges sont d'un siècle en arrière sur nous. Les États céderaient s'ils espéraient conserver provisoirement une grande partie de leur autorité ancienne, si l'on ne parlait pas trop subitement de la suppression des ordres. Les Vandernootistes seraient rassurés si on leur laissait confréries, processions et moines, si on déclarait les propriétés du clergé inviolables ; les Confédérés (ou *Béthune-Charostistes*), en leur assurant les grades militaires et la solde promise. La plupart de ces derniers, vous le savez comme moi, ne sont que des *coureurs de révolutions*, appartenant au dernier qui les paye et les nourrit. »

Tout cela était fort raisonnable, trop raisonnable même pour ce temps-là. Aussi ce passage entier avait été supprimé dans les instructions définitives. On s'était borné à recommander d'une manière générale à Maret de se rapprocher de Béthune-Charost, et aussi du comité de réfugiés conservateurs ou statistes installé à Douai. Tout bien considéré, le ministre ne voyait pas d'inconvénient à ce que ce rassemblement subsistât. « C'était un centre de réunion, propre à tourmenter les Autrichiens. Tous les réfugiés ne devaient conserver, de leurs sentiments actuels, que la haine commune pour la maison d'Autriche. » Le commissaire français devait annoncer avec éclat que la catastrophe de Tournai (la déroute de Dillon et de Biron) allait être bientôt réparée. On lui fournissait aussi un argument complémentaire, qui avait bien son éloquence ; ces instructions étaient accompagnées d'un premier envoi de fonds (10,000 l.), pour l'organisation des patriotes. Le tout lui fut remis à Valenciennes par un sieur Deshacquets, jadis secrétaire de légation à Bruxelles, et qu'on y renvoyait comme émissaire secret, avec injonction de combiner ses démarches avec celles de Maret, dont il devenait le subordonné. Ce Deshacquets paraissait animé du plus beau zèle. Arrivé à Valenciennes le 7 mai, il annonçait de suite à Bonne-Carrère qu'il avait trouvé Maret « encore au-dessus de l'idée qu'il s'en était faite. » Le lendemain, il s'adressait directement à Dumouriez : « J'ai vu de suite Maret. Il sert la bonne cause, vous apprécie et vous aime. Nous sommes convenus de travailler pour votre plus grande gloire et d'après vos principes. Aujourd'hui, nous avons passé la journée ensemble. Il m'a lu ses instructions, qui devenaient les miennes, et dont je me suis pénétré. Nous avons avisé aux moyens de correspondre sûrement[1]. »

On voit par ces documents que la mission primitivement confiée à Maret était en quelque sorte dédoublée. Il restait directement chargé des relations avec les réfugiés de toute nuance ; et Deshacquets devait suivre, sous sa direction, les rapports secrets avec les mécontents de l'intérieur. On comprend qu'une pareille tâche ne pouvait être remplie, depuis la déclaration de guerre, que par un homme connaissant déjà le pays. Ce Deshacquets promettait des

---

1. Deshacquets à Dumouriez, 8 mai.

merveilles. En attendant, ne pouvant entrer en Belgique par les voies directes, il allait s'embarquer à Dunkerque, « pour prendre, disait-il, l'ennemi en flanc. »

X

Coup d'essai diplomatique de Maret ; réconciliation des réfugiés cléricaux et libéraux. — Retraite de l'armée française et ses fatales conséquences. — Suite de la mission de Maret. — Mémoire sur les affaires belges rédigé par lui pour le nouveau ministre Chambonas (juillet 1792).

Dans le courant de mai, Maret s'occupa avec zèle et succès d'un des objets les plus délicats de sa mission, le rapprochement du comité *Vonckiste* de Lille avec celui de Paris. Vonck et ses fidèles, qu'on pourrait justement définir « les Feuillants de la Belgique », appartenant pour la plupart à la haute bourgeoisie, avaient été fort effrayés, dans le principe, de l'énergie révolutionnaire des « Belges et Liégeois unis ». Ils craignaient aussi, comme l'avoue leur historien, « de compromettre leurs possessions en Belgique » (Borgnet, I, 346). Enfin beaucoup de réfugiés, même des plus zélés, appréhendaient que la France ne finît par s'arranger à leurs dépens, après qu'ils se seraient compromis pour elle. Déjà, pour les rassurer, Maret ou Lebrun avait fait passer au *Moniteur* une note qui parut en même temps que l'article sur le manifeste insurrectionnel (29 avril). Il y était dit que la France pouvait, il est vrai, traiter avec d'autres États, mais qu'en fait de garanties offertes aux divers princes, la nation française ne pouvait plus en reconnaître qu'une, celle de la liberté des hommes. Cela devait signifier que, désormais, les Belges n'avaient plus à craindre de voir reparaître, dans un arrangement entre la France et l'Autriche, des conditions pareilles à celles du traité de 1756, qui avait garanti la Belgique à cette puissance.

Conformément à ses instructions, Maret s'efforça de ramener les dissidents de Lille. Ce fut lui qui négocia, avec Vonck et les principaux membres de son comité, la convention par laquelle ils se rallièrent à l'invasion française. Ce pacte important fut le coup d'essai diplomatique de Maret. Il s'était attaché fort adroitement à lui donner une forme qui attribuait le mérite de l'initiative au comité vonckiste. Aussi, cette pièce, signée de Vonck et de ses amis, fut imprimée sous le titre suivant, d'un libellé essentiellement belge : « Propositions du comité Belgique à Lille, relatives à l'équipement d'un corps militaire de Belges, faites au ministère français dans le mois de mai 1792; conformément auxquelles le ministère français, après les avoir agréées par une lettre du 28 *dito*, signée Bonnecarre (*sic*), a commencé par faire remettre audit comité Belgique la somme de 60,000 livres en assignats, dont ci-dessous est jointe la copie de la quittance. » On stipula qu'il serait formé un corps militaire, que les Belges organiseraient (art. 1er.), et qui serait confié aux généraux français, pour être employé sur les frontières ou dans l'intérieur des Pays-Bas, point ailleurs (2). La France devait faire, pour cette organisation, des avances dont il serait tenu un compte exact, et qui devaient être remboursées aussitôt que l'auraient permis les progrès de la révolution belge (4 et 5). De plus, le gouvernement français s'engageait à laisser à la disposition entière et absolue de la puissance populaire qui viendrait à se former dans les Pays-Bas, ce corps, destiné à continuer son service, mais comme contingent d'une puissance alliée. Enfin, une dernière clause trahissait les appréhensions égoïstes de la bourgeoisie belge. La France devait s'engager à sauvegarder, dans tout arrangement qu'elle pourrait faire avec l'Autriche, les personnes et les propriétés des Belges qui auraient combattu pour la liberté. L'adhésion de ces libéraux très-modérés avait son importance ; mais des gens si prudents n'étaient guère propres à aider bien efficacement, par eux-mêmes, les Français à prendre la Belgique, ni à les empêcher de la garder pour eux.

Maret était à Lille et s'occupait activement de son travail d'organisation, au moment où l'armée française du Nord, passée sous le commandement de Lückner, s'ébranlait de nouveau pour envahir la Belgique[1].

Nous n'avons pas à rappeler ici les événements qui firent avorter cette nouvelle tentative d'invasion, d'une façon plus déplorable encore que la précédente. Ce fut la conséquence forcée des nouvelles crises ministérielles qui écartèrent successivement du pouvoir d'abord les Girondins, puis Dumouriez lui-même, et y ramenèrent les Feuillants. Ceux-ci, en voulant sauver la monarchie, consommèrent sa perte et la leur. La brusque retraite de l'armée (fin juin) attribuée non sans raison à l'influence de La Fayette, avait porté au

1. Le 15 juin 1792, Maret envoyait de Lille, au directeur Bonne-Carrère, un reçu d'une somme de 32,000 fr. assignats, transmise par Reus, président des Belges et Liégeois unis, pour l'armement des volontaires. Bonne-Carrère lui écrivait alors presque tous les jours, et le tenait au courant, à mots couverts, des dissentiments de Dumouriez avec ses collègues girondins. Il venait de lui annoncer, le 12, la retraite de Roland, Clavière et Servan, et ajoutait *qu'il était temps*. M. Masson a publié quelques passages de cette correspondance (p. 178, ouvr. cité). Elle semble prouver qu'à cette époque tous deux attendaient de Dumouriez la restauration de l'autorité de Louis XVI sans contre-révolution, et sans le secours de l'étranger ; en un mot, la réalisation des derniers projets de Mirabeau.

comble l'exaspération révolutionnaire. On proclama que cette armée n'avait été retirée de Belgique que pour être portée sur Paris, et venger la royauté outragée par la tentative du 20 juin. Ce fut le texte d'un discours de Vergniaud, d'une beauté sinistre, reproduit par tous les historiens, et d'une de ces âcres récriminations de Robespierre, qui déjà faisaient sur les masses une impression plus profonde que les harangues éloquentes des Girondins. « Ce n'est plus aujourd'hui un secret pour personne, écrivait Robespierre dans son journal, que le but de la guerre n'est point de détrôner la maison d'Autriche dans le Brabant, mais de rétablir son empire en France. Ce n'est point Bruxelles qu'on veut affranchir, c'est Paris que l'on veut réduire. Il s'agit non de dompter les factieux de Coblentz, mais de châtier les factieux de l'Assemblée et de la capitale. Le roi de Prusse et le roi de Hongrie, comme on sait, sont bien moins à craindre pour la France que les municipaux et les sociétés des amis de la Constitution ; Léopold et La Fayette nous l'ont hautement déclaré ! Il faut épargner Coblentz, évacuer Courtrai, et préparer le siége du couvent des Jacobins. Le véritable théâtre de la guerre n'est donc point la Belgique ; c'est Paris. Le véritable quartier général n'est pas au camp retranché de Maubeuge ; il est dans le palais des Tuileries[1]... »

Pour colorer d'un prétexte suffisant la tactique contre-révolutionnaire signalée dans ce réquisitoire, on avait fait signer à Lückner un rapport qu'il désavoua plus tard, et dans lequel on s'était attaché à justifier le mouvement rétrograde de l'armée par le défaut de concours des patriotes belges. Ce rapport fut l'objet d'une longue réfutation insérée dans le *Moniteur* du 13 juillet. Cette pièce, datée de Lille,

---

1. *Le Défenseur de la Constitution*, n° 8.

portait la signature du président et des secrétaires du comité belge et liégeois, mais elle était l'œuvre de Maret. On y établissait par des faits irréfragables l'accueil sympathique que les Français avaient d'abord rencontré en Belgique. « Il est vrai qu'un morne silence avait succédé à ces premières manifestations, mais la cause en était simple et naturelle. Des hommes, bien intentionnés sans doute, avaient publié partout que M. le maréchal ne voulait plus avancer sans les ordres du nouveau ministère. Il était raisonnable de croire que ces ordres pouvaient être contraires à ceux du ministère précédent. » Dans cette situation, « si les Belges avaient fait quelques mouvements, on n'aurait eu qu'à gémir de leur imprudence. » Cet article, qui produisit une vive sensation, ne disait pas encore toute la vérité. Les réfugiés formaient déjà un corps de 2,000 hommes bien commandés ; ils avaient fait bonne contenance dans les premiers engagements. Un de leurs chefs était Dumonceau, qui devint un de nos meilleurs généraux divisionnaires sous l'Empire. Par suite du brusque ajournement de l'invasion, cette troupe auxiliaire devenait un embarras. Aussi l'on avait employé, pour la disloquer, diverses manœuvres qui furent dénoncées avec une vivacité extrême à l'Assemblée par une députation du comité belge, dans la séance du 27 juillet. Ils se plaignirent aussi de l'abandon dans lequel les laissait le ministère des affaires étrangères depuis la démission de Dumouriez, et l'Assemblée, faisant droit à cette plainte, décréta qu'ils seraient de nouveau secourus. Maret, qui, vers la fin de juillet, avait été rappelé à Paris, fut renvoyé à la frontière pour y surveiller l'exécution de ce nouveau décret.

Pendant cette première mission, il n'avait pas eu beaucoup à se louer de ce Deshacquets, qu'on lui avait donné pour principal auxiliaire dans l'intérieur de la

Belgique. Cet agent était prodigue de belles promesses ; il se vantait d'avoir des ramifications partout, de pénétrer *dans les cabinets en passant par les boudoirs* (textuel). Mais, en définitive, il ne faisait guère autre chose que des appels de fonds. Maret, ayant eu des renseignements peu flatteurs sur son compte (notamment par Léagre, l'homme à la tabatière d'or), avait bientôt cessé toute communication avec lui. Le 20 juillet, Deshacquets écrivait directement de Bruxelles à Bonne-Carrère pour se plaindre du mutisme obstiné de Maret « qui paralysait toutes ses mesures. » Faute de fonds, les agents subalternes avaient dû discontinuer ce que Deshacquets appelait leurs prouesses. Il s'était mis personnellement en avance de sept louis pour payer *la façon de quelques déserteurs*, etc.[1].

C'est à l'époque de ce premier séjour de Maret sur la frontière du Nord que se rapporte un document curieux conservé aux Archives. C'est une sorte de notice ou de Mémoire confidentiel, écrit en entier de sa main, et qui semble avoir été rédigé pour mettre le ministre successeur immédiat de Dumouriez (Chambonas) au courant de la situation des Pays-Bas autrichiens. Ce travail contient des renseignements que l'on chercherait vainement ailleurs. Maret y faisait preuve d'une connaissance approfondie de l'état des choses, et d'une modération bien rare

---

1. Dans son fameux rapport sur le « comité autrichien, » pièce qui contient certains faits véritables mêlés à bien des calomnies, Chabot, sur l'attestation d'un « citoyen qui ne pouvait être nommé sans danger pour sa fortune dans les Pays-Bas, » articula que, dans le temps où Deshacquets était encore secrétaire de légation, ses appointements avaient été augmentés par le ministre Montmorin, sur la recommandation expresse de l'archiduchesse Marie-Christine. (Séance du 4 juin 1792, *Moniteur* du 6.) En rapprochant cette indication de la conduite de Maret à l'égard de Deshacquets, et du style de cet agent, on serait tenté de croire que Maret avait fini par le soupçonner de jouer un double rôle.

dans ce temps-là. On en jugera par les extraits qui suivent :

« Depuis que les Pays-Bas obéissent à des princes ayant ailleurs des possessions plus importantes, ils ont cessé d'avoir un gouvernement national. Le leur a été tour à tour espagnol, allemand, tandis que les autres institutions, magistratures, corporations, etc., conservaient les formes antiques. De là il est résulté, entre les hommes du gouvernement et ceux de la nation, une guerre sourde, qui fut la principale source des troubles. Sous Joseph II, tous les pouvoirs furent absorbés par les gouverneurs généraux; *tout se fabriquait à Vienne.* Cet effort prématuré vers l'uniformité aggrava le mécontentement général... Ce système a engendré une défiance incurable : elle a résisté aux tentatives conciliantes de Léopold depuis la rentrée des Autrichiens. On n'a pas cru à la bonne foi de ce prince ; et la protection alternativement accordée aux deux partis a confirmé cette opinion. Maintenant la haine de l'Autriche, l'amour de la liberté sont à peu près les seules passions qui aient survécu... L'influence personnelle de l'archiduchesse et de son mari est nulle... Marie-Christine redoute la guerre : 1° *parce qu'elle aime fort à avoir son mari avec elle*; 2° parce qu'elle craint pour son château de Lacken, qu'elle a bâti, orné, et dont elle ne peut arriver à jouir...

« Le comte de Metternich s'était posé d'abord en adversaire de Mercy, en ministre ami des patriotes. Il y a maintenant, de son côté, retour visible vers l'aristocratie. Cette révolution est due en partie à l'influence très-grande de sa femme, altière, qui ne fréquente que la haute noblesse émigrée, et communique à son mari la haine croissante pour les principes de la Révolution, qu'elle puise dans cette société. Aussi Metternich, si opposé à la coalition il y a un an, en est devenu l'un des plus ardents provocateurs...

« Il a fallu beaucoup de prudence pour opérer une fusion entre les patriotes, nos seuls alliés possibles ; on y a travaillé sous le précédent ministre (Dumouriez) et avec succès[1].

---

1. Cette phrase prouve que le mémoire a été rédigé immédiatement après la démission de Dumouriez, et son remplacement par Chambonas. Sur ce personnage, connu seulement jusque-là par ses infortunes conjugales, v. Masson, pp. 184 et suiv.

Aujourd'hui, la haine la plus violente contre l'Autriche règne dans la Flandre, le Hainaut, et la plus belle moitié du Brabant. Avec des ménagements, de l'ordre et de la discipline, *un silence absolu sur les matières de religion*, on peut espérer d'amortir peu à peu les préventions de la minorité contre nos principes. Il faut pour cela ne pas brusquer les choses, avoir le plus grand respect pour les propriétés, *même ecclésiastiques* : se borner à demander que le peuple soit consulté sur la forme de gouvernement à adopter : s'occuper uniquement de la convocation de ses représentants, à mesure que l'on pénétrera dans le pays. Par cette conduite, on inspirera moins d'ombrage aux fanatiques ; leur opposition sera plus lente et plus faible.

En comparant ce Mémoire au manifeste des Belges et Liégeois unis, on s'aperçoit qu'un examen approfondi de la situation avait déjà ramené le jeune secrétaire de légation à des vues plus pratiques. Mais, dans ces jours d'effervescence, les idées de modération, de conciliation, n'étaient que de vaines utopies.

XI

Conduite irréprochable de Maret. — Suite de sa correspondance avec Bonne-Carrère. — Lettre inédite et curieuse de Dumouriez à Sémonville. — Maret chef de division aux relations extérieures. — Il sauve la vie à Stanislas Girardin.

Un biographe a reproché à Maret de n'avoir pas donné sa démission lors de l'insurrection du 10 août, « qui renversait cette même Constitution pour laquelle il s'était prononcé jusque-là. » C'est comme si l'on reprochait à quelqu'un de n'être pas resté immobile pendant un tremblement de terre. Maret avait sincèrement désiré la consolidation de la monarchie constitutionnelle; il l'avait bien prouvé en passant aux Feuillants en juillet 1791. Comprenant que la Constitution avait trop affaibli le pouvoir exécutif, il aurait voulu qu'il se relevât, mais sans les abus anciens, et par des moyens exclusivement français. La guerre avec l'Autriche, franchement et vivement menée, était l'unique chance de salut qui restât à la monarchie; Maret y coopéra de tout son pouvoir pendant sa première mission. Quand il revint à Paris après trois mois d'absence, le manifeste régicide de Brunswick était lancé! Maret rendait justice aux vertus privées du roi, et nous le verrons bientôt s'exposer courageusement pour lui sauver au moins la vie. Mais, voulant par-dessus tout le maintien des réformes de 1789, l'ex-annotateur de la Constituante était de ceux qui subirent la suspension du pouvoir exécutif, et plus tard la République, comme des maux préférables encore à la contre-révolution sans frein, au triomphe des armées étrangères. Dans cette crise redoutable, de même qu'au commencement et à l'issue de la Révolution, les sentiments de Maret furent conformes à ceux de l'immense majorité des Français.

Il ne donna donc pas sa démission, et mériterait plutôt des éloges pour n'avoir pas désespéré du salut de son pays. Tous les historiens du temps ont fait ressortir le mérite des services rendus par des officiers qui, devant à l'ancien régime le bienfait de l'éducation, restèrent néanmoins fidèles, dans cette crise, à la cause nationale. On a trop laissé dans l'ombre les agents politiques qui se trouvaient dans une position semblable, et dont la fidélité ne fut pas moins méritoire et le concours moins utile.

Maret n'assista pas à la catastrophe du 10 août. Il était reparti la veille pour Lille, avec le titre de « commissaire pour l'exécution du décret de l'Assemblée pour le recrutement et l'armement des troupes belges et liégeoises. » Cette mission, suite de la précédente, lui avait été conférée par Bonne-Carrère, encore directeur, et même ministre de fait. Deux jours après, Maret lui écrivait de Lille :

« Je suis parti jeudi très-précipitamment, mon cher directeur général, et sans vous voir, parce qu'on m'annonçait la défense très-soudaine de sortir de Paris. Déjà, les habitants des faubourgs Saint-Martin et Saint-Denis exécutaient l'embargo. Il a fallu se résoudre à prendre la route un peu plus longue d'Amiens, afin de passer par la rue de Clichy, trop aristocrate pour s'opposer à la marche d'un homme qui a l'air d'émigrer ou de fuir de peur. Je ne suis arrivé ici que ce matin. J'ai trouvé nos Belges assez actifs pour la bonne cause, mais inquiets de quelques intrigues tramées contre eux en mon absence... Dumouriez était ici hier. Il se porte bien, et il est assez content, quoiqu'il ne commande pas en chef... Le gouverneur général a mis ma tête à prix. *C'est bien honnête assurément...*[1] »

Plus loin il ajoute que le conseil de Flandre l'avait antérieurement décrété de prise de corps avec plusieurs autres agents français. L'archiduc Albert, ou plutôt le ministre plénipotentiaire autrichien, comte de Metternich, avait jugé à propos d'anticiper sur le procès, en mettant à prix la tête de Maret. Tels furent les premiers rapports, assez tendus comme on voit, de la famille Metternich avec le futur duc de Bassano.

Du 12 au 18 août, Maret, instruit des mésaventures de son directeur, adressa sa correspondance à Noël, alors chef d'une des divisions[2]. En attendant les ins-

---

1. Citation d'un opéra-comique en vogue à cette époque.
2. Bigot de Sainte-Croix, nommé ministre des affaires étrangères le 1ᵉʳ août 1792, se méfiait, à tort ou à raison, de Bonne-Carrère, et l'avait tout de suite fait nommer ministre aux États-Unis, pour s'en débarrasser. Mais Bonne-Carrère remplissait encore les fonctions de directeur général au 10 août. Sa nomination aux

tructions qu'il n'avait pas eu le temps d'aller chercher avant son départ, il commençait à s'occuper de l'organisation des réfugiés cantonnés à Maulde, à Loos et aux avant-postes de l'arrondissement de Lille (12 août.) Dans une autre lettre, il parlait du fâcheux effet produit par la dislocation de ces Belges, et par leur incorporation dans des compagnies franches. Cette dislocation était l'œuvre de La Fayette, qui, dominé par une jalousie mesquine contre Dumouriez, avait pris à tâche de décrier et ensuite de défaire toutes ses mesures.

Le 16 août, Maret rendait compte de l'emploi d'une somme de 250,000 livres qui lui avait été confiée avant son départ ou expédiée depuis, et sur laquelle il ne lui restait plus que 10,000 livres à employer, tant les besoins étaient grands. Il annonçait l'envoi à Paris des patriotes Schmitz et Digneffe, bien connus de Lebrun et de Dumouriez, comme de « forts amis de la liberté et de l'égalité, » suivant l'expression du général. Il transmettait par la même occasion deux lettres de Dumouriez à « son cher successeur » Lebrun. Ces lettres, documents précieux pour l'histoire,

---

États-Unis fut immédiatement révoquée, sur la dénonciation de Brissot, dont il avait gêné l'immixtion dans les affaires diplomatiques. A la suite de cette révocation, Bonne-Carrère donna sa démission de directeur, et provoqua l'examen de ses comptes. On l'accusait d'avoir prélevé une grosse commission, lors du règlement de l'indemnité payée le 29 mars précédent aux princes dépossédés en Alsace. L'injustice de cette accusation fut reconnue, ou du moins proclamée. Mais il eut ensuite bien d'autres aventures, pour le détail desquelles nous renvoyons à M. Masson (pp. 213 et 214). Ses démêlés avec Brissot avaient failli plusieurs fois lui être funestes; mais ce souvenir lui sauva probablement la vie du temps de la Terreur, pendant laquelle il fut emprisonné, mais oublié jusqu'au 9 thermidor. Ce personnage, qui avait été l'un des collaborateurs de Mirabeau, secrétaire des Jacobins, directeur et quasi ministre des affaires étrangères, est mort entrepreneur de voitures publiques sous la Restauration.

prouvent que Dumouriez, depuis sa sortie du ministère, n'avait pas cessé d'y exercer une influence considérable, en réalité, sur les différents chefs de service qui lui devaient leurs positions. Il parlait encore à Lebrun, devenu ministre, du ton d'un bienfaiteur à son obligé. Avant son départ, Dumouriez avait désigné pour l'ambassade de Constantinople un personnage dont le nom reparaîtra plus d'une fois dans ce livre, Huguet de Sémonville[1]. « Nous ne pouvons plus penser qu'à la guerre, écrivait Dumouriez. Terminez donc avec Mme de Sémonville, qui est présentement à Paris, l'affaire du traitement de l'ambassadeur à Constantinople. (Sémonville n'avait pas encore quitté Gênes, où il était retourné après sa mésaventure en Piémont.) Rien n'est à diminuer quant aux présents d'usage : faites-les magnifiques, pour

---

1. Sémonville, ex-conseiller au Parlement de Paris, entré dans la diplomatie depuis 1789, semblait alors chercher les aventures, et en avait déjà rencontré plus d'une. A l'époque de la première révolution de Belgique, chargé d'une mission secrète à Bruxelles (au profit du duc d'Orléans?), il avait fait grand scandale en distribuant des cocardes tricolores au sortir de la messe. Cette équipée lui valut tout d'abord une réputation de révolutionnaire exalté, qu'au fond il ne méritait pas. Sa seule et constante passion fut l'envie de parvenir, et plus tard celle de se maintenir, en s'arrangeant toujours pour être l'intime ami des gens en place. Il avait été nommé par Montmorin ministre à Gênes, puis, par Dumouriez, ministre près du gouvernement piémontais, qui le fit arrêter à la frontière, tant sa renommée de jacobinisme était effrayante ! Dumouriez, ne voulant de guerre qu'avec l'Autriche, n'avait pas fait de cet incident un *casus belli* immédiat. Sémonville, le futur grand référendaire de la Chambre des pairs sous Charles X et Louis-Philippe, était alors un petit jeune homme, « fort prononcé contre la combinaison aristocratique de deux Chambres, » conservant une gaieté imperturbable au milieu des incidents les plus sérieux, et déjà envahi par un embonpoint précoce. Le trait le plus saillant de sa physionomie était un regard *transperçant*, auquel n'échappait aucun des secrets qu'il avait intérêt à connaître. Sa femme, petite brune piquante, pétillante d'esprit, était dès lors, comme on va le voir, l'utile auxiliaire de ses projets.

prouver à ces barbares qu'un peuple libre est encore plus généreux qu'un despote. » Il fallait que Sémonville emportât la plus grosse somme possible : *vingt millions* ne seraient pas de trop, si on pouvait les lui donner...

« Qu'on prépare à Toulon l'escadre dont il (Sémonville) promettra le concours pour reprendre la Crimée. Nous confierons cette expédition à Béhague, homme de talent, patriote médiocrement chaud, mais que l'amour de la gloire rendra fidèle. Otez vite Durfort de Venise : envoyez-y un habile homme, non propagandiste, *pour ne pas effrayer les Pantalons*. Il doit seulement prêcher la neutralité. La Pologne a repris ses fers... Elle devait s'attendre à la trahison de ce roi Poniatowski, tour à tour amant, courtisan et esclave de Catherine. Il faut agiter la Hongrie ; que tous les fils de la conjuration en faveur de la liberté soient à Constantinople, dans les mains de Sémonville[1]! Imitons les Romains, quand Annibal était à leurs portes. Il me faut 36,000 hommes, plusieurs millions, carte blanche, et je réponds de tout. »

Ces lettres confidentielles, où déborde la joie de l'ambition satisfaite, nous montrent le vrai Dumouriez, préoccupé avant tout de lui-même, impatient de jouer à tout prix un premier rôle. Ces sentiments ne cadrent guère avec ceux qu'il s'est attribués dans ses Mémoires, écrits sous l'empire de préoccupations bien différentes[2].

1. *Archives des Affaires étrangères.* On verra dans la suite de notre travail que cette lettre a exercé une influence décisive sur le sort de Maret et de Sémonville, dans une circonstance mémorable de leur vie.
2. Après sa défection, Dumouriez, ayant intérêt à chercher des excuses plus ou moins plausibles de sa conduite lors du 10 août, est réduit à prétendre qu'il s'imaginait que le roi en serait quitte pour une suspension provisoire, comme l'année précédente, après l'affaire de Varennes! Qui donc croyait-il tromper par un semblable mensonge?

Une lettre importante de Maret, du 18 août, signale les obstacles de diverse nature qu'il rencontrait dans l'accomplissement de sa mission. On avait fait circuler et signer par quelques officiers belges et liégeois une violente dénonciation contre le comité, qui devait être adressée à l'Assemblée nationale. Maret était parvenu à mettre la main sur cette pièce, dont les idées et le style trahissaient l'origine autrichienne. D'un autre côté, le maniement de fonds important dont il était chargé lui suscitait des envieux, des détracteurs. Les agents insurrectionnels, qui travaillaient ou prétendaient travailler pour nous dans l'intérieur de la Belgique, ne cessaient de lui réclamer des fonds pour subvenir à des dépenses fort équivoques d'embauchage et d'espionnage et se plaignaient à Paris de ses refus ou de son silence. Les plus zélés de ces soi-disant auxiliaires étaient Deshacquets et Ruelle, secrétaire de la légation française au moment de la rupture. Ce dernier écrivait lettres sur lettres au ministre Lebrun contre Maret, tout en affirmant qu'il n'avait aucune idée de le supplanter. La conduite de Maret était à l'abri de tout reproche. Il justifiait par sa comptabilité que les fonds à lui confiés n'étaient pas même suffisants pour l'armement et l'entretien des réfugiés, qui étaient l'objet principal de sa mission. Il ne lui restait donc rien, et moins que rien, pour des dépenses d'une utilité équivoque et d'un contrôle difficile. Néanmoins, fatigué de ces tracasseries, il témoignait le désir d'être employé ailleurs, et rappelait au nouveau ministre Lebrun que, du temps de Dumouriez, il avait reçu la promesse d'une mission diplomatique à l'étranger.

Le conseil exécutif lui donna pleinement raison. Dès le mois d'août, Maret, qui n'avait pas encore quitté Lille, fut porté sur les états de finance du département des affaires étrangères, comme chef de la première division, avec un traitement de 8,000 fr.[1]. Il conserva officiellement cette position jusqu'à la fin de janvier 1793. Pendant les moments les plus critiques de l'invasion prusienne, il était encore sur la frontière, car, le 19 septembre, Dumouriez écrivant à Labourdonnaie, qu'il venait de faire nommer commandant de l'armée du Nord (ce dont il ne tarda pas à se repentir), lui recommandait de presser l'organisation des Belges avec le concours de Maret, « qui était auprès de lui[2]. » Mais, dans ce moment même, Maret venait d'être rappelé au ministère, peut-être pour combler le vide causé dans les bureaux par l'absence de Noël, qui venait de partir pour Londres chargé d'une mission secrète. La présence de Maret dans les bureaux du ministère est attestée par une bonne action, le 24 de ce mois de septembre 1792, si plein d'affreux souvenirs. Ce fut à lui que Stanislas Girardin, l'un des députés du parti constitutionnel qui avaient montré le plus de courage dans la Législative, dut une mission *apparente* pour l'Angleterre, qui lui permit de pourvoir à sa sûreté, tout en échappant aux mesures financières prises contre les émigrés[3].

---

1. Depuis la réorganisation ou la désorganisation opérée au commencement de 1792, cette première division était chargée de la correspondance avec l'Angleterre, les Pays-Bas, les États-Unis et les villes hanséatiques. Maret remplaçait Lebrun, devenu ministre.
2. Lettre citée par M. Ternaux, *Histoire de la Terreur*, IV, 540.
3. Mémoires de S. Girardin, III, 135. Au mois de décembre suivant, Maret, pendant son séjour en Angleterre, revit Girardin qui demandait à rentrer en France, espérant que sa prétendue mission avait assez duré pour lui servir de sauve-garde, ce en quoi il s'abusait fort. Maret, de retour à Paris, lui avait expédié, le 25 décembre, une lettre de rappel contenant les compliments les plus flatteurs. Girardin arriva à Paris sous les plus sinistres auspices, dans la soirée du 21 janvier 1793 ! Malgré sa mission, il fut

XII

Maret accompagne Dumouriez en Belgique, comme délégué du conseil exécutif. — Il assiste à la campagne de Jemmapes. — Sa belle conduite dans un combat. — Son rappel à Paris pour une mission secrète en Angleterre (Nov. 1792).

Aussitôt que Dumouriez eut opéré la délivrance du territoire français, par une série de mouvements militaires et de pourparlers, dans lesquels il se montra tour à tour diplomate subtil et bon général[1], il courut à Paris jouir quelques moments de son triomphe, et concerter avec le conseil exécutif les détails d'une campagne d'hiver. Il allait enfin pouvoir exécuter lui-même son plan favori, l'invasion de la Belgique. Sur sa demande, Maret se transporta de nouveau parmi les réfugiés belges et liégeois, investi d'une mission nouvelle qui n'était, à proprement parler, que la suite des précédentes. Elle consistait à « diriger en Belgique le mouvement des

---

dénoncé, traqué, et finalement emprisonné dans une petite ville de province, où on l'oublia heureusement jusqu'au 9 thermidor.

Ses relations avec Maret remontaient aux premiers temps de la Constituante. Il avait eu aussi l'idée de tenir un journal des séances.

1. Dans une note placée à la fin de son deuxième volume de l'*Histoire diplomatique,* M. de Bourgoing a parfaitement résumé ce qui a été articulé de part et d'autre de certain et de vraisemblable sur les événements et les négociations qui ont déterminé cette fameuse retraite. Nous voyons par une note inédite de Maret, « qu'appelé aux affaires étrangères pour y remplir, sous le titre de chef de la première division, les fonctions de directeur général, il fut au courant de toutes les négociations qui préparèrent la retraite des Prussiens. » Mais il n'a rien laissé sur cet épisode si important de la Révolution.

esprits. » Entraîné dans l'orbite de Dumouriez et des Girondins, acceptant la République comme une nécessité, il restait, dans cette crise, aussi modéré qu'on pouvait l'être en demeurant Français, mais toujours prêt à aider ceux que leurs convictions, leurs passions ou le hasard avaient jetés dans des voies différentes.

Cette campagne était le début militaire de Maret, l'un des diplomates qui ont vu le plus de champs de bataille. Il marchait avec les volontaires belges et liégeois qui faisaient partie du corps de Beurnonville, et s'exposa gravement dans plusieurs rencontres, notamment au combat de Tulin. Dans cette escarmouche, qui eut lieu trois jours avant la bataille de Jemmapes, les tirailleurs belges, poursuivant trop loin un premier avantage, furent vivement ramenés par les hussards autrichiens. Maret eut dans cette circonstance un cheval tué sous lui, et sa conduite lui valut l'offrande d'une autre monture, et une lettre de félicitation de la part du conseil exécutif. Il était alors dans les meilleurs termes avec Dumouriez, qui le nommait son ami, et concertait avec lui ses démarches politiques. Maret concourut ainsi à plusieurs actes importants et habiles, qui contribuèrent, autant que la victoire de Jemmapes, au succès foudroyant de l'invasion française. Parmi ces actes, dont Dumouriez s'est bénévolement attribué tout le mérite dans ses *Mémoires,* nous citerons la proclamation publiée au moment où l'armée française commençait son mouvement. Elle appelait les Belges à l'insurrection, et s'efforçait de dissiper les défiances qu'avait dû leur inspirer, lors des deux premières tentatives d'invasion, la conduite équivoque du gouvernement français. « C'était à la France républicaine à réparer ces torts... » La collaboration de Maret est encore visible dans la proclamation aux Belges, datée de Mons, où Dumouriez venait d'entrer en triomphe après la victoire de Jemmapes. Cette pièce, destinée à recevoir la plus grande publicité, avait été imprimée en français et en flamand. Le vainqueur, au nom de la République Française, déclarait rompus les liens qui unissaient la Belgique à l'Autriche. Il engageait le peuple à élire sur le champ de nouveaux administrateurs, et promettait que « ses soldats, arrivant comme alliés et comme frères, n'influenceraient pas les délibérations, et ne s'entremettraient pas dans le maniement des deniers. » Dumouriez lui-même avoue que cette proclamation, qui exerça une influence décisive sur l'esprit public, avait été « concertée avec le conseil exécutif, » avant l'ouverture de la campagne.

Après l'occupation, deux systèmes essentiellement différents furent appliqués, à quelques semaines d'intervalles, par les vainqueurs. Le premier, œuvre collective de Dumouriez et du conseil exécutif girondin, dont Maret était le délégué, maintenait encore le grand principe du respect des nationalités, inscrit dans la Constitution de 1791; il sauvegardait, dans une certaine mesure, l'indépendance et l'autonomie du peuple belge. Grâce à ses déclarations rassurantes, Dumouriez et ses soldats avaient été considérés et accueillis comme des libérateurs. Il y avait eu cependant tout d'abord, de la part de plusieurs agents français, des abus regrettables et tout à fait contraires aux principes proclamés, mais ces vexations avaient été formellement improuvées par le général et le conseil exécutif[1]. Telle fut la situation jusqu'au décret du 15 décembre, qui ouvre une phase nouvelle

1. Notamment celles du commissaire Sta, qui, trois jours après la bataille de Jemmapes, levait, dans la ville affranchie de Tournai, des contributions à main armée, par le ministère d'un notaire qui allait de maison en maison, escorté ou plutôt conduit par un officier. Les villes d'Ypres et d'Ostende furent soumises à des réquisitions du même genre. V. Borgnet, II, 90-95.

dans l'histoire de l'invasion de la Belgique. Ce décret de la Convention, rendu sur la proposition de Cambon, transformait l'affranchissement en conquête; érigeait en principe l'exploitation des ressources financières du pays affranchi, par des mesures semblables à celles qui avaient été désavouées jusque-là comme injustes et impolitiques; préparait la réunion de la Belgique, en faisant peser sur elle un régime d'oppression exceptionnel. Nous n'avons pas à juger ici ce second système; nous tenions seulement à constater qu'on ne saurait en imputer d'aucune façon la responsabilité à Maret, qui n'était plus alors en Belgique et qui refusa d'y revenir comme commissaire général, à l'époque où ce système avait définitivement prévalu.

Maret n'avait pas eu le temps d'accompagner jusqu'au bout le vainqueur de Jemmapes dans son invasion triomphale. Dès le milieu de novembre, des ordres pressants du ministre le rappelaient à Paris, d'où il repartit peu de jours après, pour aller remplir une mission très-secrète et de la plus haute importance en Angleterre.

XIII

Relations politiques de la France avec l'Angleterre en 1792. — Chauvelin; ses imprudences. — Démarches secrètes de Talleyrand; missions de Noël et de Mourgues. — Miles, agent anglais. — Entrevue de Chauvelin avec lord Grenville.

A l'époque où Maret se rendit à Londres, une rupture entre l'Angleterre et la nouvelle République semblait imminente. Cette tension excessive des rapports diplomatiques n'avait pas été produite seulement par ce qui se passait en France, comme on l'a cru jusqu'ici sur la foi des seuls documents publiés, c'est-à-dire d'après des extraits de dépêches, les rapports officiels et les discussions du Parlement et de la Convention, qui n'avaient porté que sur des communications incomplètes. De part et d'autre, pour des motifs différents, on avait intérêt à dissimuler une partie de la vérité. L'histoire, mieux informée, fera désormais figurer, parmi les causes de la rupture, le caractère personnel de l'homme qui était alors censé le principal représentant de la France (Chauvelin); ses fausses démarches dans plusieurs circonstances graves; ses rébellions d'amour-propre contre ceux qui auraient pu prévenir ses fautes ou les réparer; enfin et surtout, l'appui qu'il trouva auprès de la majorité des membres du pouvoir exécutif, qui le maintint à son poste, alors que les considérations les plus impérieuses réclamaient son changement.

Dès le mois de janvier 1792, une démarche avait été faite par l'intermédiaire de l'ex-évêque d'Autun pour obtenir, pendant la guerre déjà prévue avec l'Autriche, l'alliance ou du moins la neutralité de l'Angleterre. Comme beaucoup d'acteurs célèbres, M. de Talleyrand manqua ses débuts. Sa conduite dans plusieurs circonstances graves et récentes de la Révolution, lui valut le plus froid accueil à la cour et auprès des ministres. Le plus considérable d'entre eux, William Pitt, qui l'avait connu en France, eut à peine l'air de s'en souvenir. Talleyrand revint donc sans avoir obtenu autre chose qu'une très-sèche assurance de neutralité, ce qui ne l'empêcha pas de se faire renvoyer à Londres par Dumouriez, devenu dans l'intervalle ministre des affaires étrangères.

Les événements déjà accomplis, ceux qu'on prévoyait en France, redoublaient le zèle du ci-devant prélat pour servir *à l'extérieur*. Mais comme il ne pouvait, en sa qualité d'ancien Constituant, remplir ostensiblement aucune fonction publique avant un laps de deux années, il fut convenu que l'ex-marquis de Chauvelin aurait jusque-là le titre d'ambassadeur, avec Talleyrand pour mentor. Cette singulière combinaison était indiquée dans une lettre d'introduction auprès du roi d'Angleterre, que Dumouriez avait fait signer à Louis XVI le 1er mai.

Chauvelin, fils d'un favori de Louis XV, et remplissant lui-même à la cour un office important, s'était néanmoins prononcé avec énergie pour la Révolution. Mais son père avait jadis protégé Dumouriez : Louis XVI, de son côté, était bien aise d'éloigner de son intérieur un observateur peu bienveillant. Ainsi s'explique la faveur accordée à un jeune homme de vingt-cinq ans, qui avait quelqu'esprit, mais encore plus d'amour-propre, et pas du tout de jugement. Dans un moment déjà si critique, on se créait une difficulté de plus, en choisissant pour intermédiaires à Londres deux hommes dont les antécédents pouvaient être un sujet de répulsion personnelle. Plusieurs des ministres anglais craignaient qu'une telle mission ne fût qu'un prétexte pour ourdir des intrigues révolutionnaires, et cette appréhension, que la conduite de Chauvelin parut bientôt justifier, pesait comme une atmosphère de glace sur les relations diplomatiques. Ainsi, quand Chauvelin expliquait par une note les motifs de la rupture avec l'Autriche, dans le but de provoquer une réponse approbative (12 mai), le secrétaire du *Foreign-Office* (Grenville) déclinait cette ouverture; il promettait la neutralité, mais « croyait devoir s'abstenir de discuter les causes de cette rupture affligeante (24 mai). » Le même jour, le jeune ambassadeur se compromettait par une inconséquence toute personnelle. Une proclamation royale venait d'être lancée contre les libelles séditieux et les correspondances criminelles *in foreign parts*. Chauvelin, déjà trop peu circonspect dans ses relations, crut faire un coup de haute politique en adressant au ministre une note par laquelle il protestait contre tout soupçon de connivence du gouvernement français dans de telles intrigues, et demandait à Grenville de communiquer *directement* cette protestation aux chambres. Cette requête inconstitutionnelle fut repoussée avec aigreur (24 et 25 mai). Un peu plus tard, il sollicita du gouvernement anglais une démarche pour retenir dans la neutralité diverses puissances, et n'obtint qu'un refus dédaigneux (18 juin, 8 juillet). Enfin une proposition d'entente pour l'abolition de la course en mer demeura sans réponse (25 juillet). On ne voyait plus en Chauvelin, surtout depuis la journée du 20 juin, que l'agent malveillant d'une faction.

Le cabinet de Saint-James rompit avec lui toute communication officielle après le 10 août, et rappela de Paris son ambassadeur. Il lui fut prescrit néanmoins de déclarer, avant son départ, que l'Angleterre persistait à demeurer neutre, et s'intéressait vivement au sort de l'ex-roi. C'était là, il faut l'avouer, un singulier témoignage d'intérêt. Le souvenir de la guerre d'Amérique n'était-il pas pour quelque chose dans cette froideur à l'égard de Louis XVI?

Chauvelin ne tarda pas à aggraver sa position par de nouvelles imprudences. La première fut de rompre avec Talleyrand, trop royaliste à son gré. Celui-ci revint solliciter du conseil exécutif installé à la suite du 10 août une mission nouvelle, qui lui fut refusée à l'unanimité. Talleyrand néanmoins retourna promptement à Londres, comprenant, au train dont allait les choses, qu'en restant à Paris il courait des risques plus graves que celui de ne pas être employé. Il entretint pourtant encore, pendant quelques mois, des rapports secrets avec le ministre girondin des affaires étrangères, qui ne l'avait officiellement écarté que par crainte de se compromettre.

Lebrun était souvent raisonnable, quand on lui permettait de l'être. Il n'osait éliminer Chauvelin, qui s'était fait des protections redoutables par ses exagérations de patriotisme[1]. Mais il était bien convaincu que l'emploi d'un tel intermédiaire serait toujours plus nuisible qu'utile. En conséquence, au moment le plus critique de l'invasion prussienne, Lebrun fit partir pour Londres un de ses chefs de divisions chargé d'une mission secrète. Cet agent était Noël, si connu depuis par des dictionnaires et des compilations de toute espèce. A l'époque de son départ (30 août) les événements prenaient une allure telle, que l'intervention officieuse de l'Angleterre semblait notre dernière planche de salut. Noël devait s'aboucher avec un Anglais nommé Miles, ancienne connaissance de Lebrun.

Cet homme, désintéressé ou non, a mérité de la France un souvenir. Il fit, jusqu'à la dernière heure, d'intelligents efforts pour combiner des démarches utiles au maintien de la paix. Sa correspondance dénote une instruction étendue, un sens droit, un sentiment profond des avantages de l'union entre les deux peuples. Sur ce point, il s'exaltait jusqu'à parler « de se brûler la cervelle s'il ne réussissait pas à empêcher la guerre. » Il ne cessait de répéter que

1. Voici un échantillon de la manière dont l'ex-maître de la garde-robe de Louis XVI faisait, de Londres, sa cour aux Jacobins. Le 7 décembre 1792, il s'adressait au Sénat de Gênes, par l'intermédiaire de Lebrun, pour se plaindre de ce que, par suite d'une faveur accordée jadis à son père, *il était exposé* à être considéré encore comme noble dans cet État... Il s'applaudissait d'avoir à « purifier son sang de cette tache originelle. » *Archives*.

Chauvelin compromettait tout; pressait Lebrun d'envoyer quelqu'autre agent, dont les antécédents et le caractère n'inspireraient pas la même répulsion, et promettait de le mettre en relation directe avec William Pitt lui-même, qui était loin, suivant Miles, de partager l'aversion irréconciliable de ses collègues pour les derniers changements politiques survenus en France.

Dans les premiers jours de septembre, notre situation intérieure imposait les plus larges concessions pour obtenir l'appui du cabinet anglais. Noël avait donc été autorisé verbalement à prendre en référence certaines idées qui, par le contraste qu'elles offrent avec les faits accomplis, semblent extravagantes aujourd'hui, comme celle de faire du duc d'Yorck, fils puîné de Georges III, un roi des Belges, ou même un roi constitutionnel des Français. Cette dernière combinaison avait été ouvertement proposée avant le 10 août par quelques journalistes; du 1er au 15 septembre, elle pouvait sembler encore préférable à la contre-révolution illimitée dont le manifeste signé par le duc de Brunswick, et ses premiers succès semblaient menacer la France[1]. Noël ne put arriver jusqu'au premier ministre; nous ne savons s'il faut attribuer cette exclusion seulement à l'impression d'horreur produite par les massacres de septembre, ou bien aussi aux antécédents personnels de cet agent, ex-abbé, de mœurs fort relâchées, et ci-devant journaliste révolutionnaire. Il valait pourtant mieux que sa réputation, et sa présence à Londres ne fut pas inutile[2].

---

1. N'avait-on pas, antérieurement, songé au duc de Brunswick lui-même, pour ce rôle de roi des Français? Le fait ne paraît plus douteux.

2. On aurait plus tôt fait de dire ce que n'a pas été Noël, que ce qu'il a été. On vit tour à tour cet ancien condisciple de Robes-

Il y eut dans ce moment critique des pourparlers intermédiaires. Ils exercèrent une certaine influence sur l'attitude expectante du cabinet britannique, attitude qui nous fut alors fort utile. On sait aujourd'hui qu'au moment où fut conclu l'accord secret avec les Prussiens pour l'évacuation du territoire français (29 septembre), la certitude de la persistance inattendue du ministère anglais dans la neutralité contribua beaucoup à vaincre les dernières hésitations du roi de Prusse[1]. Or, à l'époque où cette nouvelle était partie de Londres, celle de la canonnade de Valmy ne pouvait pas y être arrivée encore. L'hésitation anglaise tenait donc à d'autres causes.

Quoi qu'il en soit, notre position militaire et politique avait tellement changé en quelques semaines, que l'idée d'une combinaison Yorck, même pour la Belgique, fut absolument écartée du côté de la France. Aux insinuations qui auraient pu être faites encore dans ce sens, après la retraite prussienne, il fut prescrit de répondre « que la France, si elle ne gardait pas pour elle la Belgique, n'entendait pas non plus

pierre au collége de Clermont (Louis-le-Grand), clerc tonsuré, maître d'études, professeur, lauréat d'Académie (pour un *Éloge de Vauban*, comme Maret et Carnot); puis journaliste révolutionnaire; candidat à la place de gouverneur du Dauphin en 1791; improvisé diplomate par son autre condisciple Dumouriez; chef de division, agent secret, chargé d'affaires, ministre plénipotentiaire à Venise et en Hollande (1793-95); ensuite commissaire de l'instruction publique; après le 18 frimaire, membre du tribunat, commissaire général de police, un peu préfet, et enfin inspecteur général d'instruction publique, position qu'il conserva longtemps, ayant partout des amis, et qui ne nuisit pas au succès de ses innombrables ouvrages: Dictionnaires, Éphémérides, Leçons polyglottes de littérature et de morale, etc. Ce compilateur infatigable n'avait pas brillé dans la diplomatie : ses dépêches sont généralement médiocres. « C'était, dit M. Masson, le véritable modèle du pion qui se croit homme d'État. »

1. V. de Bourgoing, II, 208.

la conquérir pour d'autres[1]. » A l'époque de la bataille de Jemmapes, les vues des hommes qui exerçaient la principale influence sur les actes du pouvoir exécutif n'allaient que jusqu'à l'établissement d'un État belge indépendant. C'était encore sur cette base que Lebrun voulait préparer un arrangement, quand il adjoignit à Noël un autre agent, le jeune Mourgues, dont le père avait tenu le portefeuille de l'intérieur dans le ministère girondin de Louis XVI, et ne s'était retiré qu'avec Dumouriez. Mourgues père était connu par des travaux sérieux, notamment par un ouvrage estimé en Angleterre, sur le traité de commerce de 1786.

La première pensée du ministre avait été d'adjoindre Mourgues fils à Chauvelin, avec le titre de secrétaire de légation, et ce fut pour prendre possession de ce poste qu'il fut envoyé à Londres au mois d'octobre. « L'amour-propre de Chauvelin vit dans cet arrangement une tentative maladroitement déguisée pour le remettre en tutelle. » Il refusa d'y accéder, sous prétexte qu'il n'avait pas été consulté. Mourgues resta alors comme agent secret, et fit preuve d'intelligence et de zèle[2]. Il n'existait contre lui aucun motif de répulsion personnelle : aussi Miles laissa bientôt espérer qu'une rencontre de ce nouvel agent avec Pitt ne serait pas impossible. Une lettre de lui

---

1. Pendant les vacances parlementaires, ces communications avec Noël avaient eu lieu principalement par l'intermédiaire d'un membre de la Chambre des communes nommé William Smith, intime avec Miles, et communiquant en secret avec Pitt. On trouvera ci-après des détails plus amples sur ce personnage.

2. Maret, 10 juillet 1793. Dans cette lettre, écrite de Suisse, peu de jours avant son arrestation avec Sémonville, Maret rappelait au ministre Deforgues, successeur de Lebrun, les antécédents du jeune Mourgues. Sous l'Empire, il le fit nommer secrétaire général du ministère de l'intérieur.

nous apprend que la première démarche auprès de ce ministre fut faite le 19 novembre [1].

Mais, dans cet intervalle, de nouvelles complications avaient surgi. Les membres du conseil exécutif français étaient alors chez eux, non les maîtres, mais les esclaves. On peut même dire qu'ils portaient double chaîne; car les décisions ministérielles, outre qu'elles étaient subordonnées de droit à la majorité des votes dans le conseil, l'étaient aussi, de fait, au contrôle tyrannique des comités. Les tiraillements qui se produisirent, par suite de ce mécanisme vicieux, dans la conduite des relations extérieures, furent l'une des plus funestes conséquences de la lutte engagée entre la Gironde et la Montagne, et de l'empressement de plusieurs des membres du parti encore dominant à faire, dans certaines circonstances, assaut de popularité avec leurs rivaux. Ainsi, avant l'entrée en Belgique, on semblait d'accord sur le principe de l'indépendance des peuples affranchis; mais, aussitôt après la bataille de Jemmapes, l'idée de l'annexion, émise par les montagnards, compta parmi ses prosélytes Brissot, l'un des inspirateurs du comité diplomatique. Le 16 novembre, un arrêté du conseil exécutif, œuvre d'entraînement révolutionnaire, avait décrété la liberté du Rhin et de l'Escaut. Cette mesure, suivie immédiatement d'exécution, avait été prise sur la proposition de Lebrun, qui, tout en sentant combien elle était inopportune par rapport à l'Angleterre, n'aurait pu en décliner l'initiative sans péril pour lui-même. Trois jours après, la Convention lui créait un nouvel embarras, en déclarant « qu'elle accorderait protection et secours à tous les peuples qui voudraient conserver leur liberté. » Elle paraissait ainsi prendre sous son patronage toutes les in-

1. Miles à Lebrun, 28 décembre.

surrections qui pourraient se produire en Hollande, en Irlande, jusque dans l'intérieur de l'Angleterre! Cette provocation semblait concorder avec la conduite de Chauvelin, qui entretenait des rapports secrets, ou qu'il croyait tels, avec des clubs dont il s'exagérait l'importance. Il assurait que le gouvernement anglais n'oserait pas nous faire la guerre, ou que, s'il l'osait, il en serait châtié par une révolution semblable à celle du 10 août. Lebrun n'avait pu dissimuler à ses collègues et au comité diplomatique ces appréciations, conformes aux passions du temps. Elles déterminèrent les ovations qu'on fit aux députés de ces jacobins de Londres, de Manchester, de Norwich; manifestations insensées, qui ne firent qu'irriter non-seulement le ministère, mais le vrai peuple anglais.

Chauvelin était si bien appuyé, que le ministre n'osait ni le changer de résidence, ni le laisser absolument inactif dans celle-là. A l'époque de l'entrée des Français à Bruxelles, Chauvelin reçut donc l'ordre de demander au secrétaire des affaires étrangères un entretien particulier, pour lui donner l'assurance des dispositions pacifiques de la France à l'égard des Provinces-Unies. Les succès de Dumouriez produisaient une telle impression, que le ministre anglais, qui avait d'abord éludé cette demande, se ravisa quelques jours après. L'entrevue eut lieu le 28 novembre : l'ambassadeur s'y montra hautain, provoquant de langage et d'attitude, et fit allusion plusieurs fois aux espépérances qu'il fondait, en cas de rupture, sur les révolutionnaires anglais. « Il semble, dit-il, que plus les individus des deux nations se rapprochent, plus le roi d'Angleterre s'éloigne de nous... La mésintelligence *entre les deux peuples* n'existe pas; jamais elle n'a moins existé. » Lord Grenville s'efforça en vain d'obtenir de lui quelques renseignements positifs sur les intentions ultérieures du conseil exécutif français. Chauvelin n'en savait pas plus, à cet égard, que le ministre anglais; mais, pour se donner de l'importance, il s'avisa de répondre que les événements avaient marché en Belgique pendant qu'on hésitait à lui donner audience à Londres, et que le langage pacifique qu'il était autorisé à tenir huit ou dix jours auparavant, pouvait bien n'être plus à la hauteur des circonstances. C'était ce qu'on aurait pu dire à quelque petit prince des bords du Rhin. Chauvelin sortit de White-Hall enchanté de lui-même, comme d'habitude, et s'empressa de rendre compte de son prétendu succès, se flattant de recevoir bientôt des instructions qui pourraient devenir le texte d'un nouvel entretien. Son amour-propre ne lui permettait pas de soupçonner la tentative bien autrement sérieuse que faisaient, dans ce moment même, des hommes plus sages que lui auprès de William Pitt, le véritable arbitre des destinées de l'Angleterre.

XIV

Objet réel et prétexte ostensible de la mission de Maret. — Dépêche (inédite) de Maret à Lebrun, du 29 novembre. — Entrevue et explications préliminaires avec un membre du parlement. — Conférence secrète avec Pitt (2 décembre).

La correspondance des divers agents politiques que le ministère des relations extérieures entretenait en Angleterre à cette époque offre des lacunes considérables, et souvent difficiles à combler. Beaucoup de pièces manquent; d'autres se réfèrent à des communications verbales dont le secret est perdu. Quelques-unes sont conçues en termes énigmatiques, de manière à n'être parfaitement comprises que du destinataire, et communiquées sans inconvénient à d'autres. A cette dernière catégorie appartient, comme on va le voir, la première et très-curieuse lettre adressée par Maret à Lebrun, trois jours après son arrivée à Londres.

Le but réel de son voyage était de prendre la place de Mourgues dans la conférence secrète qu'on espérait obtenir prochainement avec Pitt, grâce aux démarches de l'agent anglais Miles. Cette substitution, combinée entre les ministres Lebrun et Garat, et plusieurs membres du comité diplomatique, semblait commandée par de graves considérations. Le républicanisme de Mourgues était suspect aux exaltés de Paris. De plus, il avait eu à se plaindre de Chauvelin, et, comme on savait d'avance qu'il serait question de celui-ci d'une manière peu favorable dans ces communications secrètes, le rapport de l'homme dont il avait dédaigneusement repoussé le concours aurait paru entaché de partialité. L'exagération patriotique, qui rendait le jeune ambassadeur si nuisible à Londres, faisait malheureusement sa force à Paris. Les hommes raisonnables, convaincus d'avance de la nécessité « de l'utiliser partout ailleurs qu'en Angleterre, » se croyaient obligés, pour réussir et pour leur propre sûreté, d'user de ménagements infinis. Telles étaient les nécessités de ces temps difficiles, ou plutôt impossibles !

Toutes les précautions avaient donc été prises pour donner le change sur l'objet véritable de ce voyage du jeune *premier commis* (comme on appelait encore les chefs de service des relations extérieures), non-seulement à Chauvelin, mais aux protecteurs qu'il avait dans le conseil exécutif et dans les comités.

Maret semblait aller en Angleterre, non pour s'occuper, mais pour se reposer de la politique. Il y était censé en congé, et Noël, employé jusque-là à Londres, avait reçu l'ordre d'aller le remplacer provisoirement en Belgique, en qualité de commissaire du pouvoir exécutif. Le but ostensible de cette excursion de Maret était l'arrangement de certaines affaires très-particulières du duc d'Orléans; et, pour mieux spécifier les choses, d'aller chercher et de ramener la fille de ce prince, laquelle habitait alors, *pour cause de santé,* le comté de Suffolk depuis plus d'un an, avec sa mystérieuse compagne Paméla et madame de Genlis-Sillery, leur gouvernante. Ce retour eut lieu, en effet, dès la fin de novembre; mais des circonstances imprévues, du moins en apparence, avaient retenu Maret en Angleterre [1].

Ces explications préliminaires étaient indispensables pour fixer le vrai sens de plusieurs passages d'une lettre inédite de Maret à Lebrun, qui mérite d'être citée à peu près en entier :

Londres, 29 novembre 1792.

J'ai pensé, cher citoyen, qu'il était convenable qu'en l'absence de Noël j'ouvrisse les paquets qui lui sont adressés par vous. Je l'ai fait à l'arrivée du dernier portefeuille, et j'ai lu votre dépêche n° 12 que j'ai communiquée à Mourgues, afin qu'il se mette à la découverte des négociations du cabinet de Saint-James avec celui de Madrid. J'ai vu Chauvelin dans la même intention, et je lui ai transmis les mêmes notions, *en lui disant qu'elles m'étaient parvenues par une lettre particulière d'un des premiers commis du Départe-*

---

1. Sur ce séjour prolongé en Angleterre, auquel la politique avait eu pour le moins autant de part que l'hygiène, et sur les incidents qui suivirent, on peut consulter les *Mémoires* de madame de Genlis, et l'article plus que sévère de Durozoir sur cette femme célèbre, dans la Biographie Michaud.

ment. Au moyen de ces précautions, l'absence de Noël ne nuira point au service...

Chauvelin vous dépêche un courrier pour vous instruire de la conférence qu'il a eue aujourd'hui avec milord Grenville, et dont les résultats sont d'une grande importance. Il vous a déjà informé de la demande qu'il avait faite d'une entrevue, avant la déclaration remise par milord Auckland aux États-Généraux de Hollande. Vous aurez sûrement approuvé la sagesse de sa conduite dans cette circonstance, et la prudence avec laquelle il avait battu en retraite après le billet du ministre. C'est à cette prudence qu'il doit la conférence de ce matin, et l'avantage qu'il a eu dans cette espèce de lutte ministérielle, où il a gardé une mesure excellente et pris une *attitude parfaite*[1]. Vous auriez sûrement des regrets, cher citoyen, si vous aviez accueilli des imputations calomnieuses, qui auraient pu conduire à priver la chose publique des talents et des soins d'un homme assez jeune et assez distingué pour être dans le cas de la servir utilement et longtemps encore. Je m'applaudis de l'avoir recommandé à votre justice, *en même temps que je m'exprimais franchement sur la conviction que j'ai qu'il pourra lui rendre des services plus importants*, PARTOUT AILLEURS QU'EN ANGLETERRE[2].

Vous tirerez une conséquence très-juste de la conférence de Chauvelin avec lord Grenville, si vous en concluez : que le ministère anglais n'ose pas vouloir déclarer la guerre; qu'il attache peu d'importance à l'affaire de l'Escaut...; enfin que, malgré le décret du 19, si nous voulons ouvrir des négociations et faire quelques demandes, elles ne pourraient peut-être pas être commencées sous de plus favorables auspices. Tout annonce dans le ministère anglais en général une inquiétude qu'il ne saurait dissimuler ; tout

---

1. Ceci est une allusion ironique à un incident de cette conférence dont Chauvelin était très-fier. En entrant dans le cabinet du ministre anglais, il s'était plongé dans un vaste fauteuil, écartant avec dédain une humble chaise avancée auprès du feu, dans l'intention, selon lui manifeste, d'humilier la République en sa personne.

2. Cette dernière phrase donne la clef des éloges qui précèdent, éloges politiquement indispensables, dans une lettre qui devait être communiquée aux autres ministres et au comité diplomatique.

fait voir dans Pitt un grand éloignement pour des mesures hostiles, un désir de fonder l'existence de son crédit sur la faveur populaire, et le désir de se rapprocher de nous. Par l'effet d'une complication bizarre, nous sommes devenus d'utiles auxiliaires pour ce ministre, qu'on jugerait mal si, parce qu'il est aristocrate français, on refusait de le croire démocrate anglais, tandis que les amis de notre cause sont véritablement aristocrates pour l'Angleterre[1].

L'empressement à se rapprocher de nous est d'une évidence palpable... La personne très-influente qui est en relation avec Mourgues devient très-pressante dans ses mouvements... M. William Smith, ce membre du Parlement qui avait déjà eu une conférence avec Noël, demande avec instance à parler à quelqu'un qui tienne au gouvernement français. *On m'a proposé de le voir.* Malgré la règle que je m'étais imposée d'éviter toute démarche qui pourrait donner quelque apparence de mission à mon voyage, je me suis décidé à différer mon départ, qui devait avoir lieu aujourd'hui, presqu'à l'instant même où cette ouverture m'a été faite. J'irai donc demain chez M. Smith. Je me tiendrai dans la réserve qui convient à ma position, et j'engagerai à la confiance, en faisant sentir que ma place près de vous donne l'assurance que rien ne sera perdu des confidences qu'on pourrait me faire, et des dispositions qu'on aurait envie de me témoigner.

Mourgues agira de son côté. J'unirai mes conseils et mon zèle à l'activité du sien, et peut-être avant deux jours serons-nous entièrement délivrés des incertitudes dont nous commençons à sortir.

Alors, cher citoyen, je reviendrais au plan dont je vous ai parlé. Il me paraîtrait nécessaire d'autoriser à agir, pour préparer toute cette affaire, l'homme, quel qu'il fût, que vous vous détermineriez à envoyer ici comme agent, sous l'ambassadeur extraordinaire qui serait nommé. J'entre dans ce détail, parce que je sais que dans cette supposition, le ministre anglais désirerait ne traiter qu'avec une personne destinée à occuper ici un poste diplomatique. On l'a dit

---

1. Cette appréciation très-juste, mais exprimée sous une forme par trop elliptique, est confirmée et développée dans une remarquable dépêche de Reinhard, qu'on trouvera plus loin.

formellement à Mourgues, et il n'est pas sans vraisemblance que M. Pitt se soit lui-même expliqué à cet égard.

Adieu, cher citoyen, me voilà donc retenu ici encore trois jours. J'ai cru que l'intérêt public exigeait ce sacrifice, etc.

MARET.

Cette lettre disait évidemment, sur bien des points, autre chose que ce qu'elle semblait dire. Sous une forme concertée d'avance, elle apprenait à ceux qui étaient dans le secret que la substitution de Maret à Mourgues était agréée. En effet, les membres des deux précédentes Assemblées, alors réfugiés en Angleterre; Stanislas Girardin, qui lui devait la vie, Lally-Tolendal, Dandré, peut-être Talleyrand lui-même, n'avaient pu donner que des renseignements favorables sur l'ex-rédacteur du *Bulletin*. D'ailleurs la session du Parlement allait s'ouvrir, et Pitt, pour régler son attitude, avait besoin d'obtenir immédiatement les informations que son collègue venait de demander en vain à Chauvelin. Le défaut d'instructions de celui-ci, rapproché de l'arrivée de Maret, était déjà d'un heureux augure. On semblait vouloir tenir compte à Paris de la répugnance avérée du ministère anglais pour l'ex-ambassadeur de Louis XVI. Enfin, malgré sa jeunesse, Maret faisait déjà preuve de cette discrétion impénétrable, qui fut l'une des grandes causes de sa fortune politique. Chauvelin n'avait eu garde de soupçonner le véritable but du voyage de Maret. Il avait même songé à l'utiliser comme agent subalterne, pour entretenir des relations avec les mécontents anglais et irlandais[1]. Dans une lettre du 1er dé-

---

1. Cette idée dut lui venir d'autant plus naturellement, qu'il croyait que Maret n'était venu que pour chercher mademoiselle d'Orléans, Paméla et leur gouvernante, dont il connaissait les relations avec ces mécontents. L'un d'eux était ce lord Fitz-Gérald,

cembre confiée à Mourgues, qui repartait pour Paris, Chauvelin entretenait le ministre d'une conférence, selon lui très-secrète, qu'il venait d'avoir avec des émissaires républicains irlandais. A propos de cette communication (qui venait probablement de la police anglaise), il se plaignait d'avoir les mains liées, de ne pouvoir ni promettre des secours, ni même autoriser l'envoi d'un agent irlandais à Paris, et demandait qu'il lui fût répondu à ce sujet par l'intermédiaire de Maret. Celui-ci n'avait garde de se compromettre dans ces intrigues. « Sa conduite réservée, et dont le ministère anglais était bien informé, car on n'avait pas manqué de le faire suivre très-rigoureusement, écarta des obstacles que lui-même croyait d'abord inévitables. » (Maret, 2 décembre.)

Il ne faut pas, en effet, s'imaginer que la négociation d'une pareille rencontre fût chose facile. L'introducteur de Maret était séparé du cabinet de Pitt par plus d'une porte secrète. Il était seulement en rapport intime avec l'un des plus fougueux opposants de la Chambre des communes, William Smith, Esq., qui dans toute circonstance votait avec Fox. Il semblerait qu'en allant dans cette direction, on dût plutôt s'éloigner du premier ministre ; mais, en politique, les extrêmes se touchent. On savait que le roi, le prince de Galles et la plupart des ministres étaient pour la guerre, que la seule hésitation de Pitt tenait encore la décision en suspens. Smith était un de ces hommes politiques, moins rares en Angleterre qu'ailleurs, qui savent faire

---

depuis célèbre par sa mort héroïque lors de l'expédition d'Irlande, en 1797, et auquel madame de Genlis, — expulsée de France, ainsi que ses élèves (fort heureusement pour elles), immédiatement après leur retour à Paris, et réfugiée avec elles en Belgique, — s'empressa de faire épouser Paméla, sa fille adoptive (?). V. ses *Mémoires*, Ce mariage eut lieu à Tournay en décembre 1792 ; le jeune duc de Chartres, depuis le roi Louis-Philippe, y figura comme témoin.

abstraction de toute considération personnelle, quand l'intérêt national l'exige. Partisan de la paix, convaincu qu'elle n'était possible qu'avec Pitt et par lui, Smith se prêta volontiers à faciliter une entrevue qui pouvait faire naître des chances sérieuses de rapprochement. Mais cette intervention ne pouvait elle-même s'exercer d'une façon immédiate. Membre prononcé de l'opposition, Smith ne pouvait avoir des rapports directs avec un ministre : son nom ne devait pas même être prononcé entre Pitt et Maret. Il fut donc convenu qu'il aurait avec ce dernier une conversation préparatoire, dans laquelle tous les points litigieux seraient abordés, et que le résultat de cet entretien serait transmis à Pitt par un ami commun, l'historien Long, personnage étranger aux luttes des partis[1].

Maret, de son côté, avait à prendre de sérieuses précautions. Il fallait que, jusqu'à nouvel ordre, les éclaircissements qu'il allait donner fussent considérés comme le résultat d'une appréciation toute personnelle. En conséquence, dans l'entrevue préliminaire avec William Smith, éclaireur de William Pitt, il commença par déclarer à son interlocuteur « qu'il ne l'aurait pas vu sans l'absence de Noël : qu'il était là sans aucune mission, sans aucun caractère, et que c'était seulement comme Français patriote qu'il causait des intérêts des deux nations avec un ami de la liberté[2]. » Ceci était une vérité diplomatique, variété très-cultivée et amendée de l'espèce ordinaire.

1. Long, mort en 1813, a laissé plusieurs ouvrages, notamment une histoire de la Jamaïque, la meilleure qui ait été écrite jusqu'ici sur cette colonie. Il y avait rempli longtemps les fonctions de juge de l'amirauté.
2. Ce passage, ainsi que plusieurs autres que nous rétablissons de même d'après le texte original, avait été altéré dans l'extrait de la dépêche de Maret qui fait partie de l'*Exposé historique* imprimé par ordre de la Convention.

On entra donc en matière. Smith désirait avoir des explications sur trois sujets principaux. « Quelles sont les intentions du gouvernement français à l'égard de la Hollande? Pourrait-il entrer en composition au sujet de l'Escaut? Le décret du 19 novembre (par lequel la Convention promettait protection et secours aux peuples qui voudraient renverser leurs gouvernements) a-t-il quelque rapport à l'Angleterre? » « Mes réponses, dit Maret, furent fondées sur les bases suivantes : 1° Avant de quitter la France, j'étais assuré que le ministère des affaires étrangères et le conseil exécutif n'avaient nuls projets hostiles contre la Hollande. Depuis mon arrivée en Angleterre, j'ai eu connaissance de toutes les dépêches adressées à Noël, à Chauvelin; je n'y ai rien vu qui puisse faire supposer un changement de système. 2° La délibération prise par le conseil exécutif pour l'ouverture de l'Escaut est fondée sur les premiers principes de notre liberté. Elle a été approuvée par la Convention, sanctionnée par l'opinion publique, exécutée par nos généraux... » Maret ajouta adroitement qu'une rétractation sur ce point serait désormais non-seulement une faiblesse, mais une iniquité *de la part des Français;* que cette affaire regardait exclusivement les Belges, qu'ils avaient aidés à recouvrer leur liberté... Il laissait ainsi pressentir la possibilité d'une solution que nous trouverons bientôt plus nettement formulée. 3° Relativement au décret du 19 novembre (c'était là le point faible, et il le sentait bien), Maret soutint « que ce décret ne pouvait avoir pour objet que l'Allemagne, qu'il ne s'appliquerait à l'Angleterre que si le cabinet de Saint-James déclarait la guerre à la France. « A cette occasion, Smith parla des intrigues démagogiques que le gouvernement combattait, disait-il, en soudoyant des associations en sens contraire, et des manifestations monarchiques dans les théâtres. Il se plaignit des moyens que le gouvernement français employait pour porter le peuple anglais à la révolte. Ici, l'on entrevoit qu'il dut être question de Chauvelin, et que Maret supprime prudemment certains détails. Aux termes de sa dépêche, il se serait borné à dire « que le gouvernement n'employait pas des moyens si bas, qui ne conviennent qu'à la faiblesse; qu'au reste, si l'on nous interrogeait sur ce point, nous aurions aussi quelques questions à faire à M. Pitt. » Ceci faisait allusion aux rapports présumés du ministère anglais avec Calonne et d'autres personnages de l'émigration.

De son côté, Maret avait à apprendre : 1° Si le cabinet anglais était décidé à la guerre; 2° s'il négociait avec l'Espagne contre nous; 3° si, dans l'hypothèse du maintien de la paix, il serait disposé à reconnaître la République et à recevoir un ambassadeur. « J'ai obtenu, dit-il, des aveux qui me conduisent aux résultats suivants, conformes à mes précédentes appréciations... M. Pitt est encore plus opposé à la guerre que l'aristocratie de l'opposition, *sans en excepter Fox lui-même*... Les autres ministres veulent la guerre... Il y a certainement des pourparlers belliqueux avec l'Espagne, mais M. Pitt y a peu de part. Enfin, le moment d'exiger la reconnaissance de la République n'est pas venu; on croit que nous éprouverions des difficultés que l'on n'aurait peut-être pas faites il y a quinze jours (avant l'affaire de l'Escaut et le décret du 19 novembre). Une négociation préalable est nécessaire; elle n'est pas impossible. »

William Smith avait paru inquiet au début de l'entretien. Maret le quitta « assez rassuré, fort bien disposé, » et le rapport qui fut fait aussitôt sur cet entretien parut sans doute satisfaisant, car Maret sut, quelques heures après, que le premier ministre le verrait volontiers, et sans aucun retard.

Ce fut dans l'après-midi du 2 décembre 1792 que s'abordèrent pour la première fois ces deux hommes, entre lesquels le sort devait ultérieurement creuser un tel abîme, que le récit de leur entrevue semble appartenir à la fantaisie plutôt qu'à l'histoire. Voici quel fut textuellement, d'après Maret, le début de leur entretien. Nous savons déjà qu'on peut se fier à sa mémoire.

Pitt. — « Un de vos amis a dit à M. Long que vous seriez fort aise de me voir avant de retourner en France.

Maret. — Il était naturel qu'un Français mît beaucoup d'intérêt à présenter ses hommages à un ministre justement célèbre, et qui a tant fait pour la prospérité d'une puissance que la France républicaine ne veut pas regarder en rivale, et veut traiter en amie. M. Long a dit à mon ami que vous confèreriez volontiers avec moi sur les intérêts de nos deux nations, et j'ai consenti à venir vous offrir tous les renseignements qu'il dépendra de moi de vous donner. Je suis prêt à répondre à vos questions avec la franchise que doivent mettre dans leurs communications deux hommes qui désirent également le bonheur de leur patrie. Vous savez... que je n'ai aucune mission, aucune autorisation.

— Je le sais, dit Pitt en souriant; moi-même, je ne suis pas autorisé à vous voir, mais j'espère que, pour n'être pas officielle, notre conversation n'en sera pas moins amicale. »

L'homme d'État anglais ressentait sans doute alors une impression analogue à celle du philosophe grec qui, jeté par la tempête sur une plage inconnue, s'écriait à l'aspect de figures géométriques tracées sur le sable : « courage ! je vois d'ici des pas d'hommes ! »

Il parla de ses inquiétudes au sujet de la Hollande, des craintes du gouvernement et du commerce anglais, de la ferme résolution qu'avait prise le cabinet de soutenir ses alliés. Néanmoins il désirait sincèrement éviter une guerre qui ne pouvait qu'être funeste aux deux nations, et tenait à savoir si ce désir était partagé par le gouverment français. — Maret lui fit les mêmes réponses qu'à Smith, mais plus développées, et affirma que les intentions du pouvoir exécutif étaient absolument pacifiques. Pitt l'écoutait avec une expression marquée de bienveillance et de surprise agréable. — « Il est donc bien malheureux, Monsieur, dit-il à son tour, qu'il ait existé depuis trop longtemps entre nous un éloignement aussi nuisible ! Le silence aigrit de part et d'autre les défiances, les soupçons... Ne serait-il pas possible de trouver quelque moyen de communiquer ensemble, de nous entendre, de nous rapprocher ? Si le gouvernement français voulait autoriser quelqu'un à conférer avec nous, il nous trouverait disposés à l'écouter, à traiter avec cordialité et confiance. »

On voit que, d'après Maret, la première proposition d'une négociation secrète serait venue de Pitt. Celui-ci, au contraire, dans une lettre inédite que l'on trouvera plus loin, prétend que cette idée avait été suggérée d'abord par son interlocuteur. Nous croyons la version de Pitt plus conforme à la vérité, mais Maret avait eu de graves motifs pour intervertir les rôles dans son rapport. Il prévoyait, comme il le dit à Pitt lui-même, qu'il se produirait de graves répugnances à Paris contre ce mode de négocier, et croyait pouvoir les surmonter plus facilement en attribuant l'initiative au ministre anglais, qui d'ailleurs avait accueilli cette idée avec empressement. Maret trouva même d'une bonne politique d'ajouter dans sa dépêche, qu'il s'était fait prier pour transmettre cette proposition. Il assurait avoir dit que le gouvernement républicain devrait tenir grandement compte de l'opinion publique, peu favorable à ces voies détournées ; que déjà même on s'étonnait que le pouvoir exécutif n'eût pas exigé, avant tout, la reconnaissance de la République. Il rappela aussi que le gouvernement français avait depuis plusieurs mois à Londres un agent secret, dont l'absence n'était que momentanée. Mais, au nom de Noël, il vit la physionomie de Pitt se rembrunir, et ce fut pis encore quand il parla de Chauvelin[1]. « Il faut précisément éviter la question du caractère public, dit Pitt avec quelque impatience. Ne repoussez donc pas le seul moyen de nous entendre. Nous examinerions alors toutes les questions, toutes les propositions que vous auriez à faire. — Je pars présentement pour Paris, dit Maret..., à moins que vous n'aimiez mieux que j'y envoie une personne sûre, et que je reste ici pour vous donner tous les renseignements que vous pourrez désirer. Je vais presser M. Lebrun d'envoyer le plus promptement possible un agent secret. — Et pourquoi ne seriez-vous pas vous-même cet agent? interrompit le ministre; ne perdez pas un instant pour envoyer à Paris. Je vous assure que chaque moment est précieux, que rien n'est plus urgent. Demandez une réponse immédiate, et dès que vous l'aurez reçue, venez me la communiquer. »

Cette conférence avait duré plus de deux heures. Maret s'étant levé enfin pour prendre congé, Pitt le retint encore, pour reparler de l'affaire de l'Escaut, du décret de novembre. C'était en effet la mesure la plus inquiétante, la moins justifiable. Maret, se livrant plus qu'il n'avait fait jusque-là, promit une interprétation pleinement rassurante. Il ajouta même *que ce décret, surpris à la Convention par les hommes violents,*

---

1. Toute cette partie de la dépêche a été supprimée dans la publication officielle.

avait été désapprouvé par le Conseil exécutif et les gens modérés : explication qu'il était bien nécessaire de donner à Pitt, mais bien imprudent de consigner dans une dépêche, qui, d'après le système de gouvernement alors en vigueur, devait être communiquée à tous les ministres, par conséquent à celui de la guerre (Pache), l'âme damnée des Jacobins. L'entretien finit là ; Pitt reconduisit jusqu'à la porte, avec une courtoisie en quelque sorte prophétique, le futur ministre de Napoléon ! Il lui recommanda encore une fois de ne pas perdre un moment pour écrire à Lebrun[1].

XV

Dépit de Chauvelin en apprenant cet entretien. — La majorité du conseil exécutif décide que la négociation ouverte avec Pitt par Maret, sera continuée par Chauvelin. — Dépêche de Maret du 14 décembre ; récit de sa dernière entrevue avec Pitt. — Échec complet de Chauvelin.

Dans cette curieuse entrevue, il s'était dit de part et d'autre des choses que Maret ne pouvait écrire. Il avait été notamment question des prisonniers du Temple. Maret lui-même l'a indiqué dans une note écrite longtemps après, où il est parlé « des moyens vainement employés pour prévenir une catastrophe terrible, alors qu'il était chef de division aux affaires étrangères. » Maret avait quitté Paris au moment où la Convention venait de décider que Louis XVI serait jugé. Sa mort était dès lors considérée assez généra-

---

1. Ce passage important, et toute la fin de la dépêche que nous reproduisons ci-après, manquent dans la publication officielle.

lement comme inévitable, et cette opinion allait exercer une grande influence sur les décisions du ministère anglais. Les membres les plus modérés du conseil exécutif avaient compris la nécessité de faire connaître à Londres, par un intermédiaire plus sûr que Chauvelin, les chances de salut qui restaient encore pour le Roi. Maret, parlant comme de lui-même, eut à dire qu'on espérait que la majorité des votants pencherait pour l'appel au peuple ou pour la détention; mais que, dans l'état présent des esprits, toute démarche violente, déclaration ou menace de guerre, irait directement contre son but, comme avait fait le manifeste de Brunswick.

Il s'empressa de transmettre à son ministre tous les détails de cet entretien qui pouvaient figurer impunément dans une dépêche. Il crut que son devoir ne lui permettait pas de dissimuler les impressions défavorables qui existaient contre Noël et Chauvelin, et engagea de nouveau Lebrun à leur donner d'autres destinations. Quant à lui, il attendait des ordres. «Je vous ai rapporté avec franchise, cher citoyen, disait-il à Lebrun, ce que Pitt a dit sur moi. C'est la seule vérité que j'aurais voulu vous cacher. » Si l'on jugeait à propos de l'employer pour la négociation secrète, il lui fallait de suite des instructions pour l'affaire de l'Escaut, pour une interprétation aussi rassurante que possible du décret de novembre; *c'était là le point le plus difficile.* Dans ce cas, il demandait aussi qu'on lui adjoignît comme auxiliaire Agasse, l'un des employés du ministère, et qui lui avait déjà servi de secrétaire en Belgique. Il comptait l'employer encore pour transmettre les communications qui, à cette époque, ne pouvaient avoir lieu que verbalement[1].

---

1. Cet Agasse était le neveu du célèbre imprimeur du *Moniteur*, et le frère de deux autres Agasse, condamnés et exécutés comme

En attendant la réponse du ministre, Maret ne crut pas devoir différer plus longtemps d'instruire Chauvelin de tout ce qui venait de se passer. La surprise de celui-ci fut grande, son dépit fut plus grand encore. Il s'en expliqua avec une extrême vivacité dans sa correspondance. « Le citoyen Maret, qui m'a assuré tous les jours qu'il n'avait aucun ordre de vous, qu'il ne verrait qui que ce fût... m'a appris ce matin qu'il avait reçu avant-hier une personne que le citoyen Mourgues lui avait fait connaître (Smith), puis qu'il avait vu Pitt ! (Chauvelin à Lebrun, 3 décembre.) » En conséquence, Chauvelin se considérait comme supplanté, et demandait un prompt rappel. Dans une dépêche en chiffres du même jour, il ajoutait que ne doutant pas, lui, des intentions hostiles du ministère, « il se remuait pour faire agir d'autres auxiliaires plus dignes de nous. » Il ne s'était malheureusement que trop remué dans ce sens! Mais une conférence nocturne qu'il eut, quelques jours après, avec deux membres de « l'aristocratie de l'opposition, » Fox et Shéridan, porta un rude coup à ses illusions. Ils lui déclarèrent nettement que le décret du 19 novembre, promettant indistinctement assistance à toutes les révoltes, avait produit un fâcheux effet sur les défenseurs les plus obstinés de la France. « Aucune expression n'indiquant que c'était aux efforts *bien marqués* de la majorité d'un peuple que la nation française reconnaîtrait son vœu pour la liberté, une insurrection de quelques mille hommes en Irlande suffirait donc pour motiver une invasion ?... » Shéridan ajouta : « Nous ne voulons pas de guerre pour l'Escaut, mais nous ferons cause

faussaires au début de la Révolution. Il y eut, à cette occasion, une manifestation consolante et flatteuse de la garde nationale parisienne (le 25 janvier), en faveur de ce jeune Agasse et de son oncle, absolument étrangers aux mésaventures de leurs parents. (V. *Moniteur* de 1790, n° 31.)

commune avec le ministère, et nous sommes assurés des neuf dixièmes des trois royaumes pour repousser l'intervention des Français dans nos affaires intérieures. Nous avons bien su, à nous seuls, leur donner l'exemple d'une révolution : nous saurons, à notre tour, suivre le leur à notre manière et par nos seules forces » (9 décembre). Bien que Fox et ses partisans ne représentassent pour Chauvelin que l'aristocratie de l'opposition, quelque chose comme les Feuillants de l'Angleterre, il commençait à craindre que la nation anglaise ne fût décidément plus arriérée qu'il n'avait pensé.

Mais, tandis qu'il se croyait en disgrâce à Paris, le suffrage de la majorité du conseil exécutif lui préparait un déplorable triomphe. Elle décida, le 7 décembre, « que les conférences avec Pitt continueraient, mais exclusivement par l'intermédiaire de Chauvelin ! » D'après la composition du Conseil à cette époque, on peut conjecturer que cette résolution, conforme aux tendances des révolutionnaires les plus ardents, fut prise contre les ministres des affaires étrangères et de la justice (Lebrun et Garat), par ceux de la guerre, de la marine et des finances. Pache, l'homme des Jacobins, traînait invariablement Monge à sa remorque, et Clavières, qui voulait conserver sa place, se réunissait souvent à eux. Quant au ministre de l'intérieur (Roland), excédé des attaques continuelles dont il était l'objet, il avait pris le parti de ne plus voter.

Lebrun se vit donc forcé d'annoncer à Maret que le Conseil, tout en rendant justice à la dextérité qu'il avait déployée pour préparer une négociation directe avec le premier ministre, avait décidé qu'elle serait suivie par Chauvelin. La majorité pensait qu'il y avait lieu de profiter de cette circonstance pour amener l'Angleterre à reconnaître la République. En conséquence, Maret devait obtenir de Pitt un nouvel entretien, s'efforcer de lui faire comprendre l'inconvenance d'une négociation secrète, etc. (Lebrun, 9 décembre). Ce ministre, si peu maître chez lui, prévenait en même temps Chauvelin qu'il aurait à suivre désormais les relations entamées par Maret, mais qu'il devait décliner « toute forme de conversation de particulier à particulier, parce que, d'après le vœu de la majorité du Conseil, les explications que Pitt avait paru désirer ne pouvaient être données que par le représentant *connu et avoué* de la République. » Chauvelin triomphait. « C'est, écrivait-il, par un sentiment de respect pour la dignité de la nation française, que le Conseil a été impérieusement entraîné à rejeter la proposition faite au citoyen Maret par M. Pitt, proposition qui prouvait une *méconnaissance* des pouvoirs qui me sont conférés, plus injurieuse qu'un simple refus de me reconnaître ; proposition si absurde, qu'elle ne pouvait s'admettre qu'en conférant au citoyen Maret le même caractère qu'on refusait de reconnaître en moi ; sinon, elle tendait à faire donner, au nom de la France, des explications que celle-ci n'aurait pas eu la permission d'avouer. » Il en concluait que Maret aurait échoué, qu'une négociation secrète n'avait aucune chance de succès. Mais bientôt, entraîné par l'évidence, ou peut-être cédant aux sages conseils de son secrétaire de légation Reinhard, il revenait à dire « qu'on aurait pu tolérer qu'il vît en particulier quelque ministre anglais, sans exiger encore la reconnaissance du caractère. Ç'aurait été, suivant lui, un milieu convenable » (18 décembre). Il écrivait aussi, avec une légèreté inqualifiable, à propos des inquiétudes répandues à Londres sur l'issue du procès de Louis XVI : « On compte sur l'effet dramatique de la mort, pour *faire avaler* la déclaration de guerre... »

Cependant Maret, « de la meilleure grâce du

monde, » avait appris à Noël, qui venait de reparaître à Londres, ce qui s'était passé en son absence. Cet agent était prévenu contre Pitt : sa première impression fut « que ce ministre, si *mielleux* qu'il eût paru dans l'entrevue précédente, ne voulait que gagner du temps pour se déclarer contre nous avec plus d'avantage. » Mais Noël ne tarda pas à changer d'avis. Dans la nuit du 13 au 14 décembre, Maret et lui eurent une conférence avec Miles et Smith. Les deux Anglais furent consternés de la décision du conseil exécutif de France. Smith consentit pourtant à faire demander pour Maret une nouvelle entrevue, bien qu'il n'en augurât rien de favorable dans de telles conditions.

Cette entrevue eut lieu dès le lendemain. Maret y subissait, pour la première fois, une épreuve qui devait se répéter souvent pour lui, dans le cours de sa carrière politique. Sa position, le devoir professionnel, l'obligeaient à pallier de son mieux une résolution qu'au fond il était loin d'approuver...

« Eh bien! lui dit Pitt en le regardant fixement, vous n'avez donc à me proposer qu'une référence à M. de Chauvelin? — Maret allégua la dignité nationale, la pression irrésistible de l'opinion. Mais, ajouta Pitt du même ton, M. de Chauvelin n'est pas accrédité auprès de nous. — Comme beaucoup d'avocats, Maret défendait de son mieux une cause qu'il sentait perdue. Il insista principalement sur ce point, que Chauvelin était autorisé à faire toutes les déclarations qu'on avait paru désirer. Pitt l'écouta jusqu'au bout, puis se contenta de lui demander « si vraiment il n'avait pas autre chose à lui annoncer, s'il n'était pas *personnellement* autorisé à conférer avec lui sur quelque point... » La physionomie, l'attitude du jeune ministre indiquaient assez qu'il arrivait à la dernière limite de ses espérances pacifiques! Maret lui lut le paragraphe de la dépêche ministérielle qui lui prescrivait « de ne s'entretenir désormais avec Pitt que d'une manière générale et sans aucun détail. » Il fit remarquer que la date de cette lettre excluait toute possibilité de connivence avec la proposition que Fox venait de faire d'envoyer un ambassadeur à Paris; et il est probable, bien qu'il n'en dise rien, qu'il ajouta d'autres explications propres à convaincre Pitt de la bonne foi et de la bonne volonté personnelle du ministre français. Mais l'unique voie par laquelle il eût été possible de se rapprocher d'une solution pacifique n'en était pas moins close, murée par la décision du pouvoir exécutif. Aussi Pitt fit observer que, « puisqu'il en était ainsi, il priait son interlocuteur de permettre que leur conférence devînt immédiatement une conversation particulière. » Maret prit enfin congé de lui, sans avoir pu en tirer autre chose que « des compliments personnels; » peut-être aussi le conseil de retourner promptement à Paris faire les derniers efforts pour amener un changement de résolution [1].

Dans cette situation, rien ne retenait plus Maret à Londres, ou plutôt tout le rappelait à Paris. Il partit le 19 décembre, le jour même où Lebrun communiquait à la Convention un Mémoire sur l'état des relations entre les deux pays. Plusieurs passages de ce document étaient empruntés à la dépêche de Maret du 2 décembre. Sans le nommer, on y faisait clairement allusion à son entrevue avec Pitt, à propos des prétendues intrigues du gouvernement républicain avec les révolutionnaires anglais. « Si nos agents, même non accrédités, disait Lebrun, avaient pu être

---

1. Maret à Lebrun, 14 décembre. Ce qui a été publié de cette dépêche dans l'*Exposé* est fort incomplet. Cet exposé, que la plupart des historiens semblent n'avoir pas connu, contient pourtant des pièces qui ne se trouvent pas ailleurs. Il a été réimprimé en 1820, dans la compilation intitulée *Choix de Rapports, Opinions et Discours* depuis 1789 t. XI, pp. 113, 188.

soupçonnés de ces manœuvres....., croit-on que des ministres anglais auraient désiré leur accorder des conférences secrètes? » Mais il ne disait pas que l'agent dont on persistait à imposer l'entremise était précisément celui qui avait donné le plus de prise à de tels soupçons. Dans cette circonstance, Lebrun avait eu de nouveau la main forcée. Son Mémoire contenait bien des choses qu'il n'approuvait pas, notamment la menace d'un appel direct à la nation anglaise.

On continuait à marcher à grands pas dans une voie mauvaise, et pourtant les avis salutaires ne manquaient pas. « Il est impossible de se conduire mieux que ne l'a fait Maret, » écrivait Noël, qui montra dans cette circonstance beaucoup de bon sens. Tous deux avaient encore vu W. Smith, toujours désolé de la direction donnée à la négociation et du départ de Maret. « Pourquoi, écrivait encore Noël, ne pas le laisser continuer ce qu'il avait si bien commencé? Pourquoi cette répugnance pour des communications secrètes, quand tant d'arrangements importants et solides n'ont pas commencé autrement? Si une telle guerre a lieu, la liberté triomphera sans doute, *mais au prix de quels sacrifices!* Pourquoi ne pas revenir sur une mesure évidemment fausse, puisque tous les renseignements s'accordent sur les préjugés invincibles contre Chauvelin? » Celui-ci était forcé itérativement d'avouer qu'il n'y avait présentement qu'une seule chose utile à faire, « de causer de particulier à particulier, *comme Maret avait fait.* » Ce ne fut néanmoins que le 26 décembre, et à la suite d'injonctions réitérées, qu'il s'adressa à Pitt, pour lui exprimer le désir de donner suite « aux entretiens commencés par le citoyen Maret, lequel avait dû prévenir M. Pitt de ce changement. » C'était pour Chauvelin un véritable supplice d'être forcé de se recommander de Maret.

Le lendemain matin, n'ayant pas encore de réponse, il passa *ab irato* à lord Grenville une note des moins conciliantes. Il s'attendait à recevoir, pour réponse, l'ordre de quitter l'Angleterre. On aurait dit que, ne pouvant faire le bien, il cherchait à s'en consoler en faisant tout le mal qu'il pouvait.

La réponse de Pitt lui arriva dans l'après-midi du même jour. Elle était ainsi conçue.

« Monsieur, j'ai reçu votre honorée du 26. Dans ma première conversation avec M. Maret, j'avais exprimé l'espérance que j'avais, que le mode d'explication particulière *qu'il suggérait* pourrait être utile. Mais, quand je l'ai revu, j'ai appris qu'on n'était pas disposé à un tel mode de communication. Votre lettre n'exprime pas avec quel caractère vous vous adressez à moi en ce moment, et, après ce qui s'est passé, je ne pense pas qu'il y ait aucune convenance ou utilité à ce que, dans les circonstances présentes, je converse avec vous. *Je suis obligé, en conséquence, de vous prier de permettre que j'évite l'honneur de vous voir.*

W. PITT [1]. »

Comme tous les petits esprits, Chauvelin s'irrita d'autant plus de cet échec, qu'il l'avait mieux mérité. Il s'en prit à Maret, prétendant « qu'on s'était compromis par des relations *romanesques,* en interrompant les communications commencées avec lord Grenville, par *l'interposition à la traverse* du citoyen Maret, dont le zèle inconsidéré avait nécessité la brusque intervention du Conseil exécutif (28 décembre). Tout républicain qu'il était, l'ex-marquis ne pardonnait pas à un roturier d'avoir été le plus habile et le mieux accueilli.

---

1. Cette lettre était en anglais. Nous reproduisons la traduction envoyée par Chauvelin à Lebrun.

Le 31 décembre, il reçut la réponse de lord Grenville. Elle reproduisait avec une hauteur et une amertume singulières tous les griefs déjà connus. Le même jour, à Paris, le ministre de la marine, grand mathématicien, mais politique médiocre, menaçait, dans une circulaire, « le roi Georges d'une descente en Angleterre, avec cinquante mille bonnets de la liberté ! »

Il nous reste à parler d'un dernier voyage de Maret en Angleterre, tentative pacifique *in extremis* qui, de même que la première, échoua par suite de fautes dont la responsabilité demeure étrangère à cet agent sensé et courageux. Servir la République à cette époque était aussi difficile, aussi dangereux que de la combattre.

XVI

Version inexacte de Dumouriez sur la deuxième mission de Maret à Londres. — Lettre de Maret à Miles (7 janvier). — Démarches conciliantes prescrites à Chauvelin ; retard funeste dans les communications. — Effet produit à Londres par l'événement du 21 janvier. — Départ trop précipité de Chauvelin. — Envoi de Maret à Londres comme chargé d'affaires. — Lettre curieuse de Reinhard (28 janvier).

Tous les historiens ont répété jusqu'ici de confiance ce que Dumouriez a dit du second voyage de Maret en Angleterre. Ce récit mêle à des faits vrais de graves inexactitudes que nous allons rectifier.

Maret était rentré en France d'autant plus affecté de la décision qui lui avait retiré la conduite de la négociation secrète, qu'il prévoyait l'issue fâcheuse de la référence à Chauvelin. Cette fausse direction avait fait perdre un temps précieux; on ne se trouva en mesure de la réparer qu'après le retour de Dumouriez à Paris, alors que ce général parut « revenir à lui, » suivant l'expression de Maret, et concerta ses plans avec les républicains modérés qui auraient voulu, comme lui, éviter la guerre avec l'Angleterre et sauver Louis XVI sans se compromettre.

Dumouriez, étrange personnage, demi-héros, demi-escroc, ne mérite pas plus la confiance de la postérité comme écrivain, qu'il ne méritait celle des démocrates sincères comme général. Il a travesti les faits à son avantage, trahissant la vérité avec aussi peu de scrupule qu'il avait trahi la République. Il est assez difficile de deviner quelles étaient alors ses intentions réelles, s'il voulait se faire roi ou duc de Belgique, en obtenant de gré ou de force l'assentiment de la Convention, ou s'il songeait d'avance à tirer parti de quelque victoire nouvelle pour faire, dès 1793, de Louis-Philippe d'Orléans un roi des Français. Quoi qu'il en soit, depuis la conquête de la Belgique, il était brouillé avec les ministres. Il leur reprochait l'opposition qu'ils avaient faite à ses mesures financières, et en voulait surtout à Lebrun, qu'il taxait d'ingratitude. Les griefs qu'il articule contre ce malheureux ministre ne soutiennent pas l'examen. Tantôt il le blâme « d'avoir éloigné de ses bureaux Maret et Noël, deux hommes assez capables et honnêtes; » tantôt il lui fait un crime « d'avoir arrangé avec ce même Maret et ses autres émissaires auprès des Belges, un pouvoir destructeur, sous le nom de comité révolutionnaire. » Il savait pourtant que Maret et Noël n'avaient été éloignés que pour remplir des missions importantes. Quant au « pouvoir destructeur, » ce n'était autre chose que le comité des Belges et Liégeois unis, dont la première idée remontait à Dumouriez lui-même, alors qu'il était ministre. Mais, depuis qu'il avait été appelé à diriger en personne l'invasion, cette organisation avait cessé de lui convenir, parce qu'il y voyait le principe d'une autorité rivale de la sienne. Aussi ce comité, « tenu à l'écart et rencontrant des répugnances dans le parti même où il s'était recruté » (Borgnet, II, 117), s'était dissous après l'éloignement de Maret.

Le décret du 15 décembre avait déconcerté les prétentions directoriales et les plans secrets du vainqueur de Jemmapes. On sait que ce décret organisait révolutionnairement le territoire envahi, en subordonnant les administrations locales déjà nommées à des commissaires français chargés de « fraterniser avec elles, » c'est-à-dire d'exercer un pouvoir discrétionnaire, et notamment d'établir le cours forcé au pair des assignats, qui perdaient déjà 50 p. 100 en France. C'était ce que Cambon appelait « mettre les trésors de la République à la disposition des peuples affranchis ! » Lebrun et ses commis n'approuvaient aucunement ce décret, quoi qu'en dise Dumouriez. Maret s'était même prévalu à Londres d'une mesure antérieure, conçue dans un esprit tout différent, le rappel des commissaires de l'armée du Nord[1], comme d'un témoignage non équivoque de respect pour l'indépendance des peuples. Le décret du 15 décembre, surpris à la majorité, était, au contraire, une introduction violente à la réunion, et, par conséquent, un nouveau sujet de difficultés avec les puissances maritimes.

Pour contrecarrer cette mesure qu'il considérait comme dirigée spécialement contre lui, Dumouriez avait prescrit la convocation immédiate des assemblées primaires belges, afin d'élire une Convention nationale, qui devait se rassembler à Alost, et se déclarer constituée dès que soixante membres se-

---

1. Décret du 1er novembre.

raient réunis. Il reprenait ainsi, en s'en attribuant tout le mérite, l'idée fondamentale du manifeste rédigé par Maret au nom de l'ex-comité belge ou liégeois. Ces ordres de Dumouriez portent la date significative du 17 décembre. Mais le moment favorable était passé. M. Borgnet, qui voit les choses au point de vue de la nationalité belge, dit avec raison que « l'absence d'un centre commun eut à cette époque des résultats bien fâcheux. » Les protestations isolées des administrations locales allèrent s'enfouir dans les cartons du comité diplomatique, et plusieurs devinrent des titres de proscription pour leurs signataires. Une démarche émanant d'une assemblée générale déjà constituée, aurait sans doute produit plus d'impression. Dumouriez lui-même ne comptait plus guère sur l'effet d'une mesure désormais trop tardive, car il partit aussitôt pour Paris, où il espérait ressaisir quelqu'influence [1].

Il y passa presque tout ce terrible mois de janvier 1793, et éprouva d'amères déceptions. Sa première pensée avait été de s'entendre de préférence avec les Jacobins et les membres les plus exaltés de la Convention, par lesquels « il espérait plutôt, dit-il, sauver Louis XVI, en les déterminant à demander la suspension du procès [2]. » Toutes les tentatives faites dans ce sens ayant échoué, il se rapprocha des modérés et concerta avec eux une nouvelle tentative de négociation avec l'Angleterre. On venait, suivant lui, d'apprendre, par le rapport de l'agent *Benoist*, arrivé de Londres dans les premiers jours de janvier, que le

---

1. Les opérations électorales qu'il avait ordonnées ne s'exécutèrent qu'à Bruxelles. Elles avaient donné une majorité considérable à l'ancien parti conservateur. Aussi, pendant l'absence de Dumouriez, elles furent annulées, et les autres ajournées par les commissaires de la Convention.

2. *Mémoires* de Dumouriez, livre VII, chap. IV à XIV.

cabinet de Saint-James ne refuserait pas de traiter de la neutralité avec le conquérant de la Belgique. Telle était, disait-on, l'opinion de Talleyrand et autres émigrés constitutionnels [1]. Ce rapport était confirmé par l'ex-chargé d'affaires français en Hollande, de Maulde, qu'on venait de remplacer par Noël, et qui arrivait à Paris pour se plaindre de sa destitution.

Il fut donc question d'abord d'envoyer immédiatement Dumouriez en ambassade extraordinaire. Cette proposition fut écartée par la majorité des ministres, au grand regret du général, qui avait vu, dit-il, dans cette combinaison, sa délivrance et un grand moyen de servir sa patrie. Il considérait probablement alors la neutralité de l'Angleterre et de la Hollande, comme un acheminement à l'exécution de ses desseins secrets contre la Convention. Ce premier projet ayant échoué, Dumouriez « convint avec Lebrun et Garat qu'il n'en serait plus question au conseil, et qu'on suivrait l'affaire sans bruit. » Il détermina Lebrun à faire un nouveau virement en Hollande. Noël fut rappelé ; de Maulde, ex-noble précédemment écarté (sans doute, suivant l'expression jacobine, comme « trop peu recommandable par sa naissance), » fut renvoyé à La Haye, avec une lettre pour le véritable directeur de toutes les affaires, l'ambassadeur anglais lord Auck-

---

1. Benoist, après avoir rempli des fonctions administratives importantes sous l'Empire, devint député et conseiller d'État sous la Restauration. En 1792, il avait été employé dans les négociations secrètes avec la Prusse, et envoyé ensuite à Londres, où il arriva très-peu de jours après Maret, le 27 ou le 28 novembre. Ce fait est constaté par le *post-scriptum* de la lettre de Maret, du 29. Il n'existe dans les dépôts publics aucune trace écrite de la mission de Benoist, mais on a la certitude qu'il était l'intermédiaire des relations occultes que la fraction la plus modérée du pouvoir exécutif entretenait encore, à cette époque, avec Talleyrand et quelques autres réfugiés, appartenant à l'ancien parti constitutionnel.

land [1]. Dumouriez donnait rendez-vous à ce diplomate sur la frontière belge, pour le 1ᵉʳ février.

Enfin, « il fut décidé que Maret serait renvoyé à Londres, pour savoir de M. Pitt si réellement il souhaitait traiter avec le général...; que, dans ce cas, Chauvelin recevrait une autre destination, et que Maret prendrait sa place quand le général aurait quitté Londres. Ainsi, Maret était très-intéressé à faire réussir la négociation, et à préparer les voies au général pour être bien reçu en Angleterre, et surtout pour que sa mission fût très-facile et très-courte. » (Dumouriez, III, 386.)

Ces détails s'accordent assez bien avec les pièces authentiques. Seulement Dumouriez, qui suppose partout de la duplicité pour excuser la sienne, prétend que ce départ de Maret pour Londres, qui devait coïncider avec celui de Maulde pour La Haye, fut retardé *sous prétexte* de faire pressentir M. Pitt par un de ses amis, qui avait déjà servi d'intermédiaire dans le précédent voyage de Maret. Il insinue que Lebrun, bassement jaloux, aima mieux faire manquer la négociation que de la laisser diriger par un autre. Cette accusation était d'autant plus odieuse, qu'elle s'adressait à un homme qui venait de périr sur l'échafaud;

---

1. Noël, qui avait trouvé sa nomination comme chargé d'affaires de Hollande, lors de son retour à Londres, n'était reparti de cette ville que le 4 janvier. La veille, il avait écrit à Lebrun pour le prévenir que les armements maritimes de l'Angleterre étaient plus avancés qu'on ne le croyait d'après les rapports de l'agent *Restif*, chargé spécialement d'observer les ports. Il annonçait aussi que le cabinet anglais venait d'expédier des courriers à Vienne, Berlin et Pétersbourg, pour offrir, disait-il, des subsides contre la France. Cette nouvelle lui venait du secrétaire de la légation de Prusse. A peine arrivé à son nouveau poste, il reçut la nouvelle de son remplacement. Les événements marchaient si vite, qu'à l'époque où la nouvelle de l'exécution de Louis XVI parvint à La Haye, Noël s'y trouvait encore, et faillit être assommé. Voilà un début de carrière bien agité, pour finir par des dictionnaires!

elle est d'ailleurs complétement démentie par les renseignements que fournissent les Archives des affaires étrangères. Nous y avons trouvé la preuve certaine de la démarche préalable faite par Maret, dès le 7 janvier, auprès de cet ami qui lui avait déjà servi d'intermédiaire, c'est-à-dire auprès de Miles[1]. Cette lettre commençait ainsi : « Je prends une grande feuille de papier, mon cher Miles, parce que je veux vous écrire une grande lettre. Que sont devenues les dispositions dont vous m'aviez donné l'espérance? Puis-je les retrouver dans l'activité de vos armements, dans le langage injurieux de votre ministre (la note de Grenville du 31 décembre)? Ce n'est point ainsi qu'on peut rapprocher deux nations qui, en vivant en bonne intelligence, ne tarderaient pas à devenir les arbitres du monde, et qui doivent, si elles s'arment l'une contre l'autre, se combattre sans cesser de s'estimer... » Sous une forme intime et cordiale, cette lettre était un véritable Mémoire destiné à passer sous les yeux de Pitt. Maret y abordait tous les points litigieux. « On exige que la France renonce à toute idée d'agrandissement, parce que la Constitution a déclaré qu'on n'entreprendrait pas de guerres de conquêtes. Est-ce à dire que toute puissance pourra faire la guerre à la France, sans autre risque que celui de la dévastation de son territoire; que la France s'est à jamais interdit le droit d'exiger quelque indemnité territoriale d'une guerre injuste? Alors, exigez que

---

[1]. Miles avait écrit plusieurs fois depuis le retour de Maret. Dans une lettre du 21 décembre, il rappelait tout ce qui s'était passé relativement à la précédente négociation, et se plaignait « d'être discrédité, frappé d'impuissance par suite de cette ridicule aventure; de la substitution de Chauvelin, l'homme impossible entre tous, à Maret, dont la conduite avait été parfaite, etc. » Il assurait que Maret était regretté, que ce qu'il y avait de mieux à faire « c'était de le renvoyer à Londres. » Cette lettre a dû exercer une certaine influence sur les résolutions concertées avec Dumouriez.

l'on s'engage à ne l'attaquer jamais!... Cependant, nous avons subordonné ces dédommagements légitimes à la volonté des peuples conquis. » Ceci se rapportait à la réunion récente de la Savoie. En témoignage de la modération du gouvernement français, Maret insistait sur le rejet, par le Conseil exécutif, du vœu pour la réunion, prématurément exprimé par quelques communes liégeoises. Il se taisait sur le décret du 15 décembre, réservant sans doute au futur négociateur le soin d'éclaircir verbalement ce point délicat, et d'affirmer que la Convention reviendrait sur cette mesure, œuvre d'emportement révolutionnaire, ou la tiendrait tacitement pour non avenue [1]. Relativement à l'Escaut, Maret émettait nettement l'idée d'une transaction. « Aujourd'hui, disait-il, les Belges sont affranchis; qu'ils s'entendent avec les Hollandais sur ce point; nous, nous resterons paisibles spectateurs... »

La fin de ce Mémoire laisse entrevoir combien Maret avait su se rendre important et utile dans ces graves circonstances. Il annonçait que Chauvelin recevrait, par le même courrier, ses lettres de créance comme ambassadeur de la République et un projet de réponse à la dernière note de lord Grenville. « Il remettra ses lettres en même temps que cette réponse, disait Maret, et si, comme vous me le dites confidentiellement, il n'est nullement en mesure près de votre ministère, si les refus tiennent, comme je suis porté à le croire, plutôt à sa personne, *qu'on le dise!* Je suis certain qu'on ne mettra pas en balance l'amour-propre d'un homme et les graves intérêts dont il est l'agent. Je suis même autorisé à vous dire qu'on ne serait pas

---

[1]. En effet, l'exécution de ce décret ne fut ordonnée que le 31 janvier, quand toute espérance du maintien de la paix avec l'Angleterre sembla perdue.

éloigné de lui donner un successeur, M. Barthélemy, par exemple[1]... »

Le courrier porteur de cette lettre et des dépêches pour Chauvelin n'arriva que le sixième jour. Dans ce lugubre hiver, la mer se faisait complice des fureurs humaines. Souvent des journées entières s'écoulaient avant qu'on trouvât des marins assez hardis pour risquer le passage. Tout récemment encore, un des paquebots de Douvres s'était perdu à l'entrée de Calais, ce qui n'était pas arrivé depuis cent cinq ans[2]. Aussi, on voit par les correspondances de décembre et de janvier, que l'échange des communications les plus urgentes exigeait fréquemment dix à douze jours. Pendant ce temps, la Révolution précipitait sa course.

Ces retards exercèrent une influence funeste sur nos dernières relations avec l'Angleterre. Le 7 janvier, conformément à des ordres précédents, Chauvelin avait demandé si, nonobstant les stipulations du traité de 1786, les Français seraient soumis aux mesures spéciales qui venaient d'être portées contre les États étrangers (*Alien-Bill*). A défaut d'explications satisfaisantes, il avait ordre de déclarer immédiatement que, ces mesures constituant une infraction manifeste au traité de 1786, la France, de son côté, considérait ce traité comme non avenu. Ces instructions violentes étaient antérieures au retour de Maret à Paris. Chauvelin avait agi, dans cette circonstance,

---

1. Barthélemy (celui-là même qui fut dans la suite membre du Directoire et proscrit en fructidor) avait occupé le poste de Londres avant Chauvelin. C'était un homme aussi peu républicain qu'on pouvait l'être en occupant un emploi sous la République. Cette proposition semble indiquer que la démarche de Maret aurait été un peu antérieure à l'arrangement concerté avec Dumouriez.
2. *Annual Register*, 1792, deuxième partie, p. 42.

avec une circonspection inaccoutumée (probablement sous la sage influence de son secrétaire de légation Reinhard), en différant pendant plusieurs jours la remise de cette déclaration, dans l'espérance d'un contre-ordre. Il n'osa pas, toutefois, prolonger cette attente au delà du 13; à cette époque, il était sans courrier de France depuis douze jours ! Il venait d'expédier la déclaration, quand arriva, trop tard de quelques heures, le courrier parti le 8 de Paris, porteur du projet de réponse à la note anglaise du 31 décembre précédent. Cette réponse reproduisait en partie les explications du Mémoire confidentiel envoyé en même temps à Miles. Elle a été publiée depuis, mais sans l'instruction particulière dont elle était accompagnée, et dont la minute, conservée aux Archives, est de la main de Maret. On y prescrivait à Chauvelin la plus grande réserve dans ses démarches comme dans son langage. S'il parvenait à obtenir de Grenville un nouvel entretien particulier, il devait surtout s'attacher « à faire ressortir le contraste des mesures violentes récemment adoptées par le ministère britannique, avec la modération dont nous faisions preuve vis-à-vis de certains sujets anglais qui avaient tenu en France une conduite compromettante, » comme le lieutenant de vaisseau Blackwood, qui venait d'être mis en liberté, bien qu'il eût été trouvé porteur de correspondances d'émigrés. « C'était donc le ministère anglais qui avait le premier porté atteinte aux traités; nous y demeurions fidèles, bien qu'ils fussent pour nous l'ouvrage du despotisme [1]. » Chauvelin avait encore à dire que « l'Angleterre pouvait sévir contre les Français qui troubleraient l'ordre

1. On voit que ces instructions, inspirées et rédigées par Maret, constituaient un véritable contre-ordre aux démarches antérieurement prescrites au sujet de l'*alien-bill*. Malheureusement elles arrivaient trop tard.

chez elle; qu'aucune réclamation ne serait élevée à ce sujet... »

Chauvelin reçut aussi du ministre Lebrun une lettre particulière, qui lui recommandait de multiplier ses démarches pour connaître « les dernières résolutions » du ministère anglais. « *Il faut absolument, lui disait-on, qu'elles soient connues dans un délai de huit jours.* » Cette insistance trahissait l'espoir de contribuer au salut de Louis XVI. En effet, la Convention venait de clore les débats sur la question d'appel au peuple, et d'ajourner *à huitaine* la suite du procès. La certitude de la neutralité de l'Angleterre, arrivant en temps utile, aurait pu influer sur les votes. Mais quel signe du temps, que cette frayeur de paraître trop humain ! (Lettre inédite du 9 janvier) [1].

Rien n'était plus sensé que de prescrire à Chauvelin une attitude conciliante, un complet détachement des fauteurs d'anarchie : mais ce rôle cadrait mal avec ses antécédents. Le ministre Grenville consentit pourtant à l'écouter. Chauvelin eut avec lui, le 13, trois conférences dont il envoya la relation par courrier extraordinaire. On déclina la réception des lettres de créance; on consentit néanmoins à recevoir, à titre purement officieux, la dernière réponse française; enfin, sans en être pleinement satisfait, on paraissait disposé à recevoir des communications ultérieures [2]. Ce langage laissait encore quelque espérance ; mais, en moins de quarante-huit heures, tout fut changé. Il y avait entre Londres et Paris un va-et-vient d'ob-

---

[1]. Il existe aux Archives, sous la date du 11 janvier, une longue et curieuse lettre adressée à Lebrun. Elle porte le pseudonyme *Veritas*, « parce que, dit l'auteur, depuis le 2 septembre on ne peut plus rien signer. » Cette lettre, due à quelque émigré constitutionnel, contient une critique très-vive et fortement raisonnée, des fausses mesures qui avaient amené la discorde entre les deux pays.

[2]. Chauvelin, 13 janvier (dépêche inédite).

servateurs anglais, très-bien informés de ce qui se passait à la Convention et partout[1]. Le temps s'était amélioré ; les communications devenaient plus rapides. On avait donc été promptement informé de bien des circonstances de sinistre augure pour le dénoûment du procès : dès le 15, on ne doutait plus à Londres ni de la condamnation, ni de l'exécution. Chauvelin s'en aperçut à l'attitude du peuple, excité, selon lui, par les *infâmes émigrés*. Il avait des raisons de craindre que le secret des dépêches expédiées par la poste ne fût violé sur le territoire anglais et même dans la traversée. Il fallait les faire porter jusqu'à Calais par des messagers spéciaux. La situation ne fit qu'empirer les jours suivants, tandis que la terrible certitude se fortifiait, grandissait à l'arrivée de chaque courrier. Le rapport imprudemment hostile fait par Brissot au nom du comité diplomatique, dans la séance du 12, avait encore augmenté l'irritation du ministère anglais. On s'en aperçut au ton plus acerbe que jamais de la note Grenville du 20, qui refusait la garantie du secret des dépêches, par le motif que l'ex-ambassadeur de Sa Majesté Très-Catholique n'était plus considéré que comme un simple particulier étranger. Dès la veille, Chauvelin, poussé à bout, disait-il, par les insolences du ministère et de la nation, *croyait qu'il n'y avait plus rien à faire,* et réclamait son rappel immédiat, pour prévenir le scandale d'une expulsion. Il se croyait forcé d'expédier cette lettre par un domestique anglais. « Un Français, »

---

[1]. Un certain Blache-Dumas, agent secret d'ordre inférieur, signalait de Londres l'arrivée, le départ de plusieurs de ces espions, leurs changements d'habits, de perruques, etc. — Dans une autre lettre assez amusante, il dénonçait, comme un *tour de Figaro*, l'emprisonnement de Beaumarchais, qui s'était fait mettre en prison par un compère pour sauver ses biens de la confiscation, tout en s'abstenant de rentrer en France.

disait-il, « serait arrêté vingt fois ou n'arriverait pas. »

Une autre dépêche (en chiffres) et plusieurs lettres d'agents secrets, en date du 24 et du 25, décrivent l'impression causée à Londres par la funèbre nouvelle. Dans la soirée du 23, deux heures après l'arrivée du courrier, on s'arrachait déjà dans les rues le récit de l'exécution, imprimé en anglais. La représentation d'*Haymarket* n'avait pu être contremandée à temps, mais le régisseur vint annoncer que le spectacle n'aurait pas lieu, « à cause des malheurs arrivés en France. » Dans un autre théâtre, on voulut commencer la petite pièce ; le public en masse se leva et sortit, en criant : *no Farce!* Le lendemain, les détails de la mort de Louis XVI étaient affichés partout. En tête de ces placards, on lisait en lettres majuscules : *Hurrah — War! — Glorious war!* On racontait dans les groupes que le prince de Galles avait fait lacérer et brûler en sa présence le portrait de son ancien ami, le régicide Égalité. Le roi, étant sorti dans la journée, avait été partout accueilli par le cri de *Guerre aux Français!* L'anathème contre les régicides retentissait à la fois dans les temples protestants et dans les chapelles catholiques où le Saint-Sacrement était exposé.

Le même jour, dès le matin, Chauvelin avait reçu l'invitation de quitter l'Angleterre dans un délai de huit jours. Il s'en alla dès le lendemain, et rendit encore un mauvais service à son pays par ce départ précipité. S'il était resté seulement quelques heures de plus, il aurait reçu à temps une importante dépêche, expédiée le 22. Cette dépêche, rédigée par Maret, répondait aux lettres dans lesquelles l'ex-ambassadeur avait dépeint sa position comme absolument intolérable. On lui donnait en conséquence l'ordre de partir, *mais* après avoir remis une dernière note dont on lui indiquait les termes. « Vous ferez sentir que si le ministère britannique, rendu à des sentiments plus convenables, désirait un rapprochement, il nous y trouverait encore disposés ; combien il serait douloureux pour nous de porter les armes contre un peuple qui était entré le premier dans la carrière de la régénération sociale ; que cette guerre, ne fût-elle qu'une suite de victoires, nous paraîtrait encore funeste, *s'il en résultait le réveil de ces haines nationales que de longues années ne suffisent plus à détruire...* » On refutait l'assimilation que Grenville avait tenté précédemment d'établir entre l'*alien-bill* et les dispositions récemment adoptées en France pour les passe-ports. Ces dernières étaient bien réellement une mesure de précaution, de sûreté générale, tandis que le caractère de généralité était fictif dans la loi anglaise, spécialement dirigée, en fait, contre les Français. Maret avait bien prévu qu'au moment où cette dépêche arriverait à Londres, Chauvelin pourrait avoir reçu l'invitation de s'éloigner. Le modèle de note envoyé pouvait servir même dans cette hypothèse, et maintenait la possibilité d'une reprise de négociations...

Cette remarquable dépêche, inconnue jusqu'ici à tous les historiens, se terminait ainsi : « le citoyen Maret va partir incessamment comme chargé d'affaires... *vous en préviendrez lord Grenville*, et, dans le cas où vous jugeriez convenable de revenir avant que Maret soit arrivé, vous laisserez votre premier secrétaire pour faire la remise des archives... [1] »

1. Ceci concorde bien avec ce que dit Dumouriez de cette mission de Maret en Angleterre, combinée avec celle de de Maulde en Hollande. Tous deux ne furent mis en mesure de partir qu'après la mort du roi, qui semblait devoir rompre tous les projets. Mais on ne désespérait pas d'obtenir encore la neutralité de ces deux puissances; Lebrun et Garat jugèrent que le ressentiment de l'horrible catastrophe céderait à un grand intérêt. (*Dum.*, III, 386.)

Le courrier porteur de cette dépêche rencontra Chauvelin entre Douvres et Londres. L'ex-ambassadeur se crut autorisé par les circonstances à considérer ces derniers ordres comme non avenus. Son amour-propre n'admettait pas qu'il eût laissé derrière lui quelque tentative d'arrangement possible par un autre. Il pensa aussi que, depuis l'expédition de ce courrier, on avait dû apprendre l'exaspération produite en Angleterre par la mort de Louis XVI, et que ce projet d'envoi d'un nouvel agent était abandonné. Il poursuivit donc sa route, et ne songea pas même, en débarquant à Calais, à y laisser un mot d'avertissement pour Maret. Il ne réfléchit pas que cette négligence pouvait avoir pour celui-ci des conséquences fort désagréables, peut-être dangereuses, si par impossible Maret était parti de Paris dans cet intervalle, et si, voyageant par une longue et sombre nuit d'hiver, ils se croisaient sans se voir. Ce fut précisément ce qui arriva.

Malgré la violente impression produite à Londres par la catastrophe du 21 janvier, la guerre n'était pas encore inévitable. Telle est l'opinion nettement exprimée dans une lettre écrite le 28 par le secrétaire de légation Reinhard, lettre qui suffirait pour justifier l'hommage public que Talleyrand et Bignon ont rendu de concert, quarante-cinq ans plus tard, à la sagacité de ce diplomate [1]. « Je suis loin de penser, écrivait-il, que le moment soit venu de rompre toute

---

1. Reinhard, précepteur à Bordeaux avant la Révolution, était entré dans la diplomatie sur la recommandation des députés de la Gironde, qui ont été rarement mieux inspirés. C'était un homme d'un esprit très-fin, très-français, malgré son origine allemande, et l'accent dont il ne put jamais se défaire. On trouvera dans l'ouvrage de M. Masson de grands détails sur ce personnage, « l'un de ceux qui ont le plus honoré, par leur caractère et leurs talents, le département des affaires étrangères. »

mesure de paix. » Selon lui, la dignité nationale ne pouvait être blessée d'une nouvelle démarche pacifique; » *on la devait à la France et à l'Angleterre.* Les dispositions du gouvernement et de l'immense majorité de la nation nous étaient, il est vrai, manifestement hostiles; sur ce point, il n'y avait pas d'illusion possible. Mais déjà, la première émotion passée, les esprits les plus calmes, les plus clairvoyants, commençaient à entrevoir les inconvénients pratiques d'une semblable guerre : défaut d'intérêt national, gain plus que problématique, espérances de liberté compromises. « L'intérêt particulier, l'égoïsme, tendances essentiellement anglaises, réagiront, réagissent déjà pour nous. Nos démarches ne peuvent être qu'utiles : si elles ne réussissent pas, elles embarrasseront le ministère, éclaireront la nation, rompront l'unanimité redoutable du Parlement[1]. » Ces conseils étaient sages, bien appropriés à la situation, mais ils devaient arriver trop tard.

XVII

Voyage de Maret. — Son arrivée à Londres. — Sa longue et curieuse dépêche à Lebrun (31 janvier) — Rappel et retour en France. — Danger qu'il court dans la traversée.

Maret, nommé chargé d'affaires, n'était parti que le 26 janvier. Il n'existe aucune trace de la réponse de Miles, mais on va voir que cette réponse était parvenue, et qu'elle laissait quelque espérance[2].

1. Reinhard à Lebrun, 28 janvier. (Inédit.)
2. On a publié à Londres, en 1796, la « Correspondance authentique de W. Miles avec le ministre français Lebrun et autres, jus-

En débarquant à Douvres, le 29, Maret apprit que Chauvelin était parti, et qu'ils avaient dû se croiser pendant la nuit précédente. Tous deux dormaient effectivement, ainsi que leurs domestiques (on pouvait donc encore dormir alors!) quand ils avaient passé l'un près de l'autre, vers une heure du matin, entre Abbeville et Montreuil. Maret ignorait encore les circonstances de ce brusque départ. Il crut d'abord ce qu'allait malheureusement croire la France entière, que le ministère anglais, débordé par l'indignation nationale, avait violemment expulsé Chauvelin. Mais alors on était déjà en état de guerre, et deux choses restaient inexplicables. Chauvelin avait eu nécessairement connaissance de la dépêche du 22, avant de s'embarquer; il connaissait la nomination de Maret, son prochain départ. « Comment n'avait-il pas au moins laissé une lettre à Calais ? » D'un autre côté, il avait dû, conformément aux derniers ordres, notifier à lord Grenville l'arrivée de Maret. Comment donc se faisait-il que celui-ci ne rencontrât pas à Douvres l'intimation de se rembarquer immédiatement, si la rupture était consommée? D'après les dispositions que le peuple de Londres avait montrées l'arrivée de la lugubre nouvelle, d'après celles que faisait présumer la retraite précipitée de Chauvelin, il pouvait être fort dangereux d'aller en avant. Maret ne crut pas néanmoins avoir le droit de s'en dispenser; il voulut épuiser à tout risque les dernières chances d'arrangement pacifique! Parmi les actes de dévouement civique qui consolent des horreurs de ce temps, celui-là ne fut pas l'un des moins honorables.

Le 30 janvier 1793, à trois heures de l'après-midi, Maret descendait à l'hôtel de l'ambassade française,

qu'en 1793. » Je n'ai pu me procurer cet ouvrage, inconnu à tous les historiens français de la Révolution.

situé dans Portman-Square. *C'est donc à tort que Dumouriez a dit qu'il n'avait pu dépasser Douvres, et que tous les historiens l'ont répété.* A sa grande surprise, il n'eut à subir aucune des formalités inquisitoriales prescrites par l'*alien-bill :* de Douvres à Londres, personne ne lui adressa la parole. En arrivant, il apprit ce qui s'était passé. Non-seulement Chauvelin s'était dispensé de faire parvenir aucun avis à lord Grenville, mais, par un mouvement de rancune et de jalousie puériles, il avait envoyé à Reinhard la défense de faire la remise des archives à Maret, si par hasard celui-ci venait à Londres. Mais les ministres anglais avaient connu, par d'autres voies, la nomination du nouveau chargé d'affaires : « ils étaient instruits de son voyage, même avant son départ. » Maret en acquit la certitude quelques heures après, en conclut que les ménagements dont on avait usé à son égard étaient l'effet d'un ordre spécial [1].

La conduite de Chauvelin mettait son successeur dans une position embarrassante ; les ministres étaient censés ignorer sa présence à Londres. « Pensant que tout lui ordonnait une démarche authentique et prompte, il annonça immédiatement son arrivée à lord Grenville, » lequel, indépendamment de ses fonctions de secrétaire d'État des affaires étrangères, exerçait, en vertu de l'*alien-bill*, les fonctions de haut juge de paix ; circonstance qui donnait une convenance de plus à cette démarche. Maret avait apporté deux lettres de son ministre, pour se servir de l'une ou de l'autre suivant l'occurrence. L'une, officielle, l'accréditait comme chargé d'affaires ; l'autre, confidentielle, annonçait seulement qu'il venait pour surveiller, s'il y avait lieu, le transport des papiers

---

1. Maret à Lebrun, 30 janvier. Tous les détails qui suivent sont empruntés à cette dépêche, absolument inédite.

de la légation. Maret préféra faire usage de cette seconde lettre. « Je n'ai pas pris, écrivait-il, le titre de chargé d'affaires, 1° parce que les fonctions attribuées dans la lettre confidentielle supposent ce titre sans en exiger la reconnaissance; 2° parce qu'il aurait fallu, pour faire usage de l'autre lettre, demander une entrevue. Cette démarche aurait nécessité une réponse catégorique, immédiate, décidant une position que je dois maintenir vague et indéterminée, jusqu'à l'arrivée de nouveaux ordres. »

Le même soir, Maret eut un entretien avec Miles. Il tenait à lui faire connaître de suite les motifs de l'attitude réservée qu'il adoptait, afin que Miles fût en mesure de les communiquer confidentiellement, si on les lui demandait. Cet agent affirmait, comme Reinhard, qu'une réaction pacifique commençait à se produire dans la classe moyenne. Depuis que les ministres étaient instruits de la prochaine arrivée de Maret, il avait été proposé en conseil de déléguer quelque personnage important pour conférer avec lui. Cette opinion était également celle de plusieurs chefs de l'opposition, notamment de lord Lansdowne, auquel Maret avait fait parler par l'intermédiaire de Gallois[1]. Le prince de Galles était, il est vrai, fort opposé à cette idée, mais son opinion n'était pas d'un grand poids dans les délibérations du cabinet.

---

1. Gallois, traducteur de Filangieri, et chargé, en 1794, d'une mission dans l'Ouest, comme commissaire de l'instruction publique, n'avait pas dissimulé dans son rapport la fâcheuse impression produite par les nouvelles lois religieuses. Toutes ses biographies présentent une lacune entre l'époque où il avait eu le courage de s'exprimer ainsi, jusqu'à celle où il fut nommé par le Directoire commissaire pour un cartel d'échange (1798). Il semble que Gallois aurait reçu des Relations Extérieures, de même que Girardin, une mission *préservatrice*. Il fut, sous l'Empire, membre du Corps Législatif, et l'un des rédacteurs de la fameuse adresse de 1813. Ce n'est pas ce qu'il a fait de mieux.

« Un de mes amis, écrivait Maret, devait souper hier chez la duchesse d'York. Je l'ai prié de profiter de son intimité avec le prince à cette occasion. — Monseigneur, a-t-il dit, il se répand un singulière nouvelle ; on prétend que *Marat* est à Londres, c'est une erreur de nom ; le Français qui vient d'arriver, est un homme estimé en France, et estimable partout. — Nous savons bien cela, a répondu le prince ; mais, fût-il le Père Éternel, il arrive trop tard, et peut-être on ne tardera pas à le prier de partir. *Avant trois semaines* la guerre sera déclarée. Cinq de mes frères combattront sur mer ; nous aurons cent mille hommes de débarquement. Je partirai moi-même pour me mettre à leur tête ; il faut en finir avec ces bourreaux. »

Maret connaissait également l'impression produite sur les ministres par son arrivée. Il avait reçu à ce sujet, dans la nuit même, un rapport en anglais, dont il adressait le résumé au ministre.

On a débattu hier, dans un conseil tenu à onze heures du soir, la question de savoir si l'on recevrait M. Maret. Hawkesbury, au nom du roi et au sien, a dit *non*. Pitt et Grenville, au contraire, ont dit *oui*, attendu qu'il n'y avait plus de répugnance personnelle (*personal mislake*) contre l'agent. Ils ont ajouté qu'on devait bien se garder de faire agir cette fois de nouveau l'influence occulte qu'on avait jugé à propos d'employer dans le conseil tenu le 20 janvier à minuit, et qui s'était prolongé jusqu'à six heures du matin ; attendu que, si l'on recourait encore à ce moyen, les dissidents étaient résolus d'en instruire le Parlement. »

Le conseil dont il s'agit ici est celui dans lequel avait été arrêtée la résolution d'inviter Chauvelin à partir, dès qu'on recevrait la nouvelle de l'exécution. Cette mesure, dont les deux partis qui divisaient le conseil prévoyaient également les conséquences, avait donné lieu à un débat vif et prolongé, et les partisans de la guerre ne l'avaient emporté que grâce à l'intervention inconstitutionnelle d'un personnage irresponsable.

Maret ajoutait que, le matin même, lord Grenville avait fait sonder les députés douteux ; qu'ils avaient promis de voter les crédits demandés, « mais à condition que le ministère s'engagerait à écouter toutes les propositions raisonnables qui pourraient lui être faites. »

Voici encore, dans cette dépêche, quelques phrases d'histoire dont rien n'est à retrancher :

La mort du roi a produit l'effet que nous avions prévu. La haine contre le nom français est maintenant portée à son comble. La partie du peuple non commerçante ou propriétaire veut la guerre. Le deuil ordonné par la cour est porté par tout homme qui avait ou a pu se procurer un habit noir. Cette circonstance m'oblige à ne voir personne, car je ne serais reçu nulle part ; même à ne pas sortir de chez moi, pour n'être pas exposé aux insultes et même à la férocité ignorante et trompée de cette partie de la nation que l'on appelle encore ici la populace.

Il ajoutait « que les négociants de la Cité, plus calculateurs, désiraient la paix, que l'annonce de son voyage avait suffi pour faire remonter les fonds de 3 p. 100. Les dispositions des *country gentlemen* étaient également pacifiques. » Il voyait encore un symptôme rassurant dans la persistance des idées de réforme parlementaire. L'émotion produite par l'événement du 21 janvier n'avait pas empêché la Société pour la liberté de la presse de rédiger une adresse contre les rigueurs ministérielles, et de donner un banquet qui avait réuni 800 personnes. Plus de mille avaient été renvoyées faute de place, etc.

A cette « longue gazette, » comme il appelait sa dépêche, il joignait des réflexions générales, qui accusaient une profonde intelligence de la situation.

Il voyait le ministère anglais « divisé en deux partis : l'un voulant une guerre de contre-révolution à cause de la mort du roi, l'autre craignant que cette guerre ne diminuât la prospérité nationale. Ce dernier parti n'était guère composé que de M. Pitt ; mais, à lui seul, il balançait tout le reste... Il devait craindre que la guerre n'amenât la ruine de son influence. Si la guerre était déclarée, toutes les mesures, tous les projets allaient être subordonnés aux opérations militaires ; le ministre de la guerre allait devenir l'homme le plus important. » Maret rappelait à Lebrun que, depuis plusieurs mois, il avait pressenti « que cette appréhension d'être relégué au second rang maintiendrait Pitt dans le désir de la paix, et que divers incidents avaient paru justifier cette prévision. Cependant le ministre avait dû céder, au moins en partie, sur la question des armements, surtout en présence du sort de Louis XVI. La mesure adoptée à l'égard de Chauvelin avait été le résultat d'un mouvement instinctif, irrésistible. « Je sais même, ajoutait Maret, qu'on a été surpris que l'indignation l'ait engagé à une retraite aussi rapide. Ce coup de tête a été vu avec plaisir par la faction belliqueuse qui, depuis longtemps, avait conçu et suivait assez habilement le projet de nous *forcer à commencer, pour présenter la rupture comme notre fait*. De plus, Chauvelin n'a jamais été en mesure ici. Des circonstances, qui lui étaient sans doute étrangères, l'ont rendu assez injuste, pour que le gouvernement ne lui accordât ni confiance ni estime. Je ne puis croire que la violence qu'il a éprouvée soit entièrement dépourvue de motifs personnels. *Ce fait n'est donc pas une déclaration de guerre absolue, mais une tentative pour nous déterminer à la déclarer nous-mêmes*. Si cet effet se produit, j'attends mon rappel ; si non, de promptes instructions, soit que vous persistiez à présenter Dumouriez comme négociateur, soit que vous me chargiez de notifier vos intentions... Le temps presse... Aujourd'hui, on est disposé à m'entendre ; il n'est pas sans vraisemblance qu'on le soit à recevoir notre illustre général. Mais, d'ici à quelques jours, les intentions peuvent changer... »

Dans un post-scriptum, Maret ajoutait que son arrivée était déjà mentionnée dans les journaux, avec diverses conjectures, dont les plus bienveillantes étaient celles des feuilles ministérielles. Il envoyait à Dumouriez un *duplicata* de sa dépêche qui fut sans doute intercepté, puisque Dumouriez a cru et affirmé qu'il n'avait pas dépassé Douvres ; assertion inexacte, reproduite de confiance jusqu'à nos jours par les écrivains français. Pourtant l'*Annual Register* de 1793 suffisait pour leur apprendre que Maret était resté, dans ce second voyage, huit jours entiers à Londres[2].

Pendant ce temps, le brusque retour de Chauvelin produisait à Paris le résultat qu'appréhendait son successeur. Ce « coup de tête » était digne du reste. Il devenait à son insu, par cette dernière esclandre, l'auxiliaire de ceux des ministres anglais qui, tout en désirant la guerre, craignaient d'en prendre l'initiative. Il les mit pleinement à leur aise en contraignant, par l'exagération du scandale, la Convention à rompre la première (1er février)[2].

1. *He remained howewer, in London, for the space of eight days.* Deuxième partie, p. 233.
2. Dumouriez a reproché à Lebrun d'avoir précipité le rapport sur le renvoi de Chauvelin pour faire avorter toute tentative pacifique, comme s'il eût dépendu du ministre de dissimuler un tel incident ! Sa conduite avait été réglée par une délibération du Conseil Exécutif, qui cédait lui-même à une pression irrésistible. Toute la correspondance confidentielle de Lebrun témoigne du plus sincère désir d'éviter la guerre. Il n'en fut pas moins envoyé à l'échafaud moins d'un an après, comme coupable de cette provocation aux hostilités dont Dumouriez l'accusait, et en même temps comme complice de Dumouriez.

Cette déclaration de guerre entraîna le rappel immédiat de Maret. Lebrun lui écrivit, le 2 février, « que les choses avaient bien changé de face depuis son départ de Paris. » Il lui envoyait copie du décret de la veille et lui donnait l'ordre, à moins d'affaires particulières, de se rendre immédiatement à Bruxelles, pour y remplir les fonctions d'agent général de la République en Belgique. « Les talents et le zèle dont il avait donné tant de preuves ne laissaient aucun doute sur la manière dont il remplirait cette nouvelle mission. » Ce ne fut pas néanmoins cette lettre qui fit revenir Maret, car il ne la reçut qu'au moment où il débarquait à Calais. L'ordre de partir lui avait été envoyé par le ministère anglais, après que la nouvelle fut parvenue à Londres de l'embargo mis dans les ports de France sur tous les navires anglais. Après avoir annoncé officiellement son départ à lord Grenville, Maret quitta Londres, le 7 février, pour n'y jamais revenir[1].

Il avait eu, par Noël, des renseignements sur la situation de la Belgique qui ne le disposaient guère à accepter le nouveau poste qu'on lui proposait. Il se dirigea donc sur Paris, comme l'y autorisait sa lettre de rappel. Ce retour ne fut exempt ni de difficulté ni de péril. Déjà les communications étaient interrompues ; des corsaires français rôdaient dans la Manche. Maret parvint à inspirer confiance dans son inviolabilité à un capitaine anglais, qui consentit à risquer

[1]. Le 12 février, Pitt, devenu, par un entraînement d'ambition, le plus belliqueux des ministres, prononça un discours qui confirme d'une manière éclatante les appréciations précédentes de Maret. « M. de Chauvelin a reçu son congé... Huit jours lui ont été accordés pour se retirer ; si, dans cet intervalle, il eût demandé quelque explication, on l'aurait écouté. Il partit immédiatement ; M. Maret vint comme chargé d'affaires ; mais, pendant son séjour, il n'a pas fait la moindre communication. » On connaît maintenant la cause toute naturelle de ce silence.

le passage par un très-gros temps. Maret était couché dans sa cabine, souffrant horriblement du mal de mer, quand plusieurs détonations frappèrent ses oreilles. Au même instant le capitaine accourut à lui tout effaré. Il venait d'être abordé par un corsaire qui répondait à toutes les explications par des coups de feu. Maret, qui plus tard aimait à raconter cet épisode à ses enfants, assurait que cette émotion l'avait guéri comme par enchantement du mal de mer. Il monta sur le pont, déclina sa qualité diplomatique, parla si haut et si ferme, qu'il finit par se faire écouter. Le corsaire était lui-même un Anglais, donnant la chasse à ses compatriotes, pour le compte d'une société d'armateurs. Pour le décider tout à fait à lâcher sa capture, Maret lui promit de prendre un intérêt dans sa commandite, et, finalement, arriva à Calais sous l'escorte de cet honnête industriel, qui fut tué quelques jours après dans une autre rencontre[1].

XVIII

Récit des deux missions de Maret en Angleterre, dans l'*Annual Register*. — Cette négociation pouvait-elle empêcher l'exécution de Louis XVI et la guerre? — Origine de la haine de Talleyrand contre Maret.

Telle est l'histoire véritable de ces deux missions, dont l'échec doit être imputé aux tiraillements des partis, aux divisions et à la faiblesse des républicains modérés. Personnellement, Maret avait fait sur Pitt l'impression la plus favorable : il en eut la preuve

---

1. Cette anecdote m'a été racontée par le fils aîné de Maret, le duc de Bassano actuel, naguère grand chambellan de l'empereur Napoléon III.

cinq ans après, lors des négociations de Lille. Tout en suivant, à jamais séparés, le cours de leurs destinées, tous deux regrettèrent plus d'une fois le moment où ils avaient entrevu de concert la possibilité d'atteindre à la gloire la plus vraie, la plus pure, celle d'éviter à leurs nations l'une des plus terribles guerres qui aient jamais affligé l'humanité. Il ne fut pas donné à leur âge mûr de reprendre cette grande pensée de leur jeunesse. L'un d'eux, l'Anglais, devait succomber en pleine carrière, au fort de la lutte, et ce n'est pas celui-là qui fut le plus malheureux !

Cette tentative de négociation, à peu près inaperçue en France, avait été très-remarquée en Angleterre, ainsi qu'on pourra en juger par le passage suivant de l'*Annual Register*, qui résume assez exactement les faits :

..... Il nous reste à parler de M. Maret, et du séjour que ce gentleman a fait en Angleterre. L'opposition, comme on sait, affirmait systématiquement qu'il était venu pour traiter avec les ministres, et qu'ils n'ont cessé de s'y refuser. Cette assertion est absolument inexacte. Le premier voyage de M. Maret avait pour objet les affaires privées (*domestic concerns*) du duc d'Orléans. Son entrevue avec M. Pitt ne fut qu'une conversation particulière, à laquelle ce ministre ne s'était prêté que par l'effet de son extrême sollicitude à s'enquérir des moyens qui auraient pu exister pour éviter la guerre, l'honneur anglais sauf. M. Maret a exprimé une vive satisfaction de cette entrevue ; il a parlé avec respect de l'attitude de M. Pitt, de ses dispositions pacifiques[1]. En fait,

---

1. Cette impression fut très-réelle, elle se reflète dans les communications officielles adressées à la Convention en décembre et janvier. Même dans le fameux rapport de Brissot, du 12 janvier, les grandes colères s'adressent au roi Georges, aux ministres Grenville et Dundas ; M. Pitt n'est taxé que de faiblesse « depuis que la guerre avec la France semble devenir un moyen de popularité. » Pitt ne devint le point de mire des imprécations jacobines, qu'après la chute des Girondins.

d'après le rapport qu'il avait transmis à Paris, il s'attendait à recevoir, par le retour du courrier, l'autorisation de traiter, en qualité d'agent confidentiel, avec le gouvernement anglais. Mais M. Chauvelin, auquel il avait malheureusement révélé cette entrevue, et qui était jaloux de tout Français arrivant à Londres, réussit à contre-carrer les démarches de celui qu'il considérait comme un rival, si bien qu'au lieu de l'autorisation qu'il espérait, M. Maret reçut l'ordre de renvoyer M. Pitt à Chauvelin pour toutes les explications sur les affaires publiques, et de retourner de suite à Paris. Cependant il fut renvoyé au mois de janvier suivant, pour préparer une ambassade de Dumouriez. Ceci n'a jamais été nié, mais c'est une insigne erreur de prétendre que les ministres aient refusé alors de communiquer avec M. Maret, qui ne sollicita pas une seule minute d'audience. Comme M. Chauvelin avait quitté Londres au moment où M. Maret partait de Paris, ce dernier craignit que le conseil exécutif ne fût contraint de changer quelque chose à ses instructions, par suite du brusque retour et des récriminations ardentes (*inflammatory mis representations*) de M. Chauvelin. Sous cette impression, M. Maret, en arrivant, écrivit à M. Lebrun qu'il attendrait de nouveaux ordres avant de demander d'entrevue. Il resta huit jours entiers à Londres.... Il avait écrit à lord Grenville pour lui annoncer son arrivée; les seules communications qui aient existé entre le gouvernement anglais et M. Maret se composent de cette lettre, et de celle qu'il écrivit pour annoncer son départ. Il y a de bonnes raisons de croire que ses instructions primitives se trouvaient insuffisantes ou annihilées par suite des événements survenus dans l'intervalle[1].

L'étude de cet incident curieux de notre histoire diplomatique soulève une grave question. Le maintien de la paix, le salut de Louis XVI et de sa famille, pouvaient-ils encore être obtenus au moyen d'une négociation quelconque, en décembre 1792? Nous n'ignorons pas ce qu'on peut alléguer pour la négative : la malveillance de la plupart des ministres an-

1. *Annual Register*, 1793 : History of Europe, p. 232, 233.

glais, qui, suivant l'expression de Maret lui-même, « redoutaient que la France ne s'élevât à un trop haut degré de puissance, si on lui laissait paisiblement établir sa Révolution, » — la difficulté de s'entendre sur l'Escaut, sur la Belgique ; — la répugnance, la méfiance qu'inspirait à l'étranger le pouvoir issu du 10 août. Le ministère anglais ne savait que trop bien ce qui se passait à Paris! Il n'ignorait pas que le grand procès n'était que le prélude d'une lutte nouvelle, et que, suivant toute apparence, l'avantage resterait encore cette fois aux plus violents. A demi vaincus d'avance, leurs adversaires auraient eu beau s'engager à respecter l'indépendance de la Belgique, à sauvegarder la vie de l'ex-roi. L'exécution de ces promesses, comme l'autorité et comme l'existence de leurs auteurs, était à la merci d'un prochain accès de révolution. Malgré eux, la majorité de la Convention, exaltée ou terrifiée, avait voté le décret du 19 novembre, celui du 15 décembre. Contre de nouvelles surprises, de nouvelles violences, quelles garanties offraient des autorités affectées du vice de leur origine insurrectionnelle; qui n'avaient pu empêcher les massacres de septembre, et n'osaient les punir? En supposant même que la majorité de la Convention osât admettre l'appel au peuple ou se refuser à voter la mort, n'était-il pas probable que cet autre *veto* serait le signal d'une nouvelle émeute, victorieuse comme les précédentes? Le Temple, prison assez forte pour empêcher une évasion, aurait-il mis obstacle à un égorgement? Enfin, l'échec complet de la tentative espagnole ne suffit-il pas pour démontrer l'impuissance de toute intervention diplomatique?

Voilà, je crois, dans toute leur force, ces objections, qui peuvent se résumer en deux mots : défaut de sincérité d'un côté; impuissance de l'autre. Mais les documents qu'on vient de lire en atténuent sensiblement la portée. Ils prouvent que Pitt, le ministre dirigeant, cherchait un moyen honorable d'éviter la rupture. Dans son empressement à communiquer avec Maret, nous voyons autre chose que le désir de gagner du temps, de se mettre à couvert des reproches de l'opposition. Nous y voyons l'indice de dispositions pacifiques très-sérieuses, mais que paralysa la résolution du Conseil Exécutif. Prétendre, comme on le fit, subordonner toute relation, toute explication, à la reconnaissance immédiate du nouveau gouvernement français, c'était exiger, comme condition préalable, ce qui aurait dû être le résultat de la négociation. Le gouvernement anglais n'en était pas réduit à subir une telle exigence, rendue plus insupportable encore par la prétention de lui imposer un intermédiaire qui déplaisait personnellement.

Nous croyons aussi qu'on ne peut rien inférer de l'échec de l'intervention espagnole. Charles IV était doublement suspect, comme monarque absolu et comme Bourbon; les démarches de son ambassadeur furent tardives, mal combinées. Nous savons quelle était alors la force des susceptibilités, des passions révolutionnaires. Concédons, si l'on veut, qu'une intervention directe de la fière Angleterre aurait échoué comme celle de la faible Espagne. Mais il serait téméraire d'affirmer que la difficulté, insurmontable de front, n'aurait pu être tournée au moyen de cette ouverture confidentielle, dont le premier ministre anglais avait agréé si vivement la pensée. Entre deux hommes tels que Pitt et Maret, la négociation aurait marché vite; si elle eût commencé vers le 15 décembre, le mot de l'Angleterre aurait été connu avant l'ouverture des débats sur l'appel au peuple. On sait que, malgré le concours de toutes les circonstances propres à surexciter les passions, malgré la pression exercée sur les esprits timides, la sentence de mort ne fut arrachée qu'à quelques voix de majorité. En aurait-il été de même si les gouvernants avaient eu le moyen d'opposer à cette pression la certitude confidentielle que l'Angleterre consentait à rester neutre, à reconnaître la République, à retenir la Hollande et l'Espagne dans la neutralité, à y ramener la Prusse, sous la condition que l'indépendance de la Belgique serait respectée, la vie de l'ex-roi et de sa famille épargnée ? Qui oserait dire qu'un pareil poids, jeté au dernier moment dans la balance, n'aurait pas suffi pour intervertir la majorité sur l'appel au peuple ou l'application de la peine, pour rejeter la discorde dans le camp des exaltés, et prévenir ou déjouer toute tentative d'insurrection contre ce vote de clémence?

Un grand fait domine toute la période ascendante de notre Révolution ; l'effervescence des passions s'y développe jusqu'au délire, jusqu'au crime, en raison directe du danger qui menace les principes du nouvel ordre social et de l'indépendance du pays, choses devenues indivisibles. La secousse du 20 juin réplique à nos premiers échecs, et à l'emploi suspect du *veto;* celle du 10 août au manifeste de Brunswick ; celle de septembre (hélas) ! à l'invasion prussienne ; l'exécution de Louis XVI, à l'attitude comminatoire de l'Angleterre et de l'Espagne. Bientôt la trahison de Dumouriez, la perte de Toulon, la Vendée, vont provoquer le renversement des Girondins, la dictature terroriste, l'exécution de la veuve, de la sœur de Louis XVI, crimes que le succès de la deuxième mission de Maret à Londres aurait pu conjurer ! Par une progression mathématique, l'extrême violence correspond toujours à l'extrême péril. Par contre, nos succès contre les ennemis du dehors et leurs auxiliaires de l'intérieur amèneront une détente, une réaction d'humanité, réclamée, acclamée par le vrai sentiment public, dès qu'elle pourra s'accomplir sans le secours de l'étranger. Fleurus donnera le signal de Thermidor !

Nous inclinons donc à croire que la neutralité anglaise, atténuant de meilleure heure nos dangers, aurait donné aux événements un cours plus humain et vraiment libéral. Obtenue et connue avant le 15 janvier, elle pouvait épargner à la Révolution un de ses plus grands crimes, et tous ceux qui en furent la conséquence et l'expiation. Même après la mort de Louis XVI, il n'était pas absolument impossible d'éviter la rupture, et d'empêcher encore bien des malheurs. Chauvelin fit évanouir les dernières chances d'arrangement par son trop brusque départ, de même qu'il avait contribué à faire manquer la première tentative par son attitude inconvenante, ses rapports erronés sur l'esprit du peuple anglais et sa jalousie contre Maret.

Tout ceci prouve une fois de plus, d'abord que bien des circonstances importantes, dans les grands événements, sont souvent omises par les contemporains mal informés ou intéressés au silence ; en second lieu, que les plus funestes conflits entre les nations ont presque toujours leur source dans de mauvais choix d'agents politiques.[1]

A quoi tiennent parfois les destinées des hommes et des empires? Ce maintien possible de la paix avec l'Angleterre éliminait de notre histoire la perte, et par conséquent la reprise de Toulon. Il s'en est donc fallu de peu, qu'un obstacle peut-être insurmontable ne fût élevé à la fortune de Bonaparte, par celui-là même qui l'a servi avec le plus de zèle et d'affection.

Tant de détails à propos d'un projet de négociation

---

[1]. Chauvelin, malgré son rôle révolutionnaire, fut poursuivi et emprisonné sous la Terreur, et le 9 thermidor arriva fort à propos pour le sauver. Il fut ensuite préfet sous l'Empire, et député libéral sous la Restauration. Il obtint alors quelque popularité par une certaine verve d'interruption et de répartie.

avorté, paraîtront peut-être bien minutieux. Ils nous étaient imposés par l'objet spécial de cette Étude. Maret avait, autant qu'il était en lui, justifié la confiance de ceux qui lui avaient donné cette mission si ardue ; s'il échoua, ce fut tout à fait de leur faute et nullement de la sienne. Cet épisode révolutionnaire fait éclater dans tout son jour l'inconvénient du manque de force et d'unité dans le gouvernement, et l'on comprend l'influence qu'un tel souvenir a dû exercer sur la conduite ultérieure de Maret.

Sa mission en Angleterre est, à plus d'un point de vue, une date importante dans sa vie. Nous croyons qu'il faut y rapporter l'origine de la haine secrète qui a valu depuis au duc de Bassano tant d'injustes attaques pendant son ministère, et jusque dans l'histoire. Pitt, qui l'accueillit si bien, avait reçu plus que froidement l'ex-évêque d'Autun. Maret avait personnellement réussi, là où son prédécesseur avait personnellement échoué. *Indè iræ!* Cette antipathie, née de l'amour-propre froissé, est un des rares sentiments qui ne varièrent jamais chez Talleyrand.

XIX

Maret, de retour à Paris, refuse, pour d'excellentes raisons, le poste de commissaire dans les Pays-Bas. — Dernière et inutile tentative pour ouvrir avec l'Angleterre une négociation, dont Maret aurait été chargé (avril). — Il est nommé ambassadeur à Naples, au moment de la chute des Girondins, par le ministre Lebrun, encore en fonctions quoique détenu. — Fin tragique de Lebrun.

Maret trouva, en débarquant à Calais, la lettre du ministre qui lui prescrivait de rentrer en France, et lui annonçait sa nomination de commissaire général du pouvoir exécutif dans les Pays-Bas. « Le parti qui avait décidé la guerre à Paris, craignant l'indiscrétion du négociateur qui savait que cette guerre aurait pu être évitée..., avait voulu éloigner le dépositaire d'nn tel secret [1]. » Lebrun l'autorisait à se rendre tout de suite à son poste; c'était lui permettre implicitement de venir à Paris. C'est ce que fit Maret, qui refusa fort sagement cette nouvelle mission. Déjà Noël lui avait fait à Londres un triste tableau de la situation de la Belgique depuis la conquête, et les choses avaient encore empiré depuis. En même temps que la Convention déclarait la guerre à l'Angleterre; elle avait ordonné, par un décret du 31 janvier, l'exécution de celui du 15 décembre, différée jusque-là dans l'espoir du maintien de la paix. Ce décret, on s'en souvient, préjugeait et préparait la réunion, et ce changement de politique aurait mis le nouvel agent général dans un grand embarras vis-à-vis des patriotes belges, auxquels il avait dû tenir un langage tout différent, moins de trois mois auparavant. De plus, la nomination par la Convention nationale de commissaires pris dans son sein et investis de pouvoirs discrétionnaires, amenait déjà entre ces commissaires et ceux du pouvoir exécutif des conflits fréquents, où ces derniers avaient toujours le dessous [2].

1. Notes inédites de Maret.
2. On peut en juger par l'article qui leur est consacré dans le rapport de ces commissaires de la Convention, imprimé par son ordre en 1793 (pp. 209 à 225). Une circulaire du 13 février défendit notamment aux agents du pouvoir exécutif de prendre aucun arrêté sans l'avoir préalablement communiqué aux commissaires. Ceux qui ne plièrent pas furent rudement admonestés ou même suspendus. Pendant cette première occupation, les commissaires (Danton, Merlin, etc.) avaient compris la nécessité, précédemment signalée par Maret, de faire quelques concessions aux sentiments religieux d'une partie considérable de la population. Ce fut l'objet d'une proclamation du 19 février 1793, laquelle affirmait « qu'à

Maret fit donc très-bien de ne pas retourner en Belgique. D'autres, à sa place, auraient même hésité à rentrer en France, au moment où des déclamations furibondes contre les *intrigants diplomatiques* retentissaient à la Convention et aux Jacobins. Il était dès lors facile de prévoir l'avénement prochain d'un régime, sous lequel de semblables accusations équivaudraient à un arrêt de mort. Néanmoins Maret revint, sans hésiter, reprendre l'appartement dans lequel il était installé depuis le mois d'août précédent, à l'hôtel des Relations Extérieures, rue du Bac. Il espérait trouver encore l'occasion d'épargner quelques dangers à son pays[1].

Un ministre de la Restauration disait un jour, en pleine tribune, que le gouvernement représentatif n'avait pas été inventé pour l'agrément des fonctions ministérielles. Ceux de la Convention avaient autrement sujet de se plaindre! Tout avait pris une allure de plus en plus fâcheuse et sinistre pendant cette dernière absence de Maret. La rupture des relations diplomatiques avec la plupart des États de l'Europe laissait à Lebrun et à ses auxiliaires de tristes loisirs. La réunion de la Belgique s'opérait conformément au dernier décret de la Convention ; mais partout, sauf à Liége, on dut recourir à d'étranges procédés

cette époque, tout rappelait en France les premiers siècles du catholicisme!!! »

1. Parmi les détracteurs les plus fougueux des *diplomates*, on remarquait Cambon, qui craignait par-dessus tout que la Belgique n'échappât au pillage sous prétexte d'indépendance ; et Cloots, l'ex-Prussien matérialiste et athée, *à l'âme sans-culotte,* qui prêchait la république universelle et l'assassinat des rois. (Un *charmant esprit,* a dit M. Louis Blanc.) Dans un discours prononcé aux Jacobins, Cloots dénonça le projet d'accommodement auquel Maret avait travaillé. Suivant lui, les Brissotins se souciaient peu de la liberté des *marchands de fromages* (les Hollandais) ; ils voulaient une alliance avec les tyrans prussiens, hollandais et anglais, une république belge sous un protectorat commun, etc., etc. (*Journal des Débats,* 23 mars 1793.)

pour obtenir l'unanimité des votes (février)[1]. Puis vint la tentative insurrectionnelle du 10 mars, contre les Girondins, répétition et châtiment de celle du 20 juin précédent contre la royauté...

Nous ne pouvons passer sous silence une dernière et bizarre tentative du côté de l'Angleterre, faite après le bataille de Neerwinde. Le 2 avril, le ministre Lebrun remit à un nommé Matthews un pli pour un M. Salters, notaire à Londres. Ce pli contenait deux lettres à l'adresse de lord Grendville. La première réclamait un passe-port pour une personne qui se rendait à Londres, munie de pleins pouvoirs, « afin de terminer les différends entre les deux nations, et de mettre un terme à cette guerre si funeste à l'humanité. » L'autre lettre, qui ne devait être remise que dans le cas où le ministre aurait paru favorable à cette ouverture, annonçait « que la négociation était confiée à M. Maret, » et réclamait pour lui et les gens de sa suite les sûretés nécessaires.

Lord Grenville ne jugea pas convenable de recevoir des propositions transmises par une voie si singulière, et au nom d'un parti dont la chute semblait prochaine. Quelques semaines plus tard, les lettres du ministre français furent publiées dans les journaux de l'opposition. Leur authenticité était certifiée par Matthews, qui attestait que Lebrun les avait signées et cachetées en sa présence[2]. Fox y fit clairement allusion le 17 juin suivant, en soutenant une motion qu'il présentait pour le rétablissement de la paix. « On me demandera, dit-il, avec qui nous aurions pu signer un traité il y a quelques temps ? Je répondrai : *avec M. Lebrun.* Ce n'est pas nous qui sollicitons la paix : c'est au contraire l'ennemi qui nous a fait des propo-

---

1. On peut consulter à ce sujet les documents réunis par M. Borgnet dans le chapitre XVI de son ouvrage.
2. *Annual Register*, 1793, History of Europe, 131.

sitions. » Cette motion de Fox fut, comme à l'ordinaire, combattue par Pitt, devenu le plus énergique partisan d'une lutte à outrance. Il faut avouer que les circonstances prêtaient une grande force à ses diatribes éloquentes contre les excès de l'instabilité des pouvoirs révolutionnaires. La Belgique était reconquise sur nous ; Lyon, la Vendée, la Corse, en pleine insurrection ; on savait que le ministre, auteur de ces dernières propositions de paix, figurait parmi les proscrits d'un nouvel accès révolutionnaire, celui du 2 juin. Aussi Pitt s'écriait : « que pourrait produire une telle négociation? Ce n'est pas seulement le caractère de Marat, avec lequel il faudrait traiter maintenant, que j'objecte ; ce ne sont pas non plus les crimes toujours renaissants des législateurs de la France ; ce sont les suites de ce caractère, de ces crimes. Chaque fois que la populace de Paris prend un autre chef, toutes les mesures précédentes sont renversées. A chacune de ces horribles révolutions, nous disons : enfin les iniquités sont finies! et le courrier suivant nous apprend combien grande était notre erreur. Si donc nous entamons un traité avec Marat ; en réponse à notre ouverture, nous apprendrons peut-être qu'il vient d'être massacré à son tour, pour faire place à une idole populaire encore plus affreuse. » L'*Ami du Peuple* périt en effet moins d'un mois après, mais Pitt se montrait moins bon prophète dans ses conclusions. Il soutint que l'on avait déjà obtenu trop de succès pour s'arrêter en si beau chemin ; que l'ancien système de neutralité ne convenait plus depuis qu'on avait été provoqué ; qu'une *intervention dans les affaires intérieures* de la France, et, par suite, la destruction de son système de gouvernement « bizarre et dangereux, » étaient le plus sûr, peut-être l'unique moyen d'obtenir réparation. Par la violence de ces déclarations publiques, le ministre anglais allait contre son but, surexcitait les passions qu'il croyait dompter, devenait lui-même le plus dangereux des révolutionnaires. Mais, maintenant que nous savons mieux ce qui s'était passé en décembre 1792 entre Maret et Pitt, on comprend davantage l'aversion qu'avait dû développer chez ce dernier l'instabilité flagrante du Pouvoir Exécutif français. L'un des plus funestes résultats de l'anarchie révolutionnaire est d'avoir inspiré à un homme de cette trempe une prévention irréconciliable contre la France elle-même ; d'avoir fait de lui l'apôtre de cette doctrine « d'intervention dans nos affaires intérieures, » doctrine dans laquelle il persévéra, pour le malheur des deux pays, même après le rétablissement en France d'un gouvernement régulier.

Cette dernière tentative de Lebrun, rêve de la Gironde à l'agonie, n'avait encore été indiquée par aucun écrivain français. Le choix qu'on avait fait de Maret prouve que sa conduite à Londres avait obtenu l'approbation des hommes sensés, et qu'on le jugeait seul capable de renouer une négociation. Mais au mois d'avril 1793, une telle démarche n'avait plus de chances ; le ministère anglais se croyait trop sûr du renversement de la République, pour consentir à traiter avec elle. D'ailleurs, si Maret avait obtenu l'autorisation de passer en Angleterre comme agent secret, sa mission aurait été brusquement finie par la révolution du 31 mai. Il lui serait seulement resté l'avantage de se trouver hors de France, et Lebrun avait eu sans doute l'arrière-pensée de lui ménager ce moyen de salut.

En effet, la situation s'assombrissait chaque jour davantage. Les membres les plus modérés du Pouvoir Exécutif, et surtout Lebrun, étaient attaqués sans relâche. Maret lui-même, dont la position au ministère excitait certaines convoitises, était sourdement calomnié. « Le négociateur qui avait tout fait pour la paix, dit-il dans ses notes, était signalé comme ayant poussé à la rupture, par ceux-là précisément qui avaient été les fauteurs de la guerre. La Terreur commençait à s'établir; la journée du 31 mai lui donna tout son essor. Les ministres, qui ne se dissimulaient pas que leurs têtes étaient vouées à l'échafaud, offrirent à Maret un moyen de mettre la sienne à l'abri. Le Conseil Exécutif lui proposa successivement l'ambassade de Portugal et celle de Naples. Maret accepta cette dernière et partit. »

Ces lignes inédites de Maret éclaircissent un point demeuré jusqu'ici fort obscur, et à propos duquel les biographes ont beaucoup divagué. Il en résulte que cette fameuse mission en Italie, qui lui a probablement sauvé la vie au prix de deux ans de captivité, lui avait été conférée par le Conseil Exécutif quelques heures avant la chute définitive des Girondins (2 juin), et seulement confirmée par les nouvelles autorités installées à la suite de cette révolution. Maret partit dès que cette confirmation fut obtenue; ses protecteurs avaient hâte de le voir en route, et jamais agent diplomatique ne fut aussi pressé de se rendre à son poste. Il n'eut pas même le temps d'attendre ses instructions, qui lui furent expédiées trois jours après par Lebrun. Bien que consigné en état d'arrestation à son domicile, depuis le 2 juin, l'ex-ministre continuait, en effet, d'après les ordres du comité de Salut Public, de s'occuper des affaires de son département. Cette situation bizarre se prolongea pendant la plus grande partie du mois, jusqu'à la nomination de son successeur (21 juin). Ce fut le 15 qu'il contre-signa les nominations de Grouvelle à Copenhague, de Chauvelin à Florence, de Noël à Venise, et de Maret à Naples.[1]

1. M. Masson a publié, d'après les textes originaux, la lettre de

On sait comment finit cet infortuné. Il eut sans doute quelque espoir et quelque chance d'être oublié, puisqu'on garda le silence sur lui pendant trois mois. Mais un être au venin mortel, Billaud-Varennes, s'en souvint, et le fit comprendre dans le décret d'accusation rendu le 5 septembre contre les Girondins. Barère, rédacteur de ce décret, n'y avait pas compris les ministres Lebrun et Clavière, mais se garda bien de les défendre. Lebrun parvint alors à s'évader, « rendant ainsi, dit plus tard Fouquier dans son réquisitoire, un hommage tacite à la justice du décret. » Il demeura caché à Paris, sous le nom de *Brasseur, Liégeois*. Mais il avait été trop en évidence et savait trop de choses pour n'être pas avidement recherché. Le 23 décembre suivant, il fut arrêté, traduit quatre jours après au tribunal révolutionnaire et condamné à mort. On lui reprocha, entre autres choses, d'avoir trempé dans les complots orléanistes de Dumouriez, brouillé la France avec toutes les puissances, et *notamment avec l'Angleterre*, par le décret pour l'ouverture de l'Escaut; d'avoir été d'intelligence avec Brunswick et avec Pitt pour le démembrement de la France. Les fastes de la Terreur offrent peu de condamnations plus iniques. Heureusement Maret n'était plus là : il avait trouvé, dans les cachots de l'Autriche, un refuge forcé contre la *justice* révolutionnaire[1].

Lebrun du 4 juin, demandant s'il doit encore, bien qu'en état d'arrestation, faire sa besogne de ministre, et la réponse affirmative du Comité.

1. Lebrun entraîna dans sa perte trois de ses chefs de division et un jeune homme de vingt-cinq ans, condamné et exécuté « pour avoir accepté la place de précepteur des enfants de Lebrun, afin de les fortifier dans les sentiments de leur père ! » (V. dans M. Masson, le *Mémoire* apologétique de Lebrun, et celui, plus curieux encore, du chef de division Jozeau, guillotiné *le 8 thermidor*.)

XX

Situation périlleuse de Maret. — Ses protecteurs. — Motifs qui le déterminèrent à accepter le poste de Naples. — Ses instructions (inédites). — Importance de cette mission, qui aurait pu sauver la Reine.

Tout semble indiquer que Maret courut, lors de la chute des Girondins, un danger pire que la disgrâce. A partir de ce moment, il cesse de figurer sur les états de services comme chef de la première division. Ses liaisons notoires avec tant de proscrits anciens et nouveaux, notamment avec Dumouriez, Bonne-Carrère, Lebrun, auxquels il avait dû son entrée aux affaires, le désignaient trop naturellement à la colère des vainqueurs. Sa correspondance d'Angleterre eût, à elle seule, fourni matière à dix condamnations capitales, par les temps qui allaient venir. N'avait-il pas fait l'éloge de Pitt, blâmé le décret du 19 novembre et manifesté, en termes non équivoques, son horreur contre le prétendu *Ami du Peuple*? Malgré ces périlleux antécédents, Maret, recommandé par son intelligence et son honnêteté parfaite, fut non-seulement épargné, mais replacé, et à l'étranger encore, ce qui était l'unique manière de pourvoir à son salut.

Le nouveau ministre des affaires étrangères qui confirma sa nomination au poste de Naples était ce Deforgues que le *Père Duchêne* appelait facétieusement un ministre étranger aux affaires; Deforgues, ancien clerc de Danton, membre de la Commune insurrectionnelle du 10 août, et ensuite chef du bureau des illuminations à l'Hôtel de Ville. Cet ami des lumières avait été l'un des signataires, ou du moins, si nous en croyons sa déclaration (*postérieure au 9 ther-*

midor), l'un de ceux dont Marat avait inscrit, en septembre 1792, la signature au bas de la fameuse proclamation qui vantait les massacres, et invitait toutes les communes de France à imiter Paris. Voilà pourquoi Deforgues était devenu ministre ![1]

Nous savons, par Maret lui-même, que l'un de ses protecteurs dans cette crise fut Barère, alors fort en crédit parmi les vainqueurs, à cause du rôle peu honorable mais fort utile qu'il venait de jouer dans le renversement des Girondins. Il fut appuyé aussi par le ministre Garat, qui, en les abandonnant à propos, avait conservé sa tête et même sa place. Maret l'avait jadis connu à l'hôtel de Thou, intimement lié avec Rabaud, Condorcet et bien d'autres victimes du récent accès de révolution auquel applaudissait Garat ! Mais Barère et lui étaient de ces égoïstes qui sacrifieraient à leur sûreté les plus chers amis, tout en restant humains quand ils peuvent l'être sans danger, et se lamentant tout bas, portes closes, sur le malheur des temps. Aussi sommes-nous porté à croire que Maret trouva encore un autre défenseur plus puissant et moins circonspect dans la personne de Carnot, son ancien concurrent pour l'éloge de Vauban.

Maret accepta cette mission de Naples ; il ne pouvait faire mieux, ni autrement. C'était, comme on le verra tout à l'heure, un dernier moyen d'empêcher de nouveaux crimes. Les conséquences d'un refus au-

---

[1] Malgré ses beaux états de services révolutionnaires, il fut arrêté au mois d'avril 1794, comme complice de Danton. Bien qu'il se fût empressé de le renier, se recommandant à Robespierre comme *patriote imperturbable*, il ne fut très-probablement sauvé de l'échafaud que par le 9 thermidor. On trouvera dans M. Masson (ch. VIII), des détails curieux sur le ministère et la destinée ultérieure de Deforgues, qui n'est mort qu'en 1840. Sous la Restauration, il avait fini par obtenir une pension, se faisant passer pour un royaliste victime de Napoléon. S'il était royaliste à l'époque dont il s'agit ici, il l'avait bien su cacher !

raient été mortelles pour lui, et probablement pour toute sa famille. Initié à de dangereux secrets, il n'avait pas la liberté de rester à l'écart. Son abstention, au moment où éclatait le mouvement fédéraliste, aurait été considérée comme une défection. D'ailleurs, abstraction faite des considérations personnelles, il ne désirait pas le succès de ce mouvement, et n'y croyait pas. Il avait vu de près les Girondins, et connaissait mieux que personne leur insuffisance pratique, l'incohérence de leurs vues. Dans cette crise, la plus terrible qu'aucun peuple ait essuyée sans périr, les hommes les plus modérés se résignaient à la nécessité d'une dictature temporaire, d'une suspension des garanties constitutionnelles, pour sauvegarder les réformes de 1789. Ils sentaient que la France, succombant sous l'effort combiné des discordes civiles et de la guerre étrangère, serait forcée de subir le rétablissement complet de l'ancien régime, et peut-être un démembrement. Maret était de ceux qui envisageaient ainsi la situation ; sa conduite ne fut ni pusillanime ni versatile.

Au reste, en maintenant sa mission à Naples en même temps que celle de Chauvelin pour Florence, et de Noël pour Venise, le nouveau gouvernement ne faisait que donner suite à une idée assez logique de celui qui l'avait précédé. Il était naturel que les relations avec les États encore neutres devinssent l'objet d'une attention particulière. Il y avait là pour la France nouvelle un intérêt national, supérieur aux luttes des partis.

Nous avons dit que Maret n'avait pas attendu ses instructions. Le courrier qui les lui portait fut arrêté par l'insurrection lyonnaise, et elles ne lui parvinrent que peu d'heures avant son arrestation en Suisse. Bien que cet événement l'ait empêché d'en faire usage, on nous saura gré d'en offrir l'analyse. C'est une page inédite, et non dépourvue d'intérêt, de la diplomatie du temps.

Elles étaient précédées d'un résumé des rapports de la France avec Naples, depuis l'établissement de la République. Les dispositions apparentes de cette cour avaient subi des variations conformes aux événements. L'attitude du premier ministre, d'abord malveillante, était devenue tout à coup presque obséquieuse à la nouvelle de la retraite des Prussiens. Il s'était empressé de reconnaître le représentant de la nouvelle République (de Mackau), sans attendre l'exhibition des lettres de créance. La reine fit à ce diplomate l'accueil le plus gracieux, et lui répéta plusieurs fois qu'à Vienne on était bien las de la guerre. C'était dans les derniers jours de novembre 1792 qu'elle tenait ce langage. De la part d'une princesse qui était à la fois tante et belle-mère de l'empereur d'Autriche, une pareille insinuation avait son importance. Elle prouvait qu'à cette époque le cabinet de Vienne n'était pas sûr encore d'obtenir l'appui de l'Angleterre, ce qui s'accorde bien avec les détails que nous avons donnés précédemment sur les dispositions de cette puissance à l'époque où Maret fut envoyé à Londres [1].

L'apparition de l'amiral Latouche-Tréville dans les eaux de Naples avait même déterminé la nomination d'un ambassadeur napolitain à Paris. Le prince de Castelcicala, si fameux depuis dans les réactions de 1799, avait été désigné pour cette mission délicate. Mais la nouvelle de la mise en jugement de Louis XVI fournit une excuse assurément fort plausible pour retarder le départ de cet ambassadeur. L'événement du 21 janvier produisit à Naples une sensation que la pusillanimité du gouvernement ne put tout à fait ca-

[1]. Vers la même époque, Manfredini, ministre du grand-duc de Toscane, tenait le même langage à de Flotte, ministre de la République à Florence.

cher. Le ministre français dut s'isoler pendant quelque temps ; toutefois il n'y eut pas d'interruption dans les communications officielles, et « peu de temps après, il reparut à la cour, » sans qu'on osât lui faire mauvais visage. On était encore sous l'impression des succès de Dumouriez ; mais bientôt la revanche autrichienne de Neerwinde encouragea les Napolitains à laisser voir leurs véritables sentiments, et une maladresse bien caractérisée de Mackau leur en fournit l'occasion. Dans les premiers jours de mai 1793, il avait reçu, comme tous les autres membres du corps diplomatique, une invitation pour la réception solennelle qui devait avoir lieu à l'occasion de la présence, à Naples, d'un prince autrichien. Le ministre français jugea à propos de se présenter à cette réception ; sa présence déplut, et cette fois on ne se gêna pas pour le lui dire très-nettement. Il rendit compte de cet incident, qui indiquait, disait-il, « un changement de dispositions *qu'il n'avait pu prévoir*. » Comme il ne pouvait ignorer ce qui venait de se passer en Belgique, la réflexion était naïve. Pour couronner l'œuvre, il voulait quitter Naples, passer en Toscane. Heureusement il avait eu l'idée de consulter son collègue Cacault, alors ministre à Florence. Celui-ci lui conseilla très-sagement de demeurer à son poste en attendant de nouveaux ordres. Le rédacteur des instructions de Maret faisait observer avec raison que Mackau aurait dû considérer l'invitation de paraître à la cour comme de pure forme, et qu'en s'y rendant il avait commis une faute qui rendait son changement inévitable [1].

1. Ce rédacteur était Colchen, chef du quatrième bureau du ministère, dont ressortait la correspondance d'Italie. C'était un ancien employé des intendances sous l'ancien régime ; intelligent et travailleur, devenu ardent jacobin ou feignant de l'être. Il réussit, en jouant ce rôle, à vivre et à sauver plusieurs personnes pendant la Terreur. Nous le retrouverons collègue de Maret en 1797, lors des négociations de Lille.

« Le citoyen Maret, son successeur désigné, devait s'attacher à obtenir des renseignements exacts sur tout ce qui s'était passé ou se passerait chez la reine; s'expliquer nettement avec Acton sur le retard prolongé que subissait le départ de Castelcicala; insister pour l'envoi immédiat d'un ambassadeur ou d'un chargé d'affaires; s'efforcer de pénétrer les vrais sentiments, sans égard aux vaines promesses de neutralité. Les rapports intimes de Naples avec Vienne et Madrid, le dévouement connu d'Acton à l'Angleterre, étaient de fâcheux symptômes. Il fallait s'attacher à faire ressortir les avantages de la neutralité pour cette cour de Naples; faire comprendre que les événements décisifs de la guerre entre la France et l'Autriche s'accompliraient sur le continent, que des revers maritimes, essuyés par la France, n'auraient d'autre résultat que de redoubler son opiniâtreté; enfin, que l'Autriche ne pourrait plus s'étayer longtemps de l'assistance de la Prusse, qui avait déjà retiré de cette guerre tout ce qu'elle s'en pouvait promettre. Dès lors la conduite de cette puissance redeviendrait conforme à son intérêt ancien, fondamental, lequel était essentiellement contraire à l'Autriche. »

Cette conjecture fut confirmée par le changement d'attitude de la Prusse, aussitôt après la prise de Mayence.

Maret avait encore à dire que les autres États de la Péninsule italienne resteraient neutres dans toutes les hypothèses, si même ils ne devenaient pas nos alliés. « Naples, en se déclarant contre nous, se mettrait à la merci de l'Espagne, et surtout de l'Angleterre, dont toutes les puissances qui naviguaient sur la Méditerranée avaient un égal intérêt à contrarier l'ambition mercantile. L'Espagne, aveuglée par son ressentiment, favorisait les vues égoïstes des Anglais, et ne s'apercevait pas qu'elle en serait la première victime. Il fallait exciter sur ce point toute l'attention de Naples et des ministres italiens auprès de cette cour; leur faire sentir la nécessité de se coaliser avec la République contre les vues absorbantes des Anglais, particulièrement contre leur introduction à Malte, *où ils paraissaient avoir pris des arrangements avec l'Ordre*[1]. On devait s'efforcer de faire parvenir les mêmes insinuations au ministre d'Espagne à Naples. »

On recommandait encore au nouveau ministre de faire espérer des avantages commerciaux, de s'informer particulièrement des objets en litige entre les cours de Naples et de Rome, et de laisser espérer un partage des États Romains. Il ne fallait pas négliger de capter la bienveillance du roi, « bien qu'il fût sans principes, sans caractère ni tenue ; » mais comme la reine avait la principale influence dans les affaires, c'était d'elle surtout qu'il convenait de s'occuper… « On la savait très-jalouse de demeurer soustraite à l'influence espagnole ; » c'était donc là un point sur lequel il convenait particulièrement d'appuyer. Il importait de ménager Acton, de se lier avec des personnes de la cour susceptibles d'agir sur son esprit, ou du moins de connaître ses pensées, etc.

Enfin, il était recommandé à Maret « de ne négliger *aucun des moyens propres* à nous assurer des dispositions favorables de la part de cette cour. » Cette dernière recommandation était le rappel indirect de l'un des points de sa mission, qui ne pouvait figurer dans les instructions écrites. Dans ses notes, le duc de Bassano a donné à ce sujet les éclaircissements suivants : « … Nous revînmes à nos premières combinaisons. La Révolution prenait un cruel essor ; cependant il y avait encore au pouvoir des hommes qui ne s'abusaient pas sur l'avenir, qui s'en épouvantaient et étaient capables de se dévouer pour tenter de sauver ce qui restait de si précieux de ce grand naufrage.

---

[1]. La certitude de ces intrigues anglaises, depuis longtemps acquise aux affaires étrangères, détermina, en 1799, cette occupation de Malte, si injustement reprochée à la France par quelques écrivains.

La plus saine partie du gouvernement s'entendit pour faire une démarche auprès des seules puissances encore en état d'alliance avec la République, Venise, Florence et Naples. Les républicains tenaient à ne pas être désavoués du monde entier. On se crut assuré que, si ces trois États mettaient pour condition à la continuation de leur alliance *la sûreté de la reine et de sa famille,* elle ne leur serait pas refusée. Le projet fut arrêté..., et je fus chargé de son exécution. »

Cette tentative était, au fond, la répétition, sur une échelle plus restreinte, de celles qu'on avait voulu faire en Angleterre, également par l'intermédiaire de Maret, en décembre 1792, puis en janvier et avril 93. Préparée dans les derniers temps de la domination des Girondins, elle aurait donc été recueillie, agréée par « la partie la plus saine (relativement) du gouvernement nouveau. »

Cette nouvelle mission présentait des difficultés plus grandes que les précédentes, et pour un moindre résultat. La promesse de respecter la vie de la Reine, de ses enfants, était bien l'argument le plus fort dont on pût disposer, surtout à Florence et à Naples. Mais, avant et surtout depuis le 31 mai, Maret n'avait été autorisé que verbalement et à voix basse à faire une telle concession. Le mystère importait à la sûreté des ministres qui avaient approuvé la démarche, à celle des membres des comités qui en avaient eu connaissance. Parmi ces derniers, il en était qui voulaient bien avoir l'air d'ignorer ce secret, mais à condition qu'il resterait véritablement inconnu à d'autres, aux plus violents parmi les violents, pour lesquels la découverte d'une « nouvelle intrigue diplomatique » eût été une bonne fortune. Cette appréhension était une conséquence forcée de la rivalité qui se prononçait déjà entre les différentes catégories des vainqueurs de la Gironde. On verra bientôt, par le récit de Maret, que ce n'était pas là une vaine inquiétude.

Aurait-il réussi ? bien des motifs autorisent à en douter. Son arrivée à Naples aurait coïncidé avec les plus extrêmes périls de la République ; avec les insurrections de Lyon, du Midi, les grands succès de la Vendée, la capitulation de Mayence, les revers des armées du Nord et des Pyrénées. Cette cour de Naples, asservie aux événements, aurait-elle consenti à traiter avec un pouvoir odieux, au moment où sa ruine semblait certaine ? Ne devait-on pas d'ailleurs s'attendre à retrouver, dans les capitales italiennes, la terrible objection anglaise, encore plus autorisée par les événements accomplis dans l'intervalle ? N'y avait-il pas lieu de craindre que ceux qui venaient de remplacer les Girondins ne fussent à leur tour débordés, et mis, d'une façon quelconque, dans l'impossibilité de tenir un engagement d'humanité pris en leur nom ? Ces considérations sont graves ; toutefois il faut bien reconnaître que le Comité de Salut Public était plus consistant dans ses résolutions que les Girondins ; et qu'en fait, la mise en jugement de la Reine, si souvent et si violemment réclamée, n'a eu lieu qu'à la suite et comme une réplique de l'arrestation de Sémonville et de Maret. Celui-ci considérait le succès de sa démarche comme probable, surtout auprès de la reine de Naples, sœur de Marie-Antoinette. Tout ce qu'il craignait, c'était de ne pas arriver jusque-là.

Son départ précipité, qui eut lieu vers le 15 ou le 16 juin, fut marqué par un incident qui prouve qu'on avait besoin de courage de plus d'un genre pour servir la France à cette époque. Au moment de monter en voiture, il se vit refuser, pour lui et ses secrétaires, l'avance d'un premier trimestre d'appointements, et cela nonobstant cette observation assurément fort juste, qu'on payait « un ministre à l'étranger pour vivre, et non pour avoir vécu. » Cette circonstance était d'autant plus contrariante qu'il n'avait alors qu'un patrimoine des plus médiocres. Elle devint même pour lui, comme on va le voir, la cause de grands embarras et peut-être de la catastrophe finale, en raison des difficultés et des dépenses extraordinaires du voyage.

XXI

Objectif commun des missions de Maret et de Sémonville. — Leur réunion à Genève. — Ils apprennent que des émissaires de la Commune de Paris ont été lancés à leur poursuite. — Le citoyen Ysabeau. — Traversée difficile de la Suisse. — Arrivée et séjour forcé à Coire. — Lettres de Maret à Deforgues, écrites de Coire (10 juillet) et de Vico-Soprano (17 et 23 juillet). — Avis et pressentiment d'une embuscade autrichienne.

La relation de la captivité de Maret, rédigée par lui-même, mentionne ici deux circonstances importantes, qui n'étaient indiquées que d'une façon vague, presque mystérieuse, dans les documents contemporains. D'abord il devait, en se rendant à Naples, passer par Venise et Florence, et s'assurer des dispositions de ces deux États. En second lieu, il avait été résolu, avant la révolution du 31 mai, qu'il se concerterait, pour la partie la plus secrète de sa mission (celle qui concernait les prisonniers du Temple), avec le nouvel ambassadeur de la République, près la Porte Ottomane, Sémonville. Celui-ci, en mai 1793, était encore à Marseille, attendant une occasion pour se rendre à son poste, quand il reçut de Lebrun l'ordre « d'aller passer auparavant quelques jours à Florence[1]. » Il ne s'agissait pas encore, disait le ministre, d'une négociation pour la paix, mais seulement de provoquer et de recevoir des ouvertures ; après quoi, on verrait s'il y avait lieu d'engager le gouvernement toscan à offrir sa médiation. On calculait aussi que la présence de Sémonville à Florence pourrait inspirer au gouvernement prussien des doutes sur la solidité de son union avec l'Autriche[2].

Dans ces lettres et instructions ministérielles, il n'est, il est vrai, question nulle part d'une mission, d'une action communes entre Maret et Sémonville près des cabinets italiens. Mais on sait bien que dans ces moments de crise, les choses les plus importantes sont celles qui ne s'écrivent pas. Plusieurs passages de la correspondance de Sémonville, à cette même date, prouvent non-seulement qu'il avait connaissance du prochain départ de Maret pour l'Italie, mais qu'il y avait dès lors entre eux entente préalable pour faire route ensemble. Le 5 juin, dans une lettre adressée de Marseille au ministre Lebrun, Sémonville exprimait

1. On a vu, par une lettre de Dumouriez citée dans la deuxième partie de cette étude, que, dès le mois d'août 1792, il désignait Sémonville pour l'ambassade de Constantinople. En moins d'un an, Sémonville avait passé par une série de péripéties dont la moindre aurait suffi pour perdre quelqu'un de moins adroit, et décourager un homme moins gai et moins ambitieux. D'abord ministre à Gênes, puis en Sardaigne, il avait été successivement repoussé comme jacobin par la cour de Turin ; nommé ambassadeur auprès de la Porte, qui, à l'instigation de l'Autriche, avait protesté contre cette nomination ; destitué comme royaliste déguisé, pour une lettre compromettante trouvée dans la fameuse *Armoire-de fer*, mais réintégré bientôt comme patriote méconnu, grâce aux actives démarches de sa femme, qui guerroyait vaillamment pour lui à Paris.

2. « Il (Sémonville) aura soin, dans ses relations publiques avec la cour de Toscane, de se donner une attitude telle, que les ministres des puissances belligérantes, et particulièrement celui du roi de Prusse, soient dans le cas d'exciter l'inquiétude sur la possibilité prochaine d'un accommodement de la R. F. avec Vienne. » (Instructions pour Sémonville, 23 mai 1793.)

l'espoir d'être bientôt en mesure de s'embarquer à Nice pour la Toscane, et le priait d'avertir Maret qu'il pouvait prendre la même voie. Le 9, il annonçait que tout était changé. Les communications par mer étant absolument interceptées, Sémonville se décidait à prendre la voie de terre. Il allait donc se rabattre sur Genève. Il fallait se hâter de faire connaître à Maret ce changement d'itinéraire, car s'il se dirigeait sur Nice, il n'y trouverait plus Sémonville. Cette préoccupation de combiner son voyage avec celui de Maret est déjà significative. Une autre lettre de Sémonville, en date du 8 juin, vient corroborer encore les assertions du duc de Bassano. Dans cette lettre, écrite à une époque où Sémonville ne connaissait pas encore, mais prévoyait la chute de la Gironde, il parle de la mission de Florence en termes vagues, mystérieux. « Il se préoccupe vivement du danger qu'elle peut faire courir à sa réputation de patriote, et, s'il se résigne à n'avoir point dans sa poche une expédition de ses instructions, il demande avec instance à être assuré qu'elles seront déposées aux Archives des affaires étrangères, en vue d'une justification ultérieure, si elle devenait nécessaire. »

Nous avons cité les instructions *patentes* du 23 mai, les seules qui aient été conservées; elles ne renferment rien qui motive de telles alarmes. La démarche prescrite avait donc un autre objet, qui ne peut être que celui indiqué par Maret. On comprend que Sémonville, déjà signalé plus d'une fois, et non sans fondement, comme un royaliste déguisé, ne se vit pas sans inquiétude mêlé à une négociation relative aux prisonniers du Temple.

Maret se dirigea sur Lyon, voyageant aussi vite qu'il était possible de le faire à cette époque. Malheureusement les chevaux de poste étaient alors bien rares, et les corps de garde bien nombreux sur les routes. Il fallait stationner longtemps à la plupart des relais; subir, dans les moindres bourgades et parfois en rase campagne, des interrogatoires en règle et des visites de passe-ports. Toutes les municipalités se croyaient appelées à renouveler les hauts faits de Varennes, en mettant la main sur quelque fugitif important. Maret atteignit cependant Lyon sans accident. Il lui était prescrit d'attendre dans cette ville les instructions écrites, « que Barère et Lebrun devaient lui adresser. » De là il devait primitivement rejoindre Sémonville, et s'embarquer avec lui; mais il apprit le changement de direction de son collègue, et cette nouvelle le décida lui-même à quitter Lyon plus promptement. D'ailleurs, ainsi qu'il l'écrivit au ministre, « il ne convenait pas à un fonctionnaire public de rester dans une ville qui s'insurgeait[1] » Il expliquait les graves motifs qui l'obligeaient, ainsi que Sémonville, à gagner Venise par la Suisse, « malgré le mauvais état, ou plutôt la non-existence des routes, et le surcroît de dépenses. » Il ne s'agissait plus de courir un certain nombre de postes dont le chiffre était connu d'avance, mais de se lancer à travers les montagnes, voyageant à très-petites journées, créant pour ainsi dire des chemins. La Suisse était alors plus pittoresque peut-être, mais bien moins praticable qu'aujourd'hui, surtout pour une petite caravane diplomatique qui cheminait avec un certain appareil. Madame de Sémonville était du voyage, et plusieurs des secrétaires avaient aussi leurs femmes:

---

1. Cette première lettre fut, selon toute apparence, arrêtée à Lyon même, et celles qui suivirent, ayant pris la même direction, furent pareillement interceptées. Mais elles se trouvent résumées dans une longue dépêche adressée de Coire. Celle-là, envoyée à Deforgues par l'intermédiaire du ministre français en Suisse, Barthélemy, parvint à destination, et fut déposée aux Archives où nous l'avons retrouvée.

c'est dire que les bagages encombrants ne manquaient pas.

Maret et son collègue avaient encore une autre raison pour s'éloigner le plus vite possible du territoire français. Ils venaient d'apprendre de bonne source que le secret de leur mission avait été éventé à Paris, et qu'on envoyait à leur poursuite une escouade d'émissaires des plus furieux démagogues de la Commune, sous la conduite du citoyen Ysabeau[1]. Cet homme, frère du conventionnel du même nom, célèbre par sa mission sanguinaire à Bordeaux, était l'ancien secrétaire de Lebrun. Dumouriez en parle assez mal dans ses Mémoires, et reproche à Lebrun sa confiance imprudente dans un individu « dont on ne disait pas trop de bien[2]. » Il venait d'être nommé consul général à Venise ; c'était la raison ou le prétexte officiel de son départ, et un motif suffisant pour suivre les deux ministres, puisqu'ils devaient passer par Venise. Tous les renseignements qu'on possède sur cet équivoque personnage viennent à l'appui de ce qu'en dit Maret. Selon toute apparence, c'était Ysabeau lui-même qui avait dénoncé à la Commune Maret et Sémonville comme conspirateurs royalistes. Si maintenant on veut comprendre quel mobile avait pu le pousser à cette délation, qu'on se rappelle la lettre de Dumouriez du mois d'août 1792 que nous avons précédemment reproduite ; celle dans laquelle il conseillait de confier à Sémonville plusieurs millions, dont il trouverait largement l'emploi à Constantinople. Cette lettre était adressée à Clavière, chargé de l'intérim des affaires étrangères, mais elle dut passer sous les yeux de Lebrun, alors directeur général ; de Lebrun, qui fut nommé ministre quelques jours après, et désigna Sémonville

---

1. Relation du duc de Bassano.
2. Dumouriez, III, 354.

pour l'ambassade de Constantinople, d'après les indications de Dumouriez. Il devient maintenant aisé de comprendre que le secrétaire du nouveau ministre a dû connaître cette lettre ; que la nomination définitive de Sémonville aura réveillé dans l'esprit d'un homme peu scrupuleux l'idée des sommes que celui-ci devait probablement emporter ; que, d'un autre côté, sa position près de Lebrun l'avait mis au courant de bien des secrets, spontanément confiés ou surpris en écoutant aux portes, et notamment celui des démarches projetées en faveur de la Reine et de sa famille. Il y avait là, on le voit, le sujet d'une dénonciation fructueuse auprès d'une certaine fraction d'énergumènes de la Commune, des Hébert, des Bazire, non moins avides que sanguinaires, et qu'on voit s'acharner, précisément dans ces jours, à réclamer la mise en jugement immédiat, c'est-à-dire l'exécution de Marie-Antoinette. Voilà ce qu'il est permis de soupçonner, d'entrevoir pour ainsi dire dans ces ténèbres malsaines. Ysabeau ne put rejoindre les deux ambassadeurs sur le territoire français ; mais nous retrouverons sa trace dans les événements ultérieurs.

Maret se hâta donc de rejoindre son collègue à Genève. Ils n'avaient eu jusque-là que des rapports de société, mais une connaissance intime est bientôt faite dans de telles circonstances. La communauté d'intérêts, de périls, et bientôt après d'infortune, commença entre eux une amitié qui devait survivre à tous les bouleversements politiques, et n'a fini qu'avec leur vie [1].

1. Le 25 juin, Sémonville écrivait au nouveau ministre Deforgues : « La première personne que j'ai rencontrée en entrant à Genève est le citoyen Maret, arrivé de la veille... Destinés à parcourir en Suisse et en Italie la même route, à éprouver les mêmes obstacles, nous avons cru que notre réunion en voyage pourrait en lever quelques-uns..., et nous faisons route pour Baden, Zurich, les bailliages d'Italie et l'État de Venise. »

Ils résolurent, pour plus d'une raison, de mettre immédiatement un plus large intervalle entre eux et la frontière française. Les États Vénitiens étaient leur première étape diplomatique, mais ils ne pouvaient les atteindre sans quitter le territoire neutre, qu'en faisant un détour considérable par des chemins souvent très-difficiles, — quand ils existaient. Les passages du Saint-Bernard, du Simplon, du Saint-Gothard, aboutissant au territoire piémontais ou autrichien, leur étaient interdits. Il leur fallait, de toute nécessité, gagner Coire, chef-lieu du petit État des Grisons ou Ligues-Grises, alors indépendant de la Suisse, mais neutre comme elle; et descendre par l'un des cols des Alpes rhétiennes dans la Valteline, qui confinait alors à cette époque aux possessions vénitiennes. Or, aller de Genève à Coire par la route directe, à travers le massif central de la Suisse, l'Oberland et les petits cantons, était alors une entreprise effrayante pour les piétons les plus lestes et les plus hardis. Dans ces montagnes, aujourd'hui plutôt trop civilisées, il n'existait pas alors un seul chemin carrossable. Il fallait les tourner entièrement, descendre la vallée de l'Aar, puis remonter celle du Rhin jusqu'à Coire.

Tout alla bien d'abord dans les cantons relativement accessibles de Genève, de Vaud, de Soleure, de Berne, ou du moins les obstacles qu'on y rencontrait ne tenaient pas à la nature du sol. « Ils faisaient partie, suivant l'expression de Maret, de l'*histoire politique* du voyage. » A Genève, les deux ambassadeurs n'avaient pas dissimulé leur caractère : « il était impossible, et de plus il eût été lâche de se déguiser si près de la patrie. » A Lausanne, leurs domestiques furent insultés par des émigrés, qui n'avaient garde de soupçonner ce que Maret et Sémonville allaient faire en Italie. Dans le canton de Berne, ils furent constamment précédés à une heure ou deux de distance par le bailli de Nyon, chargé sans doute de veiller à leur sûreté. A Berne, ils trouvèrent le chargé d'affaires de la République, Barthélemy, le même qui fut depuis membre du Directoire et proscrit au 18 fructidor. L'accueil bienveillant qu'ils reçurent dans cette ville était un témoignage non équivoque de l'estime que Barthélemy avait su inspirer. Les embarras commencèrent au lac de Constance. A Staad, village situé tout près de l'embouchure du Rhin supérieur, ils essuyèrent encore les huées de quelques émigrés. A partir de ce point, où le Rhin forme la limite de la Suisse et de la Souabe, la prudence interdisait aux ambassadeurs de la République la route la plus courte et la meilleure, celle qui remonte vers Coire par la rive allemande. Malgré les instances plus ou moins innocentes des postillons, ils s'obstinèrent à suivre les chemins de traverse de la rive suisse ; chemins détestables, mais où ils ne couraient que le risque de verser. Leur présence faisait événement dans ces parages alors peu fréquentés ; mais ils étaient accueillis avec une cordialité extrême, partout où il leur était matériellement possible de passer.

Ils atteignirent enfin Coire ; mais là toute voie carrossable finissait, et les difficultés matérielles se compliquaient d'un autre genre d'embarras. « Ici même, écrivait Maret, en plein territoire libre, il va falloir des précautions. La route que tout le monde peut prendre nous est interdite. Elle passe dans des villages libres, mais où résident des fiscaux autrichiens, qui réveillent en ce moment une influence tombée en désuétude. Le baron de Cronthal, résident autrichien à Coire, multiplie autour de nous piéges et obstacles [1]... Il vient de lui arriver un puissant

---

1. Depuis le 10 août il n'y avait plus de résident français à Coire, ce qui ne laissa pas que d'influer sur les événements.

renfort dans la personne de M. de Buol, l'ambassadeur autrichien près le corps helvétique. Vingt fois, par suite d'exigences toujours croissantes de prix, nos moyens de départ nous ont échappé... Enfin, nous partons demain. Nos voitures démontées, nos bagages dispersés sur une multitude de petits chars, entreront dans les montagnes pour arriver jusqu'au lac d'Iseo[1], par des sentiers praticables tout au plus pour les mulets. Nous irons très-lentement, ne marchant que pendant quelques heures par jour, à cause de l'extrême chaleur. Nous partons bien armés contre les soldats suisses ci-devant au service de France, et qui ont refusé d'entrer à celui du roi de Sardaigne, préférant se faire contrebandiers. Nous souffrirons avec plaisir des fatigues que le devoir commande ; mais... la prodigalité hostile des agents de l'Empereur, qui payaient les voituriers pour refuser le service, a forcé de surenchérir, et entraîné d'effrayants suppléments de dépenses[2]. »

Quelques explications topographiques sont nécessaires ici. La route directe de Coire à Chiavenna, où Maret et son collègue auraient craint de faire quelque fâcheuse rencontre, était celle du Splügen. Ils se décidèrent à prendre celle qui passe par le col du Septimer, plus abrupte et plus longue d'environ quatre lieues et demie de pays (et quel pays !) Ce détour avait l'avantage de les amener dans le Bregel-Thal (Val-Bregaglia), vallée dont les habitants, professant la religion réformée, étaient moins accessibles aux insinuations autrichiennes. Le principal bourg de cette vallée était Vico-Soprano, où

---

1. Le lac d'Iseo ou Sevino est entre Bergame et Brescia. Maret et son collègue se proposaient de remonter la vallée de l'Adda supérieur à partir du lac de Côme, et de redescendre celle de l'Oglio, qui aboutit au lac d'Iseo.
2. Maret à Deforgues ; Coire, 10 juillet.

habitait l'un des principaux chefs des Grisons, le comte de Salis-Tagstein. Les avertissements transmis par ce personnage, ami des Français, avaient influé sur ce changement de direction.

La petite caravane ne mit pas moins de six jours pour franchir les seize lieues qui séparent Coire de Vico-Soprano, où Salis leur offrit l'hospitalité. Les difficultés matérielles de la route étaient surmontées; mais pour atteindre les États vénitiens, il restait à traverser l'ancien chemin de Chiavenna et une partie de la Valteline, contrée qui dépendait bien nominalement des Ligues-Grises[1], mais où l'influence autrichienne était grande. Les appréhensions du châtelain de Vico-Soprano étaient confirmées par les avis d'un autre Salis qui habitait Sondrio, capitale de la Valteline. Le 17 juillet, Maret écrivait à Deforgues : « les obstacles autrichiens prennent un caractère plus grave, plus indécent, à mesure que le voyage avance. » Suivant ces avis multipliés, une embuscade s'organisait, conformément aux ordres combinés de l'ambassadeur autrichien en Suisse, et du gouverneur du Milanais. Maret et Sémonville acquirent plus tard la certitude que les Salis avaient été d'une entière bonne foi. Mais ils avaient d'abord conçu quelques doutes, et ce mouvement d'hésitation leur fit rejeter le conseil de se déguiser pour faire perdre leur trace en prenant de nouveaux détours. Ils pensèrent que là précisément pouvait être le piége, et, dans tous les cas, le plus grand danger ; qu'en se cachant ils atténueraient leur caractère, et sembleraient encourager une violation du droit des gens.

---

1. Les Grisons formaient trois petites républiques unies par un lien fédératif. On prétend que le nom de Ligues *Grises* leur venait d'écharpes de cette couleur que portaient d'ordinaire les habitants de l'une de ces républiques. Cette étymologie n'est pas merveilleuse, mais on n'en connaît pas de plus raisonnable.

En conséquence ils s'adressèrent officiellement aux magistrats des territoires de Chiavenna et de Morbegno, qu'ils devaient traverser et réclamèrent une escorte. La réponse fut peu rassurante ; on avouait la présence d'émissaires autrichiens, et l'on ne répondait de rien à moins d'ordres positifs des chefs des Ligues-Grises, enjoignant au besoin de repousser la force par la force. Cette réponse décida Maret et Sémonville à faire repartir immédiatement pour Coire un secrétaire porteur d'une lettre pour le bourguemestre régent de cette ville, qui était aussi l'un des trois chefs de Ligues, et l'un des membres de la nombreuse famille, où plutôt du clan des Salis. Ils l'informaient officiellement du péril qui semblaient les menacer, et réclamaient la protection à laquelle ils avaient droit. Ils avisèrent en même temps l'ambassadeur Barthélemy, et rendirent compte du tout à Paris. « Cet incident, écrivait Maret, cette suspension de marche par le fait tyrannique des Autrichiens, aura son enseignement moral pour l'Europe [1]. »

Le 23, les deux diplomates reçurent de Coire une réponse tranquillisante, écrite d'après les ordres des chefs, par le chancelier de la Ligue de la Maison-Dieu (celle des trois Ligues-Grises dont Coire était spécialement le chef-lieu). On mettait à la disposition des Français les ordres nécessaires. Ils étaient autorisés à réclamer successivement, de chaque chef de bailliage, une escorte pour tout le parcours de son territoire. Maret s'empressa d'annoncer cette bonne nouvelle au ministre, mais quelques passages de cette dernière dépêche prouvent que ni lui ni son collègue n'étaient bien rassurés. « Cette réponse, disait-il nous promet enfin la liberté de continuer notre

---

1. Dépêche (inédite) de Vico-Soprano, du 17 juillet, écrite par Maret, et signée par lui et Sémonville.

route ; nous nous y préparons activement. Demain, avant le jour, nous serons en marche : *quel que puisse être l'événement, nous n'aurons rien à nous reprocher.* Il est constant... que l'Autriche exerce dans la Valteline une influence usurpatrice, telle qu'elle peut impunément couvrir de ses satellites un pays indépendant, méditer paisiblement une violation de territoire... Nos ministres en Italie peuvent en tirer avantage... Si nous n'avions pas annoncé l'intention très-ferme de faire un grand éclat, il est certain que le gouvernement milanais aurait tout tenté. On veut encore nous faire croire que notre passage n'est pas sans danger. *Nous ne pouvons ni en convenir ni le nier*, mais, après avoir vu réussir notre diplomatie franche, nous comptons sur notre courage. » Dans cette dépêche, la dernière qu'il ait écrite avant la catastrophe, Maret se plaignait de n'avoir pas encore reçu ses instructions. « Ces retards, disait-il, sont extrêmement pénibles pour un fonctionnaire qui a prouvé jusqu'à ce jour qu'il est convaincu que, quand il est question d'être utile à la République, la servir vite est un des principaux devoirs de celui qui veut bien la servir. » Ses instructions lui parvinrent dans l'intervalle qui s'écoula entre l'expédition de cette dépêche et la catastrophe, car il a raconté depuis qu'il eut le temps de les détruire [1].

Maret et son collègue n'étaient pas assez simples pour s'imaginer que les ordres dont ils étaient porteurs pour les baillifs italiens fussent un talisman tout-puissant contre les embûches : mais ils étaient dans une situation qui ne leur laissait que le choix des périls. Celui pour lequel ils optèrent, en continuant ouvertement leur voyage, était, à coup sûr, le

---

1. Nous en avons précédemment donné l'analyse d'après la minute qui existe aux Archives.

plus honorable. Mieux valait, après tout, être victimes de l'étranger que de leurs compatriotes.

XXII

Dernière journée du voyage. — Chiavenna. — Novale. — Madame de Montgeroult. — Avertissement tardif du curé de Novale. — Guet-apens. — Calomnies pour excuser la violation du droit des gens. — La politique autrichienne plus impitoyable pour Marie-Antoinette que les Jacobins.

La petite troupe qui partit le 24 juillet avant l'aube pour Chiavenna se composait, outre Maret et Sémonville, des secrétaires de légation Merget et Delamarre ; de Montgeroult, ex-officier général, chargé d'une mission particulière pour Naples, d'un ingénieur nommé Casistro, de madame de Sémonville avec ses enfants, de madame de Montgeroult, d'un très-jeune attaché d'ambassade nommé Montholon (celui-là même qui devint général et a suivi Napoléon à Sainte-Hélène) ; enfin, de six courriers ou domestiques.

A Chiavenna, où les voyageurs arrivèrent d'assez bonne heure, on leur demanda, pour l'escorte qui devait être fournie au nom du gouvernement des Ligues-Grises, un prix tellement exorbitant, qu'ils la firent réduire à huit hommes, soit qu'il leur fût réellement impossible d'en payer davantage, soit que l'aspect plus ouvert, plus riant du pays, contribuât à les rassurer. Sans doute ils subissaient le charme de ces paysages déjà italiens qui produisent, à la sortie des âpres défilés des grandes Alpes, un des plus heureux contrastes qu'on puisse rencontrer dans l'univers. L'attrait de cette nature lumineuse et paisible devait être encore mieux ressenti, à cette époque, par des voyageurs arrivant de France.....

Les gens de Chiavenna devaient les accompagner jusqu'à Traona, bourg dépendant du bailliage de Morbegno, dont le podestat avait à leur fournir une nouvelle escorte jusqu'à la frontière vénitienne. La route qu'ils suivaient côtoyait l'extrémité supérieure du lac de Côme (*laghetto di Mezzola*), jusqu'à l'embouchure de l'Adda supérieur. A partir de cette hauteur, le lac formait à cette époque la ligne de démarcation, entre la Valteline et les bailliages italiens dépendant du duché de Milan, c'est-à-dire de l'Autriche. Comme le lac, à cette extrémité, n'a pas une lieue de large, les voyageurs apercevaient distinctement la rive ennemie. Ils étaient impatients d'atteindre le village de Novale, où leur route, faisant un coude à gauche dans la vallée de l'Adda, allait les débarrasser de ce voisinage inquiétant.

A Novale, le chef de l'escorte fit halte, et dépêcha un homme en avant, pour avertir, disait-il, les autorités de Traona que les voyageurs approchaient, afin qu'ils trouvassent leur nouvelle escorte toute prête. Satisfaits de cette explication, Maret et ses compagnons mirent pied à terre.

Nous avons dit que l'un des voyageurs, de Montgeroult, avait avec lui sa femme. Au lieu de suivre ses compagnons dans l'unique *osteria*, madame de Montgeroult, musicienne des plus habiles, entra dans la petite église du village, s'assit à l'orgue, et improvisa ou joua de mémoire quelques morceaux religieux. Cette harmonie inaccoutumée attira bientôt le curé et d'autres habitants, qui venaient d'échanger quelques paroles à voix basse avec des gens de l'escorte. Quand la virtuose quitta l'orgue, le curé, vivement ému, s'approcha comme pour la féliciter, et lui demanda tout bas si elle était de la société des Français qui venaient d'arriver dans le village ; sur sa réponse affirmative, il ajouta, paraissant céder à un mouvement irrésistible : « Ah! Madame, ils sont perdus s'ils ne se hâtent de fuir ! »

Quel sentiment dictait cette révélation? Était-ce le charme de la musique ou l'horreur de la trahison? Nul aujourd'hui ne saurait le dire. Dans tous les cas, elle arrivait trop tard. Revenue précipitamment auprès de ses compatriotes, madame de Montgeroult en quelques mots les avait mis au fait. L'un d'eux proposait de rétrograder, quand l'*osteria* fut envahie soudain par un groupe nombreux d'hommes armés qui venaient de déboucher au pas de course d'une ruelle montant du lac. Ils étaient vêtus en contrebandiers (*Berlandotte*), mais presque tous avaient la tournure d'anciens militaires. En un instant les Français furent cernés, couchés en joue par les gens de leur propre escorte, qui firent cause commune avec les nouveaux venus. Depuis la veille, ceux-ci se tenaient à l'affût sur l'autre rive. Par ordre supérieur, le chancelier du Sénat de Milan, un *dottore* Pozzi (docteur en trahison?) était venu diriger l'expédition. Tout était préparé ; la véritable mission du courrier envoyé en avant était de faire le signal convenu aux gens de l'autre bord ; la halte leur assurait le temps nécessaire pour traverser le lac !

On arrêta, on mit aux fers après les avoir soigneusement fouillés et dévalisés, Maret, Sémonville, Montgeroult, secrétaires, courriers, en tout huit personnes. On épargna seulement l'attaché d'ambassade Montholon, dont l'extrême jeunesse inspira quelque pitié. Les bagages, les effets furent pillés, les diamants de madame de Sémonville séquestrés ; on la laissa sur la route sans aucune ressource, avec ses deux enfants et madame de Montgeroult. Il leur fut seulement accordé la permission de retourner à Chiavenna, *pour y attendre les ordres du gouvernement de Milan.* Cette conduite à l'égard de femmes inoffensives était un raffinement d'iniquité. Mais il se passa quelque chose de plus odieux encore : pour atténuer l'effet de cet attentat politique, on calomnia les victimes. Un journal de Berne, la *Feuille de salut public*, qui passait pour recevoir les inspirations de l'ambassadeur autrichien, annonça qu'on venait d'arrêter, *sur le territoire milanais*, deux émissaires des jacobins travestis en ambassadeurs ; que leur destination officielle était un prétexte; leur but réel, de pratiquer des menées démagogiques en Autriche ; qu'on avait trouvé sur eux et dans leurs bagages 64,000 *louis d'or*, plusieurs caisses de bijoux, parmi lesquels on avait reconnu des diamants de la couronne de France, volés l'année précédente au garde-meuble. On ajoutait que ces individus auraient été infailliblement arrêtés dans les États de Venise, si les autorités autrichiennes n'avaient pas pris l'initiative. Ces calomnies, répétées dans plusieurs journaux allemands, furent énergiquement démenties par les autorités françaises et par le propre frère de Maret, alors président de l'administration du district de Dijon. Ce démenti est confirmé par les dépêches que Maret, depuis son départ, avait adressées au ministre Deforgues. Il y revient, à diverses reprises, sur l'épuisement de ses ressources financières et de celles de son collègue. Les dépenses imprévues du voyage les avaient tellement mis à sec dans les derniers jours, qu'à Vico-Soprano ils avaient été forcés d'emprunter à un négociant nommé Cauzonne 200 louis d'or, qui lui furent remboursés par Barthélemy. Les prétendues caisses de diamants de la couronne se réduisaient à un écrin valant 80,000 livres. Ces diamants étaient ceux de madame de Sémonville; elle le prouva si bien, qu'on n'osa les retenir[1].

1. On peut consulter sur l'arrestation de Maret et Sémonville,

Douze ans plus tard, Maret, devenu ministre de Napoléon, reçut à Vienne l'entière confession de l'archiduc Ferdinand et du ministre Thugut, qui avaient ordonné son arrestation. Depuis le commencement de la Révolution, Maret et Sémonville étaient suspects au gouvernement autrichien à cause du rôle qu'ils avaient joué dans les événements de Belgique. Sémonville surtout, qui, dès le mois de février 1790, avait tenté d'exciter à Bruxelles un soulèvement en faveur des Français, était noté comme un agent révolutionnaire des plus dangereux. L'influence autrichienne n'avait pas été étrangère à l'avanie qui lui avait été faite en mai 1792, lors de son envoi auprès du gouvernement de Turin. Sa nomination au poste de Turquie redoubla les alarmes du cabinet de Vienne, qui résolut de ne rien épargner pour l'empêcher de parvenir à Constantinople. Avant qu'il eût quitté le territoire français, toutes ses démarches étaient épiées, dénoncées par des agents secrets de l'Autriche. Tandis qu'il était encore à Genève, « l'archiduc Ferdinand, gouverneur du Milanais, reçut de Vienne un ordre de cabinet qui lui signalait l'itinéraire probable des deux *émissaires jacobins*, et lui prescrivait de s'opposer à leur passage *d'une manière ou d'une autre*. » A ce renseignement, Maret, dans sa relation, en ajoute un autre qui éclaire à une grande profondeur ce mystère d'iniquité. Il nous apprend que l'embuscade fut organisée *d'après les informations que donnaient journellement à Milan les agents secrets des révolutionnaires français*. En combinant cette révélation avec ce qu'il a dit un peu avant de l'escouade ultrà-jacobine envoyée à sa poursuite sous la conduite de l'ancien

sur les calomnies des journaux allemands et leur réfutation, diverses pièces insérées dans le *Moniteur*, qui prit énergiquement fait et cause pour son ancien collaborateur. An I (1793), n°° 226, 233, 235, etc.

secrétaire du ministre Lebrun, Ysabeau, délateur, espion et probablement double espion, suivant l'usage, on arrive à comprendre ce qui aura dû se passer. Ysabeau avait nécessairement connu la lettre de Dumouriez du mois d'août précédent, relative à la nomination de Sémonville au poste de Constantinople, à la nécessité de concentrer dans ses mains tous les moyens d'entretenir des relations avec les mécontents hongrois ; et, finalement, de mettre à sa disposition, pour tout ce qu'il y aurait à faire d'utile, soit à Constantinople même, soit en Hongrie, d'importantes ressources financières. Il y avait donc tout lieu de croire que Sémonville ne partait pas les mains vides, et nous arrivons ainsi à entrevoir que ceux qui n'avaient pu le rejoindre sur le territoire français ont dû signaler aux Autrichiens l'existence de ce trésor supposé, espérant qu'il leur en reviendrait quelque chose. L'histoire des 64,000 louis, etc., n'aurait donc été que la reproduction des renseignements fournis par ces faux jacobins, espions de l'étranger. Bien qu'en fait il n'eût rien été trouvé de tout cela, les agents autrichiens auront voulu atténuer l'odieux de leur conduite, en essayant d'accréditer des allégations auxquelles ils avaient d'abord ajouté foi. Peut-être même n'étaient-ils pas encore bien convaincus de la non-existence du trésor. Ce fut sans doute dans le même but qu'on répandit, quelques mois après, le bruit absurde que des arrestations importantes avaient été faites en Autriche, et qu'on allait solliciter du gouvernement helvétique l'extradition de M. Necker, par suite d'indications trouvées dans les papiers de Sémonville[1].

1. Il est bien à remarquer qu'Ysabeau, se rendant ostensiblement à Venise comme consul, suivit de très-près Maret et Sémonville en Suisse, et regagna même beaucoup de terrain sur eux, n'étant pas, pour différents motifs, obligé aux mêmes précautions et aux mêmes

Dans l'organisation de ce guet-apens, les précautions avaient été prises pour parer largement à toutes les éventualités de fuite ou de résistance. L'embuscade se composait de quarante soldats en uniforme et de deux cents individus costumés en contrebandiers, sans doute de ces soldats suisses licenciés dont il est question dans une des dépêches de Maret, et qui croyaient peut-être venger leurs camarades massacrés au 10 août.

Les chefs des Ligues-Grises réclamèrent en vain contre cet attentat au droit des gens. Aucun indice certain n'autorise à faire remonter jusqu'à eux le soupçon de connivence, mais celle des autorités de la Valteline était flagrante. On sait qu'avant la révolution de 1798, les États démocratiques de la Suisse faisaient peser sur leurs vassaux un joug plus pesant que celui des oligarchies. Quand les assemblées populaires élisaient aux fonctions de *baillifs*, surtout pour les provinces italiennes, les candidats achetaient leur nomination par des présents, et quelquefois moyennant une somme fixée d'avance. Aussi ces baillifs ou podestats, semblables aux préteurs de Rome, n'étaient occupés qu'à recueillir, *per fas et nefas*, une indemnité des largesses qui leur avaient valu la préférence. Une telle

---

létours. Leur arrestation eut lieu le 24 juillet ; cette date doit être à peu près celle de l'arrivée d'Ysabeau à Venise. Le gouvernement vénitien, qui ne voulait ni rompre tout à fait, ni entrer dans des relations plus intimes avec la France, refusa d'admettre ce nouvel envoyé, qui se vit forcé de repartir. La dépêche du secrétaire Jacob, qui annonce ce refus, est du 3 août 1793. Ysabeau, ayant échoué dans toutes ses visées, officielles ou secrètes, s'en fut à Bordeaux retrouver son frère. Bien que sans emploi apparent, il touchait 566 livres par mois sur les fonds secrets du ministère (Masson, p. 363) ; ce qui est significatif. Ce qui ne l'est pas moins peut être, c'est qu'en août 1795, il fut nommé chargé d'affaires à *Coire*. Quelques mois après, ayant acquis une aisance plus ou moins honnête, il donna sa démission.

organisation offrait des moyens de corruption qui furent mis à profit dans cette circonstance [1].

Dans une entreprise du même genre, celle de Rastadt, dont Thugut fut également le premier auteur, les exécuteurs subalternes exagérèrent les violences prescrites. On assassina les diplomates sans armes qu'on devait seulement « houspiller » en enlevant leurs papiers [2]. A Novale, au contraire, les ordres supérieurs furent accomplis de sang-froid, avec une précision mathématique. C'est donc aux autorités supérieures autrichiennes qu'incombe la responsabilité de cette arrestation doublement inique, et des rigueurs de la détention qui suivit; rigueurs telles, que, sur huit prisonniers, cinq succombèrent en moins de six mois!

Les excès commis en France avaient produit chez les hommes d'État autrichiens une véritable oblitération du sens moral. Ils en étaient venus à considérer tous ceux qui avaient eu quelque part aux événements de 1789, tous ceux qui servaient la République, comme des brigands rejetés hors du droit commun, et contre lesquels toutes les représailles étaient légitimes. De là, les violences exercées contre les ambassadeurs républicains en 1793 et 1797, violences qui ne firent que rendre la Révolution plus implacable. Ainsi, le jugement et l'exécution de Marie-Antoinette répondirent à l'attentat commis sur nos ambassadeurs. Les Autrichiens, pourtant, auraient pu aisément découvrir que cette mission en Italie n'était pas indifférente au salut de la Reine de France. Conformément aux devoirs des agents diplomatiques, Maret

1. Un Salis, autre que tous ceux mentionnés jusqu'ici, fut accusé d'avoir figuré dans la scène de Novale. C'était celui-là qui était connu sous le sobriquet de *Lazzarone*, parce qu'il avait servi dans l'armée napolitaine.

2. Nous avons, dans un précédent ouvrage, reproduit les explications curieuses données par le duc de Bassano à M. Bignon, sur l'affaire de Rastadt. (*Études sur la Révolution*, année 1799 : F. Didot.)

avait fait disparaître ses instructions, qui lui prescrivaient « de ne négliger aucun des moyens propres à nous concilier la bienveillance de la cour de Naples ; » mais des lettres adressées à Sémonville, et que celui-ci n'eut pas le temps de détruire, contenaient la même recommandation, dont le sens ne pouvait être équivoque pour les Autrichiens. Dès lors, comment expliquer ces rigueurs persistantes ? Il nous répugne d'admettre que le cabinet de Vienne ait sacrifié une fille de Marie-Thérèse à un intérêt purement politique ou à la satisfaction d'un ressentiment personnel. Aveuglé par la haine, il aura douté de la bonne foi ou du pouvoir de ceux qui faisaient proposer cette délivrance ! Encouragé par la situation de la République, presque désespérée à cette époque, il aura cru que les prisonniers du Temple devraient leur salut au triomphe de la contre-révolution. Cette explication n'est pas une excuse. Le devoir de l'Autriche était de ne négliger, de n'anéantir aucune chance de salut pour ces infortunés. Sa violence, au contraire, assura leur perte, et c'est avec raison qu'on lui a reproché d'avoir été, dans cette circonstance, plus impitoyable pour la famille de Louis XVI que les révolutionnaires de France[1].

---

[1]. Parmi les nombreux témoignages de sympathie prodigués à Maret dans cette circonstance triste et mémorable, on remarqua celui du *Moniteur*. « Maret, disait-il, est estimé de toutes les personnes qui le connaissent. A beaucoup d'énergie il joint une aménité et une bienveillance qui semblent le destiner au rôle de négociateur. Maintenant, il se console de son malheur par la pensée de l'avoir encouru pour la liberté, mais cette idée n'affaiblit pas les regrets de ses amis. » Cet article, inséré dans le *Moniteur* du 21 août, était signé de His, l'un des anciens secrétaires du *Bulletin*, devenu à son tour rédacteur en chef.

XXIII

Transport à Gravedona. — Détention à Mantoue. — Maladie sérieuse. — De Mantoue à Kuffstein.

Les prisonniers furent aussitôt jetés dans des barques qui les transportèrent sur la rive autrichienne, à Gravedona. Toute la population de cette petite ville était dans le secret de l'expédition, et attendait curieusement sur le rivage l'arrivée de ces hommes, signalés d'avance comme des scélérats. Leur contenance fière et résignée produisit un revirement subit dans les dispositions de cette multitude. De toutes parts on s'écriait sur leur passage : *la bella, la generosa gente!* Cet accueil déconcertait les prévisions du docteur Pozzi, directeur de l'entreprise. Ses instructions lui prescrivaient de faire immédiatement transporter les prisonniers au château de Milan; mais d'après ce qui venait de se passer, il crut devoir réclamer de nouveaux ordres. En attendant la réponse, Maret et ses compagnons restèrent cinq jours dans la prison de Gravedona, attachés chacun à une longue et lourde chaîne, dont on ne les débarrassait ni jour ni nuit.

Cependant le rapport de Pozzi avait fait une vive impression sur les autorités milanaises, qui jugèrent à propos d'en référer à Vienne. On craignit que l'accueil fait aux prisonniers à Gravedona ne se répétât sur une plus grande échelle à Milan. Les hommes d'État autrichiens avaient peur des Français, même dans les fers; peur surtout de leur propre iniquité.

La destination des prisonniers fut donc changée, et toutes les précautions prises pour que leur translation s'opérât avec le plus grand mystère. Le 1er août au soir, on les embarqua, chargés de chaînes plus légères, dans des bateaux qui les transportèrent jusqu'à Lecco, par le lac, et de là, par le canal de l'Adige, à Fossano di Milano, où des voitures et des escortes les attendaient. Le 20, à six heures du matin, ils franchissaient les portes de Mantoue. Dans les remparts de cette cité alors réputée imprenable, Maret captif devançait de trois années Bonaparte vainqueur.

Il fut enfermé avec ses compagnons dans les souterrains de l'ancien palais des ducs, vaste construction délabrée, où ils ne tardèrent pas à se ressentir cruellement de l'insalubrité du climat. Maret fut le seul qu'une constitution saine et robuste préserva des fièvres paludéennes. Mais cet air lourd et saturé d'humidité; ces alternatives brusques et continuelles de nuits fraîches et de journées brûlantes, lui causèrent des accidents nerveux dont une violente secousse morale vint bientôt accroître la gravité. « Lorsqu'au mois d'octobre, dit-il, j'appris l'affreux événement que je m'étais cru un moment destiné à prévenir (la mort de la Reine), je tombai dans des convulsions qui duraient dix heures par jour, et qui se prolongèrent pendant sept mois. » Ce désespoir de Maret fait honneur à son patriotisme autant qu'à son humanité. Il sentait que la Révolution venait de commettre à la fois un crime et une faute de plus. Et ce qui augmentait sa peine, c'est qu'il comprenait bien que son arrestation avait dû être un des prétextes de ce nouveau crime.

« Sur les sept mois que dura la maladie à laquelle j'étais en proie, dit encore Maret, j'en passai cinq sans une heure de sommeil. Je perdis mes cheveux et une partie de mes dents; j'aurais perdu la vie sans un secours inespéré que, dix ans après la mort de mon père, je dus à la réputation dont il avait joui en Europe. L'Académie de Mantoue chargea une députation de m'apporter des consolations et de m'offrir ses secours. Elle avait encore un autre but, c'était de s'assurer du danger de mon état, que lui avait signalé un de ses membres, qui était le médecin du gouvernement. Sur le rapport qui lui en fut fait, elle s'adressa au gouverneur; et, cette démarche ayant été sans succès, elle eut la générosité d'envoyer deux commissaires à Vienne pour représenter que, si je passais une seconde saison d'été à Mantoue, je succomberais infailliblement. Enfin, le 20 mai 1794, l'ordre arriva de transporter Sémonville et moi dans la forteresse de Kuffstein, en Tyrol. Nos autres compagnons restèrent à Mantoue; *cinq moururent dans les six premiers mois de notre détention*. Un seul, d'un caractère énergique, ne succomba pas à l'influence du climat et à la rigueur de son sort [1]. »

On voit que cette détention prolongée pendant toute la durée de la Terreur, et même bien au delà, n'a sauvé la vie de Maret et de Sémonville qu'aux prix de dangers d'une autre nature, et que l'air de Mantoue était, dans son genre, aussi meurtrier que celui de Paris. Nous continuons à reproduire textuellement la relation de Maret, si émouvante dans sa calme simplicité.

« On m'annonça, à six heures du soir, que je devais me préparer à faire un long voyage. A huit heures, le même barigel qui avait attaché mes chaines au départ de Gravedona, et qui les avait soigneusement conservées, se présenta pour faire la même opération. Mon corps était enflé. Elles se trouvèrent trop courtes, et il fallut les serrer avec violence pour rapprocher autour de mon poignet droit deux anneaux, dans lesquels devait passer un cadenas. J'éprouvai de vives souffrances. Je les oubliai quand la voiture eut franchi la dernière enceinte des fortifications, en

---

1. C'était le secrétaire d'ambassade Merger, qui embrassa depuis la carrière militaire et devint général de brigade.

Dès la fin de septembre, l'infortuné Montgeroult avait été trouvé mort dans sa cellule. Le *Moniteur* du 8 octobre 1793 semble indiquer qu'il avait mis fin à ses jours.

me voyant sur une des digues, à l'air libre, sous un ciel pur, et bientôt au milieu d'une campagne embaumée par la vigne en fleur. Nous marchâmes toute la nuit, quittant parfois la route pour éviter le territoire vénitien. Je connaissais bien la géographie du pays, quoique je ne l'eusse jamais parcouru, et j'étais décidé à appeler à mon aide si nous avions passé devant quelque poste vénitien, quoiqu'il y eût un officier autrichien dans la voiture et deux soldats sur le siége. Je me berçai de ce vain espoir toute la nuit, et ne perdis mes illusions qu'à Roverédo (Tyrol), où nous arrivâmes dans la matinée. L'officier supérieur chargé de notre transport, m'aidant à descendre de voiture, s'aperçut que j'étais couvert de sang. Indigné, il appela le commissaire qui nous suivait dans une autre voiture (c'était le fils du docteur Pozzi) et demanda que nos chaînes fussent ôtées. Pozzi résistait, prétendant n'avoir pas la clef du cadenas ; l'officier fit apporter des tenailles avec lesquelles il les brisa. »

Dans la sombre histoire des prisons, on est heureux de rencontrer, pareilles à des jets de lumière fugitifs, de ces explosions d'humanité chez des fonctionnaires dont la dureté n'est souvent qu'apparente, et le résultat d'une consigne inflexible. Cela était vrai, surtout dans les prisons autrichiennes. Pellico a dit aussi quelque part : « autour de nous, tous étaient bons. »

D'après le récit de Maret, on devine que, pendant cette première nuit de trajet, il avait dû horriblement souffrir de ses chaînes ; l'un des anneaux lui avait entamé profondément le poignet, et il en garda toute sa vie la cicatrice. Mais, victime d'une séquestration inique, il s'était fait une loi inflexible de s'abstenir de toute plainte. Il ne revit plus ses chaînes qu'au terme du voyage. Elles restèrent, mais seulement pour la montre, attachées à un bloc de marbre au pied de sa couchette.

On ne faisait voyager les prisonniers que de nuit ; c'était une mesure de précaution, peut-être aussi d'humanité. Le jeune commissaire autrichien, celui qui d'abord ne voulait pas à toutes forces qu'on ôtât les chaînes, paraissait lui-même s'adoucir; il vint plusieurs fois causer avec Maret pendant les stations de jour. En fait de nouvelles de France, celui-ci en était resté à la mort de la Reine, c'est-à-dire au commencement du mois d'octobre 1793, et l'on était à la fin de mai 1794! L'incertitude poignante du sort de son pays était son pire tourment depuis bien des jours; mais ce qui s'était passé dans cet intervalle dépassait de fort loin ses plus sinistres prévisions. Il but d'un trait ce calice d'angoisse que la France épuisait goutte à goutte; apprenant en même temps le supplice des anciens Constituants, celui des Girondins; frappé ainsi à la fois en plein cœur, par tous ces crimes de la Révolution. Parmi ces illustres victimes, figuraient plusieurs des hommes qui avaient encouragé les débuts de Maret dans le journalisme et dans la diplomatie; Le Chapelier, Barnave, Bailly, puis Condorcet, Rabaud, Lebrun. « Les récits du commissaire autrichien exagéraient encore l'affreuse vérité. On ne lui citait pas le nom d'une seule personne qu'il n'assurât qu'elle avait péri. »

Ce fut sous l'impression de ces nouvelles douloureuses que Maret vit s'ouvrir devant lui les portes de la citadelle de Kuffstein. Nous allons lui laisser raconter à lui-même les principaux incidents de cette seconde période de captivité, qui se prolongea jusqu'à la fin de l'année suivante.

XXIV

Suite de la relation. — Séjour des ministres prisonniers à Kuffstein.

« La forteresse de Kuffstein, qui défend l'entrée du Tyrol du côté de la Bavière, est construite sur un rocher à pic isolé, d'une très-grande hauteur, et communiquant avec la ville par un pont en bois. Elle renferme un donjon très-élevé, dont la partie supérieure est une prison d'État. Le centre en est occupé par un énorme pilier qui supporte le toit, et la circonférence est divisée en cellules ou cachots en forme de trapèze, numérotés de 1 à 13. J'accompagnai Sémonville au numéro 11 qui lui était destiné. Je fus ensuite conduit au numéro 13; la porte de la cellule intermédiaire était ouverte, je vis en passant qu'elle n'était pas occupée. Ma cellule était précédée d'un petit vestibule avec une porte de fer. Une autre porte également en fer, dans laquelle un petit guichet était pratiqué, fermait l'entrée de mon *appartement*, consistant en un cabinet voûté de huit pieds de long sur six de large. Quoique la porte fût basse, je pouvais à peu près me tenir debout partout. L'ameublement se composait d'une table et d'une chaise en sapin; d'une couchette posée sur trois planches, et au pied de laquelle se trouvait le bloc de marbre auquel était fixée la chaîne dont j'ai parlé, enfin d'un chandelier en fer et d'un balai de bouleau. Auprès de la porte se trouvait un poêle en briques, dont le foyer s'ouvrait sur le petit vestibule. Les briques étaient peintes en blanc à la chaux, ainsi que toute la cellule, qu'éclairait une lucarne de deux pieds de hauteur sur dix-huit pouces de largeur, garnie en dehors de deux rangs de barreaux et en dedans d'un fort grillage. Mais cette fenêtre planait sur une petite vallée très-riante, traversée par l'Inn. Sur le bord de cette rivière s'élevait une belle ferme, où mes regards plongeaient, et dont j'apercevais tout le mouvement intérieur. »

Plus d'un détenu des prisons de Paris eût alors

envié le calme de ce donjon solitaire, que ne troublaient ni les appels sinistres des geôliers, ni le roulement des chariots qui portaient chaque soir de nouvelles victimes au tribunal révolutionnaire.

« Le régime de Kuffstein était celui de toutes les prisons d'État. Comme naguère à la Bastille, en y entrant les prisonniers perdaient leur nom. Le commandant même devait l'ignorer. On lui avait écrit de Vienne que tel officier était chargé du transport de deux prisonniers qu'il logerait aux numéros 11 et 13, et qu'il ne devait désigner dans sa correspondance que par ces deux numéros, qu'on substitua aux marques de notre linge. Trois fois par jour le guichet s'ouvrait pour donner passage à une nourriture suffisante. Nous ne pouvions pas être traités fort splendidement, puisque l'Empereur ne passait par jour au commandant que 30 kreutzers (environ 27 sous de notre monnaie) pour notre entretien et notre nourriture. La porte de la prison ne s'ouvrait que le samedi, pour donner passage au chirurgien-major, qu'accompagnaient deux gardiens et deux officiers. Tous les quinze jours, le commandant, homme respectable, venait avec eux. »

Bien que Maret se fût fait en général une loi « de ne rien demander à des gens auxquels il ne reconnaissait aucun droit sur lui, » il se hasarda à réclamer quelques livres et les objets nécessaires pour écrire. Sur le premier point, on lui dit qu'il était libre de faire louer des livres à Inspruck ; réponse dérisoire, puisqu'on avait pris aux détenus leurs montres et leur argent lors de l'arrestation. Quant à l'écriture elle était formellement interdite par le règlement. On lui raconta même à cette occasion qu'un prisonnier, dont il sera plus longuement question tout à l'heure, avait désiré avoir une planche et de la craie pour faire des calculs mathématiques ; qu'il aurait fallu en référer à Vienne, et qu'on s'était bien gardé de transmettre au ministre une proposition aussi insolite, aussi contraire à la lettre et à l'esprit des instructions !

« Pendant toute la durée de ma captivité, dit encore Maret, on ne me proposa pas une seule fois de sortir pour prendre l'air, et je n'en fis pas la demande... Ce régime semblait peu favorable à un malade. Pourtant, le mouvement du voyage et l'air salubre des montagnes me rendirent, en peu de semaines, une santé parfaite, qui depuis n'éprouva pas la moindre altération. On me donna, au lieu de pommade, une fiole d'huile d'olive pour faire revenir mes cheveux. On m'offrit aussi du vinaigre, du tabac et une pipe, pour combattre une odeur désagréable que le vent du Nord portait quelquefois dans la direction de ma fenêtre. Je parle de ces petits objets, parce qu'ils devinrent pour moi des trésors. Je soignais mes cheveux, j'entretenais mes vêtements, je faisais mon lit, je balayais ma chambre, je nettoyais jusqu'aux murailles. Tout était autour de moi d'une propreté qui faisait l'étonnement de mes gardiens. Ces soins prenaient du temps et me donnaient de l'exercice; il y a une sorte d'humanité à les imposer dans une prison solitaire. »

Maret recueillait le fruit de cette habitude salutaire que nous avons déjà signalée, et qu'il conserva toujours, d'apporter tout le soin possible même aux moindres choses. On voit quelle ressource précieuse il trouva, pendant les longues heures de sa captivité, dans cette recherche assidue de la perfection, étendue aux détails de toilette et de ménage qui tenaient alors une si grande place dans sa vie. Il se couchait dès neuf heures, et, suivant son heureuse expression, « à peine sa tête reposait-elle sur l'oreiller, qu'il recouvrait sa liberté. » D'heureux songes l'enlevaient aux soucis du présent, le reportaient en France, mais bien en arrière dans le passé. Tantôt il se retrouvait auprès de son père, cet homme de bien, dont la réputation encore vivante venait d'exercer sur la destinée de son fils une influence providentielle; magnifique récompense d'une vie honorable! D'autres fois, il se retrouvait, modeste journaliste dans des temps déjà plus troublés, mais pleins d'espérances, de passions, d'illusions généreuses. Il revoyait à l'œuvre les grands révolutionnaires de 1789, recueillait de nouveau leurs paroles, ressaisissait les émotions du serment du Jeu de Paume, de la nuit du 4 août, de la première fédération. Pendant les vingt-deux mois qu'il passa à Kuffstein, les préoccupations douloureuses du présent, qui revenaient l'assaillir au réveil, respectèrent du moins le repos de ses nuits. « On dort bien, dit-il à ce sujet, quand on est jeune, qu'on a remis son sort entre les mains de celui qui dispose de tout, et qu'on porte dans une conscience tranquille le sentiment d'un devoir accompli. » Cette réflexion prouve que Maret, disciple politique des législateurs de la Constituante, reculait néanmoins devant certaines applications de leurs doctrines. Il avait hérité de la sage aversion de son père pour le matérialisme, et tous les incidents relatifs à sa captivité étaient bien propres à fortifier en lui le sentiment religieux. Il avait la foi du marin échappé par un miracle au naufrage.

XXV

Suite et fin de la détention de Maret et de Sémonville. — Réparations. — Belle vengeance de Maret.

Parmi les incidents qui offrent le plus d'intérêt dans les récits des détenus, il faut placer au premier rang leurs tentatives pour alléger les ennuis de la solitude en se mettant en rapport avec des compagnons d'infortunes. Ces détails ont toujours d'autant plus d'attrait que la détention est plus rigoureuse et plus imméritée.

« Dès le premier jour, dit Maret, et aussitôt que j'eus entendu refermer la dernière grille, je m'occupai des moyens d'établir quelque communication avec le compagnon de ma captivité. Je cherchai d'abord si je pourrais me faire entendre de lui, et je me mis à chanter, la bouche appuyée contre le grillage de ma fenêtre, ce passage de l'*Armide* de Gluck :

> Voici la charmante retraite
> De la félicité parfaite...

« Sémonville ne m'avait jamais entendu chanter. Il ne reconnut pas ma voix, mais seulement les paroles; et, croyant qu'on insultait à sa position, il s'obstina à faire la sourde oreille. Ce moyen ayant ainsi manqué, j'en essayai vingt autres sans plus de succès. Enfin, au bout de quelques mois, je remarquai que tous les soirs, à la même heure, un bruit absolument pareil se faisait entendre. Je devinai que Sémonville traînait sa chaise de sa table à son lit. J'en conclus qu'il entendrait de même le bruit que je ferais chez moi ; et je cherchai comment, à l'aide d'un bruit quelconque, je pourrais me mettre en rapport avec lui. J'inventai un chiffre auriculaire que j'exécutai en frappant contre le mur avec le manche de mon balai. Au bout de quelques jours, Sémonville me comprit parfaitement.

« Ce moyen, lent et imparfait, nous servit du moins pour convenir des modifications nécessaires. Nous divisâmes l'alphabet en trois séries qu'un signe indiquait. Un autre signe indiquait que l'auditeur avait compris le mot ou la phrase. Nous conversions ainsi chaque soir, quand tout reposait dans la forteresse, presque aussi vite qu'on écrit....

« Un jour, nous venions de nous dire adieu pour jusqu'au lendemain, lorsque nous entendîmes un bruit de même nature venant de l'autre côté de la tour. Nous écoutâmes, et nous comprîmes très-distinctement cette phrase : « Associez à vos conversations un compagnon de malheur. » Nous frappâmes tous deux en même temps : « Êtes-vous Français ? » On répondit : « Non, je ne suis pas Français, mais je souffre

« comme vous, et je ne peux vous être étranger. » La conversation s'établit, et nous apprîmes que notre compagnon d'infortune était un baron de Spaun, victime, à ce qu'il disait, de l'intervention inique, dans ses affaires de famille, du premier ministre autrichien. Sa détention datait de la fin de 1792. C'était à lui qu'on avait refusé une planche et de la craie.

« Quelque temps après, un grand changement survint dans la prison ; voici à quelle occasion. L'année précédente, la conjuration de Martinowicz avait éclaté en Hongrie [1]. Plusieurs hommes distingués du clergé et des classes intermédiaires avaient péri. D'autres, en plus grand nombre, remplissaient déjà les forteresses du pays, quand l'archiduc palatin, blessé mortellement au château de Schœnbrunn par une explosion d'artifice, dit à l'Empereur avant d'expirer : « Faites saisir mes papiers à Bade, il y va de votre sû- « reté ! » On y trouva les preuves d'une nouvelle conspiration. Celle-là était tramée par des magnats qui furent arrêtés. Le gouvernement s'inquiéta de la présence de tant de prisonniers d'État dans le pays même qu'ils avaient agité. En conséquence, les prisonniers hongrois furent transférés dans les États héréditaires, et ceux de ces États en Hongrie. Le baron de Spaun quitta ainsi Kuffstein pour Mongatz [2]....

« Cependant le bruit de nos entretiens avait été entendu du dehors. Le rapport en fut fait au commandant, officier d'artillerie instruit. Quoiqu'il comprît que les prisonniers pouvaient communiquer entr'eux de la sorte, il soutint à ses subordonnés que la chose était impossible, pour se dispenser d'en rendre compte à Vienne. On nous laissa faire ; à leur tour, les prisonniers hongrois prirent part à nos conversations, et nous apprîmes ainsi les événements qui s'étaient passés dans leur pays, et que le gouvernement autrichien s'efforçait de soustraire à la connaissance de l'Europe.

---

1. Martinowicz, ex-capucin sécularisé par la protection de Joseph II, était un physicien fort habile pour son temps. Enthousiaste de la Révolution française, il se jeta dans un complot républicain, fut trahi par un domestique, arrêté au mois d'octobre 1794, et décapité au mois de mai suivant.
2. Maret le retrouva dix ans plus tard dans des circonstances assez curieuses, comme on le verra à cette date.

« Ces distractions ne me suffisaient pas. On me donnait de temps en temps des paquets de poudre pour les dents, enveloppés dans des carrés de papier blanc que j'avais conservés avec soin. On me fit présent, pour le jour de l'an (1795), d'un almanach de paysan, où quelques feuilles de papier blanc étaient intercalées. La femme du commandant qui nous envoyait souvent des fleurs et des fruits de son jardin, avait un jour mis au fond du panier une grammaire allemande empaquetée dans du papier blanc. Quel parti tirer de ces richesses? Il me fallait une plume et de l'encre ; je me fabriquai l'une et l'autre. J'avais conservé la fiole dans laquelle était renfermée l'huile qu'on m'avait octroyée comme cosmétique. J'y jetai quelques parcelles de fer que je détachai de ma porte, et sur lesquelles je versai un peu de vinaigre; à l'aide de la chaleur de mon poêle, j'obtins ainsi une dissolution de fer assez concentrée[1]. Je me fis donner du thé, et après avoir ôté une partie du liquide, je plaçai la théière au-dessus de la flamme d'une chandelle allumée, pour extraire des feuilles du thé le principe astringent qu'elles contiennent. J'espérais remplacer ainsi la noix de galle qui entre dans la composition de l'encre ordinaire, et j'y réussis. On comprendra la joie que je dus éprouver, lorsqu'en versant une partie de cette décoction dans ma dissolution de fer, je vis le précipité noir se former. Des éclats détachés d'un morceau de pierre à fusil qu'on m'avait donné pour allumer ma pipe me fournirent une espèce de canif; il me servit à découdre l'enveloppe de mon traversin, dans lequel je découvris une partie du cylindre d'une plume. Je le taillai avec le canif de mon invention, et quand je l'eus monté sur un brin de balai, je me trouvai pourvu de tout ce qui m'était nécessaire pour écrire!!

« Je commençai par des dissertations sur divers sujets; mais cela allait trop vite, et la prose usait trop de papier. J'imaginai alors de faire une comédie en vers. Des brins de balai que je charbonnais à la chandelle me servaient pour écrire mon brouillon sur la face de mon poêle qui ne pou-

---

1. Il n'est pas inutile de rappeler ici que Maret père avait été pendant plusieurs années le collaborateur de Guyton de Morveau, et que son fils avait pu assister à diverses expériences de laboratoire, dont le souvenir lui fut fort utile dans cette circonstance.

vait pas être vue du guichet lorsqu'on l'ouvrait. Le vendredi soir, veille de la visite, je mettais au net les scènes terminées, et j'en effaçais les traces sur le poêle. Le lendemain, quand le chirurgien entrait avec les officiers, un de mes goussets de montre renfermait mes manuscrits et l'autre mon encrier. Je composai plusieurs grandes comédies et une tragédie. Je m'étais ainsi donné du travail à faire, à relire, et des pièces de théâtre à représenter. Le jour de la première représentation de l'*Infaillible*, comédie en cinq actes et en vers, un des factionnaires placés aux abords de la tour appela son caporal, qui jugea qu'on se querellait au n° 13, et déclara qu'il avait distingué dix voix différentes. Sur ce rapport, officiers et gardiens montèrent chez moi. Je ne compris rien à cette visite inopinée, non plus qu'à l'extrême surprise qu'ils témoignèrent en me voyant seul. Cet incident fut le dernier, le commandant m'en donna l'explication lors de notre mise en liberté... »

Les circonstances qui mirent fin à cette captivité ont été rapportées par tous les historiens de la Révolution. On sait que la fille de Louis XVI, dernière survivante des victimes du Temple, fut échangée contre les prisonniers de Kuffstein, l'ex-ministre de la guerre Beurnonville et les commissaires de la Convention jadis livrés par Dumouriez aux Autrichiens, et le fameux Drouet, le héros de l'affaire de Varennes. Il paraît que la première proposition de cet échange fut suggérée au ministère autrichien par un agent des Bourbons, le comte de Montgaillard, qui avait servi d'intermédiaire secret entre le prince de Condé et Pichegru[1].

Nous reproduisons les derniers détails donnés par Maret sur sa délivrance.

1. Quelques mois après, ce même personnage, doutant de l'avenir ou de la reconnaissance des Bourbons, offrit ses services à la police impériale. Il était frère et collaborateur de l'abbé de Montgaillard, auteur d'une *Histoire de la Révolution*, qui contient quelques faits curieux, mais beaucoup d'apocryphes.

« Le commandant, ayant reçu les ordres de Vienne, se hâta de monter au donjon. En attendant l'arrivée de l'officier qu'on lui annonçait, ce digne homme prit sur lui de nous faire sortir de la forteresse et de nous recevoir dans sa maison, où sa famille nous combla des soins d'une hospitalité touchante. L'officier chargé de nous conduire arriva au bout de huit jours. Il était d'origine française, étant né dans la Lorraine allemande ; ses procédés furent ceux d'un bon compatriote. Je pus les reconnaître peu de temps après, car lui aussi fut pris dans la Valteline, pendant la campagne de Macdonald. Je le fis renvoyer sur parole. Nous fûmes donc bien traités en route, mais toujours comme prisonniers. Il fallut que la fille des Rois, quittant la France où tous les objets de son affection avaient succombé, apparût sur les bords du Rhin, pour nous rendre à nos amis, à nos familles et à notre patrie. »

Cette relation, écrite plus de vingt ans après, n'était aucunement destinée à voir le jour. Elle indique chez Maret des aptitudes littéraires peu communes. Il est facile de définir à quelle école appartient ce style ferme, sans dureté, exprimant toutes choses d'une façon concise et précise. Cela n'a rien de commun avec la phraséologie creuse et sonore de l'époque. Les procédés d'analyse et de rédaction du secrétaire d'État impérial se retrouvent dans ce récit : la pensée y revêt, par habitude, une forme toute napoléonienne. On ne saurait trop regretter que le duc de Bassano, sachant tant de choses et capable de les exprimer si bien, n'ait pas rédigé ses Mémoires d'une façon suivie.

Le projet du cartel d'échange dans lequel étaient compris Maret et Sémonville avait été présenté par Treilhard dans la séance de la Convention du 30 juin 1795, et approuvé à l'unanimité. Néanmoins plus de six mois s'écoulèrent encore avant leur rentrée en France. Dans cet intervalle, le régime conventionnel avait fait place à la constitution de l'an III, et ce fut seulement le 11 janvier 1796 que les deux ambassadeurs enfin libres, furent présentés au Conseil des Cinq-Cents. Par une coïncidence évidemment préméditée, c'était alors Treilhard qui présidait. Il adressa aux captifs délivrés une allocution où de nobles pensées se faisaient jour à travers un reste d'emphase révolutionnaire. « Des prodiges, leur dit-il, ont fait expier vos souffrances à l'ennemi... Il nous reste encore à tirer de lui une dernière vengeance digne de la France républicaine ; infligeons-lui le spectacle de notre concorde, de notre bonheur. » Ce vœu patriotique ne devait pas être exaucé de sitôt! Malgré les nouvelles dispositions légales qui imposaient le silence à ces tribunes jadis trop bruyantes, des applaudissements éclatèrent, applaudissements spontanés et honnêtes, quand le président donna l'accolade aux ex-prisonniers.

Dans une des séances suivantes, celle du 13 février, le Conseil adopta une résolution qui renvoyait au Directoire le compte de la mission des deux ambassadeurs, le règlement de l'indemnité qui devrait leur être allouée, ainsi qu'à leurs compagnons de captivité et aux familles de ceux qui avaient succombé. Par un hasard étrange l'exposé des motifs de cette résolution dans lequel, naturellement, l'Autriche n'était pas ménagée, fut présenté par Jean Debry, qui devait être, bientôt après, victime d'un nouvel attentat de source également autrichienne. On sait que Jean Debry fut le seul des plénipotentiaires de Rastadt qui échappa à la mort.

Enfin, en 1798, une décision du Grand Conseil de la république cisalpine, à laquelle le traité de Campo-Formio avait réuni le territoire de la Valteline, attribua à Maret et à Sémonville une indemnité de 300,000 francs sur les biens nationaux du nouvel État. Dans cet acte de justice, on reconnaissait déjà l'influence réparatrice de Bonaparte. Le Conseil Cisalpin fit en même temps hommage à Maret de la première chaîne à laquelle il avait été attaché dans la prison de Gravedona : elle était aussi longue et aussi grosse qu'une chaîne de puits. Ce singulier trophée, orné d'une inscription commémorative figura pendant le premier Empire, dans les appartements du ministre de Napoléon.

Maret avait quitté la France au début de la dictature du Comité de Salut public; il la retrouvait sous le régime directorial. Cette détention, relativement heureuse, lui avait valu, en pleine Terreur, l'avantage d'être honoré comme un martyr de la liberté par ceux-là mêmes qui l'auraient probablement envoyé à l'échafaud, s'il avait reparu en France avant le 9 thermidor. A une époque où, suivant la belle expression de madame de Staël, « l'abîme s'entr'ouvrait derrière les pas de chaque homme qui acquérait de l'autorité, pour l'engloutir s'il reculait, » ceux qui recevaient de tels hommes la confidence de quelque velléité de modération, étaient exposés au même péril. Après le 9 thermidor, Maret n'avait plus à craindre pour sa vie ; mais l'horreur des excès commis pendant la période précédente l'aurait peut-être rejeté dans les rangs du parti qui succomba au 13 vendémiaire. La prolongation de sa captivité au-delà de ce dernier terme n'a pas été sans influence sur sa destinée.

Les détails de sa délivrance et de son retour furent reproduits avec une complaisance marquée par le *Moniteur*, qui avait protesté, trois ans auparavant, avec toute l'énergie dont il était capable, contre l'injuste séquestration de son ancien rédacteur en chef.

Nous verrons en 1805, Maret servir de tout son pouvoir les intérêts des deux principaux auteurs de sa détention, le ministre Thugut et l'archiduc Ferdinand. Il ne tint même pas à lui, quatre ans plus tard, que ce dernier, de grand-duc de Wurtzbourg, ne devînt empereur d'Autriche. Ce fut ainsi que le ministre de Napoléon vengea les injures de l'ambassadeur de la République.

XXVI

Maret est envoyé à Lille, comme l'un des plénipotentiaires chargés de traiter de la paix avec l'Angleterre. — Exposé de ces négociations (par le baron Bignon). — Dépêche (inédite) de Maret à Barras. — Rappel de Maret et de ses collègues lors du 18 fructidor, et rupture de la négociation.

Malgré l'ovation faite par les Cinq-Cents au prisonnier de Kuffstein, et l'arrêté directorial proclamant qu'il avait honoré le nom français par son courage, il demeura sans emploi jusqu'aux élections de l'an V. « Le Directoire, encore sous l'influence de la journée du 13 vendémiaire, ne pouvait accueillir des hommes dont l'opinion et les principes contrastaient avec ceux du parti qui avait triomphé[1]. » Il se résigna de bonne grâce à cette inaction momentanée; fréquenta les salons qui se rouvraient de toutes parts, notamment celui de Barras, sorte de terrain neutre où, pour la première fois, il se rencontra avec Bonaparte. En 1796, comme au début de la Révolution, les aspirations de Maret furent conformes à celles de l'immense majorité des citoyens honnêtes. Il applaudit avec eux aux triomphes éclatants du jeune chef de l'armée d'Italie, et saisit avec empressement l'occasion qui lui fut alors offerte de rentrer dans la carrière politique et de contribuer à l'œuvre de la pacification générale, dont la signature des préliminaires de Léoben autorisait l'espérance.

1. Note de Maret.

On arrivait précisément au terme assigné par le gouvernement lui-même pour entrer enfin dans l'ordre constitutionnel, en procédant au renouvellement partiel des Conseils par voie d'élection (mai 1797). On sait quel fut le résultat de ces élections de l'an V ; elles éliminèrent une partie des anciens conventionnels qui s'étaient attribué la mission « d'accompagner dans l'État la nouvelle constitution. » La majorité se trouva intervertie, et l'entrée de Barthélemy au Directoire y fit prévaloir momentanément un retour à la modération. Le Directoire espérait s'entendre avec la nouvelle majorité des Conseils moyennant certaines concessions, et notamment en remplaçant quelques fonctionnaires dont le principal mérite consistait en un patriotisme ardent, par des hommes d'une capacité éprouvée, mais d'un républicanisme bien moins prononcé. De ce nombre furent Maret et aussi Talleyrand, qui venait de rentrer en France. Parmi les fonctionnaires dont le remplacement semblait inévitable, figurait le ministre des relations extérieures, Charles Delacroix. Deux des directeurs, Carnot et Barthélemy, connaissant et estimant Maret de longue date, avaient songé à lui pour ce poste, qu'ambitionnait vivement M. de Talleyrand. Maret s'abstint de lui faire concurrence, et préféra une mission presque aussi importante, pour laquelle il était naturellement indiqué par ses antécédents. Il fut du nombre des plénipotentiaires désignés pour aller traiter à Lille de la paix avec l'Angleterre. Cette nomination fut, dans le sein du Directoire, l'objet d'une vive discussion, que Barras trancha en joignant son suffrage à ceux de Barthélemy et de Carnot, en faveur de Maret[1].

Nous empruntons à un travail inédit du baron Bi-

---

1. Maret à Barras, 8 thermidor an V.

gnon le récit des conférences de Lille, rédigé d'après la correspondance des plénipotentiaires et les communications particulières du duc de Bassano[1].

Depuis la dernière mission de Maret à Londres (janvier 1793), quatre années de guerre avaient amené en Europe d'immenses changements, tous à notre profit. La Belgique, un moment perdue, avait été bientôt reprise, et sa réunion à la France, consentie à Léoben par l'Autriche elle-même, semblait un fait désormais irrévocable. Depuis 1795, l'Espagne et la Hollande faisaient cause commune avec la République française. La Prusse, depuis longtemps neutre de fait, s'était officiellement retirée de la coalition. La campagne de 1796 en Italie avait mis l'Autriche pour le moment hors de combat, en même temps que la pacification des départements de l'Ouest portait un rude coup aux espérances que le cabinet de Londres avait fondées longtemps sur la connivence de nos discordes civiles.

De tant d'ennemis ligués contre la France, l'Angleterre seule n'avait pas posé les armes, parce que, seule, elle était hors de la portée des armes françaises. L'Océan, fidèle aux Anglais, les protégeait, et contre la France surtout. Celle-ci, fortifiée des flottes de l'Espagne et de la Hollande, avait pu un moment espérer de disputer la souveraineté des mers. Les victoires remportées par les amiraux Jervis et Duncan

---

1. Ce travail, malheureusement interrompu par la mort du baron Bignon, n'était rien moins qu'une histoire diplomatique de la France pendant la Révolution, destinée à servir d'introduction à celle de la France pendant le règne de Napoléon. Cet ouvrage, dont l'auteur a laissé plusieurs parties à l'état d'ébauche fort avancée, aurait été le complément du mandat qu'il avait reçu dans les Cent Jours, par l'intermédiaire du duc de Bassano, et que l'Empereur lui réitéra dans son testament, celui d'écrire l'histoire diplomatique de la France, *depuis* 1792 *jusqu'en* 1815. Bignon avait même cru devoir remonter, pour son point de départ, à la reconnaissance des États-Unis par la France, date d'une ère nouvelle dans la diplomatie européenne.

sur nos alliés détruisirent cette espérance. En échange des pertes que faisaient les puissances continentales, la mer donnait au gouvernement anglais des compensations dont il était seul à profiter. C'était pour lui seul qu'il avait conquis nos colonies, l'île de la Trinité sur l'Espagne et la plupart des colonies hollandaises. Malgré ces succès, tant de calamités domestiques désolaient l'Angleterre, qu'il fallait toute la fermeté de M. Pitt pour résister à de telles épreuves. La guerre civile désolait l'Irlande; des révoltes avaient éclaté sur des escadres anglaises; la Banque avait été forcée de suspendre ses payements en espèces.

Enfin, après la signature des préliminaires de Léoben, le ministre britannique, ayant acquis la conviction que ce premier rapprochement serait suivi de la paix continentale, crut devoir entrer aussi en négociations avec la France[1]. Le 1er juin, lord Grenville proposa au gouvernement français d'entrer en discussion sur les vues respectives de la France et de l'Angleterre, dans le but de signer aussi des préliminaires, qui se changeraient en paix définitive au prochain congrès. Cette forme de négociation ne pouvait convenir à la France. On écarta la proposition d'un congrès et la formalité des préliminaires, qui pouvaient laisser matière à contestation. On voulait une paix séparée et définitive. Lille fut désignée pour point de réunion des plénipotentiaires; mais, en transmettant les passeports demandés, le Directoire ne dissimula pas que le choix de lord Malmesbury ne lui paraissait pas d'un heureux augure pour le succès de la négociation. Les précédents de ce personnage inspiraient peu de confiance. A tort ou à raison, on n'était

---

1. Il y avait eu, dès le mois d'octobre de l'année précédente, une première proposition d'arrangement, et le diplomate anglais chargé de la suivre était précisément ce même lord Malmesbury que nous allons retrouver à Lille. Mais cette fois, les conférences ouvertes à Paris avaient été rompues, pour ainsi dire, au premier mot: le plénipotentiaire anglais ayant posé comme préliminaire indispensable l'indépendance de la Belgique. Toutefois, comme on ne jugeait pas convenable que le public fût instruit du motif véritable de la rupture, on fit courir le bruit que le plénipotentiaire anglais n'était venu que pour *observer*. Le public français accueillit d'autant plus volontiers cette interprétation peu flatteuse pour Malmesbury, que ce personnage avait pris l'habitude d'expédier des courriers à toute heure et sous les moindres prétextes.

guère disposé à voir en lui autre chose qu'un observateur habile ; mais, comme il était nommé, l'amour-propre national ne permettait pas au cabinet de Londres d'avoir égard à l'observation de la France. Cette observation était donc déplacée ; il aurait fallu la réserver pour plus tard. Quoi qu'il en soit, les plénipotentiaires respectifs, rendus à Lille dans les premiers jours de juillet, firent, le 6, l'échange de leurs pleins pouvoirs, qui, de part et d'autre, furent communiqués aux deux gouvernements et admis alors comme valides. Il importe de noter cette circonstance, parce que, plus tard, le Directoire revint là-dessus et critiqua, comme insuffisants, les pouvoirs anglais. On remarqua tout d'abord que, par ces pouvoirs, le plénipotentiaire anglais était autorisé à traiter avec le ministre ou les ministres de la *République française*. Pour la première fois depuis 1793, le cabinet de Londres sortait du vague de la particule.

Les plénipotentiaires de la République étaient Letourneur, Pléville le Peley, Maret et Colchen. Le premier, membre sortant du Directoire, avait le titre de président de la légation. Le second, appelé peu de temps après au ministère de la marine, ne fit à Lille qu'une courte apparition. Tous quatre apportaient dans leur mission un sincère désir de parvenir au rétablissement de la paix ; mais le fardeau de la négociation reposait principalement sur Maret et Colchen, seuls initiés au maniement des affaires diplomatiques. Le dernier remplissait les fonctions de secrétaire [1].

Du côté des Anglais, lord Malmesbury était seul plénipo-

1. Colchen fut depuis comte, sénateur et pair de France, portant *d'azur fascé de trois pièces d'or, bordure composée d'argent et de sable*, ce que ne faisait guère prévoir sa correspondance avec Collot d'Herbois et « l'aimable sans-culotte son épouse, » que cite impitoyablement M. Masson (p. 167). Mais on trouverait de nombreux exemples de semblables correspondances dans la vie de personnages d'ailleurs fort honnêtes, et qui ont bien servi leur pays. Il faut juger les hommes de ce temps-là sur leurs actes, et non d'après des violences de langage souvent inévitables, pour ceux-là surtout que des nécessités de service mettaient en relations quotidiennes avec les puissants du jour. C'est ainsi que beaucoup de gens très-modérés au fond, durent se faire présenter aux Jacobins ; c'était souvent une question de vie ou de mort. Une personne de ma famille y eut pour parrain un officier général, d'ailleurs homme très-brave

tentiaire. Il présenta à la légation française, comme ses secrétaires, lord Morpeth, lord G. Lewisson Gower et M. Ellis. Il dit en particulier à Maret que M. Pitt était fort satisfait de le retrouver chargé de cette nouvelle négociation, ayant conservé un excellent souvenir de leurs trop courtes relations en 1792.

Dans la réunion qui eut lieu le lendemain de l'échange des pleins pouvoirs (7 juillet), à la suite de protestations réciproques du désir de la paix, le président de la légation française rappela au plénipotentiaire anglais que la rupture des négociations commencées à Paris l'année précédente avait eu lieu, par suite de la nécessité où se trouvait le Directoire de rejeter toute proposition contraire à la constitution et aux lois de la République, et aux traités qui liaient son gouvernement. Lord Malmesbury répondit qu'il n'y avait pas de difficultés à prévoir sur ce point; que, du moins, à sa connaissance, aucune difficulté de ce genre ne pouvait empêcher l'adoption des articles qu'il avait à proposer.

Le 8, il remit un projet de traité sous le nom de note confidentielle, de note verbale même. C'était une longue élucubration en vingt articles, où il ne manquait que les spécifications qui devaient faire le fond de la difficulté. Le projet posait comme principe fondamental le rétablissement de l'état existant avant la guerre; mais avec des exceptions au profit de Sa Majesté Britannique, et les exceptions étaient laissées en blanc. La réponse naturelle des plénipotentiaires français fut d'inviter lord Malmesbury à remplir ces lacunes. Il répondit qu'il avait craint de proposer, par erreur, quelqu'une de ces dispositions contraires à la Constitution et aux traités de la République, que ses envoyés ne devaient même pas entendre. On lui fournit aussitôt les explications qu'il paraissait attendre, en lui donnant lecture de l'article de la Constitution qui déterminait les territoires composant les départements de la République. On y ajouta la nomenclature des pays qui avaient été réunis à la France et érigés

et en réalité très-brave homme, qui jouait à merveille le rôle d'énergumène, et en profita pour sauver bien du monde. Ce général, dont le fils et le petit-fils ont rendu le nom célèbre, présenta en ces termes le nouveau récipiendaire : « Citoyens, voilà le gén...l X..., *brave septembriseur !!!*

en départements par des lois particulières. Quant aux traités, on se borna à lui dire qu'il connaissait, aussi bien que la légation française, ceux qui liaient la République. La légation avait ses motifs pour se montrer si réservée sur ce point. Ses instructions avaient été rédigées avec tant de précipitation et de négligence, qu'elle n'avait qu'une connaissance fort imparfaite de ces traités, sur lesquels allait principalement porter la discussion. En effet, lord Malmesbury répondit que, d'après ces explications, il comprenait fort bien que les dédommagements réclamés par l'Angleterre ne pourraient porter sur les possessions enlevées à la République, mais seulement sur celles de ses alliés; qu'en conséquence, il allait remettre, *le même jour*, une note qui, sans être officielle, vaudrait comme éclaircissement sur les lacunes que contenait son projet de traité. Le soir, en effet, il envoya cette note complémentaire. Dans son article 14, relatif à l'Espagne, il proposait d'insérer, après les mots *status ante bellum*, une réserve pour l'île de la Trinité; et dans l'article suivant, qui concernait la Hollande, une autre réserve portant sur le cap Ceylan et le fort de Cochin, qui seraient cédés à Sa Majesté Britannique en échange de Négapatam.

A l'égard de l'Espagne, la Trinité était la seule possession de cette puissance dont se fussent emparés les Anglais. Ainsi, d'après les termes du projet, ils restituaient à l'Espagne tout ce qu'ils lui avaient pris, à l'exception de... tout ce qu'ils lui avaient pris. Ils entendaient de même garder ce qu'il y avait de plus précieux dans leurs conquêtes sur la Hollande, de manière que le principe qu'ils avaient posé du *status ante bellum*, était véritablement le *status post bellum*. Avant voulait dire *après*. Ces prétentions étaient d'une nature trop grave pour que la légation française se permît de les discuter avant d'en avoir référé au Directoire. En attendant des ordres, elle adressa au plénipotentiaire anglais trois demandes spéciales, susceptibles d'être discutées à part.

La première avait pour objet la renonciation du roi d'Angleterre au titre de roi de France.

La seconde, la restitution à la France des vaisseaux et frégates et du matériel pris à Toulon, ou une indemnité équivalente. On fondait cette demande sur la déclaration faite jadis par l'Angleterre, qu'elle ne prenait ces vaisseaux que comme un dépôt pour le roi de France. On en concluait que ce dépôt devait être remis à la République, dont l'Angleterre, en traitant présentement avec elle, reconnaissait la souveraineté.

La troisième demande était celle de la renonciation du gouvernement anglais à toute hypothèque sur les ci-devant Pays-Bas autrichiens, pour des prêts d'argent faits à l'empereur. On voit par là que, même avant la signature de la paix avec l'Autriche, la cession de la Belgique à la France était admise comme certitude. La condition *siné quá non* de l'Angleterre, qui avait fait rompre la négociation de l'année précédente, était ainsi tout à fait abandonnée.

Ces demandes, prises *ad referendum* par lord Malmesbury, donnèrent lieu à des discussions d'un médiocre intérêt[1]. Le gouvernement anglais ne fit pas de concessions sur les deux premières ; mais ce n'étaient là que des accessoires qui n'auraient pas fait obstacle, si l'on s'était entendu sur le reste.

Du 6 au 11 juillet, on s'était réuni tous les jours. Une nouvelle conférence eut lieu le 14 ; pour ne pas rester dans une entière inaction, en attendant les ordres de Paris, on débattit l'article 11 du projet anglais, qui ne tenait pas non plus au fond de la difficulté. Cet article rappelait et maintenait, dans tous les points auxquels il ne serait pas dérogé, les nombreux traités conclus depuis la paix de Nimègue inclusivement, jusqu'à celui de 1783. On dit au plénipotentiaire anglais que l'intention du Directoire était au contraire de ne reconnaître, dans le traité à conclure, d'autres bases que celles qui y seraient formellement stipulées ; qu'en conséquence, la légation française allait s'occuper de rechercher dans les anciens traités les clauses qui mériteraient d'être reproduites. On l'invita à s'occuper pareillement de cette recherche, et il y consentit. La légation française jeta aussi en avant quelques propositions sur la navigation des neutres en temps de guerre, propositions d'une nature dé-

---

1. Lord Malmesbury avait proposé provisoirement l'article d'usage, « Que les titres pris ou omis ne tirent point à conséquence. » La légation française était obligée, par ses instructions, d'écarter cette clause comme *insuffisante*. On ne devait plus prendre nulle part le titre de roi de France, ce royaume n'existant plus. (*Note de Bignon.*)

licate et capable d'amener de sérieux débats, mais que lord Malmesbury eut soin d'écarter et qui ne furent pas poussées plus loin.

Le lendemain (15 juillet), les ordres du Directoire arrivèrent, mais ils n'étaient pas propres à faire avancer la négociation. Le ministre des relations étrangères (c'était encore Delacroix) envoyait à la légation française les renseignements qu'il aurait dû lui fournir dès l'origine. Ces renseignements étaient :

1° L'article 10 du traité d'alliance entre la République française et l'Espagne, du 22 fructidor an IV, portant que, dans le cas où les parties contractantes se détermineraient à déclarer la guerre, d'un commun accord, à une ou plusieurs puissances, elles s'obligeaient à ne traiter de la paix que de concert et de manière que chacune d'elles obtînt la satisfaction qui lui serait due ;

2° L'article VI et secret du traité entre les républiques française et batave, portant qu'elles se garantissaient mutuellement les possessions qu'elles avaient avant la guerre, dans les deux Indes et sur les côtes d'Afrique ;

3° L'expédition d'une résolution que venait de prendre le Directoire, en conséquence de ces engagements *dont il ne pouvait se délier*. On aurait dit qu'il venait seulement d'en prendre connaissance, ou de s'en souvenir.

Quoi qu'il en soit, ses injonctions étaient formelles, et la légation française dut déclarer à lord Malmesbury, verbalement et par écrit, que la France, la Hollande et l'Espagne, étant liées entre elles par des traités qui portaient la garantie de leurs possessions réciproques, le préliminaire indispensable de toute négociation de paix devait être le consentement de Sa Majesté Britannique à la restitution, non-seulement de toutes les possessions de la France, mais de toutes celles qui avaient été prises sur la Hollande et l'Espagne ; que si lord Malmesbury ne se croyait pas autorisé à consentir cette restitution, il devait envoyer un courrier à sa cour [1]. Lord Malmesbury, dans cette circonstance, agit

---

1. Dans la dépêche qui prescrivait cette déclaration, le ministre ajoutait : « Que l'intention du Directoire était si prononcée à cet égard, qu'il sacrifierait à l'exécution de cette condition préliminaire quelques-uns des avantages nouveaux qu'il était en droit d'attendre de la position respective de la République et de la

de manière à donner une opinion favorable de sa sincérité. Tout en déclarant que ses instructions ne l'autorisaient nullement à admettre un semblable préliminaire, il ne voulut expédier son courrier qu'après une nouvelle conférence.

Maret, le véritable directeur de la négociation, comprenait bien la portée fâcheuse de la déclaration qu'on avait été forcé de faire, et tenta de l'atténuer. En conséquence, et d'après son conseil, le président de la légation (Letourneur) déclara au début de la conférence du 28 messidor que la légation n'avait nullement voulu dissimuler les engagements pris par le gouvernement français, *qu'elle les ignorait*. Il ajouta que lui personnellement, comme ancien membre du Directoire, devait être censé les connaître, mais qu'un simple souvenir de sa part ne pouvait ni ne devait suppléer le silence des instructions sur ce point. Lord Malmesbury témoigna qu'il était convaincu de la loyauté de la légation, mais il n'eut pas de peine à faire ressortir tout ce qu'il y avait d'exorbitant dans les nouvelles prétentions du Directoire, lesquelles embrassaient, dans leurs conséquences, tous les points sur lesquels pouvait porter la négociation. Souscrire à ces prétentions, c'était consentir d'abord, et en première instance, tout ce que l'Angleterre aurait pu prévoir de plus fâcheux dans l'hypothèse des plus grands revers. Exiger un préliminaire semblable ; c'était finir la négociation avant qu'elle fût commencée, c'était détruire de nouveau le principe des compensations qui avait été précédemment admis [1], et par conséquent rendre la paix impossible. De part et d'autre, on convint d'envoyer des courriers ; c'était l'unique chose qu'on pût faire. La légation française se plaignit au ministre de la position embarrassante dans laquelle on l'avait mise, en lui laissant ignorer les engagements pris avec l'Espagne, et surtout le sixième article secret du traité avec la Hollande. Elle demandait avec raison

Grande-Bretagne. » Maret et ses collègues, ne devinant pas quels pouvaient être ces avantages, prirent le sage parti de n'en pas parler.

1. Lors des négociations qui avaient eu lieu au mois d'octobre précédent. Nous aurons ultérieurement l'occasion de faire remarquer l'analogie frappante que présentent ces exigences du Directoire, lors des conférences de Lille, avec celles du gouvernement russe, vis-à-vis de la France, en avril 1812.

pourquoi l'on avait laissé entrevoir dans ses instructions la possibilité d'abandonner le Cap aux Anglais, si le Directoire avait une intention si précise d'exiger la restitution complète des possessions hollandaises.

A partir de cette date, la négociation traîna forcément en longueur. L'arrivée de M. de Talleyrand au ministère (7 thermidor) fit concevoir quelques espérances qui ne se réalisèrent pas. Deux jours auparavant, Malmesbury avait remis une note constatant la fâcheuse impression produite sur sa cour par la dernière déclaration française. Il ajoutait que l'Espagne et la Hollande, en autorisant la République française à traiter en leur nom, semblaient lui avoir donné le droit de modifier, avec leur consentement, les engagements partiels qu'elle avait contractés avec ces deux puissances. Or, il devait être facile, à cette époque, au gouvernement français d'obtenir ce consentement, surtout celui de la Hollande.

Ajoutons que si la négociation se trouvait ainsi arrêtée au début, et, pour ainsi dire, condamnée d'avance, ce n'était pas la faute de Maret. Le 8 thermidor, il adressa à Barras une longue lettre confidentielle, dans laquelle il insistait énergiquement sur toutes les considérations qui auraient dû déterminer le Directoire à se relâcher d'une partie de ses exigences préalables, pour peu qu'il eût le désir d'arriver à un arrangement. Nous croyons devoir citer les principaux passages de ce document absolument inédit, qui fait le plus grand honneur à la capacité et à la loyauté du négociateur français :

Lille, 8 thermidor an V.

La confiance dont vous m'avez donné un témoignage précieux, en décidant en ma faveur, par votre suffrage, le choix du Directoire, me fait un devoir de vous entretenir de l'état actuel des négociations. Ma gratitude doit parler avec franchise à votre loyauté.

Le gouvernement britannique refuse de consentir préalablement à la restitution totale des possessions de nos alliés. Tout annonce qu'il est aussi décidé à refuser ce préliminaire que le Directoire à l'exiger... L'état politique des pouvoirs en France; et, je dois le dire, la marche peu réfléchie que le ministre Delacroix nous avait prescrite, peuvent faire entrevoir au ministère britannique plus d'avantages que de dangers dans cette détermination. Dans cet état, il ne s'agirait plus de savoir s'il est possible de ramener ce gouvernement, mais si le Directoire prendra immédiatement l'initiative de la rupture.

Il s'efforçait de prouver que les propositions faites au début par lord Malmesbury, laissant après elles une latitude considérable, ne préjugeaient aucunement, de la part de l'Angleterre, l'intention arrêtée d'avance de n'accéder à aucun arrangement... Puis il entrait dans le vif de la question, montrait que cette sollicitude exagérée, dérisoire, pour nos alliés, leur serait plus nuisible qu'utile :

Lorsqu'aucune des propositions anglaises ne blesse nos intérêts directs et particuliers, est-il possible au gouvernement républicain de les rejeter, sans avoir au moins dit à à ses alliés ce que sa fidélité a fait pour eux, sans les inviter à s'expliquer sur les sacrifices par lesquels il pourrait leur convenir d'acheter la paix, sans leur laisser la faculté de réclamer contre notre respect même pour leur liberté... Nous avons promis à l'Espagne de ne traiter que d'un commun accord, et de manière à ce qu'elle obtînt la satisfaction qui lui était due. En conséquence de cet engagement, irons-nous rompre de suite sans la consulter? Cette rupture ne lui sera-t-elle pas plutôt nuisible? Est-ce ainsi que, dans son propre intérêt, nous devons interpréter l'engagement? La rupture précédente lui a valu la perte de la Trinité; aujourd'hui, ne peut-elle pas songer à Cadix, à la Havane, au Mexique et autres points menacés? Quant à la Hollande..., la précédente rupture lui a coûté les Moluques, la seconde lui coûtera très-probablement la Guyane. Peut-elle espérer que les Anglais, en augmentant leurs conquêtes, diminueront leurs prétentions? Si nos alliés sont destinés à de tels malheurs, *qu'ils ne puissent du moins s'en prendre qu'à eux!*

En résumé, l'Angleterre offre de restituer toutes les propriétés françaises ; c'est trop peu pour l'honneur national. Nous avons rempli un devoir en déclarant préalablement que nous ne pouvions traiter sans obtenir la restitution des propriétés de nos alliés. L'Angleterre répond qu'*elle ne peut adopter une base après laquelle il ne reste plus rien à négocier*[1]. Devons-nous supposer que nos alliés seront aussi difficiles que nous, et prendre sur nous, sans les consulter, de les vouer aux nouveaux malheurs que présage leur faiblesse ?

Le gouvernement peut donc, donnant un grand exemple aux nations, se conformant au vœu pacifique de la France, inviter ses alliés à s'expliquer en face des négociateurs, à faire dépendre ainsi d'eux-mêmes la durée des calamités de la guerre. D'après les circonstances qu'a fait naître la direction mal calculée qui nous a été constamment donnée dans cette négociation, si le Directoire croit devoir interrompre immédiatement les conférences, les deux parts de l'alternative que nous nous proposions (fixer les destinées de la République ou renverser le ministère anglais[2]) sont également manquées. Peut-être même aurons-nous mieux servi la haine de nos ennemis que les intérêts de nos alliés et de notre patrie.

Maret, dans cette circonstance, comptait sur l'appui du nouveau ministre des affaires étrangères ; c'était bien mal connaître M. de Talleyrand. Celui-ci, voulant avant tout rester en place, savait que la fraction du Directoire qui aspirait à renverser l'autre, et pour laquelle étaient les plus grandes chances, ne voulait pas de la paix, et il manœuvrait en conséquence. Maret, qui n'avait pas, qui n'eut jamais de ces finesses, et qui avait pris sa mission au sérieux ; Maret, le protégé de Carnot et de Barthélemy, était

---

1. C'est identiquement la réponse que fera, quinze ans plus tard, e duc de Bassano, ministre des relations extérieures, à la sommation russe d'évacuer entièrement l'Allemagne préalablement à toute négociation.

2. En mettant en évidence aux yeux de la nation anglaise, fatiguée de la guerre, l'obstination de Pitt à refuser des conditions raisonnables d'arrangement.

d'avance sacrifié comme eux. Cependant sa lettre du 8 thermidor produisit un certain effet : on comprit qu'il serait par trop dérisoire de ne pas faire intervenir, au moins pour la forme, les Hollandais et les Espagnols. Mais comme on n'aspirait, en réalité, qu'à faire surgir des prétextes plausibles de rupture, on ne mit ces alliés en scène que pour leur laisser émettre, peut-être même pour leur souffler les prétentions les plus exorbitantes.

Le 15 thermidor, MM. Cabarrus et del Campo, plénipotentiaires espagnols, arrivèrent à Lille. La négociation était alors provisoirement suspendue ; mais ils manifestèrent en particulier des dispositions peu propres à faciliter la paix. Ils entendaient réclamer, non-seulement tout ce qui avait été pris à l'Espagne dans la présente guerre, mais ce qu'elle avait perdu antérieurement : la baie de Nootka, Gibraltar, plus la cession gratuite d'une partie de Terre-Neuve et d'autres choses encore. Les commissaires bataves Van Marsalis et Van der Goes, n'étaient pas plus raisonnables. Ils n'admettaient le sacrifice éventuel d'une partie des territoires conquis sur la Hollande qu'au moyen de *dédommagements équivalents*, résultant d'arrangements à prendre entre les puissances alliées. Maret et ses collègues se gardèrent bien de faire connaître au lord Malmesbury cette disposition des Hollandais à accepter des équivalents. Il n'aurait pas manqué d'en conclure que le Directoire se déciderait à faire supporter le poids de ces équivalents, soit à la République française, ce qu'il ne voudrait jamais faire, car ce serait violer la Constitution ; soit à l'Espagne, qui, loin de vouloir faire quelque sacrifice à la paix, prétendait y gagner quelque chose[1]. Maret avait donc raison d'écrire que la continuation de la guerre était inévitable si la Hollande persistait dans ses exigences.

En attendant, le temps s'écoulait sans résultat. Lord Malmesbury ne cessait de représenter que la nouvelle forme de négociation adoptée par la France était inouïe ; qu'au lieu de faire des déclarations péremptoires qui ne pouvaient pas

---

1. Dépêche du 5 *fructidor*, an V.

être acceptées, ou de produire isolément des points successifs de discussion, il serait beaucoup plus convenable et plus juste que le gouvernement français remît, de son côté, un contre-projet dans lequel il exposerait franchement, comme l'avait fait l'Angleterre, l'ensemble de ses prétentions.

Mais les événements intérieurs absorbaient la principale attention du Directoire. La majorité des directeurs, qui méditait un coup d'État, subordonnait à l'issue de cette entreprise le mouvement de la négociation avec l'Angleterre, et la principale instruction de ses plénipotentiaires à Lille, était de gagner du temps. Ceux-ci laissaient croire et croyaient eux-mêmes qu'ils seraient incessamment en mesure de continuer la négociation comme l'entendait lord Malmesbury ; ils attendaient chaque jour un contre-projet qui n'arrivait pas, et quand ce ministre accusait les lenteurs du gouvernement français, ils répondaient que le temps qui semblait perdu était peut-être le mieux employé, le Directoire étant occupé à s'étendre sur les points litigieux avec ses deux alliés, la Hollande et l'Espagne. Ce langage était sincère de la part de Maret et de ses collègues. Moins de huit jours avant le Coup d'État, M. de Talleyrand leur écrivait encore qu'il sentait comme eux la nécessité de faire fléchir l'obstination des Hollandais ; « qu'il avait témoigné son mécontentement à leurs commissaires, et les engageait à demander des pouvoirs plus étendus. » Cette lettre est du 11 *fructidor !* [1]

Le coup d'État du 18 fructidor (4 septembre) fut connu dès le lendemain par le télégraphe. Letourneur, Maret et Colchen furent immédiatement rappelés et remplacés par Bonnier et Treilhard. Lord Malmesbury fut très-affecté de ce

1. Dans les dernières conversations qui eurent lieu entre les négociateurs, on recherchait quelle pouvait être la cause de cette fière attitude des Hollandais. On s'accordait à l'attribuer aux manœuvres des *orangistes*, suivant lesquels la continuation de la guerre ne pouvait être qu'avantageuse pour la Hollande. « Si les Français sont vainqueurs, disaient-ils, nous obtiendrons la restitution entière des possessions dont on ne veut aujourd'hui rendre qu'une partie ; si ce sont les Anglais, ils nous rendront le stathouder. » (*Note de M. B.*) Il est trop évident qu'à cette époque le gouvernement républicain aurait fait passer ses alliés par où il aurait voulu, et que les plénipotentiaires étaient joués par M. de Talleyrand, confident des projets de la majorité du Directoire.

changement, et considéra dès lors le succès de la négociation comme tout à fait compromis. Ce pressentiment ne tarda pas à se vérifier. Dès le 14 septembre, la nouvelle légation demanda à lord Malmesbury s'il avait des pouvoirs suffisants pour consentir à traiter sur la base des lois et des engagements qui liaient la République, c'est-à-dire à consentir à la restitution de toutes les possessions conquises sur la France et ses deux alliés. Une démarche ainsi posée était contraire à toutes les règles et à tous les usages. Lord Malmesbury répondait que ses pouvoirs, déjà connus et agréés par le Directoire lui-même, étaient conçus dans la forme la plus ample; qu'exiger de lui, comme préliminaire de toute négociation, qu'il déclarât jusqu'à quel degré de concessions il pouvait aller, ce n'était pas l'interroger sur ses pleins pouvoirs, mais sur la nature même de ses instructions... L'un des ministres français faisait observer qu'être investi de pouvoirs suffisants pour consentir à telle ou telle concession n'emportait pas l'obligation de faire usage de toute l'étendue de ces pouvoirs : distinction vraie pour l'homme qui a seul connaissance de la latitude qui lui est accordée, fausse, si on l'oblige à révéler le secret de cette latitude. Pour en finir, les plénipotentiaires français notifièrent à lord Malmesbury que, puisqu'il n'avait pas les pouvoirs nécessaires, il était requis de partir dans les vingt-quatre heures pour aller les chercher. Quant à eux, ils restaient à Lille, le mode adopté par le gouvernement français n'ayant pour objet que d'activer la négociation et d'en faciliter le succès (!). Quelques notes furent encore échangées entre Lille et Londres, mais sans utilité. La dernière, de lord Malmesbury, en date du 5 octobre, portait que, quant à la continuation de la négociation, l'Angleterre s'en tenait aux propositions franches et claires qu'elle avait faites; et que, relativement au lieu où elle pourrait être reprise, Sa Majesté Britannique ne pouvait permettre davantage de traiter sur le territoire de l'ennemi, sans avoir l'assurance que l'on respecterait à l'avenir, dans la personne d'un plénipotentiaire, les usages observés par toutes les nations civilisées envers les ministres publics, et particulièrement envers ceux qui sont chargés de travailler au rétablissement de la paix.

La conduite du gouvernement français méritait ce reproche. Les conférences de Lille avaient fini sous la direction de M. de Talleyrand ; si donc les formes habituelles furent violées en cette occasion, ce n'était point par ignorance, mais par calcul. On a pu douter que l'Angleterre voulût sincèrement la paix, mais il est manifeste qu'au dernier moment la paix ne convenait plus à la majorité du Directoire, aux hommes de fructidor. Se méfiant, à tort ou à raison, des vues ultérieures du gouvernement anglais, ils jugèrent que mieux valait combattre ouvertement que de faire tomber, au milieu d'une telle crise, les barrières qui séparaient les deux pays, et de donner à la politique anglaise plus de facilités pour renouer ses trames rompues, et remettre en question ce qui venait d'être décidé[1]. Dans ce système, comme il importait au Directoire *fructidorien* de faire illusion en France à l'opinion du plus grand nombre et de persuader que si les négociations avaient été infructueuses, ce n'était point par sa faute, il dut de préférence élever des contestations sur la question des pouvoirs, afin de faire supposer que le ministère anglais n'avait pas voulu même permettre à la négociation de prendre un libre cours.

XXVII

Opinion de Napoléon, de Maret et de Bignon sur ces négociations.

Après avoir exposé les négociations de Lille, M. Bignon s'efforce de résoudre, en concluant, les deux questions qui se présentent naturellement à l'esprit du lecteur. Les dispositions du gouvernement anglais étaient-elles alors réellement pacifiques ? Et si elles l'étaient, que faut-il penser de la conduite du Directoire ?

Les intentions de l'Angleterre étaient-elles pacifiques ? M. Pitt a, plus tard, formellement déclaré qu'il n'avait alors

1. Cette considération a pu exercer une certaine influence sur les déterminations du Directoire *épuré*, mais il avait d'autres motifs que nous indiquerons tout à l'heure.

simulé le désir de la paix que pour calmer l'impatience de la nation anglaise, et assurer le succès des mesures financières du gouvernement. Par cet étrange aveu, ce ministre se calomniait lui-même [1]. La justice nous fait un devoir de reconnaître qu'à Lille, lord Malmesbury avait montré une disposition franche à chercher les moyens de conciliation et à écarter les difficultés. Il est bien peu vraisemblable que ce ministre, après avoir parcouru une longue carrière qui n'était pas sans illustration, se fût prêté à une de ces démonstrations vaines, auxquelles on emploie d'ordinaire des hommes nouveaux et sans consistance. Toutefois, il est incontestable que l'Angleterre n'eût pas fait alors la paix sans qu'il en eût coûté de grands sacrifices, surtout à la Hollande. La France, victorieuse sur le continent, n'ayant plus qu'un seul ennemi, devait-elle se croire obligée d'acheter la paix par une spoliation considérable de ses alliés?

Cependant l'empereur Napoléon, dans ses Mémoires, a accusé le Directoire d'esprit de vertige pour n'avoir pas conclu la paix à Lille, à *quelque prix que ce fût*. « Le cabinet de Saint-James, dit-il, qui avait été au moment de signer la paix avec le Directoire, gouvernement faible et débonnaire, se refusa constamment à toutes les ouvertures de Napoléon, parce que son gouvernement était fort et héréditaire. » Je suis porté à croire que le Directoire a pu désirer la paix comme moyen d'action sur la France avant le 18 fructidor, mais rien ne prouve qu'après cet événement il l'ait voulue encore avec sincérité. Le gouvernement qui venait de frapper un tel coup avait cessé d'être très-débonnaire; mais si l'Angleterre se déterminait à conclure la paix avec lui, seulement parce qu'elle le considérait comme « débonnaire et faible, » la durée de la paix eût donc dépendu de la durée de sa faiblesse? Qui doute qu'après, comme avant la paix, l'Angleterre n'eût mis tous ses soins à semer des divisions dans l'intérieur et à aiguiser les armes de tous les partis? La vraie question, pour le Directoire, était de juger quelle situation était à cette époque la moins dangereuse pour l'affermissement du gouvernement républicain, de l'Angleterre amie ou de l'Angleterre ennemie. Napoléon, consul,

---

[1]. Pitt a dit textuellement qu'il avait *tremblé* que ses propositions ne fussent acceptées. C'était reconnaître implicitement qu'il se serait trouvé dans l'impossibilité de ne pas faire la paix.

s'est senti assez fort pour supporter une telle réconciliation. Aussi alors, elle n'en voulait pas; elle ne s'y résolut un moment que sous l'empire d'une nécessité absolue. Je ne sais trop si ce même passage des Mémoires de Sainte-Hélène qui accuse le Directoire, ne renferme pas en même temps sa justification.

Nous avons dû reproduire cette conclusion ; mais il convient d'ajouter que, sur ce dernier point, elle n'était pas définitive dans la pensée de l'auteur. Plusieurs notes de sa main prouvent qu'il se proposait de la modifier, d'après les communications ultérieures du duc de Bassano. Celui-ci a toujours soutenu que le gouvernement anglais, sur lequel les exploits de Bonaparte en Italie avaient produit une profonde impression, était sincèrement disposé à traiter, en juillet 1797, à condition qu'on lui laissât Ceylan et le Cap, anciennes possessions hollandaises qu'on ne pouvait guère espérer de lui reprendre, et qu'il a fini par garder. Cette bonne volonté du cabinet de Londres était parfaitement connue de Bonaparte, pendant qu'il traitait de son côté de la paix définitive avec l'Autriche.

Ce fut à cette époque, nous l'avons déjà dit, que Bonaparte eut pour la première fois avec Maret des relations suivies. Les plénipotentiaires d'Udine et de Lille correspondaient ensemble par l'intermédiaire de Clarke, et se tenaient respectivement au courant de la marche des deux négociations. Ces rapports auraient, selon toute apparence, exercé une influence décisive sur les événements, si le Directoire avait donné des instructions convenables aux plénipotentiaires chargés de traiter avec l'Angleterre, et mis en même temps un terme aux hésitations calculées de l'Autriche en prenant des mesures vigoureuses à Paris, mais seulement contre les royalistes exaltés. Le coup d'État de fructidor, par sa violence, qui dépassa de beaucoup les conseils et les prévisions de Bonaparte, renversa la grande combinaison des négociations de Lille et de Campo-Formio. Aussi quand Bonaparte, pour sauver au moins quelque chose du naufrage, conclut d'autorité la paix autrichienne, il allégua comme un des principaux motifs de sa conduite, la rupture des négociations de Lille[1].

Mais un tel arrangement ne pouvait plus être qu'une trêve, du moment où nous restions en guerre contre l'Angleterre. Maret a donc eu raison de dire que « le fruit de la conquête de l'Italie fut perdu par la rupture des négociations de Lille. »

XXVIII

Disgrâce de Maret. — Ses premières entrevues avec Bonaparte. - Après le 18 brumaire, il est nommé secrétaire des Consuls, puis secrétaire d'État.

La nouvelle du coup d'État du 18 fructidor et l'ordre du rappel des plénipotentiaires arrivèrent ensemble à Lille par le télégraphe, dans la matinée du 19. Maret et ses collègues partirent immédiatement, et, dès le lendemain 6 septembre, ils rendirent

---

1. Lettre du 10 octobre, au Directoire. Nous avons présenté ailleurs ces faits sous leur véritable jour, avec de plus grands détails. Il nous suffira de rappeler ici que, dès la fin de juin, le coup d'État avait été combiné par la majorité du Directoire, avec Hoche, nommé ministre de la guerre à cet effet; qu'il fut ajourné par suite de la dénonciation d'un mouvement de troupes *inconstitutionnel*, mouvement qui avait été fait le 8 juillet; et que la première et seule lettre dans laquelle Bonaparte ait conseillé des violences contre *quelques* députés et *quelques* journaux, est postérieure de dix jours à cette date (18 juillet). Si Bonaparte eut le tort de se faire l'auxiliaire de cette mesure, du moins il n'en fut pas le premier instigateur.

compte au Directoire des dernières circonstances de leur mission, et des dépenses de toute nature faites par la légation depuis l'ouverture des conférences. D'après une note du duc de Bassano, que nous avons sous les yeux, le total de ces dépenses s'élevait à 55,075 fr. Les plénipotentiaires en avaient reçu 16,000 au départ, et ensuite 18,000; ils étaient en avance du reste. On les avait évidemment oubliés dans les dernières semaines qui précédèrent le coup d'État. Pendant toute la durée de leur séjour à Lille, ils dînaient ensemble à six francs par tête. Jamais on n'avait vu, toute proportion gardée, pareille frugalité diplomatique depuis l'exemple fameux des plénipotentiaires hollandais à Munster, mangeant républicainement leur fromage national dans l'intervalle des conférences. Vingt ans plus tard, sous le gouvernement de la Restauration, le duc de Richelieu reçut 600,000 fr. en partant pour le congrès d'Aix-la-Chapelle, et on ne lui demanda pas de compte au retour.

La proscription de Carnot et de Barthélemy, ses protecteurs déclarés, et le rétablissement de la dictature révolutionnaire, rejetaient le négociateur de Lille en pleine disgrâce. Il ne fit rien pour en sortir, étant plutôt fier qu'humilié d'être tenu pour suspect par un tel gouvernement.

Dans l'espace de temps compris entre le retour d'Italie et le départ pour l'Égypte, Bonaparte ne vit Maret que rarement. Mais les correspondances de Lille avaient suffi pour lui révéler les aptitudes et la loyauté du jeune négociateur, et l'on peut dire que, dès cette époque, il le tenait en réserve pour l'avenir. Il voyait en lui un de ces hommes dont les facultés ne pourraient trouver leur application utile que sous un gouvernement stable et fortement organisé.

L'établissement de ce régime réparateur devait se faire attendre encore plus de deux ans.

Pendant cet intervalle, que tant de calamités firent paraître si long; Maret, d'autant plus suspect aux hommes de Fructidor qu'il avait le droit de se plaindre d'eux, s'appliqua d'abord à détourner leurs soupçons, en affectant de s'absorber dans des travaux purement littéraires. Il lut dans différents salons les trois pièces de théâtre qu'il avait composées à Kuffstein. Il mit même à profit ses anciennes relations dans le monde dramatique pour faire recevoir au Théâtre-Français sa comédie de l'*Infaillible*, et fit ostensiblement des démarches actives pour en hâter les répétitions. Néanmoins des renseignements particuliers lui donnèrent à penser qu'il y aurait inconvénient pour lui à prolonger plus longtemps son séjour à Paris. Il se retira donc à la campagne; il y était encore, quand le général Bonaparte revint d'Égypte.

Maret ne retourna à Paris que peu de jours avant le 18 brumaire. Il ne fut initié à ce qui se préparait qu'au moment même de l'exécution. Il n'assista à aucune conférence; aucun rôle particulier ne lui fut assigné; mais ses amis ne pouvaient lui dissimuler plus longtemps ce qui n'était un secret que pour le Directoire. Le 19 brumaire, sans avoir fait aucune démarche, sans avoir même approché du général Bonaparte depuis son retour d'Égypte, Maret fut nommé secrétaire général des Consuls. (Notes de Maret).

Maret n'a donc pas tenu la plume, comme on l'a prétendu, dans les conférences préparatoires du coup d'État de brumaire, et n'a pas concouru à son exécution; mais il en avait eu connaissance, et le considérait comme indispensable. Après huit ans d'essais désastreux, on en était encore à chercher une garantie des réformes sociales de la Constituante. Maret fut de ceux qui pensèrent que, dans la situation présente des esprits, cette garantie ne pouvait résulter que d'un nouveau pacte constitutionnel, fortifiant les prérogatives du pouvoir exécutif. A tort ou à raison, cette manière de voir était celle du plus grand nombre, puisque la Constitution de l'an VIII fut approuvée par plus de trois millions de suffrages, tandis que la précédente n'en avait obtenu qu'un peu plus d'un million.

L'emploi de secrétaire général des Consuls, dévolu à Maret dès le 19 brumaire, ne tarda pas à subir une modification purement nominale. On avait d'abord nommé secrétaire adjoint Lagarde, homme laborieux et adroit. Secrétaire du Directoire dès l'origine, il avait réussi à conserver sa place tant que cette forme de gouvernement avait duré; dans la dernière crise, il avait eu encore l'habileté de se mettre en temps utile du côté des vainqueurs. Un homme si fidèle au poste méritait des égards; comme le titre de secrétaire adjoint semblait impliquer une déchéance, on lui donna, le 6 nivôse, celui de secrétaire des Consuls, qu'avait eu d'abord Maret. Mais celui-ci gagna bien plus qu'il ne perdit à ce changement. Toutes les attributions essentielles de l'ancien secrétariat du Directoire lui furent réservées avec le titre de secrétaire d'État. On comprend que le privilége du travail direct avec Bonaparte, attribué à Maret, faisait du secrétariat des Consuls une vraie sinécure. Aussi, il fut supprimé, moins de deux ans après, comme un rouage inutile, et son titulaire indemnisé par une préfecture.

Suivant M. Thiers, Maret apporta dans l'exercice de ses fonctions *quelques-unes* des qualités dont firent preuve d'autres fonctionnaires pareillement honorés de la confiance du chef du gouvernement. Et parmi ces capacités supérieures, l'illustre historien cite le général Clarke[1]! A cette appréciation plus que sévère, nous opposerons celle de deux écrivains qui avaient vu de près les hommes et les choses du temps. « Le

---

1. M. Thiers est mort pendant l'impression de cet ouvrage. Mais ses écrits restent, et nous avons dû démontrer par des documents et des faits irrécusables que ses appréciations ne sont rien moins qu'impartiales, quand il sagit d'hommes contre lesquels il croyait

poste important de secrétaire d'État, a écrit Jomini, servait en quelque sorte de centre à toutes les branches du gouvernement. Il fut donné à Maret, qui réunissait les talents d'un homme d'État aux connaissances de la diplomatie, et qui avait traversé sans tache la Révolution. » Le témoignage de Bignon n'est pas moins favorable.

A côté des ministres se trouvait un personnage qui, sans en avoir d'abord le titre, en avait du moins l'influence; c'était un secrétaire d'État, M. Maret, depuis duc de Bassano. Souvent ce secrétaire, devenu ministre secrétaire d'État, contre-signa des actes qui, suivant les règles d'une responsabilité ministérielle bien entendue, auraient dû avoir la garantie des chefs des départements auxquels ils se rapportaient. Placé fréquemment entre le premier Consul ou l'Empereur et les ministres à portefeuille, il lui fallait un grand fonds de modération et de réserve pour se faire pardonner par ceux-ci quelques empiétements presque forcés sur leurs attributions. Ce poste exigeait en même temps beaucoup de flexibilité dans l'esprit, des connaissances très-variées et une grande facilité de travail. Depuis le premier jour du Consulat jusqu'au dernier de l'Empire, le dévouement fut sans bornes d'un côté, comme la confiance de l'autre. (*Hist. de France*, I, 9.)

XXIX

Maret, secrétaire d'État. -- Caractère véritable de ses rapports avec le chef du gouvernement.

Nous arrivons à l'époque où l'histoire de Maret semble se confondre avec celle du Consulat et du premier Empire. Ici, la modestie, l'abnégation du secrétaire

avoir des griefs personnels, comme le duc de Bassano et le maréchal Soult.

d'État vont rendre notre tâche difficile. Une modestie excessive est rarement le défaut dominant des hommes politiques. Ils ne sont que trop portés à exagérer leur importance personnelle, à n'approuver que ce qu'ils ont fait, à remanier l'histoire pour s'attribuer le beau rôle partout où ils ont passé. Parmi les personnages de l'Empire, le duc de Raguse est le type le plus complet de ce genre d'infatuation. Alors que tant d'autres se consolaient par de telles hyperboles, des disgrâces de l'âge et de la fortune, le duc de Bassano, au contraire, paraît avoir voulu conserver jusque devant la postérité l'attitude réservée, impénétrable d'un ancien secrétaire d'État. Le motif de cet effacement calculé se devine aisément, et fait honneur au caractère du ministre. Courtisan dévoué du malheur, il n'a voulu établir à son profit aucune distinction entre les actes auxquels il avait attaché son nom. Il s'est sacrifié autant qu'il l'a pu à la mémoire du grand homme qu'il avait servi, dissimulant son individualité avec le même soin jaloux que d'autres mettaient à faire ressortir la leur; s'abstenant de revendiquer le mérite du bien qu'il avait provoqué; acceptant la responsabilité de mesures qu'il avait secrètement combattues. C'est ce qu'il a lui-même indiqué dans les lignes suivantes :

On a prétendu que l'Empereur trouvait toujours dans son ministre un admirateur enthousiaste, un instrument docile, et rarement un conseiller indifférent à la crainte de déplaire. Les ennemis de Maret ont propagé cette accusation et avancé que Napoléon se plaignait de son *zèle malencontreux* [1]. Mais personne n'a pu se flatter, si ce n'est Maret

1. Cette calomnie a été souvent répétée d'après les Mémoires si suspects de Bourrienne. On y accusait aussi Maret d'avoir trempé dans la disgrâce de cet homme, qui n'eut jamais de pire ennemi que lui-même. « M. de Meneval, secrétaire particulier de Joseph Bona-

lui-même, d'avoir connu les secrets intimes du cabinet impérial. Personne n'ignore que, par sa position particulière, le duc de Bassano était obligé de paraître ne pas désapprouver au dehors les projets qu'il pouvait avoir le plus vivement combattus dans le secret de ses discussions avec l'Empereur.

Par une contradiction singulière, les mêmes hommes qui reprochaient à Maret une complaisance servile, ajoutaient qu'il avait fréquemment à essuyer des boutades désagréables et humiliantes, tout comme s'il eût osé résister. Voici, sur ce sujet délicat, les explications fournies par Maret lui-même.

Les rapports de tous les instants avec l'Empereur n'avaient aucun témoin : aucun ministre, aucun secrétaire n'y est jamais intervenu. De qui donc a-t-on appris que M. Maret ne combattait jamais les caprices d'un maître? Les Mémoires dictés par Napoléon à Sainte-Hélène ont fait connaître que, dans plusieurs circonstances fort graves, le ministre avait résisté.

Napoléon lui avait dit, dès les premiers temps de sa puissance : « *Je suis un homme à qui l'on peut tout dire;* » et en effet, son ministre lui disait tout, mais avec les formes qui convenaient pour ne pas rendre la vérité odieuse. De qui a-t-on appris ces scènes « vives et désagréables » qui n'existèrent jamais ? Ce qui est vrai, au contraire, et ce qui fut souvent remarqué, c'est que l'Empereur traitait toujours son ministre avec bienveillance, et que celui-ci se rendait avec une confiance et une sérénité joyeuse aux ordres, qui, à tous les moments du jour et de la nuit l'appelaient auprès de l'Empereur.

On a souvent parlé aussi d'un répertoire secret tenu

parte, fut donné par lui au Premier Consul, dont il devint le secrétaire confidentiel à la place de Bourrienne. Depuis, l'Empereur reçut de la main de Maret presque tous les secrétaires; mais les détails du travail confidentiel du cabinet furent toujours étrangers au secrétaire d'État. » (*Note de Maret.*)

par Maret, et contenant des notes sur tous les hommes que la Révolution avait tirés de l'obscurité.

Ce registre, dit Maret, n'a jamais existé... Par ses anciennes relations, le secrétaire d'État avait appris à connaître les hommes qui avaient marqué dans les affaires. Ce registre vivant rendait le registre secret inutile. Consulté sur bien des choix, le secrétaire d'État a rendu de nombreux services, et n'a pas toujours trouvé des ingrats... L'on convient généralement qu'il ne nuisit jamais à personne, et qu'aucune prévention ne le portait à induire en erreur le chef du gouvernement.

Une anecdote contemporaine du Consulat prouve que le secrétaire d'État conservait la mémoire des services rendus à une autre époque, et ne craignait pas d'en témoigner hautement sa reconnaissance, même à ceux qui désapprouvaient les changements accomplis ou en voie de s'accomplir. A l'époque où Carnot quitta brusquement le ministère de la guerre, Maret joignit à l'avis officiel que sa démission était acceptée, le billet suivant que l'histoire a justement recueilli.

« J'ai l'honneur, mon cher compatriote, de vous envoyer officiellement une lettre que vous recevrez avec joie. Il n'est point en moi d'éprouver ce sentiment. Les fonctions de votre place me rapprochaient souvent de vous ; l'obsession de mes devoirs me laissera peu de moments à donner à l'amitié ; mais, si je suis privé du plaisir de vous voir autant que je le désirerais, je n'oublierai pas pour cela tant de témoignages de bienveillance que j'ai reçus de vous [1].

C'est encore aux notes de Maret que nous empruntons quelques détails propres à faire comprendre l'importance des fonctions qu'il remplit pendant les

---

1. Thibaudeau, II, 13.

dix premières années de ce siècle. Bien qu'il n'ait reçu officiellement le titre de ministre qu'en 1804, elles constituaient en fait, dès le principe, un vrai « ministère central, » auquel venaient aboutir et d'où se distribuaient toutes les affaires des différents départements[1].

Selon l'ordre qui fut établi dès le Consulat, les ministres présentaient, chaque semaine, dans le conseil, leurs rapports sur les affaires, et remettaient leurs portefeuilles au secrétaire d'État, qui, après en avoir pris connaissance, en rendait un compte verbal dans le travail de la signature, qu'il faisait seul avec Bonaparte.

La rédaction de ces analyses quotidiennes était alors la partie la plus importante des fonctions de Maret. Il avait été préparé à cette tâche par ses premiers travaux pour l'Académie de Dijon, par ceux du Bulletin, par l'office de secrétaire qu'il avait rempli près de Mirabeau. Tous les contemporains sont d'accord sur la façon supérieure dont il s'acquittait de cet immense travail, qui embrassait tous les objets de gouvernement. Nous pouvons citer à ce sujet le témoignage du duc de Rovigo, peu suspect de partialité à l'égard de Maret. « L'Empereur le chargeait, sans parvenir à le surcharger. Rien ne restait en souffrance ; il distinguait ce qui était urgent, pressé et ce qui pouvait attendre ; le tout était fait avec ordre et à point nommé. »

A moins de circonstances extraordinaires, le travail de signature était présenté par le secrétaire d'État, vers quatre heures après midi. Les minutes de tous les décrets res-

1. On trouvera, à la fin de ce volume, une note curieuse et importante dictée par Bonaparte sur les offices qu'il jugeait convenable, dès le principe, d'attribuer au secrétaire d'État. L'un de ces offices, la garde du sceau de l'État, était un témoignage de haute confiance, et relevait singulièrement la position de Maret. Il n'était

taient entre ses mains, et l'exécution s'opérait sur les expéditions que les ministres recevaient de lui. Il assistait à tous les conseils, soit d'administration, soit privés, soit extraordinaires, où se traitaient les grandes affaires de l'État, et se trouvait ainsi l'intermédiaire entre le gouvernement, et tous les ministères. Ces attributions officielles n'étaient pas les seules dont il fût investi ; il en recevait de non moins étendues de l'entière confiance de Bonaparte.

XXX

Mesures auxquelles coopéra plus particulièrement Maret pendant le Consulat. — Le *Moniteur* devenu journal officiel. —*Journal de Paris*. — Constitution batave. — Sénatus-Consultes de 1802 et 1804. — Réflexion de Maret.

Nous allons maintenant indiquer, par ordre de dates, certaines mesures, dans lesquelles l'influence de Maret se révèle plus particulièrement pendant le Consulat.

La première concerne le *Moniteur*, auquel le décret du 1er nivôse an VIII conféra l'attache officielle. Cet acte du nouveau gouvernement achevait de réaliser la pensée intime du fondateur de ce journal, de Panckoucke 1er, qui ne vécut pas assez pour jouir de son triomphe. « Placée sous la haute surveillance de Maret, cette feuille fut chaque jour divisée en deux parties. La première, intitulée : *Actes du gouvernement*, était officielle ; son contenu émanait directement du cabinet consulaire et ensuite impérial. Tous les soirs, les épreuves des articles politiques, des

donc pas seulement un *aide de camp de plume*, comme l'a prétendu Capefigue. On pourrait justement appliquer à cet écrivain aussi médiocre que fécond, l'épigramme fameuse de Voltaire contre cet abbé de plume d'oie qui « compilait, compilait, compilait ! »

nouvelles du dedans et du dehors, étaient soumises à la révision du secrétaire d'État... Du reste, nulle subvention, nulle indemnité ; 200 exemplaires au plus, étaient envoyés, aux frais du gouvernement, aux ministres, aux préfets, etc. » (Hatin, V, 121.). A cette époque, il est vrai, les frais du journal étaient bien moindres, le prix en était plus élevé, la concurrence à peu près nulle. Enfin, pour d'excellentes raisons, le compte rendu des débats législatifs n'entraînait pas de grosses dépenses depuis le 18 brumaire. Cette faveur accordée au *Moniteur* était la rémunération des services que ce journal avait rendus en se constituant, avec une audace d'initiative qui ne lui était pas ordinaire, l'organe officieux des partisans de Bonaparte dans les derniers mois de 1799. On sait que celui-ci, pendant toute la durée de son règne, fut un des collaborateurs les plus actifs du journal officiel. Plusieurs des lettres adressées à Maret contiennent des indications de faits à reproduire ou à passer sous silence, de sujets à traiter, parfois des canevas d'articles. En les comparant à la rédaction définitive, on remarque souvent, dans la forme, des adoucissements dont le mérite revient au secrétaire d'État[1].

Bonaparte avait sur le journalisme des idées peu conformes aux tendances actuelles, mais qui n'en sont pas moins intéressantes à connaître. Estimant que « le bavardage des journaux, s'il a ses dangers, peut aussi avoir ses avantages, » il avait conçu de très-bonne heure la pensée de mettre la propriété des principaux organes de publicité « dans les mains d'hommes d'esprit attachés au gouvernement. » Par

1. Il eut aussi une part importante à la fortune de plusieurs de ses anciens collaborateurs. Trouvé fut membre du Tribunat, et ensuite préfet ; David, consul général en Bosnie ; Jourdan, directeur général des contributions. L'un des plus jeunes, Sauvo, dirigeait encore le *Moniteur* en 1830.

application de ce système, dès la première année du Consulat, il conseillait à Maret, et lui facilitait les moyens d'acheter la moitié du *Journal de Paris*, auquel Rœderer, propriétaire de l'autre moitié et rédacteur principal, avait su donner une grande importance sous le Directoire. Quoiqu'on puisse penser de l'attitude de Rœderer dans la journée du 10 août, il n'en est pas moins certain que, pendant tout le cours de la Révolution, il avait plus d'une fois risqué sa fortune et sa vie pour dire des vérités aux démagogues. Partisan de la liberté de la presse, mais convaincu qu'en 1799 le premier besoin était celui d'un pouvoir fort, il avait rendu, lors du 18 brumaire, des services qui ne permettaient ni de douter de lui, ni de laisser son dévouement inutile. Toutefois, Bonaparte se méfiait un peu du tempérament *métaphysicien* de cet auxiliaire. Jugeant que la situation intérieure et extérieure exigeait qu'on le secondât sans le contredire jusqu'à nouvel ordre (un nouvel ordre qu'on risquait d'attendre longtemps), il avait pris ses précautions à l'égard de Rœderer, en lui adjoignant comme copropriétaire et surveillant au *Journal de Paris* le secrétaire d'État, dont la liaison avec Rœderer remontait au temps de la Constituante. Un prospectus nouveau du 1ᵉʳ vendémiaire an IX, annonça que : « Les citoyens *Maret* et *Rœderer*, propriétaires du *Journal de Paris*, répondaient de ses principes et de sa décence au gouvernement et au public. » Cette inauguration d'un organe officieux avait au moins le mérite de la franchise. Mais l'insertion de quelques articles, regardés en haut lieu comme inconsidérés, ne tarda pas à dégoûter de cette combinaison. Au bout de trois mois, l'*explosion*, suivant l'expression de Maret, fut déterminée par la reproduction effectivement peu réfléchie d'une correspondance étrangère, contenant le récit d'une entrevue du premier Consul avec quelques ecclésiastiques du diocèse de Paris, à propos de la grande affaire alors pendante, la réconciliation avec Rome. Ce récit attribuait à l'entretien un caractère solennel qu'il n'avait point eu, à Bonaparte des paroles qu'il n'avait pas ou ne voulait pas avoir prononcées. Sa reproduction dans un journal publié sous la garantie du secrétaire d'État semblait engager le gouvernement, et pouvait lui créer des embarras dans la négociation définitive avec Rome. Aussi l'irritation de Bonaparte fut extrême : Maret dut écrire immédiatement à Rœderer « que le premier Consul » *exigeait* que le nom du secrétaire d'État fût retiré de l'annonce du journal, et qu'il *désirait* qu'un second article fît sentir que le précédent n'avait été inséré sans réflexions, que parce qu'on avait lieu de croire que l'énoncé du fait suffirait pour en montrer l'absurdité. » Rœderer obéit, et bientôt après, par suite de considérations analogues, son propre nom disparut aussi de l'annonce. Cette docilité n'empêcha pas Bonaparte de lui attribuer un peu plus tard une honorable sinécure au Sénat, en remplacement de la position active de conseiller d'État, dont Rœderer n'était nullement fatigué. Il dit au premier Consul lui-même à cette occasion : « Vous m'avez envoyé *ad patres.* » Maret et lui conservèrent néanmoins leurs parts de propriété dans le *Journal de Paris* jusqu'en février 1811. Ils en furent dépouillés à cette époque, ainsi que leurs copropriétaires, par une décision arbitraire, qui sûrement ne fut ni conseillée, ni approuvée par Maret.

On doit attribuer en partie au secrétaire d'État le mérite des aspirations libérales dont on retrouve quelques traces dans les constitutions qu'il rédigea, à différentes époques, pour les peuples soumis à l'influence française. La première par ordre de dates est celle qui fut donnée à la république batave (1801), pour remplacer l'ancienne organisation directoriale, condamnée par l'expérience. Dans cette nouvelle constitution, le pouvoir législatif était exercé par trente-cinq députés; le pouvoir exécutif, par une régence d'État composée de douze membres. Cette forme de gouvernement était plus conforme aux mœurs des populations bataves. On s'était abstenu de toute imitation servile des nouvelles institutions françaises; mais on avait reproduit avec raison la plupart des mesures réparatrices adoptées chez nous après le 18 brumaire. La confiscation était abolie, les séquestres levés, les listes d'émigration soumises à un nouvel examen.

Le projet d'une constitution italienne (1801-1802) attribué, par quelques historiens, à M. de Talleyrand, était également l'œuvre de Maret. La tâche du ministre des relations extérieures, dans cette circonstance, se réduisit à proposer aux membres de la Consulte réunis à Lyon, l'acceptation du projet tout préparé que lui avait remis le premier Consul. Mieux appropriée que les précédentes à la situation du pays, cette nouvelle constitution offrait une organisation ingénieuse, dont on eût pu espérer de bons résultats, si les entreprises incessantes de l'Angleterre et des puissances qu'elles soudoyait n'eussent constamment paralysé, là comme dans tous les pays associés aux destinées de la France, le développement des institutions intérieures. Le caractère neuf et original du corps établi sous le nom de *Censure;* la division des colléges, organes de la souveraineté publique, en colléges des propriétaires, des commerçants et des savants, étaient des innovations sincèrement libérales[1]. Elles ont obtenu le suffrage de l'historien Botta, peu

---

1. A l'époque de la transformation de la République italienne en monarchie (1804), aucun changement ne fut fait à ce système électoral. Il a subsisté jusqu'à la chute de l'Empire et du royaume d'Italie.

suspect de partialité pour tout ce qui venait des Français. C'était une idée vraiment libérale que celle d'adjoindre aux deux colléges censitaires ce troisième collége des *Dotti*, exempt de l'obligation d'impôt, et composé de deux cents citoyens choisis parmi les hommes les plus distingués dans tous les genres de sciences et d'arts. Ce n'est pas sans étonnement qu'on retrouve, dans une constitution octroyée par le premier Consul, ce principe de l'adjonction des capacités, dont l'écartement opiniâtre devait être, un demi-siècle plus tard, l'une des plus grandes fautes de la monarchie constitutionnelle de 1830.

L'honneur de la loi d'amnistie revient tout entier à Bonaparte. Maret applaudit avec enthousiasme à ce grand acte de pardon national. Jamais il ne mit un empressement plus vif, plus joyeux à s'acquitter de ses fonctions habituelles, qu'en rédigeant le sénatus-consulte qui édicta cette mesure « d'une si vaste, d'une si courageuse indulgence. » Cent cinquante mille proscrits étaient privés de l'espérance de revoir leur patrie. Les triomphes récents du premier Consul semblaient assurer l'éternité de leur exil. En France, à l'étranger même, les hommes les plus modérés s'effrayaient, non sans raison, de la témérité d'un pardon si général. Néanmoins, le sénatus-consulte du 29 avril 1802, date aussi glorieuse qu'aucune des victoires du règne, réduisit à mille le nombre des bannis. Ce nombre s'abaissa encore bientôt de plus de moitié, grâce aux sollicitations de quelques hommes de cœur, parmi lesquels il faut placer, en première ligne, Maret et Regnault de Saint-Jean-d'Angely. Maret s'employa avec le même zèle pour faire restituer des biens non vendus ; grâce à lui, de nombreux bannis repassèrent en un moment de la misère à l'aisance. Sa modestie n'a pu complétement dérober à l'histoire ces honorables souvenirs, car heureusement il ne fit pas que des ingrats. Dans ses rares moments de loisir, il allait lui-même, de mansarde en mansarde, annoncer tantôt une radiation, tantôt une levée de séquestre. Suivant le témoignage d'un de ses obligés, il paraissait aussi ému que ceux auxquels il apportait ces heureuses nouvelles ; sa récompense était d'assister aux premières effusions de leur bonheur.

Il n'est pas facile de déterminer la part réelle d'influence de Maret dans les constitutions de l'Empire. Celle de l'an VIII était, comme on sait, l'œuvre des longues méditations de Sieyès, profondément remaniée par Bonaparte en ce qui concernait l'organisation du pouvoir exécutif. Quant à l'emploi des sénatus-consultes pour déroger aux lois existantes, la première idée de ce procédé venait de M. de Talleyrand. C'était ainsi qu'on avait pu faire la loi d'amnistie nonobstant l'article 93 de la Constitution ; et ce système serait trop facile à justifier, si l'on ne s'en était jamais servi que pour de semblables mesures. Ceux du 4 août 1802 (Consulat à vie) et du 18 mai 1804 (Empire) furent préparés par le secrétaire d'État, sous la direction du consul. C'était le temps où celui-ci prenait encore moins de pouvoir qu'on ne l'invitait à en prendre, comme lui-même le rappela, en 1815, à Benjamin Constant. Pourtant certains détails de ces lois organiques trahissaient la collaboration d'un ancien disciple de la Constituante. Plus libéral que l'œuvre de Sieyès, le sénatus-consulte de 1802 admettait des colléges électoraux de département, d'arrondissement, des assemblées de canton. Il est vrai que les attributions de ces colléges étaient fort restreintes ; qu'elles se bornaient au droit de présenter deux citoyens pour les fonctions communales, départementales et nationales. Mais cette organisation offrait au moins un commencement de retour au principe du droit direct des citoyens à l'élection, droit complétement annulé par le système des notabilités qu'avait imaginé Sieyès, par ses présentations dérisoires de cinq cent mille, cinquante mille et cinq mille candidats. Cette combinaison de Sieyès était l'œuvre d'un homme aussi timide qu'ingénieux, employant toutes les ressources de son esprit pour prévenir le retour d'un danger dont l'impression lui demeurait toujours présente ; murant pour ainsi dire les fenêtres et les portes, afin d'empêcher, même au prix de ténèbres incessantes, une nouvelle irruption de brigands[1]. Comme l'a fait observer avec raison un historien, la restitution, si incomplète qu'elle fût, du droit d'élection directe, devait être ultérieurement très-importante pour la France. « Supposons, dit Bignon, que la restauration de l'ancienne dynastie se fût opérée pendant l'existence du système des notabilités. Est-il bien sûr que la royauté, qui, en 1814, sentira le besoin d'*améliorer* la composition des colléges électoraux, n'eût pas trouvé commode de s'en tenir au système existant ; de présenter même, comme un acte de condescendance démocratique, son respect pour l'ouvrage de l'un des coryphées de l'Assemblée Constituante, de la Convention et du Directoire ? »

Nous n'avons à justifier ici ni l'établissement du Consulat à vie, ni celui de la dignité impériale héréditaire. Aux yeux des hommes impartiaux de tous les temps, la responsabilité de ceux qui prirent part à ces actes est suffisamment couverte par la ratification nationale.

1. Sieyès conserva tout le reste de sa vie l'impression de l'état de transe continuelle dans lequel il avait vécu sous la Terreur. Dans ses dernières années, cette préoccupation rétrospective se trahissait par d'étranges hallucinations. Il se croyait incessamment sous le coup d'une visite de « M. de Robespierre, » et recommandait d'éconduire, sous un prétexte ou sous un autre, ce terrible visiteur.

Au moment où l'opinion publique, dominée, égarée si l'on veut par les souvenirs trop récents de l'anarchie démagogique, se prononçait si énergiquement pour la dictature, il faut tenir compte à Maret du libéralisme relatif dont il fit preuve, en mentionnant l'établissement de commissions sénatoriales de la liberté individuelle et de la liberté de la presse. Si ces indications, qui décelaient ses tendances personnelles, demeurèrent à l'état de lettre morte, ce n'est pas à lui qu'il faut s'en prendre.

Après la chute de Napoléon, quelques écrivains ont découvert « que le régime impérial, prévu par les républicains lors des événements de Saint-Cloud, avait été préparé par les courtisans de l'époque consulaire. » La reproduction récente de ces assertions dans certains pamphlets soi-disant historiques, donne un intérêt particulier d'actualité à leur réfutation, que nous empruntons aux munuscrits de Maret :

Les républicains n'ont pas prévu l'*époque impériale*. Ils ont prévu qu'un grand homme établirait dans sa patrie un gouvernement qui ne serait pas la République. Ils l'ont prévu bien avant le 18 brumaire, et dès le moment où le jeune général de l'armée d'Italie les étonnait encore plus par ses proclamations que par ses succès. Prévoir, à la journée de Saint-Cloud, ce serait avoir prévu l'événement au milieu de l'événement. Pour l'histoire, la monarchie bonapartiste ou napoléonienne a commencé le 20 brumaire. Depuis, elle n'a fait que subir des modifications. D'abord élective à temps, puis à vie, puis héréditaire. Cette dernière phase fut préparée par les conspirations sans cesse renaissantes, et bien autrement efficaces que l'influence des courtisans. La nature des choses tendait à l'hérédité. Les attentats contre la vie du chef en précipitèrent la déclaration. Consul à temps, un coup de main pouvait le chasser à son tour. Consul à vie, il suffisait d'un assassin... Il prit l'hérédité comme un bouclier. Il ne s'agissait plus seulement de le tuer ; il fallait renverser l'État. Voilà la vérité, voilà le fond des choses, voilà ce que dira l'histoire quand il y aura un historien.

De tous les hauts fonctionnaires, Maret était celui que les devoirs de sa charge mettaient en plus intime contact avec le chef de l'État. Il était donc plus que tout autre en butte à la fascination irrésistible que Bonaparte savait exercer sur ceux qui l'approchaient de près. « Avant peu, il vous aura rendu imbécile *comme nous,* » disait Talleyrand à un émigré converti et muni d'un emploi à la cour. L'assimilation était du moins consolante. Parmi ceux qui, après la chute de l'idole, accusèrent Maret de l'avoir trop encensée, plus d'un ressentait encore un dépit secret de n'avoir pas été jadis admis aussi fréquemment à manier l'encensoir. Sans doute il avait subi cette fascination, mais la suite de ce récit prouvera qu'elle agit sur son cœur plutôt que sur son jugement.

Ces reproches d'adulation, de dévouement fatal, de servilisme, répétés de confiance d'après quelques contemporains trompeurs ou trompés, étaient singulièrement pénibles au duc de Bassano. Il y revient fréquemment dans ses notes, où l'indignation légitime de l'homme de bien calomnié s'élève souvent jusqu'à l'éloquence.

Il a fallu trouver des motifs de cette faveur presque invariable dont M. Maret avait joui ; et lorsqu'à la fin de 1813 les ennemis de Napoléon, ayant intérêt à perdre un ministre qu'ils ne pouvaient séduire, l'ont accusé d'une servile dépendance aux volontés d'un maître, on a cru trouver l'explication d'un phénomène jusqu'alors inexplicable. Avec un peu de réflexion et de justice, on aurait compris qu'un ministre doué d'une activité infatigable, et au courant des hommes et des choses dans toutes les parties de l'administration, était un instrument précieux pour le souverain qui a le plus travaillé dans sa vie, et qui a pénétré le plus avant dans les détails du gouvernement. On aurait compris comment le secrétaire d'État qui suffisait à tout ce que le souverain le plus laborieux attendait de lui, devait être l'objet de sa faveur autant que de sa confiance. On n'a pas voulu voir que cette faveur ainsi méritée était d'une noble origine, puisqu'elle ne fut récompensée que par cette confiance même... Maret a beaucoup obtenu pour les autres, et, lorsque le règne impérial a fini..., sous le rapport des grâces personnelles et de la fortune, il se trouvait en arrière de tout ce qui avait été sur la même ligne que lui.

L'histoire impartiale du règne de Napoléon, histoire qui, sur bien des points, reste encore à faire, dira, en effet, que Maret dut cette faveur persévérante à son travail aussi intelligent qu'opiniâtre, à sa probité éprouvée, et surtout à cette impénétrabilité qui, sans doute, était un devoir de sa charge, mais qui lui fit de cruels ennemis.

XXXI

Mariage de Maret. — Ses divers logements sous l'Empire. — Son rôle lors du couronnement. — Il est nommé comte en 1807, et duc de Bassano en 1809. — Usage qu'il fait de sa dotation.

Maret avait épousé, dans les premières années du Consulat, l'une de ses cousines, fille de Lejéas, maire de Dijon. Il eut de ce mariage deux fils et deux filles. Madame Maret fut une des femmes les plus remarquables de la cour impériale par l'esprit et les manières ; aucune n'y porta de meilleur air le titre de duchesse. Affable et bienfaisante dans la prospérité, noblement résignée dans l'infortune, elle fut tour à tour l'orgueil et la consolation de son époux. Par sa haute position, elle avait été longtemps le point de mire de bien des adulations, de bien des jalousies, et pourtant sa réputation a subi victorieusement l'épreuve de l'adversité. Elle a été respectée par les ennemis les plus acharnés de l'Empire ; par ceux, du moins, qui avaient gardé quelque respect d'eux-mêmes et de la vérité. Il ne s'est trouvé qu'un de Pradt pour dénoncer de prétendus abus d'influence de la duchesse de Bassano, pour raconter « que son petit chien était le dispensateur des meilleurs places d'auditeurs et de préfets. » Mais cet abbé, que la suite de notre récit fera mieux connaître, était de ces hommes dont les injures honorent.

Le secrétaire d'État avait suivi Bonaparte aux Tuileries, et habité d'abord un modeste appartement à l'étage supérieur du pavillon Marsan. Après son mariage, il s'installa dans l'hôtel de Brionne, propriété de l'État. Cet hôtel et ses dépendances couvraient une partie de l'emplacement actuel de la cour intérieure des Tuileries, et de la galerie qui se rattache au pavillon Marsan. Cette installation n'était que provisoire ; le projet de Napoléon était d'établir définitivement la secrétairerie d'État dans les constructions qui devaient relier le Louvre aux Tuileries. Dans une lettre du 10 mars 1808, il recommandait d'étudier les distributions de la nouvelle galerie, « pour que M. Maret et le Trésor fussent bien logés. » Il entrait à ce sujet dans de grands détails. « Au 1er janvier, M. Maret délogera et se logera chez l'archichancelier, mais sans dépenses. Les tentures, les glaces resteront. M. Maret n'aura à porter que ses meubles. D'ici au 1er juin, l'archichancelier (Cambacérès) sera dans sa nouvelle maison ; *on démolira alors M. Maret*, et, l'année prochaine, M. Maret prendra son logement dans la galerie. » Les événements dérangèrent fort ces projets. En juin, Maret était provisoirement emménagé à Vienne, au lieu des Tuileries où son logement n'était pas même commencé, et, dans l'intervalle, il avait fait une étape à

Madrid. Après la campagne de 1809, il alla occuper effectivement l'ancienne résidence de Cambacérès, l'hôtel d'Elbeuf, vaste construction située entre les Tuileries et le Louvre, et qui, depuis, servit de caserne aux gardes suisses sous la Restauration. En 1811, devenu ministre des relations extérieures, il habita l'hôtel alors affecté à ce ministère, dans la rue du Bac. Enfin, quand il quitta ce poste au mois de novembre 1813, il occupa l'hôtel Thélusson, dont l'emplacement est couvert aujourd'hui par une partie des rues Laffite, Taitbout et du Helder[1].

Le rang et la qualification de ministre furent attribués au secrétaire d'État après la promulgation du sénatus-consulte qui conférait à Napoléon la dignité impériale. Dans la relation historique du sacre, publication officielle, son nom figure parmi les ministres dans le cortége impérial se rendant de l'Archevêché à Notre-Dame. Les autres étaient Regnier (justice), Champagny (intérieur), Decrès (marine), Gaudin (finances), Barbé-Marbois (trésor), Dejean (guerre), Portalis (cultes), Fouché (police), et Marescalchi, ministres des relations extérieures d'Italie. Le ministre des relations extérieures, Talleyrand, n'était pas avec ses collègues. En sa qualité de grand chambellan, il marchait immédiatement devant l'Empereur, portant majestueusement la corbeille destinée à recevoir le manteau impérial. Un autre serviteur, non moins fidèle jusqu'à nouvel ordre, l'abbé de Pradt, alors aumônier ordinaire de Napoléon, remplissait les fonctions de maître de cérémonies du clergé. Tandis que retentissaient les acclamations et le tonnerre de l'artillerie, saluant le couronnement et l'intronisation, « le ministre secrétaire d'État rédigeait le procès-

---

1. Cet hôtel avait été habité, jusqu'au mois de mai 1812, par le prince Kourakin, ambassadeur de Russie.

verbal de la prestation de serment constitutionnel, dernière formalité que l'Empereur venait d'accomplir à l'issue de la messe du sacre[1]. » Le *Moniteur* du 14 décembre annonça « qu'on se portait en foule chez le *ministre secrétaire d'État* pour signer ce procès-verbal. » Néanmoins, la qualification de ministre ne fut ajoutée au contre-seing des décrets impériaux que pendant le voyage de l'Empereur en Italie, au printemps de 1805. (*Moniteur* du 17 juillet 1805.)

Maret fut nommé comte en 1807, et duc de Bassano deux ans après. Ce duché était l'un des fiefs de l'Empire qui portaient des noms d'anciennes villes lombardes et vénitiennes. La dotation était de 180,000 francs de rente, dont un tiers sur le Mont Napoléon de Milan, et le reste en biens polonais, westphaliens, hanovriens, hollandais. Sur ces derniers, qui constituaient la plus forte part de son revenu, Maret avait fait des dépenses considérables en bâtisses et plantations. A la chute de l'Empire, ces biens, qui avaient appartenu à la maison d'Orange, furent repris par elle sans indemnité, bien qu'elle eût reçu en échange d'autres propriétés foncières, qu'elle conservait. On proposa au duc de Bassano de ratifier cette spoliation moyennant une indemnité dérisoire, qu'il s'empressa de refuser.

Napoléon, comme on sait, tenait à ce qu'il fût fait l'emploi le plus libéral du revenu de ses dotations. Il y regardait même d'assez près, et nous pourrions citer tel fonctionnaire, d'ailleurs capable, que l'Empereur traitait froidement, parce qu'il passait pour avare. Sous ce rapport, comme sous les autres, il n'eut pas à se plaindre de Maret. Jusqu'à la fin, ce ministre se fit

---

[1]. *Le couronnement de Napoléon premier, Empereur des Français* (1806), p. 246. Napoléon jurait de faire respecter et de respecter la liberté des cultes, l'égalité des droits, la liberté politique et civile, l'irrévocabilité des ventes de biens nationaux...

un point d'honneur d'agir comme s'il n'eût pas eu le plus léger doute sur la stabilité du régime impérial, de la prépondérance française. Il conserva ces biens tels qu'il les avait reçus, tandis que d'autres fonctionnaires civils et militaires, moins confiants, s'empressaient de profiter de la faculté qui leur avait été laissée d'aliéner leurs dotations immobilières dans les pays réunis, pour en opérer le remploi en biens situés dans l'ancienne France[1].

La cour du premier Empire a été, comme on devait s'y attendre, raillée sans ménagements par les partis extrêmes, surtout après les événements de 1814. Il est vrai que les titres nobiliaires et les habits brodés de certains fonctionnaires ne cadraient guère avec leurs antécédents. Fouché et Merlin, par exemple, ainsi brodés et empanachés, devaient se paraître suspects à eux-mêmes. Quelques-uns, fils de leurs œuvres, dissimulaient assez mal le défaut d'éducation première; mais il en était d'autres qui joignaient à des mérites plus sérieux la distinction des manières et l'urbanité. Tels étaient MM. de Bassano, de Vicence, de Cadore, Portalis, Chaptal. Nous omettons à dessein M. de Talleyrand, hors de concours pour l'esprit, dont il avait trop, comme pour le sens moral, qui lui manquait absolument.

1. Voici les chiffres exacts et authentiques des revenus qui avaient été affectés au duché de Bassano : Westphalie, Hanovre, Gallicie, chacun 20,000 fr.; Ost-Frise, 60,000 fr.; Mont de Milan, id.

XXXII

Maret pendant la campagne de 1805. — Sa rencontre à Munich avec un ancien compagnon de captivité. — Ses rapports avec l'ancien ministre autrichien Thugut. — Maret pendant la guerre de Prusse. — Le duché de Varsovie. — La famille de Bourgoing. — Traité avec la Perse, négocié par Maret. — Statuts constitutionnels des nouveaux États créés à Tilsit.

Le ministre secrétaire d'État ne resta pas longtemps en arrière dans la campagne de 1805. Dès le 23 octobre, c'est-à-dire le surlendemain de la capitulation d'Ulm, l'ordre fut expédié à Maret de venir s'installer à Munich avec ses bureaux. En y arrivant, une rencontre inattendue lui remémora vivement sa captivité de Kuffstein. Parmi les personnes qui s'étaient déjà présentées au logement préparé pour lui, se trouvait un baron de *Spaun*. On n'a pas oublié, peut-être, ce prisonnier mathématicien que nous avons vu s'associer aux conversations qu'échangeaient de leurs cellules Maret et Sémonville, au moyen de séries de coups frappés sur les murs, et dont ce compagnon d'infortune avait démêlé le sens. Spaun devait revenir le lendemain. « Comme je ne l'avais jamais vu, dit Maret, quelque intrigant aurait pu abuser d'un fait assez connu. Quand il vint, je tins la porte de ma chambre fermée et je frappai ces mots : Êtes-vous le prisonnier de Kuffstein ? Sur la réponse qu'il me fit dans le même langage, j'ouvris et je l'embrassai. J'obtins pour lui, en Bavière, une place, au bureau du cadastre. Il était fort capable de la bien remplir ; mais une captivité de dix ans avait rendu son caractère insociable. Le roi consentit, à ma prière, de donner au baron de Spaun, au lieu de son emploi, une pension de 1200 florins, dont il a joui jusqu'à sa mort prématurée. »

Bientôt Maret fut appelé à Vienne. Pendant son premier séjour dans cette capitale, l'ancien prisonnier de Kuffstein, « convaincu qu'il ne doit pas y avoir de rancunes personnelles chez un homme d'État, » adoucit de tout son pouvoir les rigueurs de l'occupation; et accueillit, avec une bienveillance toute spéciale, le principal auteur de sa captivité, l'ex-ministre Thugut. Certains rapports confidentiels avaient donné à penser qu'on pouvait encore tirer quelque parti de ce vieux ministre pour neutraliser l'influence antifrançaise. Maret s'entremit, dit-on, pour lui faire restituer une pension dont il avait joui sous le règne de Louis XVI. Un certain Pellenc, Français d'origine, jouissait alors de toute la confiance de Thugut. Pellenc, personnage des plus subtils, ayant jadis travaillé avec Maret pour Mirabeau, s'était réfugié en Allemagne pendant la Révolution et avait trouvé moyen de se faire employer à la chancellerie impériale, où il ne nous fut pas inutile... Lors de la négociation du mariage du vice-roi d'Italie avec une princesse de Bavière, Thugut fit dire à Maret, par l'intermédiaire de Pellenc, « que s'il entrait dans les vues de l'Empereur de donner à sa famille le relief d'alliances avec d'anciennes dynasties, c'était sur un autre terrain qu'il fallait prendre racine. » Ce fut la première insinuation matrimoniale qui vint du côté de l'Autriche.

Pendant la guerre de Prusse, Maret accompagna ou suivit toujours de près l'Empereur dans les moments les plus décisifs, à Berlin, à Posen, à Varsovie, à Pultusk, à Finkenstein. Six semaines après l'ouverture des hostilités, la presque totalité du territoire prussien était au pouvoir des Français victorieux ; la délivrance de la Pologne commençait. Maret fut, dès lors, auprès de l'Empereur l'apologiste infatigable de la nationalité polonaise ; l'instigateur et la cheville ouvrière de tout ce qui fut tenté pour arriver à l'abolition de la grande iniquité du partage. Dans plus d'une occasion, il aurait voulu que la France agît plus énergiquement en faveur de ces Français du Nord. De tous les hauts fonctionnaires que l'Empereur honorait de sa confiance, le ministre secrétaire d'État était le mieux disposé à servir les Polonais, parce qu'il les connaissait mieux que personne. Il était imbu des traditions de notre vieille école diplomatique, ennemie inconsolable du partage. On se souvient qu'au début de sa carrière, il avait appris de Dumouriez, témoin oculaire, bien des détails sur la lutte héroïque des confédérés de Bar. Celle de 1794 lui était également connue par les récits de Zayonshek, de Dombrowski et d'autres chefs intrépides, qui étaient venus chercher dans nos rangs, en attendant mieux, les consolations de la gloire. Pour les Polonais, qui n'avaient d'espoir que dans l'Empereur, c'était un motif puissant d'espérance, de trouver auprès de lui un ministre auquel les détails de leur triste et glorieuse histoire étaient aussi familiers qu'à eux-mêmes. Nous croyons ressaisir la trace de son influence discrète, mais persévérante, dans la tentative faite par Napoléon, dès le mois de novembre 1806, pour obtenir l'assentiment de l'Autriche au rétablissement d'une grande partie de la Pologne, en proposant au cabinet de Vienne l'échange de la Gallicie contre la Silésie prussienne. On pouvait croire que l'Autriche serait séduite par l'idée de recouvrer une province qui lui avait appartenu pendant des siècles, et dont elle avait amèrement regretté la perte. Le ministre Stadion, plus anglais qu'autrichien, ayant décliné cette offre, Napoléon jugea prudent de limiter la première tentative de reconstitution d'un État polonais aux territoires qui avaient formé le lot de la Prusse. Dans cette circonstance, comme dans bien d'autres, l'Empereur, auquel on a tant reproché d'avoir trop osé, eut peut-être, au contraire, le tort de ne pas oser assez. Il s'en rapporta au ministre d'État pour le choix des membres du gouvernement provisoire installé à Varsovie. Maret y fit entrer plusieurs des patriotes les plus énergiques de 1794, comme Malachowski, qui avait été à cette époque grand maréchal de la Diète, et Wibicky, homme intelligent et actif, qui fut, sur sa recommandation, nommé chambellan de l'Empereur.

A cette époque se rattache un trait intéressant de la vie du ministre secrétaire d'État. Depuis 1803, M. de Bourgoing, ancien ministre de Suède et l'un des vétérans de notre diplomatie, expiait par une disgrâce trop prolongée le tort d'avoir été plus franc qu'il n'est permis de l'être à un diplomate. Dans une occasion solennelle, il avait dit, à Stockholm, que la différence entre le gouvernement monarchique de Suède et le gouvernement consulaire de France n'était plus que nominale, et formulé un blâme inopportun contre les violences révolutionnaires. Ce discours, indiscrètement reproduit dans quelques journaux français, fut dans le *Moniteur* l'objet d'un désaveu dont l'amitié du secrétaire d'État tempéra néanmoins la vivacité, en admettant la supposition que les paroles du ministre de Suède avaient dû être dénaturées[1]. Mais cet incident n'en avait pas moins

1. Les relations de Maret avec M. de Bourgoing remontaient aux premières années de la Révolution. Ils se rencontraient habituellement chez Lehoc, ancien diplomate, intendant du duc d'Orléans à l'époque de la Constituante. Nous aurions dû citer cette maison parmi celles où Maret fit ses premières lectures du *Bulletin*. Lehoc, homme d'un vrai mérite, était partisan des réformes, mais ennemi des excès. Son salon, fermé pendant la Terreur, fut rouvert après le 9 thermidor. Parmi ses habitués figuraient plusieurs

valu à M. de Bourgoing une mise à la retraite prématurée. Malgré les sollicitations réitérées de Talleyrand, de Maret, de l'Impératrice elle-même ; le mécontentement du premier Consul, devenu Empereur, survivait aux circonstances qui l'avait fait naître. Cependant le fils aîné du ministre disgracié, Armand de Bourgoing, l'un des élèves les plus distingués de l'école militaire de Fontainebleau transférée depuis à Saint-Cyr, avait figuré avec honneur dans la campagne d'Austerlitz ; il allait faire celle de 1807 en Pologne. La veille de son départ de Varsovie, il alla prendre congé du secrétaire d'État, qui lui témoigna combien il était affecté de la défaveur persistante qui privait la France des services de son père. « Je le servirai, dit le jeune de Bourgoing, ou je périrai sur le champ de bataille ! » Moins de huit jours après, il tint parole au combat de Golymin. Une quarantaine de cavaliers du 4º dragons, entraînés trop loin par leur ardeur et enveloppés de toutes parts, se frayèrent héroïquement un passage parmi les masses ennemis, et reparurent le sabre haut, alors qu'on les croyait morts ou prisonniers. A la tête de ce peloton de braves, la plupart blessés, figuraient le colonel Delamotte et le sous-lieutenant de Bourgoing.

Dans la soirée du 30 décembre 1806, l'Empereur travaillait avec son ministre d'État, au quartier général de Pultusk, quand on lui apporta le rapport du combat de Golymin. Il y remarqua le nom du jeune de Bourgoing, et lut attentivement, à haute voix, le passage qui le concernait. « Sire, dit alors Maret, toujours prêt à saisir l'occasion de faire du bien, c'est la piété filiale qui a exalté le courage de ce digne jeune homme. Il me disait, il y a huit jours, à

---

personnes déjà célèbres ou destinées à le devenir, Talleyrand, Maret, Thibaudeau, l'amiral Truguet, M. et madame de Staël, le consul général de Suède Signeul, etc.

Varsovie : Je servirai mon père ou je périrai... L'Empereur semblant ému, le ministre se hâta d'ajouter : On ne peut douter, Sire, ni du caractère ni du dévouement d'un homme qui élève ainsi ses enfants ! — Vous l'aimez donc tous ? repartit l'Empereur, car tout le monde intercède pour lui. — Oui, nous l'aimons tous, parce qu'il le mérite. — Vous voulez donc que je le nomme ministre près du roi de Saxe ? — Oui, sire : ce sera un acte de justice. — Eh bien ! j'y consens.

Séance tenante, le décret de nomination fut rédigé, signé, et, le soir même, l'estafette emporta, avec les bulletins de Pultusk et de Golymin, la nomination de M. de Bourgoing, et une lettre particulière de Maret pour sa femme. Il voulait qu'elle eût sa part dans cette bonne fortune.

La lenteur relative des communications mettait alors à de cruelles épreuves le cœur des mères. Depuis plusieurs jours, madame de Bourgoing était sans nouvelles.

« Un soir, dit son second fils, le baron P. de Bourgoing, aux *Souvenirs* duquel nous empruntons cette scène, ma mère rentre chez elle : on lui dit qu'une dame jeune et belle est montée après avoir vivement insisté pour parler à ma sœur, malgré l'heure avancée et la porte défendue. Tremblante, pressentant quelque funeste message, ma mère se hâte de courir au-devant de la nouvelle qu'elle redoute. Elle entre dans le salon : elle y voit une dame assise devant le feu... ma sœur, debout près de la cheminée, tout en larmes. « Mon fils est mort ! » s'écrie ma mère. — Non, non ! lui répond la comtesse Maret, qui s'est levée et se jette dans ses bras. Non ! il n'est pas mort, il s'est distingué, il s'est conduit comme le meilleur des fils... Lisez cette lettre de mon mari...[1]

---

[1]. *Souvenirs d'histoire contemporaine*, par le baron P. de Bourgoing, ancien ambassadeur.

Ce trait nous montre la véritable attitude de Maret en présence de l'Empereur. Ce n'était pas celle d'un simple commis, dépourvu d'initiative, mais celle d'un conseiller intime dont les avis étaient toujours écoutés, suivis parfois, qui pouvait tout entendre et tout dire, parce qu'on était sûr de sa discrétion comme de son dévouement.

Il rendit de grands services et fit de nouveaux progrès dans la faveur de Napoléon, pendant l'hivernage de 1807. Secondé par lui, l'Empereur, des bords de la Vistule et de la Prégel, administrait la France aussi régulièrement qu'il l'eût fait de Saint-Cloud. Ce fut au quartier général de Finckenstein que, pour la première fois depuis le 18 brumaire, Maret remplit des fonctions diplomatiques, en négociant et signant un traité offensif et défensif avec l'ambassadeur persan (avril-mai 1807). Ce traité fut préparé et conclu d'urgence, pendant que le ministre des relations extérieures (Talleyrand) se reposait de ses fatigues à Varsovie. On connaît ses lamentations tragi-comiques pendant cette campagne ; il semble que la violence faite à sa paresse le disposait déjà à l'infidélité. Néanmoins il trouva mauvais que l'Empereur eût pu se passer de lui en pareille circonstance, et cet incident ne contribua pas à rétablir la bonne harmonie, déjà fort compromise, entre les deux ministres. Un des articles du traité stipulait l'envoi immédiat d'un ambassadeur français en Perse ; cette mission fut confiée au général de Gardane, dont l'aïeul avait joué un rôle assez brillant comme consul en Orient dans les premières années du dix-huitième siècle[1].

Le traité de Finckenstein avait pour but, d'abord

---

1. Le négociateur persan, Mirza-Mehemed-Riza-Khan, était gouverneur de la province de Casbin. Maret en parle dans ses notes

d'organiser une diversion sur les derrières des Russes, si la lutte entre les deux empires s'était prolongée ; et, dans le cas contraire, une étape et un puissant renfort de cavalerie pour une expédition franco-russe contre l'Inde anglaise. La prompte réconciliation des deux empereurs d'une part, et de l'autre les intrigues anglaises et la vénalité des ministres persans, compromirent ce plan grandiose, dont le négociateur français du traité de Finckenstein avait eu la première confidence.

On a reproché à l'Empereur d'avoir manqué à Tilsitt la meilleure occasion de rétablir complétement la Pologne. De lui-même, il eût cédé peut-être aux conseils généreux qui l'y poussaient ; mais les considérations de sentiment et d'équité devaient fléchir, au moins en partie, devant les nécessités inexorables de la politique et de la guerre. Il songeait sans doute à la restauration polonaise, quand il écrivait de Posen

comme d'un homme « fort distingué, instruit et ayant les manières les plus nobles. » Après la capitulation de Dantzig, ce grave personnage accompagna Napoléon dans la visite de cette place, et semblait profondément étonné qu'on n'eût pas coupé la tête à tous ceux qui avaient osé s'y défendre.

Gardane était gouverneur des pages de l'Empereur, à la grande satisfaction des mauvais plaisants, qui trouvaient son nom bien assorti à ses fonctions. Sa situation à Téhéran, d'abord gênante, devint bientôt insoutenable, grâce aux manœuvres des agents anglais. Il revint vers la fin de 1808, ramenant un nouvel ambassadeur, chargé de réclamer, en vertu du traité de Finckenstein, la médiation française, médiation que le cabinet de Pétersbourg déclina, sous prétexte des obstacles insurmontables que « la position géographique » des trois puissances apporterait à cette médiation. C'était aussi au nom des convenances géographiques que la Russie demandait alors, d'une part la Finlande, de l'autre Constantinople. Les affaires d'Espagne, l'attitude hostile de l'Autriche, obligeaient alors Napoléon à de grands ménagements envers la Russie ; les affaires de Perse s'en ressentirent. De ce traité de 1807, qui aurait pu exercer une grande influence sur les événements, il ne resta que deux décorations de l'ordre persan du Soleil, rapportées par Gardane, pour Maret et Talleyrand.

à Joséphine, le 8 décembre 1806 : « Plus on est grand, moins on doit avoir de volonté; l'on dépend des événements et des circonstances... Moi, je me déclare le plus esclave des hommes; *mon maître n'a pas d'entrailles*, et ce maître, c'est la nature des choses. » Napoléon pensa que ce « maître sans entrailles » lui interdisait, en 1807, de réclamer à la Russie, dont le territoire était intact; à l'Autriche, qui pouvait disposer de la plénitude de ses forces, la cession gratuite de plusieurs millions d'habitants. Il crut faire à Tilsit, en faveur des Polonais, un usage aussi étendu que le permettait la prudence, de son pouvoir du moment, en retenant les provinces entrées dans le lot de la Prusse au temps du partage pour en former un État ayant pour capitale Varsovie, et en donnant pour souverain à cet État le roi de Saxe, descendant de princes qui avaient régné sur la Pologne, et naguère appelé lui-même au trône par les vœux des Polonais.

D'après l'article 5 du traité, le duché de Varsovie devait être régi par un statut constitutionnel « qui, en assurant les priviléges et les libertés des peuples, se conciliât avec la tranquillité des États voisins, » précaution trop bien justifiée par les antécédents historiques. Ce statut, concerté avec la commission de gouvernement provisoire réunie à Dresde, fut rédigé par le ministre secrétaire d'État. Il se fit spécialement aider dans cette tâche par un de ses secrétaires, Étienne, littérateur distingué, qui, comme lui, ne séparait pas, dans son dévouement, la France de l'Empereur. Précédemment, Étienne avait été chargé, par le secrétaire d'État, de la direction politique des journaux dans la Confédération du Rhin, et s'était acquitté de cette fonction délicate avec autant de dextérité que de zèle [1].

[1] Ce fut au retour de cette campagne qu'Étienne, sur la recommandation de Maret, fut nommé rédacteur en chef du Journal de

Dans ce statut polonais, Maret s'était efforcé de maintenir les anciennes institutions nationales, dans tout ce qui pouvait concorder avec les exigences de la situation et des temps nouveaux. Le roi de Saxe, grand-duc héréditaire de Varsovie, exerçait, dans leur plénitude, les fonctions du pouvoir exécutif; il avait l'initiative des lois, que préparait un Conseil d'État pareil à celui de l'Empire français. Ces lois étaient ensuite présentées à la Diète générale, formée de deux Chambres, celle du Sénat et celle des Nonces. Le Sénat se composait de dix-huit membres: six évêques, six palatins, six castellans; l'autre Chambre, de soixante nonces nommés par les Diè-

---

l'Empire (des *Débats*), dont l'Empereur voulait à la fois utiliser la vogue et neutraliser la sourde opposition. De 1807 à 1811, époque de l'injustifiable spoliation des frères Bertin, Étienne dépensa infiniment d'esprit et de tact à tenter une conciliation impossible. Dans plusieurs circonstances où sa surveillance avait été mise en défaut, la bienveillance du secrétaire d'État adoucit le mécontentement de l'Empereur, et tempéra, par des consolations amicales, l'amertume des admonestations officielles. C'est ce qui arriva notamment à l'époque des événements de Bayonne (juin 1808), où Étienne avait laissé passer par mégarde la reproduction d'un article de journal allemand qui faisait pressentir prématurément la rupture avec l'Autriche.

Le dévouement d'Étienne n'avait d'ailleurs rien de servile, et, dans plus d'une circonstance, il osa résister à des insertions qu'il jugeait peu conformes au véritable intérêt du gouvernement impérial. C'est ainsi que, peu de temps après le nouveau mariage de Napoléon, il refusa courageusement d'insérer une diatribe impolitique, dictée *ab irato* par Napoléon lui-même contre l'ambassadeur d'Autriche Schwarzenberg, que l'Empereur croyait mêlé à des intrigues antifrançaises. Après d'inutiles objections, Maret avait dû fléchir devant la volonté persistante de Napoléon, et transmettre l'article. Mais le lendemain, au moment où ce terrible collaborateur cherchait vainement son article dans le journal du jour, le duc de Bassano, un peu ému, lui dit : « Sire, M. Étienne prétend que l'article n'est pas digne de Votre Majesté, et il a refusé de le publier. — Ah! reprit vivement l'Empereur, M. Étienne a osé!... » Puis, après un moment de réflexion : « Eh bien ! il a bien fait ! » Et, subitement calmé, il parla d'autre chose. Nous empruntons cette anecdote caractéristique à l'intéressante Étude de Thiessé sur Étienne.

tines ou Assemblées des nobles, et de quarante députés des villes. Les Chambres nommaient des commissions pour examiner les projets de loi, dont la discussion était soutenue, pour le gouvernement, par des conseillers d'État délégués; pour chaque Chambre, par des membres de ces commissions. Cette forme est précisément celle que Napoléon introduisit en France quand il jugea à propos de supprimer tout à fait le Tribunat, comme un rouage inutile ou gênant. Sans doute, cette constitution polonaise était essentiellement aristocratique, puisque la noblesse composait à peu près exclusivement le Sénat, et se trouvait encore en majorité parmi les nonces. Mais cette disposition était inévitable dans un pays où quelques villes seulement offraient une très-faible partie de population analogue au tiers état français de 1789, et où la population des campagnes, affranchie par le statut, ne pouvait pas perdre en un jour les mœurs de la servitude. L'article qui proclamait l'abolition de l'esclavage, l'égalité des droits et plaçait l'état des personnes sous la sauvegarde des tribunaux, constituait déjà un progrès social important. Cette amélioration avait une portée d'autant plus grande, au point de vue de la nationalité polonaise, qu'elle était introduite dans un territoire confinant aux parties de l'ancienne Pologne possédées par l'Autriche et la Russie, et dans lesquelles le servage subsistait encore. A ces avantages, la nouvelle constitution polonaise ajoutait l'introduction de notre Code civil, la publicité des procédures, l'établissement des justices de paix. En tenant un compte exact de la situation particulière du duché, de l'état et des besoins réels de la population, on est amené à reconnaître qu'en fait d'institutions, on ne pouvait faire pour lui ni mieux ni davantage.

Les aspirations de l'ancien disciple de l'Assemblée nationale ne sont pas moins visibles dans la Constitution que rédigea Maret pour le nouveau royaume de Westphalie. Cette Constitution faisait, il est vrai, une large part à l'autorité royale. Mais, pour ces populations précédemment morcelées, soumises aux abus d'un régime féodal suranné, n'était-ce pas un bienfait immense qu'un statut constitutionnel qui « conservait l'égalité de tous les sujets devant la loi ; » qui supprimait « tous priviléges de corporations, tous priviléges individuels, tout servage, sous quelque dénomination que ce fût ; » qui conservait, il est vrai, la noblesse, mais « sans qu'elle donnât ni droit exclusif à aucun emploi, ni exemption d'aucune charge publique. » On établissait également en Westphalie le Code civil français, notre système monétaire, celui des poids et mesures, la publicité des jugements, l'institution du jury. Les États, appelés à voter les impôts et les lois, devaient se composer de cent membres, dont soixante-dix propriétaires fonciers, quinze commerçants et quinze lettrés, nommés par les colléges de département. C'était une nouvelle application de l'adjonction des capacités, déjà pratiquée en Italie, application particulièrement convenable dans un pays où les universités jouaient un rôle trop important pour n'être pas représentées dans les Assemblées délibérantes. Cette disposition libérale sera reproduite également dans la Constitution espagnole. Comme on l'a dit avec raison, toutes ces réformes (abolition de servage, égalité devant la loi, suppression des priviléges, admissibilité de tous à tous les emplois), une fois établies par des constitutions, par des chartes même incomplétement exécutées, sont de précieuses semences, qui ne périssent jamais. On a pu les étouffer pour un temps, mais elles vivaient, elles fermentaient au fond des âmes. Les conseils des monarchies absolues ont mieux compris Napoléon sous ce rapport que les coryphées d'une certaine école libérale, quand ils ont vu en lui le représentant de la Révolution. Ce n'est pas non plus sans de justes motifs qu'ils ont enveloppé dans la même réprobation le serviteur dévoué qui avait été non-seulement l'exécuteur, mais l'instigateur constant de ces mesures d'amélioration sociale[1].

A l'occasion de la retraite de M. de Talleyrand, qui eut lieu cette même année, on a prétendu que Maret avait toujours été jaloux de lui, qu'il n'avait laissé échapper aucune occasion de lui nuire, de déterminer son remplacement par un ministre de transition. Maret était incapable de ces trames hypocrites. On sait que, par égard pour ses services passés, Talleyrand fut autorisé à donner pour motif ostensible de sa démission la nécessité d'opter entre le ministère et la position de vice-grand électeur. En réalité, ce commencement de disgrâce avait été provoqué par des circonstances absolument personnelles. Maret, à cette époque, n'ambitionnait aucunement son héritage, d'abord parce qu'il avait, sur la stabilité de l'alliance russe, des idées peu conformes à celles qui prévalaient alors; ensuite, parce qu'il savait mieux que personne combien il serait difficile et dangereux de remplacer un homme aussi capable, et qui avait quitté son poste trop à regret pour ne pas saisir toutes les occasions de nuire à son successeur. L'Em-

[1]. Il ne faut pas oublier non plus que les gouvernements absolus eux-mêmes furent entraînés, par le cours naturel des choses, à employer des mesures analogues. Dès 1807, le premier ministre prussien, baron de Stein, reproduisait en Prusse plusieurs des réformes réalisées par la Constituante en 1789, et que le gouvernement impérial venait d'introduire en Westphalie et dans le nouveau duché de Varsovie. Un édit autorisait les bourgeois à acquérir certains biens-fonds jusque-là réservés aux nobles. Ceux-ci étaient autorisés à s'occuper d'industrie, de commerce; une époque était fixée pour l'abolition de la corvée et du rachat de la glèbe, etc. Ainsi, on était forcé d'imiter la France, pour pouvoir utilement s'insurger contre elle.

pereur était fort éloigné de prévoir, en 1807, le grave incident qui fut, comme on le verra en son lieu, la principale cause de l'avénement du duc de Bassano aux relations extérieures en 1811.

XXXIII

Réflexions de Maret sur les événements de Bayonne. — Il rédige la Constitution destinée à l'Espagne. — Il accompagne Napoléon à Erfurt, puis à Madrid (1808) et à Vienne (1809). — La secrétairerie d'État installée à Schœnbrunn. — Maret dans l'île de Lobau. — Le testament du général Lasalle.

Le ministre secrétaire d'État accompagna l'Empereur dans sa promenade triomphale en Italie (novembre 1807), puis dans le voyage de Bayonne (mai 1808). Fit-il quelques efforts pour empêcher l'Empereur d'adopter la résolution qui devait lui être si funeste? Maret est resté, sur ce point, fidèle à ses habitudes de discrétion impénétrable. Il a mieux aimé encourir le soupçon d'une docilité, d'une confiance aveugles, que de se laisser attribuer, avec raison peut-être, le mérite de quelque sage observation. Cette abnégation présente un contraste frappant avec la conduite de M. de Talleyrand, accréditant par des demi-mots et des sourires l'opinion que sa disgrâce avait été occasionnée par le refus de prendre part aux négociations de Bayonne. M. de Talleyrand n'était déjà plus ministre à une époque où Napoléon n'avait encore aucun parti arrêté relativement à l'Espagne; et sa retraite avait été déterminée par d'autres motifs. Il est même démontré aujourd'hui qu'antérieurement aux événements d'Aranjuez, ce personnage avait, non pas seulement approuvé, mais conseillé une intervention armée; qu'obéissant aux ordres de l'Empereur, sans aucune apparence de scrupule, il se faisait, auprès d'un envoyé du prince de la Paix à Paris, l'organe de propositions qui tendaient à une dislocation de la monarchie espagnole[1]. Ce ne fut qu'après la catastrophe de Baylen que Talleyrand et bien d'autres commencèrent à manifester leur improbation.

Nous reproduisons, à titre de renseignement historique, les explications données par Maret dans ses notes sur les événements de Bayonne.

Ferdinand a été conduit à Bayonne par les deux mobiles qui dirigent les hommes : la crainte et l'espoir. Tous ses conseillers, tous les ennemis de Godoï, le pressaient de faire une démarche éclatante pour concilier à son usurpation le souverain duquel pouvait dépendre le destin de l'Espagne. Un seul, d'Urquijo... s'efforça de le rappeler au sentiment de sa dignité, il ne fut point écouté.

Charles IV, roi détrôné, père outragé..., a été conduit à Bayonne par le sentiment de sa propre sûreté, par le besoin de la protection de son puissant allié; par le désir, conçu au milieu des derniers orages de sa vie royale, de trouver un asile où finir doucement ses jours... Il y porta aussi le désir de la vengeance, et la conviction profonde que Ferdinand était incapable, indigne de régner. Cette opinion a-t-elle été démentie par les faits, depuis 1814?... Un roi, un père, usant des droits qu'il n'avait pu perdre, abandonna le trône et crut faire le bien de ses anciens sujets en remettant son royaume aux mains de l'étranger. Le coupable et faible Ferdinand s'abandonna lui-même, et la plupart de ses amis passèrent du côté où était la fortune. De ce concours inouï de circonstances sortit la fatalité qui entraîna Napoléon. Que pouvait-il faire ? Forcer Charles IV à régner ? Quiconque a vu Charles à Bayonne sait que cela eût été impossible. Renvoyer Ferdinand à Madrid, et livrer l'Espagne à l'Angleterre et aux factions ennemies de la France ? Reportez-vous au temps ; ne jugez pas d'après les événements, et dites de bonne foi si vous l'auriez conseillé !

---

1. V. notamment Bignon, VII, 213.

Cette fois, Maret n'a pas su, ou n'a pas voulu dire toute la vérité. Son rôle, dans cette circonstance si fatale à la fortune et à la gloire de l'Empereur, se réduisit à préparer le projet de constitution qui devait être présenté à la junte. Il crut de bonne foi travailler à la régénération de l'Espagne, et ne craignit pas d'introduire, en plein pays ennemi, quelques-uns des principes de 1789. Cette constitution peut sembler aujourd'hui bien timide. Elle était trop hardie peut-être, en proclamant dans l'Espagne de 1808 l'admissibilité à tous les emplois sans aucune condition de noblesse; en soumettant les nobles aux mêmes obligations et aux mêmes charges que le reste de la population; en créant une représentation nationale permanente. L'organisation de ces Cortès napoléoniennes offrait certaines réminiscences de nos États généraux, appropriés à l'état politique et social de l'Espagne. On y voyait le banc de la noblessse et celui du clergé, composés chacun de vingt-cinq députés; celui du peuple, où figuraient soixante députés des provinces, trente des villes, quinze du commerce, enfin, quinze des universités, choisis, comme les *dotti* italiens, parmi les hommes distingués dans les sciences et dans les arts, et, comme eux, n'ayant pas besoin de payer d'impôts pour être éligibles. Les deux premiers bancs devaient être nommés par le roi, le troisième par les provinces. Les Cortès délibéraient sur les finances, sur les codes, sur les impositions; les comptes annuels des recettes et des dépenses leur étaient soumis. Elles pouvaient demander la mise en accusation des ministres. L'Espagne entière devait être régie par un même Code civil, par un système unique d'impositions. La Constitution stipulait encore l'établissement d'une Cour des comptes, attribuait à l'ancien conseil de Castille les fonctions de Cour de cassation, stipulait l'inviolabilité du domicile pendant la nuit, la nécessité d'un ordre légal écrit pour l'arrestation. La torture, l'inquisition étaient supprimées ; la liberté de la presse devait être établie au bout de deux ans...

Le secrétaire d'État fut naturellement délégué auprès des députés espagnols, convoqués pour examiner et accepter son projet de constitution et reconnaître le nouveau roi. Sur ce dernier point, l'exigence du maître fut pressante, immédiate. Il n'en fut pas de même en ce qui concernait la Constitution. Le projet fut remis à M. d'Azanza, désigné pour remplir les fonctions de président de la Junte; son étude fut confiée à deux commissions préparatoires, chargées de proposer les changements qu'elles jugeraient convenables. Parmi les hommes investis plus ou moins volontairement de cette mission, figuraient plusieurs des conspirateurs d'Aranjuez, les ducs de l'Infantado, del Parque, Cevallos, qui repassèrent ensuite dans le parti de Ferdinand, mais seulement après la catastrophe de Baylen. La junte consacra douze séances à l'examen de la constitution proposée, et y introduisit plusieurs modifications qui lui parurent utiles. « Les députés eurent la plus entière liberté d'émettre leurs opinions et leurs votes [1]. » Le rédacteur de cette constitution semblait s'être proposé l'exemple de Solon, quand il disait aux Athéniens en leur offrant son code : « Je ne vous donne pas les meilleures lois, mais les meilleures que vous puissiez supporter. » Son œuvre était conforme aux aspirations des hommes les plus sages, si bien qu'entre le parti français et le « bord éclairé » du parti national, il n'y avait de différent que la personne du monarque. Maret s'était donc efforcé, dans sa sphère d'action, d'atténuer les conséquences d'une mesure violente qu'il n'avait pas conseillée [2].

1. *Mémoire d'Azanza* et *d'O'Farrill*, p. 104. (Publié en 1814.)
2. « On a remarqué que ce ministre, décoré des ordres de presque

L'expiation allait bientôt commencer. L'Empereur, en quittant Bayonne, avait voulu visiter les départements de l'Ouest ; la nouvelle du désastre de Baylen vint le surprendre à Bordeaux. Jamais Maret ne le vit plus douloureusement ému, même dans les plus tristes moments des dernières années. « Je voudrais, lui disait Napoléon, effacer cette honte de mon sang ! »......

Maret accompagna l'Empereur à Erfurt, revint avec lui à Paris, et le suivit en Espagne à quelques heures de distance. Il le rejoignit au milieu du feu à Somo-Sierra. « On ne peut donc pas tirer un coup de canon que vous ne vouliez en avoir votre part ! » lui dit en riant Napoléon. Plus d'une fois, dans la suite, Maret évoqua au secours de la Pologne le souvenir de ce combat, l'un des plus merveilleux de l'épopée impériale. Il était resté à Madrid, tandis que l'Empereur manœuvrait contre sir John Moore. On sait que des nouvelles arrivées de Paris, le 6 janvier 1809, arrachèrent l'Empereur à la poursuite de cette armée. « Il reçut à Astorga, dit Maret dans ses notes, la confirmation des mouvements préparés par l'Autriche, et d'une trame ourdie dans la capitale par les mêmes

toutes les puissances de l'Europe, n'en a jamais reçu d'aucun des frères de Napoléon, qui tous en ont institué, et n'en étaient pas avares. » (Notes de Maret.) Ceci semble indiquer que le ministre secrétaire d'État n'avait pas approuvé que l'Empereur fît des rois de ses frères. Si, comme nous le pensons, il avait combattu dans le secret du cabinet la détermination arrêtée en 1808, il était généreux à lui de chercher à l'excuser après la chute de l'Empire. Mais Napoléon lui-même a reconnu que le renversement de la dynastie espagnole avait été un des actes les plus funestes de son règne. C'est en vain qu'on dirait que Napoléon avait bien jugé Ferdinand ; que, dans leur propre intérêt, les Espagnols auraient mieux fait de se soumettre. Quand un des petits souverains de l'Asie Mineure, Archélaüs de Cappadoce, fut attiré à Rome par de flatteuses promesses, et retenu prisonnier ; ses États, réduits en province romaine, furent mieux gouvernés qu'ils ne l'avaient jamais été. Cette considération n'absout pas la politique de Tibère...

mains qui l'ont accomplie en 1814. » M. de Talleyrand, en effet, ne s'était pas borné à blâmer les résolutions adoptées à Bayonne. On soupçonnait qu'une conférence secrète avait eu lieu chez lui entre les agents de Ferdinand et les ambassadeurs d'Autriche et de Prusse. Ce fait, qui ne put être prouvé à cette époque, a été positivement avoué, après la chute de l'Empire, par l'un de ces agents espagnols, le chanoine Escoïquitz[1].

Maret était rentré à Paris dans les derniers jours de janvier 1809. Au mois de mai suivant, il se trouvait, pour la seconde fois, installé dans la capitale de l'empire autrichien! Pendant la période la plus critique de cette guerre, entre la journée d'Essling et celle de Wagram, Maret travaillait à Schœnbrunn avec la même régularité qu'aux Tuileries. Les portefeuilles des autres ministres lui étaient transmis chaque semaine, suivant l'usage, par un auditeur au conseil d'État, envoyé de Paris. Lors de la reprise des opérations, il accompagna l'Empereur dans l'île Lobau, puis sur l'autre rive du Danube, dans les rangs des soldats qui allaient prendre sur les Autrichiens une terrible revanche de l'échec d'Essling. Ce fut dans ce moment que le célèbre général Lasalle l'arrêta au passage, pour lui remettre une lettre adressée à l'Empereur. Cet officier, brave entre les plus braves, avait été réveillé dans la nuit par un de ces pressentiments distincts d'une fin prochaine, dont on trouve plus d'un exemple dans l'histoire militaire.

1. *Mémoires d'Escoïquitz*. Talleyrand et Fouché, brouillés depuis longtemps, avaient choisi, pour se raccommoder, le moment où l'Empereur était en Espagne. Il y avait lieu de penser que la prévision d'un *accident,* possible en pareille circonstance, n'avait pas été étrangère à ce rapprochement. Fouché, accusé de graves indiscrétions dont il était fort capable, en fut pourtant quitte, cette fois, pour une vive réprimande; mais Talleyrand perdit sa place de grand chambellan.

Il avait voulu, en conséquence, recommander sa famille à celui pour lequel il pensait bientôt mourir. Ce fut à Maret qu'il confia le placet qu'il n'avait pas osé présenter lui même. « C'est la première fois que je lui demande quelque chose, et probablement aussi la dernière, dit-il au ministre. Donnez-lui ce papier s'il m'arrive malheur. » Le soir même. Maret dut remettre ce testament de mort. La bataille était gagnée quand Lasalle, chargeant encore la droite des Autrichiens en pleine retraite, fut atteint mortellement au front par une des dernières balles parties des rangs ennemis.

Le ministre secrétaire d'État fut l'un de ceux que l'Empereur consulta à Znaim sur la proposition d'armistice apportée, comme en 1805, par le prince de Lichtenstein. Bien que, pendant la première période de la campagne, Napoléon eût paru incliner aux résolutions extrêmes[1], Maret était trop au courant des

1. Avant la bataille d'Essling, Napoléon avait eu un moment l'idée de démembrer la monarchie autrichienne. Cette intention ressort évidemment des termes de son bulletin (16 mai). La *catastrophe* de la maison de Lorraine y est formellement annoncée. Thugut, Manfredini avaient vainement prédit à l'empereur François que cette guerre entraînerait la ruine de sa maison. Le prince de Ligne disait : « Je croyais être assez vieux pour ne pas survivre à la monarchie autrichienne. » Le vieux comte Wallis, voyant l'Empereur partir pour l'armée, s'était écrié: « C'est Darius qui court au-devant d'Alexandre. » Cette opinion était partagée par le prince de Zinzendorf, ministre de l'intérieur, et d'autres hommes politiques, notamment par le comte Louis de Cobentzl, l'un des principaux promoteurs de la guerre précédente, mort en janvier 1809. On affirmait que ce personnage, la veille de sa mort, avait adressé à l'Empereur une lettre forte et pathétique pour le conjurer de renoncer à cette guerre, qui ne pouvait que lui être fatale, etc. Depuis 1805, Louis de Cobentzl entretenait des relations suivies avec Maret. La plupart des renseignements contenus dans le bulletin du 16 mai avaient été transmis par un Français, ce Pellenc, dont nous avons déjà parlé, et auquel le gouvernement autrichien avait naïvement conservé sa place à la chancellerie. Après la conclusion du nouveau traité de paix, Pellenc rentra en France, où l'attendait un emploi lucratif.

difficultés de la situation pour ne pas opiner en faveur d'une mesure qui pouvait amener la paix. L'Empereur adopta ce sentiment, et termina la discussion par ces mots : « il y a eu assez de sang de versé ! »

XXXIV

Négociation avec l'Autriche. — Conférences stériles d'Altenbourg. — Rôle équivoque du comte de Metternich. — Nouvelle période de la négociation ; conférences de Schœnbrunn, suivies par Maret avec le prince de Lichtenstein et le comte de Bubna. — La négociation commencée et très-avancée par le ministre secrétaire d'État, est terminée par le ministre des relations extérieures duc, de Cadore. — Maret est nommé duc de Bassano.

Maret prit une part importante aux négociations de la paix de Schœnbrunn. Ces négociations se divisent, comme on sait, en deux périodes bien tranchées : les conférences stériles d'Altenbourg et celles de Vienne, courtes et décisives. Ce fut à ces dernières que concourut le secrétaire d'État.

A Altenbourg, M. de Metternich, principal plénipotentiaire autrichien, s'était attaché à remplir des séances entières de doléances sur les charges de l'occupation ; à multiplier les ajournements en prenant *ad referendum* toutes les propositions françaises, en se plaignant longuement et à tout propos, de ce que la négociation ne marchait pas, soi-disant par notre faute. Ce système de piétinement était conforme aux vues du parti anti-français, dont le ministre Stadion était alors le chef. Ce parti ne songeait qu'à gagner du temps pour recommencer les hostilités dans des conditions meilleures. Il comptait sur les diversions anglaises en Belgique et dans la Péninsule, sur une levée de boucliers dans l'Allemagne du nord, sur l'insurrection persistante du Tyrol, enfin sur un changement radical dans les dispositions de la Russie.

On atteignit ainsi les premiers jours de septembre. Dans cet intervalle, les événements avaient marché, mais non au gré de nos ennemis. Déjà il n'y avait plus moyen d'ignorer que la victoire de Talavéra avait été suivie d'une retraite précipitée ; que, malgré la prise de Flessingue, l'entreprise sur Anvers était grandement compromise. Les espérances qu'avait autorisées l'attitude équivoque du corps auxiliaire russe pendant la guerre, furent anéanties par la réponse du Czar à une démarche personnelle du souverain de l'Autriche. L'assentiment donné forcément par Napoléon, après la journée indécise d'Essling, aux projets russes sur la Finlande, et ensuite la victoire de Wagram, avaient raffermi la fidélité d'Alexandre à l'alliance française. Il refusait d'intervenir dans les négociations entre Napoléon et François II, et conseillait à ce dernier d'acheter la paix par de prompts sacrifices. M. de Stadion, fort troublé, autorisa immédiatement les plénipotentiaires d'Altenbourg à faire un pas en avant, en offrant la cession de Saltzburg et d'une partie de la Gallicie. C'était également sur l'ancien territoire polonais qu'ils devaient offrir des compensations aux sacrifices exigés ailleurs, parce que c'était là que la destination à donner au pays cédé pouvait amener des difficultés entre Napoléon et Alexandre.

Mais l'impression produite par l'abandon de la Russie, tendait à faire prévaloir des conseils plus sincèrement pacifiques auprès du souverain de l'Autriche. Ce prince se décida à faire une démarche directe auprès du vainqueur, pour en obtenir des conditions moins dures que celles qui avaient été d'abord articulées à

Altenbourg. M. de Bubna fut envoyé à Vienne ; et, de ce jour, la véritable négociation commença.

Depuis la conclusion de l'armistice, l'Empereur Napoléon désirait finir promptement les affaires d'Autriche. Il ne pouvait donc qu'être mécontent de ce qui se passait à Altenbourg où, après un mois de conversations et dix longues séances avec protocoles, on était moins avancé que le premier jour. La mission de Bubna était le premier indice sérieux des dispositions pacifiques de l'Autriche. L'Empereur reçut donc fort bien cet envoyé, et lui parla à cœur ouvert. Il n'exigeait plus qu'un sacrifice de territoire à peu près pareil à celui que l'Autriche avait déjà dû faire en 1805. Il promettait même de n'en exiger aucun, si l'empereur François, qu'on disait las de régner, se décidait à abdiquer en faveur de son frère, l'ex-grand-duc de Toscane, devenu duc de Würtzbourg, dont le caractère plus ferme et les sentiments personnels, éprouvés dès 1796 par le général Bonaparte, inspiraient plus de confiance à l'Empereur Napoléon. Il paraît que cette deuxième combinaison lui avait été suggérée dès l'époque de son entrée à Vienne, sinon auparavant, par quelques hauts personnages hostiles à l'influence anglaise, et dont Maret était l'intermédiaire. On s'était assuré de l'assentiment du prince. Le ministre secrétaire d'État poussait à cet arrangement de tout son pouvoir, et pourtant l'homme dont il voulait faire un empereur était ce même archiduc Ferdinand qui avait transmis à Milan, en 1793, l'ordre d'arrêter Maret et Sémonville[1].

Dans ce premier entretien, Napoléon avait énoncé

---

1. Il faut bien distinguer le prince dont il s'agit ici, et qui était le propre frère de l'empereur François, d'un autre archiduc du même nom, leur cousin germain, et fort hostile à la France, comme l'Impératrice sa sœur. Cet homonyme de l'ancien grand-duc de Toscane est celui qu'on avait vu figurer dans l'armée autrichienne

sommairement son ultimatum, et renvoyé pour les détails au ministre secrétaire d'État, qui avait toute sa pensée. Il y eut, du 10 au 15, plusieurs conférences entre Bubna et Maret. « C'étaient deux hommes habiles et, ce qui vaut mieux encore, deux hommes de bien. » (Pelet, IV, 368.) Bubna, bien renseigné, repartit le 15 pour le château de Dotis, où résidait l'empereur François. Les exigences françaises soulevèrent d'abord une vive répugnance, et M. de Bubna fut renvoyé à Schœnbrunn avec une longue lettre que l'on avait fait écrire par l'empereur François. On avait fait croire à ce prince, très-novice en statistique, que Napoléon, malgré ses belles paroles, ne faisait en réalité aucune concession ; qu'il demandait, en dernier lieu, sur les frontières de l'Inn et d'Italie, un chiffre de population qu'on ne pourrait lui fournir qu'au moyen de la cession intégrale des territoires primitivement exigés. Suivant l'expression sévère, mais juste, de Napoléon, cette assertion était basée sur une fausseté, c'est-à-dire une évaluation sciemment inexacte du chiffre réel de la population de ces territoires. Dans un premier mouvement, Napoléon avait dicté un projet de réponse très-vif, et expédié, le même jour (23 septembre), des ordres qui semblaient annoncer la prévision d'une reprise d'hostilités prochaine.

---

battue à Hohenlinden, dans celle de Mack en 1805, et qui commandait, en 1809, le corps d'armée destiné à envahir le duché de Varsovie. A son entrée en campagne, il avait lancé une proclamation outrageante contre Napoléon, qui la fit reproduire dans un de ses Bulletins (n° 9), comme un document propre à justifier ses sévérités pour la maison de Lorraine. A la même époque, l'autre Ferdinand, le nôtre, « déclarait qu'il était prêt à se retirer au delà du Rhin, si les Autrichiens avançaient sur ses États. » (Bulletin n° 2.) M. Thiers paraît avoir attribué ces actes profondément contradictoires à une seule et même personne, et cette confusion a été reproduite et mise en évidence, d'une manière fâcheuse, par le rédacteur de la table analytique de sa grande Histoire. (Thiers, XXI, 215, article *Archiduc Ferdinand*.)

Néanmoins, toute réflexion faite, et cédant peut-être à de sages conseils, il engagea seulement l'Empereur François à s'en rapporter aux explications qui lui seraient transmises verbalement par Bubna[1].

Les conférences qui eurent lieu entre Maret et ce personnage, pendant son dernier séjour à Schœnbrunn, exercèrent une influence décisive sur les déterminations de l'Autriche. Le négociateur français s'était aperçu que l'opiniâtreté de cette puissance tenait principalement aux illusions qu'on se faisait encore à Dotis sur la force réelle des armées françaises en Allemagne. Tout ce qui aurait pu être allégué directement pour combattre cette illusion n'aurait servi qu'à la fortifier. Maret usa de ruse, dans l'intérêt des deux parties. « Il fit tomber sous les yeux de Bubna un état des troupes en marche, ou qui avaient rejoint l'armée depuis la conclusion de l'armistice. Lorsqu'il se fut assuré de l'effet produit sur le général autrichien par les notions que celui-ci croyait devoir au hasard, il lui montra des documents qui ne pouvaient lui laisser aucun doute sur le désastre complet de l'expédition de lord Chatham, et parvint à le convaincre que l'Empereur, dont les forces étaient considérablement accrues, se préparait sérieusement à rentrer en campagne. Le point de départ étant Vienne, les résultats pouvaient être si prompts, si décisifs, que bientôt l'Autriche ne se trouverait plus en mesure d'obtenir aucune condition de paix. Bubna, sérieusement effrayé, ne s'occupa plus que de décou-

---

[1]. Lettres de Napoléon à l'empereur François et à Maret. *Correspondance*, 58367. La lettre à Maret est curieuse. Bien que fort irrité de l'obstination de François, Napoléon abandonne son projet de réponse détaillée. Il n'est pas de sa dignité de prouver à ce prince *qu'il ne sait ce qu'il dit*. Son intention est de ne plus donner à cette Majesté le titre d'*Apostolique*. « Je suis aussi bon chrétien que lui, » écrivait Napoléon, oubliant qui il tenait prisonnier à Savone.

vrir quelles étaient les conditions dont la France ne consentirait point à se départir. En deux jours, la négociation marcha plus rapidement que dans les deux mois précédents[1]. »

M. de Bubna revint à Dotis le 25. Les nouvelles qu'il rapportait y répandirent la consternation. Comme on comprenait enfin que le système suivi depuis la conclusion de l'armistice n'avait fait qu'empirer la situation, on se déchaîna contre le plénipotentiaire d'Altenbourg, dont les lenteurs calculées avaient irrité Napoléon. Ce ressentiment était injuste, car Metternich, en traînant les choses en longueur, avait agi conformément à ses instructions. L'Empereur François jugea avec raison que le plus sage parti était de donner suite sans retard à la négociation directe entamée par Bubna. Il le fit repartir, dès le lendemain 26, pour Schœnbrunn, en lui adjoignant le prince de Lichtenstein. Les deux nouveaux négociateurs, en passant par Altenbourg, transmirent aux plénipotentiaires autrichiens l'ordre de clore des conférences désormais plus qu'inutiles, en déclarant que « l'Empereur, leur maître, n'espérant plus, d'après la tournure de ces conférences, que la paix pût en sortir, avait pris le parti d'envoyer près de l'Empereur des Français le prince de Lichtenstein, avec une mission spéciale, qui paraissait devoir être plus satisfaisante. » Cette déclaration fut textuellement insérée, le même jour, au protocole de la dernière séance, par M. de Metternich, *stupéfait et désolé*. Il venait d'avoir à cette occasion une scène tellement vive avec le prince, que celui-ci refusa de venir dîner avec lui chez le plénipotentiaire français, où ils étaient invités tous deux. Metternich y arriva encore tout ému ; « il fit connaître à M. de Champagny l'a-

---

1. Pelet, *Guerre de* 1809, IV, 368, 69.

narchie qui régnait à la cour autrichienne, où l'Empereur était tiraillé successivement par le parti militaire et celui des *hommes d'affaires*. » Il allait partir pour Dotis et espérait en rapporter sinon l'autorisation de reprendre les conférences, du moins celle de se rendre lui-même à Vienne, car son caractère de plénipotentiaire n'était pas annulé par l'intervention des nouveaux négociateurs, qui avaient mission de discuter les conditions de la paix, *mais non les pouvoirs nécessaires pour la conclure*[1].

Napoléon ne songeait pas, avant l'arrivée du prince de Lichtenstein, à déplacer la négociation, bien qu'il ne fût satisfait ni de Metternich ni même de son propre ministre. Il trouvait que celui-ci jouait, sans s'en douter, le jeu des plénipotentiaires autrichiens, se laissant entraîner à de vaines discussions, pendant lesquelles s'écoulait un temps précieux. « Il faut, lui écrivait-il, leur laisser le rabâchage et les sottises[2]. » Toutefois, il rendait justice à la loyauté de Champagny, et voulait lui laisser l'honneur de signer la paix. Aussi il l'avait tenu au courant des ouvertures faites directement par Bubna, et lui avait communiqué les réponses que ce négociateur avait reçues, réponses que le secrétaire d'État avait soin de rédiger sous forme de déclarations, de manière que le ministre

---

1. Champagny, 26 et 27 septembre.
Il paraît que Metternich raconte les choses fort différemment dans ses *Mémoires inédits*. Suivant sa version, reproduite par M. Thiers (XI, 280-84), il aurait été au contraire enchanté de se trouver dispensé de signer une paix nécessairement désastreuse. Il prétend aussi que le prince de Lichtenstein, découragé, parlait de s'en retourner à Dotis, et que ce fut lui, Metternich, qui l'encouragea à poursuivre. L'autorité de ce récit, rédigé longtemps après, n'est pas comparable, pour plus d'un motif, à celle des dépêches de M. de Champagny, qui rendait compte des faits immédiatement, et n'avait aucun intérêt d'amour-propre à altérer la vérité.
2. Voy. *Correspondance*, 15816, 15832.

n'eût plus qu'à les insérer au protocole d'Altenbourg.

Toutefois, cette double négociation, suivie à vingt-cinq lieues de distance, offrait de graves inconvénients. Aussi le prince de Lichtenstein ne fut pas plutôt arrivé, que l'Empereur envoya à Champagny l'ordre de partir pour Schœnbrunn « *dans le délai d'une heure*[1]. » Le ministre n'était pas encore revenu de l'étonnement que lui avait causé le passage des nouveaux négociateurs à Altenbourg et la suspension des conférences, quand ce brusque rappel vint le plonger dans une stupéfaction encore plus profonde. Le 28 septembre au soir, l'Empereur, le voyant paraître avec une contenance assez embarrassée, lui demanda en riant « s'il n'avait pas été étonné du repos dans lequel on l'avait laissé à Altenbourg ? — J'avoue, sire, répondit-il, qu'en ma qualité de ministre des relations extérieures de Votre Majesté, j'étais loin de me douter de ce qui se passait ici[2]. »

« Il existe très-peu de documents écrits sur la seconde partie de la négociation, soit par la raison qu'on a traité verbalement la plus grande partie des affaires, soit parce que l'Empereur, étant sur les lieux, put donner ses ordres de vive voix[3]. » En fait,

---

1. *Correspondance*, 15872. Cette lettre du 27 septembre fut expédiée immédiatement après le premier entretien des nouveaux négociateurs avec Maret.

2. Ce propos significatif, rapporté par un témoin oculaire et auriculaire, M. de Bausset, préfet du palais impérial, donna lieu à une réclamation de M. de Champagny. (Lettre du 8 juillet 1827.) Mais cette réclamation ne portait que sur une confusion de dates. M. de Bausset, écrivant de mémoire, avait placé cette conversation après la signature du traité de paix, tandis qu'elle avait eu lieu, de l'aveu du ministre, à l'époque où nous la plaçons, c'est-à-dire immédiatement après son rappel à Schœnbrunn.

3. Notes sur la paix de Vienne, par le duc de Cadore (Champagny). Ces notes manuscrites, qu'il avait remises à M. Bignon, contiennent l'analyse des pièces officielles de la négociation.

les conditions générales de la paix avaient été arrêtées entre les envoyés autrichiens et Maret, avant l'arrivée de son collègue. Quelques points de détails, encore indécis au moment du retour de M. de Champagny, furent aussi réglés en dehors de lui par l'intermédiaire du secrétaire d'État. Ce fut seulement le 30 septembre que le ministre des relations extérieures fut introduit en quelque sorte dans la négociation par une longue lettre de l'Empereur. (*Correspondance*, 15882.) Cette lettre *apprenait* à M. de Champagny que les négociateurs autrichiens venaient d'être appelés auprès de l'Empereur, qui leur avait dit son dernier mot, quant aux cessions de territoire. Napoléon entrait à ce sujet dans de grands détails, indispensables pour mettre M. de Champagny au courant de la situation. Il lui apprenait encore « qu'il avait été convenu avec les négociateurs qu'ils finiraient dans la journée du lendemain, c'est-à-dire *qu'ils se mettraient en règle avec M. de Champagny*; que M. de Bubna partirait pour Dotis et serait de retour dans quarante-huit heures, *et que rien ne serait changé.* » Ces expressions définissent bien le rôle purement officiel attribué au ministre. A cette date, la paix est faite et parfaite dans la pensée de l'Empereur; il ne reste qu'à en rédiger l'acte, l'instrument diplomatique. Pour procéder à cette rédaction, les négociateurs autrichiens ont à « se mettre en règle, » car jusque-là ils n'y étaient pas autorisés, bien que plusieurs historiens aient dit le contraire, et notamment M. Thiers (XI, 280). Jusque-là, comme nous l'avons déjà fait observer, le plénipotentiaire d'Altenbourg, M. de Metternich, n'était pas dessaisi de son caractère. Ce fut seulement le 5 octobre, au retour du dernier voyage de M. de Bubna à Dotis, que le prince de Lichtenstein notifia « que l'accélération de la paix était le vœu principal de l'empereur son maître, qu'en conséquence ce prince venait de lui envoyer des pleins pouvoirs pour la conclure définitivement, *sans le concours de M. de Metternich, qui était rappelé*[1]. »

Cette détermination avait été prise à la suite des dernières communications verbales transmises par Bubna. Il était naturel que Napoléon préférât traiter avec deux hommes qui avaient improuvé la guerre, plutôt qu'avec un diplomate dont il n'avait eu à se louer ni à Paris, ni à Altenbourg. Mais Metternich, qui savait à quoi s'en tenir sur l'importance véritable du rôle de Maret, crut que c'était lui qui l'avait fait exclure de la négociation... *Indè iræ!*

« Satisfait d'avoir amené des résultats que son souverain appréciait, Maret ne se montra pas jaloux de signer une paix à laquelle son collègue devait mettre son nom. » (Pelet, IV, 370.) La conclusion traîna encore huit jours, par suite de l'honorable résistance du prince de Lichtenstein, qui n'avait pas la tête si faible que l'ont dit MM. de Metternich et Thiers. Trois objets restaient en litige. 1° Lichtenstein réclamait quelques changements à la nouvelle ligne de démarcation du côté de la Bavière, parce qu'elle laissait la frontière autrichienne désarmée; sur ce point, et précisément pour la même raison, Napoléon fut inflexible. 2° Il disputait, en Gallicie, les célèbres salines de Wieliczka, que l'ultimatum français attribuait au duché de Varsovie. « Par égard particulier pour le plénipotentiaire autrichien, » Napoléon consentit à partager le différend par la moitié. Enfin un débat sur le chiffre de la contribution de guerre retardait encore la signature, quand une tentative de meurtre, témoignage non équivoque de l'état des esprits (12 octobre) décida l'Empereur à faire une dernière concession pour en finir. Au lieu des cent

---

1. Note à M. de Champagny, du 5 octobre.

millions d'abord exigés, il avait autorisé M. de Champagny à se contenter de soixante-quinze. Les plénipotentiaires autrichiens se laissèrent arracher dix millions de plus. Ce succès, si c'en était un, fut dû à l'instance personnelle du ministre, qui au dernier moment, voulut absolument mettre quelque chose du sien dans le traité[1]. Il ne lui en a pas fallu davantage pour se dire, et même pour se croire, de bonne foi, le principal auteur de la paix.

Les conditions étaient déjà assez rigoureuses sans cette aggravation ; suivant l'expression de Maret lui-même, « les négociateurs autrichiens cédèrent *avec douleur, avec désespoir.* » En souscrivant une paix si onéreuse, ils dépassaient leurs pouvoirs, se tenaient pour assurés d'une disgrâce personnelle, et craignaient d'être désavoués. Napoléon pesa fort habilement sur la détermination finale, en faisant annoncer la conclusion de la paix le jour même de la signature ; après quoi il alla attendre la ratification à Munich. Il avait quitté, pour la dernière fois, le 17 octobre, ce palais de Schœnbrunn, — où son fils devait mourir prisonnier !

Napoléon eût mieux fait peut-être d'insister davantage sur la première solution qu'il avait proposée, celle d'un pardon complet, sans exigences territoriales ni pécuniaires, mais sous la condition que l'Empereur François abdiquerait en faveur de son frère. Mais le ministre secrétaire d'État, qui s'était donné beaucoup de peine pour préparer cette solution et la faire agréer à l'Empereur, ne fut pas

1. Sur ce point, Champagny et Maret sont pleinement d'accord. C'est donc à tort que M. Thiers (XI, 288) attribue ce résultat à l'influence personnelle et directe de Napoléon. L'Empereur n'eut aucune part à cette dernière discussion, qui commença dans la soirée du 13, et dura une grande partie de la nuit. (Notes du duc de Cadore.)

autorisé à la remettre sérieusement sur le tapis, au moment le plus favorable, à la fin de septembre, alors que l'Autriche, à bout de forces et d'espérances, *s'abandonnait elle-même*. Dans cette circonstance, les nécessités financières de la guerre d'Espagne ont fatalement pesé sur les déterminations de Napoléon.

On a souvent blâmé l'extrême rigueur des conditions imposées à l'Autriche en 1809. Nous ferons seulement remarquer, à l'honneur de Maret, que tous les adoucissements aux premières exigences avaient été obtenus par son entremise, et que l'aggravation de la contribution de guerre est le seul article sur lequel il n'eut pas été consulté. Dans la répartition des provinces cédées, les princes de la Confédération du Rhin trouvaient une large rémunération de leur fidélité. Un grand pas était fait vers la reconstitution de la Pologne, par l'attribution au duché de plus des trois quarts du territoire cédé par l'Autriche en Gallicie. Maret avait eu la plus grande part à cet arrangement, qui contraria vivement le czar. Après avoir combattu l'idée d'une augmentation quelconque du duché, Alexandre s'était réduit à exprimer le vœu qu'au moins la plus grande part fût attribuée à la Russie dans les cessions de l'Autriche en Gallicie. Maret représenta que l'acquisition des 400,000 âmes du district de Bialystok était déjà une assez belle récompense pour l'équivoque secours que la France avait reçu des Russes dans cette campagne ; secours déjà chèrement payé, d'ailleurs, par ce qu'on leur laissait prendre du côté de la Suède et du Danube. Il fit valoir énergiquement, en faveur des Polonais, le contraste récent de leur conduite avec celle des Russes, qualifiée de *traîtresse* par l'Empereur lui-même. En apprenant, quelques jours après la journée d'Essling, comment ces prétendus alliés se conduisaient sur la Vistule, l'Empereur avait fait écrire à son ambassadeur à Pétersbourg, le duc de Vicence, « qu'il importait que l'Europe crût encore à l'alliance russe; mais que pour lui, *il n'y croyait plus.* » Les affirmations réitérées de la sincérité d'Alexandre, transmises par Caulaincourt, avaient amorti cette première impression chez l'Empereur; elle subsistait intacte chez Maret.

Par une coïncidence qu'on ne saurait envisager comme fortuite, les lettres patentes qui autorisaient Maret à prendre le titre de duc de Bassano furent expédiées le 14 octobre, c'est-à-dire le jour même de la signature du traité dont il avait été en réalité le principal négociateur [1].

XXXV

Histoire véritable du divorce de Napoléon. — Intervention indiscrète de Fouché auprès de l'impératrice Joséphine. — La vérité sur la négociation d'un mariage russe. — Premières insinuations pour un mariage autrichien faites par Floret à Sémonville, et transmises par le duc de Bassano. — Conseil consultatif du 7 février 1810. — Maret se prononce pour le mariage autrichien. — Ses motifs.

Le premier acte dans lequel on retrouve, postérieurement à la paix de 1809, une trace visible de

---

[1]. Nous avons dû appuyer fortement sur cette circonstance importante de la vie de Maret, parce qu'elle eut une grande influence sur la suite de sa carrière politique, et aussi parce que les négociations de la paix de Vienne ont été inexactement rapportées par divers historiens. M. Thiers ne prononce pas même le nom de Maret; M. Bignon, gêné par des considérations personnelles, attribue aux deux ministres une égale importance dans la négociation. La lettre du duc de Cadore, que nous avons indiquée ci-dessus, prouve que, dix-huit ans plus tard, il en voulait encore à Maret d'avoir empiété sur ses attributions; et, en même temps, par une contradiction singulière, il prétendait revendiquer tout l'honneur du traité.

l'influence du duc de Bassano, est le divorce, dont la nécessité politique était pressentie autour de Napoléon depuis la proclamation de l'Empire héréditaire. Nous avons vu, que dès 1805, des insinuations avaient été faites auprès d'un ministre secrétaire d'État pour un mariage autrichien. Ce fut précisément au retour de cette campagne que l'Empereur laissa pour la première fois entrevoir à Joséphine la nécessité éventuelle d'un sacrifice « que tout le monde conseillait. » Mais le vainqueur d'Austerlitz, vaincu par les larmes d'une compagne aimante et aimée, imposa cette fois silence à « tout le monde. » On se tut, mais sans être converti, et ce rejet emporté de toute idée de divorce fut attribué, tout bas, moins à la tendresse qu'à la pitié, sentiment bien faible à la longue contre la raison d'État.

Deux années s'écoulèrent ainsi. Au retour de Tilsit, l'Empereur eut avec un de ses ministres plusieurs conférences mystérieuses, dont ses collègues cherchaient en vain à deviner le sujet. Maret seul en savait quelque chose et ne disait rien, suivant son habitude. Le ministre de la police, toujours le premier en quête parmi les choses obscures, s'imagina qu'il s'agissait de nouveau du divorce, et de savoir qui, de l'Empereur lui-même ou de M. de Talleyrand, parlerait cette fois le premier à l'Impératrice. « Ils sont bien embarrassés, dit Fouché à quelqu'un ; eh bien ! moi, je vais les tirer de là. » Prenant donc son air le plus lugubre et le plus solennel, il parle et reparle à l'Impératrice du grand sacrifice que la France attend d'elle, des hésitations affectueuses de l'Empereur, de la gloire qu'il y aurait pour elle à prendre l'initiative. Il va même jusqu'à rédiger un modèle de lettre qu'elle devrait écrire au Sénat. Il s'exprimait avec une telle assurance, que l'Impératrice n'eut pas un moment l'idée qu'il pût tenir un semblable langage sans y avoir été secrètement autorisé. Elle n'osait ni faire la démarche qu'il conseillait, ni s'expliquer avec l'Empereur, et dévorait ses larmes. Au bout de quelques jours, elle se laissa arracher son secret par l'une de ses dames d'honneur, dont l'énergie égalait le dévouement. Madame de Rémusat comprit et adopta immédiatement le parti presque toujours le meilleur dans les circonstances difficiles, celui de la franchise. Un soir, elle entra presque de force chez l'Empereur, lui raconta ce qui se passait, et vit bien de suite, à son air de surprise indignée, qu'il avait tout ignoré. En réalité, il ne s'agissait pas du tout de divorce dans ces conversations secrètes qui avaient intrigué Fouché, mais d'affaires politiques, et un peu aussi de certaines affaires particulières de l'autre ministre[1]. Fouché reçut à cette occasion une vive réprimande, mais il ne laissa pas de s'imaginer encore que l'Empereur n'était pas aussi mécontent au fond qu'il voulait le paraître, et lui savait quelque gré de son indiscrétion. Aussi, pendant son voyage en Italie, l'Empereur apprit que des bruits de divorce, évidemment accrédités par la police, circulaient encore à Paris. Cette fois, il se fâcha sérieusement, et fit écrire à Fouché par le duc de Bassano qu'il y allait de sa place si ces bruit ne cessaient immédiatement[2].

Malgré cette résistance, l'affaire du divorce n'était plus qu'une question de temps pour les conseillers intimes de Napoléon. Lui-même recommença à en admettre vaguement la possibilité vers la fin de 1808. Ses vues se portaient alors, de préférence, du côté de la Russie. C'était l'époque où l'empereur Alexandre lui avait donné un témoignage non équivoque d'attachement, de confiance dans sa fortune, en expédiant à M. de Strogonof, ambassadeur de Russie en Espagne, l'ordre de reconnaître immédiatement le roi

1. Maret n'avait rien fait pour nuire à ce personnage (Talleyrand), mais il ne pouvait s'empêcher de savoir bien des choses, et fut fort étonné de le voir sortir du cabinet de l'Empereur avec sa même physionomie imperturbablement souriante, un jour où il aurait dû être écrasé par la révélation inattendue d'un fait dont l'Empereur avait en main la preuve matérielle. Quelques moments après, l'Empereur dit à Maret qu'il avait mieux aimé dissimuler cette preuve, que d'être obligé de sévir contre un homme qui lui avait rendu antérieurement de grands services.
2. Conversation du duc de Bassano, recueillie par M. Bignon. Les faits relatifs à Fouché sont pleinement confirmés par les lettres de Napoléon à ce ministre.

Joseph, au moment où la nouvelle de la catastrophe de Baylen venait d'arriver à Saint-Pétersbourg[1].

Ce fut sous l'impression de ce procédé chevaleresque que le duc de Vicence entretint l'empereur Alexandre, à Pétersbourg et ensuite à Erfurt, « du désir qu'avaient les véritables amis de Napoléon de voir sa dynastie établie par des enfants. » Alexandre dut penser que l'ambassadeur français n'aurait pas abordé de lui-même un pareil sujet de conversation, et l'aborda à son tour avec Napoléon. On n'a jamais bien su ce qui se passa dans cet entretien. Il paraît seulement certain qu'on ne s'en tint pas aux généralités ; que le nom de la princesse Anne, l'aînée des sœurs d'Alexandre qui restaient à marier, fut prononcé, selon toute apparence par Alexandre lui-même, bien qu'il ait dit le contraire plus tard. Mais, « soit que Napoléon ne s'attendit pas à être mis si promptement en demeure, soit pour tout autre motif, il ne répondit que vaguement à cette ouverture, et les choses en restèrent là pour le moment. » (Bignon) La vérité est qu'à cette époque, Napoléon n'avait pas encore pris son parti sur la question fondamentale, celle de la dissolution du premier mariage. « Ce ne fut qu'à l'époque des négociations de la paix de Vienne et lorsque Corvisart, pendant le voyage qu'il fit à Schœnbrunn, eut déclaré que le plus léger espoir de voir l'Impératrice redevenir mère serait de la folie, que l'Empereur arrêta positivement sa pensée sur la nécessité du divorce[2]. »

---

1. Admis dans l'intimité du czar, Caulaincourt lui avait suggéré l'idée de donner à Napoléon cette preuve d'affection qui devait être sensiblement appréciée en raison des circonstances. Ce prince était alors, ou paraissait être « devenu Français, » suivant l'expression de Caulaincourt. Mais cette transformation ne fut pas de longue durée ; Alexandre redevint Anglais longtemps avant que l'ambassadeur de Napoléon s'en aperçût.
2. Notes du duc de Bassano.

La plupart des historiens de l'Empire ont dit que le mariage russe manqua par suite des hésitations naturelles ou calculées de l'Impératrice mère, que l'empereur Alexandre ne sut pas vaincre en temps utile, et de l'amour-propre impatient et déjà froissé de Napoléon[1]. Ils supposent qu'on voulait seulement se donner à Pétersbourg la petite satisfaction de faire un peu attendre le puissant empereur des Français. Cette interprétation, généralement admise jusqu'ici, est contraire à l'opinion de Napoléon, consignée dans une note importante du duc de Bassano.

> L'Empereur n'avait pas dans la bonne foi d'Alexandre la même confiance que M. de Vicence, et soupçonnait une comédie. Alexandre était fort à son aise pour dire, comme il l'a fait dès le premier jour : « Quant à moi, je n'y vois pas de difficulté ; » puisque, si la proposition ne lui plaisait pas, il avait à mettre en scène sa mère et même son ministre. Si Romanzoff n'avait pas cru les dispositions d'Alexandre incertaines, il ne lui aurait pas opposé des considérations vulgaires. En bon courtisan, il devait être sûr de ne pas déplaire à son maître, en même temps qu'il évitait de déplaire à l'Impératrice mère, dont l'éloignement pour Napoléon et pour la France était tellement connu, que le cabinet savait bien sa résistance invincible. L'empereur Napoléon a trouvé qu'on avait bien joué à Saint-Pétersbourg pour *filer un refus*. Ce sont ses propres expressions dont je pris note. Il était trop fier et trop fin pour laisser aller la scène jusqu'au bout.

Napoléon, il est vrai, était d'autant plus disposé à prendre en mauvaise part les atermoiements russes, qu'il avait acquis, dans l'intervalle, la certitude qu'une proposition de même nature serait accueillie de suite et avec le plus vif empressement à Vienne.

---

[1]. Pour les détails de cette négociation, voir notamment Bignon, IX, 61-75.

Cette certitude lui était venue, peu de temps après l'ouverture de la négociation russe, par le rapport que lui avait fait le duc de Bassano d'une conversation intime qui avait eu lieu aux Tuileries, entre le sénateur Sémonville et le chevalier de Floret, secrétaire de la légation autrichienne à Paris. Voici ce qui s'était passé :

Un soir, il y avait cercle aux Tuileries. L'impératrice Joséphine, déjà instruite de son sort, y représentait avec cette tristesse qui ajoutait encore à sa grâce naturelle. En sortant, Floret marchait de front avec Sémonville en traversant les appartements. Ils s'étaient beaucoup connus en Hollande, à l'époque où Sémonville y était ambassadeur. « Eh bien! dit Floret à demi-voix et sans se tourner vers son interlocuteur, voilà donc qui est décidé! Dans quelques jours nous aurons la notification officielle! — Il paraît, répondit sur le même ton Sémonville : l'affaire est faite, puisque vous n'avez pas voulu la faire vous-même. — Qui vous l'a dit? — Ma foi, on le croit ainsi. Est-ce qu'il en serait autrement? — Pourquoi pas?... » Ici, les interlocuteurs sont interrompus par un huissier qui annonce le prince archichancelier. Ils se séparent, laissent passer le prince, et ensuite se rapprochent, toujours marchant côte à côte sans se regarder. « Serait-il vrai que vous fussiez disposés à donner une de vos archiduchesses? — Oui. — Qui? vous, à la bonne heure; mais votre ambassadeur? — J'en réponds. — Et M. de Metternich? — Sans difficulté. — Et l'Empereur? — Pas davantage. — Et la belle-mère, qui nous déteste? — Vous ne la connaissez pas; c'est une femme ambitieuse, on la déterminera quand et comme on voudra... » Nouvelle interruption. L'huissier annonce S. A. I. la princesse Pauline. Elle passe avec sa suite entre les interlocuteurs, qui ne se rejoignent que sur l'escalier. Sémonville reprend : « Puis-je regarder comme certain ce que vous venez de me dire? — Vous le pouvez. — Parole d'ami? — Parole d'ami. » La foule arrive et chacun monte dans sa voiture. Sémonville se fait conduire à l'instant chez Maret. Il trouve son ancien compagnon de captivité travaillant avec ses secrétaires. « Ah! bonsoir, lui dit Maret. Comment, il est près de minuit, et vous n'êtes pas encore couché? —

Non; avant de me coucher, j'ai quelque chose à vous dire. — Je n'ai pas le temps. — Il le faut. — Quoi donc? (A voix basse) : est-ce une conspiration ? — Mieux que cela ; renvoyez vos secrétaires, et écoutez quelque chose de plus important que votre travail. » Les secrétaires partis, Sémonville raconte la conversation qu'il vient d'avoir. « Vous n'ignorez pas, ajoute-t-il, que Floret a toute la confiance de sa cour. — En effet ! Voyons, répétez et écrivons mot à mot cette conversation. » Cela fut fait, et Maret en rendit compte le lendemain matin à l'Empereur [1].

Ce récit fit une certaine impression sur Napoléon. La considération qui parut le frapper le plus vivement, fut la possibilité d'exercer, comme gendre de l'empereur d'Autriche, une plus grande influence sur les déterminations du cabinet de Vienne, qu'il n'en eût exercé sur celles de Pétersbourg, en devenant le beau-frère de l'empereur Alexandre. Toutefois, on a eu tort de dire que l'incident Floret-Sémonville amena un changement brusque et complet dans les résolutions de Napoléon, et qu'à partir de ce moment il ne fut plus occupé que de chercher des prétextes pour rompre le projet russe. Cette communication le rendit seulement plus susceptible, plus soupçonneux vis-à-vis de la Russie.

Les notes du duc de Bassano nous fournissent l'indication précise du moment où l'ordre de négocier pour le mariage autrichien fut donné par l'Empereur.

Ce fut le jour même de la dissolution du mariage. L'Empereur ne devait plus habiter sous le même toit que Joséphine. Il fut donc coucher, le 16 décembre, à Trianon, et y manda le duc de Bassano, avec lequel il avait pris l'habitude de s'entretenir en se mettant au lit. Ce fut alors qu'il

---

1. Ce récit est la reproduction intégrale d'une note autographe du comte Daru, qui tenait directement de Sémonville les détails de cet incident.

le chargea de faire faire, au moyen d'un intermédiaire, des ouvertures au prince de Schwarzenberg. Toutefois, comme on était encore dans les limites du délai fixé au duc de Vicence pour obtenir une réponse positive, l'intention de l'Empereur était de demeurer libre jusqu'au dernier moment. « Il faut, dit-il à Maret, engager l'ambassadeur sans m'engager. » Pour répondre à ces vues, on comprend que le duc de Bassano ne pouvait pas agir personnellement. Il ne pouvait pas faire faire des *ouvertures*, dans le sens qu'on attache d'ordinaire à ce mot. Il fallait sonder les dispositions de l'ambassadeur, et s'y prendre de manière que les ouvertures vinssent de lui. Le ministre de Napoléon choisit un intermédiaire parmi les personnes qui avaient des relations intimes avec l'ambassadeur. Son choix tomba sur le comte Alexandre de Laborde, autrefois attaché à l'état-major en Autriche, sous les ordres de Schwarzenberg. La conversation pouvait être amenée facilement sur un objet qui préoccupait tous les cercles diplomatiques à Paris. Un soir, chez l'ambassadeur (le 19 décembre, quatre jours après le divorce), chacun faisait ses conjectures; M. de Laborde fit la sienne. Elle fut relevée de manière à donner à penser que Schwarzenberg, bien qu'il n'exprimât qu'un désir personnel, connaissait les dispositions de sa cour, et ne tarderait pas à demander des instructions pour être en mesure de répondre catégoriquement au besoin. Dès le commencement du mois de janvier; on vit qu'il les avait reçues et, dès le 16, il fut convenu que, s'il arrivait qu'une démarche officielle fût faite auprès de lui, il y accéderait à l'instant. On le maintint journellement dans cette disposition jusqu'au moment décisif.

Quelques écrivains ont parlé d'une démarche indirecte que l'empereur aurait fait faire à Vienne par M. de Narbonne, pour sonder les dispositions personnelles de l'Empereur d'Autriche. Le duc de Bassano contredit cette assertion.

L'Empereur, dit-il, ne traitait pas ainsi les affaires délicates. Quelle utilité y avait-il à éparpiller ainsi les négociations?... Avant que Narbonne fût à Vienne, tout était convenu. Employer d'autres intermédiaires que Schwarzenberg, c'eût été s'engager avec sa cour, et se préparer de grands embarras, dans le cas où les vues de Napoléon se seraient définitivement portées ailleurs. Si jamais négociation a exigé un profond secret, c'est celle-là. Il y avait à Berlin et à Londres trop d'intérêt à la contre-carrer[1].

Tout resta ainsi en suspens jusqu'au 6 février, époque où l'arrivée de la dépêche de Caulaincourt fit pencher définitivement la balance du côté de l'*Autrichienne*. D'après toutes les précautions prises par Napoléon pour engager l'Autriche sans être engagé lui-même, il est évident que le mariage russe aurait eu lieu, si Caulaincourt avait transmis, à cette date, un consentement immédiat. Mais la demande d'un nouveau délai confirma Napoléon dans l'opinion qu'il avait déjà exprimée à Maret, que son ambassadeur était joué. Il est probable d'ailleurs qu'étant désormais assuré de l'adhésion empressée de l'Autriche, il se serait pareillement dégagé de l'autre côté, même s'il avait eu la certitude qu'on était seulement bien aise de le faire un peu attendre ; qu'on *filait*, non un refus, mais un simple ajournement.

La sûreté de mémoire et la véracité incontestable du duc de Bassano donnent un grand intérêt aux détails que fournissent ses notes sur le fameux conseil consultatif tenu le 7 février. Elles complètent et rectifient sur plusieurs points les récits des historiens :

Plusieurs membres du conseil parlèrent d'abord de l'alliance avec la Saxe[2]. De fait, il n'y avait en question que la

1. Il paraît cependant que, dans un entretien confidentiel, l'empereur François exprima spontanément à M. de Narbonne le désir d'une alliance de famille. Ce fait a été attesté par M. Villemain, qui le tenait de Narbonne lui-même.
2. Une autre note de Maret nous apprend que des insinuations avaient pareillement été faites à Dresde ; « qu'on y devait être et qu'on y fut certain, dès le premier moment, des dispositions favorables de cette cour. »

Saxe et l'Autriche. M. de Champagny venait de lire la dépêche du duc de Vicence, et on voyait assez que l'Empereur n'était ni d'humeur, ni en position d'attendre le jour où l'impératrice mère jugerait à propos de consentir. Quelques princes de la famille dirent aussi quelques paroles sur la Saxe. En général, ils prirent très-peu de part à la discussion. Mais il n'est pas vrai qu'on ait tiré un argument de la présence du chef de la maison de Saxe à Paris. Le roi de Saxe n'arriva que le lendemain ; son voyage avait été annoncé et arrangé avant qu'il fût question des négociations du mariage. On peut même en conclure qu'aucune ouverture sérieuse n'avait été faite à la Saxe, car on n'aurait pas fait venir le vieux roi à Paris, pour être témoin de la préférence donnée à une autre maison.

Il est également faux que l'initiative pour le mariage avec une princesse autrichienne ait été prise par M. de Talleyrand. Ce personnage, qui n'avait pas pénétré le sentiment de l'Empereur, n'aurait voulu parler qu'après l'avoir deviné. Pressé avec une sorte de malice de s'expliquer, il se montra tour à tour favorable à la Russie et à la Saxe, sans conclure dans des termes précis... Ce fut moi qui pris l'initiative pour l'alliance autrichienne. Les considérations que je fis valoir se rapportaient à la paix intérieure et à la paix extérieure. Au dedans, cette alliance effaçait un douloureux souvenir, qui pesait encore sur la conscience d'hommes encore vivants, dont quelques-uns n'étaient pas étrangers aux affaires. Au dehors, la défiance de l'Autriche sur nos intentions à son égard, qui la tenait toujours disposée à prêter l'oreille aux suggestions de nos ennemis, serait détruite par un acte qui deviendrait pour elle la plus éclatante des garanties. Cette alliance paraissait un gage assuré de la paix du continent. Ce dernier motif fut accueilli favorablement par la plupart des membres du conseil. Le premier était à l'adresse de plusieurs des personnes présentes, et notamment de Fouché, qui était assis à côté de moi, et dont l'approbation se manifesta à mon oreille. Après que j'eus parlé sans avoir soulevé aucune objection, l'Empereur se prononça pour l'alliance autrichienne.

Immédiatement après le conseil, le prince Eugène se rendit, à six heures du soir, chez le prince de Schwartzenberg pour faire la demande de l'archiduchesse, et annoncer, ainsi que nous en étions convenus d'avance, que le contrat de mariage serait signé le lendemain, dans les termes de celui de Marie-Antoinette. Pendant ce temps, l'Empereur dictait à M. de Champagny la première lettre pour Pétersbourg (contenant l'indication des différents motifs qui devaient faire pressentir la renonciation à l'alliance russe). Il entendait qu'elle fût censée écrite avant la résolution qui venait d'être prise, et datée du 6. Le même soir, après son dîner, il renvoya un billet à M. de Champagny, pour lui faire bien comprendre qu'il ne devait parler du conseil du 7, et du parti adopté, que dans une seconde lettre qu'il ferait partir par un autre courrier.

L'attitude décidée de Maret avait produit d'autant plus d'impression au sein du conseil, qu'il prenait assez rarement, la parole dans des réunions de ce genre. Tous les assistants pensèrent que le ministre n'avait opiné ainsi qu'avec l'autorisation, sinon par l'ordre de l'Empereur. Aucun d'eux n'eut sûrement l'idée bizarre, émise par un célèbre historien, que le duc de Bassano avait parlé *par hasard* en faveur du mariage autrichien.

La nouvelle de cette brusque évolution consterna le duc de Vicence, qui se croyait de bonne foi maître du terrain. Quant à l'empereur Alexandre, il fit d'abord bonne contenance, mais on peut juger de l'impression qu'il ressentit par un mot qui lui échappa moins de quinze jours après : *Si l'on vient me chercher, je me défendrai !*

Le divorce, et le choix d'une archiduchesse autrichienne, ont souvent été comptés parmi les fautes les plus graves et les plus funestes de Napoléon. Sur ces deux points, il y aurait beaucoup à dire, mais nous n'avons à en parler qu'au point de vue de la responsabilité particulière du duc de Bassano. Cette responsabilité est nulle quant au divorce ; à tort ou à raison, tout le monde poussait l'Empereur à cette résolution depuis 1805. Il n'en est pas de même en ce qui concerne le choix de la nouvelle épouse.

Maret était peu sympathique à l'alliance russe, et, par conséquent, au mariage. Il exerça incontestablement une certaine influence sur la détermination finale de l'Empereur, en lui communiquant à propos la conversation de Floret et de Sémonville. Il est certain que l'abandon si brusque du projet d'union avec la sœur d'Alexandre fut surtout imputé à Maret par le duc de Vicence, et ce fut là l'origine du long et regrettable dissentiment qui les sépara jusqu'à la chute de l'Empire.

Bien que l'événement ait condamné la détermination que Maret avait contribué à faire prévaloir, il est juste de reconnaître que les motifs allégués par lui en faveur du mariage autrichien ne manquaient pas de gravité. Ancien prisonnier de l'Autriche, il se montrait généreux en plaidant la cause de cette puissance. Il avait surtout rétorqué fort habilement l'objection principale contre le projet autrichien, le souvenir de Marie-Antoinette, en soutenant que l'union de l'héritier de la Révolution avec une nouvelle archiduchesse serait, au contraire, la plus éclatante réhabilitation du passé ; qu'elle absoudrait la France, aux yeux de l'Europe, de ce qui n'avait été que l'œuvre d'une faction...

Napoléon aurait-il mieux fait de prendre une princesse russe ou saxonne, ou simplement une Française comme le lui conseillait le comte Daru ? n'aurait-il pas mieux fait encore de s'abstenir du divorce ? C'est ce que nous n'avons pas à examiner ici. Mais imputer, comme on l'a fait, à la confiance inspirée par le mariage autrichien, l'expédition de Russie et les malheurs qui suivirent, c'est aller bien vite et bien loin, sans tenir compte de circonstances, de résolutions intermédiaires, qui ont exercé une influence décisive sur la marche des événements. Nous aurons à relever, dans la suite de cette Étude, plusieurs de ces résolutions, les unes vainement combattues par le duc de Bassano, d'autres repoussées ou prises trop tard, malgré ses instances. Mais il demeure incontestable que le mariage autrichien et la naissance du Roi de Rome furent considérés, par les ennemis de Napoléon aussi bien que par ses amis, comme des gages de stabilité. Ce dernier événement surtout avait produit une sensation immense ; quoi qu'on en ait dit plus tard, la chûte de l'Empire était aussi difficile à prévoir en 1811, que son rétablissement en 1847.

XXXVI

Disgrâce de Fouché. — L'Empereur lui donne pour successeur Savary, au lieu de Sémonville proposé par Maret. — Le futur duc Pasquier, protégé de Maret, est nommé préfet de police.

Depuis la paix de Vienne jusqu'au mois d'avril 1811, époque de son entrée au ministère des relations extérieures, le duc de Bassano ne quitta pas l'Empereur. Aussi la *Correspondance* ne contient dans cet intervalle qu'un très-petit nombre de lettres adressées au ministre secrétaire d'État[1].

Parmi les sénatus-consultes de l'année 1810, nous devons mentionner spécialement celui du 30 janvier, dont certaines dispositions (art. 20 à 30), relatives à la

1. Une de ces lettres, du 15 décembre 1810, prescrivait au duc de Bassano de donner au *Moniteur* le canevas d'un article sur les malversations financières, « propre à opérer une secousse chez tous les receveurs. » Une autre le chargeait de préparer un décret pour le rétablissement de la Trappe. Napoléon y indiquait, dans quelques lignes magistrales, les considérations qui dictaient cette mesure : « offrir un refuge dans la vie contemplative aux hommes qui veulent fuir la société, soit parce qu'elle leur est importune, soit parce

création du domaine extraordinaire, furent non-seulement rédigées, mais suggérées par Maret. On sait quelle était la destination de ce domaine; composé de biens acquis par le souverain, en vertu de conquêtes ou de traités, il offrait des moyens honorables de rémunération pour les services exceptionnels, tant civils que militaires. Ces dotations conférées publiquement par des décrets, devaient remplacer des commissions, des prélèvements clandestins, dont un récent abus avait fait grand scandale dans le monde politique. Une pensée de haute moralité avait inspiré ces dispositions, qui ont valu au duc de Bassano le suffrage d'un écrivain peu prodigue d'éloges, l'historien Montgaillard.

Maret accompagna, au printemps de 1810, l'Empereur et la nouvelle Impératrice dans le nord de l'Empire. Quelques écrivains ont prétendu que le but principal de cette excursion avait été d'ajouter à l'humiliation de l'Autriche, en exhibant dans la capitale d'un État jadis autrichien, la princesse que cette puissance n'avait osé refuser au vainqueur de Wagram. Le duc de Bassano, dans ses notes, démontre facilement l'absurdité de cette invention.

Ce fut pendant ce voyage que Napoléon, instruit des intrigues de Fouché en Angleterre, prit la résolution de lui ôter le portefeuille de la police, résolution qu'il exécuta dès le lendemain de son retour. Le duc de Rovigo, qui fut le successeur de Fouché, insinue que cette disgrâce était l'œuvre du duc de Bassano et de son ancien compagnon de captivité, le sénateur Sémonville ; que le premier, ambitionnant le minis-

---

qu'elle leur rappelle des fautes ou des pertes dont on ne se console point. » N'y a-t-il pas une sorte d'instinct prophétique dans cette pensée, que Napoléon, au point culminant de sa fortune, accorde aux malheurs extrêmes, irréparables, tel que sera bientôt le sien.

tère des affaires étrangères, et voulant se débarrasser d'un compétiteur dangereux, s'entendait avec le second qui convoitait la police, etc. D'abord, et pour plus d'un motif, Fouché était à jamais impossible aux relations extérieures. Ensuite sa conduite, depuis 1808, autorisait une surveillance active, et Maret n'aurait pu, sans manquer à ses devoirs, dissimuler les informations qui lui parvenaient sur les rapports clandestins d'un ministre français avec un gouvernement en guerre avec la France.

Il y avait eu deux négociations différentes ; conduites, l'une par un sieur Fagan, ex-officier de l'armée de Condé, trop réconcilié avec le régime impérial ; l'autre par le fameux Ouvrard. Fagan, qui fit deux voyages à Londres pendant l'hiver de 1810, avait eu plusieurs entretiens avec le chef du *Foreign Office*. Quant à Ouvrard, il avait été accrédité par Fouché auprès de Labouchère, banquier d'Amsterdam, précédemment chargé par le ministre du roi de Hollande d'une démarche confidentielle à Londres. Cette première démarche, approuvée par l'Empereur, avait pour but de savoir si les ministres anglais seraient disposés à traiter de la paix, pour empêcher la réunion de cet État à l'Empire. Leur réponse ayant été peu satisfaisante, ces communications restaient suspendues quand Fouché, qui en avait eu connaissance, s'avisa de les reprendre de son chef par l'intermédiaire d'Ouvrard, faisant croire à celui-ci (qui naturellement fit partager cette croyance à Labouchère), que cette reprise était autorisée par Napoléon. A ce premier tort, le duc d'Otrante en ajouta un bien plus grave encore, celui de dénaturer de la façon la plus compromettante la politique de l'Empereur, en lui laissant attribuer des idées tout à fait opposées aux siennes, par exemple celle d'une expédition anglo-française contre les États-Unis, au moment où l'Empereur s'efforçait, au contraire, de les associer à sa querelle contre l'Angleterre.

Il y avait là de quoi pousser à bout un souverain plus patient que Napoléon. « Ce n'est pas assez pour cet homme, dit-il à Maret, de s'être mêlé de mes affaires de famille sans mon autorisation; il faut encore qu'il fasse la paix sans moi. » Ces paroles résumaient tous les motifs de mécontentement accumulés depuis 1807. Dans les premiers moments, l'Empereur avait nommé gouverneur de Rome le ministre destitué. Quinze jours plus tard, cette indemnité lui fut retirée: il y eut progrès dans la disgrâce, par suite des révélations de Fagan et d'Ouvrard, et surtout de la conduite étrange du duc d'Otrante lui-même. Le 5 juin, deux jours après sa destitution, l'Empereur lui faisait demander par Maret *toutes* les pièces relatives aux négociations avec l'Angleterre. Le 16, ayant acquis dans l'intervalle la certitude que l'ex-ministre a retenu les plus importantes (notamment une réponse de Wellesley rapportée par Fagan), Napoléon lui ordonne de remettre ces documents. (*Corr.* n° 16567.) Le lendemain, ne voyant rien venir du château de Ferrières, il y envoie l'un des secrétaires du cabinet, qui doit attendre et rapporter le dossier (*Corr.* n° 16568). Acculé dans ses derniers retranchements, l'ex-ministre avoue seulement alors qu'il a brûlé ces derniers papiers, *comme insignifiants* (ou trop significatifs?). Suivant un illustre historien, qui s'en est rapporté sur ce point au témoignage de Talleyrand, Fouché avait agi dans tout cela d'une façon un peu inconséquente, mais avec une parfaite innocence. Son unique arrière-pensée était de faire quelque jour une aimable surprise à l'Empereur, « en lui annonçant une paix à demi faite. » Celui-ci, moins optimiste, supposa que l'on avait voulu plutôt savoir à quelles conditions la paix serait immédiatement possible avec l'Angleterre ; si, d'une façon quelconque, lui-même venait à disparaître. Il se trompait, sans doute ; comment douter de l'*innocence* de Fouché, garantie par Talleyrand [1] ?

Le duc de Bassano avait proposé pour le ministère de la police Sémonville, qui, tenant sa nomination pour certaine, accourut, dans l'après-midi du 3 juin, à Saint-Cloud. Il eut ainsi la satisfaction d'apprendre l'un des premiers que l'élu était Savary. Celui-ci, dans ses *Mémoires*, s'est malignement étendu sur la déconvenue de Sémonville, qu'il avait vu arriver tout rayonnant dans la voiture de Maret, ayant en perspective, sur le coussin de devant, le portefeuille de la police, que le secrétaire d'État venait de redemander à Fouché. Cet écrin reposait sur l'uniforme de sénateur, soigneusement empaqueté, dont Sémonville s'était muni à tout événement. Savary vit d'autant mieux ce manége, qu'étant alors dans les

[1]. Le récit de Savary contient une circonstance caractéristique sur laquelle il n'a pu se tromper. Ce fut dans le premier conseil tenu à Saint-Cloud dès le lendemain de son retour (2 juin), que l'Empereur interpella vivement Fouché sur la négociation Ouvrard. Il fut tout de suite facile de voir, à la contenance du ministre de la police, que l'on ne saurait rien si Ouvrard n'était arrêté de suite, et qu'il serait introuvable si l'ordre d'arrestation était confié à Fouché. En conséquence, et pendant que le conseil était encore rassemblé, le duc de Bassano écrivit l'ordre, et alla lui-même le remettre à Savary dans le salon des aides de camp. Savary ignorait le domicile d'Ouvrard, mais il savait celui de madame H..., une ex-merveilleuse du Directoire, que le célèbre fournisseur continuait d'admirer. Il prit si bien ses mesures, que, deux heures après, Ouvrard était arrêté chez cette dame ; où, par un hasard étrange, si c'était un hasard, *se trouvait aussi Talleyrand*.

On consultera utilement sur cet épisode, qui a donné lieu à tant de conjectures absurdes, les lettres de Napoléon à Fouché et à Maret, des 3, 5, 16 et 17 juin 1810, et les *Mémoires de Savary* (IV, 302-338). Le récit de M. Thiers atténue à l'excès les torts de Fouché, et contient plusieurs autres erreurs. Il dit, par exemple, que Labouchère avait été choisi, dans le principe, pour intermédiaire, sur la recommandation de Fouché. Labouchère était personnellement et honorablement connu de Napoléon.

meilleurs termes avec Maret, il était allé lui demander à dîner à la secrétairerie d'État, installée en face du pont de Sèvres. Maret, en définitive, n'était pas si coupable d'avoir pensé à son ancien compagnon de captivité, dans cette circonstance. Ce n'était pas la finesse qui manquait au futur grand référendaire de la Chambre des Pairs ; il l'avait prouvé de reste en surprenant quelques-uns des secrets de Fouché. Il avait, de plus, l'avantage de n'avoir figuré ni dans l'affaire du duc d'Enghien, ni dans celle de Bayonne, et de connaître à fond M. de Talleyrand. Quoi qu'il en soit, par une singulière inconséquence, Savary, qui, de son propre aveu, était loin de penser que l'Empereur pût songer à lui pour ce portefeuille, n'a jamais pardonné à Maret d'avoir proposé un autre candidat [1].

Un mois plus tard, l'Empereur donna à Maret une compensation, en nommant préfet de police l'un de ses protégés. Le duc de Bassano se portait gérant de la capacité et du dévouement dynastique du futur duc Pasquier; la suite des événements a prouvé qu'il ne se trompait pas, au moins sur le premier de ces deux points. Mais il n'y aurait pas de gouvernement possible, s'il fallait écarter tous les agents dévoués, avant tout, à leur propre fortune.

1. Maret, dans ses Notes, affirme à diverses reprises que le ministère de la police, cette institution si reprochée à Napoléon, n'avait jamais été dans sa pensée qu'un expédient transitoire, qu'il se réservait de supprimer si l'Angleterre avait fait la paix. Il est certain que l'établissement du ministère de la police remontait à l'époque du Directoire, et qu'il avait été momentanément supprimé sous le Consula

XXXVII

Le duc de Bassano ministre des affaires étrangères. — Légende apocryphe à propos de cette nomination. — Motifs réels qui ont déterminé le remplacement du duc de Cadore.

Les circonstances de la nomination du duc de Bassano au ministère des affaires étrangères ont été longuement racontées dans l'histoire la plus volumineuse de l'Empire qui ait paru jusqu'à ce jour. Ayant d'importantes réserves à faire valoir au sujet de ce récit, dans lequel M. Thiers a suivi la tradition hostile au duc de Bassano, nous en reproduisons d'abord les traits principaux. Suivant l'illustre historien, Napoléon, qui avait eu déjà le tort de remplacer M. de Talleyrand par le duc de Cadore, se compromit encore davantage en substituant à celui-ci le duc de Bassano, lequel « soupirait après ce rôle... » Du moins M. de Champagny était encore « un homme sage et tempéré, ne retranchant rien des volontés de Napoléon, mais n'y ajoutant rien, ou plutôt les amortissant par la modération de son caractère. » Il faisait de bons rapports, mais, suivant l'expression de Napoléon lui-même, il *manquait de conversation*. « Autant ce ministre était modeste, timide même, autant M. de Bassano l'était peu. » Ici viennent se placer les imputations traditionnelles et obligées de dévouement *fatal,* de fétichisme, etc. Puis M. Thiers raconte que, le 17 avril, Napoléon fit appeler l'archichancelier Cambacérès, « lui exposa ce qu'il reprochait à M. de Cadore, et sa résolution de le remplacer par M. de Bassano. Cambacérès dit quelques mots en faveur de M. de Cadore, se tut sur M. de Bassano, et prit la plume pour rédiger le décret. Puis l'archichancelier et Maret allèrent ensemble redemander le portefeuille à M. de Cadore. Celui-ci, profondément surpris, *car il n'avait pas deviné en quoi il déplaisait à son maître*, remet son portefeuille avec un chagrin dissimulé, mais visible, et M. de Bassano le reçoit *avec l'aveugle joie de l'ambition satisfaite*, ne se doutant guère, etc... »

L'illustre historien supprime un détail important, qui suffit pour donner à ce changement de ministère une toute autre physionomie. M. de Cadore fut officiellement instruit qu'il était appelé à d'autres fonctions par une lettre de l'Empereur que lui remit l'archichancelier. Tout en rendant justice au zèle et au dévouement de son ministre, il l'avisait « que néanmoins les affaires étaient *dans une telle circonstance*, qu'il avait cru nécessaire de le placer ailleurs (*Correspondance*, XXIII, 83); » et M. de Cadore, ainsi consolé, remplaça, comme intendant des bâtiments de la Couronne, le comte Daru, nommé ministre secrétaire d'État au lieu de Maret. Nous dirons tout à l'heure quelle « circonstance » avait plus particulièrement influé sur cette résolution de l'Empereur.

Le successeur immédiat de M. de Talleyrand était un homme laborieux, et d'une probité au-dessus de tout soupçon. Ces deux qualités, la dernière surtout, dont quelques incidents récents faisaient plus particulièrement apprécier le mérite dans ce poste, avaient porté l'attention de l'Empereur sur M. de Champagny. Mais, bien qu'il fût loin de manquer de capacité, il avait joué de malheur dans plusieurs occasions importantes, notamment dans les négociations de la paix de Vienne dont nous avons parlé précédemment; puis à propos des affaires de Pologne, et enfin, lors de l'élection de Bernadotte. Relativement à la Pologne, l'Empereur avait été contrarié d'une dépêche de M. de Champagny, adressée de Vienne à

M. de Romanzov le 20 octobre 1809, c'est-à-dire à une époque où le ministre des relations extérieures se trouvait séparé de Napoléon, qui était allé attendre à Munich la ratification de la paix. Le cabinet de Pétersbourg était alors fort mécontent de l'attribution qui venait d'être faite d'une partie considérable de la Gallicie au duché de Varsovie. Le duc de Vicence insistait pour qu'on rassurât la Russie, avec autant de chaleur que si son concours eût été pleinement satisfaisant dans la précédente guerre. D'un autre côté, car il faut tenir compte de tout, Napoléon, admettant alors comme possible un mariage avec une sœur d'Alexandre, avait recommandé à M. de Champagny de ne rien négliger pour apaiser ce prince. Ce fut sous cette double impulsion que le ministre français se laissa entraîner à dire « que tout ce qui pourrait tranquilliser la Russie aurait l'assentiment de Napoléon ; qu'il était disposé à concourir à l'abolition de tous leurs anciens souvenirs, *qu'il approuvait que le nom de Pologne et de Polonais disparût non-seulement de toute transaction politique, mais de l'histoire.* » « Nous « ignorons, dit à ce sujet Bignon (VIII, 390), si « l'Empereur avait tenu un langage pareil, mais nous « croyons que, dans ce cas même, son ministre aurait « dû adoucir les termes. » Ce qui est certain, c'est que le cabinet de Pétersbourg, trop satisfait de ce langage, s'en autorisa pour proposer le fameux projet de convention, dont le premier article stipulait que « *le « royaume de Pologne ne serait jamais rétabli.* » Ce cabinet insista pour l'adoption de cette forme absolue d'engagement. Il y revint avec d'autant plus d'aigreur, que, dans l'intervalle, le mariage russe avait manqué, tandis que Napoléon n'en mettait que plus de vivacité dans ses refus. Il ne voulait s'engager qu'à ne pas contribuer au rétablissement de la Pologne, et le cabinet russe voyait dans cette restriction une arrière-pensée[1]. Ce fut ainsi que commença la querelle. L'Empereur estima que Champagny avait montré plus de zèle que de dextérité dans cette circonstance, en encourageant par un langage trop positif les exigences du cabinet russe ; et en lui donnant lieu de croire, à tort ou à raison, qu'il y avait eu quelque secret revirement dans les conseils français, relativement à la Pologne.

Il s'était passé encore quelque chose d'assez désagréable, lors de l'élection du prince royal de Suède. Le duc de Cadore avait contribué innocemment à faire nommer Bernadotte, en délivrant un passe-port de courrier à l'ex-consul de Gothembourg, Fournier, qui lui avait été présenté comme propre à remplir un rôle d'observation pour la France, pendant la diète d'OErebro. Fournier se prévalut de ce passe-port, rempli en entier de la main du ministre, pour faire croire à un grand nombre de députés suédois qu'il avait mission de recommander officieusement le prince de Ponte-Corvo ; que ce choix serait conforme aux intentions secrètes de Napoléon. Peu de jours après que cet homme eut quitté Paris, ses relations avec Bernadotte furent signalées à l'Empereur, qui fit écrire par le duc de Cadore une lettre de désaveu, mais elle arriva trop tard [2].

Ces incidents, et quelques autres qu'il est inutile de rappeler, avaient rendu la position du duc de Cadore assez pénible. Elle l'était devenue davantage encore depuis que des faits non équivoques, témoi-

---

1. « Je ne veux pas rétablir la Pologne, disait Napoléon, mais je ne veux pas flétrir ma mémoire en mettant le sceau à cet acte d'une politique machiavélique, car c'est plus qu'avouer le partage de la Pologne, que de déclarer qu'elle ne sera jamais rétablie. (Juillet 1810.) »

2. On trouve des détails curieux et peu connus sur cette affaire dans les Mémoires inédits de Suremain, dont nous avons donné une analyse dans la Revue contemporaine (n° du 31 mars 1868).

gnant des mauvaises dispositions de la Russie, avaient déterminé le rappel du duc de Vicence. Mais la « circonstance » capitale qui décida l'avénement immédiat du nouveau ministre, et à laquelle fait allusion la lettre de congé adressée au duc de Cadore, était l'appréhension très-sérieuse d'une brusque invasion des Russes en Allemagne et dans le duché de Varsovie. Ainsi qu'on le verra tout à l'heure, le changement de ministère coïncide avec l'époque où les informations sur ces projets hostiles affluaient à Paris. Nous reviendrons bientôt sur ces antécédents de la guerre de Russie, attestés par les documents contemporains, par l'aveu des Russes eux-mêmes, et dont quelques historiens affectent de ne pas tenir compte, afin de pouvoir rejeter plus à l'aise sur le gouvernement français d'alors toute la responsabilité de ce conflit et de ses conséquences.

En présence de cette éventualité d'une seconde guerre de Pologne, devenue probable *du fait des Russes,* il était naturel, inévitable que l'Empereur confiât la direction de sa politique étrangère à celui de ses ministres auquel lui-même a rendu spécialement ce témoignage, « qu'il avait le cœur polonais. » A diverses reprises, notamment en 1792, en 1797, et plus récemment en 1809, Maret avait donné des garanties non équivoques d'habileté diplomatique. Il avait sur son prédécesseur immédiat l'avantage d'avoir longtemps appartenu au département des relations extérieures. Moins subtil peut-être que Talleyrand, il était infiniment plus laborieux, plus loyal, plus discret. A ces aptitudes essentielles, il joignait des avantages extérieurs qui ne sont pas indifférents dans cette position. Un écrivain allemand contemporain, peu favorable aux Français, et qui avait vu de près le duc de Bassano dans les moments les plus difficiles, a dit de lui : « qu'il joignait la finesse à l'amabilité

« des anciens Français, qu'il avait l'air à la fois d'un homme d'État et d'un homme de Cour[1]. » Causeur facile et brillant, il savait aussi faire parler les autres et les écouter. Enfin, quoique très-simple dans ses habitudes particulières, il avait, de l'aveu de M. Thiers, « le goût et le talent de la représentation. »

Quant au reproche de déférence aveugle, on a déjà vu, l'on verra encore ce que l'on doit en penser. Si tous les hauts fonctionnaires avaient servi comme Maret, bien des malheurs auraient été épargnés à la France, et la dynastie napoléonienne n'aurait pas subi une interruption de trente-cinq années.

XXXVIII

Projets et préparatifs de la Russie contre le duché, signalés par Poniatowski et Bignon ; cause réelle du changement de ministre. — Premières dépêches du duc de Bassano.

Le duc de Vicence avait joué le rôle principal dans la direction de notre politique extérieure, tant qu'il avait été possible de se fier à la sincérité d'Alexandre. Il était alors, suivant sa propre expression, « le vice-roi de Napoléon à Pétersbourg. » On connaît les incidents graves et multipliés qui modifièrent du tout au tout cette situation, à partir du mariage de Napoléon. L'affection personnelle du duc de Vicence pour le czar, survivant à son influence sur ce prince, devenait un danger. Napoléon reprochait à son ambassadeur d'avoir « épousé la Russie, » de s'être laissé abuser par des protestations qui avaient déjà cessé d'être sincères. Malade, découragé, le duc de Vicence

---

1. D'Odeleben, *Campagne de* 1813.

avait demandé et obtenu de quitter Pétersbourg. Il y était encore, quand des renseignements dont il essayait en vain d'atténuer la portée signalèrent à Paris les dispositions agressives du cabinet russe.

L'empereur Napoléon avait tout intérêt à demeurer en paix avec la Russie, au moins jusqu'à la pacification de la Péninsule. C'est la Russie qui, par son attitude plus qu'équivoque depuis la fin de 1810, l'a entraîné à se précipiter sur elle. Sur ce point, nous avons depuis longtemps mieux que des présomptions, nous avons l'aveu des Russes eux-mêmes. C'est un aide de camp d'Alexandre qui, dans un livre écrit sous les yeux de ce prince, s'est chargé de nous apprendre « que, *dès la fin de* 1810, il s'était appliqué à organiser *sourdement* ses moyens...; qu'il sentait trop bien que les griefs avoués ne portaient que sur des accessoires..., mais qu'en en obtenant le redressement, on n'eût pas obtenu grand'chose, car la question principale, celle du pouvoir dictatorial de la France, n'était susceptible d'être résolue *que par la voie des armes*[1]. » Mais puisqu'on paraît considérer ce témoignage comme non avenu, nous ne pouvons nous dispenser de rappeler, au moins sommairement, les indices qui ont autorisé la méfiance et les armements de Napoléon.

Dès le commencement de décembre 1810, antérieurement à la publication de l'oukase hostile au commerce français, le duc de Vicence avait reçu l'ordre d'avoir les yeux ouverts sur les travaux militaires qui s'exécutaient sur la Dwina. Le ministre, ou plutôt l'Empereur, ajoutait : « Après avoir fait avec la Porte cette paix dont ils ont l'espérance, les Russes voudraient-ils la faire avec l'Angleterre?» (7 décembre.) Ces ouvrages de campagne, qui éveillaient l'attention de l'Empereur, avaient été commencés avant cette

[1]. Boutourlin. *Guerre de Russie*, ch. 1er.

réunion d'Oldenbourg, faute réelle dont la Russie fit ensuite tant de bruit[1]. C'était une contrefaçon maladroite des lignes alors si fameuses de Torrès-Vedras, contre lesquelles Masséna venait d'échouer en Portugal. Bientôt après, tandis qu'Alexandre affirmait encore au duc de Vicence que la Russie « demeurait loyale et pure dans l'alliance française *comme une vierge,* » l'empereur Napoléon acquérait, par diverses voies, la certitude qu'il avait existé, que selon toute apparence il existait encore, des projets d'invasion en Allemagne et dans le duché de Varsovie. Les premières indications qui lui parvinrent à ce sujet, dans le commencement de mars, venaient du prince Poniatowski. Bientôt des renseignements analogues affluèrent de toutes parts : de Stockholm, où l'envoyé russe Suchtelen annonçait publiquement une prochaine rupture ; de Vienne, où la coterie antifrançaise, au commencement d'avril, annonçait comme un fait accompli l'entrée des Russes à Varsovie. Ces premières données furent bientôt développées et précisées par les dépêches du nouveau résident de France à Varsovie, le baron Bignon, sentinelle avancée et très-vigilante de l'Empire français. Bignon venait précisément d'être envoyé à Varsovie sur la recommandation de Maret, avec lequel il avait des relations amicales, remontant aux premiers temps du Consulat.

Voici ce qu'écrivait Bignon, le 29 mars 1811 :

Le prince Joseph Poniatowski convient de l'exagération que ses compatriotes se plaisent à mettre dans le dénombrement des troupes russes…, de ce zèle indiscret qui grossit le danger pour accélérer le secours : mais il avance, de son côté, des faits dont il garantit l'exactitude… Selon lui, le projet d'une rupture a incontestablement existé… la déter-

1. Cette mesure était antérieure à l'entrée du duc de Bassano au ministère des relations extérieures. Il reconnaît dans ses notes que ce fut un acte regrettable à tous les points de vue.

mination a été prise et les moyens combinés... Le prince en a la même certitude qu'il aurait, ce sont ses termes, par rapport aux intentions de S. M. l'empereur Napoléon, s'il avait lu les lettres de Sa Majesté... Dans ce projet qui a dû exister, qui peut exister encore, voici quelles étaient les dispositions... En se bornant à se tenir sur la défensive contre les Turcs, on ne devait laisser pour cette guerre que 50.000 hommes. Une armée de 120 à 130,000 hommes serait entrée dans le duché de Varsovie... L'exécution de ce plan devait être fixée au printemps; mais elle se liait encore à d'autres idées... L'un des calculs du cabinet de Pétersbourg portait sur le mécontentement contre la France que ce cabinet *prétend* exister dans l'Europe entière, et sur l'espoir qu'il avait de trouver une grande faveur d'opinion, même dans le duché... Dans ces calculs, la Prusse était appelée aussi à figurer, sinon peut-être du consentement du roi, au moins par l'ascendant non réprimé de l'égarement de l'armée et des peuples de ce royaume. Quant à la position actuelle de l'armée russe, les dernières nouvelles sont le retour de *trois* divisions de l'armée de Moldavie et l'envoi *d'une* division qui les remplace[1].

D'après des indications plus détaillées et plus précises, relatées dans les dépêches ultérieures de Bignon, le prince Poniatowski avait acquis l'entière certitude que trois projets avaient successivement existé. Le premier, purement et simplement agressif, est celui qui se trouve déjà expliqué dans la lettre précédente. « La seconde pensée avait été de faire concourir le duché comme de lui-même à cette invasion. Trompée par ses correspondants..., la cour de Russie avait pensé qu'il serait plus avantageux pour elle d'offrir le rétablissement de la Pologne sous le gouvernement d'un prince impérial, et s'était livrée à l'espoir d'obtenir, même dans le duché, l'appui d'un certain nombre de familles distinguées... Ce second projet était essentiellement distinct du premier, mais

1. Ces mouvements militaires ont été avoués, après 1814, par les écrivains militaires russes les plus autorisés.

le prince avait une égale certitude que l'un et l'autre avaient successivement existé. « C'était, disait-il, par une sorte de miracle que la chose était tombée sous ses yeux, mais pour lui c'était l'évidence. » Il existait un troisième projet, qui semblait être celui du moment. Dans celui-là, on se bornait à opérer des rassemblements imposants sur la frontière, pour déclarer ensuite que ces mesures étaient de pures précautions, qu'elles n'avaient pour objet que la sécurité de la Russie et celle de la Prusse, qu'on voulait la paix et une neutralité parfaite, même avec l'Angleterre. » (3 avril.) Il suffit de comparer ces indications avec l'ultimatum russe signifié l'année suivante au duc de Bassano, pour voir que Poniatowski était bien informé. Ce n'était pas sans raison qu'il disait que « l'existence au moins des deux premiers projets lui était démontrée au même point que si l'aveu lui en avait été fait par Alexandre lui-même. » Il n'y avait entre eux qu'un intermédiaire, dont la loyauté était au-dessus de tout soupçon, le jeune prince Adam Czarteryski. Cet illustre Polonais faisait des vœux sincères pour la renaissance de sa patrie, mais des antécédents tout à fait exceptionnels avaient fait de lui, dans d'autres temps, le compagnon d'enfance du czar, et ensuite son ministre. Il était resté son ami particulier, et plus excusable que personne d'ajouter foi à l'intérêt que ce prince affectait alors de prendre aux Polonais. C'était de la bouche même d'Alexandre que le prince Adam avait recueilli des détails sur ces premiers projets d'invasion russe. Il les avait consignés dans une lettre confidentielle adressée à une personne de sa famille; lettre qui, par suite de circonstances très-particulières, avait été communiquée à Poniatowski[1].

1. Sur la position si délicate du prince Adam, voir Bignon, XI, ch. I. Les actes ultérieurs de ce personnage, que la France

Poniatowski, mandé d'urgence à Paris sous prétexte d'une mission d'apparat, était venu confirmer de vive voix les renseignements transmis par le résident de Varsovie. L'impression de Napoléon fut vive et profonde. Bien que, d'après les dernières informations parvenues au prince, ce projet d'attaque parût ajourné, l'Empereur considéra d'abord cette apparence d'ajournement comme une ruse; il fit repartir aussitôt Poniatowski, et ordonna en même temps de vastes armements. Ainsi s'expliquent les ordres pressants, multipliés, adressés, ce jour-là même, à Lacuée, à Clarke, à Davout, au vice-roi d'Italie, etc. (17 avril)[1]. Ce même jour encore, le duc de Bassano, dirigeant déjà en fait les relations extérieures, écrivait au ministre de France en Saxe, au résident de Varsovie, « qu'ils eussent à tenir la main à ce que, *dans les vingt-quatre heures*, les ordres fussent donnés pour la concentration de l'armée varsovienne sur la Vistule; qu'on se pénétrât du principe que tout était bien, pourvu qu'on ne perdît rien, quand même les Russes viendraient à Varsovie. » Enfin, c'est sous l'impression immédiate de ce revirement politique que, *le lendemain*, le duc de Bassano reçoit le portefeuille des affaires étrangères. Les événements prenaient, en effet, une tournure de plus en plus conformes aux prévisions de l'homme qui avait « épousé » non la Russie, mais la Pologne.

« Le duc de Bassano, dit de Pradt dans un pamphlet fameux, l'histoire ou plutôt le roman de son ambassade, s'était déclaré le patron des Polonais.

---

a vu supporter héroïquement pendant près d'un demi-siècle la torture de l'exil, ont prouvé combien les motifs de sa neutralité étaient nobles et désintéressés. Napoléon y voyait, à tort, un doute sur l'infaillibilité de son triomphe : le duc de Bassano lui rendait plus de justice.

1. *Correspondance*, XXIII, 85 et suiv.

On l'eût pris plutôt pour un descendant des Jagellons que pour le fils d'un Esculape de Dijon. » De telles railleries ne sont accablantes que pour ceux qui se les permettent contre des vaincus, devant lesquels ils rampaient autrefois. La Pologne, en effet, n'eut jamais auprès de Napoléon de défenseur plus persévérant, plus convaincu que le duc de Bassano, et ce dévouement désintéressé a une cause aussi juste que malheureuse est un des souvenirs qui honorent le plus sa mémoire. Souvent, il avait à combattre les défiances de Napoléon, quand celui-ci disait que « les Polonais n'étaient bons qu'à meubler les champs de bataille. » Maret, auquel leur histoire était familière, prouvait que leurs funestes discordes avaient été presque toujours provoquées par les intrigues des grandes puissances spoliatrices. La reconstitution de cette France du Nord était, suivant lui, un miracle digne de la France impériale. Il revenait surtout fréquemment, depuis la paix de Vienne, sur le contraste significatif de la conduite des Polonais avec celle de leurs oppresseurs, pendant cette dernière guerre. La remise du portefeuille des relations extérieures à ce ministre « au cœur polonais » prouvait que le temps était passé des illusions sentimentales sur l'innocence et la fidélité russes.

Le jour même de sa nomination, le duc de Bassano adressait à Bignon la dépêche suivante :

Monsieur le baron... Ce qui se passe sur les frontières de Russie a fait désirer à Sa Majesté que le Roi ordonnât dans le duché de certaines mesures[1]. M. le baron de Bourgoing, qui a été chargé de les provoquer, l'a été aussi de vous les faire connaître, et de vous inviter à veiller à ce qu'elles soient exécutées *très-secrètement*. Ce sont des mesures de pure précaution et de simple prudence ; c'est ainsi que vous

1. Le roi de Saxe, duc de Varsovie.

les devez présenter. Votre langage doit être tout pacifique : vous direz que la guerre *n'aura pas lieu*, mais qu'il faut aller au-devant des chances mêmes qui ne sont que possibles, se mettre à l'abri de toute surprise... En général, vous devez apporter tous vos soins à tempérer la chaleur polonaise, pour qu'on n'offre ni motif, ni prétexte à ceux qui peut-être voudraient précipiter l'empereur Alexandre dans des entreprises hostiles. M. de Bourgoing vous aura adressé ces recommandations. Je l'en avais chargé par ordre de l'Empereur, et je vous les réitère ici moi-même. Vous sentez, au reste, que les circonstances exigent que vous redoubliez de zèle pour être informé de tout ce qui se passe, et de promptitude à m'en instruire.

Cette dépêche restitue à la situation son véritable caractère. Deux autres, non moins significatives, furent envoyées le même jour à Pétersbourg. La première, encore signée du duc de Cadore pour ménager la susceptibilité de Caulaincourt, lui apprenait ce dont il aurait dû nous instruire le premier, que « tout s'ébranlait dans l'empire russe, au moment où l'empereur Alexandre assurait qu'il ne faisait aucun mouvement militaire. » La seconde était du duc de Bassano. Raisonnant dans la supposition que ces préparatifs seraient ou moins avancés ou seulement comminatoires, il réclamait des explications pour gagner du temps, si la guerre devenait inévitable. « La cour de Russie, écrivait-il, paraît occupée de deux griefs : Oldenbourg et la Pologne. Que faut-il faire pour la rassurer ? Si ce que les Russes désirent est faisable, j'ai ordre de vous le dire, cela sera fait. »

Bien d'autres faits attestent que cette appréhension d'une attaque immédiate contre le duché de Varsovie fut sincère, et fondée sur de sérieuses apparences. Ainsi, parmi les précautions indiquées d'urgence au mois d'avril, on voit figurer l'ordre de détruire les fortifications inachevées de Zamosc, place située sur la rive droite de la Vistule, en flèche du côté de l'ennemi. Il est vrai que, sur les représentations du ministre de France, cette disposition fut contre-mandée par le courrier suivant, mais sous la condition de travailler de suite à l'armement ou à l'approvisionnement de cette place, avec défense rigoureuse de toucher aux provisions *tant qu'elle ne serait pas entièrement investie*. « Mieux vaudrait la détruire, ajoutait le ministre, que de ne pas prendre, sans perdre un moment, les dispositions sans lesquelles elle serait, si la guerre avait lieu, un avantage marqué pour l'ennemi. » (21 mai.) Il annonçait en même temps la remise des *plans* pour les forteresses de Thorn et de Modlin. On peut juger par ces détails de la sincérité d'Alexandre, qui, à la même époque, affirmait au nouvel ambassadeur Lauriston que « les armements du duché avaient « précédé et commandé les siens. » (12 mai.) Ce qui ne l'empêchait pas de laisser échapper, quelques jours plus tard, cet aveu significatif : « Si j'eusse voulu attaquer, qui aurait pu m'en empêcher? qui m'en empêche encore ? *Je suis prêt depuis deux mois.* » (1ᵉʳ juin.) Le duc de Bassano écrivait à ce sujet à l'ambassadeur : « Vous auriez dû répondre que, s'il était prêt depuis deux mois, ce qui, pour un si vaste Empire, suppose des ordres donnés au moins depuis quatre, il ne devait pas trouver mauvais qu'on se préparât aussi en France... Il est impossible, ajoutait le ministre, de croire que la Russie n'ait pas eu de projets qu'elle n'a point avoués, et qu'elle n'avouera peut-être pas. Les circonstances qui ont depuis motivé ses plaintes n'en ont été que le pretexte. » Le duc de Bassano recommandait à Lauriston de s'appliquer à découvrir les intentions passées, à bien connaître les intentions présentes. (1ᵉʳ juin.) En effet, dans cet intervalle de deux mois, « le vent avait changé. » Le commencement d'exécution des mesures de défense prescrites par le Duché semblait avoir été le signal d'un mouvement rétrograde précipité des troupes russes. Il parut même un oukase défendant, sous peine de prison, de parler d'une guerre prohaine. Néanmoins, l'empereur Napoléon et son ministre demeurèrent convaincus qu'il avait existé un projet d'irruption, pour lequel on avait compté sur le concours de la Prusse, sur celui même d'une partie de la population du duché de Varsovie ; où, vers la même époque, des agents russes s'efforçaient de donner le change aux espérances nationales en accréditant le bruit du rétablissement, par la Russie, d'un grand et vrai royaume de Pologne [1]. Enfin, Napoléon resta persuadé que ce projet avait été contre-mandé, non par suite d'une convention pacifique, mais parce qu'on le sut éventé, et qu'on craignit d'éprouver le sort de l'Autriche en 1809. Cette opinion reposait sur des présomptions graves, qui n'ont pas été réfutées ; elle a exercé une grande influence sur les déterminations extérieures de Napoléon. C'est à partir du jour où la vraisemblance du projet d'attaque atteint son *maximum*, que nous voyons apparaître, et, pour ainsi dire, défiler sans relâche dans la Correspondance les mesures d'organisation militaire, prescrites, développées, suivies avec une activité dévorante. Il semble que ce soit la grande armée elle-même qui sous nos yeux se forme, puis s'achemine rapidement et en silence vers les profondeurs sinistres qui en restitueront à peine quelques débris !

1. Le principal de ces agents était M. d'Anstedt, personnage subalterne à cette époque, mais destiné à grandir rapidement par sa participation active aux intrigues anti-françaises. Il était pourtant lui-même Français d'origine, et marié à une Polonaise dont la famille habitait Varsovie, ce qui lui fournissait constamment un prétexte plausible pour venir en congé dans cette ville; seulement, ces congés semblaient un peu longs. A l'en croire, aucun patriote n'était plus affligé du partage de la Pologne que le czar lui-même. Le duc de Bassano recommandait au résident de Varsovie « de

XXXIX

Le duc de Bassano s'efforce d'atténuer l'impression produite par l'allocution de l'Empereur au prince Kourakin. — Rapport confidentiel du 16 août 1811, précisant la situation respective des deux puissances. — Incapacité de l'ambassadeur Kourakin. — Congé intempestif du secrétaire Nesselrode. — Preuves que Napoléon et son ministre, loin de voir de mauvais œil, comme on l'a dit, le retour à Paris de ce diplomate, avec lequel on aurait pu traiter, l'ont demandé pendant plus de six mois.

On connait la vive et impolitique allocution adressée le 15 août 1811 par l'Empereur au prince Kourakin. Napoléon avait malheureusement, et d'ancienne date, l'habitude de semblables éclats; ces répétitions énergiques et publiques de griefs plus ou moins légitimes n'étaient propres qu'à envenimer les querelles. Alexandre affecta de comparer cette boutade avec celle qu'avait essuyée Metternich peu de temps avant la dernière guerre; rapprochement assez maladroit, puisqu'à cette époque, c'était aussi l'Autriche qui avait attaqué. Vivement contrarié de cette scène, le duc de Bassano fit tout son possible pour en amortir l'effet. Il se hâta de communiquer à ses agents un compte rendu exact et même *expurgé*, pour les mettre en mesure de rectifier les versions exagérées qui ne pouvaient manquer de circuler bientôt en Europe. Il avait pris une précaution semblable, quelques mois auparavant, à propos d'un discours adressé le 25 mars à une députation de no-

faire ressortir le néant de ces prétendus projets de reconstitution de la Pologne par la Russie, » qui pourtant, abusaient quelques hommes sincères, comme le prince Czartoryski. Les événements ultérieurs ont trop bien justifié cette appréciation.

tables commerçants, sous l'impression des premières nouvelles venues de Pologne. Le duc de Bassano avait fait insérer dans les journaux allemands du parti français un résumé prudemment atténué de cette vive improvisation. Malheureusement, en pareille circonstance, l'opinion est toujours plutôt disposée à aller au delà qu'à rester en deçà de la vérité.

Le lendemain du jour où l'ambassadeur d'Alexandre avait reçu cette objurgation, Napoléon revit à fond la question russe avec son ministre. Ils repassèrent ensemble toutes les pièces de la correspondance depuis l'entrevue d'Erfurt. Le résultat de cet examen fut un résumé sous forme de rapport, rédigé par le duc de Bassano. C'est dans ce document, et non dans de vagues inductions, qu'il faut chercher, sinon toute la pensée du souverain, du moins ce qu'il lui convenait d'en laisser voir à son ministre.

Celui-ci s'attachait d'abord à démontrer qu'une guerre dans le Nord *était à éviter ;* aussi longtemps, du moins, que durerait celle d'Espagne. A l'appui de cette proposition, il présentait les mêmes motifs qu'on a fait valoir après l'événement, pour prouver la folie de l'entreprise. Dans ce rapport du 16 août 1811, le duc de Bassano, qu'on a tant accusé d'avoir poussé à cette guerre, insistait au contraire « sur la nécessité d'employer nos meilleures forces contre les Anglais, devenus enfin partie principale dans une guerre de terre ; sur les inconvénients d'une diversion coûteuse qui entraînerait l'Empereur à de grandes distances, etc. Donc... sa volonté était de maintenir... la paix. » On voit que l'Empereur et surtout son ministre ne s'aveuglaient pas d'avance sur les dangers d'une double guerre, et qu'au mois d'août 1811 Napoléon aurait *voulu le maintien de la paix* avec la Russie ; et non pas seulement, comme on l'a tant répété, l'ajournement de la guerre à un an. On peut suspecter la sincérité de ce vœu dans des communications officielles, mais non dans un document intime tel que celui-là. Par quelle étrange fantaisie l'Empereur se mentirait-il à lui-même?

Après avoir démontré combien la paix serait préférable, le duc de Bassano abordait une autre question intimement liée à la première : « Les difficultés élevées entre la France et la Russie peuvent-elles se terminer par une transaction? » Il récapitulait tout ce qui s'était passé entre les deux puissances depuis Tilsit; les avantages que la Russie avait obtenus ; sa conduite équivoque lors de la dernière guerre avec l'Autriche. Il prouvait que cette conduite avait été la cause des embarras actuels. Si la Russie avait pris tout d'abord une attitude énergique dans le sens de l'alliance, la guerre n'aurait pas eu lieu, et par conséquent le duché de Varsovie n'aurait pas reçu cette augmentation de territoire qui aujourd'hui donnait tant d'inquiétudes au cabinet de Pétersbourg. Le ministre rappelait ensuite l'obstination de ce cabinet dans l'affaire de la convention polonaise, le rejet de la proposition d'indemnité pour Oldenbourg, à laquelle il avait répondu par une protestation. L'offre de la principauté d'Erfurt avait été déclinée parce que ce pays n'était pas « contigu à la Russie : » l'on aurait voulu se faire proposer, comme indemnité, quelque lambeau du duché de Varsovie ; l'insinuation en avait été faite, d'une façon non équivoque, à notre ambassadeur[1]. Là, Maret ne se borne pas à

---

1. Ici encore, les documents ont le tort d'être en contradiction formelle avec M. Thiers. Suivant lui, l'empereur Alexandre aurait toujours affirmé qu'il refuserait toute indemnité prise sur le duché. Deux dépêches de Lauriston, des 1er juin et 16 juillet, prouvent que des insinuations contraires avaient été faites et réitérées, tant à Paris qu'à Pétersbourg, depuis le départ du duc de Vicence. Ce fut seulement après que Napoléon eut déclaré publiquement à l'ambassadeur russe, le 15 août, qu'il ferait la guerre

son rôle d'annotateur fidèle : ses sympathies pour la Pologne débordent celles de Napoléon. « Tout porte à croire que la paix pourrait être maintenue, si l'on voulait céder cinq à six cent mille âmes du duché de Varsovie... S'il existait dans le duché une nation à part, de cinq à six cent mille âmes, dont l'Empereur pût disposer, cette cession serait préférable à la guerre; mais il n'en est pas ainsi. Toutes les parties du duché appartiennent au même peuple, qui, quoique partagé, existe dans ses droits... Ce qui tendrait à diviser le duché tendrait à le détruire... Si la Russie parvenait à lui faire faire un mouvement rétrograde, on n'en resterait pas là... » Le danger d'un démembrement partiel qui, tôt ou tard, amènerait ou la destruction complète du duché, ou bien cette guerre même que l'on voulait prévenir, conduisait le ministre à envisager la question de plus haut. Il la formulait ainsi : « Convient-il à la France d'agrandir la Russie par l'acquisition du duché de Varsovie tout entier? Cet agrandissement porterait les frontières russes sur l'Oder. La Russie entrerait avec l'Europe dans des rapports qu'une saine politique ne peut admettre... Par l'annexion du duché de Varsovie, venant s'ajouter à celle de la Finlande et des Principautés turques, il y aurait pour la Russie un accroissement de forces, qui détruirait toute proportion entre elle et les plus grandes puissances. Ainsi se préparerait une révolution qui menacerait tous les États du Midi, que l'Europe entière n'a jamais prévue sans effroi, et que la génération qui s'élève verrait peut-être accomplir. » Donc, « l'intérêt de la France, celui de l'Allemagne, celui de l'Europe, exigeaient le maintien de l'intégra-

---

plutôt que de céder un seul village du duché, qu'Alexandre piqué au vif, déclara à son tour « qu'il s'en tenait à Oldenbourg et que, quand même on lui offrirait Dantzig, ou une partie du duché, il refuserait. ». (Lauriston, 6 septembre.)

lité du duché de Varsovie. » Par tout ce qui s'est passé depuis 1815, on peut juger si le ministre français s'abusait alors sur les tendances russes et sur leurs conséquences.

Le duc de Bassano était loin de conclure à une résolution extrême. Après avoir fait ressortir tout ce que les derniers règlements de douanes russes, contraires aux stipulations de Tilsit, renfermaient d'hostile et même d'injurieux pour la France, il déclarait que tous ces griefs ne pouvaient être néanmoins considérés comme des motifs suffisants de guerre. Mais, en raison des incertitudes de l'avenir, il y avait lieu d'entamer des négociations éventuelles avec les cours de Vienne et de Berlin, afin que, « si d'ici à six mois la Russie persistait encore dans son système ironique de se plaindre sans cesse et de ne s'expliquer sur rien, la France fût en mesure d'établir un nouveau système d'alliance par des traités qui ne seraient signés qu'à ce terme. En attendant, ses armées allaient être mises sur le pied de guerre, afin qu'*au mois de juin suivant*, époque où la saison devient favorable dans les pays où l'Empereur aurait à porter ses armes, il fût en mesure, *s'il était forcé à la guerre*, de venger la foi des traités, de défendre le duché de Varsovie, et de le consolider en ajoutant à son étendue et à sa puissance. Si, au contraire, cette attitude imposante ramenait la Russie à l'alliance, l'Empereur s'attendait à retirer au moins, des sacrifices qu'il allait faire, l'avantage de revenir sur la concession qui assurait à l'empereur Alexandre la possession de la Moldavie et de la Valachie. Cette condition était essentielle à obtenir; elle importait à l'Autriche, et devait figurer dans le traité à négocier avec cette puissance. »

Ce programme politique, rédigé pour l'usage personnel de l'Empereur, a été suivi de point en point. Nous nous demandons comment les écrivains qui ont attribué à Napoléon des intentions absolument différentes ont pu laisser échapper un tel document, ou, le connaissant, n'en pas tenir compte[1]. Il donne la seule explication plausible, la seule vraie de la politique française dans cette grave circonstance.

La personnalité bizarre, presque ridicule, de l'ambassadeur russe, était un obstacle à toute explication sérieuse, et un sujet perpétuel d'impatience pour Napoléon. Usé au moral et au physique, aussi gauche d'esprit que de tournure, le prince Kourakin semblait avoir été trié tout exprès pour offrir aux Parisiens, par anticipation, un échantillon du type kalmouk dans sa désagréable pureté. Cette laideur exceptionnelle était mise en relief par un habit de drap d'or, constellé de tous les ordres européens. Suivant la chronique intime du temps, ces décorations étaient devenues l'une des nécessités de l'existence du prince, à tel point qu'il en portait dès le matin un autre exemplaire complet, cousu à sa robe de chambre. Cet ambassadeur russe conservait un souvenir personnellement désagréable du mariage de Napoléon : il avait été grièvement brûlé à la fête tristement célèbre du prince de Schwarzenberg, et en resta estropié toute sa vie. Son principal mérite était sa fortune, qui lui permettait de faire grande figure à Paris. En 1810 et 1811, notamment, les bals les plus brillants de la saison d'hiver furent ceux de l'hôtel Thélusson, qu'occupait alors l'ambassade russe. C'était ordinairement à la duchesse de Bassano que le prince, en galant ennemi, offrait la main pour la *Polonaise,* sorte de défilé par lequel la fête commençait.

Un tel personnage pouvait être curieux, mais non

1. Cette négligence est surtout inexcusable dans les histoires de Napoléon qui ont paru en Russie ou ailleurs depuis 1838, époque où M. Bignon publia pour la première fois une analyse de ce rapport, d'après l'original qui existe aux Archives. (X, 89 et suiv.)

sérieux, et le véritable directeur des affaires de la légation était un jeune secrétaire, célèbre depuis, M. de Nesselrode. Au printemps de 1811, celui-ci avait obtenu un congé qui se prolongeait : l'Empereur n'avait pas manqué de trouver étrange qu'on eût choisi, pour retirer ce diplomate de Paris, le moment où sa présence y devenait le plus nécessaire. Il s'en était nettement expliqué dans sa conversation du 15 août avec Kourakin. Quinze jours plus tard, le duc de Bassano se plaignait aussi de l'inopportunité de ce congé, donné au seul homme « en état de traiter. » Lauriston s'était aperçu que le retour de Nesselrode à Paris contrariait le ministre Roumanzof, jaloux de la faveur dont jouissait le jeune diplomate. Au mois de novembre, cependant, notre ambassadeur put annoncer ce retour comme certain. Nesselrode allait être autorisé à traiter, soit l'affaire d'Oldenbourg à part, soit toutes les affaires ensemble ou séparément. Il avait toute la pensée de son maître, qui préparait lui-même ses instructions. (Novembre et décembre.) Cependant, *le 27 décembre,* comme Nesselrode, toujours sur son départ, continuait à ne pas partir, Lauriston ne peut s'empêcher de parler du mauvais effet que ces ajournements doivent produire à Paris. « Il partira, répond le czar; mais je ne veux pas qu'on puisse dire que c'est par peur que je désire un arrangement. J'attends donc un événement qui me mette dans le cas de prouver que ce n'est pas par de telles raisons que j'agis. » — Il s'agissait de la signature des préliminaires de paix avec la Turquie, dont on attendait de jour en jour la nouvelle. — Et si cette paix ne se fait pas? dit Lauriston, Nesselrode ne partira donc pas? — Que les événements de Turquie soient favorables ou non, son voyage aura lieu. » Tout le mois de janvier s'écoule ainsi ; le 30, arrive une dépêche alarmante du prince Kourakin. La guerre lui apparaît inévitable, prochaine, car l'Empereur lui adresse à peine la parole dans les réceptions. Aussitôt le czar et son ministre de s'écrier, à l'envi, que puisqu'il en est ainsi, l'envoi de Nesselrode devient inutile. Pour la première fois, Alexandre prétend savoir « que Napoléon s'est expliqué sur cette mission de manière à faire penser qu'elle ne lui convenait pas. Il en a, dit-il, la certitude par des lettres d'Autriche et de Prusse, et se refuse à toute autre explication. »

Il n'avait, en réalité, qu'un seul prétexte pour affecter de croire à cette mauvaise volonté. Ce prétexte résultait d'une fausse interprétation donnée à un mot de Napoléon. Celui-ci, dans un entretien avec l'ambassadeur prussien Krusemark, avait dit, à propos du retour de Nesselrode, considéré alors comme prochain, qu'*une mission d'éclat serait une faute*. On s'était hâté d'en conclure à Berlin que Napoléon improuvait ce retour, et cette explication avait été promptement transmise à Pétersbourg. Mais il existe un document qui prouve sans réplique combien Napoléon avait été mal compris. C'est une dépêche de Krusemark lui-même à sa cour, qui fut communiquée au duc de Bassano sur sa demande, lors de la signature du traité d'alliance. L'ambassadeur prussien y explique que les bruits qui ont couru au sujet de la prétendue désapprobation donnée par l'empereur Napoléon à la mission Nesselrode sont le résultat d'un malentendu; qu'on a tronqué ses paroles et dénaturé leur sens. « Il avait bien dit, en effet, qu'une mission d'éclat serait une faute, parce que des démarches de ce genre blessent toujours l'amour-propre. Mais il avait ajouté, « *que c'était précisément pour cela qu'il voyait avec plaisir que M. de Nesselrode fût chargé de la négociation.* » En effet, M. de Nesselrode, secrétaire de cabinet, était hiérarchiquement bien inférieur à Kourakin, ancien ministre des affaires étrangères et ambassadeur.

L'envoi d'un tel négociateur ne pouvait donc être réputé « mission d'éclat, » comme l'eût été, par exemple, une mission confiée à Roumanzof, ministre en exercice. Au fond, il n'y avait eu de trompés, dans cet incident, que ceux qui avaient bien voulu l'être, tant à Berlin qu'à Pétersbourg.

C'est pourtant sur cette base étroite et fragile, sur un contre-sens inspiré par la malveillance, que M. Thiers a échafaudé tout un réquisitoire contre Napoléon et son ministre. L'illustre historien voit chez eux la résolution d'attaquer, d'envahir l'inoffensive Russie, irrévocablement arrêtée plus de dix-huit mois d'avance. Pour lui, les demandes d'explications, les protestations pacifiques ne sont plus désormais que des artifices dilatoires. Le cabinet des Tuileries abuse sans scrupule de la bonne foi de son propre ambassadeur; c'est pour arriver plus sûrement à la guerre qu'on feint de se donner quelque mouvement pour la paix. Mais où sont les preuves de cette politique astucieuse? Les préparatifs, commencés en avril 1811, n'étaient qu'une réplique provoquée par ceux de l'adversaire, qui, de son propre aveu, « était prêt dès le mois de mars. » Ils n'impliquent donc nullement l'intention de se dérober à une tentative sérieuse d'arrangement, tout en affectant jusqu'au bout le désir de la paix. Pour donner quelque vraisemblance à ce soupçon d'arrière-pensée, on en est réduit à arguer d'une désapprobation indirecte, donnée à cette mission Nesselrode, que Napoléon, son ministre et son ambassadeur, n'ont cessé de réclamer ouvertement pendant plus de six mois. Mais cette désapprobation n'est elle-même qu'une hypothèse hasardée d'après deux indices plus suspects. L'un est le froid accueil fait au prince Kourakin, accueil qui s'expliquerait mieux par l'impatience de voir arriver enfin un négociateur sérieux; l'autre, c'est l'interprétation de quelques mots de Napoléon à l'envoyé prussien : interprétation apocryphe, vieille calomnie russe, démentie par M. de Krusemarck lui-même, et qui ne méritait pas de revivre sous une plume française.

En résumé, des documents incontestables prouvent que, du côté de la Russie, le point de partage entre les alliances française et anglaise remonte au delà du mois de décembre 1810. Du côté de la France, la correspondance de Napoléon et celle du duc de Bassano montrent que les préparatifs sérieux de guerre n'ont commencé qu'à partir du mois d'avril suivant; et, pendant plus d'une année encore, le cabinet des Tuileries ne cessera de réclamer des explications amiables, auxquelles celui de Pétersbourg ne cessera de se dérober[1].

1. Nous trouvons encore dans les pièces diplomatiques relatives à la Prusse un autre argument contre cette prétendue désapprobation de la mission de Nesselrode. Au moment où les négociations pour le traité d'alliance entre la Prusse et la France touchaient à leur fin, le roi de Prusse fit partir pour Pétersbourg un de ses aides de camp, le colonel Knesebeck. Sa mission fut présentée à l'ambassadeur de France comme une dernière tentative pacifique auprès d'Alexandre; mais cette explication, donnée seulement *après le départ*, parut un peu suspecte à Paris, et le duc de Bassano écrivit à Lauriston de faire surveiller les démarches de M. de Knesebeck pendant son séjour en Russie. Au retour de cet envoyé, la cour de Berlin s'empressa de nous communiquer son rapport. M. de Knesebeck, homme fort intelligent, et très au courant de la situation, avait eu deux longs entretiens avec Alexandre; il lui parla de l'impression fâcheuse qu'avait produite à Paris cet ajournement indéfini de la mission Nesselrode, sur laquelle on comptait. Le czar lui répondit d'abord, comme à Lauriston, « qu'il avait lieu de croire que cette mission déplaisait; » mais Knesebeck *l'ayant assuré du contraire*, le czar se rejeta « sur ce qu'une pareille démarche aurait désormais d'inconciliable avec sa dignité, Napoléon ayant pris, dans l'intervalle, une position plus menaçante ; *sur la situation économique de la Russie, pour laquelle l'interdiction du commerce des neutres serait un fléau pire que la guerre elle même*, etc. » Nous sommes loin de prétendre et de croire que tout ce qui a pu se dire de part et d'autre, en pareille circonstance, ait été consigné dans un rapport destiné

XL

Traité avec la Prusse (24 février 1812). — Pourquoi il avait été plus difficile de différer cette alliance que de la conclure. — A l'instigation de Maret, Napoléon conseille à son frère de convoquer des Cortès napoléoniennes (août 1811), puis d'accepter celle de Cadix (mars 1812). — Rejet de ce sage conseil.

Le programme du 16 août 1811 était suivi fidèlement. Tout en s'efforçant d'amener un revirement pacifique dans les conseils de la Russie, le duc de Bassano avait commencé à préparer des traités d'alliance avec les différents États qu'on ne pouvait se dispenser d'associer à la guerre, si elle devait éclater. Ces traités, on s'en souvient, devaient être conclus dans un délai de six mois, si dans cet intervalle la Russie n'avait pas changé de politique. Ce terme, que l'Empereur s'était en quelque sorte fixé à lui-même, fut atteint et dépassé; car le traité avec la Prusse ne fut signé que le 24 février, celui avec l'Autriche, que le 14 mars suivant.

Il avait été plus difficile de différer la première de ces alliances que de la conclure. Pendant toute l'année 1811, le duc de Bassano avait dû résister aux instances du cabinet prussien, et tempérer, par de sages avis, son empressement à prendre, en attendant, des « mesures éventuelles » dont la France avait lieu de se défier. Les détails de cette négociation appartiennent à l'histoire générale de l'Empire. Nous n'avons garde de justifier le système d'inflexible rigueur dont le traité du 24 février était la conséquence logique.

à être communiqué à Paris; mais, par la même raison, on n'y verrait pas figurer l'assurance relative à la mission de Nesselrode si le cabinet de Berlin avait eu le moindre doute sur ce point.

« Alliance bizarre, dit avec raison un historien, où l'allié puissant, mesurant au faible la portion de forces dont il l'autorise à faire usage, ne lui permet de le servir que d'une main, et tient l'autre enchaînée dans la crainte que, libres toutes deux, elles ne se tournent contre lui ! » C'était à propos de l'alliance de 1812, qu'un agent diplomatique prussien disait, dans une lettre, qui fut interceptée et transmise à Paris : « Il fallait en passer par là, ou par la fenêtre ![1] »

On a prétendu que le duc de Bassano avait aggravé ces ressentiments, en transmettant les volontés de Napoléon sous la forme la plus impérieuse. Cette allégation, répétée de confiance par quelques historiens français, sur la parole intéressée des organisateurs de la dernière coalition, est formellement contredite par les documents. Au mois d'avril 1811, le prince d'Eckmühl, sentinelle plus clairvoyante que notre ambassadeur à Berlin, dénonçait les armements clandestins de la Prusse, coïncidant d'une façon significative avec les mouvements russes sur la frontière du duché de Varsovie. Napoléon, irrité, prescrivit au duc de Bassano de faire signifier à Berlin qu'il considérait ces mesures comme dirigées contre la France ; que si elles ne cessaient pas de suite, il allait faire occuper le territoire prussien. En conséquence, le ministre recommandait à l'ambassadeur de faire sentir au ministre de Prusse l'inconvénient de ces armements anticipés, qui pourraient altérer *les bonnes dispositions* de Sa Majesté, détruire sa confiance (18 mai, 5 septembre). Il était difficile, on en conviendra, de transmettre cette communication menaçante sous une forme plus amortie. Un peu après, une démarche personnelle du roi de Prusse (lettre du 12 septembre)

---

[1] Sur les relations de la France et de la Prusse en 1811 et 1812, voir Bignon. (X, 130-147, 387-399.)

ayant diminué quelque peu la méfiance de l'Empereur, le duc de Bassano s'empressait d'écrire à M. de Saint-Marsan que « cette lettre devait modifier les démarches vives qu'il avait reçu ordre de faire (18 septembre). » Enfin, il maintenait à Berlin cet ambassadeur, que l'Empereur jugeait trop crédule et voulait remplacer par un militaire. En ceci, les événements de 1813 donneront raison à l'Empereur ; mais si cette fois son ministre mérite un reproche, ce n'est pas apparemment celui d'avoir exagéré les défiances et les rigueurs du souverain.

L'attitude de la Prusse pendant l'année 1811, ses démarches pressantes pour hâter la conclusion du traité, la précipitation, le développement de ses préparatifs militaires, tenaient en partie à un motif longtemps dissimulé, qui ne fut révélé au cabinet français qu'à l'époque de la signature de l'alliance. Un homme de beaucoup d'esprit et de peu de moralité, chef de bureau, journaliste, censeur, et quelque peu poëte, E., avait vendu, en 1810, à l'ambassadeur prussien, un prétendu rapport secret du duc de Cadore, encore ministre à cette époque, concluant à l'entière destruction de la monarchie prussienne. Ce rapport avait été véritablement rédigé sur des communications surprises dans les bureaux des relations extérieures. La conclusion seule était apocryphe, et le tout assez habilement coordonné pour que le cabinet prussien s'y trompât. Pendant plusieurs mois, il attribua à une arrière-pensée hostile de Napoléon les retards que le cabinet français apportait à la conclusion de l'alliance, sans autre arrière-pensée que celle de prolonger autant que possible les ménagements envers la Russie.

Dès le mois d'août 1811, l'éventualité probable d'une rupture avec cette puissance faisait vivement sentir la nécessité d'un arrangement des affaires de la Péninsule. Le duc de Bassano transmettait à Madrid, par l'intermédiaire de l'ambassadeur Laforêt, un conseil inspiré par les souvenirs de la Constituante : celui d'une convocation de Cortès napoléoniennes. Plus tard, quand cette guerre du Nord dut être considérée comme inévitable, le ministre fut autorisé à suggérer une idée bien autrement libérale, mais bien trop tardive : celle d'une tentative de rapprochement avec les représentants de l'insurrection espagnole ; d'une acéptation, par le roi Joseph, de la constitution démocratique qu'ils venaient de rédiger. Tel fut le sujet d'une longue et curieuse dépêche du ministre des relations extérieures, en date du 15 mars 1812, dont nous reproduisons les passages principaux. Il ne faut pas perdre de vue, pour en apprécier la valeur, qu'à cette date nous étions maîtres de la plus grande partie de l'Espagne; que beaucoup d'Espagnols étaient fatigués de la lutte, fatigués surtout des Anglais.

Le roi doit avoir des moyens de communiquer avec la nouvelle régence de Cadix. La haine pour la France est balancée par la haine pour l'Angleterre... : donc, un arrangement est possible. La base en serait simple... Pour les Cortès, l'impossibilité de vaincre est démontrée. La résistance a été longtemps soutenue, et l'amour-propre est satisfait. Les Cortès peuvent eux-mêmes proposer au roi l'acceptation de la Constitution qu'ils ont rédigée, et reconnaître la nouvelle dynastie. Le roi peut, de son côté, accepter cette Constitution, qui est celle de Bayonne, à l'exception de quelques *spéculations idéologiques* contraires aux mœurs du pays. Il n'y aurait probablement, au sujet de cette Constitution, aucune difficulté importante. Si un tel arrangement avait lieu, Sa Majesté ne ferait pas difficulté de connaître l'*intégrité de l'Espagne*, et de retirer ses troupes *en totalité*, du moment où la tranquillité serait rétablie.

Le duc de Bassano, ou, si l'on veut, l'Empereur rappelait ensuite au roi l'autre moyen d'arriver au but, en convoquant lui-même ses Cortès, comme on le lui avait conseillé au mois d'août précédent. Depuis la conquête de Valence, la situation générale était devenue plus favorable que jamais pour une telle tentative, le roi pouvant réunir les députés des deux tiers de l'Espagne. Ces Cortès pourraient adopter la Constitution de celles de Cadix, plus ou moins modifiée ; faire un appel à la réunion.

Quand on verra d'un côté huit cents députés, les armées impériales, les places fortes, et de l'autre, les Anglais acharnés à ruiner l'Espagne, et chez elle et par l'insurrection de ses colonies, le choix sera bientôt fait... Si le gouvernement avait eu une marche suivie et énergique, il disposerait dès à présent du meilleur instrument dont il puisse se servir : d'une Assemblée délibérant, discutant, éclaircissant toutes les questions, et portant la lumière dans les provinces par ses discours, ses adresses et ses députations. Les ministres ont voulu entourer le roi de troupes espagnoles avant d'avoir gagné l'opinion. Contre-sens manifeste !... Le mal que font les troupes françaises est moindre, de l'aveu de Blake et des autres généraux prisonniers, que celui que font les troupes anglaises et les guérillas[1]... Que le roi réunisse donc les Cortès ; après quinze jours ou un mois, lorsqu'ils auront fait un grand nombre de rapports, de discours, une Constitution même, puisque *telle est la manie des Espagnols* ; lorsqu'ils auront envoyé dans les provinces des députations solennelles, pourquoi n'en enverraient-ils pas aussi à Cadix, en Galice, à Alicante, dans tous les pays où l'insurrection existe encore, et où le besoin de voir arriver le terme d'une lutte si prolongée est le vœu secret de tout le monde?... Vous pourrez prendre l'engagement que l'Empereur ratifiera tout ce que fera le roi, si le roi déclare que les troupes se retireront...

Enfin le ministre, indiquant « tout ce qu'on pouvait faire, tout ce qu'on aurait déjà dû faire, » suggérait

---

1. Ceci a été pleinement confirmé par les écrivains espagnols, notamment par Toreno, Llorente, etc. Les généraux dont il s'agit ici sont ceux que Suchet avait pris à Valence, et dont la régence de Cadix avait refusé l'échange.

l'idée de « faire adresser préalablement des pétitions au roi pour la convocation des Cortès, en indiquant rapidement les idées qui devaient en former la base. »

Point d'injures contre la France, mais exposer que la nation périt, qu'on ne peut éviter son extermination et la perte des Indes qu'en se ralliant au trône, sous la protection d'une Constitution librement consentie. Des pétitions semblables seront présentées par les archevêques et les évêques... Le roi répondra que l'*intégrité* et l'*indépendance* de l'Espagne seront assurées ; que les troupes françaises se retireront lorsqu'on posera les armes. Si ces diverses tentatives ne réussissaient pas, elles auraient du moins produit un grand ébranlement dans l'opinion...

Cette dépêche, curieuse à plus d'un titre, a dû être en partie dictée par l'Empereur, ou transcrite de mémoire à la suite d'une conférence sur les affaires d'Espagne. Il semble que ce plan de conquête constitutionnelle, avec la retraite entière des troupes françaises et l'intégrité de la monarchie espagnole en perspective, était fait pour plaire à un prince si affecté de son état de nullité, des maux de l'occupation française, de l'appréhension d'un démembrement. Pourtant on voit, par la réponse de l'ambassadeur, que Joseph ne fut nullement satisfait de cette communication. « Il prenait pour des reproches directs tout ce qui portait sur ses ministres. » Comme il était question dans la dépêche du duc de Bassano de propos tenus par les généraux espagnols pris à Valence, Joseph leur attribuait la première idée de cette combinaison. Il se plaignait de ces officiers, qui auraient pu, suivant lui, rendre un grand service à leur pays en se ralliant à *leur souverain*... Il s'offusquait de la facilité avec laquelle l'Empereur inclinait à sacrifier la Constitution de Bayonne à l'œuvre *démagogique* de Cadix. « C'était, disait-il, risquer de mettre le désordre constitutionnel à la place de l'anarchie insurrectionnelle, que d'endosser la robe faite pour accabler la royauté dans la personne et sous le nom de Ferdinand VII. » Enfin, il supposait que « Napoléon voulait seulement faire faire une démonstration propre à occuper toutes les têtes en Espagne, jusqu'à ce que la situation politique de l'Europe lui permît de couper le nœud gordien. Cependant on allait s'occuper d'ouvrir des communications, de faire rédiger des adresses, etc. » Tout cela n'annonçait pas un zèle très-ardent : aussi, bien que les intentions de l'Empereur fussent connues à Madrid depuis le 6 avril, la correspondance de l'ambassadeur atteste que deux mois après il n'y avait rien de fait, ou presque rien, dans ce sens. Laforêt écrivait, le 15 mai : « Le roi dit que c'est lui qui est obligé de presser les ministres; ceux-ci, qu'ils ne peuvent arracher de décisions au roi. Il parle beaucoup, parle à merveille, mais laisse languir toutes les mesures, etc. » L'irrésolution politique et militaire du roi était vivement relevée dans une nouvelle dépêche du duc de Bassano expédiée de Dresde. « Le roi, en différant de donner des ordres, depuis que l'Empereur lui a conféré le commandement général, compromet les intérêts de la France et les siens[1]... Il gêne et n'agit pas. Un vice-roi aurait une conduite plus décidée. Il faut agir cependant... Si l'Empereur est dans le Nord, occupé d'une grande entreprise, il faut qu'il soit secondé énergiquement dans les affaires d'Espagne. Si l'Empereur n'est pas allé en Espagne, *c'est qu'il en a été empêché par les armements de la Russie*. L'entreprise du Nord terminée, si le roi, par son indolence, ne gâte pas trop les affaires,

---

1. Par la dépêche du duc de Bassano du 15 mars, et par celle du prince de Neufchâtel du 16, arrivées en même temps, le roi Joseph se trouvait investi des pouvoirs civils et militaires les plus étendus.

l'Empereur aura bientôt fait raison, etc. » (23 mai.) Nous n'avons pas à discuter ici la validité des reproches militaires adressés incidemment à Joseph. Mais on peut s'étonner de lui voir montrer tant de tiédeur, ou plutôt d'aversion, pour les mesures politiques suggérées par le duc de Bassano, et traiter de « robe de Nessus » cette Constitution de Cadix, que Napoléon lui-même juge acceptable en principe. Ces susceptibilités monarchiques étaient incurables chez le roi Joseph, ou plutôt chez ses ministres. Après les nombreuses et tristes péripéties de la campagne de 1812, à peine rentrés à Madrid, ils s'empressaient de faire insérer dans la Gazette officielle un article contre « les dogmes révolutionnaires et jacobiniques, que l'assemblée de Cadix prêchait à une nation qui s'était fait connaître dans l'univers par ses principes monarchiques et religieux. » (2 novembre, Laforêt.) Ainsi, par une anomalie étrange, l'ancien ambassadeur de la République française à Rome, devenu roi d'Espagne, proclame, malgré Napoléon, des tendances absolutistes, et ce sont des défenseurs de la légitimité qui propagent nos principes révolutionnaires. Voilà comment Joseph comprenait les intérêts de son frère, les siens propres, ceux de ses deux patries[1] !

---

1. Le roi Joseph était un honnête homme et même un homme d'esprit, mais il manquait de décision et de jugement dans les circonstances difficiles; et il n'eut guère que de celles-là pendant son malheureux règne. En admettant même qu'on n'eût réussi qu'à opérer une diversion dans les esprits, cette diversion était conforme aux nécessités de la situation, entre la prise de Badajoz et l'entreprise de Wellington sur Salamanque. (Avril-juillet 1812.) Ce ne fut que vers la fin de juin que les excitations continuelles de l'ambassadeur déterminèrent les ministres de Joseph à faire auprès de quelques députés de Cadix des insinuations, dont la malheureuse journée des Arapiles (juillet) détruisit tout le fruit. Si l'on avait tenu compte en temps utile à Madrid des conseils venus de Paris, la guerre de Russie aurait été faite dans des conditions bien meilleures, en admettant qu'elle eût éclaté.

XLI

Traité d'alliance du 14 mars avec l'Autriche. — Conversation curieuse à ce sujet d'Alexandre avec l'ambassadeur autrichien. — Intrigues secrètes qui ont déterminé la conclusion du traité de Bucharest.

On connaît depuis longtemps les stipulations secrètes des traités conclus en 1812 par le duc de Bassano avec le Danemark et l'Autriche. On voit par la correspondance politique de Vienne que, pendant la préparation du traité autrichien, notre austère et vigilant ambassadeur, le comte Otto, transmettait des informations confidentielles, dont on ne se préoccupa peut-être pas assez à Paris, sur les grands embarras de fortune d'un des principaux ministres de cette puissance, et sur ses habitudes intimes avec nos ennemis politiques des deux sexes[1]. Il appelait cela *travailler à la fusion;* mais on aurait dû prévoir que cette fusion pourrait bien s'opérer en sens inverse, si nous éprouvions des revers. Metternich et Schwarzenberg furent les seuls conseillers autrichiens qui opinèrent nettement pour l'alliance ; tous les autres avaient été d'avis de ne prendre part à la guerre « que s'il n'y avait pas moyen de demeurer neutre. » (Otto, 7 décembre 1811). Parmi les résultats probables du nouveau conflit entre la France et la Russie, il en était un

1. On trouvera à ce sujet, dans l'ouvrage de Bignon (X, 122-126), des détails qui peuvent servir de correctif au portrait trop flatté qu'a fait M. Thiers du ministre dont il s'agit ici. Nous recommandons aux personnes qui désireraient de plus amples renseignements sur cet objet délicat la dépêche inédite d'Otto du 26 juin 1811. (*Archives des affaires étrangères.*)

qui intéressait particulièrement l'Autriche ; l'annulation des engagements pris à Erfurt, relativement aux Provinces danubiennes. Ce fut la principale considération que fit valoir le duc de Bassano pour déterminer le cabinet de Vienne à faire cause commune avec nous.

Napoléon tenait essentiellement à se réserver la faculté d'échanger la Gallicie autrichienne contre l'Illyrie, dans l'hypothèse du rétablissement de la Pologne. Sur ce point, Schwarzenberg résista longtemps. Il représentait que les districts de la Gallicie étaient affectés au recrutement des meilleurs régiments autrichiens. Il insistait avec plus de force sur ce que la cession de cette province, dont la frontière n'est qu'à quelques marches de la capitale, compromettait bien plus la sûreté de la monarchie autrichienne, que la possession lointaine de l'Illyrie ne pouvait lui offrir d'avantage. On ne parvint à s'accorder qu'en bornant la cession future à une partie de la Gallicie à déterminer ultérieurement, de manière à laisser une bonne frontière à l'Autriche (*Notes du duc de B.*)[1].

L'Empereur Alexandre était bien servi par ses correspondants secrets de Paris ou de Vienne, car ce fut lui qui apprit, dit-on, la signature du traité au comte de Saint-Julien, ambassadeur d'Autriche à Pétersbourg. Il lui en montra une copie avant que ce diplomate eût reçu aucun avis de sa cour à ce sujet. Alexandre ressentit ou affecta une surprise pénible, de la colère même. « Dans ce moment, dit-il, où des *efforts extraordinaires* me donnaient l'espoir de sortir avec succès

---

1. On a signalé, avec raison, comme ayant exercé une influence funeste sur les derniers événements de la campagne, la clause du traité du 14 mars, qui stipulait que « le contingent auxiliaire autrichien formerait un corps distinct et séparé. » Mais il ne faut pas oublier que, dans le plan primitif de l'Empereur, ce corps devait être employé directement sous ses ordres. On verra dans un des chapitres suivants, par suite de quelles circonstances il fut malheureusement entraîné à modifier ce plan.

de cette lutte terrible, lorsque je vais combattre pour la cause générale, il faut que mon ancien allié se ligue avec mon adversaire ; il faut que l'empereur François me force à entrer en négociation avec Napoléon ! » Il ajouta « qu'il emploierait à regret les moyens que lui fourniraient les mécontents en Hongrie ; que, comme il ne voulait pas avoir l'Europe sur les bras, il se verrait obligé de s'arranger avec la France, et qu'il ne croyait pas que cet arrangement, *très-facile et qui tenait à bien peu de chose, tournât à l'avantage de l'Autriche.* » Ces paroles significatives d'Alexandre sont consignées dans un rapport de l'ambassadeur en date du 12 avril, rapport qui fut communiqué par le cabinet de Vienne à celui de Paris. La conduite ultérieure de l'Autriche a été telle, qu'on craint toujours de ne pas faire remonter assez haut le commencement de ses intelligences secrètes avec nos ennemis. Il nous paraît incroyable que les informations clandestines du czar aient devancé de si loin celles de l'ambassadeur ; d'un autre côté, il est acquis aujourd'hui à l'histoire que l'empereur Alexandre, avant son départ pour Wilna, c'est-à-dire avant le 21 avril, reçut du cabinet autrichien des communications très-rassurantes[1]. Ceci nous porterait à croire que M. de Saint-Julien, comme l'envoyé prussien Knesebeck, connaissait d'avance la destination de son rapport, et l'aura rédigé en conséquence. Les altérations, toutefois, n'ont dû porter que sur les explications de l'ambassadeur ; et c'est avec raison qu'on a cherché dans ce document une nouvelle preuve que « c'était Alexandre qui voulait la guerre, ou du moins qu'il la voulait aussi, » puisque, de son propre aveu, « l'arrangement avec la France eût été facile, qu'il tenait à bien peu de chose ! »

1. Ceci est démontré par une lettre autographe de l'empereur Alexandre à l'amiral Tschitchakov, lettre qui a passé sous les yeux de M. Thiers. (V. Thiers, XIII, 497.)

Parmi les fautes qui ont influé sur le sort de la campagne, il faut mettre en première ligne l'ouverture beaucoup trop tardive des négociations avec la Porte ottomane. Le duc de Bassano ne fut autorisé à agir de ce côté qu'au mois de février 1812. L'Empereur tenait à pouvoir dire, jusqu'au dernier moment, que lui du moins était resté fidèle aux engagements de Tilsit. Cette loyauté imprudente avait laissé le champ libre aux manœuvres des agents anglais, qui, depuis six mois et plus, s'efforçaient d'amener, par des « arguments irrésistibles, » un accommodement entre les Russes et les Turcs. « L'Angleterre, dit Maret dans ses notes, était ouvertement l'alliée de la Russie aux conférences de Bucharest, avant que la Russie fût en guerre avec la France, et lorsque la France négociait encore pour la paix. » Dès le mois de septembre 1811, l'Anglais Liston recevait à Constantinople un puissant renfort ; le Corse Pozzo di Borgo, toujours acharné à sa *vendetta ;* — si Wellington était l'épée, la forte et loyale épée de l'Angleterre, Pozzo en était le stylet ! — C'était lui qui faisait parvenir à Pétersbourg les comptes rendus de conversations belliqueuses, et jusqu'à des copies de prétendues notes de notre chargé d'affaires à Constantinople. (Novembre, décembre.) A chaque courrier, le duc de Bassano était obligé de démentir ces assertions, de réitérer l'assurance trop véridique que la France restait, en tout ce qui concernait les affaires turques, dans les limites de la neutralité promise à Tilsit et à Erfurt !

Le 5 mars 1812, notre chargé d'affaires avait reçu l'autorisation d'offrir au sultan, *mais seulement de vive voix,* pour prix d'une alliance offensive et défensive, la garantie de l'intégralité des Provinces danubiennes, plus la promesse du recouvrement de la Crimée. Enfin, après la découverte des intrigues de Czernicheff à Paris (voy. chap. suivant), le duc de Bassano obtint l'autorisation d'envoyer à Constantinople les pleins pouvoirs nécessaires pour conclure ; ils arrivèrent le 21 mars. A cette date, rien n'y était terminé avec la Russie. Le duc de Bassano en acquit la certitude dans le courant d'avril ; il dut croire que, dès lors, le plus grand péril était passé, que la Turquie, n'ayant pas cédé quand elle se voyait délaissée, céderait encore bien moins quand on venait à son secours[1]. Ce raisonnement, qui eût été infaillible vis-à-vis d'une nation civilisée, se trouva faux par rapport à la Turquie. Malgré notre changement d'attitude, le parti de la paix prévalut, grâce aux intrigues des frères Morousi, interprètes de la Porte, deux Grecs de l'extrême décadence. Ils affirmèrent et persuadèrent aux Turcs que la ruine de la Russie entraînerait la leur ; qu'elle était désormais le seul obstacle qui les protégeât contre l'ambition française ; que la paix étant désormais leur unique moyen de salut, il fallait s'y résigner, *même au prix de quelques sacrifices*. Cependant le sultan, par bon sens naturel et par orgueil, se refusait à toute cession ; les Russes, de leur côté, avaient de bonnes raisons pour hésiter à se montrer trop exigeants ; mais les Morousi les encouragèrent à demander, contraignirent le sultan à céder. Chacun de ses refus produi-

1. Le duc de Bassano, causant ce jour-là même avec M. de Narbonne, qui venait prendre ses instructions pour une mission conciliante qu'il allait remplir à Berlin, lui parla, avec une vive émotion, de l'heureuse nouvelle, impatiemment attendue, qu'il venait de recevoir de Constantinople. En sortant de chez le ministre, M. de Narbonne raconta cet incident à un jeune homme qui l'attendait dans sa voiture ; tout en partageant la satisfaction du duc de Bassano, il regrettait comme lui que la volonté de l'Empereur eût si longtemps ajourné l'ouverture de la négociation. Il voyait, avec un sentiment instinctif d'inquiétude et de tristesse, que les déterminations de ces Turcs faibles et perfides exerceraient fatalement une grande influence sur les événements. L'interlocuteur du comte de Narbonne était M. Villemain, qui a reproduit cet entretien dans ses *Souvenirs*.

sait une sédition au camp du grand-visir, et de violents murmures à Constantinople. Cette lutte devint très-sérieuse au printemps. A l'époque où la paix fut signée, les troupes turques, que les instigateurs du traité *payaient pour déserter*, étaient réduites à dix ou douze mille hommes[1] Tout cela n'eût pas suffi peut-être ; une note curieuse du duc de Bassano nous apprend que, « la paix de Bucharest fut due à l'emploi d'une pièce fausse qu'on fit parvenir à la connaissance du grand-visir. C'était une prétendue lettre de Napoléon à Alexandre, proposant, pour les arrangements de la paix, le partage de l'Empire ottoman[2]. Consulté par Galib-Effendi, un interprète notoirement et depuis longtemps pensionné par l'Angleterre, Joseph *Fanfan* attesta la vérité du document. Le fait matériel de la présence du comte de Narbonne à Wilna, acheva de porter la conviction dans l'esprit des Turcs. » D'une part, comme nous le verrons bientôt, on manœuvra pour abréger le séjour de cet envoyé extraordinaire, en abusant Alexandre sur le but véritable de sa mission ; de l'autre, on persuada aux Turcs que l'objet de cette mission était de donner suite à cette proposition apocryphe de partage. On peut remarquer, en effet, que le sultan ne donna sa ratification que le 14 juillet, c'est-à-dire six semaines après la signature, et sous l'impression immédiate de l'arrivée du comte de Narbonne à Wilna. Au lieu de s'évertuer à chercher dans la correspondance de Napoléon et de son

---

1. Notes manuscrites de Latour-Maubourg. Voir aussi Bignon, XI, 83-5, et XIV, 115-121.
2. Ce qui donnait plus de vraisemblance à cette fable, c'est qu'on n'ignorait pas à Constantinople que l'objet véritable de la mission de M. de Roumanzof à Paris, en 1809, était une proposition de partage de l'Empire ottoman. Les notes remises au duc de Cadore à ce sujet ont été rendues à l'empereur Alexandre, sur sa demande, en 1816. (Maret.)

ministre les indices d'une préméditation orgueilleuse et machiavélique de la guerre, qui n'exista jamais, on aurait mieux fait de suivre la trace très-réelle des intrigues anti-françaises qui, depuis 1810, exploitaient les appréhensions d'Alexandre pour sa sûreté personnelle, ses rancunes politiques et privées, et réussirent à creuser un abîme infranchissable entre les deux souverains.

L'empereur Napoléon n'avait donc voulu accréditer d'ambassadeur à Constantinople qu'après la rupture définitive des relations diplomatiques entre la France et la Russie. Pour comble de malheur, car il semble que déjà la fortune s'essayait à accabler le dominateur de l'Europe, les communications avec Constantinople étaient alors interrompues par suite de la peste, qui faisait d'affreux ravages dans cette capitale. Notre ambassadeur, Andréossy, ne put se mettre en relation avec le gouvernement turc que dans les premiers jours d'août, et les ratifications du traité avec la Russie avaient été échangées le 14 juillet ! « C'était la destinée ! » disait gravement le Reiss Effendi. La destinée avait eu pour auxiliaire la vénalité de ce ministre, du plénipotentiaire turc et des interprètes. Andréossy n'eut pas de peine à prouver au sultan qu'on l'avait indignement joué en lui faisant payer du sacrifice d'une province (la Bessarabie), une paix dont la Russie avait un si pressant besoin. Les Morousi payèrent de leur vie cette trahison ; mais le mal n'en était pas moins irréparable. Tel fut le résultat des ménagements de Napoléon pour la Russie, ménagements qui ne peuvent s'expliquer que par des sentiments tout opposés à ceux que lui prêtent quelques historiens.

XLII

Affaires de Suède. — Caractère difficile de l'ambassadeur Alquier. — Vieille haine de Davout pour Bernadotte. — Attitude sage et conciliante du duc de Bassano. — Violence et imprudence d'Alquier. — Son rappel. — Rapport de Davout qui augmente l'irritation de l'Empereur contre Bernadotte. — Ordre trop promptement exécuté d'envahir la Poméranie. — Alliance de la Suède avec l'Angleterre et la Russie. — Ses dernières démarches pour un retour à l'alliance française, repoussées par Napoléon, malgré le duc de Bassano.

La neutralité de la Turquie était un malheur : l'inimitié de la Suède, qu'il eût été possible d'éviter, en fut peut-être un plus grand encore. Sur ce point, nous ne pouvons nous dispenser d'entrer dans quelques détails. C'est une des rares circonstances dans lesquelles la discrétion du duc de Bassano n'a pu dissimuler tout à fait ses tendances personnelles. Il aurait voulu qu'on ménageât davantage Bernadotte, et il avait raison. Nous ne prétendons ni justifier, ni excuser la conduite du prince de Suède ; mais nous croyons que sa défection a été surtout décidée par les procédés violents de l'ambassadeur Alquier et par ceux du prince d'Eckmühl.

Alquier, conventionnel régicide, était un homme de mérite, mais atrabilaire et d'un jugement faux. Il passait pour avoir le mauvais œil en politique, comme Marmont et Reynier à la guerre : il avait été, en effet, le dernier ministre de Napoléon auprès des Bourbons de Naples et de Pie VII. L'Empereur l'ayant trouvé *mou* dans cette dernière mission, Alquier s'appliquait à ne plus mériter un semblable reproche. Il s'ingéniait systématiquement à présenter sous la forme la plus impérieuse, la plus blessante, l communications souvent peu agréables dont il était chargé. S'il est un diplomate de la période impériale qui ait pleiment mérité le reproche « d'arrogance et d'aveuglement, » si mal à propos adressé au duc de Bassano, c'est bien certainement celui-là.

Il mettait aussi un empressement regrettable à consigner dans ses dépêches toutes les excentricités de langage du prince royal (Bernadotte), et même des propos d'une authenticité douteuse[1]. Enfin, il ne se lassait pas de transmettre, sans contrôle, toutes les dénonciations qui lui parvenaient sur les infractions au blocus continental, commises ou tolérées par le gouvernement suédois. Sur ce dernier point, il y avait émulation entre Alquier et le prince d'Eckmühl. Il existait, entre Bernadotte et Davout, une antipathie qui datait de la République, et que les événements de 1806 et de 1809 avaient singulièrement envenimée. En se voyant devancé sur la route de la fortune par un rival auquel il s'estimait fort supérieur, Davout ressentait une irritation profonde, qu'il ne savait même pas dissimuler en public.

Malgré ces éléments de discorde et les cajoleries intéressées de la Russie, nos relations avec la Suède reprirent tout à coup une allure plus satisfaisantes, à l'époque de l'entrée du duc de Bassano au ministère. Momentanément investi du pouvoir royal pendant une maladie de son père adoptif, Bernadotte montra, de l'aveu même d'Alquier, les meilleures dispositions. C'était le moment où l'on ne parlait que de la

---

1. Ainsi, dès les premiers temps du séjour de Bernadotte en Suède, Alquier s'empressait d'écrire, sur la foi de lettres *venues de Copenhague*, que le prince royal à son passage dans cette ville, avait parlé de l'oppression de l'Empereur; que sa femme y avait manifesté des sentiments *très-peu français*, etc. Alquier aurait dû tenir pour non avenues ces délations danoises, n'ignorant pas que l'élection de Bernadote avait dû être particulièrement désagréable dans ce pays.

concentration menaçante des Russes sur la frontière du duché. M. d'Engestrom disait à Alquier : « Nous serons Français si l'Empereur le veut, » et ce dernier reconnaissait que, dans de telles circonstances, « l'alliance de la Suède n'était pas à dédaigner. » Alquier recevait l'ordre de témoigner au prince royal combien on était satisfait de son attitude, depuis qu'il avait pris en main l'administration de l'État; de lui faire espérer, si cette conduite était soutenue, l'appui constant de l'Empereur, *tant pour ce qui était personnel* au prince que pour les intérêts de son royaume. Il devait en même temps démentir l'insinuation, faite par l'envoyé russe Suchtelen, que c'était la France qui avait jadis encouragé la Russie à s'emparer des îles d'Aland, dont l'occupation mettait l'ennemi aux portes de Stockholm. L'Empereur avait vu, au contraire, cette cession avec peine, et, s'il ne s'y était pas opposé, c'est qu'alors la politique et les engagements généraux ne le permettaient pas. (15 avril 1811.) Dans la sage bienveillance de ce langage, on reconnaît déjà l'influence du duc de Bassano. Quelques jours après, il prescrivait à l'ambassadeur « de mettre le prince royal dans le cas de s'expliquer sur ce que ferait la Suède dans l'hypothèse d'une rupture entre la Russie et la France. D'après les dernières nouvelles des mouvements de troupes dans l'intérieur de la Russie, il devait rester à peine 20,000 hommes pour garder la Finlande. En cas de guerre, il y aurait là une belle occasion pour la Suède, etc. » (4 mai.) Là était le nœud de la difficulté. L'Empereur ne voulait s'engager que par rapport à la Finlande, tandis que Bernadotte avait précédemment parlé de la Norwége, ajoutant, avec son imprudence ordinaire, qu'on devait lui savoir gré de la demander à la France, qu'il ne tiendrait qu'à lui de l'obtenir *des Anglais*. Un peu plus tard, il est vrai, le prince avait réduit de lui-même sa demande à l'évêché de Drontheim, qui avait formé autrefois la frontière de la Suède. » En même temps, les insinuations pour une alliance étaient accueillies avec une satisfaction visible. Le prince royal protestait « qu'il ne tirerait jamais l'épée que contre les ennemis de l'Empereur ! » Un fait positif, contemporain de cette période de raccommodement, donne à penser que les dispositions du prince royal et du ministre suédois étaient sincères. C'est le rappel spontané de l'ambassadeur de Suède à Paris, Lagerbielke. On avait acquis la preuve « que ce personnage était livré aux Russes, qu'il communiquait les lettres du ministre, qu'il avait une correspondance secrète avec d'Armfefd, officier suédois passé au service de l'empereur Alexandre, et en grand crédit auprès de lui; que Lagerbielke avait un chiffre particulier, dont il se servait pour donner à sa famille toute sorte de détails envenimés sur l'Empereur; » et c'était Bernadotte lui-même qui racontait tout cela à l'ambassadeur français[1] (mai). Les promesses d'appui, « pour ce qui lui était personnel, » avaient visiblement exercé une certaine influence sur son esprit. Obligé d'être très-libéral à son arrivée en Suède, il avait vu promptement la fin du million que l'Empereur lui avait fait remettre lors de son départ. N'ayant plus rien, il n'en avait promis que davantage, suivant une vieille habitude gasconne qui remontait au temps de ses premières campagnes[2]. Il se trouvait donc fort mal

---

1. Lagerbielke devait être remplacé par M. de Cederhyelm, homme estimable, et de sentiments très-français ; mais l'incident de Stralsund, dont nous allons parler, fit suspendre indéfiniment le départ du nouvel ambassadeur.
2. Voici, à ce sujet, une anecdote inédite dont nous garantissons l'authenticité. Dans la campagne de l'an IV, au moment de la retraite sur le Rhin, le général de division Bernadotte avait une

dans ses finances au moment où lui parvinrent les assurances bienveillantes de l'Empereur. Attribuant avec raison ce retour de faveur à l'influence du nouveau ministre des relations extérieures, il s'empressa de le remercier, et de réclamer son intervention officieuse auprès de l'Empereur pour obtenir une indemnité en échange de la dotation de maréchal et de prince de Ponte-Corvo, à laquelle il avait dû renoncer. Il espérait dans la « magnanimité » de Napoléon. « Mon élévation actuelle, disait-il, n'étant qu'*une suite des hautes destinées de la France*, il serait trop malheureux pour moi qu'*après les privations que j'ai éprouvées et les sacrifices que j'ai faits*, je perdisse la récompense de *trente* années de bons services *et de gloire militaire*[1]. » C'était *vingt* ans qu'il aurait fallu dire. Il n'est pas facile de deviner en quoi consistait cette gloire avant 1789, époque à laquelle Bernadotte était simple sergent, ni surtout ce qu'il entendait par ses privations et ses sacrifices.

Quoi qu'il en soit, au mois de juin 1811, les relations entre la France et la Suède étaient encore des plus satisfaisantes. Bernadotte envoyait sa femme en France, pour accélérer l'arrangement de leurs affaires

communication importante et des plus pressées à faire parvenir au quartier général. « Crevez votre cheval, dit-il à celui de ses officiers d'état-major qu'il savait le mieux monté; vous serez indemnisé de suite, j'en fais mon affaire. » Quelques heures après, Bernadotte voit revenir l'officier, ayant scrupuleusement rempli sa mission, y compris le trépas de sa monture. Il rappelle respectueusement au général sa récente promesse. « Comment donc! mon cher ami, tout de suite! » s'écrie Bernadotte avec son accent ordinaire, cette fois bien de circonstance. Il appelle son chef d'état-major : — G..., vingt louis sur-le-champ, à ce brave! — Mais, général, répond le chef d'état-major, il n'y a pas un sou en caisse! — Vous voyez, mon ami, il n'y a pas de ma faute! dit Bernadotte, qui toutefois semblait médiocrement surpris de cette nouvelle. Et l'officier, qui depuis est devenu général, n'entendit plus jamais parler d'indemnité.

1. Lettre du prince royal au duc de Bassano, 12 mai.

financières[1]. De son côté, l'Empereur, sur la demande du duc de Bassano, autorisait le gouvernement suédois à lever le séquestre sur les denrées coloniales qu'il avait saisies en exécution du traité de 1810, et à percevoir pour son compte les droits du tarif continental que ces denrées devaient acquitter. (Rapport du 25 juin.)

Telle était la situation, quand la bonne intelligence entre les deux États fut profondément troublée par la nouvelle de violences exercées en Poméranie contre les équipages de deux corsaires français. Les jeunes miliciens auxquels on imputait ces voies de fait avaient d'abord été arrêtés par ordre du gouverneur Mœrner, puis relaxés par les autorités locales. Cet incident fâcheux fut encore aggravé par un long et acrimonieux rapport de Davout (14 août), et par la correspondance d'Alquier, qui prit tout à coup un caractère d'animosité extrême. Suivant lui, les relations commerciales n'avaient jamais été aussi actives entre l'Angleterre et la Suède que depuis que ces puissances étaient censées en guerre. Alquier reproduisait de confiance les rapports de deux hommes qui l'avaient séduit par de grandes protestations de dévouement aux intérêts français. L'un était un in-

---

1. A propos de ce voyage, Alquier écrivait le 2 juin : « On explique le départ de la princesse royale par l'ennui très-légitime qu'elle éprouve ici... » A cette époque, l'usage des veillées, où les dames figuraient avec le rouet et la quenouille, comme du temps des premiers Vasa, était encore en pleine vigueur à la cour et chez les personnes les plus qualifiées de Stockholm. Le politique Bernadotte exigeait que sa femme fît souvent et longuement acte de présence dans ces assemblées, qui ne ressemblaient guère à celles de Paris. Bernadotte se trouvait à cette époque bien moins riche que quand il était maréchal français. La liste civile du nouveau prince royal et de sa femme avait été fixée par la diète de 1810 à 66,000 rixdalers, chiffre qui représentait à peine 200,000 fr. en numéraire, le papier suédois perdant à cette époque plus de 40 0/0.

dividu assez mal famé, qui s'était fait nommer récemment par surprise consul de France à Gothembourg : il se vengeait, par des délations, de ceux qui n'avaient pas voulu payer assez cher son silence[1]. L'autre autorité d'Alquier était un officier suédois qui faisait l'office de confident double entre l'ambassadeur et le prince royal, reportant à l'un les propos de l'autre. C'était sur la foi de cet équivoque personnage, qu'Alquier prétendait que Bernadotte « était devenu très-peu militaire, qu'il ne savait plus faire manœuvrer des troupes, etc. » (Juillet.)

Au premières nouvelles venues de Stralsund, l'Empereur avait failli envoyer l'ordre d'envahir la Poméranie; il était revenu ensuite au projet d'une occupation concertée avec les troupes régulières suédoises. (Rapport du 4 juillet.) L'exécution d'une telle mesure, confiée surtout au prince d'Eckmühl, présentait encore bien des inconvénients. Le duc de Bassano obtint qu'elle serait ajournée jusqu'à plus ample informé. Il demanda des explications au chargé d'affaires suédois à Paris[2]; il chargea Alquier d'en demander à Stockholm. « L'Empereur, lui écrivait-il, désire réparation pour le passé et garantie pour l'avenir. Faites comprendre que ces faits-là sont très-sérieux. » En cette circonstance, l'ambassadeur commit une faute dont les conséquences devaient être bien funestes. Au lieu de se borner à une demande verbale d'explications, il remit une note signée; note menaçante, grossière même, dans laquelle il articu-

1. Suivant le rapport confidentiel d'un agent du ministère des relations extérieures, qui se trouvait à Gothembourg vers la fin de 1810, les négociants de cette ville s'arrangeaient avec le précédent consul moyennant 5 0|0 de remise sur chaque affaire. Il paraît que le sieur R.. avait eu de plus hautes prétentions, et qu'on n'avait pu s'entendre.
2. D'Ohsson, chargé de l'*intérim* depuis le départ de Lagerbielke.

lait, comme des faits irrécusables, toutes les dénonciations qui lui avaient été adressées, tant sur l'affaire de Stralsund que sur les infractions ou blocus. Cette note était conçue dans des termes tels, que M. d'Engestrom, tout en y répondant, la renvoya, déclarant qu'il ne pouvait la mettre sous les yeux du roi. Dans sa réponse, ce ministre faisait un grand éloge de Napoléon, n'accusant que l'ambassadeur qui « le servait mal. » Cette réplique fit perdre à celui-ci le peu de sang-froid qui lui restait ; il adressa directement sa note au prince royal, déclarant qu'il ne voulait plus avoir de communications avec le ministre. Ceci se passait le 25 août. Ce fut le lendemain qu'eut lieu, entre le prince royal et M. Alquier, cette fameuse conversation trop fidèlement transmise à Paris par l'ambassadeur, et dont MM. Bignon et Thiers ont reproduit les traits les plus saillants[1]. Nous admettons comme eux, l'authenticité des propos attribués à Bernadotte ; il y a d'ailleurs des choses qui ne s'inventent pas. Mais on aurait dû ajouter qu'il relevait de maladie ; qu'il était, comme on vient de le voir, sous l'impression immédiate de la démarche violente d'Alquier, démarche qu'il devait croire commandée par l'Empereur, bien qu'elle ne le fût pas ; enfin, qu'il était encore surexcité par le langage et l'attitude de l'ambassadeur. Quand Bernadotte, à la fin de cette conférence, s'emportait jusqu'à mettre les soldats suédois au-dessus des soldats français, quand il parlait de se placer sur un baril de poudre et de se faire sauter, plutôt que de subir le partage de la Suède entre le Danemark et la Russie, projet concerté à Erfurt et dont il avait eu connaissance *par des femmes*, etc.; il est évident qu'il n'était plus maître de ses expressions ni de ses pensées. Alquier lui-même avoue que le prince

---

1. Bignon, X, 176-180; Thiers, XIII, 216-219.

« avait l'air d'un homme en démence, » et M. Thiers, ordinairement plus que sévère pour Bernadotte, dit avec raison que « l'ambassadeur eût été plus utile à son souverain en taisant cette scène. » Quelques jours après, Alquier, perdant la tête à son tour, n'hésitait pas à signaler la défection de la Suède comme consommée, « grâce à l'inepte fatuité du prince et à la *corruption* de son ministre. » Il prétendait que Bernadotte, depuis son arrivée en Suède, s'entendait avec l'Angleterre et la Russie ; qu'à l'époque où il nous demandait l'évêché de Drontheim, il avait proposé de se déclarer contre nous, si on lui garantissait la Norwége entière ; et que, cette offre ayant été acceptée, il était résolu de s'attacher aux ennemis de la France ; qu'il l'avait dit à T... (l'officier dont il a été question ci-dessus). Suivant toute apparence, Bernadotte avait dit à cet homme et à bien d'autres ce qu'il avait écrit à l'Empereur et répété à Alquier en toute occasion : que la Suède ne pourrait sans subsides supporter une guerre qui tarissait le produit de ses douanes ; qu'on lui avait offert la Norwége pour prix de son alliance ou seulement de sa neutralité. Mais Alquier se trompait dangereusement quand il dénonçait, au commencement de septembre 1811, comme un fait accompli, une alliance qui ne fut signée que plus de six mois après, à la suite d'un acte hostile de la France. Il s'abusait surtout sur les sentiments de M. d'Engestrom, qui resta plus longtemps Français que le prince royal.

Le duc de Bassano ne put atténuer complétement l'effet produit par les rapports de Davout et d'Alquier. Mais il obtint le remplacement immédiat de ce dernier, preuve de modération assez méritoire après les violences de langage du prince royal. Cet ambassadeur reçut l'ordre « de faire connaître qu'il avait obtenu un congé, de partir aussitôt sans voir ni le roi, ni le prince royal, ni le ministre, et de se rendre à Copenhague, où il recevrait de nouveaux ordres. » (Lettre du 14 octobre.) En lui adressant ses nouvelles lettres de créance, le ministre lui manda que « l'Empereur n'avait pas approuvé sa conduite dans ces derniers temps ; qu'il l'aurait même désavouée si la réponse suédoise avait été moins vive ; qu'il n'avait pas gardé la mesure convenable dans ses rapports personnels et officiels, et n'avait pas répondu à ce qu'on devait attendre de son expérience. » Témoin d'infractions au traité, il devait se plaindre, mais en conversation, ou seulement en laissant une note *verbale* pour mémoire, mais non remettre, sans autorisation, une note *signée* énonçant des faits qui n'étaient pas appuyés de preuves suffisantes, et dans des termes dont quelques-uns étaient de nature à blesser le gouvernement suédois. « Cela seul était une grande faute, ajoutait M. de Bassano, de vous avancer au point de rendre votre rappel nécessaire et de forcer la main à votre gouvernement... Vous avez pris sur vous la responsabilité des conséquences, et « *malheureusement, elles ont été très-graves*[1]. »

Par suite du départ d'Alquier, il ne restait en Suède qu'un secrétaire de légation, faisant les fonctions de chargé d'affaires. Il lui fut recommandé, par ordre exprès de l'Empereur, d'apporter la plus grande réserve dans ses relations avec le gouvernement et le prince royal, « de se borner à observer et à se mettre en état de donner des informations. » (14 octobre.) Cette recommandation fut réitérée au mois de décembre, bien que, dans cet intervalle, le prince royal et le ministre eussent fait, à diverses

---

1. A la suite de ce déplorable incident, le ministre adressa à ses agents principaux une circulaire pour leur rappeler « qu'ils ne devaient jamais remettre de notes *écrites* sans un ordre formel (29 décembre).

reprises, au chargé d'affaires, des avances marquées, témoignant le plus vif désir de donner suite aux insinuations faites par Alquier avant l'incident de Stralsund. Le 14 novembre, M. d'Engestrom affirmait encore « qu'il tenait au vieux système basé sur l'alliance de la Suède avec la France, la Turquie, la Pologne et la Prusse. » Cette affectation de ne laisser à Stockholm qu'un chargé d'affaires muet contrastait d'une manière fâcheuse avec les démarches et les cajoleries des agents anglais et russes, et faisait reperdre insensiblement à la France le terrain qu'elle avait regagné par le rappel judicieux d'Alquier. L'Empereur était loin pourtant de méconnaître l'intérêt stratégique de l'alliance suédoise ; mais il était agacé des boutades gasconnes du prince impérial, irrité des nouvelles infractions au blocus continental, que le chargé d'affaires de Cabre, et surtout le prince d'Eckmühl, ne se lassaient pas de dénoncer. Ainsi, de toutes les puissances qu'il était intéressé à faire entrer dans un système de confédération contre la Russie, la Suède était celle dont il se méfiait le plus, pour laquelle il voulait faire le moins. Ne voulant s'expliquer avec elle qu'au dernier moment, s'assurer son alliance qu'au dernier marché possible, peut-être n'était-il pas fâché de voir s'accumuler une masse de griefs, dont on aurait pu faire entrer la rémission en ligne de compte dans l'arrangement final. C'était un calcul analogue à celui de ce grand seigneur du temps de Louis XV, qui réglait annuellement avec son intendant en lui faisant cadeau de ce qu'il avait dérobé.

En attendant la conclusion des traités, l'Empereur était revenu, au commencement de janvier 1812, à la tentation de faire occuper la Poméranie. Il entendait que cette opération, si elle avait lieu, fût précédée ou accompagnée de la remise, par le duc de Bassano, d'une note au ministre de Suède. Cette note devait être, suivant l'expression de l'Empereur lui-même, « une sorte de dissertation sur les aveux du prince royal, et sur la conduite de la Suède, comparés avec les obligations qui résultaient pour elle du droit des gens[1]. » (10 janvier.) Le duc, qui redoutait sagement l'effet d'une telle menace, exécutée avant la conclusion de l'alliance, et surtout par le prince d'Eckmühl, avait imaginé, pour gagner du temps, de faire un projet de note tellement vif, que l'Empereur le lui renvoya, avec recommandation de refaire « quelque chose de plus calme, de plus conciliant, où il n'y eût point de fièvre (19 janvier). »

Malheureusement, ce même jour, arrivait à Paris une nouvelle lettre du prince d'Eckmühl signalant la prise du *Saint-Jean*, bâtiment suédois, sur lequel on avait trouvé deux grandes caisses, pesant plus de douze quintaux, remplies de libelles contre l'Empereur et la France. A cette nouvelle, Napoléon, qui n'aimait pas la presse, s'emporta, et écrivit directement à Davout la lettre, fatale entre toutes, qui commence ainsi : « *Aussitôt que vous serez assuré de saisir une grande quantité de marchandises coloniales dans la Poméranie suédoise*, vous ferez prendre possession de cette province. »

L'Empereur avait oublié cette lettre, quand il disait à Sainte-Hélène que Davout avait envahi sans ordre la Poméranie ; c'est sans ordre *immédiat et positif* qu'il aurait fallu dire. Il est évident que Davout se trouvait investi, à cet égard, d'un pouvoir discrétionnaire ; car l'Empereur, dans cette même lettre, allait jusqu'à

---

1. Dans le *compte rendu* présenté au roi de Suède, le prince royal avait parlé de l'ordre donné aux bâtiments de guerre de repousser les attaques des corsaires français et danois contre les contrebandiers suédois, et plusieurs faits signalés par Davout, Alquier et le chargé d'affaires de Cabre, prouvaient l'exécution de ces ordres.

désigner la division qui irait au besoin en Poméranie. Mais il est évident aussi qu'un général plus circonspect, moins hostile personnellement à Bernadotte, aurait réclamé un ordre spécial et formel. Au contraire, entre la réception de la lettre portant autorisation éventuelle et la mesure elle-même, il n'y eut que l'intervalle strictement nécessaire pour la mise en mouvement des troupes, et l'occupation était consommée quand la nouvelle en parvint à Paris. Davout avait usé avec une regrettable précipitation de son pouvoir discrétionnaire; Napoléon, quoique vivement contrarié, jugea que les circonstances ne permettaient ni de revenir sur cette mesure, ni même de l'improuver ouvertement. Ce ne fut que plus d'un mois après l'occupation de la Poméranie, qu'il autorisa le duc de Bassano à proposer à la Suède un traité d'alliance. En attendant, le ministre s'efforçait de tirer parti à Pétersbourg de cet incident si fâcheux pour nous à Stockholm. Il écrivait à Lauriston : « Si on voulait la guerre avec la Russie, *on aurait un intérêt évident à ménager la Suède.* » (18 février.) Or, la guerre était déjà plus que probable à cette époque; personne ne le savait mieux que lui. C'est là une des rares circonstances où l'on pénètre jusqu'à l'opinion intime du ministre. Il ne se dissimulait pas non plus combien les seules propositions qu'il fût autorisé à faire étaient insuffisantes et tardives, après des mesures aussi profondément irritantes que l'occupation de la Poméranie et le désarmement des troupes suédoises. On sait que des deux choses incessamment sollicitées par Bernadotte depuis son arrivée en Suède, l'Empereur n'en accordait aucune. Au lieu de vingt millions de subsides, il offrait l'entrée en franchise ou l'achat de denrées coloniales pour une pareille somme; au lieu de la Norwége, il promettait la restitution de la Finlande. Ces propositions, communiquées directement par le duc de Bassano à la princesse royale, qui se trouvait encore en France, furent connues à Stockholm le 19 mars. Le ministre espérait, ou affectait d'espérer, que ces informations remettraient Bernadotte *dans la bonne voie*. Mais, depuis plus d'un mois, le prince royal, irrité des procédés de Davout et du silence de Napoléon, avait cherché et trouvé *ailleurs* la certitude d'obtenir ce qu'il avait vainement sollicité à Paris. Après avoir pris connaissance des propositions françaises, il expédia l'ordre de signer le traité préparé à Pétersbourg. (5 avril.)

Cette résolution n'était pas irrévocable. L'engagement de coopérer à une diversion en Allemagne était subordonné au concours préalable de la Russie et de l'Angleterre à la réunion de la Norwége. Tandis que les ministres anglais traînaient imprudemment la négociation en longueur, marchandaient les subsides, le prince royal offrait de repasser du côté de la France. Pendant les mois d'avril et de mai 1812, un échange actif de communications eut lieu entre Bernardotte et Maret par l'intermédiaire du consul Signeul, qui fit deux fois le voyage du continent. Le 30 mai, il rejoignit le duc de Bassano à Dresde, eut avec lui une longue explication, et lui remit une note autographe du prince royal contenant son *ultimatum*. L'agent suédois avouait ou plutôt rappelait (car Bernadotte avait déjà dit la même chose à de Cabre dès les premiers jours d'avril) que des rapports s'étaient établis entre Stockholm et Pétersbourg, à la suite de l'invasion de la Poméranie; que l'empereur Alexandre avait promis la Finlande, à condition que l'on viendrait à son secours si les armées russes étaient rejetées au delà de la Wilia. Se trouvant ainsi assurée de la restitution de la Finlande, dans l'hypothèse de la défaite des Russes, la Suède n'était pas intéressée à prendre des engagements avec la France pour parvenir à ce seul résultat. Mais *elle romprait avec tous les ennemis de la France*, si l'empereur Napoléon consentait à l'annexion de la Norwége. A ce prix, le prince royal devenait son lieutenant dans le Nord. Il était prêt à faire marcher immédiatement contre la Russie, non pas seulement les trente mille hommes stipulés dans le projet de traité communiqué précédemment par le duc de Bassano à la princesse royale, mais cinquante mille. Dans la note autographe remise par Signeul, Bernadotte proposait la cession de la Poméranie et le payement d'une soulte de douze millions au Danemark en échange de la Norwége; puis, à la suite de la signature de ces conditions, un traité d'alliance sur des bases avantageuses aux deux pays. Signeul alla jusqu'à insinuer verbalement qu'il ne serait pas impossible d'utiliser le littoral de la Norwége, pour jeter sur les côtes d'Écosse une expédition franco-suédoise.

On a dit que cette démarche n'avait d'autre but que de s'assurer la Norwége dans toutes les éventualités; qu'il aurait toujours trouvé le moyen de voir venir les événements, et de se mettre du parti du plus fort. Cependant une considération bien simple nous porte à croire qu'au moins ces dernières propositions étaient sincères. Pour forcer le Danemarck, *malgré nous*, à céder la Norwége, Bernadotte avait besoin de l'assistance anglaise et russe. Dans l'hypothèse inverse, cette annexion s'opérant pacifiquement, l'armée suédoise devenait immédiatement disponible contre la Russie. Bernadotte n'aurait eu aucun prétexte plausible de retard; il ne s'en ménageait aucun, car Signeul était autorisé à signer de suite « *tout* ce qui serait dans ce système. » (Lettre du duc de Bassano à l'Empereur, du 30 mai.) Obtenant de nous la Norwége à l'amiable, il se serait aisément débarrassé de son traité conditionnel du 5 avril, en profitant du prétexte que lui fournissaient les lenteurs de l'Angleterre. Une lettre écrite à l'Empereur Alexandre, au moment où Bernadotte attendait une réponse aux propositions portés à Dresde par Signeul, se termine ainsi : « Je dois, quoique avec peine, dire à Votre Majesté que, sans ce préalable (la conclusion des traités anglais), *il est possible que nos opérations soient contrariées*[1]. »

C'est aussi pendant cette période d'attente, que M. d'Engestrom adressait au chargé d'affaires suédois à Paris une dépêche qui jette un grand jour sur les véritables préférences de la Suède à cette date. Il y était longuement question de ce général suédois T..., l'un des hommes qui avaient naguère donné à Alquier les informations les plus irritantes contre le prince royal. Cet officier avait présenté à son gouvernement des explications peu satisfaisantes sur les rapports vrais ou faux qu'il avait faits à Alquier. Le ministre ajoutait : « Il est triste de penser que c'est sur la parole d'un misérable comme T..., sur celle de quelqu'un qui ne vaut pas beaucoup mieux que lui, sur les assurances d'un sieur Ranchoup (le consul français à Gothembourg), autrefois au service de Suède, et qui en est sorti Dieu sait comment ; enfin sur les rapports d'un homme aussi prévenu et aussi atrabilaire que le baron Alquier, que sont fondés les malentendus entre les deux cours, malentendus dont les malheureuses suites sont réellement incalculables[2]. »

Le duc de Bassano s'était hâté de transmettre les propositions suédoises à l'Empereur. Celui-ci lui répondit immédiatement de Posen. Cette lettre a été perdue, comme plusieurs autres adressées à Maret pendant cette période : mais le ministre, plus de vingt

[1]. Lettre du 26 mai 1812.
[2]. Lettre du 20 mai à d'Ohsson, copiée par M. Bignon. En marge il a écrit : « Remarque très-juste, très-vraie, où je reconnais le bon et très-Français d'Engestrom. »

ans après, s'en rappelait exactement le contenu.
L'Empereur s'exprimait avec une sévérité extrême sur
le prince de Suède. La demande de la Norwége, celle
d'un subside, l'offensaient également. Bernadotte
devait plutôt songer à Pétersbourg, qu'il pouvait avoir
à sa discrétion. Maret avait retenu cette conclusion,
d'allure tout à fait napoléonienne : « Qu'il marche,
quand ses deux patries le lui ordonnent ! S'il hésite,
qu'on ne me parle plus de cet homme ! » Finalement,
il donnait l'ordre de répondre à Signeul « qu'on
n'achèterait point un allié douteux aux dépens d'un
allié fidèle. » Le duc de Bassano, qu'on a représenté
comme si présomptueux à cette époque, si follement
confiant dans l'avenir, comprenait les inconvénients
de l'hostilité déclarée, ou même de la neutralité hostile de la Suède. Il les comprenait si bien, que, recevant cette fâcheuse réponse au moment où lui-même
partait pour rejoindre le quartier général, il s'abstint
de la communiquer à l'agent suédois, espérant que,
dans l'intervalle, la réflexion aurait calmé l'Empereur,
et quelque peu modifié ses résolutions. Mais il le
trouva (à Thorn) irrévocablement prévenu contre Bernadotte, et résolu à lui opposer « l'indignation du
silence. » Le dernier mot de Napoléon fut une défense
formelle de faire aucune réponse. Il existe aux Archives des affaires étrangères deux lettres de Signeul au
duc de Bassano, datées de Dresde et de Tœplitz (9 et
10 juin), réclamant une solution. Il se rendit ensuite
à Paris, d'après le conseil du ministre, qui s'efforçait
toujours de gagner du temps. Ce fut seulement le 17
août, c'est-à-dire à l'époque de l'échange des ratifications du traité entre la Suède et l'Angleterre, que
Signeul réclama ses passe-ports. Le duc de Bassano
transmit de Wilna cette demande à l'Empereur, alors
en marche sur Moscou. Les termes de sa lettre trahissaient une vive contrariété ; « il était impossible de

différer davantage la remise de ces passeports, *puisque l'Empereur jugeait convenable que cet envoyé quittât Paris.* » Néanmoins, les deux chargés d'affaires, de Cabre et d'Ohsson, restèrent à leur postes respectifs, et la Suède ne prit que l'année suivante une part active à la coalition. Mais sa seule neutralité nous avait déjà été bien funeste dans la campagne de 1812, en laissant aux Russes la libre disposition de l'armée de Finlande.

Cette détermination de l'Empereur, « détermination fort honnête, » dit M. Thiers, était néanmoins très-regrettable. Elle paraît avoir été inspirée par le ressentiment d'anciens griefs, et par celui des infractions au blocus, infractions dont on avait exagéré la gravité. Napoléon se crut assez fort pour se passer de la Suède, ou pour l'avoir impunément contre lui ; cette résolution a été fatale au Danemark aussi bien qu'à la France. Nous croyons qu'il aurait pu, sans déshonneur, déterminer son allié à céder la Norwége, en ajoutant quelque chose à l'indemnité offerte par la Suède. Peut-être même n'eût-il pas été impossible de ramener la Suède à se contenter de l'évêché de Drontheim. En étudiant avec soin les documents contemporains, on arrive à la triste conviction que, des deux côtés, les rancunes et l'antipathie personnelles ont joué un grand rôle dans cette rupture. Un prince d'origine suédoise aurait été plus modéré dans ses demandes, plus mesuré surtout dans son langage que ne le fut Bernadotte ; il aurait probablement obtenu davantage. Quoi qu'il en soit, nous avons dû constater que, dans cette question si grave, il a existé entre Napoléon et son ministre une divergence marquée, divergence qui fait honneur à la perspicacité du duc de Bassano, et dont nous avons pu, malgré sa discrétion loyale, ressaisir assez facilement la trace.

XLIII

France et Russie (suite). — Irritation croissante. — Incident Tchernitchef. — Maret, Savary et Pasquier. — Dernier entretien du czar avec l'ambassadeur français.

Le 18 février 1812, le duc de Bassano indiquait à l'ambassadeur Lauriston la marche à suivre pour conjurer ou retarder la rupture. L'ambassadeur devait successivement : réclamer encore l'envoi de Nesselrode à Paris ; accueillir ou présenter l'idée d'un congrès, entre le Niémen et l'Oder ; consentir à suspendre les mouvements de troupes, « si cela était nécessaire, pour empêcher les Russes d'entrer dans le duché ; » enfin, accepter, ou proposer, à la dernière extrémité, une entrevue entre les deux souverains. Cette proposition était le dernier moyen à employer, pour empêcher les Russes de franchir le Niémen, pour *gagner du temps*.

Il faut, disait encore le ministre, que les troupes de Sa Majesté puissent s'asseoir réellement sur l'île de Nogat, sur le beau pays d'Elbing et sur les deux rives de la Vistule... *pendant la durée des discussions*. Alors Sa Majesté verra avec un plaisir réel des négociations, une entrevue et tout ce qui peut aplanir les différends... Cet appareil formidable ne le portera pas à la guerre ; il ne menace pas, il répond à la menace. Quand ses troupes seront sur l'Oder et sur la Vistule, il n'y aura rien de compromis ; *il sera toujours prêt à accueillir tout ce qui pourra prévenir la guerre...*

Quelques jours après, un incident désagréable (l'affaire Tchernitchef) ayant mis en évidence les mauvaises dispositions personnelles du tzar, le duc de Bassano ajoutait, sous l'empire d'une irritation bien naturelle : « L'Empereur ne se soucie pas d'une entrevue, pas même d'une négociation, *à moins* que les 450,000 hommes que Sa Majesté a mis en mouvement ne fassent faire de sérieuses réflexions au cabinet de Pétersbourg, ne le ramènent sincèrement au système établi à Tilsit, et ne replacent la Russie dans l'état d'infériorité où elle était alors. » (25 février.) Ces deux dépêches ont donné lieu aux plus singuliers commentaires. On a voulu en induire que toutes les instances pour l'ouverture d'une négociation sérieuse n'étaient et n'avaient jamais été, de la part de Napoléon, qu'une feinte ayant pour but de se procurer le temps nécessaire à la concentration de ses forces sur le Niémen. Cette argumentation repose sur deux phrases tronquées et isolées de celles qui en déterminent le sens véritable ; l'injonction de *gagner du temps*, puis l'aveu « qu'on ne se souciait ni de négociation ni d'entrevue, » comme si cette proposition avait été formulée d'une manière absolue. C'était dans un but à la fois politique et militaire, que le ministre prescrivait à Lauriston de faire ces derniers efforts pour engager la négociation. Si l'on ne réussissait pas ainsi à empêcher la rupture, on pouvait du moins la retarder, se ménager le temps nécessaire pour atteindre, dépasser la Vistule, couvrir le duché, et menacer à son tour le territoire russe. Il se pouvait aussi que la résolution du tzar vînt à fléchir en présence de cette armée immense, prête à l'attaquer dans la saison la plus favorable. Dans cette hypothèse d'arrangement pacifique *in extremis*, l'Empereur entendait tirer quelque profit de ce vaste et coûteux déploiement de forces. Il se réservait de faire expier à la Russie son commencement de défection, en exigeant d'elle le désistement de ses prétentions sur les provinces danubiennes, prétentions qu'il se reprochait d'avoir accueillies à Erfurt, contre l'opinion du duc de Bassano. Cette pensée n'était pas nouvelle chez lui ; déjà nous l'avons rencontrée dans le rapport du 16 août précédent, et c'est dans ce sens qu'il faut entendre le « retour au système établi à Tilsit, » dont il était question dans la dépêche du 25 février.

Cette dépêche, antérieure de trois jours au départ de l'aide de camp Tchernitchef pour la Russie, rendait compte d'un dernier entretien qu'il avait eu avec l'Empereur, et dans lequel celui-ci avait montré les dispositions les plus conciliantes. Maret y faisait allusion aux intrigues de ce messager trop observateur, intrigues « sur lesquelles on avait bien voulu fermer les yeux jusque-là, mais qu'on ne serait peut-être pas toujours d'humeur à tolérer. » On sait que cet officier, non content de consacrer ses avantages naturels à l'observation politique, de pousser des reconnaissances téméraires jusque dans les boudoirs, avait séduit, par l'intermédiaire du concierge de l'ambassade russe, l'un des principaux employés du bureau du mouvement de la guerre. Le duc de Rovigo a laissé sur toute cette affaire une relation assez détaillée, mais peu sûre, ayant été faite de mémoire, longtemps après les événements. On y voit que ses anciennes rancunes contre son collègue des relations extérieures avaient survécu à la chute de l'Empire. Il assure que l'aide de camp d'Alexandre avait trompé d'abord par une franchise et une étourderie calculées le duc de Bassano, qui s'était constitué son protecteur. Plus tard, cependant, de nouveaux incidents rendirent Tchernitchef suspect aux deux ministres, et Savary avoue que, cette fois, il n'eut pas le mérite de la priorité. Quand il parla de ses soupçons à l'Empereur, celui-ci n'en parut aucunement surpris, et lui répondit « de laisser faire M. Maret, qui s'occupait déjà de cette affaire. » Cet empiétement sur ses attributions ne faisait pas le compte de Savary, qui, dans l'ombre de Maret, croyait toujours voir surgir Sémonville. Par excès de zèle, ou par tout autre motif, il ne jugea pas à propos de rester inactif, et donna des instructions à ce sujet au préfet de police. Cette fonction était alors occupée par un jeune maître des requêtes de beaucoup d'avenir, M. Pasquier, qui devait sa position au duc de Bassano. Savary ignorait que Tchernitchef était déjà recommandé à ce même fonctionnaire du côté « des relations extérieures. » M. Pasquier, par une raison facile à comprendre, s'était abstenu de lui communiquer cette particularité. Quand ses agents lui apportèrent, le 1er mars au matin, les papiers qu'ils venaient de découvrir dans l'appartement que Tchernitchef avait quitté précipitamment la veille au soir, M. Pasquier s'empressa d'en faire faire des copies pour le ministre de la police, son supérieur immédiat; réservant les originaux pour l'autre ministre. Cette combinaison fut intervertie par l'arrivée imprévue de Savary en personne, qui lui venait faire, de très-bonne heure, une *visite d'amitié*. Après une explication plus ou moins amicale, Savary s'empara des originaux, courut les montrer à l'Empereur, et conduisit l'affaire avec une telle célérité que, dans le cours de la même journée, il opéra la vérification des écritures, procéda à l'arrestation des coupables, et en donna avis au duc de Bassano[1]. Savary avait conservé, à propos de cette affaire, des impressions qui paraissent mal fondées, au moins à l'égard de son ancien collègue. Il semble donner à entendre que celui-ci aurait voulu, d'accord avec son protégé, donner le change en haut lieu sur l'origine de la découverte, faire croire que « les relations extérieures disposaient de moyens d'information particuliers, supérieurs à ceux de la police ordinaire. »

1. Lettre du 1er mars. On y voit que le concierge Custinguer venait d'être arrêté sur la dénonciation de l'employé infidèle, dans un café où ils avaient rendez-vous ensemble.

Cette insinuation, moralement invraisemblable, est de plus en contradiction flagrante avec des circonstances essentielles mentionnées dans le récit du duc de Rovigo. Au moment où il pénétrait dans le cabinet du préfet, celui-ci était, dit-il, en train de fermer l'enveloppe à l'adresse du ministre de la police, enveloppe renfermant les copies et une lettre expliquant la remise des originaux, faite au ministre des relations extérieures sur sa demande. Si la collusion rêvée par Savary avait existé, le préfet aurait donné une autre tournure à sa lettre; il aurait attribué à l'autre ministère l'initiative de la visite domiciliaire et la communication de ses résultats.

Nous croyons avoir restitué à cet incident sa physionomie véritable. L'immixtion du ministre des affaires étrangères dans une affaire de cette nature se justifiait assez d'elle-même; elle avait été autorisée, exigée par l'Empereur. Le duc de Bassano fut donc de tout point irréprochable, mais le duc de Rovigo pécha par trop de zèle, et le futur duc Pasquier par trop de finesse. Un épisode vraiment comique fut celui du prince Kourakin, qui, trois jours après, ne savait encore qu'une chose: la disparition de son concierge. Il n'était pas éloigné de considérer ce rapt comme un prélude d'hostilités, et demandait des explications au ministre des relations extérieures. (3 mars.)

L'affaire Tchernitchef ajoutait aux dissentiments politiques un grief tout personnel entre les deux souverains. L'instruction révéla que les manœuvres de cet aide de camp favori remontaient à plusieurs années. Elles avaient donc été systématiquement encouragées, ordonnées en haut lieu. C'était bien là, suivant l'expression de l'Empereur, la politique des princes grecs du Bas-Empire[1]. Toutefois l'Empereur agit

1. Un an auparavant, le baron Bignon, se rendant de Paris à

dans cette circonstance avec une modération extrême. Tchernitchef n'avait pas assez d'avance pour qu'il fût impossible de l'arrêter sur le territoire de l'Empire en faisant usage du télégraphe; on laissa son évasion s'accomplir, pour éviter un scandale qui eût entraîné immédiatement la rupture. Le duc de Bassano avait préparé un projet de réponse très-vif à la naïve réclamation de l'ambassadeur. Cette réponse fut remplacée par une autre, beaucoup plus modérée, laquelle ne fut elle-même communiquée au prince Kourakin qu'après la réception d'un courrier de l'ambassadeur de France, postérieur au retour de Tchernitchef à Pétersbourg.

Les nouvelles arrivées de Russie dans cet intervalle étaient toutes à la guerre. Alexandre se refusait définitivement à envoyer Nesselrode ou tout autre négociateur sérieux; suivant lui, cette mission était *désormais inutile*. (5 et 7 mars.) Depuis le retour de Tchernitchef, notre ambassadeur eut à rendre compte de plusieurs incidents, d'un caractère évidemment hostile. L'un de ces incidents, celui qui, si nous en croyons Maret, contribua le plus à rendre toute réconciliation impossible, fut la disgrâce du conseiller d'État Spéranski. Accusé d'intelligences secrètes avec le gouvernement français, ce fonctionnaire fut enlevé, traîné en Sibérie, sans avoir pu se défendre. Son

Varsovie, avait fait une partie de la route avec ce messager, qui portait à son maître une longue lettre de Napoléon (celle du 28 février 1811) et d'autres papiers. Remarquant sur la poitrine du messager russe une saillie évidemment produite par un portefeuille volumineux, Bignon le félicitait de sa vigilance scrupuleuse. Plus tard, il comprit que ce compliment avait dû gêner son interlocuteur plus encore que le portefeuille.

Pendant les campagnes de 1812, 13 et 14, Tchernitchef mérita la bienveillance de son souverain par des services plus honorables. Il était ministre de la guerre en 1830, et l'un des chefs les plus ardents du parti qui poussait à une rupture avec la France.

dénonciateur était d'Armfeld, général suédois passé au service de la Russie depuis 1810, et dont les relations avec l'agent anglais Thornton étaient notoires. Alexandre acquit plus tard en France la preuve de l'innocence de Speranski, et lui rendit toute sa faveur après quatre années d'exil immérité.

Lauriston signalait encore, au mois d'avril 1812, le départ des dragons et hussards de la garde impériale russe pour Wilna, et l'établissement de dépôts de marchandises étrangères à Pétersbourg, Archangel et Riga. Cette dernière manifestation surtout prouvait combien l'on était loin de s'entendre, car, à la même époque, le duc de Bassano communiquait au Sénat un rapport énergique sur la question des neutres. Le gouvernement français y prenait, en quelque sorte, l'engagement public de faire la guerre à toute puissance chez laquelle il ne trouverait pas, sur ce sujet, un accord complet de vue et d'action (10 mars).

Ce rapport et la découverte des intrigues de Tchernitchef furent annoncés à Pétersbourg par un courrier de l'ambassade russe, qui parvint à destination dans les derniers jours de mars. Il ne fut pas plutôt arrivé, qu'on commença à parler du prochain départ d'Alexandre pour l'armée. Cependant notre ambassadeur, conformément à ses ordres, ne cessait de réclamer, à défaut d'un négociateur spécial, l'envoi au prince Kourakin d'instructions qui le missent en mesure de traiter. Cet envoi était différé de jour en jour, et l'on disait à Lauriston que les nouvelles apportées par le courrier Divof étaient la cause de ce retard. Ce qu'on attendait en réalité, c'était la conclusion du traité avec la Suède. Ce traité fut signé le 5 avril, et M. de Serdobin, porteur de l'ultimatum russe pour Paris, partit le 8. Trois jours après, Alexandre eut un dernier entretien avec notre ambassadeur. Il lui dit, « les larmes aux yeux, » qu'il allait quitter Pétersbourg, *vi.*

siter ses troupes, ne voyant plus de possibilité d'éviter la guerre, après le rapport du duc de Bassano. Lauriston le revit dix-huit mois après, à Leipzig, après la catastrophe du pont de l'Elster. Entre ces deux entretiens, quel abîme !

Alexandre savait d'avance à quoi s'en tenir sur le résultat de la sommation qu'il envoyait à Napoléon. C'était l'alliance qu'il venait de conclure avec la Suède, qui lui inspirait cette assurance. Or, nous avons vu ci-dessus que l'envoyé suédois n'avait été autorisé à signer le traité, que par suite de l'insuffisance des propositions françaises transmises au prince royal par l'intermédiaire de sa femme. Il aurait donc suffi, pour empêcher la guerre, que Bernadotte se montrât moins exigeant, ou Napoléon moins dédaigneux de son secours.

XLIV

Ultimatum russe, pressant et impérieux. — Mission de M. de Narbonne à Wilna. — Instances de l'ambassadeur russe. — Attitude prudente du duc de Bassano.

Parti de Saint-Pétersbourg le 8 avril, le messager d'Alexandre arriva à Paris le 24[1]. Le duc de Bassano fut verbalement informé, le même jour, des nouvelles instructions apportées au prince Kourakin. On prétendait exiger, avant d'entrer en arrangement, l'assurance que la Prusse serait entièrement évacuée par les Français, ainsi que la Poméranie; que la Suède recevrait une indemnité. Ces assurances obtenues, la Russie était *disposée* à s'entendre pour l'établisse-

---

1. Et non le 14, comme on l'a imprimé par erreur dans la *Correspondance*, **XXIII**, 425.

ment d'un système de licences; pour quelques modifications à l'ukase de 1810, favorables au commerce français; enfin pour terminer l'affaire d'Oldenbourg.

Telles étaient, en substance, ces fameuses propositions qui allaient *tout terminer*, suivant l'expression d'Alexandre lui-même. Leur caractère provocateur a été nié par quelques écrivains qui n'y trouvent absolument rien d'offensant pour la France, attendu, disent-ils, que « l'évacuation devait suivre, et non précéder, les négociations. » (Thiers.) Cette paraphrase dénature complétement le sens des exigences russses. Nous le rétablissons, d'après le texte de la note remise ensuite par l'ambassadeur. On exigeait préalablement de la France, « comme base de l'arrangement à conclure, » une promesse absolue, formelle, d'évacuation.

Cependant, l'Empereur, voulant épuiser les dernières chances d'un dénoûment pacifique, et, dans tous les cas, gagner encore un mois, dissimula son ressentiment. Il accorda même, le 26 avril, une audience à l'ambassadeur, écouta paisiblement ses explications, parla en termes généraux du désir extrême qu'il avait d'éviter une nouvelle guerre européenne, et renvoya au duc de Bassano la discussion détaillée des moyens de conciliation. A partir de cette audience, l'ambassadeur russe commença d'assiéger sans relâche le ministre de Napoléon, et lui infligea trois longues conférences dans l'espace d'une semaine. Il avait pris pour de la satisfaction le calme affecté de l'Empereur.

Le duc de Bassano s'efforça vainement de faire comprendre au diplomate russe combien était exorbitante cette prétention « *d'établir, comme condition préalable d'arrangement, ce qui pourrait être le résultat de la négociation.* » Dans un dernier entretien, le prince Kourakin ayant annoncé qu'il ne pouvait différer plus longtemps de produire ces mêmes propositions sous forme de note, le ministre ne lui dissimula pas que, dans les circonstances où se trouvait l'Europe, l'empereur Napoléon ne pourrait voir, dans cette condition d'un engagement préalable et absolu d'évacuation de la Prusse, qu'un refus absolu de négocier. Ces représentations furent inutiles ; une note, dans laquelle la sommation russe était énoncée sous la forme la plus impérieuse, fut remise le 30 avril. « Il était ordonné au prince de déclarer... que, pour *arriver* à un état de paix avec la France, il fallait qu'il y eût un pays neutre entre elle et la Russie. En conséquence, la première base de toute négociation ne pouvait être que l'engagement formel de l'entière évacuation des États prussiens, de toutes les places fortes, etc. Cet engagement *pouvait seul rendre encore possible* un arrangement, et c'était seulement après que cette demande aurait été accordée, qu'il *serait permis* à l'ambassadeur de *promettre* que l'arrangement *pourrait* contenir certaines concessions, dont était formellement excepté le commerce avec les neutres, auquel la Russie ne pourrait jamais renoncer. »

Pour bien apprécier un pareil ultimatum, il faut faire abstraction des événements ultérieurs, auxquels devaient concourir tant de circonstances alors imprévues de part et d'autre. C'était une véritable capitulation qu'on prétendait dicter au capitaine le plus habile, à la plus nombreuse armée des temps modernes. Jamais Napoléon n'était allé jusqu'à tenir à aucune puissance un langage aussi hautain, aussi provoquant : jamais pareille politique n'eut autant besoin du succès pour échapper au reproche de démence[1] !

---

1. Dans sa *Vie de Napoléon,* Jomini prête à ce prince le langage suivant : « S'il m'eût offert un traité définitif, dans lequel l'éva-

Cette sommation détermina le départ de l'Empereur pour l'Allemagne, et l'envoi du comte de Narbonne à Wilna. Les historiens ne s'accordent pas sur le caractère de cette dernière démarche. M. Thiers n'a voulu y voir qu'une nouvelle ruse, une démonstration conçue uniquement dans le but de retarder les mouvements militaires des Russes. Le duc de Bassano a toujours soutenu que cette démarche était sincère, que c'était lui qui en avait eu la première idée, que l'Empereur ne s'y était prêté qu'avec une vive répugnance[1].

L'ex-ministre de Louis XVI se trouvait alors à Berlin. Tout en surveillant de très-près l'exécution des clauses les plus rigoureuses du dernier traité, il prodiguait au roi de Prusse l'espérance à défaut d'autre consolation. Il s'efforçait, par exemple, de lui prouver qu'il devait s'estimer fort heureux d'avoir à Spandau, sous le drapeau prussien fièrement déployé, une garnison de *quatre-vingts* soldats invalides, renforcée de plusieurs bataillons français des plus valides, etc. C'était à propos de semblables missions que Narbonne se comparait aux empiriques, auxquels on a recours dans les cas désespérés.

Il reçut donc du ministre l'ordre de partir immédiatement pour Wilna. On lui envoya pour le tzar une

---

cuation de la Prusse eût été stipulée comme une indemnité aux sacrifices souscrits par le même traité, je l'aurais peut-être accepté; mais en faire une condition préliminaire à toute explication, c'était me mettre dans la position d'un homme appelé en combat singulier pour demander pardon à son antagoniste, avant de s'expliquer sur le sujet de la querelle » (IV, 28).

1. M. Thiers, qui veut que la mission de M. de Narbonne n'ait eu d'autre objet que d'empêcher un mouvement offensif contre le duché, se contredit un peu plus loin, en démontrant qu'avec les forces rassemblées dès lors sur la Vistule, « on aurait été prêt à barrer le chemin aux Russes, avant qu'ils eussent le temps de commettre la moindre dévastation » (XIII, 499). Une invasion russe eût été plutôt désirable, puisqu'on était prêt à la recevoir.

lettre de Napoléon, rédigée dans les termes les plus conciliants, et une longue note du duc de Bassano adressée à M. de Roumanzof. Ces deux pièces, bien qu'expédiées seulement le 3 mai, étaient antidatées avec intention du 25 avril, époque à laquelle les instructions du prince Kourakin n'étaient pas encore officiellement connues à Paris.

Le duc de Bassano récapitulait tout ce qui s'était passé de part et d'autre depuis Tilsit. Il insistait principalement sur la question des neutres. Le décret de Berlin, mettant en interdit les îles britanniques; celui de Milan, déclarant dénationalisés tous les pavillons qui se soumettraient aux exigences anglaises, n'étaient que la réplique forcée aux deux arrêts du Conseil anglais qui avaient : l'un, mis en interdit toutes les côtes de l'Empire; l'autre, assujetti aux tarifs et aux dispositions de la loi anglaise tous les pavillons. L'exécution des décrets français pouvait seule, dans la situation actuelle, assurer le triomphe des principes de neutralité maritime auxquels l'empereur Alexandre avait si formellement adhéré à Tilsit, à Erfurt; leur rejet était donc l'indice certain d'un changement complet de système... Le duc de Bassano rappelait ensuite l'attitude pour le moins équivoque de la Russie, au commencement de 1811; les instances réitérées et inutiles du cabinet français pour arriver à un arrangement; les retards et l'abandon définitif de la mission Nesselrode, promise et réclamée pendant quatre mois; les dernières ouvertures, transmises par Tchernitchef, et restées *sans réponse*. C'était dire assez que, relativement aux dernières communications de l'ambassadeur russe, la plus grande preuve de modération qu'on pût donner était de les tenir comme non avenues.

Enfin, le duc de Bassano, conformément aux dispositions du traité de Tilsit, donnait connaissance au ministre russe de la démarche pacifique qui venait d'être tentée auprès du gouvernement anglais[1]. Il ajoutait : « Si ces démarches ont quelques résultats, je m'empresserai de vous en prévenir. S. M. l'empereur Alexandre y prendra part, ou en conséquence du traité de Tilsit, ou comme allié de l'Angleterre, si ses relations avec l'Angleterre sont déjà formées. » Bien que l'irritation se fît jour çà et là dans cette dépêche, la conclusion en était des plus modérées. « Il était formellement prescrit au ministre d'exprimer encore une fois le vœu de voir des négociations, incessamment provoquées depuis dix-huit mois, prévenir enfin des événements dont l'humanité aurait tant à gémir. Quelle que soit la situation des choses, au moment où

---

1. Lettre du duc de Bassano à lord Castlereagh, 17 avril (dictée par l'Empereur) :
« Sa Majesté a voulu faire de nouveau une démarche authentique et solennelle pour mettre un terme aux malheurs de la guerre. La grandeur et la force des circonstances dans lesquelles le monde se trouve aujourd'hui placé déterminent Sa Majesté..... La paix d'Amiens, si elle avait été maintenue, aurait prévenu bien des bouleversements. » Le ministre rappelait les démarches analogues faites avant les campagnes d'Austerlitz et de Wagram, et même les ouvertures indirectes faites en 1810. Les changements qui avaient eu lieu depuis dix ans avaient été les résultats nécessaires de cette lutte prolongée. « Le caractère particulier que la guerre avait pris pouvait ajouter à l'étendue et à la durée de ces résultats. Des principes exclusifs et arbitraires ne pouvaient se combattre que par une opposition sans mesure et sans terme... » Parmi les bases d'arrangement proposées figurait la garantie de l'intégrité de l'Espagne, avec sa dynastie *actuelle* et une constitution nationale. La réponse anglaise (23 avril), plus prompte et plus courtoise qu'aucune des précédentes, n'opposait aux propositions du duc de Bassano qu'une fin de non-recevoir, un malentendu probable sur l'expression de dynastie *actuelle*. L'empereur ne pouvait compter sur le succès d'une démarche semblable, au moment où la Russie se ralliait à l'Angleterre. Mais prêt à s'engager dans une lutte terrible, il voulait, en offrant la paix à des conditions qui lui semblaient modérées, se mettre en mesure de rejeter sur l'obstination du cabinet anglais la responsabilité du sang qui allait couler.

cette lettre parviendra à sa destination, la paix dépendra encore des résolutions du cabinet russe. »

Dans une lettre particulière jointe à cet envoi, le duc de Bassano disait à M. de Narbonne : « Votre mission a un but politique et un but militaire. Pour atteindre l'un et l'autre, vous devez rester aussi longtemps qu'il vous sera possible. » Il lui recommandait de tenir le langage le plus pacifique, mais de s'abstenir, autant qu'il le pourrait, de traiter en détail les différents objets du litige, ne connaissant pas assez les faits pour entrer en discussion avec l'empereur Alexandre, qui les connaissait très-bien. D'ailleurs, tout ce qu'aurait pu dire M. de Narbonne se trouvait compris dans la note qu'il était chargé de remettre à M. de Roumanzof, et à laquelle ce ministre ne pouvait se dispenser de répondre. « Au surplus, ajoutait le duc de Bassano, il n'y a qu'une affaire importante pour la Russie, c'est la question des neutres. L'Angleterre n'en reconnaît pas sur les mers. Nous ne pouvons pas reconnaître comme neutres sur terre les puissances qui laissent violer leur pavillon. Ces principes résultent évidemment du traité de Tilsit. » Toutes ces recommandations et explications auraient été parfaitement inutiles, ainsi que la longue dépêche destinée au ministre russe, si la démarche de M. de Narbonne avait été uniquement calculée pour gagner du temps, et pour surprendre quelques renseignements militaires.

Tandis que M. de Narbonne courait à Wilna, le duc de Bassano avait à se défendre des obsessions réitérées du prince Kourakin, de plus en plus impatient d'obtenir une réponse à ses *offres conciliantes*. Pour ménager sa susceptibilité, le duc de Bassano ne parlait pas de la mission de M. de Narbonne, et se bornait à répondre qu'il restait, à la vérité, de puissants motifs pour considérer un arrangement comme possible, mais qu'il ne lui était pas encore permis de s'expliquer sur les propositions contenues dans la note du 30 avril. Ce système de temporisation était conforme aux circonstances. Après la sommation impérieuse transmise par le prince Kourakin, l'envoi du comte de Narbonne à Wilna était, de la part du cabinet français, un témoignage de modération inattendu, d'autant plus susceptible de produire quelque impression, que les documents rapportés par Tchernitchef avaient fait connaître toute l'importance de nos préparatifs militaires. Si quelque chance d'arrangement pouvait renaître, c'était par suite de cette démarche, de la correspondance directe qu'elle ouvrait entre les deux principaux ministres, tandis que l'ultimatum envoyé à Paris ne pouvait donner lieu qu'à des débats stériles et irritants. Au point où en étaient les choses, le départ du duc de Bassano pour Dresde n'impliquait donc nullement l'abandon de toute espérance pacifique.

Lors de la conclusion du traité d'alliance avec l'Autriche, il avait été convenu que l'impératrice Marie-Louise accompagnerait son époux jusqu'à Dresde, où l'empereur d'Autriche se rendrait de son côté. Deux jours après, le duc de Bassano annonçait à M. Otto que le départ de Napoléon aurait lieu probablement dans la première quinzaine d'avril, et ajoutait : « L'Impératrice passera trois semaines à Dresde. Elle serait charmée d'y voir sa famille ; vous pouvez, si l'on vous en parle, exprimer ses projets et ses vœux. Quant à l'Empereur, la durée de son séjour dépendra des événements ; il est possible qu'il ne soit pas privé de se trouver à cette réunion. » (16 mars.) Cette lettre prouve que Napoléon pensait alors quitter Paris un mois plus tôt. Des considérations importantes, de nature fort diverse, avaient commandé cet ajournement. D'abord, l'Empereur ne voulait rien laisser d'incertain derrière lui dans les mesures prises d'urgence pour subvenir aux souffrances de la disette, principalement à Paris; il s'en occupait encore le matin même de son départ[1]. En second lieu, il ne voulait pas s'éloigner de Paris avant d'avoir reçu une réponse aux dernières ouvertures transmises à Pétersbourg par l'intermédiaire de Tchernitchef, et nous venons de voir que cette réponse n'était arrivée que dans les derniers jours d'avril. Enfin, dans les derniers moments, Napoléon ne voulut partir qu'après avoir acquis l'entière certitude qu'Alexandre était déjà au milieu de ses troupes. Il tenait essentiellement à cet avantage moral, d'avoir quitté sa capitale le dernier. Il avait raison, car aujourd'hui encore nous voyons que cette antériorité considérable du départ d'Alexandre embarrasse singulièrement les apologistes de ce prince.

XLV

Nouvelles instances du prince Kourakin. — Sa conduite inexplicable. — L'ambassadeur français Lauriston demande en vain l'autorisation de rejoindre le czar. — Le comte de Narbonne congédié au bout de vingt-quatre heures. — Nouveaux atermoiements de Napoléon et son ministre.

L'ambassadeur russe apprit, le 7 mai, que le départ de l'Empereur et de son ministre était fixé au surlen-

---

[1]. M. Thiers (XIII, 478) nie absolument que cette grave affaire ait retenu Napoléon à Paris. Il est, sur ce point, en contradiction avec la correspondance politique du ministre, qui mentionne à diverses reprises cette cause de retard.

Dans toutes les mesures relatives à cette disette, Napoléon fut dignement secondé par le comte Maret, frère aîné du duc de Bassano. Il remplissait avec une activité rare et une probité plus rare

demain. Cette éventualité était prévue dans ses instructions, et il avait l'ordre d'exiger, avant ce départ, une réponse catégorique à l'ultimatum. En conséquence, bien qu'il eût rendez-vous avec le ministre pour le 8 au matin, il trouva intelligent de remettre immédiatement une seconde note, plus vive encore que la précédente. « Je dois prévenir Votre Excellence, disait-il, que si, dans la conférence qu'elle a fixée avec moi pour demain matin, j'avais encore le regret de la trouver sans instructions de Sa Majesté impériale pour me répondre sur mes propositions, et pour m'annoncer qu'elles sont acceptées sans modification, *car Votre Excellence sait qu'il ne m'est permis d'en admettre aucune*, je me verrais, par le départ de Sa Majesté, *annoncé pour après demain*, dans la nécessité d'envisager le manque de cette réponse comme le choix de la guerre..., et de demander mes passeports pour quitter la France. »

Suivant M. Thiers (XIII, 514), Napoléon n'eut connaissance qu'à Dresde de cette démarche du prince Kourakin. L'illustre historien ajoute que cet incident, *fort imprévu*, contraria beaucoup l'Empereur, et lui suggéra l'idée d'un nouvel expédient, d'une dernière tentative pacifique par l'intermédiaire de Lauriston. Mais cette note est du 7 *mai*, et le duc de Bassano n'a certainement pas différé un moment d'en donner connaissance à l'Empereur, qui ne partit pour Mayence que dans la soirée du 9. La marche suivie par le ministre, en conséquence de cet incident, a donc été concertée immédiatement avec l'Empereur. Le duc de Bassano, qui avait dû d'abord l'accompagner, resta quelques jours de plus à Paris, pour parer à cet

---

encore les fonctions de directeur général des vivres, fonctions d'une importance capitale en pareille circonstance. Maret aîné, soit comme préfet, soit comme conseiller d'État, justifia toujours pleinement par lui-même la confiance de Napoléon.

incident. Il demanda au prince s'il avait des pouvoirs pour conclure un arrangement, et il le mit ainsi dans la nécessité d'avouer catégoriquement qu'il n'en avait pas (9 mai). Ainsi, le cabinet russe prévoyait si sûrement le rejet de sa sommation, qu'il n'avait même pas donné de pouvoir à son ambassadeur pour signer l'acte qui l'aurait admise. Il craignait de trouver Napoléon trop docile à ses volontés !

Le lendemain (10 mai), le duc de Bassano eut avec l'ambassadeur une dernière conférence dans laquelle celui-ci réitéra l'aveu qu'il n'avait pas de pouvoirs, et y ajouta celui, plus extraordinaire encore, qu'il avait fait *sans ordre* la demande de ses passe-ports, ayant été blessé de ce qu'on refusait de traiter avec lui. Il finit par *fondre en larmes,* quand le ministre lui représenta quelle grave responsabilité il assumait en faisant de lui-même une démarche aussi grave. Le duc de Bassano le décida, non sans peine, à ne pas insister immédiatement sur ce sujet, en lui promettant, dans un bref délai, une explication par écrit des raisons qui devaient l'engager à rester à son poste. Mais il y eut, paraît-il, un malentendu sur ce point. L'ambassadeur croyait recevoir cette explication avant le départ du ministre, tandis que celui-ci entendait la donner de Dresde, s'il y avait lieu, d'après le résultat de la mission de M. de Narbonne. En conséquence, le duc de Bassano, pressé de rejoindre l'Empereur et de se soustraire au blocus du prince Kourakin, quitta Paris dans la nuit du 10 mai, en prévenant l'ambassadeur par une lettre qui ne fut remise que le lendemain matin. A peine arrivé à Dresde, il fut rejoint par un courrier expédié à sa poursuite. Le prince, se croyant encore mystifié, renouvelait sa demande de passe-ports. (11 mai). Quinze jours plus tard, il la réitérait, et toujours de lui-même ! Ce défaut d'ordres pour une semblable démarche trois fois renouvelée est tellement étrange que nous hésitons à y croire, malgré l'affirmation de l'ambassadeur, confirmée ultérieurement par son souverain[1].

Cette insistance de l'ambassadeur semblait d'un fâcheux augure pour la mission de M. de Narbonne, dont on n'avait pas encore de nouvelles à Dresde le 20 mai. Il y avait lieu d'appréhender qu'il n'eût pas même été reçu à Wilna. Dans ce doute, Napoléon autorisa une dernière tentative pacifique par l'intermédiaire de Lauriston, qui se trouvait encore à Pétersbourg. On pensait que cet ambassadeur pourrait arriver encore au moins jusqu'à M. de Roumanzof. Cette fois, la demande d'explication devait porter sur l'ultimatum Kourakin; car on ne pouvait plus faire semblant de l'ignorer. Le duc de Bassano envoya donc à Lauriston une copie des notes de l'ambassadeur russe, et lui prescrivit de demander immédiatement des passeports pour se rendre à Wilna, auprès de Roumanzof. » Vous lui montrerez les pièces que je vous envoie, écrivit le duc; vous ferez sentir l'étonnement qu'a dû éprouver l'empereur Napoléon, lorsqu'il a vu qu'on présentait l'évacuation de la Prusse comme une condition sur laquelle il n'y avait pas même à délibérer... Vous représenterez combien ces notes sont opposées par leur forme et leur contenu aux dispositions pacifiques dont cet ambassadeur donnait l'assurance; par quel esprit de conciliation Sa Majesté est portée à penser qu'en les présentant, en y joignant la demande réitérée de ses passe-ports, il est allé au delà de ce qui lui était prescrit, et avec quel regret (s'il en était autrement) Sa Majesté verrait s'évanouir tout espoir de parvenir, par une négociation qu'elle a constamment provoquée depuis près de deux ans, à arranger enfin les différends qui divi-

1. Dans la dernière lettre d'Alexandre à Napoléon, remise par M. de Balachof, après le passage du Niemen.

sent les deux pays. Vous insisterez pour obtenir des explications *qui puissent laisser encore la voie ouverte à un accommodement* (20 mai). »

Lauriston ne put accomplir cette mission. Il y avait eu évidemment une consigne donnée d'avance pour le retenir à Pétersbourg, car aussitôt qu'il demanda au comte Soltykof (chargé de l'*intérim* des relations extérieures) des passe-ports pour se rendre à Wilna, Soltykof répondit, *le même jour*, par un refus. « Étant autorisé à recevoir toutes les communications étrangères, il engageait l'ambassadeur à lui transmettre les siennes (Lauriston, 5 juin). » Cependant, sur l'insistance de l'ambassadeur, il consentit à en référer pour la forme à M. de Roumanzof, qui s'empressa de confirmer le refus (8 juin). Cette séquestration préméditée de l'ambassadeur français était le fruit des manœuvres du parti anglais, qui tenait l'empereur Alexandre bloqué à Wilna. Les coryphées de ce parti, très-alarmés quelques jours auparavant de l'apparition de M. de Narbonne, n'avaient pu l'empêcher d'obtenir une audience, mais parvinrent à le faire renvoyer dès le lendemain[1]. On avait voulu s'épar-

---

1. Le jour même de son audience, Narbonne assista à une grande revue et dîna chez l'empereur Alexandre, qui lui fit remettre une boîte avec son portrait enrichi de diamants, ainsi qu'il est d'usage quand une mission diplomatique est arrivée à son terme. Le lendemain, un maître d'hôtel lui apporta, de la part de l'empereur, les provisions de voyage les plus recherchées; les comtes Kotschubey et Nesselrode lui firent des visites d'adieu; enfin un courrier impérial vint obligeamment lui annoncer que ses chevaux de poste étaient commandés pour six heures du soir. Suivant un contemporain bien informé, on avait fait croire à l'empereur Alexandre que le véritable but de M. de Narbonne était de se mettre en rapport avec de nobles lithuaniens, partisans de la France. (V. *Mémoires historiques sur l'empereur Alexandre*, par madame de Choiseul-Gouffier, p. 80). Nous avons déjà indiqué que les agents de l'Angleterre à Constantinople exploitèrent fort habilement la mission du comte de Narbonne, pour triompher des dernières irrésolutions du grand-visir et du sultan.

gner le retour de semblables émotions en consignant M. de Lauriston.

M. de Narbonne arriva à Dresde le 28 mai pour rendre compte de cette courte mission. Il rapportait au duc de Bassano une réponse de M. de Roumanzov, qui « s'en référait aux instructions adressées au prince Kourakin par M. de Serdobin, comme fournissant tous les moyens de terminer les différends, et d'entamer la négociation que désirait la France. » Cette réponse, au point où les choses en étaient, équivalait à un rejet formel de tout accommodement. Aussi l'Empereur quitta Dresde le lendemain ; à l'exemple d'Alexandre, *il avait besoin de voir ses troupes*. Toutefois, il voulait encore attendre le résultat de la démarche de Lauriston, avant de prendre une résolution définitive. Nous trouvons un témoignage non équivoque de cette hésitation dans la lettre confidentielle qu'adressait le duc de Bassano au résident de Varsovie. Nous reproduisons cette pièce importante, écrite en entier de la main du ministre.

M. le baron, le Roi (de Saxe) vient de rendre un décret qui donne des pouvoirs extraordinaires aux ministres du duché de Varsovie. Ce décret a été transmis au Président par un courrier saxon expédié hier soir. Sa Majesté Impériale et Royale désire qu'il ne soit pas rendu public avant le 8 juin. Vous voudrez bien obtenir ce délai, dont la convenance résulte de *considérations importantes*, et vous *exigerez* que sous aucun prétexte les dispositions du décret ne soient connues du public... Faites-moi connaître, par la voie la plus prompte, que les intentions de Sa Majesté ont été suivies. Si le décret était déjà imprimé, quand ma lettre vous parviendra, vous demanderez que tous les exemplaires en soient retenus ou retirés et conservés en mains sûres, jusques au moment fixé pour la publication.

Duc de Bassano.

Dresde, 27 mai 1812.

Cet ajournement significatif ne devait pas être le dernier. Le 4 juin suivant, le ministre écrivit à l'ambassadeur de Pradt, arrivé dans l'intervalle, que le décret du roi et toutes les mesures extraordinaires ne devaient pas recevoir de publicité avant le 15. Cinq jours après, de nouveaux ordres d'atermoiement sont expédiés de Varsovie. « Le précédent avis ne signifie pas que ce décret et ses actes peuvent recevoir de la publicité le 15, mais qu'on doit attendre des ordres définitifs. » (Thorn, 9 juin.)

Ce fut pendant le séjour de Napoléon à Thorn, que de nouveaux incidents vinrent triompher de sa patience. Il apprit que l'on connaissait d'avance dans la haute société de Pétersbourg les conditions proposées par le prince Kourakin. Elles étaient également connues à Berlin et à Londres; Maret en eut la preuve par des gazettes anglaises qui lui furent renvoyées de Paris. L'indiscrétion de nos ennemis exagérait encore ce qu'il y avait eu de blessant dans ces dernières communications russes. On se vantait d'avoir exigé de Napoléon non pas l'engagement préalable de se retirer, mais une retraite immédiate. Ce fut sous l'impression de ce surcroît d'injure que Napoléon, sans attendre cette fois le résultat de la dernière démarche pacifique (celle de Lauriston), fit envoyer à Kourakin ses passe-ports si souvent réclamés[1]; à Lauriston, l'ordre de réclamer les siens (12-16 juin); et enfin à de Pradt, l'autorisation, soigneusement différée jusque-là, de donner la plus grande publicité aux

---

1. Le prince Kourakin continua de correspondre *de Paris* avec Maret, pendant une grande partie de la campagne. Jamais il n'y eut ambassadeur plus pressé d'avoir ses passe-ports, et moins pressé d'en profiter. Ces retards ne tenaient à aucune intrigue politique, mais à des considérations de santé. Il négocia pendant trois mois entiers pour obtenir l'autorisation de s'en aller par terre, alléguant que c'était *vouloir sa mort* que de le contraindre à s'embarquer.

mesures concernant la Pologne[1] (17 juin). L'intention de rompre est bien formelle cette fois; et pourtant elle ne deviendra irrévocable que trois jours plus tard, au quartier général de Gumbinnen, à l'arrivée du secrétaire de la légation française, qui vient apprendre à l'Empereur que Lauriston n'a pu même obtenir de se rendre à Wilna.

Cette interprétation historique de la rupture est dédaigneusement écartée par M. Thiers, qui la traite de *supposition ridicule,* imaginée *après coup* par les flatteurs de Napoléon. Elle est cependant autorisée par tous les documents contemporains, et notamment par une longue lettre de Napoléon écrite, non à Sainte-Hélène, mais à Wilna, *le 1er juillet* 1812. Dans cette lettre, adressée à Alexandre, Napoléon, après avoir résumé à grands traits les différentes péripéties de la querelle depuis la fin de 1810, rappelait, dans les termes suivants, les circonstances qui avaient immédiatement précédé et déterminé la rupture :

Je chargeai le comte Lauriston de se rendre auprès de Votre Majesté et de son ministre, de s'expliquer sur toutes ces circonstances, et de voir s'il n'y aurait pas moyen d'amener l'ouverture d'une négociation en considérant comme non avenue la sommation étrange et déplacée du prince Kourakin. Quelques jours après, j'appris que la cour de Berlin avait été instruite de cette démarche du prince Kourakin, et qu'elle-même était fort surprise d'un langage aussi extraordinaire. Je ne tardai pas d'apprendre aussi qu'à Pétersbourg cette démarche était connue, et que les gens sensés la désapprouvaient. Enfin, les journaux anglais m'apprirent aussi que les Anglais la connaissaient. Le prince Kourakin n'avait donc fait que suivre littéralement ses instructions. Toutefois, *je voulais encore conserver de l'espoir,* et j'attendais la réponse du comte Lauriston, lorsque je reçus à Gumbinnen le secré-

1. Dépêche du duc de Bassano à M. de Pradt, datée de Kœnigsberg.

taire de légation Prévost, qui m'apprit que, contre le droit des gens, contre le devoir des souverains en pareille circonstance, sans égard pour ce que Votre Majesté devait à moi et à elle-même, non-seulement, elle avait refusé de voir le comte de Lauriston, mais même, chose sans exemple! que l'oubli (des égards) avait été porté au point que le ministre aussi avait refusé de l'entendre et de conférer avec lui. Je compris alors que le sort en était jeté[1]...

Cette lettre célèbre est celle que Napoléon confia à M. de Balachov, qui était venu lui apporter la proposition dérisoire de repasser le Niémen. M. Thiers s'étend fort au long, d'après des traditions russes d'une exactitude plus que douteuse, sur la conversation de Napoléon avec cet envoyé, mais il ne dit pas un mot de la lettre du 1er juillet, dont il n'a pu ni ignorer l'existence, ni suspecter l'authenticité. Telle est la règle généralement suivie par l'illustre historien : les documents qui contredisent ses idées n'existent pas pour lui. L'autorité de celui-ci n'en demeure pas moins grave, décisive. Il ne s'agit pas ici d'une version qu'on puisse supposer adaptée aux événements après coup et à distance, pour décliner la responsabilité d'une catastrophe accomplie. Nous l'avons déjà dit, au moment où Napoléon s'attribue le mérite d'une longue hésitation, il n'est pas à Sainte-Hélène, il est à Wilna. Cette terrible guerre commence à peine, et assez mal pour les Russes. Comment admettre que, dans une telle situation, l'Empereur ait songé à se ménager une excuse mensongère, dans l'hypothèse alors si peu vraisemblable d'un désastre?

Quoi qu'il en soit, ce témoignage est formel; l'histoire n'a ni le droit de l'écarter, ni, croyons-nous, celui d'en suspecter la sincérité. Sa concordance avec celui du duc de Bassano est d'autant plus remar-

1. *Correspondance*, XXIV, 1.

quable, que ce ministre, retardé par une indisposition, n'était pas auprès de l'Empereur au moment où cette lettre fut écrite, et qu'il en ignora longtemps l'existence[1].

Contre un adversaire tel que M. Thiers, on ne saurait être trop bien armé. Nous citerons donc encore, à l'appui du système que nous réhabilitons, un autre document auquel sa date donne une grande autorité. C'est une circulaire confidentielle du duc de Bassano, qui fut envoyée aux ministres de France près des cours alliées, avec la copie des pièces principales de la négociation. Cette circulaire était ainsi conçue :

L'Europe a vu depuis longtemps avec inquiétude les préparatifs d'une guerre sanglante entre la France et la Russie. Sa Majesté, qu'une sage prévoyance, et le juste désir de défendre ses alliés, ont décidée à porter sur la Vistule les forces imposantes dont elle a pu disposer, a vainement proposé à la Russie tous les moyens de conciliation que pouvaient offrir la situation respective des deux puissances et l'état actuel du continent. Celle-ci a constamment refusé d'entrer en explication franche et amicale sur les points qui ont fait l'objet des récriminations mutuelles, et quand ses armées ont été rassemblées, elle a osé demander comme condition préalable, et sans laquelle aucune négociation n'aurait lieu, que les troupes françaises évacuassent le territoire prussien et se retirassent derrière l'Elbe. Son ambassadeur, chargé de transmettre ces humiliantes propositions, a en même temps demandé ses passe-ports : il a ainsi rompu les relations entre les deux puissances, et déclaré la guerre. J'ai, d'après les ordres de Sa Majesté, adressé, le 12 de mois, à M. le prince Kourakin, les passe-ports nécessaires pour quitter la France ; j'ai également expédié à

[1]. Cette lettre n'est pas citée dans le *Manuscrit de* 1813 du baron Fain, livre écrit sous l'inspiration du duc de Bassano. Elle a été publiée pour la première fois dans l'ouvrage de M. Bignon, d'après les minutes de la secrétairerie d'État, et reproduite dans la *Correspondance* « d'après une copie fournie par le gouvernement russe. »

M. le comte de Lauriston et à tous les agents français qui résident en Russie l'ordre de revenir sur-le-champ.

J'ai l'honneur de vous adresser copie des lettres que M. l'ambassadeur de Russie m'a écrites à cette dernière époque de sa mission, et celle des réponses que je lui ai faites. Ces pièces serviront de base aux communications que vous voudrez bien faire au gouvernement du duché sur l'état actuel des choses, et sur les circonstances qui ont amené et précédé la rupture...

Agréez, etc.

Duc de Bassano.

Gumbinnen, 21 juin.

Cette communication est donc datée du quartier général de Gumbinnen, et du jour même où venait d'y parvenir la nouvelle du dernier échec de Lauriston. Elle marque la dernière limite des hésitations du côté de la France, et concorde parfaitement avec les assertions de Napoléon. Après avoir, le 16, ordonné *ab irato* à Lauriston de demander ses passe-ports, l'Empereur, de lui-même ou par le conseil de son ministre, a suspendu l'envoi des notifications officielles. A cette date, aucune nécessité militaire ne commandait cet ajournement : il ne peut s'expliquer que par des considérations d'ordre politique et d'humanité. Le premier ministre russe avait dit plusieurs fois qu'au dernier moment on pourrait encore s'entendre. L'entrevue sollicitée par Lauriston aurait été une belle occasion de rapprochement. Napoléon consentit à attendre ce que pourrait produire cette démarche, avant de commencer, pour ainsi dire, sa déclaration de guerre, en communiquant aux cours alliées, au Sénat français, les pièces de la négociation. En d'autres termes, l'épée était tirée; mais Napoléon, « voulant encore, comme il l'a dit lui-même, conserver de l'espoir, » hésitait à jeter loin de lui le fourreau. Il ne s'y décide qu'à l'arrivée du message qui lui apprend que Lauriston a été repoussé.

Nous avons dû nous arrêter longtemps sur ces préliminaires de la guerre de Russie, dans lesquels le duc de Bassano a joué un rôle si considérable. Nous espérons avoir démontré que les tentatives réitérées d'arrangement faites par la France depuis le commencement des difficultés n'avaient pas le caractère fallacieux qui leur a été imputé par quelques écrivains, et que le ministre n'aurait pu ignorer. En résumé, toute la correspondance politique de Napoléon prouve que, de son côté, la guerre fut, pendant près de deux années, une éventualité prévue, plus probable de jour en jour, mais non une volonté fixe, une résolution irrévocable. C'est à tort qu'on s'est prévalu de sa correspondance militaire pour soutenir un système différent. Tous les préparatifs si lucidement analysés par M. Thiers, n'ont été que la mise à exécution du programme tracé par le duc de Bassano dans le rapport confidentiel du 16 août 1811.

Le gouvernement russe montra une fermeté dont le principe n'avait rien d'héroïque. Il lui fallait affronter ou la guerre avec la France, ou l'exaspération des grands propriétaires lésés par le blocus, et stimulés par les intrigues anglaises. « Dans de telles circonstances, a dit un contemporain, la voix de la nécessité tonnait aux oreilles du fils de Paul Ier. Entre les deux dangers, il choisit celui de la guerre, dans lequel son risque personnel était moindre. » Telle fut au moins l'une des principales causes de cette détermination tant célébrée après l'événement. C'était bien là « une de ces belles actions dont on aurait honte, si le monde voyait les motifs qui les produisent. » (Larochefoucauld.) Ajoutons que, malgré l'alliance suédoise et la paix de Bucharest, la prise de Badajoz et les encouragements secrets de l'Angleterre, le czar n'avait agi que sous le coup d'une véritable contrainte morale, et que, pendant la première partie de la campagne, il regretta plus d'une fois sa résolution.

La correspondance du duc de Bassano nous a révélé quelle était la pensée intime de Napoléon, dans le cas où l'effet comminatoire de ses armements aurait suffi. Il comptait s'indemniser des sacrifices qu'entraînait cet immense déploiement de forces en revenant sur les concessions que, depuis la guerre de 1809, il se reprochait d'avoir faites à la Russie, tant sur le Danube que du côté de la Suède. Mais dans l'hypothèse où il serait forcé de se servir de ses armes, attaqué ou contraint d'attaquer, il entendait prendre plus largement ses sûretés pour l'avenir, en opposant au débordement plus ou moins prochain de la Russie sur l'Europe le rétablissement d'une véritable Pologne. Tant qu'il était resté quelque espoir d'une solution amiable, l'Empereur avait fait bon marché des espérances polonaises. Le 25 février 1812, il répétait encore à Tchernitchef « que la Pologne n'était pour rien dans les affaires. » Cette affirmation était sincère, car, tout en maintenant le duché, il offrait encore de s'engager à ne jamais contribuer au rétablissement d'un royaume de Pologne, si Alexandre consentait à rentrer dans le système de Tilsit, à redevenir son second contre l'Angleterre. Mais après l'ultimatum et la demande réitérée des passe-ports du prince Kourakin, la persistance du cabinet russe dans cet ultimatum ébruité d'avance dans toute l'Europe, le brusque renvoi du duc de Narbonne, le refus d'admettre Lauriston, Napoléon renonçant enfin à des ménagements trop prolongés peut-être, annonça hautement le but qu'il entendait poursuivre, puisqu'on le forçait à combattre. Il s'agissait de mettre un terme à l'orgueilleuse ingérence de la Russie dans les affaires européennes. « La seconde guerre de Pologne était commencée ! »

XLVI

Correspondance officielle et intime du duc de Bassano avec le ministre français à Varsovie. — Une lettre de Napoléon omise dans la *Correspondance*. — De Pradt ambassadeur extraordinaire, malgré les objections de Maret contre ce choix.

Depuis l'entrée du duc de Bassano aux relations extérieures, la correspondance avec Varsovie avait été, de sa part, l'objet d'une sollicitude toute particulière. Sentinelle avancée de l'Empire, le résident français avait ordre d'écrire tous les jours à Paris. Ses lettres avaient pour objet, tantôt l'état intérieur du pays, les dispositions morales des différentes classes de la population; tantôt les mesures militaires et financières que le gouvernement du duché était invité à prendre; ou des informations sur les rassemblements et les mouvements de troupes russes. Cette correspondance est un monument de la sympathie du ministre et du résident français pour les Polonais. Malgré la réserve dont sa position lui faisait une loi, le duc de Bassano ne laissait pas échapper une occasion d'encourager, au moins indirectement, leurs espérances. Il comprenait les difficultés qui paralysaient la bonne volonté des autorités civiles et militaires du duché, la nécessité de leur venir en aide, et souvent on devine qu'il aurait voulu être autorisé à donner, à promettre des secours plus abondants [1]. Quant aux informations sur

---

1. Le duc de Bassano avait recommandé, à diverses reprises, d'amasser de grands approvisionnements de vivres et de fourrages. Malheureusement, l'année avait été des plus mauvaises. Dès la fin de 1811, l'hiver semblait essayer ses forces contre nous. Dans plusieurs départements polonais, la misère était extrême; les paysans étaient réduits à manger un peu de pain dans lequel il entrait diverses substances, dont la plus saine était du gland. Les fourrages ayant manqué, on était forcé de recourir au chaume

l'armée russe, le duc de Bassano n'avait cessé, pendant toute l'année 1811, de recommander cet objet à la vigilance du résident français. Malgré son affection pour les Polonais, le duc ne s'aveuglait pas sur les défauts de leur caractère national, principalement sur ce penchant à l'hyperbole qui faisait dire à un de leurs généraux : « Nous ne voyons jamais un arbre, parce que nous voyons toujours une forêt. » Aussi, dans tout le cours de cette correspondance, on voit, à diverses reprises, le ministre recommander au baron Bignon de se méfier des évaluations approximatives; de contrôler, les uns par les autres, les rapports de ses agents, de manière à ne transmettre que des communications positives. Dans les derniers jours de 1811, l'Empereur jugea qu'il était temps de donner une impulsion plus énergique à son système d'informations. D'après des indications sommairement consignées dans une note spéciale[1], le duc de Bassano adressa au résident de Varsovie une longue dépêche dont nous reproduisons les traits les plus importants :

> Monsieur le baron, les renseignements que vous recevez de vos agents m'ont fourni jusqu'à ce jour des notions fort utiles. Mais comme elles n'étaient ni asez liées ni assez suivies, elles n'ont pas produit tous les avantages que j'en avais espérés. Assurément, ni le zèle, ni l'activité, ni la sagacité, ni l'esprit de suite ne vous ont manqué, mais vous n'avez à votre disposition ni assez d'hommes, ni des hommes assez sûrs. Je connais toutes les difficultés qu'offre, sous ce rapport, le pays que vous habitez. La diète doit avoir attiré beaucoup de monde à Varsovie : cette circonstance aura étendu vos relations, et vous aura donné le moyen de perfectionner votre agence. Mais elle serait encore insuffisante pour l'objet qu'elle doit remplir, si la guerre vient

des cabanes pour nourrir les bestiaux. Cette disette de fourrages a été l'une des grandes causes des malheurs de la campagne.

1. 20 décembre 1811. (*Corr.*, XXIII, 3.)

à éclater. Il faut, dès aujourd'hui, vous occuper de cette organisation, qu'il ne serait plus temps de former au moment où les hostilités auraient lieu. Votre agence actuelle n'a pu donner que des renseignements imparfaits, lorsqu'elle consistait uniquement dans l'emploi de quelques hommes isolés, dont vous deviez seul critiquer, apprécier et comparer les rapports. Il n'en sera pas de même, si vous avez auprès de vous des hommes connaissant les lieux que vos agents inférieurs sont chargés de parcourir. Je regarde donc comme le premier élément d'un bon système une première organisation composée de trois hommes bien choisis, ayant une douzaine de bons agents sous leurs ordres. Ces hommes devraient être des militaires polonais, ayant fait la guerre, intelligents, dignes de confiance, et parlant les langues russe et allemande. L'un devrait connaître la Lithuanie, l'autre la Wolhynie, la Podolie et l'Ukraine, le troisième la Livonie et la Courlande. Pour être sûr qu'ils connaissent bien les pays qui formeraient le département de chacun d'eux, il faudrait qu'ils y fussent nés, ou que du moins vous fussiez certain qu'ils y eussent résidé pendant quelques années. En commençant dès à présent cette organisation, il faut que les trois officiers qui agiront sous vos ordres immédiats se procurent des agents sur les routes de Pétersbourg à Wilna, de Pétersbourg à Riga, et de Riga à Mémel; sur celle de Kiew, et sur les trois routes qui de Bucharest et de Jassy conduisent à Grodno, à Moscou et à Pétersbourg. Il faudrait qu'ils eussent également des agents à Riga, à Dunabourg, à Grodno, à Pinsk et à Minsk. Si cette organisation produit des renseignements utiles, Sa Majesté ne serait point éloignée de permettre que je vous autorise à y employer 10 à 12,000 fr. par mois[1]...

Le ministre engageait M. Bignon à se concerter, pour le choix de ces trois agents supérieurs, avec le prince Poniatowski, « sans le mettre toutefois dans la confidence de l'intention qu'avait Sa Majesté de jeter les bases d'un établissement permanent. » La date de la dépêche (31 décembre 1811) explique cette réserve.

1. Jusque-là, Bignon n'avait que 3,000 francs par mois à dépenser pour cet objet.

Deux jours après, le ministre faisait au résident une nouvelle et importante communication :

Monsieur le baron, j'ai l'honneur de vous envoyer une note sur des renseignements que Sa Majesté désire, et qu'elle pense que vous pourrez lui procurer. Ils sont pour Elle d'un grand intérêt, et, pour exciter votre zèle, je n'ai pas besoin d'en dire davantage. Je sens que vous devez trouver beaucoup de difficultés pour satisfaire à ce qui vous est demandé. Les personnes avec lesquelles vous vous trouvez ne sont pas, en général, assez laborieuses pour avoir des mémoires préparés d'avance; mais les obstacles sont une raison de plus pour n'épargner ni soins, ni recherches, ni dépenses. Envoyez-moi successivement ce que vous aurez pu recueillir sur chaque pays.

2 janvier 1812.

A cette dépêche était jointe la note suivante, écrite par M. Monnier sous la dictée de l'Empereur :

On désire avoir : 1° Des détails statistiques sur la Moldavie, la Podolie, la Wolhynie, l'Ukraine, les marais de Minsk, les marais de Pinsk, la Samogitie, la Livonie et la Courlande ;

2° Une description des routes ci-après, en indiquant la nature du pays sous le rapport de la viabilité, des subsistances, de la population, et des habitations à deux lieues de distance dans les terres à droite et à gauche, savoir :

De *Varsovie à Moscou*, par Grodno et Wilna,
De Wilna à Saint-Pétersbourg,
De Thorn à Wilna, par Kowno,
De Kowno à Saint-Pétersbourg,
De Tilsit à Saint-Pétersbourg, par Memel et Riga,
De Wilna à Kiew,
De Lemberg à Kiew,
De Dubno, par Wilna, à Kiew ;

3° Des détails topographiques et statistiques :
Sur le cours et les bords de la Dwina, depuis sa source,
Sur le cours et les bords du Boristhène.

Il faut bien déterminer la population des villes et des villages, la largeur des rivières, le gisement de leurs rives, plates ou élevées, les productions du pays et ressources qu'il peut offrir en légumes, bestiaux et moyens de transport.

On déterminera la division de chaque province en pays, en cercles, palatinat, etc., et l'on aura soin de bien donner les noms des villes, bourgs ou villages ayant plus de 1000 habitants.

On indiquera, autant que possible, la distance de l'un à l'autre.

Cette note aurait dû figurer dans la *Correspondance* de Napoléon. Nous y trouvons la première conception, l'amorce du projet d'invasion sur le territoire russe. L'Empereur n'ignorait pas que toutes les cartes russes connues jusque-là passaient pour imparfaites, sans en excepter la grande carte en 106 feuilles alors récemment publiée, et dont Napoléon avait fait traduire en français la partie relative aux anciennes provinces polonaises. Il savait aussi que la recherche locale de documents géographiques et statistiques sur ces contrées, sur les provinces limitrophes auxquelles s'étendrait une telle guerre, présenterait des difficultés considérables et de plus d'un genre. Pourtant ces renseignements lui étaient indispensables pour combiner ses opérations. Napoléon serait le plus téméraire, le plus inepte des capitaines, si, ayant résolu une telle entreprise, ou l'envisageant seulement comme très-probable, il avait tardé d'une heure à prendre les mesures nécessaires pour se procurer les renseignements topographiques les plus détaillés, les plus précis, sur les contrées qui allaient devenir le théâtre de la guerre. Or, c'est sur les documents recueillis et transmis au duc de Bassano par le baron Bignon que Napoléon a fait son plan de campagne; et, comme nous venons de le voir, c'est seulement le 2 *janvier* 1812 que l'ordre de commencer cette recherche lui a été expédié de Paris. Jusque-là le ministre n'y avait fait aucune allusion, et il n'existe dans la *Correspondance* de Napoléon aucune trace d'ordres semblables donnés, avant cette époque, à d'autres fonctionnaires, militaires ou civils. L'ajournement prolongé d'investigations si essentielles serait absolument inconcevable, si la résolution d'envahir la Russie était aussi ancienne qu'on l'a prétendu.

Les nouveaux ordres furent exécutés avec intelligence et activité. Le prince Poniatowski se prêta volontiers au développement de l'agence d'observation militaire, et ce développement profita à son tour aux recherches géographiques et statistiques, qui donnèrent des résultats considérables, eu égard à la brièveté du temps, et à la faiblesse des moyens dont on disposait. En recueillant et confrontant les rapports de prétendus voyageurs, les renseignements locaux obtenus des popes, des curés catholiques, des Juifs, quantités de cartes et d'itinéraires manuscrits, on parvint à en savoir à peu près aussi long que le gouvernement russe lui-même, sur les anciennes provinces polonaises et les territoires limitrophes. Tout le personnel de la légation travaillait au fur et à mesure à débrouiller ces matériaux, pour en extraire tout ce qui s'y trouvait d'utile et de positif parmi bien des inexactitudes, des lacunes et des rêveries. Il n'était, en effet, si mince explorateur militaire ou civil qui, à propos du plus petit détail topographique ou de la situation occupée par le moindre détachement, ne se crût autorisé à faire son roman d'armée russe ou son plan de campagne. De plus, le travail d'information sur les mouvements de l'ennemi était devenu, dans les derniers temps, singulièrement difficile. Néanmoins, on parvint à former de l'ensemble des renseignements obtenus de différents côtés, contrôlés et conduits au plus haut degré possible de précision, une sorte de livret que l'Empereur avait sans cesse sous la main, et dont il fut plus d'une fois à même de reconnaître l'exactitude. On s'était également hâté d'expédier de Varsovie les extraits géographiques et statistiques et les cartes manuscrites, d'abord à Paris, puis à Dresde, et enfin directement au quartier général. Le premier de ces envois (carte manuscrite de la Wolhynie avec les distances) fut fait le 14 février; le dernier (deux cahiers sur la Livonie et l'Esthonie), le 31 mai.

La lettre olographe suivante, que nous empruntons à la correspondance intime du duc de Bassano, donnera une juste idée de l'estime affectueuse dont il honorait le résident de Varsovie :

J'ai l'honneur, monsieur le baron, de vous écrire pour vous annoncer que Sa Majesté vous a accordé une indemnité de 20,000 fr. pour les fêtes que vous avez l'intention de donner cet hiver à Varsovie. Sa Majesté sait fort bien que cette somme sera employée avec goût, avec grâce et avec utilité pour son service. Ne négligez point nos belles Polonaises. Si vous pouviez même intéresser la jeune princesse X..., ce serait peut-être un moyen de pénétrer dans les mystères de cette maison. Vous m'entendez à merveille, sans que j'ai besoin de m'expliquer d'avantage.

Si Sa Majesté est obligée de faire la guerre, j'aurai l'honneur de l'accompagner. Je devrais sans doute faire quelques préparatifs, acheter des chevaux de selle et de fourgon. Mon écurie n'est plus bonne que pour la ville. Mais ces précautions du ministre des relations extérieures seraient trop sérieusement interprétées. Il est de mon devoir d'être pris au dépourvu. Le cas arrivant, vous serait-il possible de me trouver en Pologne les chevaux dont j'aurais besoin? Je vous écrirais à temps, et ma cavalerie serait toute portée.

Adieu mon cher baron; ne doutez pas plus des tendres sentiments que de la haute considération dont je vous offre l'assurance.

Paris, 27 janvier 1812.

L'Empereur avait manifesté d'avance l'intention d'envoyer à Varsovie un personnage d'un grand nom, d'un haut rang, revêtu du titre d'ambassadeur extraordinaire, et chargé de stimuler l'ardeur guerrière et patriotique des Polonais. Il avait d'abord destiné cette mission à M. de Talleyrand, et ce choix eût été convenable sous beaucoup de rapports, bien que le personnage laissât quelque peu à désirer sous le rapport de l'énergie physique, et surtout de la chaleur de cœur nécessaires dans un pareil rôle. Mais c'eût été déjà beaucoup, dans ce moment de crise, de lui faire quitter Paris, en lui rouvrant une perspective de faveur et de fortune. Savary attribue le changement de résolution de l'Empereur à une vive opposition du duc de Bassano, qui aurait été jusqu'à déclarer qu'il préférerait rester à Paris, si M. de Talleyrand devait aller à Varsovie. Maret n'était pas plus disposé à tenir un pareil langage que Napoléon à le tolérer ; mais il est fort possible que M. de Talleyrand ait fait ou laissé courir le bruit de cette opposition prétendue, pour masquer la cause véritable de sa nouvelle disgrâce. Elle fut le résultat du mécontentement direct et personnel de l'Empereur, qui apprit que le secret de cette mission avait été ébruité d'avance à Vienne, et rendit M. de Talleyrand responsable de cette indiscrétion. Si cette cause est la vraie, il faudrait en conclure qu'au fond il se souciait peu de cette tâche, car M. de Talleyrand n'a jamais été indiscret qu'autant qu'il lui convenait de l'être.

Mais si le duc de Bassano n'avait pas fait d'objections contre M. de Talleyrand, il en fit inutilement de très-sérieuses contre M. de Pradt. On connaît bien aujourd'hui les raisons qui déterminèrent ce choix. L'archevêque de Malines était le protégé de Duroc, son parent éloigné, qui déjà l'avait fait nommer aumônier de l'Empereur, et dont le crédit était d'autant plus grand, qu'il en usait avec une discrétion singulière. L'Empereur savait que le haut clergé avait eu de tout temps un grand prestige en Pologne, et qu'à différentes époques des évêques français y avaient joué un rôle important (notamment Montluc, évêque de Valence, au seizième siècle). Les adulations enthousiastes de M. de Pradt, qui se disait l'*aumônier du dieu Mars*, semblaient garantir son dévouement; sa conversation, ses écrits, semblaient promettre de la dextérité, et au besoin de l'énergie. Jamais apparences ne furent plus trompeuses.

XLVII

Séjour de Napoléon et de Maret à Dresde. — *Dernière* entrevue de Napoléon et de François II. — Instructions remises par Maret à l'ambassadeur très-extraordinaire de Pradt, etc.

Le court séjour que fit à Dresde Napoléon, en mai 1812, marque le point culminant de sa fortune. Jamais le prestige n'avait été plus grand, la fascination plus irrésistible. Le duc de Bassano n'était guère moins recherché, moins adulé que l'Empereur lui-même, par les souverains et les ministres qui avaient obtenu la faveur de venir faire leur cour. M. de Metternich se distinguait par ses protestations d'amitié, de fidélité à toute épreuve. Il ne trouvait pas d'expressions assez fortes pour qualifier la folle témérité de la Russie, l'obstination criminelle de l'Angleterre. Maret ne s'abusait pas autant qu'on l'a dit sur ce beau zèle, mais il avait confiance dans les dispositions personnelles du souverain de l'Autriche. « Aujourd'hui, écrivait-il à M. Otto, les deux Empereurs se connaissent et s'apprécient. L'embarras et la timidité de l'empereur d'Autriche ont cédé devant la franchise et le caractère naturel de l'empereur Napoléon. De longues conversations ont eu lieu ; tous les intérêts de l'Autriche y ont été traités, et je crois que l'Empereur François aura recueilli de son voyage une confiance plus entière... Il aura vu combien sa fille est heureuse. Ce spectacle si doux pour un père, a produit sur une autre auguste personne (l'impératrice d'Autriche) plus de surprise que d'émotion[1]. » Cette princesse n'était pas la mère de Marie-Louise, dont la position lui inspirait une jalousie qu'elle ne parvenait pas toujours à dissimuler. Il y avait là une influence intime foncièrement hostile; affaiblie, mais non détruite par les événements de 1809 et par le mariage, et qui pouvaient redevenir fort dangereuse, si la fortune cessait de nous favoriser.

Jamais l'infatigable ministre de Napoléon n'avait été aussi surchargé d'occupations que pendant ce séjour à Dresde (16-29 mai). Il ne pouvait avoir, comme à Paris, d'heure régulière pour son travail avec l'Empereur. Souvent, sortant à peine d'une longue conférence, il était rappelé sans avoir eu le temps de rentrer chez lui. Aussi il avait beau passer les nuits à faire ses dépêches, donner des audiences dans les corridors, les escaliers et jusqu'en pleine rue, ses salons étaient encombrés jour et nuit de « pauvres désespérés. » Sa correspondance était, dès cette époque, aussi remplie de détails militaires que celle du major général, puisque tous les ordres adressés aux princes de la Confédération, au duché de Varsovie, à l'Autriche, à la Prusse, étaient transmis par la voie diplomatique. Les communications avec la Prusse étaient peut-être la partie la plus difficile de cette

---

1. Lettre à M. Otto, du 27 mai.

tâche. Le roi Frédéric-Guillaume, avait été invité à faire acte de présence à Dresde. L'Empereur l'accueillit affectueusement, lui fit de belles promesses pour l'avenir, laisant au duc de Bassano la charge d'expliquer à M. de Hardenberg que, tout en croyant fermement à sa sincérité, à celle de son souverain, on était obligé d'agir comme si l'on n'y croyait pas, à cause des dispositions plus qu'équivoques d'une grande partie de l'armée et de de la nation prussiennes[1].

Le nouvel ambassadeur extraordinaire de Pologne était un de ces « pauvres désespérés » qui s'efforçaient vainement d'entrevoir le duc de Bassano le 24 mai 1812 et les jours suivants. Il s'en est vengé dans sa fameuse *Histoire de l'Ambassade de Pologne*. « D'après l'ordre de l'Empereur, dit-il, je m'étais rendu chez M. Maret. Je ne pus le rejoindre que dans les corridors ; là, il me notifia que j'étais ambassadeur ; qu'il y avait un traitement fixe de 150,000 fr. (communication assez consolante). Il m'ajourna au lendemain ; mais ce jour, ainsi que les jours suivants, tous mes efforts furent vains. Ce ministre, allant sans cesse de chez lui au château et du château chez lui, était obsédé par les ministres des grandes et petites puissances. Je pus enfin arriver à ce duc si affairé. Je le trouvai perdu au milieu d'un nombre infini de portefeuilles. Il me témoigna un vif empressement de se défaire de moi, m'annonça des instructions, me pressa de préparer mon départ, me congédia : et c'est tout ce que j'en ai eu. » Il ajoute que la porte du ministre ne se rouvrit plus pour lui, et qu'il ne reçut qu'en montant en voi-

---

[1]. Le duc de Bassano fera comprendre au chancelier (Hardenberg) que, comme politique, je me fie à la Prusse, mais que, comme militaire, je ne puis laisser Pillau et Spandau dans d'autres mains que les miennes. etc. (Note de l'Empereur à Maret, du 27 mai. *Corr.*, XXIII, 511.)

ture ces *misérables* instructions, « bien digne d'un ancien révolutionnaire comme Maret, et qui couvriraient de *plusieurs pieds de rouge* le front de leur auteur, si elles étaient jamais publiées. » M. de Pradt ignorait que ces instructions, dont le souvenir le scandalisait si fort après la chûte de l'Empire, n'étaient autre chose qu'une longue note dictée par l'Empereur lui-même, la veille de son départ de Dresde. Le duc de Bassano lui avait transmis purement et simplement, sous le titre d'instructions, copie de la note impériale, en s'excusant de ce que le temps lui avait manqué pour donner à ces indications tout le développement qu'il comportait. « Mais avec vous, M. l'ambassadeur, ajoutait-il, on a assez fait sans doute lorsqu'on vous a montré le but. » (29 mai.) Maret eut bientôt lieu de regretter ce compliment.

Nous devons nous arrêter un moment à ces instructions, qui renfermaient, suivant l'ambassadeur, « un cours complet de clubisme. » Dans cette guerre, que Napoléon lui-même allait proclamer la seconde de Pologne, il n'y avait donc pas seulement la Russie à vaincre, il y avait aussi la Pologne à rétablir. Mais, pour gagner son rétablissement, la Pologne devait aider à vaincre la Russie. Le but était indiqué, les moyens prescrits. Une diète devait se réunir à Varsovie dans le courant de juin. Il était à désirer qu'un comité spécial fît un rapport sur les malheurs et les espérances de la patrie ; qu'à la suite de ce rapport, la Diète proclamât le rétablissement du royaume de Pologne ; se constituât en confédération ; déclarât enfin que partout où des Polonais seraient réunis, ils avaient le même droit de se confédérer pour le salut public. « Le rapport devait être *européen et polonais,* » mais dirigé entièrement contre la Russie, sans récriminations contre l'Autriche et la Prusse. « La Confédération centrale, organisée à Varsovie, devait former des comités dans les différents palatinats. Ces comités devaient faire à leur tour des proclamations, et tous les actes émanant de cette série de manifestations nationales devaient être imprimés, répandus, non-seulement dans le duché, mais dans toutes les provinces de la Pologne russe, de façon à exciter dans la nation entière *une sorte d'ivresse.* » La main de l'ambassadeur ne devait pas se laisser apercevoir dans ce mouvement, mais il devait exercer en fait, « non-seulement une grave influence, mais l'autorité réelle ; tout voir, tout savoir, tout diriger, tout animer. » C'était dans ce but qu'on lui avait délégué le droit d'assister aux séances du conseil des ministres. C'était sous sa direction qu'ils devaient user des pouvoirs dictatoriaux qu'allait leur conférer le décret du roi de Saxe, tenu en réserve, comme on l'a vu ci-dessus, jusqu'au moment où la guerre serait reconnue inévitable. Enfin, il était spécialement recommandé à l'ambassadeur de donner suite, et même, s'il était possible, un plus grand développement au service d'informations militaires établi par son prédécesseur.

Nous avons sous les yeux le texte original de ces instructions impériales, qui fut remis à M. de Pradt; mais la minute d'après laquelle elles ont été imprimées dans la *Correspondance* est conservée aux Archives des affaires étrangères, où M. Thiers aurait pu facilement la consulter. S'il avait daigné le faire, il n'aurait pas sans doute qualifié d'*équivoque* le mandat conféré à M. de Pradt. Il se serait surtout abstenu de présenter l'envoi d'une députation de la Diète à Wilna, en juillet 1812, comme une démarche toute spontanée des Polonais, à laquelle M. de Pradt *avait été forcé de consentir,* et qui avait *surpris et embarrassé* Napoléon[1]. Cette démarche, imprévue suivant M. Thiers,

1. XIV, 99 et suiv.

était formellement et minutieusement prescrite dans les instructions de M. de Pradt. L'Empereur avait même indiqué d'avance dans quel esprit serait conçue la réponse qu'il se proposait de faire à cette députation [1].

Les souverains de France et d'Autriche se séparèrent le 29 mai. Napoléon partait pour l'armée, son beau-père pour Prague, où Marie-Louise vint quelques jours après le rejoindre et passer encore un mois avec lui. Le père et la fille se quittèrent alors, pour ne plus se retrouver qu'à Rambouillet, au mois d'avril 1814 [2]!... La duchesse de Bassano, en sa qualité de dame d'honneur, faisait partie de cette excursion en Bohême, tandis que son mari courait de l'Elbe au Niémen à la suite de l'Empereur. Depuis son départ de Dresde jusqu'à son arrivée à Wilna (31 mai — 4 juillet), le duc de Bassano fut surtout occupé des affaires polonaises, comme l'atteste son active correspondance avec de Pradt et Bignon. Il ne cessait de presser l'ambassadeur d'agir promptement, énergique-

---

[1]. « Lorsque la Confédération sera formée, elle enverra une députation à Sa Majesté pour lui présenter l'acte de Confédération et lui demander sa protection. Sa Majesté répondra aux députés en louant les sentiments qui animent les Polonais. Elle leur dira que ce n'est qu'à leur zèle, qu'à leurs efforts, à leur patriotisme, qu'ils peuvent devoir la renaissance de la patrie. Cette mesure que Sa Majesté se propose de garder, indique assez à son ambassadeur l'attitude qu'il doit avoir et la conduite qu'il doit tenir. » Instructions pour M. de Pradt. *Corr.*, XXIII, 523.)

[2]. On trouve de curieux détails sur ce séjour de la jeune Impératrice avec sa famille, dans les *Mémoires de M. de Bausset* (II, 60 et suiv.). Marie-Louise était accompagnée des duchesses de Montebello et de Bassano, de MM. Clary et de Montesquiou. Il y eut des excursions aux eaux de Tœplitz et de Carlsband, aux mines d'étain de Frankenthal, splendidement illuminées pour la circonstance; plusieurs bals, de longs concerts, et des repas plus longs encore. Ces fêtes finirent sous l'impression des premiers bulletins venus de Russie, dans lesquels il n'était encore question que de victoires. Elles furent comme un dernier reflet de nos prospérités.

ment, dans le sens de ses instructions. On entrevoit même qu'il aurait voulu décider l'Empereur à passer par Varsovie : ce qui l'aurait entraîné à se prononcer d'une façon immédiate et formelle pour le rétablissement de la Pologne. A Dresde, quand on lui demandait si l'Empereur irait à Varsovie, il répondait : *Nous le disons beaucoup,* et il recommandait de s'abstenir de tout propos susceptible de détruire cette espérance [1]. Nous trouvons un témoignage non équivoque du zèle de Maret pour la cause polonaise dans une dépêche du 17 juin, contenant un supplément d'instructions pour l'ambassadeur :

> Une des premières démarches de la Diète doit être une résolution et une proclamation pour rappeler tous les Polonais, officiers ou soldats, qui sont au service de la Russie. Elle doit être imprimée avec profusion, adressée à tous les états-majors, dans tous les cantonnements, expédiée sur toutes les voies, afin de ne négliger aucun moyen de la faire pénétrer dans les provinces occupées par les armées russes. Il convient d'y joindre des avis, des exhortations, des pamphlets sous toutes les formes... C'est surtout par l'armée polonaise qu'on parviendra efficacement à faire pénétrer ces pièces... Immédiatement après la confédération, il faut multiplier les adhésions particulières, en commençant par les hommes les plus considérables, tels que les Czartoryski, les Radziwill, les Sanguzko, etc... Il faut enfin qu'il y ait chaque jour un acte d'adhésion, une proclamation, une pièce quelconque, soit individuelle, soit officielle, soit de la Diète, soit des Diétines, soit des particuliers. Il faut que la publicité de ces pièces suive immédiatement. Ce n'est qu'en frappant sans cesse qu'on parviendra à exciter les esprits, à soutenir leur exaltation.

---

[1] L'Empereur avait positivement cette intention en quittant Paris. L'un de ses officiers d'ordonnance, le capitaine d'Hautpoult, avait été envoyé en avant à Varsovie pour faire préparer le château. Diverses considérations politiques et stratégiques firent malheureusement changer cet itinéraire.

Il est curieux de voir ici Maret ramené à son point de départ; les procédés qu'il indique pour stimuler l'esprit public en Pologne ressemblent singulièrement à ceux dont on s'était servi, vingt ans auparavant, pour soulever la Belgique[1]. Dans cette même dépêche, le ministre se plaint déjà de l'inertie de l'ambassadeur. Absorbé par des détails puérils d'étiquette et d'emménagement, celui-ci n'avait pas trouvé un instant, depuis son arrivée, pour s'occuper sérieusement de sa mission. « L'Empereur ne regardait pas celle du baron Bignon comme finie; il avait voulu que ce diplomate restât à Varsovie jusqu'à ce que le mouvement qui devait s'opérer fût terminé, afin d'aider dans les premiers moments l'ambassadeur de son zèle et de son expérience[2]. » M. de Pradt pouvait donc, et devait, aux termes de ses instructions, se concerter immédiatement avec Bignon, pour former « une sorte de comité ou de conseil, et arrêter un plan d'excitation et de direction des esprits. » Ce plan aurait pu alors parvenir en temps utile au quartier général de Kœnigsberg, avant le départ de l'Empereur. Celui-ci aurait « connu d'avance la marche qu'on allait suivre, » et empêché des fautes irréparables, dont il n'eut connaissance qu'à Wilna. M. de Pradt commença par éluder la formation de ce comité préalable, alléguant *la pauvreté de l'espèce d'hommes qu'on rencontrait* (23 juin). Les ministres eux-mêmes étaient compris dans ce compliment, et le duc de Bassano était forcé de les défendre contre lui. Plus tard, il est vrai, l'ambassadeur se laissa complétement mener par ces mêmes hommes, qui avaient su caresser son amour-propre d'écrivain et de causeur intarissable. Mais sa faute, nous dirions volontiers son crime

1. V. ci-dessus.
2. Lettre (particulière et olographe) du duc de Bassano au baron Bignon. Kowno, 27 juin.

capital, fut d'user du pouvoir discrétionnaire dont ses instructions l'avaient investi, pour *dissoudre la Diète au bout de trois jours* (26-29 juin), n'en conservant qu'une commission intermédiaire d'un petit nombre de membres. Il alléguait, pour justifier cette détermination : 1° que l'époque de la Saint-Jean, à laquelle on arrivait, était celle de l'échéance des fermages, du renouvellement des baux ; qu'il importait de renvoyer les députés à leurs affaires ; 2° qu'à en juger par l'exaltation croissante des esprits, les Polonais *iraient trop vite si on ne les arrêtait;* qu'on ne pouvait entrevoir jusqu'où les événements pourraient conduire une pareille assemblée, etc.! Enfin M. de Pradt, trouvant tout ce que faisaient *ces Polonais* « hors de toute règle de goût et de toute mesure, « voulut refaire toutes les proclamations, tous les actes publics, le manifeste même de la Diète.

La séparation de cette assemblée était une mesure si grave, que tout le monde la crut directement ordonnée par l'Empereur. En réalité, cette résolution, contraire aux instructions par lui dictées, plus contraire encore aux vues et aux recommandations itératives de Maret, avait été conçue, proposée, exécutée avant qu'il leur fût matériellement possible d'y mettre obstacle, et même d'en être instruits, à cause des déplacements continuels du quartier général, de son éloignement progressif, et de plusieurs autres incidents [1].

---

1. Le duc de Bassano, retenu à Kowno jusqu'au 2 juillet par une indisposition, était resté pendant plusieurs jours séparé de l'Empereur, qui avait fait, dès le 28 juin, son entrée à Wilna. Il lui avait bien transmis, dans l'intervalle, plusieurs dépêches de Varsovie, notamment celle où M. de Pradt exposait ses appréhensions sur l'inconvénient de prolonger trop longtemps les séances de la Diète. Mais, d'après les termes de cette dépêche, ni le ministre, ni l'Empereur n'avaient pu prévoir que l'ambassadeur prendrait sur lui de trancher la question.

Le duc de Bassano avait reçu, le 1ᵉʳ juillet seulement, la nouvelle impatiemment attendue de l'ouverture de la Diète, des transports d'enthousiasme qui avaient accueilli la proclamation du *rétablissement de la Pologne,* prononcée par le grand-maréchal, le vieux prince Czartoryski. Tout en regrettant que cette manifestation n'eût pas précédé le passage du Niémen, le ministre de Napoléon comptait sur elle pour ranimer l'esprit public, un peu refroidi « par l'irruption subite et les manières un peu brusques, pour ne pas dire davantage, de quelques-uns des libérateurs de la Pologne[1]. » (Kowno, 1ᵉʳ juillet.) Quatre jours après, il apprenait, à Wilna, que la Diète avait été dissoute dès la troisième séance !

La première idée du ministre fut de réintégrer immédiatement l'archevêque dans son diocèse. Il en fit nettement la proposition à l'Empereur, qui d'abord y avait consenti. Mais, après quelques moments de réflexion, Napoléon changea d'avis, craignant qu'un pareil éclat ne fît qu'empirer le mal. Il témoigna aussi au duc de Bassano l'appréhension que l'excellent duc de Frioul ne fût trop contristé de cette disgrâce de son protégé. M. de Pradt en fut donc quitte, cette fois, pour des observations sévères consignées dans une longue dépêche du 6 juillet[2]. Jamais, peut-être, vérités plus désagréables n'ont été exprimées sous une forme plus courtoise. Le ministre faisait sentir à l'ambassadeur combien il avait déjà nui à l'intérêt bien entendu de la France et de la Pologne, et par son empressement à dissoudre la Diète, et par sa manie de substituer en toute occasion sa prose à celle des Polonais.

---

1. Les troupes de la Confédération, principalement celles de la Westphalie et du Wurtemberg.
2. Elle a été reproduite *in extenso* par M. Bignon. (XI, 30 et suiv.)

Je sais bien, lui disait-il ironiquement, que vous ne mettez à cela aucun amour-propre : vous êtes loin de vouloir qu'on sache que vous êtes l'auteur...; mais quand le secret pourrait être gardé par les ministres, par les hommes du pays, dont vous blessez l'amour-propre, il serait facilement découvert par les lecteurs les moins attentifs... Du moment où l'on sait qu'un discours, un rapport, une proclamation publiée dans les affaires de Pologne, émanent de l'ambassadeur de France, son effet politique vis-à-vis des Polonais, comme vis-à-vis de l'Europe, est nécessairement manqué... Sa Majesté me prescrit de vous dire qu'Elle ne veut pas que vous vous occupiez de rédaction de proclamations, d'adresses, sous quelque prétexte que ce soit, et qu'elle vous a envoyé à Varsovie non pour faire des ouvrages de littérature, mais pour faire de la politique... Vos instructions, plusieurs de mes lettres, vous ont dit et répété qu'il fallait multiplier les moyens de frapper l'opinion..., et cependant il n'y a eu que *deux séances!* il n'y a eu que quelques discours, et vous avez le projet de les faire paraître tous ensemble! Jusqu'à présent, vous avez borné ce grand mouvement à une représentation théâtrale en deux scènes ou en deux actes! Je comprends que si vous avez voulu tout faire et tout revoir, cela n'a pas pu être autrement, et que l'ouvrage d'un seul homme ne peut pas se multiplier comme celui de toute une nation...

Néanmoins le ministre affectait d'attribuer uniquement à un excès de zèle toutes les fautes commises, et finissait par demander des renseignements prompts et précis sur la commission intermédiaire, ou conseil de la Confédération, qui restait pour suppléer à la Diète, sur la manière dont les membres de ce conseil comprenaient leurs attributions... Il y avait là, en effet, une ressource, un dernier moyen d'action que l'incorrigible ambassadeur allait laisser échapper comme les autres.

Peu de jours après, la députation de la Diète parut à Wilna. Nous avons déjà fait observer que cette démarche, provoquée par l'ambassadeur d'après ses instructions, n'avait rien d'imprévu ni d'embarrassant pour l'Empereur. De Pradt eut encore, dans cette occasion, un petit échec d'amour-propre dont il garda rancune au ministre. L'adresse que les députés devaient lire, et dont il était l'auteur, fut supprimée, « comme contenant des choses contraires à la politique de l'Empereur, » et remplacée par un discours, qui naturellement lui parut de « fabrique rude et grossière. » Ce fut à ce discours, « concerté avec le duc de Bassano, » que Napoléon fit cette réponse fameuse, qui *gâta tout,* suivant M. de Pradt et quelques écrivains plus récents. Voici l'explication que nous fournissent à ce sujet les notes du duc de Bassano :

Napoléon avait, suivant ses propres expressions, « beaucoup d'intérêts à concilier, de devoirs à remplir. » Or, son premier devoir était la paix; son premier intérêt, de ne prendre aucun engagement qui l'eût subordonné à d'autres intérêts que ceux de la France. S'il avait dit, comme on le lui demandait : *La Pologne existe!* il n'aurait pas pu déposer les armes qu'elle n'existât en effet. Si elle venait à exister par « les efforts des Polonais, » par « l'unanimité de la population, » nul n'aurait pu lui imposer l'obligation de ne pas la reconnaître, encore moins de la détruire. Autre chose était pour lui d'être engagé par les événements, ou par sa volonté. Il n'avait lié l'Autriche « que pour le cas où, par suite de la guerre, le royaume de Pologne viendrait à être rétabli (Traité du 14 mars). » Qu'avait-on entendu par la suite de la guerre? Une paix qui en la terminant, affranchirait la Pologne, et non pas, alors que la guerre était à peine commencée, l'insurrection qui, à ce seul mot de Napoléon : *La Pologne existe!* aurait éclaté dans la Gallicie autrichienne. L'Autriche le savait, le craignait. Napoléon était-il en position à Wilna de dire les mots qui auraient justifié ses craintes, et de taire ceux qui pouvaient seuls la rassurer ?... Ces explications ne sont pas des conjectures. C'est la substance des instructions qui furent envoyées alors au comte Otto (notre ambassadeur à Vienne).

L'Empereur avait répondu aux députés de la Diète :
« J'applaudis à tout ce que vous avez fait, j'autorise les efforts que vous voulez faire; je ferai tout ce qui dépendra de moi pour seconder vos résolutions. » Il exprimait, il est vrai, une réserve pour la portion de la Gallicie que détenait encore l'Autriche; mais les stipulations secrètes relatives à l'échange éventuel de ce territoire contre la restitution des provinces illyriennes étaient déjà connues des Polonais. Napoléon s'était surtout attaché à leur présenter leur émancipation comme devant être le résultat et le prix de leur dévouement. C'est dans ce sens que la réponse impériale était développée et commentée dans une dépêche remarquable du duc de Bassano, adressée immédiatement à l'ambassadeur de Pradt :

> Le succès de l'entreprise formée par la nation polonaise, disait le ministre, dépend de la nation elle-même. Elle sera délivrée de ses ennemis par les armes de Sa Majesté. Mais si, au moment où la main qui tenait ses membres divisés ne pèse plus sur elle, toutes les parties qui la constituaient ne sont pas portées l'une vers l'autre par un mouvement unanime, on devra croire qu'elle avait réellement cessé d'exister. Si au contraire tous les efforts tendent réellement vers le même but, on reconnaîtra alors qu'il n'existe en Pologne qu'une seule nation, et qu'au milieu des outrages, de l'oppression des partages, la patrie polonaise est restée vivante et entière. Ce ne sera point assez encore : il sera nécessaire qu'elle prouve qu'elle peut exister comme nation indépendante. L'indépendance n'est pas seulement un droit, elle est un fait. Une nation est indépendante lorsqu'elle peut exister par elle-même; elle ne peut exister par elle-même que quand ses forces réunies peuvent suffire à sa conservation. Si c'est ainsi que la Pologne se présente aux yeux de Sa Majesté, Sa Majesté reconnaîtra sans hésiter l'évidence d'un fait qui satisfera ses sentiments et sa politique. De quelle manière cette évidence peut-elle être constatée ? C'est surtout par la formation spontanée d'une nombreuse force armée, qui montre que la Pologne peut rede-

venir ce qu'elle aurait pu toujours être. Si au contraire, et dans une circonstance où tant de chances favorables se présentent, elle ne courait pas aux armes avec ardeur, on ne reconnaîtrait plus la belliqueuse Pologne; rien ne garantirait que, si elle reprenait son existence, elle saurait la conserver... Il convient que ces pensées soient celles de la Confédération et de toutes les provinces polonaises. Il convient que la Confédération se fasse un devoir de les propager. Du succès de ses efforts à cet égard dépendra le succès de son entreprise...

La fin de cette dépêche répond victorieusement à l'un des reproches les plus spécieux qui avaient été faits à Napoléon : celui d'avoir découragé les habitants de la Pologne russe, en leur donnant une administration séparée. Cette disposition provisoire n'impliquait nullement, comme on l'a prétendu, une renonciation à l'idée de réunir la Lithuanie à la Pologne. Les expressions du ministre de Napoléon ne laissent aucun doute à cet égard. C'était au sein de la Diète qu'auraient dû retentir ces explications encourageantes, mais la Diète n'existait plus !

Vous remarquerez, disait le duc de Bassano, qu'on a évité soigneusement tout ce qui pouvait flatter la disposition de la Lithuanie *à former un corps séparé dans l'État.* Si Sa Majesté lui a donné un gouvernement provisoire, comme elle l'avait fait dans la grande Pologne, ce n'est qu'une mesure de circonstance, et temporaire par sa nature. Les mêmes dispositions seront prises, lorsqu'il en sera temps, à l'égard des autres provinces polonaises. *Au moment où la nation s'organisera comme nation*, ces éléments séparés d'administration se réuniront dans le gouvernement commun[1].

1. Dépêche du 13 juillet.
Dès les premiers moments de son arrivée à Wilna, l'Empereur s'était occupé de cette organisation d'un gouvernement provisoire pour la Lithuanie. Le 6 juillet, par le même courrier qui portait à l'ambassadeur une réprimande et des conseils malheureusement

Obligé de subir encore M. de Pradt, le duc de Bassano avait dû, dans son langage officiel, adoucir l'expression de son mécontentement. Il s'exprimait avec moins de ménagement dans quelques entretiens particuliers. « L'archevêque, disait-il au général Rapp, est si charmé de ses chefs-d'œuvre, qu'il croirait manquer à sa gloire, s'il ne publiait partout que son génie sauve la Pologne. Au reste, si sa prose va bien, l'ambassade ne va guère. Sans Duroc, qui le couvre de son ombre, je l'aurais renvoyé déjà à ses ouailles. C'était bien la peine de se donner tant de mouvement pour ne rien faire qui vaille[1] ! » Nous ne cherchons pas à exagérer la prévoyance du duc de Bassano. Elle n'allait pas jusqu'à redouter, au commencement de juillet 1812, de voir le succès de la Grande Armée compromis par les fautes commises à Varsovie. Mais il craignait que les mauvaises dispositions prises par l'ambassadeur n'atténuassent sensiblement l'importance du concours des Polonais à la guerre, et, par suite, la bonne volonté de l'Empereur pour le rétablissement complet de la Pologne. L'événement fit plus que justifier ses craintes : il les dépassa, et dans d'effroyables proportions !

Nous arrivons à la partie la plus pénible de ce travail. Après la douleur d'avoir assisté à ce désastre, principe de tant d'autres, et d'y avoir survécu, la plus grande, peut-être, pour un Français, c'est de le raconter. Notre sujet nous condamne à côtoyer de bien près ce récit funèbre ! Il nous faut expliquer l'impor-

---

inutiles, le duc de Bassano avait notifié officiellement au baron Bignon sa nomination de commissaire impérial près ce gouvernement provisoire, et l'avait invité à se rendre sans délai à son nouveau poste, où sa présence était bien nécessaire. « Je suis charmé, ajoutait-il, de voir arriver le moment qui me rapprochera de vous. »

1. *Mémoires de Nap.* (1823), p. 184.

tance exceptionnelle du role administratif, politique, et même militaire, que remplissait à Wilna le duc de Bassano; montrer ensuite ce grand honneur dégénérant peu à peu en torture, la joie des premiers triomphes anéantie par des angoisses d'autant plus cruelles qu'il faut mieux les dissimuler, l'affreuse incertitude faisant place à une certitude plus affreuse encore. Cette période, la plus douloureuse de la vie de Maret, n'en fut pas la moins honorable.

XLVIII

Maret à Wilna. — Il y réunit, aux fonctions de ministre des relations extérieures, celles de ministre secrétaire d'État, et en partie celles du ministère de l'administration de la guerre. — Mesures qu'il prend, de concert avec Bignon, pour l'organisation administrative de la Lithuanie.

L'Empereur avait quitté Wilna le 16 juillet au soir. Le duc de Bassano restait dans cette ville, investi de bien des fonctions diverses et importantes. Principal intermédiaire de Napoléon avec la France et l'Europe, il devait, d'une part, correspondre tous les jours avec l'archichancelier Cambacérès et le ministre de la police, « de manière à ce qu'il n'y eût jamais d'inquiétude à Paris[1]; » de l'autre, écrire à l'Empereur par toutes les estafettes; reprendre avec lui, par correspondance, son ancien travail quotidien de secrétaire d'État, c'est-à-dire le résumé analytique des affaires de gouvernement. De plus, il était chargé de centraliser la correspondance militaire de Napoléon avec les corps d'armée placés en dehors de son action immédiate; c'est-à-dire, au début, avec le prince

1. Lettre de Napoléon, 18 juillet.

d'Eckmühl, le roi de Westphalie et Poniatowski; pendant tout le cours de la campagne, avec Macdonald, Oudinot, Schwarzenberg, Reynier, ensuite avec Victor, quand celui-ci fut attiré à son tour sur le théâtre de la guerre; enfin avec Augereau, à Berlin. Tous les ordres adressés à ces généraux et leurs réponses passaient par l'intermédiaire du duc de Bassano. Quand, par suite des mouvements militaires, des communications directes pouvaient avoir lieu entre quelqu'un de ces corps et le grand quartier général, le ministre devait en être toujours informé, tant l'Empereur attachait d'importance à ce qu'il n'y eût ni interruption, ni lacune dans ce travail de centralisation. Maret avait encore la haute surveillance des transports militaires de toute espèce, vivres, habillements, munitions; c'était à lui qu'était dévolu le soin de hâter la marche des renforts. Il devait aussi, et ce n'était pas la moindre partie de sa tâche, se concerter, à Wilna, avec la commission lithuanienne, le gouverneur général Hogendorp et le commissaire général Bignon; avec le gouvernement du duché de Varsovie, par le fâcheux intermédiaire de l'ambassadeur de Pradt, pour obtenir, dans toute l'étendue de ces territoires et de tous ceux de l'ancienne Pologne qu'on se flattait de reconquérir, les sacrifices indispensables au succès de la cause commune. Ces rapports avec les Polonais convenaient fort au duc de Bassano. « Personne n'ignorait, dit un contemporain, que le rétablissement de la Pologne était une des vues politiques auxquelles ce ministre était le plus attaché. » Il avait, parmi les patriotes lithuaniens, des relations d'amitié personnelle qui remontaient à l'année 1807, Ils avaient cru alors un moment que leur délivrance suivrait de près celle des provinces naguère annexées à la Prusse. Pendant l'armistice conclu après la journée de Friedland, une députation de Wilna s'était présentée au quartier général : elle fut renvoyée par l'Empereur au duc de Bassano. « Celui-ci remplit, à l'égard de ces patriotes, un devoir d'honnête homme, en les dérobant aux regards des Russes, en les désabusant d'espérances que l'entrevue de Tilsit rendait illusoires. Il les détermina à retourner de suite auprès de leurs commettants, que cette démarche aurait pu gravement compromettre. » (Notes de Maret.) D'après ses sentiments bien connus sur le système d'alliance russe, on peut croire qu'il renvoya ces Polonais affligés, mais non absolument découragés; qu'il ne leur interdit pas d'espérer le retour de circonstances plus heureuses. Ce qui est certain, c'est qu'en 1812 ils manifestèrent hautement leur reconnaissance pour le service que Maret leur avait rendu dans cette occasion délicate.

Toutes ces fonctions, confiées au ministre des relations extérieures, ne le dispensaient pas de la conduite des grandes affaires de son département. Il devait notamment transmettre aux agents français les nouvelles de la lutte, qui devenait l'objet principal des préoccupations européennes; régler, suivant les circonstances, leur langage et leur attitude d'après les dispositions avouées ou vraisemblables des différentes cours.

En résumé, pendant son séjour à Wilna, Maret réunissait à ses fonctions de ministre des relations extérieures, son ancien office de secrétaire d'État, et une grande partie des attributions du ministre de l'administration de la guerre. Sa correspondance avec l'Empereur, dans cette période, ne comprend pas moins de cinq cents pièces, dont un grand nombre sont de véritables mémoires de politique, d'administration civile et militaire. Pour avoir une idée exacte de la somme du travail accompli par Maret pendant la campagne de Russie, il faut ajouter à cette correspondance celle qu'il entretenait avec Paris, avec les chefs des corps placés hors de la portée de l'Empereur, avec nos ministres auprès des différentes cours, ceux surtout de Varsovie et de Vienne, auxquels ils écrivait tous les deux jours. Vers la fin de la campagne, et surtout pendant l'interruption des communications avec l'Empereur, la rédaction de ces correspondances offrit des difficultés redoutables. Il fallut dissimuler le plus horrible des maux, l'incertitude; et, parmi les désastres trop certains, discerner, suivant les situations et les caractères, ce qu'il était indispensable d'avouer, ce qu'il était possible et utile de taire...

L'analyse complète de ces documents nous entraînerait bien au delà du but de cette Étude. Nous nous bornerons à ceux qui mettent plus particulièrement en relief les efforts prodigieux du ministre pour suffire à sa tâche, et qui révèlent ou replacent sous leur véritable jour des incidents dont plusieurs historiens ont méconnu l'importance.

La commission provisoire de gouvernement lithuanienne se composait de cinq membres nommés par l'Empereur sur la désignation du duc de Bassano. C'étaient: le comte Stanislas Soltan, président, les comtes Prozor, Sierakowski, Jelski, le prince Sapieha, tous ayant plus ou moins souffert pour la « bonne cause. » On a souvent blâmé cet établissement d'une administration provisoire séparée de celle du duché. Les rares partisans des Russes affectaient de voir dans cette disposition une arrière-pensée. Cette prévention tombe devant l'examen approfondi des faits et de documents inédits que nous allons analyser. Ce n'était ni en un moment, ni surtout dans un moment pareil, qu'on pouvait opérer la réunion complète du duché, régi depuis cinq ans par un statut constitutionnel relativement libéral, avec un territoire à peine libre du joug des Russes, et où les institutions et les mœurs gardaient encore l'empreinte profonde du régime féodal. Entre ces deux fractions de l'ancienne Pologne placées dans des conditions si dissemblables, la tendance au rétablissement de l'unité ne pouvait guère se manifester, au début, que par des adhésions chaleureuses à la Diète centrale convoquée à Varsovie, et par un concert énergique d'efforts contre l'ennemi commun.

Tel était, en effet, le but des démarches de la commission lithuanienne, sous l'impulsion de Maret et du commissaire impérial. D'une part, on provoquait sur les différents points du territoire des adhésions, des adresses à la confédération; de l'autre, on s'occupait de mesures d'organisation militaire, notamment de la levée et de l'armement de troupes régulières et irrégulières, de la réunion des approvisionnements nécessaires pour les garnisons françaises, les hôpitaux, les troupes de marche. Pour faciliter ces travaux, il était indispensable de remettre quelqu'ordre dans les divers services publics, que les Russes avaient eu soin de désorganiser en se retirant. Les membres de la commission lithuanienne, animés des intentions les plus pures, étaient fort novices en matière d'administration. Maret, qui exerçait sur eux une véritable tutelle, par l'intermédiaire du commissaire impérial, jugea nécessaire d'introduire de suite en Lithuanie le système français de circonscription administrative déjà établi dans le duché.

Ce territoire fut donc divisé en quatre départements : Wilna, Grodno, Minsk et Bialystok. On leur nomma des préfets et sous-préfets polonais, et le duc de Bassano délégua auprès de chacun de ces fonctionnaires des intendants français, empruntés à son personnel diplomatique, avec mission de les assister dans leurs travaux, et spécialement de se concerter avec eux pour les services militaires. De plus, des commissions municipales furent établies dans les principaux centres de population. On comptait procéder de même dans les autres provinces russo-polonaises, au fur et à mesure de leur délivrance.

Plusieurs incidents contrarièrent ce travail d'organisation. Nous avons précédemment signalé le plus grave : la dissolution précipitée de la Diète de Varsovie, son remplacement par un conseil de douze membres, réduit systématiquement à un état de nullité. Ces mesures avaient produit en Lithuanie, aussi bien que dans le duché, une impression des plus fâcheuses. Le choix de l'officier général français appelé au poste si important de gouverneur de la Lithuanie ne fut pas, comme on va le voir, plus heureux que celui de l'ambassadeur de Pradt. Enfin, quand la commission lithuanienne, à peine entrée en fonctions, s'occupa de la question capitale du moment, celle des finances, elle se heurta aux plus graves difficultés. Les tableaux de recensement, les rôles des contribuables, et en général tous les documents sur les impôts de diverse nature, avaient été enlevés par les Russes[1]. « D'ailleurs, la perception ne pouvait

---

1. Parmi ces impôts, dont le recouvrement ne put s'opérer que dans des proportions fort restreintes, plusieurs gardaient l'empreinte profonde des mœurs d'un autre âge. Ainsi, les biens de la noblesse et du clergé n'étaient grevés que d'une contribution qualifiée dans l'origine : *offre volontaire*, que le gouvernement russe avait triplé sans les consulter. Les campagnes supportaient l'impôt dit *des feux*, divisé en sept classes, suivant la qualité du sol et les avantages commerciaux des localités. Cet impôt avait été également plus que doublé depuis la réunion. Les villes et bourgs *de la Couronne*, c'est-à-dire qui n'appartenaient ni à la noblesse ni au clergé, ne payaient que le *demi-feu*, impôt inférieur de moitié au précédent. Les Juifs formaient encore une caste à part, payant une taxe ou capitation spéciale. L'un des plus étranges impôts était le *pour cent* des capitaux déclarés par les négociants. Chacun d'eux était forcé de déclarer à la fin de l'année le montant du capital qu'il comptait employer dans ses affaires l'année suivante. Sur ce capital déclaré, les négociants chrétiens payaient un trois

s'organiser qu'avec une extrême lenteur, une partie du territoire étant encore occupée ou parcourue par l'ennemi, et le reste ayant à fournir aux consommations des troupes françaises et alliées. Ce reste s'épuisait en livraisons de denrées, et ne pouvait rendre de valeurs pécuniaires. »

L'extrême disette de valeurs circulantes dans le pays était un fait incontestable. Cet apauvrissement pouvait être regardé comme l'œuvre systématique du gouvernement russe. La politique de ce gouvernement, et ses opérations particulières, plus ou moins liées à cette politique, avaient également concouru à ce résultat. Les donations nombreuses faites par les tzars à des Russes de terres et domaines de la Couronne, dans les provinces polonaises violemment annexées à leur Empire, enlevaient chaque année à ces provinces des sommes immenses, qui allaient se perdre à Pétersbourg et à Moscou. Cet écoulement de numéraire n'était compensé par aucune importation de valeurs équivalentes. Ce n'est pas tout. Dans les années précédentes, la Russie n'avait pu soutenir la guerre contre les Turcs qu'avec de l'argent comptant, et c'était en Lithuanie qu'elle venait chercher des espèces, en y augmentant la masse de son papier-monnaie. Des sommes énormes en ducats d'or avaient disparu de cette manière. D'un autre côté, l'interruption de la sortie des grains avait considérablement affaibli les revenus des propriétaires. Toutes ces causes réunies avaient placé ce territoire, même avant le commencement de la guerre, dans un état de faiblesse ou, pour mieux dire, de misère, qui ne permettait guère de lui demander autre chose que du grain et des hommes[1].

---

quart, les Juifs deux un quart pour cent. Cette loi tyrannique était d'importation russe. La seule contribution qui procura des ressources sérieuses pendant la période de l'occupation française fut celle des *cantonistes*, ou recrues. Cet impôt, laissé du temps des Russes à l'arbitrage des recruteurs, avait donné lieu à des vexations odieuses. La nouvelle commission de gouvernement ordonna, le 4 août, que chaque propriétaire payerait un droit fixe de sept roubles par cantoniste livré pour le service militaire.

1. Nous avons emprunté textuellement ces détails aux procès-verbaux manuscrits de la commission lithuanienne, aux rapports

Le duc de Bassano avait donc acquis, dès le mois d'octobre, la conviction « que les moyens ordinaires ne pouvaient suffire aux besoins du moment; que les recettes seraient de beaucoup plus de moitié au-dessous des dépenses indispensables. » Il avait reconnu que ce pays n'avait qu'un moyen certain de sortir des embarras où l'avaient plongé systématiquement ses oppresseurs, et qui s'augmentait encore par suite des efforts qu'il faisait pour contribuer à sa propre délivrance. Ce moyen eût été la négociation d'un emprunt hypothéqué sur les domaines de la Couronne. Maret avait demandé au commissaire impérial un rapport approfondi sur cet objet, qu'il se proposait de recommander particulièrement à l'attention de l'Empereur. En attendant, et malgré tant d'obstacles, la commission lithuanienne, sous l'impulsion du duc de Bassano et du commissaire impérial, avait obtenu, vers la fin de la campagne, des résultats prodigieux, dont le souvenir mérite d'être conservé, quoique la catastrophe finale ait anéanti le fruit de leurs travaux.

XLIX

Juillet 1812. — Lettres de Maret à Napoléon. — Honteuse pusillanimité de l'ambassadeur de Pradt. — Mission du comte Morski.

Nous allons suivre maintenant par ordre chronologique, dans la correspondance si active qu'entrete-

---

qu'adressait chaque jour le commissaire impérial au duc de Bassano, et particulièrement à un mémoire financier qu'il présenta à ce ministre au mois d'octobre, et qui résumait la situation financière du pays. Tous ces matériaux, importants pour l'histoire de la Pologne et pour celle de l'expédition de 1812, sont en notre possession, et n'avaient jamais été employés jusqu'ici.

naient ensemble l'Empereur et le duc de Bassano, les efforts faits par le ministre pour suffire à l'immense tâche que lui imposait la confiance sans réserve de son souverain.

Napoléon venait à peine de quitter Wilna que déjà il se plaignait des lenteurs de la commission de gouvernement (18, 20, 22 juillet). Ni lui ni son ministre n'avaient encore une idée exacte des difficultés de la situation. Aussi Maret répondait, le 24 : « La commission... n'a point encore réussi à établir ses moyens de correspondance et d'action. Elle est arrêtée par les moindres difficultés, et ne connaît pas ses ressources. Je la presse, je l'excite, la tourmente. La commission administrative de Wilna trouve des obstacles partout. Je vais réunir toutes ces autorités et leur tenir en commun le même langage que je leur ai déjà tenu en particulier... » Le 25 et le 26, il visita lui-même les hôpitaux dans le plus grand détail : trois seulement étaient dans un état-tolérable; beaucoup de choses indispensables faisaient défaut, et cependant tous les ateliers chômaient à cause du dimanche. Maret fit remarquer « qu'il y aurait plus de véritable piété à travailler pour les malades qu'à remplir les églises. » (26 juillet.)

Le même jour, il reçut de Varsovie des nouvelles qui mirent sa patience à l'épreuve. L'apparition de quelques centaines de Cosaques sur la frontière du duché avait inspiré à l'homme chargé de représenter la France le sentiment le moins français, celui de la peur. « Jamais, écrivait-il, je n'ai cessé de soutenir que les Russes profiteraient de l'état d'abandon des frontières pour se jeter dans le duché. » Aussi, parmi les rumeurs qui circulaient, il adoptait de confiance les plus alarmantes. Croyant à une invasion de cinquante mille hommes, sinon de soixante, il en avertissait directement, de son chef, le roi de Westphalie, le prince de Schwarzenberg, et même le commandant du corps d'observation autrichien de Gallicie. Mais il n'était pas homme à se laisser surprendre. *En cas de malheur*, ses dispositions étaient prises pour quitter Varsovie avec ses ministres. Il avait même préparé une proclamation pour annoncer cette retraite, et conseillé d'envoyer au-devant des Russes, après son départ, une procession d'ecclésiastiques en habits sacerdotaux, pour fléchir leur courroux. Quelques heures après, il était forcé de reconnaître et d'avouer au duc de Bassano que cette invasion se réduisait à l'apparition très-fugitive de quelques centaines de Cosaques! Maret savait tout cela d'avance, par un correspondant secret qu'il avait à Varsovie. Il ne put s'empêcher de répondre à de Pradt « que ces projets soudains de retraite, de proclamation, etc., paraissaient avoir été suggérés par un sentiment reconnu de tout temps pour un mauvais conseiller... »

S'il pouvait arriver qu'il fût question d'évacuer Varsovie, supposition dont je ne vous aurais jamais entretenu si vous ne m'en parliez point..., il serait toujours temps de prendre un parti aussi extrême, lorsque l'ennemi serait maître de Modlin et de Praga, et aurait commencé à jeter des bombes dans la ville. Les hommes qui gouvernent doivent donner l'exemple de la résolution et de la fermeté. (26 juillet.)

Il l'engageait à profiter, au contraire, de cette alerte pour porter les habitants à un mouvement général, à des levées en masse et des incursions en Wolhynie, possibles et même faciles à cette époque. L'ambassadeur, rassuré pour sa précieuse personne, n'eut garde de suivre ce conseil. Ainsi que nous l'avons déjà indiqué, il se laissait absolument conduire par les ministres. Ceux-ci, confiants dans l'infaillibilité du succès de nos armes, croyaient inutile d'y contribuer par des sacrifices extraordinaires, aux dépens de la portion de territoire qu'ils administraient.

Maret jugea que ce beau projet de fuite valait la peine d'être communiqué en original à l'Empereur. Il lui rendit compte en même temps des efforts qu'il avait faits pour rassurer l'aumônier si timide du dieu Mars, si toutefois la chose était possible. Le ministre, ordinairement si bienveillant pour les agents placés sous ses ordres, faisait ressortir, avec une amertume visible, les torts de celui-là :

> Au lieu de s'attacher à la seule chose démontrée (la présence de quinze cents pillards), on avait tenu à croire aux cinquante mille hommes; on avait fait tout ce qu'il fallait pour attirer l'ennemi en paralysant le mouvement des habitants, celui des autorités de Lublin et de Chelva, qui, étant sur les lieux, devaient être crues sur parole, quand elles demandaient à se porter en avant avec la population armée. Au lieu de cela, on ne s'était occupé qu'à organiser la fuite des autorités, à faire naître le découragement, au lieu de l'enthousiasme. (Maret à Napoléon, 26 juillet.)

Évidemment le duc de Bassano trouvait l'occasion excellente pour renvoyer l'archevêque dans son diocèse. Par malheur, Napoléon était alors exclusivement préoccupé des événements militaires, de la marche sur Smolensk et du beau mouvement combiné contre Bagration, mouvement qui manqua, comme on sait, par la lenteur regrettable d'un des généraux qui devaient y concourir. Aussi il n'attacha qu'une importance secondaire à cette panique de Varsovie. Il répondit seulement à Maret « qu'il ne pouvait qu'approuver toutes ses observations sur l'ambassade. » Seulement, il s'étonna que l'archevêque se fût permis de requérir directement des secours, de correspondre avec des généraux, et lui en fit témoigner son mécontentement. « Faites-lui connaître, écrivait-il, qu'il *ne connaît pas les bornes de sa place.* » (31 juillet.) Suivant sa coutume, Maret adoucit singulièrement la forme de cette objurgation :

Sa Majesté me prescrit de vous inviter à ne pas correspondre avec les généraux sur les opérations militaires. Elle me donne cet ordre à l'occasion de votre lettre au prince de Schwarzenberg. Elle aurait trouvé plus convenable et tout à fait naturel que vous vous fussiez adressé au général Dutaillis, commandant militaire à Varsovie, qui est autorisé à de semblables communications.

M. de Pradt, humilié et furieux au fond, se défendait d'avoir « correspondu sur les opérations militaires; » il n'avait fait, disait-il, que « prévenir Schwarzenberg et les autres généraux de l'entrée prétendue des Russes dans le duché; » ce qui était exactement la même chose.

La mission du comte Morski, qui date également de cette époque, fut encore une de ces offenses que l'ambassadeur ne pardonna pas au duc de Bassano. Morski était un gentilhomme wolhynien dont les biens avaient été confisqués lors de l'annexion à la Russie, et qui avait conservé de nombreuses intelligences dans son pays. Le duc de Bassano pensait que ce personnage actif, spirituel, intéressé de toute manière à la renaissance de la Pologne, pourrait être utilement employé à provoquer un mouvement national, quand des troupes françaises et polonaises pénétreraient en Wolhynie, conformément au plan originaire de la campagne. En conséquence, vers la fin de juillet, il l'avait envoyé à Varsovie pour se concerter avec les autorités du duché, au sujet de l'invasion prochaine de la Wolhynie. Cette combinaison manqua par suite du changement de dispositions arrêté à Witebsk le 3 août. Voulant frapper le plus vite possible un coup décisif sur la principale armée russe, l'Empereur se décida à intervertir les rôles primitivement destinés aux corps de Schwarzenberg et de Poniatowski, en attirant immédiatement à lui ce dernier, plus rapproché à cette date du grand quartier général, et confiant à des Autrichiens la tâche toute polonaise de couvrir le duché et de faire soulever la Wolhynie[1]. Cette détermination, l'une des plus fâcheuses de la campagne, sinon du règne entier de Napoléon, découragea profondément les Polonais, et rendit inutile la mission du comte Morski. Cet agent avait eu tout d'abord le malheur de déplaire à l'ambassadeur, qui le soupçonnait, à tort ou à raison, de transmettre à Wilna des rapports peu favorables sur son compte. Il s'était efforcé de le discréditer dans l'esprit du ministre, en le représentant comme un homme taré, plus compromettant qu'utile, sans alléguer toutefois contre lui rien de positif, sinon son manque de for-

---

1. « Vous ferez connaître au prince de Schwarzenberg que, conformément à l'intention que m'avait manifestée l'empereur d'Autriche, je voulais appeler son corps d'armée sous mes ordres, projetant d'envoyer un corps considérable de Polonais par Mozyr, dans la Wolhynie, aussitôt que le corps du prince de Schwarzenberg serait entré en ligne; mais qu'aujourd'hui je désire qu'il marche avec rapidité, culbute l'ennemi, Kamenski et Tormasof, et porte la guerre dans la Wolhynie. (Lettre au prince de Neufchâtel, Witepsk, 3 août, *Correspondance* 19038.) Cette résolution avait été prise à la suite de la surprise d'une division saxonne à Kobrin, par Tormazof. M. Thiers, habituellement si exact dans le récit des opérations militaires, a commis ici de graves inexactitudes. Suivant lui, la grande panique de l'ambassadeur aurait eu pour cause cet échec de Kobrin. Or, c'était le 18 et le 19 juillet que M. de Pradt, ému de l'apparition de quelques Cosaques au-delà du Bug, parlait d'abandonner Varsovie. Le 20, il était déjà rassuré, et le combat de Kobrin est du 27. M. Thiers se trompe encore (XIV, 254) quand il place après le combat de Gorodeczna, livré aux Russes par Schwarzenberg et Reynier, le changement définitif de destination du corps autrichien. La lettre du 3 août au prince de Neufchâtel, que nous venons de citer, marque l'instant précis où cette détermination fut prise. Le combat de Gorodeczna en fut le résultat et non la cause, puisqu'il ne fut livré que le 12.

tune. Plus tard il lui reprocha aussi de s'être vanté d'une influence qu'il n'avait pas dans son ancienne patrie, comme si un soulèvement en Wolhynie eût été possible avec des auxiliaires tels que les Autrichiens. Ses insinuations restèrent sans effet sur l'esprit du duc de Bassano. Aussi l'archevêque ne manqua pas de satisfaire sa rancune peu évangélique contre le protecteur et le protégé, quand il crut pouvoir le faire impunément.

L

Août 1812. — Suite de la correspondance de Maret. — Nouvelles bévues de l'ambassadeur de Pradt. — Fâcheux démêlés du gouverneur général Hogendorp avec Jomini et Bignon.

Dans plusieurs lettres écrites de Witebsk, l'Empereur recommandait itérativement au duc de Bassano de presser la formation des régiments lithuaniens, celle des magasins, des moutures, les arrivages de Kowno à Wilna, ainsi que l'approvisionnement des routes de Wilna sur Minsk et sur Witebsk. La réponse de Maret prouve qu'il ne craignait pas de dire des vérités utiles, quoique peu agréables.

Je ne puis encore donner à Votre Majesté des renseignements sur cet objet (l'approvisionnement). Des ordres ont été donnés aux sous-préfets depuis quinze jours; mais le gouvernement, dans sa faiblesse, agit comme un gouvernement qui n'a besoin que d'ordonner pour être obéi. Il vient, sur ma demande, d'envoyer des commissaires...

Il est malheureusement vrai que le pays n'a point encore de magasins... Dans quelques districts riches en grains, des réquisitions considérables ont été faites pour le corps de Macdonald et pour Kowno. J'ai fait observer à la commission que ces détournements ne peuvent avoir tout absorbé;

mais je ferai aussi remarquer à Votre Majesté que les réquisitions pour Wilna ne pourront produire que bien peu de chose, si l'on ne délimite pas le champ de réquisitions de Macdonald, et si Kowno ne se renferme pas dans les besoins stricts du passage.

L'argent faisant défaut, on avait mis en délibération l'établissement d'un impôt extraordinaire. On faisait appel au patriotisme des habitants, pour obtenir soit des offres volontaires, soit le payement anticipé d'une partie de leurs contributions. « On ne peut compter que sur ces ressources, ajoutait Maret, pour tirer les différentes branches du service de l'état de souffrance où elles sont, *dans un pays où il n'y a point de capitalistes, de banquiers, d'entrepreneurs riches, ni de confiance.* » Les réquisitions de chevaux et d'avoine ne marchaient pas mieux que celles de vivres. Elles rencontraient surtout de grandes difficultés dans le duché, où l'on voulait être payé comptant, parce que c'était le gouvernement du duché qui traitait, et non la France. (Maret à Napoléon, 3 août.)

L'organisation des gardes nationales dans le duché, la distribution des armes aux habitants des frontières, étaient toujours l'un des principaux objets de la sollicitude de l'Empereur, et par conséquent de son ministre. «Celui-ci avait fait, et renouvelait chaque jour, de très-vives instances à cet égard » (4 août), et redoublait d'efforts pour triompher de la force d'inertie qu'il rencontrait à Varsovie. Le 5 août, par exemple, il écrivait encore à de Pradt :

> Vous me dites que les dispositions que je vous avais invité à prendre pour la défense du duché *étaient adoptées d'avance.* Sa Majesté sera fort aise d'avoir été devinée, puisque cela aura fait gagner du temps pour l'exécution ; mais il reste à désirer que vous entriez dans plus de détails, que vous vous fassiez donner, pour me les transmettre, des détails de situation, arme par arme, des garnisons, dépôts, gardes natio-

nales, volontaires, etc., qui sont dans le duché, et de ceux qui sont mis en mouvement vers la Wolhynie. Les détails ne fatiguent point l'Empereur ; ils lui sont même indispensables pour se faire une idée de la situation des choses. Il ne se forme qu'ainsi les impressions qui restent, tandis qu'en lui disant qu'on a fait ce qu'il demande, il faut qu'il se rappelle ce qu'il a demandé, et il ne trouve qu'une phrase là où il cherchait des choses précises.

Quelques jours après (11 août), il demandait encore à l'ambassadeur « l'état des forces régulières, de celles qui avaient été levées extraordinairement, par espèce, par corps, par arme. Vous trouverez, ajoutait-il, que je reviens souvent sur la même recommandation ; mais vous savez aussi bien que moi comment l'Empereur veut être servi. » Pendant toute la campagne, l'ambassadeur ne cessa d'opposer aux instances de Maret les procès-verbaux du conseil des ministres, dont l'invariable conclusion était que le duché faisait ce qu'il pouvait, plus qu'il ne pouvait. Parfois il risquait les explications les plus bizarres de cette inertie, dont il était le premier auteur. A la fin de juin, tout effarouché de l'enthousiasme des Polonais, il prétendait que « ceux-ci iraient trop loin si on les laissait faire. » Six semaines après, passant d'une extrémité à l'autre, il assimilait l'esprit public du duché à celui de la France impériale. « Ce n'est pas, écrivait-il, après vingt-cinq ans d'agitations politiques qu'on peut encore attendre de grands mouvements de la part des peuples, soit collectivement, soit isolément. Il y a alors plus d'obéissance et moins d'élan. *C'est ici comme partout!* » (Dépêche du 3 août 1812.)

Le duc de Bassano avait fréquemment à se plaindre des renseignements inexacts et superficiels fournis par l'ambassadeur sur le nombre et les mouvements des troupes ennemies dans les contrées limitrophes au duché. Il avait laissé se détruire l'agence d'informations organisée par son prédécesseur. Dans les premiers jours d'août, il en était réduit à se servir d'un Juif détenu à Zamosc sous la prévention de duplicité d'espionnage, délit assez fréquent dans cette caste. Maret était mieux servi du côté de la Livonie et de la Courlande, et transmettait à l'Empereur des récits intéressants de *voyageurs* venant de Mittau, de Riga, et même de Pétersbourg. Parmi ces rapports, l'un des plus curieux était celui d'un certain Walitzki, arrivé à Wilna le 5 août. Celui-là n'était pas un observateur payé, mais « un homme de plaisir et d'intrigues absolument étrangères à la politique. » Il avait quitté Pétersbourg le 1er juillet, au moment où les deux impératrices, conformément aux intentions d'Alexandre, se préparaient à quitter leur résidence d'été pour venir s'installer dans cette capitale. Dans les provinces du littoral, les routes étaient encombrées de familles fugitives, se dirigeant vers Pétersbourg. A Riga, Walitzki avait vu les préparatifs de défense que l'on faisait à la hâte contre Macdonald. Les Russes avaient mis le feu aux faubourgs de cette ville, et l'incendie s'était étendu beaucoup plus loin qu'ils n'auraient voulu. A Mittau, le voyageur avait rencontré les Prussiens du général Grawert; ils paraissaient tout fiers d'avoir récemment battu les Russes. On avait improvisé le long de la Baltique une sorte de télégraphe avec des mâts et des vergues, etc.

Il y eut le 11, une alerte assez chaude à Wilna. Plusieurs personnes avaient été enlevées par des Cosaques très-près de la ville, et l'on affirmait qu'un corps russe considérable avait franchi la Dwina. Le gouverneur général parlait déjà de se retirer sur Tilsit, par la rive gauche du Niémen, sacrifiant ainsi Wilna et même Kowno. Maret trouvait l'idée *singulière;* il pensait que l'Empereur la désapprouverait énergiquement, mais il craignit un moment que ce projet de retraite ne fut mis à exécution avant l'arrivée des ordres, tant le trouble était profond. Dans cette hypothèse, la résolution du ministre était prise. « Ne pouvant ni demeurer seul à Wilna, ni se décider à s'éloigner encore davantage de l'Empereur, il comptait se rapprocher de lui à tout hasard, se rendre à Minsk, pour y attendre de nouvelles instructions. » Heureusement des informations rassurantes survinrent. Une partie de la division Repnine, du corps de Wittgenstein, avait effectivement franchi la Dwina, mais déjà un mouvement offensif du duc de Reggio contraignait ces troupes à rétrograder. En conséquence, Maret, toujours peu porté à nuire, jugea inutile d'instruire l'Empereur de l'idée « singulière » qu'avait eue un instant le gouverneur général[1].

Cette réticence était d'autant plus méritoire, que le général de Hogendorp, officier d'ailleurs très-dévoué, très-brave au feu, donnait en ce moment de graves embarras au duc de Bassano par ses démêlés avec le commissaire impérial Bignon, le commandant de place Jomini et les autorités lithuaniennes. Une longue lettre, du 12 août, contient de curieux détails sur cet épisode peu connu de la campagne. Jusque-là, le duc de Bassano s'était abstenu de toute allusion à ces querelles, qu'il espérait concilier sans qu'il fût besoin d'en importuner l'Empereur. Mais le commissaire impérial et le général avaient écrit, à l'insu du ministre, l'un au prince de Neufchâtel, l'autre à l'Empereur lui-même. M. de Hogendorp s'était plaint, entre autres choses, d'avoir été mal reçu par tout le monde, excepté par M. de Bassano. Celui-ci ne pouvait donc plus se taire. Il jugeait, avec raison, que « ces discussions, misérables dans leurs causes et leurs détails, pouvaient n'être pas indifférentes dans leurs effets. »

1. Maret, 11 août (dépêche non envoyée).

Suivant lui, les principaux torts étaient du côté du gouverneur général. Il se plaignait d'avoir été mal accueilli, mal logé; de ce qu'on ne venait pas assez souvent prendre ses ordres. « Il était arrivé sans instructions, ne connaissant ni la nature du pays, ni celle de son pouvoir. » Maret s'efforçait de les lui faire comprendre.

Comme gouverneur général, il a l'autorité suprême sur tout ce qui est militaire, appartenant aux troupes de Sa Majesté ou du pays. En conséquence, il a le droit d'exiger qu'on pourvoie aux besoins des soldats malades ou valides, en marche ou en garnison. Le commissaire impérial est l'organe officiel de ses demandes, quoique cela ne lui interdise pas des rapports directs avec les autorités du pays. L'administration civile doit le seconder en tout, mais elle a dans ses propres attributions une autorité spéciale, et n'est pas sous les ordres du gouverneur général.

Parmi ses prétentions, celle de mettre les dépenses de sa maison à la charge du pays semblait particulièrement inadmissible. Maret savait trop bien que la commission du gouvernement manquait de ressources pour des services plus pressants. Il avait tenté vainement de faire entendre raison, sur ce point et sur plusieurs autres, au gouverneur général.

Il a transformé en outrages personnels tout ce qui, dans la marche des affaires et dans les rapports individuels, n'a pas le caractère d'une dépendance absolue. Moins de vingt-quatre heures après son arrivée, cette disposition était connue de tout le monde. Il l'a manifestée par des scènes violentes..., qui se renouvellent sans relâche, soit chez lui, soit dans mon salon et à ma table, qui est encore la sienne. Il me place dans la position la plus inconvenante, puisque, s'y trouvant fréquemment avec des membres de la commission, je dois tolérer ce qui blesse des étrangers que j'ai invités, ou blesser moi-même la considération d'un Français qui commande au nom de Votre Majesté. Enfin, il attaque hautement et sans ménagement le caractère de la nation, celui des individus; il humilie, il offense, il irrite.

Je suis convenu avec lui de tout ce qui n'est pas bien ici...; mais je l'ai engagé à se donner le temps d'examiner, pour qu'on voie du moins que ses plaintes, même fondées, sont le résultat d'une opinion réfléchie... C'était dès le lendemain de son arrivée qu'il condamnait les personnes et les choses. Je l'ai engagé à ne pas dire à d'autres ce qu'il dit devant moi : qu'un pays occupé doit être traité comme un pays conquis; que s'il n'y a pas d'argent pour le service, il faut le prendre où il est ; que tel Juif a 50,000 ducats, et qu'il faut le forcer à les donner; que les églises ont de l'argenterie!... Je l'invite à attendre, pour s'exprimer ainsi, que l'Empereur ait changé son système.

Je lui ai laissé entrevoir qu'il attaquait lui-même son autorité en disant à qui veut l'entendre qu'il ne sait pas user d'une autorité qui n'est pas absolue; qu'il fait de cette autorité, telle qu'elle est, un sujet d'inquiétude, en ne s'en servant jusqu'à ce jour que pour blesser tous les amours-propres, pour défendre quelques fournisseurs aventuriers qui n'ont paru qu'à sa suite. Il me parle alors de son désintéressement, que je ne mets pas en doute; de sa franchise, que j'estime dans le comte Hogendorp, mais que je blâme dans le gouverneur général, si elle est contraire à la dignité et à la politique de sa place; enfin, de son zèle pour le service de Votre Majesté, qui lui inspire seul la volonté d'être le maître.

Sans conseiller ouvertement le changement de destination du gouverneur général, Maret n'omettait aucune des considérations qui auraient dû déterminer l'Empereur à prendre ce parti. Il pensait que l'amour-propre de ce fonctionnaire avait été blessé, qu'il reviendrait difficilement...

Il importe, disait-il en terminant, pour le bien du service, que M. de H... ait des instructions qui ne lui laissent pas d'incertitudes sur les limites de son pouvoir; que la commission soit maintenue dans son indépendance. S'il en était autrement, elle se soumettrait, sans doute... *Mais une autorité qui une fois a laissé voir son mépris pour les hommes et la nation, comprimera le zèle et repoussera la confiance, mouvement sensible dans les circonstances ordinaires, dangereux dans les moments difficiles.* (Maret, 12 août.)

Tandis que cette dépêche courait après l'Empereur, un scandale regrettable mettait le comble à l'irritation des esprits. Par suite d'un dissentiment sur des affaires de service, le gouverneur général avait mis Jomini aux arrêts. Maret fut plus affligé que surpris de cet incident : « l'aigreur avait été telle dès le premier jour entre ces deux officiers, que, tôt ou tard, cela devait éclater malgré ses soins. Hogendorp avait le commandement dur et hautain ; Jomini, de son côté, manquait de tact et de mesure. *Néanmoins*, ajoutait Maret, *hors les choses de service militaire, que je ne juge point, Jomini n'avait excité contre lui aucune plainte.* » Après une pareille esclandre, son changement devenait inévitable, mais le duc de Bassano pensait que tout militaire ayant le titre de commandant de la place s'entendrait mal avec un homme qui aimait à faire sentir son autorité jusque dans les plus petits détails [1].

L'Empereur était déjà depuis plusieurs jours à Smolensk quand il fut instruit de ce conflit. Il ne tint compte qu'imparfaitement des conseils de son ministre. Tout en lui recommandant « de parler fortement au gouverneur général pour modérer sa fougue, » il inclinait à croire que cette « fougue » était utile pour stimuler des Lithuaniens. Aussi il donna raison au gouverneur général en beaucoup de choses. Le prince de Neufchâtel eut ordre de « placer Jomini ailleurs. » Mais Berthier haïssait cet habile homme pour son orgueil, peut-être aussi pour sa trop grande aptitude aux fonctions de chef d'état-major. Aussi il

---

1. Maret, 25 août.

ne manqua pas de donner à cette mutation la tournure d'une disgrâce, en réléguant dans un poste inférieur Jomini, qui se souvint trop de cette nouvelle injure[1]. Bignon fut réprimandé de son opposition, toutefois assez bénignement. Enfin l'Empereur crut couper court à toutes les difficultés qui s'étaient élevées entre le gouverneur général et les membres de la commission en le nommant leur président. Toutes ces dispositions furent l'objet de plusieurs lettres écrites de Smolensk, à M. de Hogendorp et au duc de Bassano[2].

Cette solution n'était sûrement pas celle qu'aurait préférée Maret : il le fit entendre fort clairement à l'Empereur. Le 27 au soir, aussitôt après l'arrivée de l'estafette de Smolensk, il convoqua la commission.

J'ai présenté, dit-il, le gouverneur tel qu'il doit être en effet, et si je n'ai pas réussi à détruire en un instant les impressions qu'il a données, j'ai pu, du moins, empor-

1. Le général Jomini a toujours attribué à la jalousie de Berthier tous les désagréments qu'il a éprouvés dans sa carrière militaire, de 1805 à 1813, et qui déterminèrent, à cette dernière époque, sa défection, regrettable pour nous et pour lui-même. Si cette opinion est exacte, le prince de Neufchâtel a encouru une grave responsabilité, en contribuant à priver la France des services d'un officier aussi capable. La correspondance de Jomini avec M. Monnier, secrétaire particulier du duc de Bassano, prouve que plus d'une fois ce ministre était intervenu en sa faveur auprès de Napoléon.

2. « J'écris au général Hogendorp de manière à le faire changer de conduite. S'il ne le faisait pas, je verrais à le remplacer. (*Correspondance* n° 19134.) Depuis l'arrivée du général, le service s'est amélioré : le devoir de M. Bignon était donc de le seconder avec force, et non de le contrarier... La commission ne m'aide en rien, et ne fait que des babioles ; *le résultat serait de dégoûter de la cause...* Mettez-la d'accord avec le gouverneur et avec M. Bignon... Enjoignez-lui d'être en quelque sorte le secrétaire du gouverneur général... C'est le seul moyen que je connaisse de me rendre des services (19135, 6). J'ai confiance entière dans le gouverneur général *et dans M. Bignon* (19137).

ter l'espérance qu'il dépendrait de lui de les effacer... Cependant, Sire, ses procédés avaient été jusque-là d'une telle nature, qu'à la nouvelle de sa nomination on a montré plus d'effroi que de confiance. Dans un premier mouvement, que M. Bignon est parvenu à maîtriser, la commission semblait prête à se dissoudre. Votre Majesté m'ordonnait de la mettre d'accord avec le gouverneur, celui-ci avec M. Bignon. En peu d'heures, on a déjà fait quelques progrès dans la première partie de cette tâche, et c'est surtout à M. Bignon que je les dois.

M. de Hogendorp avait promis de montrer plus de modération, et il tint parole, au moins pendant quelque temps. Nous devons signaler à cette occasion un trait qui fait honneur à la probité de ce général. L'Empereur lui avait défendu de rien recevoir des Lithuaniens ; et comme, d'un autre côté, sa situation n'était pas régularisée, il ne touchait encore rien sur la caisse de l'armée, et se trouvait par conséquent assez gêné. Néanmoins il repoussa une offre d'indemnité qui lui avait été faite en secret par quelques membres de la commission, et s'empressa de signaler cette ouverture au duc de Bassano. Celui-ci, de son côté, cherchait à lui être agréable dans tout ce qui ne pouvait nuire au service. Il aurait voulu, notamment, être autorisé à lui permettre de garder auprès de lui sa femme, qui était venue le rejoindre à Wilna. Maret insinuait que la présence de madame de Hogendorp « ferait toute sorte de bien. » Malheureusement cette requête arriva dans un mauvais moment, le lendemain de la bataille de la Moskowa. Elle fut renvoyée avec cette réponse, écrite en marge par l'Empereur lui-même :

Point de femmes à l'armée. La commission a eu tort. Ne rien recevoir du gouvernement de Lithuanie. N.[1].

1. Les dépêches ainsi apostillées et retournées au ministre sont annexées aux minutes : ce sont les seules pièces originales de la

Le général de Hogendorp, ancien gouverneur de Batavia, officier probe, loyal autant que brave, était devenu Français de cœur; il a suivi fidèlement notre fortune jusque sur le champ de bataille de Waterloo. Mais on ne saurait méconnaître que, cette fois, l'Empereur s'était mépris sur ses aptitudes; qu'il eut tort de l'appeler à ce poste difficile, tort de l'y maintenir, malgré les observations qu'un zèle bien entendu pour les intérêts de la France et de la Pologne inspirait seul au duc de Bassano. Cette faute, l'une des moins remarquées, a eu pourtant son influence sur le destin de la campagne.

Les lettres de Maret, dans les derniers jours d'août, nous révèlent encore bien des faits intéressants. En quittant Smolensk, l'Empereur avait ordonné que les passages les plus importants de la correspondance seraient désormais écrits en chiffres, précaution dont l'événement ne justifia que trop la sagesse. Pour plus de sûreté, le ministre expédia la table de ce chiffre, non par l'estafette ordinaire, mais par l'ancien consul général en Russie, Barthélemy de Lesseps. Bien que l'Empereur, à cette date, eût à peine dépassé Smolensk, Maret le voyait déjà installé à Moscou. Il allait avoir besoin, dans cette capitale, d'un homme parfaitement au fait de la langue et des habitudes russes. Lesseps convenait si bien pour cette mission, que le ministre n'avait pas attendu les ordres pour le faire partir[1].

correspondance de Maret qui aient été sauvées, parce qu'elles furent réexpédiées à une époque où les communications étaient encore libres. Les autres furent détruites à Orcha, au moment le plus critique de la retraite.

1. Lesseps, qui rendit effectivement de grands services dans des circonstances terribles, avait été consul général en Russie pendant près de trente ans. L'illustre auteur du percement de l'isthme de Suez est un de ses neveux.

Pour plus de sûreté, Maret avait jugé à propos de faire usage,

A la même date, il proposait des mesures de précaution contre les consuls russes de Saxe, de Prusse et de Naples, qui lui étaient signalés comme étant en réalité des agents d'informations politiques et militaires. Napoléon renvoya la dépêche avec cette apostille laconique : *Qu'on les chasse de partout!*

On a prétendu qu'à l'époque de l'occupation de Smolensk, plusieurs généraux français avaient conseillé en vain de ne pas s'avancer davantage avant le printemps suivant, de s'occuper d'organiser la Pologne, etc. Une note de Maret nous apprend que « ce projet de faire la guerre en deux campagnes, et de borner la première aux sources de la Dwina et du Dniester, avait été discuté d'avance, et écarté à Paris par l'Empereur, qui *aimait les guerres courtes et les paix promptes;* qu'il ne fut question à Smolensk que de choisir entre la marche sur Pétersbourg ou celle de Moscou ». L'Empereur eut une scène très-vive avec Poniatowski. Celui-ci le conjurait de revenir à sa conception première, de l'envoyer avec le 5e corps en Wolhynie. Mais Napoléon s'attendait alors à terminer prochainement la guerre par une grande bataille, pour laquelle il ne voulait pas se priver d'aussi bons soldats; pour son malheur comme pour celui de la Pologne, il rejeta la prière de Poniatowski[1].

---

dans cette correspondance, d'un chiffre particulier dont la table a été perdue. Aussi, plusieurs des lettres les plus importantes adressées par l'Empereur à son ministre pendant la retraite n'ont pu être déchiffrées par les éditeurs de la *Correspondance*.

1. Consulter, sur cet incident, les *Souvenirs d'un Officier polonais*. (Charpentier.)

V

Septembre 1812. — Inconvénients de la présence à Wilna de membres du corps diplomatique. — Lenteur persistante des Autrichiens. — Fâcheux événements sur la Dwina. — Fêtes à Wilna, à l'occasion de la victoire de la Moscowa et de l'entrée à Moscou. — Disgrâce du duc de Dalberg. — Nouvelle tardive de la rupture des États-Unis avec l'Angleterre.

On a souvent représenté le duc de Bassano siégeant orgueilleusement à Wilna, au milieu des ministres alliés qu'il avait, dit-on, « traînés » jusque-là. Sa correspondance prouve au contraire qu'il s'efforçait d'éloigner, bien malgré eux, ces observateurs gênants du théâtre de la guerre [1]. Il y aurait réussi sans une maladresse du prince de Neufchâtel. Le 1er septembre, le baron de Krusemark, ministre de Prusse, annonçait triomphalement au duc de Bassano sa prochaine arrivée à Wilna, autorisée par une lettre du major général, dont il envoyait copie. Krusemark, sachant Maret inaccessible, avait tourné la position en demandant au prince de Neufchâtel la permission de se rapprocher du théâtre de la guerre, pour surveiller les intérêts du corps auxiliaire prussien. Berthier lui avait inconsidérément répondu que « les ministres étrangers ne devaient pas dépasser Wilna. » C'était l'autoriser implicitement à s'avancer au moins jusque-là, et, du moment où l'un des ministres était admis, il ne restait guère de motif plausible pour exclure les autres. Quelques-uns prétendaient même aller plus avant. Munis de lettres de leurs souverains, ils affir-

---

1. Aucun agent étranger ne doit demeurer à Wilna. (*Corr.*, 19015.)

maient avoir mission de les remettre directement à l'Empereur; mais le duc de Bassano, fidèle à sa consigne, se chargeait d'expédier les lettres, et ne laissait passer personne[1]. Vers l'époque de la bataille de la Moskowa, le commandant du corps autrichien, désirant se procurer des renseignements particuliers sur la situation de la Grande Armée, avait expédié directement par Minsk un de ses aides de camp vers le quartier général. Le prince de Schwarzenberg, si nous en croyons M. Thiers, agissait en toutes ces choses avec une extrême « simplicité d'intentions. » Le duc de Bassano ne le croyait pas si simple : averti à temps de ce projet, il avait envoyé d'avance au gouverneur de Minsk l'ordre de refuser des passe-ports à l'officier autrichien.

Cette précaution, conforme aux ordres de l'Empereur, n'était d'ailleurs que trop bien justifiée par la conduite de Schwarzenberg depuis le combat de Gorodeczna (12 août). Au lieu de poursuivre vivement les vaincus, suivant les ordres itératifs de Napoléon, Schwarzenberg, marchant à pas comptés, les avait laissés se mettre à couvert derrière le Styr. Arrivé enfin à Galatz, il s'y tenait immobile malgré les excitations de Maret. « Il trouvait le fleuve bien large..., sa résolution n'était pas encore prise. » (Maret à Napoléon, 9 septembre.) Les Cosaques, moins circonspects, passaient à gué, insultaient les postes autrichiens. Ces insultes décidaient enfin le prince... « à faire des reconnaissances afin de régler les opérations du passage qu'il se proposait de tenter, » (Maret à Napoléon, 14 septembre) et qu'en définitive il ne tenta pas. Le duc de Bassano voyait déjà dans ces manœuvres équi-

1. Maret à Napoléon, 1er, 10 et 28 septembre. Le ministre de Saxe, M. de Watzdorf, malade à Kœnigsberg, se préparait à retourner auprès de son maître. Quand il apprit que le baron de Krusemark allait à Wilna, il se trouva subitement guéri.

voques du corps auxiliaire autrichien la contre-partie de celles du corps auxiliaire russe en 1809. Avant comme après la journée de la Moskowa, rien ne put tirer Schwarzenberg de sa funeste immobilité, jusqu'au jour où elle aboutit à un mouvement rétrograde plus funeste encore.

Dès le commencement de septembre, on voit le duc de Bassano redoublant d'activité dans l'expédition des renforts de toutes armes, qui s'échelonnaient depuis Dantzig et Kœnigsberg jusque par delà Smolensk. Ce mouvement avait pour but de remplir les vides qu'une grande bataille, désormais sûre et prochaine, devait nécessairement produire dans nos rangs. A la même époque (2 septembre), il signalait un incident qui ne manquait pas de gravité comme symptôme moral : la découverte d'une conspiration de quelques centaines d'hommes de la garnison prussienne de Memel, pour passer du côté des Russes. Les chefs de ce complot, dénoncés par un faux frère, furent passés par les armes. Le duc de Bassano ajoutait qu'il régnait dans cette place « un fort mauvais esprit, » ainsi que dans celle de Libau, où beaucoup de négociants étaient en rapports suivis avec les Anglais.

Une de ses lettres, en date du 5, prouve combien il regrettait que l'Empereur n'eût pas gardé plus de ménagements vis-à-vis de la Suède[1]. Il était parvenu

---

[1]. L'un des historiens de la campagne, M. de Ségur, a raconté que vers cette époque, M. de Talleyrand avait écrit à Napoléon pour lui démontrer combien l'accession de la Turquie et de la Suède importait au succès de la campagne, et lui offrir ses bons offices auprès de ces deux puissances. Il ajoute que l'Empereur offensa doublement l'auteur de cette lettre, en n'y faisant aucune réponse et la renvoyant au duc de Bassano. Nous n'avons rien trouvé dans la correspondance de l'Empereur et de son ministre qui confirme cette anecdote. Mais, en la supposant vraie, elle n'autoriserait aucun reproche contre le duc de Bassano. Il n'avait pas tenu à lui qu'on ne fît des démarches plus promptes à Constan

à faire prolonger jusqu'à cette époque le séjour à Paris de l'ancien consul général Signeul, porteur des dernières propositions de Bernadotte. Mais les circonstances rendaient un plus long atermoiement impossible. Signeul, instruit de la prochaine entrevue du prince royal avec le tzar, avait réclamé ses passeports. Maret demandait un dernier ordre à cet égard, puisque l'Empereur *paraissait trouver convenable* que Signeul quittât Paris.

Ce qui se passait dans ce moment même à notre aile gauche, sur la Dwina, montrait combien aurait été utile une diversion des Suédois du côté de la Finlande. La journée de Polotzk (18 août) avait bien rétabli de ce côté le prestige de nos armes. Saint-Cyr, remplaçant Oudinot grièvement blessé au début de l'action, avait gagné la bataille et son bâton de maréchal. Mais l'armée victorieuse avait fait des pertes sensibles, qui ne pouvaient être réparées de si tôt. On voit, par une lettre de Maret du 10, que « l'officier qui avait apporté la dernière dépêche de Saint-Cyr était *chargé de dire* au ministre que les Bavarois, réduits à moins de quatre mille hommes en état de combattre, ne formaient plus un corps ». Ils avaient perdu leur chef; l'excellent général Deroi, et son successeur de Wrède était loin d'inspirer la même confiance. Quelques jours plus tard, le nouveau maréchal, qui fit passer de cruelles heures à Maret, par la rareté et le laconisme de ses communications, lui faisait dire encore qu'il s'attendait à être prochainement attaqué par des forces supérieures. Les siennes étaient suivant lui, réduites à treize ou quatorze mille hommes, parmi lesquels il ne comptait plus les Bavarois; le peu qui en restait était malade, découragé, ou com-

---

tinople, qu'on ne ménageât davantage la Suède, et l'intervention de M. de Talleyrand n'eût rien réparé.

plotait de déserter. (Maret à Napoléon, 22 septembre[1].)
Un nouveau combat fut livré, en effet, deux mois,
jour pour jour, après le premier (18 octobre) dans le
même endroit. Saint-Cyr, vainqueur une seconde fois,
dut néanmoins battre en retraite, car il n'avait reçu
dans cet intervalle que cinq ou six mille hommes de
renfort, et se trouvait débordé par des forces doubles
des siennes. C'était l'adjonction des troupes de Finlande, rendues disponibles depuis le mois d'août par
le traité entre la Russie et la Suède, qui avait assuré
cette accablante supériorité à Wittgenstein, adversaire
de Saint-Cyr. Elle rompait en même temps tout concert entre celui-ci et Macdonald, forcé de courir au
secours des Prussiens sur la basse Dwina. Maret avait
compris de suite la portée de cette intervention des
troupes de Finlande. Tandis que l'Empereur, ignorant encore ce fatal incident, pressait Macdonald et
Saint-Cyr de se réunir contre Wittgenstein (*Corresp.*,
19186-19193), son ministre jugeait déjà cette réunion
impossible. (Maret à Napoléon, 22 septembre.)

Pourtant sa confiance dans la fortune de nos armes
ne pouvait être sérieusement ébranlée. N'avait-il pas
vu l'Empereur, après Eylau, après Essling, dans des
situations en apparence plus critiques, finir par les
coups de tonnerre de Friedland et de Wagram ? Maret
croyait donc qu'un grand succès obtenu au centre
déciderait encore une fois du sort de la guerre, et
considérait ce succès comme infaillible, si l'on parvenait à joindre l'ennemi. Aussi avait-il accueilli avec
une satisfaction visible la nouvelle du remplacement
de Barclay par le vaincu d'Austerlitz. « Nous aurons
sans doute bientôt la paix, disait-il aux Lithuaniens,
car M. Koutousov a le talent de se faire bien battre. »

1. Saint-Cyr, à cette même date, se plaignait de manquer de
vivres, et Maret y avait pourvu de son chef en faisant diriger sur
Polotzk cinq cents bœufs empruntés au grand parc de Grodno.

La victoire et ses résultats lui paraissaient tellement sûrs, que, trois jours avant la bataille, il recommandait à l'Empereur de faire appeler, *en entrant à Moscou*, deux hommes qui lui étaient indiqués comme pouvant rendre de grands services pendant l'occupation. (5 septembre.) Ce jour-là même, Berthier lui écrivait, du bivouac de Borodino : « *Mon cher duc, enfin nous allons en finir!* »

Les premières nouvelles de la Moskowa, connues à Wilna le 14, avaient répandu une joie générale. Maret sut le premier toute la vérité sur cette cruelle victoire. Il put juger de ce qu'elle avait coûté, de l'insuffisance du résultat, par les recommandations pressantes que l'Empereur le chargeait, dès le lendemain, de transmettre aux commandants des deux ailes le rappel précipité des ordres antérieurs pour la plus prompte expédition des renforts, l'organisation militaire de la Lithuanie, etc. (Napoléon à Maret, *Correspondance*, 19186-7.) Dès le 18, Maret répondait article par article : les convois de munitions, d'habillements, les dépôts de cavalerie, les renforts westphaliens et polonais, étaient en mouvement sur toute la ligne. Quant à la formation des régiments et des chasseurs lithuaniens : « Ce qui se fait sous mes yeux, disait Maret, marche activement[1]. »

Le 19, il reçut une lettre particulière de l'Empereur, écrite le 13 de Borisovska, à six lieues de Moscou. Cette lettre n'a pu être déchiffrée; mais on voit

---

1. Suivant Bignon et d'autres contemporains, ont eut tort de vouloir organiser et équiper de suite à la française des troupes régulières pour lesquelles on manquait de cadres. Une levée en masse de petits gentilshommes ou *Pospolite* aurait été opérée plus promptement, et aurait rendu de bien plus grands services. On revint à cette idée après le passage de la Bérésina, mais alors il était trop tard. On avait dû obéir aux ordres formels et réitérés de l'Empereur; en s'occupant, avant tout, de l'organisation de troupes de ligne.

par la réponse du ministre qu'elle devait contenir des réflexions sévères sur les lenteurs de Schwarzenberg. Le duc de Bassano, *en son propre nom*, devait faire observer à ce général que ce qu'il faisait n'était pas en rapport avec les moyens qu'il avait à sa disposition, et que cette appréciation, toute personnelle, pourrait bien être conforme à celle de l'Empereur. Si mécontent que fût celui-ci, la politique exigeait qu'on usât de ménagements vis-à-vis de l'homme qui avait négocié le mariage et l'alliance.

L'entrée à Moscou (14 septembre), connue le 20 à Wilna, y excita un redoublement d'enthousiasme. Une heure après l'arrivée du courrier, on célébrait dans la principale église un *Te Deum* auquel assistèrent les autorités civiles et militaires, la noblesse, les communautés religieuses précédées de leurs bannières. La ville entière retentissait d'acclamations joyeuses. Le ministre s'empressa d'annoncer à l'Europe entière cette grande nouvelle. Convaincu qu'elle allait déterminer un revirement dans les conseils de la Russie, il s'attendait à être appelé d'un moment à l'autre auprès de l'Empereur pour négocier la paix. Néanmoins, dans une fête donnée le 21, on lui trouva l'air inquiet, préoccupé ; il ne parlait plus de son prochain départ, et attendait de nouveaux détails. Il savait déjà que Moscou était en feu !

Sa correspondance avec Napoléon pendant les derniers jours de septembre est en grande partie militaire. Au point où en étaient les choses, la grande affaire était d'abord de combler, par des expéditions rapides de munitions et d'hommes, les pertes de la grande bataille, puis de prévenir la jonction de Wittgenstein et des troupes du Danube avec la grande armée russe battue à la Moskowa. Maret faisait tous ses efforts pour coopérer à cette double tâche. Au 25 septembre, tous les renforts disponibles étaient en marche; il ne restait à Danzig que six bataillons, dont quatre napolitains. On voit, par les états qu'il expédiait à l'Empereur, que depuis l'ouverture de la campagne jusqu'à la veille de l'entrée à Moscou, la Grande Armée avait reçu de Wilna 5,340,000 cartouches, et 64,971 coups de canon.

Cependant les questions politiques trouvaient place, de temps à autre, parmi ces détails d'intendance militaire. Ainsi, le 27 septembre, le duc de Bassano annonçait la transmission de rapports concernant les affaires de Suède, de Constantinople, des États-Unis. « Ce dernier objet, ajoutait le ministre, donne lieu, à Paris, à des démarches indiscrètes, des spéculations et des intrigues que Votre Majesté jugera sans doute à propos de faire cesser, en donnant des ordres sur la négociation dont M. le duc de Dalberg est chargé. » Cette négociation était celle du traité de commerce avec les États-Unis. Dès 1811, le duc de Bassano s'était fort occupé de ce traité, dont la prompte conclusion aurait pu modifier sensiblement les résolutions du cabinet anglais. Au commencement de 1812, Maret avait jugé utile de confier cette grave affaire à un plénipotentiaire spécial. Il proposait l'un des hommes les plus probes et les plus capables de son département : le comte d'Hauterive. L'Empereur, « cédant à l'une de ces prédilections capricieuses dont il n'a pas eu toujours à s'applaudir, » préféra le conseiller d'État duc de Dalberg. La grande difficulté consistait dans l'évaluation de l'indemnité réclamée pour les navires américains antérieurement saisis, pour cause d'infraction au blocus continental. C'était principalement sur des considérations de fait que le gouvernement des États-Unis basait sa réclamation. « C'était, dit Bignon, une sorte de faveur politique qu'il demandait, pour fortifier le parti français par la satisfaction donnée à des intérêts personnels. » Après bien des pourparlers, le plénipotentiaire américain Barlow avait demandé que cette indemnité fût soldée par la remise de quatre-vingts *licences*. Mais, d'un autre côté, le duc de Bassano avait été informé que cette solution était suggérée à Barlow par des spéculateurs, qui se donnaient beaucoup de mouvement pour la faire réussir. L'Empereur, instruit de ces intrigues, ne vit dans la transaction proposée qu'une de ces œuvres de cupidité privée auxquelles un gouvernement qui se respecte ne saurait s'associer. Il fut indigné contre le plénipotentiaire français qui avait agréé et chaudement soutenu ce projet. Ses pouvoirs furent révoqués, et Barlow, qui était resté à Paris, reçut l'ordre de venir à Wilna traiter directement avec le duc de Bassano. A dater de cette disgrâce, le duc de Dalberg fit secrètement cause commune avec les ennemis les plus irréconciliables du gouvernement impérial. On sait que ce personnage, qui devait une dotation de 200,000 francs à l'amitié de Napoléon pour son oncle le grand-duc de Francfort, fut, en mars 1814, l'un des auxiliaires les plus actifs de Talleyrand; en mars 1815, l'un des promoteurs et des signataires de l'arrêt de proscription lancé contre son ancien bienfaiteur. Il est vrai que si Napoléon avait adopté en 1812, pour l'indemnité américaine, le mode de règlement si fortement appuyé par son plénipotentiaire, « on estimait qu'il pourrait y avoir un bénéfice de douze millions au moins pour les entremetteurs obligeants qui se chargeaient de l'opération [1]. »

Depuis fort longtemps, Maret était sans nouvelles du ministre de France aux États-Unis, M. Sérurier. Le 29, il reçut à la fois *vingt-six* de ses dépêches, qui

1. On sait qu'après vingt années de débats, cette créance, dont les Américains eux-mêmes faisaient si bon marché en 1812, a été trop généreusement acquittée, moyennant vingt-cinq millions en espèces, par le gouvernement de Juillet.

avaient eu bien des aventures. Apportées par un bâtiment qui était parvenu à atteindre Bayonne malgré les croiseurs ennemis, elles avaient été en grande partie dérobées pendant la traversée par un des passagers, probablement espion des Anglais. Cet individu, ayant été signalé comme suspect lors du débarquement, avait réussi à s'échapper tandis que les agents de la police impériale fouillaient ses bagages. Aussi, c'était par l'intermédiaire du ministre de la police que ces dépêches importantes parvenaient au duc de Bassano. Les plus récentes annonçaient la déclaration de guerre des États-Unis à l'Angleterre (18 juin)[1]. Cet événement aurait pu exercer une influence incalculable sur les déterminations des cabinets de Londres et de Saint-Pétersbourg, s'il avait eu lieu quelques mois plus tôt. Il passa à peu près inaperçu au milieu de l'émotion qu'excitaient les succès de Wellington en Espagne, et surtout l'incendie de Moscou.

LII

Incendie de Moscou. — Insertion au *Moniteur*, par ordre de Maret, de tous les documents attestant la part prise à cette catastrophe par le gouverneur russe. — Suite des manœuvres équivoques du corps autrichien. — De Pradt réprimandé de nouveau pour sa mauvaise attitude. — Suite de la correspondance de Maret avec l'Empereur. — Incidents fâcheux de diverse nature. — Nouvelle de l'abandon définitif de Moscou ; date véritable de cette résolution (octobre).

Napoléon, arrivant en vue de Moscou, s'écria, dit-on : « La voilà donc enfin, cette fameuse ville ; *il était*

---

[1] Cette nouvelle était parvenue au duc de Bassano dès le 9 août, par le consul de France à Elseneur, qui la tenait du représentant des État-Unis en Danemark.

temps ! » On a prétendu qu'il considérait en effet la guerre comme finie par cette occupation ; sa correspondance avec Maret prouve le contraire. Il y revient souvent sur l'idée fort juste que « l'ennemi, désormais impuissant pour nous empêcher d'entrer dans cette ville, va concentrer toutes ses forces pour nous en chasser ». De cette pensée dérivent les ordres réitérés qu'il adresse à Saint-Cyr, à Schwarzenberg, pour qu'ils *ne se laissent pas tromper ;* au duc de Bellune, pour l'attirer sans délai vers la Grande Armée ; au duc de Bassano, pour qu'il précipite renforts, munitions, habillements, dans cette même direction. L'Empereur avait tout prévu..., sauf la catastrophe qui, en quelques heures, sous ses yeux, dans ses mains, anéantit la conquête qu'il se préparait à défendre.

L'interruption de toute correspondance pendant trois journées entières donne la mesure de l'impression produite sur lui par cet événement. Il revient enfin à lui le 18, et ses premiers mots s'adressent à Maret : « Nous avons trouvé beaucoup de choses à Moscou, *qui était une ville extrêmement belle.* » C'est la seule allusion qui lui échappe à ce sujet. Maret, de son côté, garde le silence : toutes les doléances seraient insuffisantes, inutiles, en présence d'un tel malheur.

C'était à lui qu'incombait la tâche pénible de le faire connaître ; d'en amortir, s'il se pouvait, l'impression en Europe. Il jugea utile de faire insérer au *Moniteur* un grand nombre de pièces trouvées à Moscou : proclamations, articles de gazettes, bulletins russes, jugements rendus contre les incendiaires. Il disposa ces pièces de manière à faire ressortir le système de dissimulation à outrance soutenu jusqu'au bout par l'ennemi, qui, depuis l'ouverture de la campagne, s'était attribué l'avantage dans toutes les rencontres. Il n'eut garde d'omettre les documents propres à mettre en relief les allures excentriques du gouverneur, et à accréditer l'opinion, d'ailleurs fort juste, qu'il avait été le promoteur de la catastrophe. Pour fortifier l'effet de cette publication, Maret y joignit, dans sa correspondance diplomatique, une note non officielle sous forme de lettre écrite de Moscou le 21 septembre. Cette note, qui ne figurait pas au *Moniteur*, était rédigée sur les renseignements transmis au ministre par M. Lelorgne d'Ideville, secrétaire-interprète de l'Empereur, et par d'autres correspondants. On y énumérait les preuves du crime de Rostoptchine ; l'enlèvement des pompes, l'emploi de projectiles incendiaires, l'embrasement subit d'édifices considérables, comme celui de la Bourse, dont toutes les portes étaient de fer et fermées aux verroux, et qui devint tout à coup la proie des flammes, sans qu'on pût savoir comment le feu avait été mis. « Tout était prêt d'avance. On avait découvert dans beaucoup de maisons des amas de linge et autres matières combustibles imbibés de goudron et de soufre, et placés dans les greniers, dans les écuries et sous les escaliers de bois. Des cordes de l'espèce des mèches à canon communiquaient avec l'intérieur... » On insistait aussi, comme il convenait de le faire dans l'intérêt français, sur le déchaînement prémédité d'un certain nombre de criminels, qui avaient concouru à cette œuvre de destruction. Le fait de cette coopération, attesté par des témoins impartiaux, demeure acquis à l'histoire, malgré les dénégations de quelques écrivains récents. Mais tous les auxiliaires de Rostoptchine n'étaient pas des meurtriers ou des voleurs. Ses proclamations violentes, habiles jusque dans la trivialité et le mensonge, avaient surexcité dans la classe populaire la haine des envahisseurs étrangers. L'historien Varnhagen a cité de lui, à ce sujet, un mot juste et profond : « J'ai enflammé les esprits des hommes, et à ce plus terrible des feux, il est facile d'allumer tous les flambeaux. »

Tous les documents publiés par les autorités françaises attribuaient au seul Rostoptchine la responsabilité de ce crime patriotique. Mais Napoléon ne tarda pas à connaître toute la vérité. Dans une lettre adressée par lui à l'empereur François, pendant la campagne de 1814, on lit ce qui suit : « Cette soif de vengeance de l'empereur Alexandre n'est pas fondée... A Moscou, j'ai tout fait pour éteindre l'incendie *que ses ordres avaient allumé*[1] ». Ainsi l'autorisation donnée par le tzar à cette terrible mesure de défense n'était plus alors un secret, du moins pour les souverains et leurs ministres. Plus tard, le fait a été divulgué presque officiellement. Dans une relation de l'incendie du palais d'hiver de Pétersbourg, publiée en 1838, l'un des personnages les plus considérables de la diplomatie russe a écrit que « le sacrifice de Moscou avait été résolu dans ce palais, pendant les longues veilles du chef de l'État, à cette mémorable époque de 1812 ». L'auteur de cette brochure est M. de Meyendorf. A l'époque où il publia cette brochure, il était conseiller d'État et chambellan de l'empereur Nicolas ; il a été depuis ambassadeur à Berlin, et enfin ministre des affaires étrangères. On peut s'étonner que M. Thiers, qui n'a pu ignorer ni cette révélation ni la lettre de Napoléon, ait affirmé si péremptoirement « qu'Alexandre n'avait rien su de ce projet d'incendie, qui eût inévitablement révolté ce prince *si doux*. » (XIX, 364-66). Pour tout esprit impartial, il reste hors de doute que le *doux* Alexandre avait autorisé, au moins éventuellement, ce sacrifice, dont les conséquences furent plus meurtrières pour la population fugitive de Moscou que ne l'avait été, pour les deux armées, la bataille

---

[1]. Lettre du 21 février 1814 (*Corr.*, n° 21343.)

du 8 septembre. Après tout, cette résolution terrible n'est pas sans excuse. Pour les États comme pour les individus, il n'est pire malheur que la honte, et Moscou en flammes fait meilleure figure dans l'histoire que Paris illuminé pacifiquement par les bivouacs ennemis.

Le duc de Bassano fut plus contrarié que surpris en apprenant, par des renseignements particuliers venus de Varsovie, que l'attitude de l'ambassadeur n'avait pas été bonne dans cette circonstance. Il lui écrivit à ce sujet une lettre qui, pour plus d'un motif, mérite d'être reproduite :

Sa Majesté m'écrit de Moscou, à la date du 27 septembre, qu'elle est peu satisfaite de ce qui se passe à Varsovie ; que les chevaux n'ont pas de fourrage dans les étapes ; qu'il n'y en a même presque pas dans la capitale ; que tous les services et toutes les parties de l'administration sont en souffrance : que l'armée polonaise aurait dû recevoir des chevaux et des hommes pour se maintenir un peu, et qu'on l'a laissée se réduire à rien [1]. Mettez-moi, je vous prie, dans le cas de répondre à Sa Majesté... Réunissez dans un Mémoire, non-seulement les notions éparses dans vos différentes dépêches, mais aussi toutes celles que vous pourrez rassembler. Saisissez cette occasion pour faire un tableau *au vrai* des embarras que le duché éprouve. Il est sans doute bon de les connaître et de les signaler ; mais il faut en même temps montrer qu'on fait tout pour vaincre les difficultés, et jusqu'à quel point on pourrait y parvenir. *A cet égard, c'est votre opinion que je demande, et non celle des membres du gouvernement*, nécessairement disposés à s'arrêter devant des difficultés qui ne sont pas insurmontables. Il doit

---

1. La *Correspondance* ne contient aucune lettre de Napoléon à la date du 27 septembre. L'existence du document dont il s'agit ici n'en est pas moins certaine. Napoléon lui-même y fait allusion, dans la lettre n° 19234. « Je vous ai écrit hier pour que vous cherchiez à remuer le duché... » Ce rappel ne peut s'appliquer qu'à la lettre du 27, dont la dépêche de Maret, écrite en conséquence, doit reproduire exactement les termes.

vous être facile de faire sentir que jamais les sacrifices du duché n'ont eu un objet plus important...

Vous sentirez, monsieur l'ambassadeur, qu'afin d'obtenir tout ce qu'il faut que le duché fasse, vous avez surtout à soutenir l'esprit public ; que, pour y parvenir, vous devez toujours dissimuler les inquiétudes que vous pourriez concevoir sur les événements, et vous montrer persuadé, comme vous devez l'être en effet, qu'elles ne sont pas fondées... Ainsi, *je crois savoir* que vous avez été frappé de l'incendie de Moscou, et que vous avez trop laissé paraître l'impression que vous faisait cet événement... Lorsqu'on verra dans votre contenance et dans vos discours une sécurité qui ne se démentira pas, on se modèlera sur vous, et l'on jugera plus sainement les choses. (Wilna, 4 octobre.)

Au moment où ces conseils lui parvinrent, l'archevêque était, comme on le verra bientôt, sous le coup d'un redoublement de terreur qui ne lui permettait ni de ressentir, ni d'affecter la moindre sécurité. Plus tard, il travestit odieusement cette dépêche, prétendant que le ministre lui avait fait un crime d'avoir montré de la *sensibilité*...

A partir de l'incendie de Moscou, les contrariétés, les incidents fâcheux, se succèdent presque sans relâche ; les mauvaises nouvelles s'échangent, courrier par courrier, entre Wilna et le quartier général. A peine réinstallé au Kremlin, Napoléon apprenait, par une dépêche chiffrée de son ministre, la position précaire de Saint-Cyr sur la Dwina. Le 2 octobre, l'estafette de France apportait à Wilna de tristes détails sur la journée des Arapiles et l'évacuation de Madrid. Quelques jours après, le duc de Bassano, auquel son dernier courrier de Constantinople laissait encore une lueur d'espérance, reçut de l'Empereur lui-même communication du traité entre la Russie et la Porte, publié dans la *Gazette officielle* de Moscou avant l'entrée des Français. Une autre nouvelle, non moins déplorable, lui arrivait en même temps : celle d'un mouvement rétrograde du corps autrichien. Malgré les instances personnelles de Maret, qui avaient devancé les ordres impériaux, Schwarzenberg persistait à « se laisser tromper. » Croyant ou affectant de croire prématurément à l'arrivée des troupes du Danube, il était resté immobile à une époque où il était très-supérieur à Tormasov, son adversaire immédiat. Dès que l'approche de l'avant-garde de Tschitchakov lui fut signalée, Schwarzenberg se replia sur le Bug[1].

Il sentait si bien que sa conduite paraîtrait équivoque, qu'il se hâta d'envoyer à Wilna le comte de Paar, son premier aide de camp, pour présenter sa défense. Il trouva aussi un chaleureux apologiste dans l'ambassadeur de France à Varsovie. Celui-ci, habituellement si laconique, si sec dans sa correspondance, rédigea dans cette occasion un long mémoire justificatif en faveur des Autrichiens. L'aide de camp

---

1. « Un général français ou polonais, dans la situation de Schwarzenberg après son combat de Gorodeczna, pouvant soutenir sa marche par le soulèvement général du pays, aurait sans relâche poursuivi Tormasov; l'aurait détruit ou rejeté en sept ou huit jours au delà du Dniester; se serait emparé des dépôts de recrues polonaises et des renforts épars; aurait réuni à la Pologne les trois provinces de Podolie, de Wolhynie et d'Ukraine, étendu là l'insurrection jusqu'à Kiev, et menacé d'un autre côté, sur le Dniester, les derrières de l'armée russe du Danube. Cette opération, aussi facile à exécuter que brillante en résultats, aurait favorisé la création d'une nouvelle armée polonaise, séparé la Russie de l'Autriche et de l'Allemagne, jeté l'alarme dans le centre de l'empire russe. » Telle est l'opinion qu'exprime, dans un écrit publié en 1828, un homme qui avait été à portée de bien juger des événements. M. Aubernon (depuis préfet de Seine-et-Oise) faisait partie en 1812 de l'ambassade de Varsovie, et avait été, par ordre du duc de Bassano, détaché à Léopol (Gallicie), poste avancé, d'où il transmettait des indications sur les mouvements des Russes et les dispositions des Autrichiens. Des documents militaires de source russe ont confirmé pleinement cette appréciation. Le premier ordre de marcher sur la Wolhynie fut envoyé à Tchitchakov, de Pétersbourg, le 18 juillet, et ne lui parvint qu'au commencement d'août. Sa réunion avec Tormasov, battu le 12 août, ne fut complète que dans les premiers jours de septembre.

et l'ambassadeur s'accordaient pour soutenir qu'on était tout au plus assez fort pour défendre le duché; qu'il n'y avait jamais eu et qu'il y avait moins que jamais à compter sur un concours quelconque des populations de la Wolhynie, pays dévasté, où il ne restait que *le ciel et la terre,* etc. Malgré ces apologies, le ministre demeura convaincu que les Autrichiens ne faisaient pas, et surtout n'avaient pas fait tout ce qu'ils auraient pu faire [1].

Quelques jours après, il eut à calmer une nouvelle panique de l'archevêque, qui dans d'autres circonstances eût été risible. Bien que le mouvement rétrograde des Autrichiens fût connu depuis plusieurs jours, les habitants de Varsovie ne semblaient nullement inquiets. M. de Pradt n'en revenait pas; il attribuait cette sécurité à l'inintelligence du danger, « bien plus grand cette fois qu'en juillet, puisqu'ils avaient à quarante lieues des ennemis nombreux, féroces, et qu'on pouvait supposer irrités (de l'incendie de Moscou). » Pour lui, plus intelligent, et par conséquent plus effrayé, il avait pris le parti de ne rien dire qui pût les avertir du péril, *d'éteindre plutôt que de remuer* (14 octobre). Mais, dès le lendemain, il y eut une alerte générale, et l'archevêque se retrouva dans son élément. « Des flots de fuyards se pressaient aux barrières de Varsovie. Les uns venaient chercher un refuge, les autres sortaient du côté opposé pour mettre plus d'intervalle entre eux et l'ennemi. » On annonçait l'apparition de toute une armée russe sur la rive gauche du Bug, à Siedlec. M. de Pradt était furieux contre le gouverneur Dutaillis, qui soutenait que cette alarme n'était pas mieux fondée que les précédentes, faisait filer du côté de Reynier toutes les troupes disponibles, et parlait de distribuer des armes aux ou-

---

1. De Pradt, 5 octobre. — Maret à Napoléon, 3 et 9 octobre.

vriers pour garder Varsovie (15 octobre). Deux jours plus tard, de Pradt était forcé de convenir que le gouverneur avait eu raison. « Varsovie avait repris sa physionomie habituelle, et, comme il n'arrivait plus de fuyards, personne ne songeait plus à fuir. » Cette fois encore, on avait pris un arbrisseau pour une forêt, quelques cosaques pour une armée. L'héroïque ambassadeur trouvait même les habitants de Varsovie trop rassurés. Après cette nouvelle expérience, ils étaient capables de ne plus s'effrayer, même en présence d'un danger réel (17 octobre) ! » Maret se bornait à répondre : « Le mouvement rétrograde du prince de Schwarzenberg peut n'être qu'une manœuvre... *Cela ne fût-il point*, il faut qu'on croie que vous pensez ainsi. » Il le pressait de nouveau d'exhorter les ministres « à sortir des voies ordinaires dans des circonstances extraordinaires. Votre rôle, lui disait-il encore, est de croire tout ce qui rassure et de repousser toutes les craintes, de soutenir et d'exciter l'enthousiasme, *qui n'a pas d'ennemis plus dangereux que les hommes inquiets et timides* (13 octobre). »

Le duc de Bassano savait que le véritable péril n'était pas ou n'était plus pour le duché, mais pour les communications de la Grande Armée. Dès le 9 octobre, il était prévenu par le gouverneur de Minsk, que le général Dombrowski, menacé sur le Dniéper par des forces supérieures, parlait déjà de se replier sur cette ville. Ces forces étaient l'avant-garde des troupes de Moldavie. Après avoir, dans le courant de septembre, rallié Tormasov et refoulé Schwarzenberg et Reynier sur le duché ; Tchitchakov, conformément aux derniers ordres venus de Pétersbourg, avait laissé vingt-cinq mille hommes seulement pour contenir Schwarzenberg, et filait avec le reste vers la haute Bérésina. Ce nouveau morcellement des forces russes était déjà commencé, quand Schwarzenberg alléguait leur concentration récente pour justifier ses mouvements rétrogrades et son inaction ! Après avoir promis au duc de Bassano « de ne quitter au moins la ligne du Bug qu'à la dernière extrémité, » il repassait cette rivière sous prétexte de recueillir des renforts, restait scrupuleusement sur la défensive, en présence d'un ennemi redevenu en réalité inférieur à lui. Le général autrichien était-il véritablement abusé sur l'état véritable des choses? ne péchait-il que par excès de circonspection? On pouvait affecter de le croire par politique ; de même qu'on avait feint de croire, en 1809, à la coopération sincère du corps auxiliaire russe contre les Autrichiens. Mais le langage de Maret dans sa correspondance confidentielle, les documents qu'il communiquait à l'Empereur, prouvent que lui, du moins, ne se laissait pas tromper. Le 11 octobre, il transmettait à Moscou une lettre alarmante qui lui avait été envoyée directement de Varsovie par le ministre des finances Matuszewicz. Un officier polonais, frère d'un général Lambert au service de la Russie, avertissait qu'il fallait se méfier des Autrichiens, que les officiers de tout rang tenaient les plus mauvais propos, que les opérations étaient incohérentes, etc. Pendant ce temps, l'Empereur, dont les précédents rapports de Maret, et ceux même du général autrichien, avaient excité la défiance, prescrivait à son ministre d'envoyer auprès de Schwarzenberg et de Reynier un homme intelligent, qui pût faire connaître le véritable état des choses de ce côté (*Corr.*, 19266). Maret chargea de cette mission l'un des auditeurs attachés à l'ambassade de Varsovie, M. de Panat, dont il transmit, le 31 octobre, le rapport à l'Empereur. Reynier avait répondu : « Les officiers inférieurs (autrichiens), ainsi que la plupart des généraux, font cette guerre à contre-cœur ; mais, quand une affaire est engagée, l'honneur les conduit bien. Ils sont même forcés à s'exposer beaucoup, parce qu'en général leurs troupes sont très-molles. Aussi, dans tous les combats, ils ont eu plus d'officiers blessés que les Saxons [1]. Schwarzenberg, *indépendamment des considérations particulières qui peuvent agir sur lui*, est intimidé par la connaissance parfaite qu'il a de ses soldats. Il s'épouvante de l'idée d'une défaite qui serait accompagnée de circonstances honteuses... » Napoléon, quand il reçut des renseignements, était déjà en pleine retraite, et savait trop bien à quoi s'en tenir sur le résultats des « contre-marches de Schwarzenberg. »

Maret avait bien d'autres sujets de préoccupation. D'abord, dès le commencement d'octobre, de nouveaux dissentiments avaient surgi entre les autorités lithuaniennes et le gouverneur général. Ces conflits paralysaient l'action du gouvernement, les mesures militaires réclamées sans cesse par l'Empereur. L'affaire si importante des remontes de cavalerie subissait des retards dont il accusait à tort son ministre. Celui-ci était contraint de lui avouer, le 6 octobre, qu'il ne fallait plus compter, pour cet objet, sur la Prusse, épuisée par la fourniture de 80,000 chevaux qu'elle avait faite au commencement de la guerre. En Lithuanie, les changements continuels qui se faisaient dans l'administration fatiguaient le zèle et arrêtaient le progrès [2]. Conformément aux ordres expédiés depuis l'occupation de Moscou, il avait fait partout des

---

1. On sait que le 7ᵉ corps, commandé par Reynier, était composé de troupes saxonnes animées d'un excellent esprit... dans ce temps-là.
2. Allusion au dernier démêlé de M. de Hogendorp avec les membres du gouvernement. Il voulait absolument faire entrer dans la commission administrative de Wilna une personne qui était antipathique aux membres de cette commission. Maret et Bignon s'efforçaient vainement de concilier les esprits. « Le gouverneur, écrivait Maret, sera dans une position désagréable si Votre Majesté ne

démarches pour obtenir des renforts; il faisait le possible et l'impossible pour hâter la formation des régiments lithuaniens. « Je dois croire, ajoutait-il, que les choses sont avancées, mais je ne puis le prouver à Votre Majesté. Je veux entrer dans tous les détails, cela dût-il déplaire à l'autorité que Votre Majesté a créée, et qui, par jalousie de son pouvoir, aime à cacher ce qu'elle fait. »

Malgré des versements extraordinaires autorisés par l'Empereur, la conclusion des marchés de transports pour la grande armée subissait également des retards. Les effets d'habillement apportés à Kovno par la flottille s'y accumulaient, se détérioraient dans les bateaux. Maret avait pris sur lui de mettre à la disposition de l'intendant les recettes de la douane, pour faire faire de doubles planchers dans les églises de Kovno, transformées en magasins, à l'exception d'une seule. Néanmoins il était urgent, si l'on voulait éviter un déchet considérable, d'autoriser le transport de ces effets concurremment avec celui des munitions de guerre. L'empereur eut égard à ces observations, mais un temps irréparable s'était écoulé. Ces objets, qui auraient été si nécessaires pendant la retraite, allèrent s'entasser à Minsk et y furent pris par les Russes.

Depuis que la nouvelle de l'incendie de Moscou était répandue en Europe, les ministres des différentes puissances insistaient naturellement plus que jamais pour se rapprocher du théâtre de la guerre, et Maret pour les en tenir éloignés. Toutefois l'Empereur, sachant que l'envoyé prussien se trouvait déjà à Wilna par la faute de Berthier, avait fait venir aussi celui d'Amérique dans cette ville, et crut devoir lever la con-

nomme pas son candidat, et peut-être non moins embarrassé s'il est nommé. » Ce démêlé se prolongea, et donna lieu à de vives récriminations pendant plusieurs séances.

signe pour les ministres des autres puissances (12 octobre). Ils arrivèrent aussi à Wilna au moment le plus inopportun, celui où commençait la retraite.

Dès le 14 octobre, des bruits alarmants circulaient en ville. On disait que des forces imposantes, venant du Nord et du Midi, manœuvraient pour se réunir sur les communications de la Grande Armée; on parlait même d'une attaque directe contre Wilna. Maret, transmettant ces bruits à l'Empereur, ajoutait qu'il était fort heureux que le maréchal Oudinot, convalescent, fût encore dans la ville. « S'il était parti, ajoutait-il, on pourrait difficilement compter ici sur des mesures froides et réfléchies. » Le gouverneur général voulait déjà arrêter la marche des renforts. « Il entrevoyait la nécessité de former un corps pour se porter au-devant de l'ennemi. Il ne faut pas, disait-il, se battre dans les rues. » Oudinot et Maret parvinrent à lui démontrer la nécessité d'attendre des informations plus sûres.

L'horizon s'assombrissait de toutes parts. Les nouvelles directes de Saint-Cyr manquaient, mais sa retraite était tenue pour certaine. Le 21 on apprenait, d'une manière trop positive pour pouvoir en douter, trop bruyante pour n'en rien laisser paraître, qu'un des régiments de cavalerie lithuaniens, de formation récente, venait d'être enveloppé et détruit à Slonim. Ce désastre révélait la présence d'une forte avant-garde ennemie sur le haut Niémen. La garnison bivouaquait dans les rues de Wilna. Le service, assez négligé jusque-là, se faisait avec autant d'exactitude que dans une place assiégée, et cette précaution semblait l'indice d'un danger imminent. On disait les Russes maîtres de Grodno, et ce bruit semblait confirmé, le 21, par le changement de direction de l'estafette du duché, obligée de faire un grand détour par Gumbinnen... L'émotion s'accrut le lendemain, quand on vit arriver de tous côtés des paysans fugitifs. Maret « se montrait partout, parlait à tout le monde. » Il affirmait que le seul bruit d'une prochaine apparition de Cosaques avait déterminé cette émigration des campagnes sans qu'on en eût vu un seul ; ce qui était vrai à cette date. La nouvelle apocryphe de la prise de Grodno courait déjà en Allemagne. (Maret à Napoléon, 22 octobre[1].)

Le lendemain, les communications avec Napoléon furent interceptées pour la première fois. L'estafette expédiée de Wilna fut forcée de rebrousser chemin ; des Cosaques avaient envahi la station d'Oszmiana. Cette fois, un détachement de cavalerie suffit pour balayer ces maraudeurs, et les courriers expédiés du quartier général le 17 et le 18 octobre arrivèrent ensemble à Wilna le 25. Leurs nouvelles n'étaient pas de nature à alléger les soucis du ministre.

Il savait déjà, par une lettre impériale en date du 9, dont il communiqua confidentiellement quelques passages à ses agents, « qu'il pourrait arriver que vers le mois de novembre Sa Majesté prît ses quartiers d'hiver entre le Boristhène et la Dwina. » Cette lettre est perdue, et une autre du 16, sur le même sujet, est un de ces documents en chiffres qu'on n'a pu traduire[2]. Mais on a pu, par induction, en restituer une partie au moyen d'une dépêche adressée, au reçu de celle-là, à notre ministre en Autriche ; dépêche dont la portion la plus essentielle est, suivant les propres expressions de Maret, « la reproduction textuelle de sa

1. Elle avait été mise en circulation par un employé des finances, personnage peu héroïque, qui avait rebroussé chemin à dix-huit lieues de Grodno, sur le rapport de quelques paysans qui avaient cru apercevoir des Cosaques de l'autre côté du Niémen.

2. *Corr.* 19,275. Nous croyons qu'on s'est un peu trop pressé de renoncer à ce déchiffrement, et qu'il ne serait pas impossible de l'opérer en confrontant avec ces pièces les minutes des dépêches corrélatives de Maret, qui étaient chiffrées d'après la même table.

correspondance. » Ainsi, *dès le* 16 *octobre*, l'Empereur avait écrit à son ministre qu'il avait fait évacuer les malades et les blessés sur Smolensk, *et se proposait de partir de Moscou le* 19, pour se porter sur Kalouga et battre l'armée ennemie si elle voulait couvrir cette place, comme on l'annonçait. Ensuite son projet était, si le beau temps continuait, de faire une pointe sur Toula ou Briansk, où les Russes avaient de grandes fabriques d'armes, ou de retourner de suite sur Smolensk, si le temps devenait rigoureux.

L'Empereur compte que ses quartiers d'hiver seront pris entre Smolensk, Minsk et Mohilef, dans les premières semaines de novembre. Il se décide à ce mouvement parce que Moscou, *qui a cessé d'exister*, n'est pas une position militaire pour ses opérations futures. De Moscou à Kief il y a deux cent quinze lieues, et de Smolensk à Kief il n'y en a que cent douze. De Smolensk à Pétersbourg il n'y a que cent quarante lieues, tandis que de Moscou il y en a cent quatre-vingt-dix, et que cette marche, d'ailleurs, obligerait toujours à prendre une ligne d'opérations qui revînt sur Witebsk. L'armée se trouvera, à Smolensk, appuyée sur un pays ami..., et l'Empereur sera en mesure de préparer ses moyens pour la campagne de Pétersbourg, et de se porter où sa présence serait nécessaire.

Ces détails sur les dernières opérations projetées devaient être communiqués aux ministres près les cours alliées, pour leur suggérer des explications convenables, quand ils seraient dans le cas d'en donner. «En attendant, ils n'en devaient rien laisser pénétrer; l'événement, dans les choses de cette nature, se trouvant quelquefois différer beaucoup de ce qui avait été prévu[1]. » (Maret à Otto, 26 octobre). Il pouvait arriver, en effet, que cette marche sur Kalouga rapportât

1. D'après les lettres de Votre Majesté, j'écris partout; mais on ne doit rien dire, rien publier nulle part, avant les événements. (Maret à Nap., 25 octobre.)

des avantages assez grands pour atténuer beaucoup l'effet moral de l'abandon de Moscou; ou même que l'avantage fût assez décisif pour dispenser de cet abandon jusqu'à la paix, pour forcer Alexandre de répondre aux ouvertures que Napoléon lui avait faites aussitôt après l'incendie. L'Empereur n'avait pas tout à fait abandonné cette dernière espérance dans la matinée du 18, puisqu'à cette date il prescrivait encore au duc de Trévise, commandant de l'arrière-garde qu'il laissait à Moscou, des mesures d'armement, d'approvisionnement, qui supposaient une longue occupation. (*Corr.* 19285, 19286.) Mais ses illusions à cet égard furent entièrement dissipées le même jour par la nouvelle du combat de Winkowo. Cette attaque imprévue ne précipita pas, comme on l'a prétendu, le mouvement qui eut lieu le lendemain sur Kalouga, puisque ce mouvement était positivement annoncé pour ce jour-là depuis le 16. Mais elle donna à l'empereur une plus juste idée de l'exaspération et des ressources des Russes, et par suite entraîna l'abandon immédiat et complet de Moscou. La résolution de l'Empereur était arrêtée quand il quitta cette ville : nous en trouvons une preuve irréfragable dans la dernière lettre adressée *de Moscou* au duc de Bassano, le jour de ce départ. Après lui avoir raconté, « pour sa gouverne, » la surprise de la veille, il ajoutait « que l'armée était en marche, que le lendemain on se déciderait *à faire sauter le Kremlin*, et à passer par Kalouga ou Wiazma pour arriver avant les grands froids et prendre les quartiers d'hiver. » (Napoléon à Maret, 19 octobre, n° 19288.) C'est donc à tort que M. Thiers, rejetant la version historique généralement admise jusqu'ici, a représenté Napoléon sortant de Moscou avec l'intention d'y revenir, et changeant tout à coup de résolution, le 20, au château de Troitzkoï. Sur ce point, comme sur plusieurs autres, l'illustre historien avait fait son siége, et ne tient compte que des documents qui se raccordent avec son système¹.

Le duc de Bassano apprit, le 28 octobre, l'abandon définitif de Moscou. En même temps, du côté de la Dwina, la retraite de Saint-Cyr devant les forces combinées de Wittgenstein et de Steinghel (armée de Finlande), laissait Wilna à découvert. Il fallut, de toute nécessité, retenir les troupes de passage dans cette ville. D'un moment à l'autre, on pouvait en avoir besoin pour protéger les environs contre la cavalerie ennemie, dans le large espace qui séparait maintenant Macdonald de Saint-Cyr. (Maret à Napoléon, 25 octobre.) Ce maréchal, grièvement blessé, fut remplacé par Oudinot, à peine convalescent.

La correspondance de Maret nous fournit, à la date du 28, un document du plus grand intérêt. C'est une longue réponse à la lettre de l'Empereur, du 9, l'une de celles dont la perte est des plus à regretter. Nous savons déjà qu'elle contenait la première indication du projet d'un retour sur Smolensk ; mais il paraît que l'Empereur, sachant que l'approvisionnement de cette place était loin d'être complet, se plaignait avec amertume des autorités lithuaniennes, et du duc de Bassano lui-même. On voit, par la réponse de Maret, combien ces reproches lui étaient sensibles. Il donnait des explications détaillées sur les retards forcés qu'avait subis la contribution en nature pour la formation des magasins de réserves...

Les ordres avaient été donnés, on me garantissait chaque

---

1. Thiers, XIV, 467 et suiv. M. Thiers ne cite que les ordres donnés le 18 à Mortier pour l'armement du Kremlin ; il passe sous silence les deux lettres au duc de Bassano des 16 et 19 octobre, ainsi qu'une autre non moins importante adressée dans la soirée du 18 au général La Riboisière, qui se termine par cette phrase significative : *Les officiers d'artillerie chargés de faire sauter le Kremlin, quand il en sera temps, resteront au Kremlin.* (*Corr.* 19287.)

jour leur prompte exécution. Elle a été différée. Les transports ont éprouvé des difficultés insurmontables. Des ordres nouveaux demandaient déjà des suppléments, quand les premières livraisons n'étaient pas commencées. Les sous-préfets n'avaient pas assez de forces pour lutter contre la tendance des fermiers à différer ces livraisons, jusqu'au moment où les moyens de transport seraient disponibles et où le traînage rendrait le transport plus facile. *On ne prévoyait pas les nouveaux événements*[1] : de plus, on ne savait pas comment l'administration entendait établir ses magasins. Le manque d'instructions de l'intendant général avait donné un prétexte plausible à l'inertie...

Le duc de Bassano, désolé du mécontentement de l'Empereur, avait exigé des mesures plus rigoureuses. On avait expédié dans chaque district des détachements qui devaient aller de village en village faire des perquisitions, et s'annoncer aux récalcitrants comme l'avant-garde de troupes plus nombreuses[2]. Dans ces nouvelles circonstances, il avait également pris sur lui de déroger aux dernières instructions de l'Empereur. Celui-ci, précédemment renseigné sur l'encombrement d'effets d'habillement qui existait à Kovno au commencement d'octobre, avait ordonné de les expédier, avant toute chose, sur Wilna et Minsk. « Mais alors, disait Maret, Votre Majesté ne prévoyait peut-être pas qu'un si grand nombre de troupes se rapprocherait de Smolensk, ou pensait que les magasins du pays étaient formés. J'ai eu à choisir entre deux nécessités pressantes : la plus urgente m'a paru celle de *faire vivre l'armée*. » En conséquence, il avait ordonné que les convois fussent à l'avenir composés d'effets seulement pour moitié, et de subsistances pour le reste. « Je ne termine pas cette

1. L'incendie de Moscou et la retraite.
2. Cette mesure, réclamée depuis bientôt deux mois par le commissaire impérial Bignon, avait été contre-carrée par le gouverneur général.

lettre, ajoutait Maret, sans ressentir la crainte bien pénible que Votre Majesté ne soit mécontente de l'état où sont les choses. Le bonheur de la satisfaire est le seul que j'envie ; et n'y avoir pas réussi est le malheur le plus sensible que je puisse éprouver. » Toute sa conduite, pendant les cruelles péripéties qui allaient se succéder sans relâche, prouve combien ce langage était sincère.

XLIII

1er-27 novembre 1812. — Situation pénible de Maret, à Wilna, pendant la retraite. — Ses efforts pour dissimuler les désastres à la France et à l'Europe. — Inquiétudes pour la place de Minsk justifiées par l'événement — Propositions russes au cabinet prussien interceptées. — Interruption des communications entre Wilna et l'armée, par suite de la destruction du pont de Borizov. — Malgré les instances réitérées du duc de Bassano, le commandant du corps autrichien s'obstine à suivre une direction qui l'éloigne de Napoléon. — Angoisses de Maret.

La position de Maret, si difficile depuis l'incendie de Moscou, devint affreuse pendant la retraite. Il avait à supporter tantôt le poids des confidences lugubres de Napoléon, tantôt celui plus accablant de son silence! Et il fallait, pour surcroît de torture, affecter de la confiance et jusqu'à de la gaieté en présence des autorités lithuaniennes, des diplomates étrangers, vis-à-vis de nos propres ambassadeurs, des membres du gouvernement qui résidaient à Paris! Il fallait que le duc de Bassano entretînt à tout prix l'erreur de la France et de l'Europe sur l'existence ou l'étendue de désastres dont lui-même n'apercevait pas la fin...

Dès le 1er novembre, l'attaque par des Cosaques d'un poste fort rapproché de Wilna, celui de Widzy, avait occasionné une recrudescence de panique dans cette ville. Un autre incident local, celui du duel de M. de Chassenon, intendant du département de Grodno, avec un officier supérieur autrichien, mettait en pleine évidence les mauvaises dispositions de nos prétendus alliés [1]. Le même jour encore, l'estafette de France apportait les premiers renseignements sur l'échauffourée de Mallet... En les transmettant à l'Empereur, le duc de Bassano s'efforçait d'atténuer l'impression que ne pouvait manquer de produire un semblable événement, insistant beaucoup sur ce point, « qu'il n'y avait eu ni calcul, ni combinaison, mais une espèce de coup de main tenté par des gens qui ne tenaient à personne, qui étaient à la fois les seuls conspirateurs et les seuls agents [2]. » Cette appréciation était matériellement exacte, mais, par la même raison, il y avait un symptôme moral des plus graves dans ce fait d'un si beau commencement de succès, obtenu avec de si faibles moyens. Aussi verrons-nous bientôt cet incident peser d'un grand poids sur les déterminations de l'Empereur, dans la circonstance peut-être la plus décisive de son règne.

Maret avait un sujet de préoccupation non moins grave, pendant ces premiers jours de novembre. Ses dernières nouvelles du quartier général remon-

---

1. M. de Chassenon était un fonctionnaire énergique, mais d'un caractère peu conciliant. Ce duel, dans lequel il reçut une blessure qui mit sa vie en danger, avait eu lieu à l'occasion d'un incident presque puéril. Des soldats autrichiens avaient allumé un grand feu sous un hangar attenant à l'habitation de l'intendant. Celui-ci, menacé d'incendie, se plaignit, probablement avec quelque vivacité à l'officier commandant, qui répondit par une provocation en duel.

En 1815, ce même Chassenon joua un rôle dans l'évasion célèbre de la Valette. C'était lui qui, déguisé en cocher, conduisait la voiture de place dans laquelle celui-ci monta après être sorti de la Conciergerie sous les habits de sa femme.

2. Maret à Nap., 2 décembre.

taient à la sortie de Moscou. Ce fut seulement le 4 qu'il reçut à la fois de Napoléon deux lettres, écrites de Borovsk. (Toutes deux sont perdues.) La dernière, du 26 octobre, annonçait la bataille de Malo-Jaroslawetz, l'abandon du projet de percer sur Kalouga, la résolution à jamais funeste de regagner Smolensk par la route déjà parcourue et ruinée de Wiazma. « La prudence ici fut une faute, la témérité eût été le salut. » On sait maintenant, par le témoignage irréfragable du général Wilson, commissaire anglais auprès de Koutousov, « que l'armée russe, d'après des ordres déjà donnés, se serait retirée derrière l'Oka, si Napoléon avait continué de marcher en avant. »

Les « nouvelles dispositions » prises par l'Empereur étaient de nature à inquiéter cruellement le duc de Bassano, car les courriers du Midi lui apportaient en même temps la certitude redoutable que Tchitchakov marchait vers la Lithuanie, pour se joindre à Wittgenstein. Dès le 8, on signalait de toutes parts des Cosaques dans les environs de Wilna. Tous les renforts disponibles avaient été acheminés sur Minsk ou sur la Dwina. Il avait fallu, de plus, envoyer une colonne mobile à la poursuite des traînards qui rôdaient par les campagnes, n'osant entrer dans Wilna où on les arrêtait; si bien que, pendant plusieurs jours, la ville ne fut gardée que par six cent vingt-six hommes démontés appartenant aux dépôts de grosse cavalerie, et par les débris du régiment détruit à Slonim. (Maret, 8 nov.) Deux jours plus tard, on disait les Russes déjà maîtres de Minsk et même de Borisov, et Maret, craignant pour ses précédentes dépêches, en expédiait un duplicata par un officier polonais, qui devait passer par Ighumen, *ou par où il pourrait.*

Il fut un peu rassuré par la réception de l'estafette du quartier général, dans la soirée du 11. En arrivant à Dorogobouje, l'Empereur avait appris tout à la fois l'affaire Mallet, l'évacuation de Polotzk, les contremarches de Schwarzenberg. Cependant, il n'abandonnait pas encore l'idée d'un hivernage entre la Dwina et le Dniéper. En conséquence, il prévenait son ministre que Victor, qui avait opéré sa jonction avec Oudinot et commandait en chef comme le plus ancien, allait recevoir l'ordre de pousser vigoureusement Wittgenstein et de reprendre Polotzk. Cet ordre fut, en effet, expédié de l'étape suivante, et dans les termes les plus pressants[1]. L'Empereur, à cette date, ignorait encore que le duc de Bellune avait essuyé, le 31 octobre, une sorte d'échec à Czasnicki. Depuis, il avait reçu des renforts; Oudinot, qui venait de reprendre le commandement de son corps, voulait renouveler l'attaque de suite; « le duc de Bellune préférait *malheureusement* attendre des ordres. » Ainsi s'exprimait dès le 11 novembre le duc de Bassano, qui, à force d'application et de dévouement, avait fini par comprendre la grande guerre : M. Thiers lui-même, qui s'y connaît, lui rend cette justice. Ainsi qu'il l'avait pressenti, ce manque d'initiative eut de déplorables conséquences. Le nouveau choc n'eut lieu que le 14 novembre, alors que la rigueur croissante de la saison avait déjà sensiblement amoindri les forces dont Victor disposait. D'ailleurs, la situation fâcheuse de la Grande Armée, le défaut de concours des Bavarois, lui firent redouter de s'engager à fond. Aussi le combat de Smoliany fut encore une de ces rencontres indécises dont tout le profit était pour les Russes.

1. Sa Majesté ordonne que vous réunissiez vos six divisions. Ce mouvement est des plus importants. Dans peu de jours, vos derrières peuvent être inondés de Cosaques (ceux de Tchitchakov)... L'armée et l'Empereur seront demain à Smolensk, mais *bien fatigués*. Prenez l'offensive, le salut de l'armée en dépend; tout retard est une calamité... Marchez, c'est l'ordre de l'Empereur et de la nécessité. (Ordre daté de Michalevka, 7 novembre.)

L'attitude singulière du général bavarois de Wrède était un des sujets trop nombreux d'inquiétude du duc de Bassano. Après la seconde bataille de Polotzk, tandis que le deuxième corps se repliait sur celui de Victor, de Wrède, seul, avait fait sa retraite dans une direction absolument divergente, celle de Glubokoé, et y avait même retenu la brigade Franceschi venue de Wilna. Ce mouvement, qui le séparait d'Oudinot et de Victor, avait, disait-il, pour but de couvrir la capitale de la Lithuanie. Une pareille manœuvre eût été assurément du goût de M. de Pradt, qui ne se croyait jamais suffisamment protégé. Mais le duc de Bassano, dont la crainte n'obscurcissait pas le jugement, voyait bien où était le vrai péril. Il s'inquiétait de cet éparpillement de forces qui auraient dû être concentrées sous la main du duc de Bellune, pour refouler Wittgenstein au delà de la Dwina, lui reprendre le poste de Polotzk, qui n'était qu'à cinq journées de Minsk! A plusieurs reprises, Maret avait appelé l'attention de ce maréchal sur le danger que courait cette place si importante. En même temps il signalait à l'Empereur la position excentrique des Bavarois, espérant que les ordres arriveraient à temps pour la rectifier. Napoléon, en effet, s'empressa d'ordonner à de Wrède d'appuyer immédiatement vers la haute Bérésina pour se relier de nouveau à Oudinot; ou, s'il ne pouvait plus pénétrer jusqu'à lui, de concourir du moins aux opérations dirigées contre Wittgenstein en le prenant à revers. Mais ces instructions, expédiées de Smolensk le 10 novembre, ne pouvaient parvenir à de Wrède, dont les communications directes étaient interceptées, qu'en faisant un grand détour par Wilna. Elles n'y arrivèrent que le 17, trop tard pour que le mouvement pût produire l'effet qu'on en avait espéré. Aussi de Wrède ne fut d'aucun secours à l'armée sur la Bérésina, et ne rallia l'arrière-garde qu'à Molodeczna. Cette retraite sur Glubokoé, dont Maret avait pressenti les inconvénients, valut à de Wrède une sorte de disgrâce, dont le ressentiment influa sur sa conduite dans la campagne suivante.

Le 15 novembre, le duc de Bassano recevait par une voie sûre des renseignements sur les dernières ouvertures faites à la Prusse par le cabinet de Pétersbourg. Aussitôt après l'évacuation de Moscou, M. de Roumanzof avait écrit au chancelier de Hardenberg. Il le conjurait de profiter de ce revirement de fortune pour changer de politique, et coopérer à la grande revanche européenne. Cette proposition avait passé par l'intermédiaire du chargé d'affaires prussien en Danemark, le même qui, à propos du traité d'alliance conclu au mois de février précédent entre la France et la Prusse, avait écrit qu'il fallait « en passer par là ou par la fenêtre. » Ce diplomate avait envoyé à son chef une copie chiffrée de la lettre russe, en y ajoutant ses propres exhortations dans le même sens. Il disait notamment : « Tout ce qu'on m'a dit (des événements de la guerre) confirme tout ce que je vous ai déjà marqué plusieurs fois, que le moment de la *grande démarche* était arrivé. » La légation française de Copenhague, s'étant procuré une copie de cette correspondance par des moyens particuliers, s'était empressée de la transmettre au duc de Bassano. Il n'y avait pas là, sans doute, une preuve positive de défection; mais, au point de vue français, il était fâcheux que les propositions des Russes trouvassent des intermédiaires si complaisants auprès du cabinet de Berlin, et que le chef de ce cabinet ne craignît pas de tolérer un pareil langage chez ses agents. Maret s'empressa d'envoyer ces informations à l'Empereur. Mais les communications étaient déjà coupées, et Napoléon n'eut connaissance de cet incident qu'après le passage de la Bérésina.

Le 17, Maret avait la certitude que Minsk devait être au pouvoir de Tchitchakov. Les Russes y étaient en effet depuis la veille. Cependant, comme la communication directe par le pont de Borisov était encore libre, l'estafette expédiée de Smolensk le 14 put atteindre Wilna. Elle apportait une lettre de l'Empereur, la dernière que Maret ait reçue avant le passage de la Bérésina. Cette lettre, d'un laconisme sinistre, était ainsi conçue :

> Monsieur le duc de Bassano, je fais sauter les remparts de Smolensk, et je me rends à Orcha. Nous avons ici 19 à 20 degrés de froid. J'ai reçu vos lettres du 10. Je trouve que vous avez perdu bien inutilement un mois pour commencer à passer des marchés de chevaux. Cette perte est irréparable. Faites passer des marchés pour des chevaux d'artillerie et d'équipages. Notre consommation en chevaux est énorme et nos besoins urgents [1].

Ainsi c'en était fait, sans retour, de la combinaison d'hivernage entre la Dwina et le Borysthène. Napoléon rétrogradait sur Minsk, comptant, pour se refaire, sur les immenses approvisionnements réunis dans cette place, et Maret savait qu'elle était au pouvoir de l'ennemi! Qu'allait dire l'Empereur, et qu'allait-il devenir? A cette lugubre journée succéda une nuit non moins triste. « Tous les courriers expédiés depuis le 13 reviennent. Ils n'ont pu dépasser Molodeczna; ils n'ont pas non plus osé y rester, car on leur affirmait que la route, même pour le retour sur

---

1. Le malheur rendait Napoléon injuste. Il avait d'abord ordonné seulement à Maret de « préparer les voies » au général Bourcier, mandé à Wilna pour diriger la grande affaire des remontes. Ce n'était qu'au moment de l'évacuation de Moscou que, par une lettre reçue seulement le 28 octobre, il avait autorisé son ministre à conclure lui-même les marchés. Maret s'en était occupé de suite, et n'avait différé la signature que de quatre ou cinq jours, parce que Bourcier arrivait. (Maret à Nap., 18 nov.)

Wilna, pouvait d'un moment à l'autre cesser d'être sûre. » Maret continuait d'affecter une tranquillité qui était bien éloignée de son cœur. Ne pouvant plus dissimuler la prise de Minsk, il soutenait que cet événement allait devenir plutôt fatal aux Russes, qui allaient être pris à revers par Schwarzenberg, pendant que l'Empereur les attaquait de front. Vérification faite, il se trouva qu'une centaine de Cosaques tout au plus avait paru en vue de Molodeczna. Le duc de Bassano fit donc repartir les courriers, en leur recommandant ostensiblement de ne plus s'arrêter, surtout de ne plus faire, sans motif sérieux, des retraites de quarante lieues qui compromettaient le service et la tranquillité. A Molodeczna, s'il y avait impossibilité évidente de pousser plus loin, ils devaient attendre l'arrivée de 3,500 hommes d'infanterie qui partaient de Wilna sous les ordres du général d'Albignac. Maret espérait encore que cette force suffirait pour maintenir la communication par Borisof; il fut bientôt détrompé. Le 21, la tête du pont de Borisof était enlevée par l'avant-garde de Tchitchakov. Cette opération, si désastreuse pour nous, fut exécutée par un émigré français, le comte de Langeron.

Le duc de Bassano sut bientôt que les communications étaient absolument interceptées. Ses estafettes s'accumulaient à la station de Molodeczna; celles du quartier général sur la rive gauche de la Bérésina. Sur ces entrefaites, il reçut des nouvelles désolantes du prince de Schwarzenberg. Dans les premiers jours de novembre, ce général, ne pouvant plus ni ignorer la marche de Tchitchakov sur Minsk, ni prétendre l'ignorer, s'était enfin ébranlé pour le suivre. Il s'était avancé jusqu'à Slonim, quand la nouvelle d'une attaque assez vigoureuse de Sacken contre Reynier, qui couvrait le duché, lui fournit un prétexte plausible pour revenir précipitamment en arrière avec la majeure partie de ses forces, du côté de Wolkowitz. Il annonçait triomphalement au duc de Bassano la défaite et la retraite des Russes, qu'il se préparait à suivre dans la direction de Cobrin. La lettre suivante de Maret prouve qu'il appréciait à leur juste valeur ces prétendus avantages.

Sire, j'envoie à Votre Majesté le *duplicata* de la dernière dépêche du prince de Schwarzenberg. Je le fais passer par une voie extraordinaire. Ce n'est apparemment pas pour apprendre à Votre Majesté des succès que je regarde comme des revers, par le temps énorme qu'ils ont fait perdre. Je ne cesse pas de presser, de conjurer de tout sacrifier à un seul but, qui est d'arriver le plus promptement possible sur Tchitchakov. J'ai écrit le 8, le 12, le 16, le 17, le 21, le 22, dans les termes les plus pressants. J'exprime l'opinion que de vains succès, obtenus à un tel prix sur Sacken, ne seront en réalité qu'un immense avantage obtenu par Tchitchakov, dans des circonstances aussi urgentes. Sa Majesté sera très-mécontente, mais il est de la plus haute importance qu'elle sache *à quel point elle doit l'être*. Je fais partir ce soir un Juif avec le double de mes dépêches. Je ferai partir demain un officier polonais. Les uns ou les autres arriveront! (Maret, 22 novembre.)

Les instances réitérées du duc de Bassano auprès du général autrichien étaient conformes aux intentions de l'Empereur, qu'il était d'ailleurs facile de deviner. De toutes les étapes de la fatale retraite, Napoléon adressait à son ministre des dépêches qui n'arrivaient plus; dans toutes il était question de Schwarzenberg. « Prévenez-le que je marche sur Minsk et que je compte sur lui. (Orcha, 20 novembre). Je n'ai pas de ses nouvelles. Où est-il? (Bobr, 24 novembre). » Il se plaignait en même temps de ne pas recevoir de nouvelles de Wilna par des affidés, *ce qui était pourtant facile*. Ce n'était pas si facile, et il ne tarda pas lui-même à le reconnaître; le duc de Bassano n'avait pas perdu une occasion. Du 22 au 26, il avait expédié sous divers déguisements un courrier du ministère, « qui avait sollicité cette mission parce qu'elle semblait des plus périlleuses; » un officier polonais, nommé Stypnowski; deux Juifs, dont l'un, Moses Barenz, était l'un des docteurs de la synagogue de Wilna, et un noble lithuanien, le comte Abramowicz, le seul qui parvint à destination. Le dévouement de ce dernier, qui risquait vaillamment une grande fortune et la vie pour son pays et pour nous, mérite de trouver au moins sa récompense dans l'histoire. « Déjà il avait rempli de semblables missions auprès d'Oudinot et de Victor. Dans l'une de ces excursions dangereuses, il avait été pris, maltraité par les Cosaques. A peine remis des suites de leurs *procédés*, il consentait, demandait à repartir, n'ambitionnant d'autre récompense que l'honneur d'être attaché à la personne de Napoléon. (Maret, 22 novembre.) »

Par sa contenance, le duc de Bassano avait presque réussi, non-seulement à rassurer nos amis, mais à prolonger au moins l'incertitude parmi les ministres étrangers, qui épiaient ses moindres propos, et jusqu'à sa physionomie. Il leur paraissait impossible que le ministre de Napoléon eût l'air si tranquille, si sûr malgré tout de la victoire, s'il avait par devers lui la certitude ou seulement l'appréhension d'un désastre irréparable. Ce calme si bien joué ébranlait les espérances secrètes des plus malveillants. Quand ils connurent enfin toute la vérité, le moment le plus favorable était passé pour faire la *grande démarche* sollicitée par la Russie dès la fin d'octobre. Ce fut là le grief le plus secret, le plus sérieux peut-être, des diplomates de la future coalition contre le duc de Bassano.

Cette affectation de sécurité devenait à chaque instant plus nécessaire, mais aussi plus pénible. Maret s'en dédommageait dans le secret de sa correspondance avec l'Empereur, correspondance qu'il continuait toujours, machinalement en quelque sorte, multipliant les extraits, les expéditions, sans savoir quand ces lettres parviendraient, si même elles parviendraient jamais! Le 26 novembre, une nouvelle lettre du général autrichien vient encore éprouver le courage et la patience du ministre français. Schwarzenberg s'étendait sur le beau résultat de son évolution rétrograde contre Sacken (le combat du 16). Avec une confiance imperturbable, il s'était lancé à sa poursuite en Wolhynie, dans une direction absolument opposée à celle de Minsk, « et n'abandonnerait la destruction de ce corps, *que si un nouveau courrier du duc de Bassano le pressait encore de changer de direction!* »

Cette conclusion laissait une dernière lueur d'espérance. Schwarzenberg avait dû recevoir, depuis le 16, plusieurs courriers qui le rappelaient dans la direction de la Bérésina. Reynier lui-même avait été surpris de le voir, dans de telles circonstances, si empressé d'accourir à son secours avec toutes ses forces, quand on ne lui demandait qu'un renfort de quelques milliers d'hommes. Après le combat de Wolkowiski, Reynier répondait à lui seul du corps de Sacken, et engageait Schwarzenberg à reprendre la route de Minsk. Mais ce général naguère si lent, si circonspect, avait marché d'une telle vitesse cette fois, qu'il ne put être rejoint, par les courriers de Wilna, qu'à Cobrin, et seulement le 27 novembre; c'est-à-dire le jour où l'Empereur, abandonné à lui-même, franchissait presque miraculeusement la Bérésina. Si cette rivière n'avait pas été le tombeau des derniers débris de la grande armée, ce n'était pas la faute du général autrichien.

C'est donc à tort que M. Thiers, d'après des renseignements de source autrichienne, prétend rejeter sur Maret la responsabilité de cette fausse direction donnée au corps auxiliaire [1].

L'illustre historien fait à cette occasion un reproche bizarre au duc de Bassano, celui de ne s'être pas assez fié à la *loyauté autrichienne!* Suivant lui, Maret, en transmettant à Schwarzenberg l'ordre de manœuvrer dans le sens de la grande armée, aurait dû lui confier, sans réserve, l'état déplorable auquel cette armée était réduite; lui avouer « que son retour à Wilna n'était assuré qu'à la condition d'un puissant secours; » en d'autres termes, que la perte ou le salut de l'Empereur étaient à la merci de ses bons alliés d'Autriche! D'abord, M. Thiers oublie que Maret n'avait pas de nouvelles de l'armée depuis Smolensk; qu'ignorant encore lui-même les derniers malheurs, il ne pouvait en faire la confidence. De plus, cette confidence eût été absolument contraire aux ordres de l'Empereur, qui n'avait pas à réclamer la pitié du commandant d'un corps placé sous ses ordres par un traité, mais bien son obéissance. Enfin, si l'on en juge par les antécédents et par la conduite ultérieure des Autrichiens, cet aveu eût été singulièrement téméraire, et nous avons peine à croire que M. Thiers lui-même, à la place du duc de Bassano, eût agi autrement que lui.

Maret montra encore de la présence d'esprit en retenant le gouverneur général, qui voulait se mettre à la tête d'environ neuf mille hommes de toutes armes et de diverses provenances, présents à Wilna le 25 novembre, pour les diriger sur Minsk. Cette

---

1. Thiers, XIV, 657. Ces détails, relevés par nous sur les minutes de la correspondance inédite de Maret avec l'Empereur, confirment pleinement les indications contenues dans les Mémoires de Tchitchakov.

place étant au pouvoir de l'ennemi, et le concours des Autrichiens faisant défaut, il n'y avait plus lieu d'attendre l'Empereur de ce côté, et, par conséquent, l'envoi de quelques milliers d'hommes dans cette direction n'aurait servi qu'à les compromettre. Maret avait raison de penser que « ce qu'il y avait de mieux à faire c'était de conserver ces moyens à l'Empereur [1]. »

Depuis le 16, les communications ordinaires étaient interceptées; aucun des messagers secrètement expédiés n'avait reparu. « Chaque journée qui s'écoule, écrivait Maret le 27, est la plus longue et la plus cruelle de ma vie! »

LIV

Arrivée à Wilna, au milieu d'un bal, d'Abramowicz, l'un des messagers expédiés par Maret à Napoléon. — Nouvelles du passage de la Bérésina; de l'état déplorable de l'armée. — Malgré l'avis fortement motivé de son ministre, Napoléon se décide à partir. — Trajet émouvant de l'Empereur pendant la première nuit à travers une contrée infestée de Cosaques, sous l'escorte de lanciers polonais. — Maret va au-devant de Napoléon.

On dansait, dans la soirée du 28 novembre, chez le commissaire impérial Bignon! Le duc de Bassano avait dû paraître à ce bal, car son absence eût con-

---

1. Maret à Nap., 25 novembre. A cette date, la 34ᵉ division (Loison) n'était pas encore à Wilna. Elle y arriva au moment où l'on venait d'apprendre le passage de la Bérésina. Cette fois, les autorités militaires et Maret lui-même crurent bien faire en envoyant au-devant de l'armée ce renfort important, qui se détruisit de lui-même par suite du contact des « isolés, » et de l'effroyable recrudescence du froid. Napoléon avait prévu ce résultat, et expédié de Molodechtna un contre-ordre, qui arriva trop tard.

firmé des bruits que cette fête avait pour but de démentir. Plus la situation était grave, plus il importait que le ministre eût l'air tranquille et même satisfait. Il était donc là, impassible sous le regard inquisiteur des ministres étrangers dont il maudissait tout bas la présence, parlant bien haut de la défaite de Sacken, des succès de Macdonald devant Riga, s'efforçant d'atténuer ainsi l'impression produite par d'autres événements; par l'affaire Mallet, l'évacuation de Moscou, les désastres de Slonim et de Minsk, qui avaient mis en deuil plus d'une noble famille du pays, mais surtout par le manque de nouvelles de l'armée...

Bignon occupait une partie de l'hôtel du comte Abramowicz; celui-là même qui, depuis six jours était parti déguisé en paysan, pour tâcher de pénétrer jusqu'à l'Empereur.

Tout à coup Maret disparut; les danses cessèrent; le bruit du retour d'Abramowicz, porteur de nouvelles terribles, circula parmi les groupes effarés. Çà et là des sanglots féminins éclataient parmi le murmure sourd des colloques à voix basse. Bientôt, le contraste de cet appareil de fête et de deuil et l'effroi qui remplissait les cœurs devint intolérable; en quelques minutes, ces salons brillamment éclairés furent déserts[1].

Abramowicz n'avait assisté qu'au premier acte du drame de la Bérésina. A travers mille périls, il était arrivé, le 27 au matin, à Studienka, avait repassé la terrible rivière à la suite de l'Empereur, dont il rapportait une lettre pour le duc de Bassano. Cette lettre,

1. Cette scène m'a été jadis racontée par un témoin oculaire, l'honorable M. Desages, qui a rempli longtemps, et d'une façon si supérieure, les fonctions de directeur des affaires politiques au ministère des affaires étrangères. Il était, en 1812, secrétaire particulier du commissaire impérial à Wilna.

la première qui parvenait à destination depuis celle de Smolensk, était ainsi conçue :

> Monsieur le duc de Bassano, je viens de passer la Bérésina; mais cette rivière, qui charrie beaucoup de glaces, rend très-difficile la stabilité de nos ponts. L'armée qui était opposée à Schwarzenberg voulait nous disputer le passage; elle est cette nuit concentrée sur la rive droite de la Bérésina, vis-à-vis de Borisof. Le froid est très-considérable; l'armée est *excessivement fatiguée*. Aussi je ne perds pas un moment pour nous rapprocher de Wilna, afin de nous remettre un peu. Il est possible que je prenne la route de Zembine, Plechtchennitsy, Smorgoni et Ochmiana. Faites faire une grande quantité de pain biscuité et de biscuit. Je suppose que vous avez donné *constamment* de mes nouvelles à Paris[1]. J'ai reçu votre lettre du 22, dont M. Abramowicz était porteur; c'est la première que je reçois. Que fait donc le prince Schwarzenberg?
>
> Studianka, 27 novembre.

Cette lettre et le rapport d'Abramowicz laissaient le duc de Bassano dans une cruelle perplexité. Pendant quatre jours, il ignora comment avait fini ce passage commencé sur des ponts chancelants, sur une rivière en pleine débâcle, avec la perspective inévitable et prochaine d'une attaque sur les deux rives, contre des troupes dont il connaissait maintenant la situation! Ce fut seulement le 2 décembre qu'une nouvelle lettre de Napoléon lui apprit le succès relatif de l'opération, les combats d'Oudinot et de Victor. Cette fois, Napoléon s'expliquait sans réserve sur la *fatigue excessive* des soldats, comme sur les conséquences trop probables de la retraite.

> L'armée est nombreuse, mais débandée d'une manière affreuse. Il faut quinze jours pour les remettre aux dra-

---

1. « J'ai écrit à Paris aussi souvent que j'ai pu le faire sans donner trop à remarquer que les communications avec Votre Majesté étaient interrompues. (Maret, 28 nov.) »

peaux, et quinze jours, où pourra-t-on les avoir? Le froid, les privations ont débandé cette armée. Nous serons sur Wilna; pourrons-nous y tenir? Oui, si l'on peut y tenir huit jours; mais si l'on est attaqué les huit premiers jours, il est douteux que nous puissions rester là. Des vivres! des vivres! des vivres! sans cela, il n'y a pas d'horreurs auxquelles cette masse indisciplinée ne se porte contre cette ville. Peut-être cette armée ne pourra-t-elle se rallier que derrière le Niémen. *Dans cet état de choses, il est possible que je croie ma présence à Paris nécessaire pour la France, pour l'Empire, pour l'armée même. Dites m'en votre avis...* Je désire bien qu'il n'y ait aucun agent étranger à Wilna; l'armée n'est pas belle à montrer aujourd'hui...

Zanivki, 29 novembre [1].

Nous reproduisons textuellement la réponse mémorable de Maret. Il commençait par se disculper d'un reproche que lui avait adressé Napoléon, de le laisser *dans l'obscur de tout* depuis la reprise des communications.

Je n'ai rien dit des affaires de France et d'Espagne, parce que j'avais écrit tous les jours par les estafettes, et que je croyais qu'elles finiraient pour passer, mais surtout parce que je ne pouvais me livrer à d'autres pensées qu'à celles relatives à la situation où Votre Majesté se trouvait, et à l'anxiété que me causait la fausse direction du prince de Schwarzenberg. Ce premier intérêt a absorbé tous mes soins...

Votre Majesté daigne me demander mon avis sur la question de savoir si, dans l'état des choses, sa présence est nécessaire à Paris pour la France, pour l'Empire, pour l'armée même. Je ne crois pas, Sire, que l'intérêt de la France et de l'Europe l'exige. Tout est tranquille, tout se maintiendra longtemps encore dans l'ordre, par l'ascendant de votre pouvoir, et par la confiance si profondément gravée dans tous les esprits, que la présence de

---

1. M. Thiers avait sans doute perdu de vue cette lettre, quand il a écrit que « Napoléon croyait l'armée plus près de sa dissolution qu'il ne voulait en convenir avec M. de Bassano. » (XIV, 643.)

Votre Majesté dans son armée suffira pour tout surmonter. Je l'y crois nécessaire, Sire, pour contenir l'Allemagne, dont la conduite me paraîtrait moins assurée, si ces vastes pays *et surtout la Prusse, se trouvaient entre Votre Majesté et son armée.*

Je n'ai pas eu le temps de réfléchir profondément sur une question aussi importante, mais je me livre à mon opinion de premier mouvement, et comme par une sorte de pressentiment. Dans l'état où se trouve l'armée de Votre Majesté, sa présence peut être la seule force réelle, et plus probablement encore la seule force d'opinion qui lui reste. Je ne la considérerais pas sans effroi abandonnée à elle-même. Votre Majesté, conservant son attitude, imposera à la Prusse, peut contraindre l'Autriche à de véritables efforts. Mais cette dernière question, Sire, il ne faut pas se le dissimuler, ce ne sera pas seulement une question de sentiment et de politique; il s'y mêlera *une question d'argent...* Votre Majesté ne m'a point donné d'instructions pour le prince Schwarzenberg... Mes efforts constants pour le presser d'aller en avant auront peut-être réussi, *mais trop tard.* Il convenait qu'il fût prévenu des événements sur la Bérésina. Je viens de lui écrire... qu'il s'approche du haut Niémen pour couvrir le flanc droit de l'armée et être en mesure d'agir avec elle... Le général Reynier pencherait pour une invasion en Wolhynie... Cette province offrirait des ressources nouvelles quand celles de la Lithuanie s'épuisent. Mais ce serait peut-être éloigner beaucoup une portion précieuse des moyens dont Votre Majesté dispose, et ne convient-il pas, d'ailleurs, pour des motifs *trop apparents*, que l'armée autrichienne soit sous votre main et sous votre action immédiate?

Cette lettre suffirait pour prouver que Maret n'était pas toujours, comme on l'a si souvent prétendu, « de l'avis de Napoléon plus que Napoléon lui-même. » Dans cette circonstance, l'une des plus graves du règne, nous le voyons combattre énergiquement la résolution vers laquelle penche déjà l'Empereur. M. Thiers, qui d'habitude ne gâte pas le duc de Bassano, lui rend justice cette fois. « M. de Bassano, dit-il, qui n'avait pas même le stimulant de ses dangers personnels pour opiner comme il le fit, car il n'était pas dans les rangs de l'armée, eut le mérite bien grand, dans la situation actuelle, d'écrire à Napoléon une longue lettre pour lui conseiller de rester. » Si l'illustre historien avait connu plus tôt cet incident, peut-être aurait-il accueilli avec moins de confiance la tradition apocryphe de docilité, d'admiration à outrance, accréditée par une coterie malveillante. Les lettres de Maret à Napoléon pendant ces cinq mois de séparation ne sont autre chose que la continuation de son travail intime et journalier avec l'Empereur. Ce n'était pas sans doute la première fois qu'il se permettait, depuis douze ans, d'avoir et d'exprimer une opinion personnelle.

Napoléon avait assurément de graves motifs pour quitter l'armée. Il jugea que sa présence était indispensable pour raffermir l'opinion publique ébranlée par un désastre qu'il était impossible de dissimuler plus longtemps, pour concentrer et faire exécuter promptement les mesures propres à le réparer. Il crut aussi, contrairement à l'avis du duc de Bassano, que la nouvelle de ce retour contiendrait plus sûrement l'Allemagne. Toutefois, les objections de Maret et de Daru à ce départ trop semblable à une évasion étaient bien puissantes, et M. Thiers lui-même incline à leur donner raison. S'appuyant sur les renseignements fournis par la correspondance du duc de Bassano, l'illustre historien s'est efforcé de démontrer que l'Empereur aurait pu se maintenir à Wilna, « ressaisir la victoire au milieu de son désastre, » en réunissant aux hommes encore en état de combattre tous les renforts disponibles, Français, Autrichiens et Prussiens. Mais, il faut bien le dire, c'était précisément cette réunion, et, avec elle, le contact inévitable de la cohue désarmée et affamée qui constituait le plus grand péril. La présence de l'Empereur aurait-elle suffi pour neutraliser cette contagion morale? Lui-même semble en avoir douté!

Selon toute apparence, sa détermination fut prise le 4 décembre au soir, pendant le trajet de Molodeczna à Benitsa. Elle n'était pas irrévocablement arrêtée le 2, quand il expédiait, de Sélitche à Paris, l'un des aides de camp du prince de Neufchâtel (Montesquiou), avec ordre de voir, en passant à Wilna, le duc de Bassano, d'annoncer partout sur son passage les succès obtenus sur la Bérésina, *l'arrivée de l'Empereur à Wilna*, de tenir le même langage à Paris, d'y remettre enfin une lettre à l'Impératrice. Ces nouvelles devaient être insérées dans toutes les gazettes, et transmises de suite à Vienne par le ministre des relations extérieures. On pourrait supposer, il est vrai, que cette grande publicité, donnée par anticipation à l'arrivée de l'Empereur à Wilna, avait pour but de donner le change sur son véritable projet, et de prévenir un *accident* pendant la dangereuse traversée de l'Allemagne. Il est certain que, dans ce cas, la mission de M. de Montesquiou aurait eu pareillement son utilité. Mais l'étude attentive des nombreuses lettres adressées au duc de Bassano depuis la Bérésina conduit à penser que Napoléon ne prit son parti que deux jours plus tard, et principalement sous l'influence d'une considération dont ses historiens n'ont pas assez tenu compte : l'appréhension de ne pas trouver des vivres en quantité suffisante à Wilna. Privé d'estafettes depuis plus de quinze jours, il en était resté, sur ce point capital, à la situation peu satisfaisante qu'accusait le duc de Bassano dans sa lettre du 28 octobre. Depuis cette époque, le ministre, le commissaire impérial, la commission de gouvernement avaient déployé une activité extraordinaire pour approvisionner Wilna et Kowno, et obtenu des résultats considérables que Napoléon ne connaissait pas, n'espérait plus au moment où il se décida à quitter l'armée. Dans toutes ses lettres, nous le voyons préoccupé surtout du défaut de renseignements précis sur l'état des magasins de Wilna, de l'impossibilité de tenir dans cette ville si elle n'est pas approvisionnée. C'est la crainte de manquer de vivres qui lui a suggéré, dès le 29 novembre, la prévision sinistre que le ralliement ne pourra s'opérer qu'au delà du Niémen, et c'est alors qu'apparait la première idée du départ. Toutes les lettres parties de Molodechna, le 3 et le 4 décembre, attestent cette préoccupation. « Nous garderons Wilna si nous avons des vivres en quantité suffisante, et si Schwarzenberg manœuvre dans le sens de l'armée (19367). Je ne vois pas du tout l'état des vivres... L'armée meurt de faim... Le gouvernement (lithuanien) n'a rien voulu faire : il se remue actuellement, Dieu veuille qu'il ne soit pas trop tard! (19369-70). » Le 4, il écrit à Maret de venir le joindre, dans la soirée du lendemain, à Smorgoni, en lui recommandant d'apporter les documents sur les vivres. Le ministre rendait compte de démarches pour organiser une *Pospolite* : Napoléon répond que cette mesure aurait dû être prise au commencement de la guerre, non-seulement en Lithuanie, mais dans le duché, et s'emporte à ce sujet contre l'ambassadeur de Pradt, « lequel n'a déployé aucun esprit ni le moindre sens commun. » (Pourquoi donc l'a-t-il choisi, malgré son ministre? Pourquoi surtout l'a-t-il maintenu, ayant vu, dès le mois de juillet, ce qu'il savait faire?) Bientôt il revient sur la question radicale des vivres, avec une énergie qui trahit l'intensité croissante des souffrances dont il est témoin. « La question d'établir des quartiers d'hiver autour de Wilna ou de l'évacuer dépend d'abord de celles des subsistances... Avec des distributions complètes, il faudra même de l'énergie pour rétablir la discipline. Si, par suite de l'imprévoyance du gouvernement, on n'a pas les moyens nécessaires, toutes les mesures qu'on prendra sont désormais insuffisantes. Aucune puissance n'y peut plus rien, et il faudra aller chercher des magasins, et le pays qui peut en fournir... L'armée est à bout... A moins de distributions régulières, rien ne lui est plus possible, *pas même s'il s'agissait de défendre Paris*[1] !» Il finit même par prescrire, d'une façon absolue, l'évacuation immédiate du Trésor sur Dantzig, et semble convaincu d'avance que les renseignements si impatiemment attendus ne pourront être satisfaisants, que Wilna ne pourra être conservé, tout au plus, que comme poste avancé (19373).

Une circonstance particulière, relatée dans cette dernière lettre, dut précipiter la résolution de l'Empereur. Il venait d'acquérir la certitude que « les magasins de Smorgoni étaient peu de chose[2]. » On lui assurait qu'il y avait également très-peu de ressources à Oszmiana. Il en conclut que Wilna ne devait pas être beaucoup mieux approvisionné. Dès lors on se trouvait dans l'hypothèse antérieurement prévue ; l'armée ne pouvait plus se rallier que derrière le Nié-

---

1. C'est ce qu'exprimait non moins vivement le vieux duc de Dantzig à l'un des officiers d'ordonnance, M. de Mortemart : « Dites de ma part à l'Empereur qu'il n'y a qu'une *muraille de pain* qui puisse faire halte à tous ces affamés. »

Tous les renseignements que nous avons pu recueillir des derniers survivants de la campagne de 1812 confirment ce fait capital, que, jusqu'à la Bérésina, la disette avait été le principal dissolvant. Ce fut seulement dans la dernière partie de la retraite que le froid, qui jusque-là n'avait pas dépassé la moyenne de nos hivers, acquit tout à coup une intensité exceptionnelle, et sévit de la façon la plus meurtrière sur ces corps épuisés par des marches et des jeûnes incessants.

2. Un déficit, résultat de graves malversations, avait été récemment signalé dans cette place. Deux gardes-magasins avaient soustrait et vendu un grand nombre de bœufs à un troisième larron, qui les revendait pour l'approvisionnement de Wilna. (*Procès-verbaux*, etc.)

men. En conséquence, l'Empereur, arrivé à la station suivante, écrivit de sa propre main, contre son habitude, le décret qui désignait le roi de Naples pour commander en son absence et l'ordre de ne publier ce décret que deux ou trois jours avant son départ...

Napoléon ne passa que quelques heures à Smorgoni. Après avoir fait annoncer et expliquer son départ aux maréchaux, il partit le 5 à huit heures du soir, sans attendre le duc de Bassano. Ce n'était pas seulement en Allemagne qu'un semblable voyage pouvait être fatalement interrompu. La partie la plus dangereuse du trajet fut celle qu'on parcourut pendant la première nuit, d'Oszmiana à Rownopole. La garnison d'Oszmiana venait d'être vigoureusement assaillie par l'un des plus hardis partisans russes, Seslawin, qui avait devancé l'armée française. Il était campé dans les environs, comptant renouveler l'attaque le lendemain. Malgré les avis, les prières, l'Empereur voulut repartir de suite, au milieu de la nuit. Il comptait sur le brouillard, sur la recrudescence matinale du froid, qui retiendrait l'ennemi près de ses feux. Il comptait aussi, et avec raison, sur le dévouement de l'escorte, composée de lanciers polonais de la garde, que l'officier d'ordonnance Wonsowicz, faisant les fonctions d'interprète, harangua au nom de l'Empereur, et qui jurèrent de mourir jusqu'au dernier pour le défendre. Il était deux heures du matin, quand les quatre voitures et l'escorte se lancèrent dans la direction de Wilna. L'Empereur était dans la première avec Caulaincourt; sur le siége se tenaient, le pistolet au poing, l'œil et l'oreille au guet, le général Lefebvre-Desnoëttes et Wonsowicz, qui a laissé une relation de ce voyage. On entendait par moments la voix lointaine des sentinelles ennemies. Mais la neige amortissait le bruit des chevaux et des roues; et le brouillard, où miroitaient çà et là les feux des bivouacs russes, étaient cependant assez épais pour dissimuler ou du moins réduire à l'état d'ombre vague, indistincte, la ligne sombre d'une troupe en marche. A l'approche du jour, le froid devint terrible! Dans ce trajet, plus meurtrier qu'un combat, plus de la moitié des chevaux de l'escorte s'abattirent pour ne plus se relever, et la chute du cheval, en pareille circonstance, c'était aussi la mort immédiate, inévitable, pour le cavalier. En arrivant à Rownopole, les cent lanciers polonais de la garde étaient réduits à trente-six! L'Empereur, dans une de ses dernières lettres au duc de Bassano, s'était plaint de ne pas avoir été secondé par les Polonais. A partir de ce jour, du moins, ces récriminations disparaissent de sa correspondance!

Au delà de ce relai, le péril devenait moindre, car on avait dépassé, par cette pointe hardie, la zone des forces ennemies concentrées aux alentours immédiats d'Oszmiana. On franchissait rapidement les cours d'eau, les marécages glacés, les vastes plaines interrompues à de longs intervalles par des futaies de sapins. A chaque village, on recueillait des informations sur la marche des ennemis. Souvent on retrouvait sur la neige des traces récentes de leur passage; mais nulle apparition de Cosaques n'arrêta la voiture impériale. Parfois, dans leur course vertigineuse, les intrépides *cognats* (petits chevaux lithuaniens) qui la traînaient, dépassaient de beaucoup les autres voitures et l'escorte. Alors le véhicule qui portait César et sa fortune ne semblait plus qu'un point imperceptible dans une étendue sans limites.

L'Empereur trouva à Miednicki le duc de Bassano, auquel il avait épargné la moitié du chemin. « En ce moment, dit un contemporain, Napoléon oublia tous les périls personnels qui le menaçaient encore, pour concentrer sa pensée sur les informations que lui apportait son habile et fidèle ministre. » (De Bourgoing, 243.) Maret remplaça le duc de Vicence dans la voiture impériale pendant le reste du trajet jusqu'à Wilna. L'Empereur, pour gagner du temps, ne voulut pas y entrer; il fit le tour d'une partie de la ville et descendit dans une maison à demi-brûlée du faubourg de Kowno. Moins de cinq mois auparavant, il avait quitté Maret presqu'à la même place, lui promettant de l'appeler bientôt à Moscou pour négocier la paix. En présence de ce contraste saisissant de fortune, le mot de Bossuet revient à la mémoire : « Quel état ! et quel état ! »

XLV

Deux heures de travail avec l'Empereur. — Approvisionnements immenses réunis à Wilna par Maret et Bignon pour l'armée, qui n'en profitera pas. — Efforts de Maret pour pallier nos malheurs dans sa correspondance. — Il fait partir le corps diplomatique, et part lui-même pour Varsovie, après avoir conféré avec Murat, Berthier et Daru.

Le duc de Bassano apportait les documents complets sur l'approvisionnement de Wilna. Malgré l'impatience de Napoléon, il avait été matériellement impossible de les lui fournir plus tôt, le comité des subsistances lithuanien n'ayant terminé son travail que le 5 au matin. Quant Maret eut prouvé que tous les services étaient assurés pour cent mille hommes pendant quarante jours, Napoléon s'écria : « Vous me rendez la vie ! » (Notes du duc de Bassano.)

Ces informations, si elles lui étaient parvenues deux jours plus tôt, auraient peut-être modifié une détermination sur laquelle il n'y avait plus à revenir. Mais, dans sa nouvelle situation, elles le soulageaient encore d'un poids immense. Il y puisa la conviction (trompeuse, hélas!) que le roi de Naples, disposant de telles ressources, pourrait, sinon vaincre les Russes, du moins arrêter leur poursuite, et rester dans une attitude imposante sur le Niémen[1].

En présence de la situation financière dont nous avons précédemment essayé de donner une idée, il avait fallu, depuis le mois d'octobre, recourir à des expédients énergiques pour se procurer cette masse d'approvisionnements. La réunion des vivres-viande surtout offrit d'immenses difficultés dans les derniers temps. Au mois de novembre, les progrès des armées russes resserraient journellement la zone de territoire dans laquelle pouvaient encore s'opérer, par les soins des intendants français, les réquisitions et le recouvrement des impôts. A la fin, on s'était aperçu que le système des réquisitions compromettait gravement la récolte prochaine, parce que beaucoup de cultivateurs livraient leurs bœufs de labour. D'accord avec le duc de Bassano et le commissaire impérial Bignon, le comité de subsistances résolut, et, malgré la difficulté croissante des circonstances, vint à bout de traiter avec des spéculateurs juifs, qui consentaient à être payés de leurs fournitures sur le revenu des biens délaissés par les Russes, ou sur l'emprunt qu'on se proposait de contracter en y affectant ces biens comme garantie. C'est ainsi qu'on avait obtenu des résultats si prompts et si considérables.

---

1. D'après les instructions qu'il avait laissées en partant au nouveau commandant en chef, celui-ci devait, dans l'hypothèse la plus favorable, celle où l'ennemi s'arrêterait, et où l'on croirait pouvoir tenir en deçà du Niémen, « rallier l'armée à Wilna, tenir cette ville et prendre ses quartiers d'hiver sur Wilna et Grodno. » Dans le cas contraire, on devait garder au moins Kowno comme tête de pont. Mais Napoléon seul aurait pu suffire à cette tâche.

Quant aux approvisionnements de fourrages, on y avait pourvu en recevant des livraisons des contribuables en acquit des impôts exigibles jusqu'à concurrence des deux tiers, et en soldant le dernier tiers en argent comptant. Chaque jour, dans ses rapports au duc de Bassano, le commissaire impérial indiquait soigneusement la quantité de fourrages et le nombre de bestiaux emmagasinés le jour précédent. En résumé, Maret était parvenu à réunir à Wilna du pain, du biscuit et de la farine pour quarante jours, sans compter les blés des magasins d'hiver, qui commençaient à arriver de la Samogitie, et pour lesquels les moyens de mouture étaient assurés : de la viande sur pied pour cent mille hommes pendant au moins trente-six jours, de la bière et de l'eau-de-vie dans une proportion plus grande encore, trente mille paires de souliers, et une très-grande quantité de fusils, d'effets d'habillement et d'équipement. Dans toutes ces opérations, les autorités françaises avaient été secondées avec un zèle admirable par la commission du gouvernement, et particulièrement par le comité des subsistances, à la tête duquel était placé le comte de Tysenhaus[1]. Ces prodiges d'activité devaient rester inutiles !

« Dans un travail de deux heures, Napoléon régla avec son ministre tout ce qui concernait la politique

---

[1]. Tysenhaus, l'un des grands propriétaires de la Lithuanie ; après avoir été, dans l'origine, fort ennemi des Russes, s'était ensuite rallié à eux pour sauver ses biens de la confiscation. Il s'était fait ainsi beaucoup d'ennemis parmi les patriotes qui n'avaient pas cessé d'être persécutés. Cette circonstance avait empêché le duc de Bassano de le placer tout d'abord dans la commission de gouvernement, où l'Empereur regrettait de ne pas le voir. (*Corr.*, 18994.) Il n'y entra qu'à la fin de septembre, en remplacement du prince Sapieha, décédé. Suivant Maret, Tysenhaus était « homme d'action plutôt que de délibération ; » aussi rendit-il de grands services dans ces derniers temps, où il fallait surtout agir. Ainsi que la plupart de ses collègues, il suivit la retraite de l'armée française.

du moment et la situation de l'armée. » (Notes de Maret.) Celui-ci avait à rendre compte des mesures qu'il avait prises pour l'exécution des ordres reçus depuis le rétablissement des communications. C'était l'objet de plusieurs rapports que l'Empereur parcourut rapidement et qui portent des annotations de sa main.

Conformément aux intentions de l'Empereur, Maret avait fait partir de suite les ministres étrangers. Ceux-ci étaient naturellement de fort mauvaise humeur d'être forcés de se mettre en route dans de pareilles circonstances et par un froid si vif. Le ministre leur ayant dit que, selon toute apparence, il les suivrait de près, plusieurs avaient malignement ébruité cette confidence, et « il en était résulté à Wilna des inquiétudes qu'aggravaient encore les propos des officiers qui commençaient à arriver... » Maret avait en même temps prévenu l'ambassadeur de France à Varsovie, que les membres du corps diplomatique se rendaient dans cette ville. « Il leur avait annoncé qu'il ne tarderait pas à les y suivre, afin de les déterminer à partir plus promptement (5 décembre). » Cette dépêche était antérieure à la réception de l'ordre qui l'appelait à Smorgoni. Maret, à cette date, ne connaissait pas encore la résolution définitive de l'Empereur, et ne voulait rien dire qui pût la faire préjuger.

Le retour du souverain à Paris entraînait celui du ministère des affaires étrangères. Il reçut donc l'ordre de quitter Wilna aussitôt que Daru, Murat et Berthier y seraient arrivés. Il devait seulement prendre le temps de mettre le premier, faisant alors les fonctions d'intendant général, au courant des ressources amassées à Wilna, et « d'entretenir le roi de Naples et le prince de Neufchâtel des intentions de l'Empereur, et des moyens qu'ils avaient de les remplir. » En remontant en voiture, Napoléon lui dit encore :

« Je compte que vous réussirez à persuader au roi de Naples qu'il peut faire prendre une face nouvelle à la retraite; dites-lui que le salut de l'armée est là, que je compte sur lui ! » Chargé de communiquer aux cours alliées le vingt-neuvième bulletin et la nouvelle du départ, Maret accepta cette tâche avec résignation. Nous ignorons si Napoléon avait réussi à le convaincre qu'il prenait le meilleur parti en s'éloignant, mais on ne peut qu'approuver la discrétion du ministre qui, après avoir vivement combattu cette détermination, ne s'en vanta jamais. Il fit encore son devoir en s'efforçant de mettre en relief, dans sa correspondance diplomatique, les considérations qui pouvaient être alléguées avec avantage pour expliquer ce départ. La dépêche suivante, adressée à de Pradt, donnera une idée du langage que tint Maret dans cette circonstance si difficile.

Monsieur l'ambassadeur, je transmets à Votre Excellence le vingt-neuvième bulletin. Vous y verrez quelle est la situation actuelle de l'armée, et quelles sont les circonstances qui ont influé sur ses opérations. L'ennemi a été battu toutes les fois qu'il a été attaqué; il a souffert plus que nous. Ses forces sont extrêmement réduites, et si la prudence n'exigeait pas de donner du repos à l'armée après de si longues marches, et de la placer de manière à ce qu'elle puisse aussi vaincre l'intempérie de la saison, rien n'empêcherait qu'elle fît tête à l'ennemi, dont tous les calculs avaient eu pour objet de mettre obstacle au passage de l'armée, et qui a complétement échoué. Tous les combats qu'il a hasardés dans ce but ont constamment été à son désavantage.

Dans cette situation, la présence de Sa Majesté cessait d'être utile à l'armée, et devait l'être éminemment dans sa capitale, tant pour l'exécution des ordres donnés par Elle, afin de faire marcher 300,000 hommes au commencement de la campagne, que pour l'administration de son Empire. *C'est ce que les chefs de l'armée ont respectueusement représenté à Sa Majesté.* Elle est partie hier, à une heure après-midi, avec ses grands officiers; Elle s'arrêtera quelques moments à Dresde[1], et ne s'arrêtera plus jusqu'à Paris. J'aurai l'honneur de vous entretenir plus en détail à Varsovie même; je compte partir demain pour m'y rendre.

En attribuant aux maréchaux l'initiative de cette détermination, le duc de Bassano se conformait sans doute aux ordres de l'Empereur.

Les derniers moments qu'il passa à Wilna ne furent pas les moins pénibles. Il eut le temps d'apprendre le désastre de notre dernière réserve, la division Loison, foudroyée par un froid de plus de vingt degrés; de voir la foule lugubre des isolés se presser aux portes, se traîner dans les rues. C'en était fait pour toujours de l'illusion laborieusement entretenue jusque-là par le fidèle ministre, qui n'avait parlé que des défaites des Russes, et caché la revanche prise par leurs effroyables auxiliaires, le froid et la faim. On comprend que nos ennemis en aient voulu à Maret de sa dissimulation; on comprend moins qu'elle lui ait été reprochée par des Français!

Le roi de Naples, le major général parurent dans la matinée du 8. Le duc de Bassano courut leur communiquer les derniers ordres; il fut navré de leur attitude découragée. Cependant, dans une seconde conférence, Murat, un peu ranimé, promit « de tenir à Wilna autant que les circonstances le permettraient. » Les instructions de Napoléon ne permettaient pas à Maret de demeurer plus longtemps dans cette ville, où sa présence devenait inutile dans toutes les éventualités. Il partit donc le soir même, désolé de ce qu'il voyait et de ce qu'il prévoyait. Il fit néanmoins bonne contenance, encouragea et consola de son mieux les Lithuaniens

1. L'Empereur avait eu d'abord l'intention de prendre la route de Thorn. Il se décida ensuite à passer par Varsovie, pour relever par sa présence le courage des membres du gouvernement, et aussi pour faire moins de trajet sur le territoire prussien.

consternés, leur répéta ce qu'il croyait lui-même, que ce ne serait là qu'une éclipse passagère de notre fortune et de leurs espérances patriotiques. Il conseilla à la commission de gouvernement, dans l'hypothèse trop vraisemblable de l'évacuation de Wilna, de se diriger sur Bialystok, où les Russes n'avaient pas encore pénétré ; son rôle étant de se retirer la dernière du sol lithuanien. Pour lui, il devait se diriger sur Varsovie, y passer quelques jours, et de là se rendre à Paris en s'arrêtant seulement quarante-huit heures à Berlin.

Les relais étaient déjà désorganisés sur la route de Kowno. Maret voyagea donc d'abord avec ses chevaux, qui souvent ne pouvaient aller qu'au pas à cause du verglas et de la neige[1]. Il finit par quitter sa voiture, et fit, malgré le froid, une bonne partie de la route en traîneau découvert. Ce fut dans cet équipage qu'il fit son entrée à Varsovie le 16 au matin. « Il était tout couvert de frimas, ayant voyagé toute la nuit par un froid de vingt à vingt-cinq degrés » (de Pradt). Mais il n'avait pas le temps d'être malade...

XLVI

Maret à Varsovie. — Entretien avec de Pradt, qui lui épargne la peine de le révoquer en sollicitant son rappel. — Dernières bévues de cet ambassadeur. — Encore l'*Histoire de l'Ambassade*. — Le duc de Bassano, de concert avec Poniatowski s'efforce de relever le courage des Polonais. — Rapport de Bignon sur l'évacuation de Wilna. — Maret à Berlin ; belles promesses du roi de Prusse.

Le duc de Bassano trouva à Varsovie une lettre de l'Empereur qui le chargeait, entre autres choses,

---

1. Maret à Nap., 16 décemdre.

d'une commission peu agréable pour l'ambassadeur[1]. « J'ai été on ne peut plus étonné, écrivait Napoléon, de tous les ridicules propos que m'a tenus l'abbé de Pradt pendant une heure. Je ne lui ai pas fait sentir. Il paraît qu'il n'a rien de ce qu'il faut pour la place qu'il remplit. Cet abbé n'a que l'esprit des livres. Vous pouvez le rappeler tout de suite, ou à votre arrivée à Paris. » C'était une disgrâce complète, Maret crut devoir lui donner la forme la moins humiliante pour l'ambassadeur. Celui-ci n'avait pas été sans s'apercevoir que sa conversation avait déplu. En conséquence, il avait préparé un long mémoire pour le duc de Bassano. Il parlait des souffrances physiques (?) et morales qui avaient, selon lui, gravement compromis sa santé, « se plaignait d'avoir été jeté, sans égard pour son caractère, dans une mission qui avait *un côté révolutionnaire très-prononcé*, réduit à l'état d'instrument passif, etc., » et finissait par demander son rappel. Maret applaudit à sa détermination, et l'autorisa à se retirer, en donnant à sa retraite la couleur qui lui conviendrait le mieux (de Pradt, 226). Le ministre n'agissait pas ainsi, uniquement pour ménager la susceptibilité de son interlocuteur; il se préoccupait, et non sans raison, de l'effet que ce changement devait produire dans le duché. Il pensait que cette disposition, suivant immédiatement le départ de l'Empereur et l'arrivée de son ministre, serait attribuée plus naturellement à des motifs personnels. Si elle n'avait été prise qu'après le retour de Paris, ce qui entraînait un retard d'un mois, elle aurait pu être considérée comme une sorte d'abandon du pays[2]. » Les intentions de l'Empereur étant ainsi remplies, Maret ne laissa même pas soupçonner à l'archevêque

---

1. Lettre écrite de Kutno (à vingt lieues de Varsovie), le 11 décembre (*Corr.*, 19384.)
2. Maret à Nap., 16 décembre.

les ordres qui le concernaient, et M. de Pradt lui-même convient qu'il agit en ceci de la façon la plus délicate, la plus honorable. Il l'en récompensa, trois ans plus tard, en lui consacrant soixante pages d'invectives dans l'*Histoire de l'ambassade*, pamphlet lancé courageusement après la deuxième abdication [1].

M. de Pradt reproche surtout à Maret, dans cette circonstance, « une monstrueuse ingratitude » à l'égard de l'ex-constituant Dandré. Voici ce qui s'était passé. Après s'être longtemps tenu à l'écart, ce personnage avait manifesté tout à coup, en 1812, le désir d'être employé par le gouvernement impérial. Il s'était adressé au duc de Bassano, auquel le recommandaient d'anciens souvenirs, et qui l'avait plus d'une fois protégé contre les délations des agents de Fouché et de Savary. Dandré avait été naguère fort mêlé aux intrigues royalistes ; en conséquence, Maret avait eu l'idée de lui donner une position conforme à ses antécédents, la direction de police secrète de l'armée, et c'était pour cela qu'il l'avait fait venir à Paris. Mais, dans cet intervalle, les événements ayant pris une tournure défavorable, Maret pensa que l'armée « n'était pas bonne à montrer » à un ancien royaliste

---

1. Ce livre, qui obtint en 1815 un grand succès de scandale, est à peu près oublié aujourd'hui. L'auteur ne tarda pas à en regretter la publication, s'étant aperçu qu'elle lui avait fait plus de tort qu'à ceux dont il avait voulu se venger. Voici un échantillon de la manière dont le duc de Bassano y est traité : « Quel est donc ce duc, que, pour le malheur de la France, on trouve attaché à toutes les époques de la Révolution, depuis la loge de l'Assemblée, dans laquelle il est né à la politique, jusqu'aux plus grands honneurs du ministère, et qui embarrasse le monde de la valeur intrinsèque d'un *gazetier* parvenu ? La médiocrité ambitieuse, la complaisance de soi-même jusque dans les plus minces détails, le sybaritisme de la vanité, un Philinte au cœur de fer, un avare fastueux de sensibilité, un génie sublime dans une coterie, la singerie du maître, le raffinement de la servilité, la morale et l'éloquence du *Moniteur*, tel me paraît être ce duc, *un des fléaux de notre âge.* »

aussi récemment converti que celui-là. Il lui avait donc écrit de ne pas dépasser Varsovie, de l'y attendre, et finalement il l'engagea à repartir de suite pour Paris, en l'indemnisant de ses frais de voyage. Cette façon d'agir était d'autant plus simple que le ministre, auprès duquel Dandré avait sollicité un emploi, retournait lui-même à Paris; et probablement M. de Pradt n'y aurait rien trouvé à redire, si Dandré n'était pas devenu ensuite l'un des ministres de la Restauration [1].

Pendant son séjour à Varsovie, le duc de Bassano parut naturellement, à l'ambassadeur disgracié, « fort au-dessous de sa réputation. » Il faut, pour la même raison, se méfier de certains propos manifestement apocryphes qu'il lui attribue dans cette circonstance. Ceci ne s'applique pas à des observations fort sages, que l'abbé de Pradt rapporte en s'efforçant de les tourner en ridicule. Ainsi, quand il se plaignait d'avoir été, lui ambassadeur! contraint de s'occuper d'achats de chevaux, de fourrages et d'avoine, le duc de Bassano a fort bien pu lui dire qu'il n'y avait rien là de si humiliant, à cause de l'importance du but; que lui-même, ministre, avait fait pendant cinq mois à Wilna le métier de commissaire des guerres. Cette réponse, que l'archevêque trouve *naïve*, n'était que sensée. Il trouvait également absurde que *le duc* s'obstinât à affirmer, « avec l'air de conviction qu'on lui connaissait, » que, dans cette guerre, c'était la France qui avait été provoquée, que tous les malheurs de la retraite avaient été causés par le manque de subsistances, et non par l'habileté de l'ennemi. Ce qui le mettait surtout hors de lui, c'était que Maret essayât de dissimuler, d'atténuer nos malheurs, qu'il eût ren-

1. Dandré avait, l'un des premiers, appelé l'attention de ses collègues sur le *Bulletin de l'Assemblée nationale*, et obtenu pour son rédacteur une loge spéciale.

voyé si brusquement les agents diplomatiques étrangers ! L'ex-ambassadeur n'avait point à se reprocher de ces atténuations ; « non-seulement il désespérait de tout, mais il en faisait parade, il le proclamait, là surtout où il eût dû le taire! » Ce fut principalement pendant les quelques jours qui s'écoulèrent entre le départ du duc de Bassano et le sien propre, qu'il se donna libre carrière pour prêcher le découragement, la désertion, se vantant d'avoir « parlé avec fermeté » au duc et à l'Empereur lui-même, conseillant aux Polonais de penser à eux, puisque *tout était fini ;* recherchant même avec quelques-uns à quels nouveaux maîtres ils devraient se livrer. Enfin, pour couronner l'œuvre, il avertissait, de son chef, le commandant du corps auxiliaire autrichien qu'il pouvait se dispenser de toute offensive et se garder de sacrifier « un seul homme de plus [1]. »

Au grand scandale de l'ambassadeur, Maret s'était

---

1. Consulter, pour plus de détails, les *Souvenirs* du baron Bignon (Paris, Dentu).

Pendant les dernières péripéties de la retraite, le prince de Schwarzenberg n'avait pas fait un mouvement pour se rapprocher de l'Empereur, malgré les avertissements réitérés du duc de Bassano. Il prétendait, pour justifier son inaction dans cette crise, « que le duc l'avait laissé dans l'ignorance sur la nature du mouvement de l'armée et sur sa position, » ce qui était absolument inexact. Maret lui avait écrit le 2, en son propre nom, que l'Empereur, après avoir forcé le passage de la Bérésina, « marchait dans la direction de Wilna, où il arriverait probablement de sa personne avant six jours, » et engageait Schwarzenberg « à se rapprocher du haut Niémen et du flanc droit de l'armée. » Le 4, il lui transmettait, de la part de l'Empereur, un ordre formel dans le même sens. « Sa Majesté est arrivée le 3 à Molodeczna ; elle m'écrit qu'elle attache la plus grande importance à ce que vous suiviez le mouvement de l'armée, et que vous manœuvriez dans le sens de la position actuelle ; elle regarde la rapidité de votre marche comme pouvant avoir une grande influence sur l'état des affaires. » Schwarzenberg affecta de ne pas comprendre, et se retira dans la direction de Bialystok, qui l'éloignait du haut Niémen, où se décidait le sort de la campagne. (V. Chambrai, II, 416 et suiv.)

efforcé d'abord de révoquer en doute la nouvelle de l'évacuation précipitée de Wilna; au fond, il était moins incrédule, plus anxieux qu'il ne lui convenait de le paraître. « Si cette retraite a eu lieu si près de mon départ, écrivait-il à Napoléon, je ne puis me défendre d'inquiétudes assez vives » (16 décembre). A cette date, ses inquiétudes étaient déjà dépassées par l'événement. Moins de deux jours après son départ, Wilna était au pouvoir des Russes. Maret fut moins surpris qu'affligé de cette dernière catastrophe. C'était le résultat trop facile à prévoir d'un concours de circonstances fatales; des marches forcées depuis la Bérésina, de la rigueur croissante de la saison, de l'impression produite par le départ de l'Empereur. Tout cela n'aurait pas suffi peut-être, sans l'énergie que déployèrent dans cette circonstance les chefs de l'artillerie volante, de la cavalerie et des Cosaques, qui avaient devancé de bien loin sur nos traces les débris de l'armée russe.

Le duc de Bassano resta jusqu'au 20 décembre à Varsovie, pour relever le courage des Polonais. Il fut secondé dans cette tâche par son compagnon de voyage Lauriston, et surtout par le prince Poniatowski, dont le dévouement à la cause de sa patrie et de la France demeurait supérieur à toutes les épreuves. Il précédait à Varsovie les cinq ou six mille hommes du corps polonais restés sous les armes. Ayant pris, au sortir de Wilna, la route de Grodno, ils avaient échappé à l'effroyable encombrement de la montagne de Ponari, et conservé tous leurs canons. Dans le cours de cette glorieuse et fatale campagne, Poniatowski avait eu parfois à se plaindre de Napoléon. Il avait prévu; prédit, sans être écouté, les funestes conséquences de la destination assignée au corps autrichien. Plusieurs fois il s'était entendu accuser de lenteur, de mollesse, quand il faisait plus que l'impossible[1]. Pourtant, dans cette crise, on pouvait compter sur lui plus que sur certains Français. Maret, Lauriston et lui eurent plusieurs conférences avec les ministres et les principaux membres de ce Conseil de la Confédération, dont l'archevêque s'était constamment attaché à paralyser l'influence « révolutionnaire ! » Dans ces conférences, que l'ambassadeur disgracié qualifie de *commérages*, on discuta les mesures qu'exigeaient les circonstances. Les avis furent partagés sur l'opportunité d'une Pospolite, mais tout le monde fut d'accord sur les dispositions nécessaires pour le recrutement et la régornisation du corps polonais. « Poniatowski, écrivait Maret, met tout son intérêt et son influence à faire réussir ces mesures; et, si le duché n'est pas envahi, on peut espérer. » (19 décembre.) Malheureusement, sa défense se trouvait provisoirement dévolue aux Autrichiens.

Le duc de Bassano était fort inquiet des membres du gouvernement de Lithuanie, ainsi que du commissaire impérial, qu'il se proposait de réintégrer dans le poste de Varsovie. Le temps s'écoulait, et Maret fut forcé de partir pour Berlin sans avoir reçu de leurs nouvelles. N'ayant pu aller à Bialystok, comme Maret l'aurait voulu, ils s'étaient dirigés sur Varsovie, où ils arrivèrent quelques heures après le départ du duc. Bignon se hâta de lui en donner avis, et joignit à sa lettre un rapport détaillé sur ce qui s'était passé sous ses yeux, à Wilna, dans les derniers moments. Il parlait aussi du déplorable encombrement qui avait eu lieu à la montée de Ponari, et causé la perte des fourgons du Trésor, dont les attelages n'avaient pu franchir cette pente rapide que le verglas rendait inaccessible. Un illustre historien a

---

1. On trouvera, dans nos *Souvenirs d'un officier polonais* (Charpentier), des détails intéressants sur la conduite héroïque de Poniatowski et de ses troupes pendant cette campagne.

cru devoir imputer ce surcroît de malheur au duc de Bassano, qui, « pour ne pas avouer trop tôt le danger de la situation, aurait laissé ces fourgons le plus longtemps possible à Wilna. » Une note de Maret rejette la responsabilité de cette catastrophe sur la confusion qui régnait dans l'état-major général. Suivant lui, « un seul officier d'état-major eût suffi pour faire prendre, avant cette côte, la route de Grodno qui se présentait à gauche, et d'où l'on pouvait ensuite rejoindre celle de Kowno par une traverse qui contournait l'escarpement de Ponari. » Il est certain que plusieurs conducteurs, qui connaissaient les localités, sauvèrent leurs voitures en suivant cette direction.

Le duc de Bassano répondit de Berlin au commissaire impérial : « Je ne connais pas assez les événements actuels pour blâmer le gouvernement de Lithuanie de n'être pas allé à Bialystok, conformément à vos instructions. En les suivant, il donnait de la dignité à sa chute. Je vous enverrai de nouvelles instructions de Paris. En attendant, les choses doivent rester dans le même état[1]. »

Maret ne passa que deux jours à Berlin. Nous croyons devoir reproduire sa lettre du 24 décembre à l'Empereur, dans laquelle il rendait compte de son entrevue avec le roi de Prusse et son premier ministre, et de leurs dispositions apparentes à cette date.

1. Maret à Bignon, 25 décembre. La justification des membres du gouvernement était facile. Conformément à l'armistice verbal négocié avec le prince de Schwarzenberg par le conseiller russe d'Anstedt, que nous retrouverons en 1813 au congrès de Prague, armistice que conseillait d'un autre côté l'ex-ambassadeur de Napoléon, les Autrichiens évacuaient le sol lithuanien. Les membres du gouvernement, en se rendant à Bialystok, auraient été certainement enlevés par les Russes.

Maret, aussitôt arrivé à Paris, nomma Bignon au poste de Varsovie. Aussi ce diplomate a eu sa bonne part des injures de M. de Pradt.

Arrivé le 23 à quatre heures de l'après-midi, j'ai vu le même jour les ministres. Le roi était à Berlin, mais il n'y reçoit personne. Il m'a fait dire par le chancelier (Hardenberg) qu'il désirait me voir aujourd'hui à l'heure du dîner. Je m'y suis rendu ; toute la famille royale était réunie... N'ayant pas d'instructions, je me suis tenu dans les généralités. Je n'ai rien eu à faire pour présenter la situation actuelle des choses sous l'aspect le plus convenable. Le roi et le ministre m'ont parlé d'abord, comme j'aurais parlé moi-même. Ils ont exprimé l'un et l'autre une entière confiance dans les ressources de Votre Majesté, et dans les événements futurs (?). Le roi a manifesté la ferme intention de persévérer dans l'alliance. Il a énoncé légèrement un vœu pour la paix; mais, dans la supposition qu'il regarde comme la plus probable, celle de la continuation de la guerre, il se montre prêt à faire, pour y concourir, tout ce qui sera dans les intentions de Votre Majesté, et tout ce que permettent l'épuisement de la Prusse et l'état déplorable de ses finances. Ici le roi a parlé des réclamations qu'il avait formé pour les fournitures faites au delà de ses engagements[1]. J'ai répondu que la question serait traitée avec M. de Krusemarck, dont Sa Majesté l'Empereur a demandé le prompt retour à Paris. Il s'est plaint ensuite de ce que le général York n'avait encore reçu du duc de Tarente aucun ordre pour son mouvement rétrograde. Il craint que ce corps ne soit compromis. « Les Russes, a-t-il ajouté, ne me traiteront pas comme ils ont traité l'Autriche pendant toute cette campagne. » Ce mot est le seul qui ait eu trait à la politique générale. Le roi, en me congédiant, m'a chargé de dire à Votre Majesté qu'il avait tout fait pour mériter sa confiance, qu'il fera tout pour la justifier et qu'il sera fidèle à ses engagements.

Le chancelier tint le même langage. Il insista seulement davantage sur la détresse du pays et sur celle de l'État. « Le travail pour l'augmentation du con-

---

1. Le conseiller d'État prussien, comte de Beguelin, avait été chargé de porter ces réclamations à l'Empereur, pendant la campagne. Il était de ceux qui d'abord voulaient absolument dépasser Wilna, et qui, ensuite, ne voulaient plus s'en aller.

tingent déjà réclamée par l'ambassadeur Saint-Marsan n'était pas encore signé, mais l'approbation du roi était certaine. » Tout semble indiquer qu'à cette date ce langage était sincère au moins de la part du roi. Telle fut aussi l'impression que rapporta à Paris le duc de Bassano. Mais il était resté trop peu de temps à Berlin pour se rendre compte suffisamment, par lui-même, de l'état des esprits; et il eut le tort de s'en rapporter absolument, sur ce point, aux appréciations optimistes de l'ambassadeur français Saint-Marsan, et du comte de Narbonne[1]. Il admit trop facilement que Napoléon avait eu raison contre lui, que, de Paris, il en imposerait plus à l'Allemagne qu'il n'eût fait en s'obstinant parmi les débris de son armée. Cette fois, le fidèle ministre s'abusait en croyant que son « pressentiment » l'avait trompé. Ses premières appréciations allaient être trop bien confirmées par l'événement.

XLVII

Retour de Maret à Paris. — De Pradt remplacé par Bignon. — Défection de la Prusse.

« Le duc de Bassano a joui de toute la confiance de Napoléon. Il ne la perdit jamais, et la justifia toujours; attaché à sa haute fortune, il le fut plus encore à ses revers[2]. » C'est surtout à la conduite que tint Maret pendant les dernières années de l'Empire, que convient cet éloge, l'un des plus honorables et des plus sincères qui aient jamais été prononcés sur la tombe d'un homme de bien.

1. Ce dernier, expédié de Smorgoni, n'avait devancé que quelques jours Maret à Berlin.
2. Étienne. Discours prononcé sur la tombe du duc de Bassano.

De retour à Paris dans les premiers jours de décembre 1812, le duc de Bassano avait repris ses habitudes ordinaires de travail au ministère des relations extérieures. En vain on cherchait à surprendre dans sa conversation, sur sa physionomie, quelque trace des angoisses du passé, d'inquiétude pour l'avenir; tout en lui exprimait la certitude d'une revanche complète et prochaine. Cette attitude qu'on lui a tant reprochée n'était pas, comme on le verra bientôt, une preuve d'aveuglement, encore moins d'insensibilité, mais bien l'accomplissement d'un devoir.

L'un de ses premiers soins fut de pourvoir au remplacement définitif de M. de Pradt, dont la conduite avait si tristement justifié ses prévisions. L'ancien ministre résident Bignon, qui avait donné à Wilna, en qualité de commissaire impérial, tant de preuves malheureusement inutiles d'intelligence et de zèle, fut rappelé au poste de Varsovie. Il avait demandé celui de Naples, pour des raisons de santé, mais Napoléon et Maret jugèrent que Bignon était le seul homme capable de réparer ce qui pouvait encore l'être dans le duché.

Mon cher commissaire, lui écrivait Maret, vous trouverez que j'arrange bien mal vos affaires. Je n'ai pu les faire mieux. Je le voulais, et c'était presque malgré moi. Vous nous auriez été bon partout, mais vous êtes excellent où vous vous trouvez. Il ne faut donc plus penser au sol classique de la Campanie. Qui sait, cependant? Ne désespérez de rien. Tous vos désirs restent gravés dans ma mémoire. Croyez qu'elle est fidèle, et que le jour où je pourrai faire ce que vous désirerez, sera celui où j'aurai fait l'une des choses les plus agréables pour moi.

Je vous engage officiellement à garder auprès de vous vos Jagellons détrônés[1]. Donnez-moi de leurs nouvelles et de tout ce qui les intéresse. Rappelez-moi à l'amitié du

---

1. Les membres de la Commission lithuanienne.

comte Alexandre (Pac). Il m'a donné bien de l'inquiétude, mais j'ai enfin appris qu'il s'était trouvé fort bien de s'être égaré. J'écris à Sierakowski. Parlez, je vous prie, au comte Soltan du tendre intérêt que je prends à ses peines, et de la véritable estime que j'ai pour lui. Parlez-moi un peu de tout le monde, des personnes à qui nous ne voulions que du bien, et qui sont si malheureuses. (Lettre confidentielle et olographe, du 29 janvier 1813.)

Le duc de Bassano sentait profondément la nécessité d'exercer une surveillance active sur les dispositions des cours de Prusse et d'Autriche. Il était, sous ce rapport, médiocrement secondé à Berlin par un ambassadeur trop confiant, M. de Saint-Marsan. Celui-ci continuait à lui transmettre, de la part du premier ministre et du roi lui-même, de nouvelles protestations de fidélité inébranlable, quand arriva à Berlin la nouvelle de la défection du général York, commandant le corps auxiliaire prussien (30 décembre). Tous les documents contemporains semblent indiquer que cette démarche n'avait été ni autorisée, ni prévue, et que l'indignation du roi fut égale à sa surprise, au moins dans les premiers moments. Le duc de Bassano, cependant, répondit aussitôt à l'ambassadeur : « Le général York a-t-il effectivement agi ou non de lui-même? L'Empereur suspend son jugement sur ce point, *mais ne doit négliger aucune précaution*. Mais, quels que soient les sentiments que le gouvernement prussien manifeste, il faut se conduire comme si on avait tout à craindre, parce qu'on aurait tout à craindre en effet, si sa position le jetait dans le désespoir. Les Français ne sont que trop portés à la confiance. Sa Majesté vous recommande d'engager le duc de Castiglione (commandant des troupes françaises à Berlin) à être constamment sur ses gardes. » Il s'attacha néanmoins à donner une grande publicité aux nouvelles assurances de fidélité que le cabinet prussien et le roi lui-même faisaient parvenir à Paris. Elles furent l'objet d'un long article inséré dans le *Moniteur* du 12 janvier. Mais en même temps le duc recommandait à tous nos ambassadeurs d'affirmer que la France était en mesure de parer à toutes les éventualités, quand même ces assurances ne seraient pas sincères ou devraient cesser de l'être.

Les sentiments des alliés de la France et leur attachement à la cause commune n'ont pas un seul moment cessé d'être les mêmes. Si les intentions de S. M. le roi de Prusse ont été trahies par l'un de ses généraux, cela n'a servi qu'à mieux prouver sa fidélité au système qui l'unit à nous. Mais il était dans les vœux du peuple français de proportionner ses efforts présents non pas seulement à nos pertes déjà en partie réparées, *mais encore au besoin de garantir contre tous les événements* sa considération, sa gloire et la sûreté de ses alliés. Une noble rivalité s'est établie entre les départements, les cantons, les villes... Ainsi la France manifeste sa double force, et celle qui repose sur l'immensité de ses ressources matérielles, et celle qui naît de l'unanimité d'ardeur et de zèle dans un grand peuple. C'est là ce que vous devez faire sentir, soit pour rassurer les hommes timides, soit pour confondre les hommes malveillants. (Dépêche du 13 janvier.)

Malgré les dispositions non équivoques de l'armée et des populations prussiennes, malgré les sollicitations pressantes de la Russie, de l'Angleterre, et les encouragements secrets de l'Autriche, le premier ministre prussien Hardenberg et surtout le roi hésitaient à rompre avec la France. Ils s'effrayaient de la perspective d'une lutte nouvelle, qui, cette fois, pouvait avoir pour résultat l'entière destruction de la monarchie. Aussi de graves historiens ont pensé que Napoléon aurait pu retenir le cabinet prussien dans son alliance, en lui assurant de suite une partie des avantages qu'on lui promettait pour se déclarer contre nous. Mais l'armée et la nation prussiennes auraient-elles obéi à cette impulsion? Il était permis d'en douter, en présence des renseignements que transmettait de Berlin le secrétaire de l'ambassade française, **M. Ed. Lefebvre**, observateur plus sûr que l'ambassadeur. Le duc de Bassano recevait en même temps de Copenhague la copie de nouvelles dépêches prussiennes interceptées, dont le contenu ne permettait aucun doute sur l'existence d'un échange plus actif que jamais de communications, entre l'un des membres les plus importants du ministère prussien et les agents anglais et russes. Ces communications continuaient d'avoir lieu, comme pendant la campagne précédente, par l'intermédiaire des ministres prussiens à Copenhague et à Stockholm, MM. de Dohna et de Tarrach. Ce dernier, officiellement rappelé sur la demande formelle du duc de Bassano, fut néanmoins « autorisé à demeurer, pour cause de santé, dans quelque ville de province, où il pourrait entretenir discrètement des relations utiles au service du roi, donner des nouvelles..., et se tenir à portée de rentrer en activité, s'il survenait un changement, soit par une heureuse négociation de paix, *soit par des circonstances impossibles à prévoir*... » Ainsi s'exprimait l'un des principaux ministres prussiens dans une lettre secrète, contemporaine des plus vives protestations de fidélité à l'alliance française ; lettre qui fut, comme les précédentes, secrètement déchiffrée au passage et transmise à Paris. D'autres lettres de ce même ministre exprimaient ouvertement des vœux pour le succès des efforts que l'on faisait alors pour détacher le Danemark de l'alliance française.

En présence de tels renseignements, la France agissait conformément aux règles de la prudence la plus vulgaire, en se refusant, comme le traité de 1812 l'y autorisait d'ailleurs, à tolérer le recrutement dans les localités du territoire prussien qu'occupaient encore nos troupes, et surtout en éludant les réclamations pécuniaires. On ne s'abusa pas non plus, à Paris, sur la portée de la détermination, annoncée dès le milieu de janvier par le roi de Prusse, de se rendre en Silésie, et de se mettre en rapport avec l'empereur Alexandre pour la neutralisation de cette province. Cette démarche était d'autant plus inquiétante, qu'elle coïncidait avec la résolution déjà connue du commandant du corps auxiliaire autrichien, d'abandonner la ligne de la Vistule et Varsovie aux forces soi-disant très-supérieures des Russes, mouvement dont le résultat devait être de leur laisser toute liberté de communiquer avec les Prussiens. Averti du projet du roi de se rendre à Breslau, Maret y avait répondu que l'Empereur n'y voyait pas d'inconvénients (26 janvier). Il en voyait cependant beaucoup, mais il savait à quelles obsessions ce prince était en butte, et craignait de hâter, par un refus inutile, une rupture que la France avait, au contraire, intérêt à retarder autant que possible. L'événement prouva la justesse de ce calcul, car le départ du roi avait devancé de plusieurs jours la réponse de Paris. Une nouvelle dépêche, adressée à l'ambassadeur français, qui avait suivi ce prince, exprimait nettement toute la pensée de l'Empereur et du duc de Bassano sur la situation.

Personne n'est, plus que l'Empereur, éloigné de juger sur de simples apparences... Lorsque vous avez fait connaître le dessein formé par le roi de se retirer à Breslau, l'Empereur prévit que l'Europe trouverait, comme elle l'a trouvée, cette démarche extraordinaire, et qu'il n'était pas naturel que le roi quittât Postdam, où il était couvert par la ligne de l'Oder, pour s'établir dans une province qu'il appréhende, comme il le dit lui-même, de voir exposée aux excursions, sinon à l'invasion de l'ennemi. Sa Majesté ne veut pas jeter le moindre blâme sur le parti qu'a pris le roi...; mais nous n'avons pu empêcher que bien des gens ne croient qu'il a voulu aller au-devant de l'ennemi...

Après avoir démontré, par des faits, que les stipulations de l'alliance relatives au contingent n'étaient pas exécutées, que les troupes de nouvelle formation restaient isolées des troupes françaises et dans une attitude hostile, Maret poursuivait ainsi :

Supposons que l'armée française doive repasser l'Oder, et même se rapprocher du Rhin, qui est-ce qui ne pensera pas que la Prusse a fait secrètement un pacte avec l'ennemi ; que la dispersion de ses forces et son inaction étaient la conséquence de ce pacte? Qui pourra croire que, sans des motifs secrets, elle a laissé envahir ses provinces et sa capitale même? Qui pourra se persuader qu'elle avait réuni des armées dans le dessein de n'en faire aucun usage? La Prusse croit n'être qu'auxiliaire... Mais comment ne serait-elle qu'auxiliaire dans une guerre dont elle est le théâtre?... Tous ces faits ne portent pas l'Empereur à douter de la loyauté du roi. — Il est nécessaire qu'il recompose son contingent avec ses meilleures troupes... Il faut enfin que dans toute sa conduite ses intentions se montrent si bien, que l'Europe ne puisse concevoir aucun doute, ni l'ennemi aucune espérance.

Évidemment, Maret, à cette date, ne doutait plus guère que, malgré sa loyauté naturelle et ses appréhensions légitimes, le roi de Prusse ne fût entraîné par le torrent. Cette prévision ne tarda pas à se réaliser. Le 17 février, M. de Hardenberg mit en avant, comme une inspiration subite et toute personnelle du monarque, la négociation d'une trêve, dont les conditions seraient la retraite immédiate des Français derrière l'Elbe, celle des Russes derrière la Vistule, la remise des forteresses de l'Older, de Pillau, de Danzig, aux troupes prussiennes. Comme on l'a dit avec raison, cette note était un adieu formel adressé à Napoléon, et le cabinet prussien, en faisant une pareille proposition à l'approche d'une nouvelle campagne, n'avait voulu que se ménager un prétexte officiel de rupture.

Quand cette proposition parvint, dit à ce sujet Maret dans ses notes, l'Empereur savait que les agents prussiens se succédaient au quartier général de l'ennemi, et que des agents russes négociaient ouvertement à Breslau. La lettre de Saint-Marsan était arrivée le 21 février à Paris. Il fallait bien quelques jours de délibération sur le fond et la forme de la réponse; il fallait aussi du temps pour que cette réponse parvînt à Breslau. Était-il matériellement possible qu'elle y arrivât avant la signature du traité d'alliance entre la Prusse et la Russie? Entre l'ouverture faite par le baron de Hardenberg et la signature de ce traité, il ne s'écoula que *dix jours*... Le cabinet prussien avait adopté cette marche pour amuser la France, rassurer le roi, qui hésitait encore à Breslau comme il avait hésité à Postdam, en l'occupant de la possibilité d'une trêve sur laquelle ce prince faisait en même temps sonder Alexandre, comme sur une idée venant absolument de lui... Pendant ce temps, on faisait avancer les Russes, et l'on gagnait le moment où, le danger devenant plus grand de ce côté, l'alliance avec la Russie pouvait être présentée au roi comme son dernier refuge.

Cette interprétation des faits est confirmée par les témoins les plus impartiaux. Tous attestent que le roi ne voulait pas, à cette date, aller au delà de l'attitude de médiation armée; bien que l'Autriche, comme on le verra tout à l'heure, lui eût déjà fait parvenir très-secrètement le conseil de ne pas réprimer plus longtemps le « noble élan » de son peuple. « Il ne consentit à signer le traité d'alliance offensive et défensive avec la Russie qu'au dernier moment, et sous le coup de la menace de l'établissement d'un gouvernement provisoire dans son royaume. » (R. Wilson.) Une heure avant la signature, il résistait encore, se souvenant d'Iéna et de Tilsit! et ce ne furent pas même ses ministres qui l'entraînèrent. Ce fut Scharnhorst, celui des officiers prussiens qui poussait le plus énergiquement à cette guerre dont il devait être une des premières victimes. Cette solution révolutionnaire avait été une surprise non-seulement pour le roi, mais pour son cabinet. S'il en était autrement, on ne s'expliquerait guère comment l'ambassadeur de Prusse à Paris aurait pu, le 2 mars, c'est-à-dire deux jours après la signature de ce traité, réitérer des demandes pécuniaires dans une note où il était question « du constant désir du roi de continuer à remplir ses engagements envers son auguste allié. »

Ce changement radical ne fut notifié à notre ambassadeur que le 16; jusque-là, il avait cru plus fermement à la fidélité de la Prusse qu'on n'y croyait à Paris. La nouvelle de la déclaration de guerre se croisa avec celle d'une concession tardivement obtenue, à tout hasard, par le duc de Bassano. L'Empereur consentait à ce que la Prusse se retirât de l'alliance française, sous la condition qu'elle maintiendrait la neutralité de la Silésie. Quelques historiens ont pensé que cette concession, faite deux mois plus tôt, aurait pu empêcher ou ajourner la conclusion du traité de Kalish. Nous croyons que l'armée prussienne, absolument dominée par les ennemis irréconciliables de la France, n'en aurait été que plus promptement formée, et maîtresse de la situation. La présence de Napoléon sur l'Oder aurait pu, seule, changer le cours des événements.

Le gouvernement prussien allégua, comme motifs de rupture, l'abus des réquisitions pendant la dernière campagne, les obstacles apportés au recrutement par les autorités françaises, les réponses dilatoires opposées à ses réclamations pécuniaires, le *silence méprisant* qui avait accueilli l'idée d'une trêve, etc. Nous avons cité plus haut une réplique péremptoire de Maret à cette dernière imputation. Aux termes du traité de l'année précédente, le recrutement prussien ne devait s'opérer que de concert, et *dans l'intérêt de l'alliance*. Pouvait-on reprocher sérieusement à la France de ne pas s'être départie de cette stipulation, et d'avoir refusé son concours pécuniaire aux armements prussiens, en janvier 1813 ? Cette énumération de griefs était une pure affaire d'amour-propre de la part du cabinet prussien ; il avait eu la main forcée et prétendait le dissimuler. Maret était plus près de la vérité dans sa dernière note. « La Prusse, disait-il, a sollicité et conclu une alliance avec la France en 1812, parce que les armées françaises étaient plus rapprochées des États prussiens que les armées russes. Elle déclare en 1813 qu'elle viole ces traités, parce que les armées russes sont plus rapprochées de ses États que les armées françaises [1]. »

En résumé, ce gouvernement, qui avait conclu le traité de 1812 parce que, suivant l'expression d'un de ses agents, il fallait en passer par là ou par la fenêtre, se trouvait dans la même alternative en sens inverse, quand il se retourna l'année suivante contre nous. De toutes les défections, celle-là était la plus aisée à prévoir, et aussi la plus excusable.

1. Note du 1er avril. Cette note fut publiée dans le *Moniteur* du 5 octobre 1813, avec la dernière note prussienne et des observations dictées par Napoléon.

LVIII

France et Autriche (janvier-février 1813). — Correspondance du duc de Bassano avec le comte de Metternich et le baron Bignon. — Fin de la *campagne politique* du corps autrichien. — Commencement d'intelligences secrètes de l'Autriche avec la Russie et la Prusse.

Nous devons nous borner ici à une analyse sommaire des péripéties tortueuses de la politique autrichienne, que nous avons longuement exposées dans un autre ouvrage [1].

Malgré les avantages stipulés en faveur de l'Autriche dans le traité d'alliance du 14 mars 1812, la plupart des membres de la haute société viennoise s'indignaient de voir les armes autrichiennes employées à augmenter la puissance d'un vainqueur odieux, à rétablir la Pologne! « Que deviendrions-nous, disaient-ils, si la Russie était abattue? » « Pendant la première partie de la campagne, nous disait jadis un témoin oculaire, la consternation se peignait sur bien des visages, chaque fois que l'annonce d'un nouveau progrès de Napoléon venait confirmer la persévérance de sa fortune. » Le chef du cabinet autrichien paraissait lutter contre ces mauvaises dispositions, de manière à pouvoir se faire au besoin auprès de nous un mérite de cette résistance, plus ostensible que réelle.

Napoléon avait trop compté sur les sentiments personnels de l'Empereur d'Autriche pour sa fille. Ainsi que beaucoup de souverains réputés absolus, ce

---

[1]. *Histoire de France sous Napoléon*, par M. Bignon, t. XII, p. 300-333, 389-446. Les quatre derniers volumes de cet ouvrage ont été rédigés par nous, sur les matériaux et d'après les notes de l'auteur.

prince s'occupait, en réalité, assez peu des affaires de l'État. Des distractions dont la nature avait varié avec l'âge, remplissaient presque exclusivement ses journées. A l'époque dont il s'agit ici, la passion des fleurs et celle de la pêche à la ligne, lui permettaient à peine de donner même « une heure par jour aux soins de son Empire », comme l'Orosmane de Voltaire. M. de Metternich exerçait une influence toute-puissante et sans contrôle sur la politique extérieure.

Si nous voulions faire remonter très-haut les infidélités secrètes de cet homme d'État à l'alliance qu'il avait signée, les indices ne nous manqueraient pas. On a vu précédemment que dès le mois de juillet l'empereur Alexandre, dans sa correspondance confidentielle avec Tchitchagof, semblait fort rassuré sur les véritables dispositions de l'Autriche. Les lettres clandestinement déchiffrées de l'agent prussien à Stockholm nous mettent sur la trace d'un commencement d'intelligences entre Berlin et Vienne, contemporain du séjour de Napoléon à Moscou. Dès le 14 septembre, on avait demandé l'avis du cabinet autrichien sur le parti que la Prusse aurait à prendre, si les armées françaises éprouvaient des revers. Après trois semaines de silence, il fut répondu « que les cabinets de Berlin et de Vienne n'étant pas dans des positions identiques, chacun devait suivre la ligne de ses intérêts. » Malgré son obscurité, cette réponse semblait autoriser, dans tous les cas, la confiance ultérieure du cabinet prussien dans l'Autriche.

On a vu ci-dessus l'influence fatale qu'avaient exercée sur les événements de 1812 les tergiversations et les contremarches de Schwarzenberg : elles avaient justifié et même dépassé les espérances des Russes. Quand l'Autriche, au mois d'août suivant, se joignit à nos ennemis, le prince de Schwarzenberg dut au souvenir de ce que les diplomates de la coalition nommaient sa *belle campagne politique de Pologne*, le commandement en chef des armées alliées.

Depuis l'ouverture des hostilités, le premier ministre autrichien, dont les distractions n'étaient pas les mêmes que celles de son maître, avait été en butte à des insinuations, à des séductions de plus d'un genre. L'ambassadeur français Otto, dont les habitudes austères contrastaient singulièrement avec celles du sémillant ministre, tout en croyant encore à sa parfaite sincérité, ne pouvait s'empêcher de remarquer qu'il avait bien des liaisons d'amitié et autres dans la coterie la plus hostile à la France ; qu'il était notamment fort assidu aux fêtes anglo-russes du palais Razumowski. A toute heure, Metternich respirait un air hostile à la France...

Aussitôt que la nouvelle de l'évacuation de Moscou fut parvenue à Vienne, il ne dissimula pas combien cette guerre lui était désagréable. Au moment le plus critique de la retraite, il crut pouvoir donner à son mécontentement un caractère plus explicite, presque menaçant. Dans ses conversations avec notre ambassadeur, il semblait presque se faire un mérite de ne pas déclarer de suite la guerre à la France ! Il est vrai que les protestations les plus vives de fidélité succédèrent tout à coup à ce langage équivoque, dès qu'on apprit que Napoléon avait échappé au désastre, qu'il avait traversé sans accident l'Allemagne et devait être de retour à Paris. Toutefois, il resta évident que le cabinet autrichien conservait la pensée de se prévaloir des derniers événements, tout au moins pour abandonner le rôle d'humble satellite de France. « Dites-nous franchement ce que vous voulez faire, disait Metternich à Otto ; mettez-nous à même d'agir avec vous comme un bon allié, envers les autres comme une puissance indépendante » (3 janvier).

Dans cet état de choses, il envoya à Paris l'un des

signataires du traité de paix de 1809, le comte de Bubna, qui comptait parmi les rares et sincères partisans de l'alliance française. M. de Bubna avait la mission délicate de faire agréer l'entremise autrichienne pour la paix, et de négocier une alliance intime sur des bases nouvelles, si l'on y était disposé à Paris. « Jusqu'ici, disait Metternich à notre ambassadeur, la guerre n'est pas *autrichienne*. Si elle le devient jamais, ce n'est pas avec trente mille hommes, c'est avec toutes les forces de la monarchie que nous attaquerons les Russes. » Suivant un illustre historien français, « cette transition habile sauvait à la fois la sûreté de l'Autriche, la dignité de son souverain *et la pudeur de son ministre.* » Cette *pudeur* allait subir, sans sourciller, de rudes épreuves.

M. de Bubna trouva l'empereur Napoléon sous l'impression encore toute récente de la conduite équivoque du commandant du corps auxiliaire, et du langage au moins singulier qu'avait tenu M. de Metternich lui-même, pendant les dernières péripéties de la retraite et le passage de Napoléon à travers l'Allemagne. De tels antécédents n'étaient pas de nature à lui inspirer une grande confiance dans l'entremise de l'Autriche, et surtout un grand désir de lui concéder immédiatement des avantages considérables.

Cependant la démarche dont le comte de Bubna était l'organe demandait une prompte réponse. En conséquence, Napoléon convoqua aux Tuileries, le 3 janvier, un conseil des affaires étrangères auquel furent appelés Talleyrand, Cambacérès, Maret, Caulaincourt, Champagny, et les deux directeurs des relations extérieures, la Besnardière et d'Hauterive. Les questions sur lesquelles ils avaient à émettre leur opinion étaient les suivantes : convenait-il d'attendre des propositions de paix ou d'en faire? Et, dans cette dernière hypothèse, fallait-il essayer d'une négociation directe avec la Russie, ou bien accepter l'entremise qu'offrait l'Autriche? Talleyrand, Caulaincourt, Cambacérès opinèrent pour le premier parti, Maret et les autres pour le second, qui réunit ainsi quatre suffrages sur sept. De l'aveu de M. Thiers, le duc de Bassano fit valoir avec beaucoup de force et de raison l'impossibilité de traiter directement avec la Russie, à laquelle les événements de 1812 avaient inspiré une présomption excessive. Il affecta au contraire de montrer une entière confiance dans le cabinet de Vienne. Ce n'était pas que cette confiance fût aussi absolue qu'il le disait et qu'on l'a prétendu depuis. Mais il n'en était pas moins dans le vrai, quand il soutenait qu'on ne pouvait arriver à la paix que par l'Autriche.

Bien que cette opinion eût réuni la majorité dans le conseil, l'Empereur répugnait profondément à l'adopter. Ce fut seulement quatre jours après que, cédant aux instances réitérées de Maret, il consentit à écrire à son beau-père « qu'il ne s'opposait pas aux démarches pacifiques proposées. » Mais ce consentement était accompagné de restrictions qui le rendaient illusoire. Les conditions d'arrangement dont Napoléon refusait de se départir n'auraient pu être acceptées immédiatement que dans le cas où l'Autriche, séduite par l'appât d'un grand avantage personnel, les aurait imposées en menaçant la Russie de concourir énergiquement cette fois, et sans arrière-pensée, à la revanche que préparait Napoléon. Mais celui-ci, s'irritant à l'idée de rémunérer un commencement de défection, éludait les ouvertures intimes qu'on attendait à Vienne. Il se flattait que l'Autriche serait retenue dans son alliance, ou, au pis aller, dans la neutralité, d'un côté par les sentiments personnels de l'empereur François pour sa fille, de l'autre par la connaissance exacte des préparatifs et des ressources de la France. Tel est le système développé dans la fameuse lettre de Napoléon à l'empereur d'Autriche, 7 janvier 1813 [1].

Le duc de Bassano adressa en même temps au premier ministre de l'Autriche une longue dépêche confidentielle qui était le commentaire de la lettre impériale. Napoléon, écrivant à son beau-père, avait dû s'abstenir de toute récrimination; Maret, vis-à-vis de Metternich, n'était pas tenu aux mêmes ménagements. Suivant le ministre français, les ressources de la France étaient telles, que la défection de ses alliés ne serait un péril et un malheur que pour eux...

Ils peuvent tenir pour certain que, si la grande armée s'était noyée jusqu'au dernier homme en repassant le Niémen, nous n'en serions pas moins en mesure de rentrer en campagne au printemps avec la supériorité de nos armes... Vous avez dit à M. Otto que, *si l'Autriche changeait de parti, elle verrait en peu de temps plus de* 50 *millions d'hommes de son côté*, et toute l'Allemagne, toute l'Italie, se déclarer pour elle... Je ne chercherai point à établir la balance entre ce que peuvent l'un et l'autre Empire, mais je regrette que vous n'ayez pas encore accrédité à Paris un homme capable de

[1]. Cette lettre, publiée pour la première fois dans la continuation de l'œuvre de Bignon, et reproduite par M. Thiers, a été éliminée par les éditeurs de la *Correspondance*. Les principaux motifs qu'ils ont allégués pour justifier cette singulière exclusion sont: 1° qu'elle ne se retrouve pas dans les archives autrichiennes; 2° que la minute de cette pièce, qui existe aux Archives des affaires étrangères, porte de nombreuses corrections de la main du duc de Bassano. Ces considérations ne nous paraissent pas suffisantes pour infirmer l'authenticité d'un tel document, surtout en présence d'une lettre de l'empereur d'Autriche, du 23 janvier, qui répond, article par article, à celle de Napoléon. La disparition de l'original peut s'expliquer de bien des manières : ne pourrait-il pas, par exemple, avoir été communiqué à l'une des puissances avec lesquelles l'Autriche entretenait déjà des rapports qui, par suite de cette déception éprouvée du côté de la France, prirent aussitôt un caractère plus prononcé d'intimité? Quant à l'argument tiré des corrections de Maret, il prouve plutôt en faveur de l'authenticité. Il est évident que tous les termes d'une lettre semblable avaient été longuement débattus entre l'Empereur et son ministre.

bien voir... Si, contre nos espérances, l'hypothèse que vous avez cru pouvoir établir se réalisait, si l'Autriche se laissait aller aux intrigues qui s'ourdissent autour d'elle..., l'existence des deux maisons impériales deviendrait également un problème.

Ce langage, que le duc de Bassano ne tenait qu'à regret, était autorisé, disait-il, non-seulement par des conversations, mais par des faits susceptibles de jeter quelque doute sur les dispositions de l'Autriche. Il en alléguait deux récents et d'une certaine importance ; d'abord l'envoi en Suède d'un agent diplomatique notoirement hostile au système français, « dans un moment où l'on savait que la Suède manifestait des intentions hostiles à la France ; » puis la formation dans le midi de l'Allemagne, et pour le compte de l'Autriche, d'approvisionnements beaucoup plus considérables qu'il n'eût été nécessaire pour trente, ou même pour soixante mille hommes.

Le duc de Bassano prescrivait en même temps à l'ambassadeur français de faire, en particulier, appel aux sentiments personnels du souverain de l'Autriche en annonçant confidentiellement « qu'un projet de règlement était en délibération au conseil d'État, pour le couronnement et le sacre du roi de Rome; que le sacre serait probablement fait par le pape, avec lequel on était en voie d'arrangement; qu'on s'occupait aussi de modifier les lois qui interdisaient la régence aux femmes [1]. » Pour effacer toute mauvaise impression, Maret aurait voulu « que l'empereur d'Autriche écrivît de sa main à sa fille que, nonob-

---

1. Ce projet de sacre, qui se liait dans la pensée de Napoléon à la signature du nouveau concordat, avait produit une assez bonne impression à Vienne. La défection de la Prusse le fit ajourner indéfiniment. « Il aurait été fort désagréable, écrivait Maret, que l'on se rendît à Notre-Dame le jour où l'armée aurait évacué une province. »

stant les caquetages des coteries, il l'autorisait à donner sa parole que rien ne saurait porter atteinte à l'amitié ni à l'alliance. » Cette lettre, bien entendu, ne fut jamais écrite.

L'empereur Napoléon repoussait absolument, à cette époque, l'idée d'abandonner, sans compensation, aucune parcelle des territoires réunis à l'Empire constitutionnellement, c'est-à-dire par des sénatus-consultes. Or, parmi ces territoires figuraient ceux dont il était à prévoir que l'Angleterre et la Russie, se prévalant des événements de 1812, exigeraient absolument l'abandon, notamment Hambourg et le duché d'Oldembourg. Cette détermination regrettable, dont Napoléon ne consentit à se départir que le 5 août 1813, laissait à Maret peu de confiance dans le succès de l'entremise autrichienne. Aussi écrivait-il à Otto : « L'Empereur ne s'oppose pas à la démarche que l'Autriche veut faire, persuadé que cette démarche est inutile ; quoique, si elle est résolue à agir et à porter son corps à soixante mille hommes, il est prêt à conclure un traité de subsides, etc.

Ces communications produisirent un mauvais effet à Vienne. On s'en aperçut par la réponse de l'empereur François. Il croyait entrevoir avec peine que Napoléon ne lui accordait pas toute la confiance nécessaire dans un pareil moment. Il lui savait néanmoins bon gré d'avoir accepté l'offre d'*entremise*, mais, comme les démarches pour la paix devaient être appuyées par une attitude imposante de la puissance *intervenante,* il allait porter ses forces, non pas seulement à soixante mille hommes, mais à *cent mille*, pour lesquels il déclinait formellement toute proposition de subsides. (Lettre du 23 janvier.) Il appelait cela *aller au delà des vœux* de son gendre.

Le comte de Metternich écrivait en même temps, d'un tout autre style, au duc de Bassano. Suivant son habitude, il mêlait à des considérations sages, des assertions inexactes qui en compromettaient l'effet. Son langage reflétait bien la situation d'un esprit timide et rusé, flottant entre la crainte de manquer une occasion unique de relever la fortune de son pays et aussi la sienne propre, et l'appréhension de se précipiter dans une nouvelle aventure plus fâcheuse que les précédentes. Ainsi il pouvait bien encore, à cette date, être de bonne foi, quand il priait le duc de Bassano « de représenter à Napoléon combien il devait se sentir intéressé à venir, *par des moyens moraux*, au secours des souverains, ses alliés, pour ne point les exposer à ne pouvoir réprimer à la longue un esprit d'opposition dont le débordement compléterait les malheurs de l'Europe. » C'était encore l'appréhension d'une nouvelle guerre avec la France qui dominait chez Metternich, quand il écrivait au chevalier de Floret, chargé d'affaires d'Autriche à Paris [1] :

Dites à M. de Bassano que je regarde cette correspondance (celle du mois de décembre et les explications échangées à ce sujet), comme une de ces légères querelles qui s'élèvent dans les meilleurs ménages, et qui, bien loin d'affaiblir la bonne harmonie, servent à la fortifier... Nous apprécions les forces véritables de la France... S'il ne s'agissait que d'un calcul de moyens matériels, nous jugerions autrement les futurs contingents, mais nous devons considérer la position morale des princes et des peuples... La position présente est l'événement le plus gigantesque de l'histoire moderne. Jusque-là, toutes les entreprises de l'Empereur Napoléon avaient été couronnées de succès. *C'est sur cette échelle qu'il faut évaluer l'effet qu'a dû produire sur tous les peuples la désastreuse fin de la dernière campa-*

---

1. Floret, l'un des plus anciens agents diplomatiques de l'Autriche, était un honnête homme, très-attaché au système français. Nous l'avons vu fort mêlé aux premiers pourparlers du mariage. Cette lettre devait être communiquée au duc de Bassano.

gne... De l'aveu de la France, la Russie n'est pas à conquérir. Une deuxième, une troisième campagne n'offrent plus aux puissances intermédiaires que des chances de destruction pour elles-mêmes. Il faut être à Berlin ou à Vienne pour juger de l'effervescence qui règne entre la Vistule et le Rhin, et qui gagne chaque jour en intensité... Que M. le duc de Bassano se place hors de Paris... (18 février.)

Malheureusement, l'effet qu'auraient pu produire ces conseils, que M. Thiers qualifie d'admirables, était compromis d'avance par les preuves de la duplicité autrichienne, qui, dès le mois de janvier, affluaient au ministère des relations extérieures. Ainsi, le comte de Metternich, ne pouvant concilier avec ces belles paroles les étranges propos qu'il avait tenus à l'ambassadeur avant que le retour de Napoléon à Paris fût connu, prenait le parti de nier absolument ces propos, que certainement le comte Otto n'avait pas inventés. Il chargeait M. Floret de démentir le fait, pourtant très-réel, d'approvisionnements extraordinaires commencés dès le mois de novembre dans la haute Autriche pour le compte de l'État. Enfin, au moment même où il s'efforçait, par un langage amical, de rassurer le duc de Bassano, celui-ci venait d'acquérir, par un rapport du nouveau ministre français à Varsovie (Bignon), la certitude alarmante que le commandant du corps auxiliaire continuait, sans désemparer, sa « campagne politique. » Après avoir abandonné, sans combattre, une grande partie du territoire du duché, alléguant sans cesse le danger imaginaire d'être « débordé, tourné, coupé » (ces trois mots ne marchaient jamais l'un sans l'autre dans sa conversation), il s'apprêtait à abandonner de même Varsovie. Dès le 31 janvier, le duc de Bassano recevait l'assurance de cet abandon, visiblement concerté avec les Russes. Il répondait le même jour par une dépêche où se révèle sa constante sollicitude pour la cause polonaise.

> Le *post-scriptum* de votre dépêche me cause de vives inquiétudes. L'évacuation de Varsovie serait un malheur dont je vois toutes les conséquences. Si elle devait avoir lieu, elle serait consommée avant que ma lettre vous parvînt, et les instructions que je serais dans le cas de vous donner pour cette hypothèse n'arriveraient pas à temps. Je vais pourtant vous indiquer, en peu de mots, la marche que vous auriez à suivre. Vous auriez à veiller à ce que le gouvernement et même le conseil de la Confédération se retirent, sans se disperser, dans le lieu qui aurait été probablement convenu avec S. A. le vice-roi, par l'organe duquel les intentions de Sa Majesté à cet égard doivent être connues. Vous suivriez le gouvernement avec toute votre légation, et vous redoubleriez d'efforts dans cette circonstance pénible, pour exciter la confiance dans un avenir prochain, et pour maintenir dans le devoir le plus grand nombre possible des hommes influents du pays. Vous vous ferez accompagner des membres du gouvernement de Lithuanie qui sont restés dans le territoire du duché. Ils se doivent à eux-mêmes de ne pas paraître déserter une cause qu'ils ne pourraient regarder comme perdue sans trahir leur propre caractère...

Maret entrait ensuite dans de grands détails sur les nouveaux secours pécuniaires qu'il venait d'obtenir de l'Empereur, tant pour le duché que pour les Lithuaniens réfugiés. Plusieurs autres dépêches, écrites dans les mois de février et de mars, attestent ses démarches actives et persévérantes pour surmonter les difficultés de diverse nature qui retardaient l'arrivée de ces secours. Une partie seulement parvint à destination, mais ce fut la faute des événements, et non celle du ministre « au cœur polonais. »

Maret, que ses détracteurs ont représenté comme si imprévoyant, si crédule, ne s'était pas laissé prendre aux phrases sentimentales des Autrichiens. En dictant, le 31 janvier, la dépêche que nous venons de citer, il se doutait bien que Bignon ne la recevrait pas à Varsovie, et il avait raison, car ce jour-là même le commandant du corps auxiliaire prévenait le ministre de France qu'il était forcé de poursuivre sa retraite de peur d'être de nouveau débordé, etc. Ce mouvement livrait Varsovie aux Russes, mais on avait promis de faire encore davantage pour eux, et on leur tint parole. En supposant l'abandon inévitable (et il ne l'était pas), l'intérêt français et polonais eût exigé que le corps autrichien, formant la droite de l'armée française, se retirât au moins sur Kalish pour former une barrière entre les Russes et les Prussiens, et rester en communication avec le vice-roi. Mais tout était si bien concerté d'avance entre nos ennemis déclarés et secrets, que *dès le 25 janvier*, c'est-à-dire à une époque où les Autrichiens n'avaient pas encore quitté Varsovie, Metternich expédiait au comte de Bubna l'ordre de faire connaître au duc de Bassano « *que le coprs autrichien avait dû faire sa retraite vers la Gallicie*, mais qu'il ne restait pas moins sous le commandement *immédiat* de Sa Majesté l'Empereur des Français, qui pouvait lui faire adresser par son major général tels ordres qu'il jugerait convenables. » Au point de vue de la coalition déjà ébauchée, cette combinaison avait le triple avantage de découvrir la droite de l'armée française, ce qui l'obligerait à aller chercher un refuge derrière l'Oder; de donner aux Russes l'accès du territoire prussien, ce qui allait mettre fin aux dernières irrésolutions du roi Frédéric-Guillaume; enfin, de faciliter l'interposition des Russes entre les troupes françaises et le corps auxiliaire, de manière que celui-ci reçût toujours trop tard les ordres envoyés directement de Paris. Ainsi, tandis que le duc de Bassano, en réponse à la notification de la retraite autrichienne, écrivait par chaque courrier « que, s'il était vraiment impossible de conserver Varsovie, ce n'était pas sur Cracovie, mais sur Kalish que la retraite devait se faire » (3, 10 février), Metternich montrait à notre ambassadeur des rapports évidemment concertés d'avance, dans lesquels le commandant du corps militaire soutenait que, menacé par des forces supérieures, il n'avait pu faire autrement que de se retirer sur Cracovie. Le ministre de France n'était pas plus dupe que les Polonais de ces hyperboles de Schwarzenberg. Il s'en était nettement expliqué avec lui, et il avait écrit dans le même sens au comte Otto et au duc de Bassano. Schwarzenberg lui-même leur avoua dans la suite à tous deux qu'il aurait pu faire sa retraite sur Kalish, s'il avait reçu des ordres plus tôt. Il se laissa même entraîner à reconnaître qu'il avait dépendu de lui, dans les derniers jours de décembre, de prendre l'offensive contre les Russes avec de grandes chances de succès. « Mais *il avait mieux aimé*, disait-il, *conserver un corps qui pourrait être utile dans la campagne prochaine.* » Il y figura utilement, en effet, mais ce fut contre nous, sur les champs de bataille de Dresde et de Leipzig.

Nous avons cru devoir insister sur ces préludes de la défection autrichienne, parce qu'on y trouve jusqu'à un certain point l'excuse de l'attitude de Napoléon vis-à-vis de l'Autriche. On comprend aussi que le duc de Bassano, recueillant chaque jour dans sa correspondance diplomatique des indices plus certains de l'existence d'un concert intime entre la cour de Vienne et nos ennemis déclarés, se trouvait embarrassé pour soutenir son rôle de défenseur de l'entremise autrichienne. Le grave incident de la défection prussienne vint encore accroître cet embarras. Malgré la surprise et les regrets affectés du comte de Metternich, il n'était dès lors que trop évident pour l'Empereur Napoléon, comme pour son premier ministre, que le cabinet de Vienne avait sciemment coopéré à cette défection par l'abandon volontaire de Varsovie et la fausse direction donnée à la retraite du corps auxiliaire, qui avaient permis le rapprochement de l'empereur Alexandre et du roi de Prusse. Il y avait là l'indication certaine d'une connivence dont le chef du cabinet autrichien s'est d'ailleurs vanté depuis. Le comte de Metternich qui, pendant le mois de janvier 1813, assurait encore à notre ambassadeur qu'il ne cessait d'encourager la Prusse *à ne pas dévier de son système*, s'est chargé lui-même de révéler, en 1815, le vrai sens de ces encouragements. Dans une lettre adressée par lui au plénipotentiaire prussien à Vienne, lettre qui fait partie des documents officiels du congrès, on lit ce qui suit : « Le jour où Sa Majesté Impériale a pris sur elle de conseiller au roi de Prusse de ne pas arrêter le noble élan qui, *dès la fin* de 1812, l'avait porté à préparer des moyens pour seconder les efforts que la Russie voulait consacrer au soutien de l'indépendance en Europe ; ce jour-là même, la détermination de Sa Majesté Impériale de ne pas séparer ses intérêts de ceux de la Prusse ne pouvait être douteuse. » Ainsi, entre la « fin de 1812 » et la signature du traité de Kalisch (fin de février), on aurait fait adresser par l'empereur d'Autriche au roi de Prusse le conseil direct et personnel de joindre ses armes à celles de la Russie. Il n'avait point fallu moins peut-être pour vaincre les dernières irrésolutions de ce prince [1].

Il faut dire toutefois que cette démarche a dû être

---

1. V. Schœkll, *Congrès de Vienne*, I, 61. Metternich a prétendu que l'Autriche avait seulement conseillé au roi de Prusse une médiation armée, et que celui-ci, entraîné par son peuple, « versa de la médiation dans la guerre. » Cette explication reproduite par M. Thiers, est démentie par la lettre que nous citons ici, et par la conduite des Autrichiens dans l'hiver de 1813. Quand ils facilitaient

faite postérieurement à la réception de la lettre de Napoléon du 7 janvier, qui exerça une influence considérable et fâcheuse sur les déterminations du cabinet de Vienne. C'est également à cette époque que se rapportent les ordres donnés au commandant du corps autrichien pour l'abandon de Varsovie et la retraite sur la Gallicie, mouvements qui ne pouvaient être que le résultat d'un accord secret entre la Russie, la Prusse et l'Autriche. Pour s'assurer le concours immédiat de la Prusse, et, *en attendant mieux*, la connivence secrète de l'Autriche, l'empereur Alexandre avait dû admettre, comme condition première et *sine quâ non*, la dissolution du duché de Varsovie et le rétablissement des stipulations du dernier partage. Il avait donc dû abjurer formellement l'idée d'une restauration complète de l'ancien royaume de Pologne par la Russie, idée qui, selon toute apparence, n'avait jamais été pour lui qu'un moyen et non un but, mais qu'il s'efforçait encore d'encourager, dans les premiers jours de janvier, par des promesses *personnelles* adressées à quelques Polonais. Ceci n'est nullement une conjecture. Une lettre autographe d'Alexandre en date du 12 janvier, écrite à l'un de ces hommes excusables, après tout, d'avoir voulu une Pologne à tout prix, avait été communiquée confidentiellement, avant l'évacuation de Varsovie, au prince Poniatowski, dont on essayait d'ébranler ainsi la fidélité. Quelques semaines après, à Cracovie, le ministre de France avait eu connaissance de toutes ces manœuvres par une révélation anonyme, mais provenant de source autrichienne, ainsi qu'il en acquit plus tard l'entière certitude. Cette dénonciation

par leur retraite les communications des Russes avec les Prussiens, le rapprochement des deux souverains, ont-ils pu croire que cette rencontre, dans un pareil moment, n'aboutirait qu'à une médiation armée?

d'une intrigue dans laquelle deux des ministres du duché se trouvaient impliqués ne pouvait plus avoir d'autre but, à cette époque, que d'inspirer à Napoléon de la défiance à l'égard des Polonais[1].

Cet incident jette beaucoup de jour sur les préliminaires de la défection autrichienne. Il peut donner lieu à deux remarques importantes. On voit d'abord que le tzar, tout en prodiguant de belles promesses à ses correspondants secrets, leur recommandait instamment le silence. Suivant ses propres expressions, « malgré les excellentes dispositions que lui témoignaient déjà l'Autriche et la Prusse, une publicité intempestive donnée à ses intentions sur la Pologne aurait suffi pour jeter ces deux puissances dans les bras de la France. » (Lettre à Czartoryski, du 3/14 janvier.) Mais, d'un autre côté, le cabinet de Vienne, qui, dans un intérêt facile à comprendre, surveillait de très-près toutes les démarches du prince Adam, alors retiré en Gallicie, avait été promptement instruit de celle qu'il avait tentée auprès d'Alexandre. Peut-être même connut-il le projet de restauration polonaise soumis au tzar avant le tzar lui-même, car celui-ci ne répondit qu'à une deuxième lettre du prince Adam, renfermant une copie de la première. Celle-ci,

---

[1]. On trouvera des détails circonstanciés sur cette intrigue russo-polonaise dans l'ouvrage de Bignon, XI, 403 et suiv., et surtout dans les *Souvenirs* de ce diplomate (Dentu). Les principaux correspondants d'Alexandre étaient le prince Adam Czartoryski, mort récemment en France dans un âge fort avancé, et deux ministres du duché de Varsovie, Matuszewicz et Mostowski. La conduite du prince, naguère ministre et ami particulier d'Alexandre, était d'autant plus excusable, qu'au début de la guerre il était resté neutre, libre de tout engagement avec la France. Les ministres du duché se trouvaient dans une position plus délicate; toutefois ils pouvaient, comme Polonais, invoquer des circonstances atténuantes, que le duc de Bassano fit valoir avec succès auprès de Napoléon. Il écrivit à Bignon que l'Empereur jugeait convenable d'ignorer toute cette affaire.

expédiée dès le 6/18 décembre, n'était pas parvenue à sa destination. Il est bien à noter que l'époque où le contenu de cette première lettre interceptée aurait pu être connu à Vienne, coïncide avec le revirement français que l'ambassadeur Otto constatait chez Metternich, et avec l'envoi du comte de Bubna à Paris. Il faudrait alors attribuer ce revirement à l'incertitude du cabinet de Vienne sur les véritables dispositions d'Alexandre pour la Pologne, aussi bien qu'à la certitude que Napoléon avait pu regagner la France sain et sauf. Ce cabinet n'était pas encore rassuré, quand il faisait arrêter, à la frontière gallicienne, vers le 20 janvier, le courrier porteur de la réponse du tzar. Mais il l'était pleinement quelques jours plus tard, quand il faisait annoncer d'avance à Paris l'évacuation de Varsovie par le corps auxiliaire et sa retraite sur Cracovie. Il résulte de cet ensemble de faits que les promesses russes faites aux Polonais n'étaient pas sincères ou cessèrent bientôt de l'être, puisque la stipulation d'un nouveau partage fut la première base des arrangements secrets entre les trois cours. Dès le mois de janvier, l'Autriche avait signalé comme *probable* l'insistance pour la dissolution du duché de Varsovie, de la part de la Russie. Plus tard, quand des exigences catégoriques succéderont aux insinuations, cette dissolution figurera en première ligne parmi les conditions *sine quâ non* signifiées à la France.

LIX

Influence de Maret dans la négociation du concordat de Fontainebleau. — Ses derniers ménagements pour la Suède. — Suite des rapports entre la France et l'Autriche. — Le comte de Narbonne à Vienne et le prince de Schwarzenberg à Paris. — Suite de l'affaire du corps auxiliaire autrichien et du corps polonais. — Intrigue de l'Autriche avec la Saxe, rompue par la victoire de Lützen. — Lettre remarquable de Maret à Napoléon (8 mai).

Maret prit une part considérable à la négociation du concordat signé à Fontainebleau le 25 janvier 1813 ; ce fut sous sa direction que les prélats français et italiens se concertèrent pour la rédaction des articles. On a fait bien des contes à propos de cet incident du règne de Napoléon. Sans doute il eût mieux fait, sous tous les rapports, de renoncer dès lors à son plan de suppression du pouvoir temporel, et de restituer au Pape ses États. Il est également certain que Pie VII n'avait pas, sans une hésitation douloureuse, apposé sa signature à une transaction qui impliquait une sorte de consentement ou de résignation au nouvel ordre de choses ; mais il ne fut ni maltraité, comme Châteaubriand n'a pas craint de l'écrire en 1815, ni *magnétisé*, comme l'a prétendu depuis l'historien Artaud. Les stipulations du nouveau concordat avaient été débattues depuis le 19, jour de la première entrevue du pontife et de l'Empereur. Maret, au dernier moment, avait obtenu deux concessions qui, faites un an plus tôt, auraient suffi pour amener une réconciliation durable : six mois de délai au lieu de trois pour l'institution canonique, et, pour la résidence, Avignon au lieu de Paris. Maret s'empressa d'annoncer, séance tenante, à tous ses agents la signature de cet acte important. « Il n'en résulte, ajoutait-il, aucun changement dans la situation actuelle des États romains. » Pour atténuer l'impression fâcheuse que cette déclaration ne pouvait manquer de produire sur les catholiques, il insistait sur les clauses qui amélioraient la situation de l'Église et celle du pape, sur le pardon accordé aux prélats qui avaient encouragé la résistance de Pie VII. « L'Empereur leur rendait à tous ses bonnes grâces, » et autorisait leur retour auprès du souverain pontife[1]. On sait qu'ils en profitèrent pour lui faire connaître toute l'étendue de nos désastres, et le rejeter dans le système des atermoiements, en lui persuadant que la nouvelle situation de l'Europe autorisait de plus grandes espérances...

Le duc de Bassano remplit encore à cette époque un rôle important dans la discussion d'une grande mesure financière : l'aliénation des biens des communes (loi du 20 mars 1813). Possédant seul l'entière confiance de Napoléon, il savait que ses ressources particulières étaient plus limitées, et la mesure en question plus indispensable, par conséquent, que ne le croyait le ministre des finances lui-même. Cette considération explique la divergence d'opinion qui se manifesta entre eux à cette occasion.

En 1793, le Comité de salut public avait recouru à un expédient analogue, et avec des formes autrement sommaires[2]; mais un tel précédent ne saurait justifier ni même excuser Napoléon. Toutefois, il est juste de rappeler qu'avant cette époque de dangers et de mesures extraordinaires, il avait montré une sollicitude constante pour les intérêts des communes, qu'il les avait plutôt enrichies que dépouil-

---

1. Duc de Bassano, Fontainebleau, 25 janvier.
2. Lois des 11 juin et 24 août 1793.

lées; enfin, que le gouvernement très-peu révolutionnaire de la première Restauration, n'envisageant d'abord que les avantages financiers de cette mesure, en avait poursuivi l'exécution sans scrupule. Elle ne fut abrogée qu'en 1816[1].

On a vu précédemment que le duc de Bassano était loin d'approuver la politique adoptée par l'Empereur à l'égard de la Suède. Jusqu'à la dernière heure, Maret s'efforça de tempérer l'irritation qu'entretenaient chez Napoléon les intempérances de langage du prince royal; de prévenir ou d'ajourner, par le langage le plus conciliant, une rupture qu'il considérait avec raison comme désastreuse. Nous trouvons un témoignage non équivoque de ces dispositions du ministre français dans la note qu'il remit, le 13 février 1813, au chargé d'affaires suédois d'Ohsson, en réponse à sa demande de passeports, motivée sur l'occupation persistante de la Poméranie, et sur l'envoi en France d'un certain nombre d'officiers ou de soldats suédois appréhendés sur ce territoire. La position de Maret ne lui permettait ni de refuser les passeports, ni de blâmer ouvertement des mesures violentes qu'il avait secrètement déplorées. Mais il rappelait que l'occupation avait été presque immédiatement suivie, non pas seulement d'explications, mais d'ouvertures qui ne permettaient pas au gouvernement suédois de douter que la France ne conservât pour la Suède les sentiments qui avaient uni les deux nations depuis des siècles. Il est vrai que depuis, lors de la mission de Signeul, l'Empereur s'était cru obligé d'opposer à la demande de la Norwége, qu'il avait garantie au Danemark, l'indignation du silence.

Mais ni des haines particulières, ni des séductions mo-

1. Consulter, sur cette affaire, Bignon, XII, 21 et suiv.; Thiers, XV, 78 et suiv.

mentanées ne peuvent détruire les rapports que la nature des choses a mis entre les deux nations... La France repoussera donc de tous ses vœux une guerre qu'elle considérerait comme une guerre civile. Tels furent les sentiments de Sa Majesté l'Empereur lorsque le dernier roi de Suède se mit en hostilité contre lui. Quand ce prince eut amené lui-même, par les erreurs de sa politique, la catastrophe qui l'a frappé, Sa Majesté plaignit alors ses fautes et ses malheurs, Elle retardera donc, autant qu'il est en elle, l'éclat d'une rupture. Elle ne croira à la guerre que si la Suède la déclare; ou si, exécutant les projets qui sont représentés comme le but de ses armements, elle attaque à force ouverte les côtes de la Baltique, ou les possessions du roi de Danemark... Même alors Sa Majesté ne fera la guerre que pour la défense de ses alliés, pour empêcher que la Suède ne leur nuise, et non pour nuire à la Suède.

Quant aux officiers et soldats suédois envoyés en France « par simple mesure de précaution, » le duc de Bassano en promettait la restitution. En fait, d'Ohsson resta encore plus d'un mois sans faire usage de ses passeports; il eut avec le ministre français plusieurs entretiens, dans lesquels celui-ci ne dissimula pas qu'il avait improuvé les mesures de rigueur en Poméranie, aussi bien que les propos imprudents du dernier chargé d'affaires français à Stockholm, de Cabre, propos qui avaient donné lieu à son expulsion. Bien que Maret, depuis cette époque, eût reçu deux fois l'ordre formel d' « instruire le public de ce qui s'était passé entre la France et la Suède, » et de rompre officiellement avec cette puissance, il obtint de nouveaux délais, et détermina même Napoléon, après la signature de l'armistice de Plesswitz (mai), à défendre au prince d'Eckmülh « de commettre aucun acte d'hostilité contre les Suédois, s'ils restaient dans la Poméranie et déclaraient vouloir rester tranquilles. » L'article relatif aux démêlés entre la France et la Suède ne parut au *Moniteur* que le 20 juin. Cette publication ne pouvait plus être différée, du moment où la France garantissait au Danemark, par un nouveau traité, la Norwége promise à Bernadotte par nos ennemis. Cette répugnance persistante de Maret pour une rupture définitive avec la Suède fait honneur à sa perspicacité.

La correspondance du duc de Bassano avec ses agents dans les petites cours allemandes, pendant les premiers mois de 1813, est plutôt militaire que politique. Il leur recommandait constamment de montrer beaucoup de sécurité, de confiance dans l'avenir. Il pressait la formation et l'expédition des contingents, tout en parlant sans cesse des immenses armements de la France, de ses ressources inépuisables. Il signalait au ministre français à Naples, Durant de Mareuil, l'intrigue anglo-autrichienne, qui, dès cette époque, visait à ébranler la fidélité de Murat; l'attitude équivoque de l'un des aides de camp de ce souverain, le prince Cariati. Envoyé à Vienne sous prétexte d'acheter des chevaux, cet officier fréquentait les coteries les plus hostiles à la France. C'était le moment où le premier ministre autrichien, tout en réitérant ses protestations sentimentales, s'agitait pour échapper, *comme un serpent*, aux étreintes de l'alliance française[1], et s'efforçait d'entraîner toutes les puissances secondaires dans un système de médiation armée, afin d'imposer à Napoléon les arrangements concertés avec ses ennemis.

Dès la fin de janvier, Napoléon avait fait annoncer à Vienne le remplacement de l'ambassadeur Otto par le comte de Narbonne. Ce changement n'était pas une disgrâce pour Otto, et le duc de Bassano avait eu

---

1. Nous empruntons cette comparaison fort juste à l'illustre écrivain français qui s'est constitué l'apologiste, le panégyriste de cette politique, dans les derniers volumes de son *Histoire du Consulat et de l'Empire*.

l'attention de motiver son rappel de la façon la plus honorable. « Les connaissances spéciales de ce diplomate sur les affaires d'Angleterre et des États-Unis rendaient sa présence indispensable à Paris. » Quant au choix de son successeur, il faut en laisser toute la responsabilité à Napoléon, qui se l'est reproché plus tard comme une faute grave. Il avait pensé que Narbonne, ce vrai gentilhomme de l'ancienne cour de Versailles, plairait davantage à celle de Vienne que l'austère protestant Otto ; qu'il le surpasserait en influence, comme en pénétration. La correspondance de Maret prouve que de lui-même il n'aurait pas fait ce choix. Il trouvait l'ex-ministre de Louis XVI trop jeune pour cette mission, malgré ses cinquante-sept ans. Maret connaissait d'ancienne date les qualités brillantes du comte de Narbonne ; elles lui inspiraient plus d'inquiétude que de confiance. Suivant lui, « Narbonne parlait trop, confondait la conversation avec la négociation, visait moins à convaincre son interlocuteur qu'à l'éblouir ou à le confondre ; enfin, il s'attachait trop aux succès de société, lesquels s'obtiennent souvent au détriment des affaires. »

L'événement justifia ces appréciations. La défection de la Prusse était connue à Paris quand le comte de Narbonne partit pour se rendre à son poste. Il avait été autorisé, en conséquence, à offrir à l'Autriche, pour prix du concours d'une force auxiliaire portée à cent mille hommes, le recouvrement de la Silésie. Dès sa première conférence avec Metternich, Narbonne pressentit sans peine, sous les paroles mielleuses du ministre, un changement complet de système. Metternich mit tout d'abord en avant une idée absolument contraire aux insinuations de Narbonne, celle de donner plus de consistance à la Prusse. Un personnage politique de tout temps plus Anglais qu'Autrichien, le comte de Stadion, venait d'être placé à la tête d'une commission de finances, et Metternich parlait déjà de l'envoyer, comme négociateur pacifique, au quartier général russe; il représentait M. de Stadion comme tout à fait converti à l'alliance française; il *répondait de lui*. Le spirituel ambassadeur doutait fort de cette conversion miraculeuse et de la sincérité du répondant. Aussi, quelques jours après, ayant reçu de Maret des détails circonstanciés sur l'extension d'armements que nécessitait la défection de la Prusse, il répondait : « Je crains bien que ce ne soit pas le dernier développement de forces qui nous soit nécessaire... Tout tend à un dénoûment sur lequel il est impossible que j'influe. J'assiste à la fin d'une pièce dont les quatre premiers actes sont déjà joués. M. de Stadion, qui part pour le quartier général de l'empereur de Russie, n'y va-t-il pas pour le cinquième[1]? » (12 avril.)

Le comte de Narbonne devinait juste. Le prologue de cette pièce, dont le dénoûment eut lieu le 27 juin suivant à Reichenbach, remontait, comme on l'a vu, à l'époque du passage de la Bérésina. Depuis, l'œuvre de la défection autrichienne avait suivi méthodiquement son cours, par la conclusion d'un armistice avec les Russes au quartier général de Pultusk (décembre) et la retraite sur Varsovie du corps soi-disant auxiliaire; par l'accord secret conclu en janvier entre le commandant de ce corps et l'agent russe d'Anstett, pour l'évacuation de Varsovie et la retraite sur Cracovie, c'est-à-dire dans la direction la plus préjudiciable aux intérêts militaires de la France et des Polonais; par les encouragements secrets donnés

1. A la même époque, le fameux chevalier de Gentz, qui avait passé du cabinet de Stadion à celui de Metternich, annonçait à l'hospodar de Valachie, auquel il envoyait des bulletins politiques grassement payés, que le comte de Stadion partait, chargé d'une *mission intéressante*.

à la Prusse. Elle se poursuivait par la convention que venait de signer secrètement, le 29 mars, le ministre russe Nesselrode et l'envoyé autrichien Lebzeltern, pour l'abandon définitif du territoire polonais[1] : par celle que Metternich lui-même venait de conclure le 8 avril avec l'envoyé saxon à Vienne, relativement au transport à travers le territoire autrichien des troupes polonaises entraînées dans cette retraite du corps auxiliaire devant un ennemi moins fort que lui; enfin, par les démarches secrètes du cabinet autrichien auprès du roi de Danemark, du roi de Saxe et des autres princes allemands, pour les déterminer, en attendant mieux, à refuser leur concours à la France.

Mais tout en nous trahissant, l'Autriche s'attachait encore à garder vis-à-vis de nous les apparences, protestait en toute occasion de sa fidélité au traité de 1812, s'efforçait de présenter les infractions à cette alliance comme les résultats d'une nécessité absolue. Ce luxe de duplicité attestait son hésitation, ses craintes. Ainsi, tandis que le cabinet autrichien combinait secrètement avec les Russes les mesures nécessaires pour opérer en temps utile la dislocation du corps auxiliaire, et se mettait ainsi en mesure d'éluder l'ordre de prendre l'offensive, il faisait partir pour Paris le prince de Schwarzenberg, chargé ostensiblement d'une mission à la fois politique et militaire. « Il fera connaître, disait Metternich, le *véritable état des choses* (?); et on manifestera aux yeux de

---

[1]. Le texte de cette convention se trouve dans Bignon, XI, 443. L'Autriche tenait encore à sauver les apparences vis-à-vis de nous : il avait donc fallu régler d'avance les rôles des deux commandants, de manière à ce que cette retraite pût être présentée à Napoléon comme nécessaire. Un des articles de cette convention témoignait à la fois de la duplicité du cabinet autrichien et de ses terreurs. Cette transaction devait rester *à jamais secrète* entre les deux cours impériales, et ne pourrait être, de part et d'autre, communiquée qu'au roi de Prusse.

l'Europe nos dispositions, en montrant le commandant du corps auxiliaire allant prendre les instructions de son chef. » Schwarzenberg, en se rendant à son nouveau poste, s'attarda dans les capitales de plusieurs princes de la Confédération du Rhin, dont il était chargé de sonder les dispositions. C'était, en réalité, la continuation de sa « campagne politique. » Son langage, dans ces différentes cours, n'était rien moins qu'amical pour la France, quand il se croyait sûr de la discrétion de ses interlocuteurs. Ce fut ainsi qu'à Munich il se laissa aller à dire confidentiellement que la 'France serait encore assez puissante *dans ses limites du Rhin*. Schwarzenberg oubliait que le personnage auquel il s'adressait, bien qu'Autrichien d'origine et allié à la plus haute aristocratie viennoise, n'en était pas moins naturalisé Français et ministre de France en Bavière. Fidèle à ses devoirs, le comte de Mercy se hâta de rendre compte au duc de Bassano de cette conversation.

Schwarzenberg, qui n'avait pas vu Napoléon depuis le commencement de la guerre, n'arriva à Paris que l'avant-veille de son départ pour l'armée, et ne fut admis qu'une seule fois en sa présence. L'Empereur se montra, dans cette circonstance, beaucoup plus prudent qu'il ne le fut deux mois plus tard, dans sa dernière et célèbre conférence avec Metternich. Il mit l'ambassadeur fort à son aise en s'abstenant de toute récrimination sur les événements de la campagne et de l'hiver précédent, de toute explication sur les démarches déjà faites ou à faire pour la paix... Il affecta de ne voir en lui que le commandant des forces auxiliaires, et lui parla seulement du concours énergique qu'il attendait de l'Autriche, son alliée, dans la campagne prochaine, et de l'ordre de se reporter en avant, qu'il comptait prochainement expédier au général Frimont, commandant le corps auxiliaire en l'absence de Schwarzenberg. Celui-ci, ravi d'être quitte d'explications embarrassantes, répondit avec empressement « que son lieutenant obéirait aux ordres dès qu'il les recevrait. » Cette réponse, que Metternich et M. Thiers d'après lui, mettent sur le compte de la pusillanimité ou de la duplicité personnelle de l'ambassadeur, était parfaitement conforme à l'esprit, et sans doute à la lettre de ses instructions. Schwarzenberg n'avait quitté Vienne qu'au milieu de mars, c'est-à-dire à une époque où le chef du cabinet autrichien prenait déjà ses mesures pour que les ordres de Napoléon continuassent d'arriver trop tard. Pendant toute la durée de son voyage, il avait été bien certainement en correspondance continuelle avec Metternich, et ne pouvait ignorer, lors de son audience (14 avril), la signature de la conversation secrète du 29 mars. Il était donc parfaitement dans l'esprit de son rôle, quand il promettait que son lieutenant obéirait aux ordres, sachant fort bien que les précautions étaient prises pour qu'il fût matériellement impossible de les exécuter quand ils parviendraient. Mais Schwarzenberg est mort sans laisser de Mémoires, et l'on a trouvé commode de se disculper à ses dépens.

L'Empereur Napoléon et le duc de Bassano étaient parfaitement renseignés par le roi de Wurtemberg, par Narbonne, par le prince Poniatowski, par le ministre français Bignon, auquel Metternich ne pardonna jamais d'avoir trop bien vu dans son jeu, et de n'avoir pas désespéré de la Pologne, condamnée dès le commencement de 1813 dans les conseils secrets de l'Autriche[1]. Mais comme l'Empereur se refu-

---

1. Sous le gouvernement de Juillet, le baron Bignon fut plusieurs fois proposé pour le ministère des affaires étrangères et pour des ambassades importantes. Il fut écarté chaque fois, sur des observations parties de Vienne.

sait à subir, même à discuter, les conditions d'arrangement déjà concertées entre cette puissance et nos ennemis déclarés, il était de son intérêt de paraître trompé, de gagner du temps en ménageant les apparences. Dans cette situation, c'était pour lui un véritable succès d'avoir entraîné le commandant du corps auxiliaire à déclarer que ce corps était toujours à la disposition de la France. « Cette déclaration, disait l'Empereur à Maret, conserve aux yeux de l'Europe la couleur de l'alliance. » « Convaincu qu'il ne lui fallait qu'un succès pour fixer les irrésolutions de cette puissance et dénouer ses intrigues, il voulait retenir, au moins extérieurement, l'Autriche sur le terrain de l'alliance[1]. » C'était aussi dans cet esprit que le duc de Bassano, laissé en arrière jusqu'à la première victoire, s'efforçait de conduire la négociation à Paris avec l'ambassadeur autrichien, s'autorisait de ses déclarations formelles au sujet des « intentions pures et amicales » de l'empereur François, et s'efforçait de l'amener à reconnaître que les deux puissances restaient dans les termes de l'alliance, pour la paix, ou pour la guerre.

Quant à la guerre, le prince de Schwarzenberg ne pouvait décliner l'alliance, puisqu'il venait de reconnaître qu'elle existait toujours... Mais quand il s'agissait de savoir si, dans le cas où l'obstination des ennemis rendrait sans effet l'intervention de l'Autriche pour la paix, celle-ci mettrait dans la balance un plus grand nombre de troupes, ainsi que ses armements lui en donnaient le moyen, le prince évitait de s'expliquer, et ne parlait des préparatifs de l'Autriche que comme de démonstrations destinées à appuyer son intervention pacifique... Dans toutes les conférences, le ministre revenait sur ces assurances désirées,

1. *Portefeuille de* 1813, par Norvins, I, 178. Cet ouvrage, contenant un grand nombre de pièces alors inédites, avait été rédigé en partie d'après des communications du duc de Bassano.

sans se dissimuler qu'il ne les obtiendrait pas, et l'ambassadeur évitait de s'expliquer sur ces mêmes assurances, qu'il ne voulait pas refuser, mais qu'il avait ordre de ne pas donner... Le duc de Bassano s'étudiait à engager l'Autriche dans le sens de l'alliance plus loin qu'elle ne voulait aller, et à éviter qu'elle prît, dans le sens prévu d'une médiation armée, une attitude que des événements prochains pouvaient prévenir. (*Portefeuille*, t. 1, p. 195, 199.)

Le comte de Narbonne compromit cette manœuvre par sa vivacité trop française. Irrité des actes et du langage équivoques de l'Autriche, il jugeait nécessaire de mettre sans délai, par une démarche positive, cette puissance dans la nécessité de s'expliquer nettement. En conséquence, et sans attendre de nouveaux ordres, il avait produit, dès le 7 avril, dans une note verbale exigeant une réponse immédiate et catégorique, la proposition dont Napoléon et ensuite Maret entretenaient Schwarzenberg à Paris d'une façon moins pressante; celle d'un concours énergique et immédiat, avec une force auxiliaire portée au moins à cent mille hommes, et, à titre de rémunération, la perspective de l'attribution de la Silésie dans les dépouilles de la Prusse. Cette démarche officielle força le chef du cabinet autrichien à parler plus clairement qu'il n'avait fait jusque-là. Toutefois, il essaya de ménager encore les apparences par une subtilité que M. Thiers trouve admirable. Il déclara, et fit déclarer à Paris par l'ambassadeur, que, conformément à l'opinion et au vœu exprimés par la France, l'empereur d'Autriche, si ses démarches pour la paix demeuraient infructueuses, entrerait dans la lutte comme partie principale. En conséquence, *on se prêtait* à prendre l'attitude de médiateur armé, et on proposait au duc de Bassano de suspendre, *d'un commun accord*, les stipulations du traité d'alliance de 1812, relatives aux secours limités, l'Empereur

Napoléon ayant reconnu le premier que ces stipulations n'étaient pas applicables aux circonstances actuelles[1]. Cette déclaration était accompagnée de plaintes contre Bignon et les Polonais, qui faisaient, disait-on, des rapports inexacts à Paris et à Vienne, qui avaient prolongé une résistance inutile contre des ennemis trop supérieurs, et « s'obstinaient encore à rester dans une situation *qui ne présentait aucun avantage sous le rapport militaire.* » Elle n'en présentait que trop au gré des Autrichiens, et c'était justement ce qui les irritait si fort contre ce ministre trop clairvoyant, contre ces alliés trop fidèles. Il est certain que la présence de Poniatowski gênait cruellement le cabinet autrichien, en retardant l'exécution de ses engagements secrets. Metternich se croyait si sûr d'être débarrassé des Polonais avant l'arrivée de Schwarzenberg à Paris, qu'il avait négligé de lui donner des instructions pour le cas où l'Empereur Napoléon et le duc de Bassano auraient connaissance, par Bignon, du projet de dislocation du corps auxiliaire, avant que cette dislocation fût effectuée. Ce fut précisément ce qui arriva, et la dépêche suivante, adressée par Maret à Bignon le 17 avril, montre combien était grand alors l'embarras de l'ambassadeur autrichien en nous trouvant si bien instruits :

M. de Rumigny m'a remis hier vos dépêches des 4, 5 et 6 de ce mois[2]. Il avait rencontré sur la route de Mayence Sa Majesté qui a lu vos lettres. L'Empereur m'a ordonné de

1. Lettre de Metternich à Narbonne, du 12, et note verbale du prince de Schwarzenberg au duc de Bassano, du 22 avril.
2. M. de Rumigny était alors l'un des secrétaires de l'ambassade de Varsovie. Bignon avait écrit en même temps au comte de Narbonne, pour l'engager à demander une prolongation provisoire d'armistice. Cette lettre fut portée par l'un des attachés de l'ambassade, Victor de Broglie, le futur duc de ce nom, qui devait jouer un rôle politique si important sous la Restauration et le gouvernement de Juillet.

demander des explications sur leur contenu à M. le prince de Schwarzenberg, *qui n'a pu faire que des conjectures sur les dispositions que sa cour paraît avoir ordonnées.* J'écris à M. le comte de Narbonne, pour qu'il obtienne, s'il en est temps encore, que les choses restent dans l'état où elles étaient au commencement de ce mois. Sa Majesté étant à la tête de son armée, les hostilités ne peuvent tarder à recommencer, et le corps auxiliaire va se trouver incessamment dans le cas de marcher en avant. Cette circonstance lèvera toutes les incertitudes et décidera toutes les questions.

Pendant ce temps, Metternich n'était guère moins perplexe entre les instances de notre ambassadeur et celles des Russes. Le 17 avril, il promettait encore à Narbonne que les Autrichiens ne se retireraient que devant des forces évidemment supérieures; il lui montrait des instructions dilatoires destinées, disait-il, à Lebzeltern, à Frimont, et que ceux-ci ne reçurent jamais. Deux jours plus tard, il reçut de l'ambassadeur une nouvelle communication plus embarrassante encore, celle d'une dépêche de Maret du 11 avril, annonçant le prochain départ de l'Empereur, la prochaine arrivée des ordres pour le corps auxiliaire. Ainsi acculé dans ses derniers retranchements, et se croyant sûr que le mouvement de retraite était enfin commencé de la veille, Metternich en fit l'aveu à Narbonne, avec un embarras visible, s'excusant sur la prétendue supériorité du corps de Sacken. Il savait très-bien que ce corps était au contraire inférieur en nombre aux Autrichiens *seuls*, non compris le corps de Poniatowski, fort de 15,000 hommes. Ensuite, poussé à bout par les réflexions de l'ambassadeur sur cette infraction flagrante à l'une des stipulations les plus essentielles du traité de 1812, Metternich s'écria : « Ne serait-il pas absurde que les Autrichiens se battissent pour les Polonais? — Les Polonais, dit Narbonne, sont des alliés qui se battront conjointement avec les Autrichiens pour conserver une position militaire. — Jamais on ne déterminera l'armée à se battre pour conserver Cracovie aux Polonais! — Certes, répliqua l'ambassadeur, si vous n'êtes pas sûr de votre armée, il est sûr que l'alliance de l'Autriche perd beaucoup de son prix [1]. »

Dans cette situation, le comte de Narbonne commit une nouvelle imprudence en s'empressant de transformer un succès de conversation en succès diplomatique. Reproduisant, dans une note du 21 avril, les traits principaux de l'entretien de la veille, il mettait en demeure le chef du cabinet autrichien de contremander la retraite du corps auxiliaire autrichien. « Sans doute, disait Narbonne, Sa Majesté verra, avec une extrême satisfaction que les vœux de l'Autriche pour la paix soient remplis, qu'elle réunisse tous ses moyens et ses efforts pour la procurer à l'Europe; mais il n'a jamais entendu ni pu entendre que ce vœu

1. Lettre de Narbonne à Maret, 20 avril. Depuis que Napoléon avait quitté Paris, les correspondances de Vienne, de Cracovie et de Dresde, étaient dirigées vers le quartier général, où l'Empereur en prenait connaissance, et dictait au duc de Vicence, son grand-écuyer, les réponses qui lui semblaient urgentes. Il en fut ainsi jusqu'à l'époque où Maret rejoignit l'Empereur. Les choses ne pouvaient se passer autrement, quand celui-ci, par sa position intermédiaire, avait la facilité de connaître, plusieurs jours avant son ministre, des nouvelles d'une haute importance. Dans cet arrangement tout naturel, il n'y avait rien qui ressemblât à une disgrâce. Toutefois il est certain que pendant cette courte séparation (du 15 avril au 17 mai), Maret reçut quelques reproches qui lui furent très-sensibles. L'Empereur trouvait qu'il n'avait pas été instruit assez vite des intrigues de l'Autriche avec la Saxe, et notamment de la convention signée le 8 avril à Vienne entre Metternich et le ministre saxon Watzdorf, pour le transport des soldats de Poniatowski sur le territoire autrichien. (Nap. à Maret, 26 avril.) Mais lui-même ne tarda pas à reconnaître que, marchant à la rencontre des nouvelles dans un moment où chaque heure apportait la sienne, il devait en avoir la première connaissance avant son ministre qui était à Paris, et par d'autres que lui. On peut consulter sur cet incident capital des négociations de 1813, la deuxième partie des *Souvenirs d'un diplomate* du baron Bignon.

pour la paix annulât un traité existant. Ce traité stipule un corps auxiliaire : ce corps auxiliaire doit être aux ordres de Sa Majesté. *S'il n'obéit pas, que n'a-t-on pas le droit d'en inférer* ? » Il était impossible de définir avec plus de précision et moins d'à-propos cette situation délicate.

« L'Autriche, se voyant devinée, jeta le masque et précipita ses mesures. » Metternich ne répondit qu'au bout de cinq jours. Il avait voulu savoir le dernier état des choses à Cracovie, afin de pouvoir répondre encore d'une manière évasive, si en effet le mouvement de retraite avait été commencé. Mais la ténacité patriotique des Polonais avait arraché au commandant autrichien un dernier ajournement. D'autre part, les ordres directs annoncés par le duc de Bassano depuis le 11 pouvaient arriver d'un moment à l'autre... Dans la note qu'il se décida enfin à remettre le 26, Metternich se référait aux explications que Schwarzenberg avait été autorisé à donner au duc de Bassano, relativement à la nouvelle attitude de l'Autriche, et reproduisait en substance ces explications, mais avec un changement de rédaction d'une haute importance, à propos de la grande question du moment, la stipulation des secours limités. Dans ses conférences avec le duc de Bassano, et dans la note verbale du 22 avril, Schwarzenberg proposait seulement de *suspendre d'un commun accord* ces stipulations ; dans celles du 26, Metternich faisait un pas de plus, en déclarant que ces stipulations *cessaient d'être applicables à la conjonction actuelle*. Entre ces deux rédactions la nuance est sensible : on avait d'abord paru considérer le consentement de la France comme nécessaire ; au dernier moment, on se décidait à s'en passer [1].

---

[1] Il est remarquable qu'à la même époque le général Frimont, commandant du corps auxiliaire, promettait encore à Poniatowski

L'Empereur apprit cet incident sur le champ de bataille de Lützen, et désapprouva la conduite de son ambassadeur. « Elle a mis, disait-il, l'Autriche dans la nécessité de s'expliquer; il eût mieux valu gagner du temps. Vaincus, l'Empereur d'Autriche se serait tourné contre nous. Vainqueurs, comme nous le sommes, la chose eût été différente. » Il a toujours cru que, malgré ses intelligences avec nos ennemis, l'Autriche se serait déclarée pour nous après Lützen, si les démarches pressantes de notre ambassadeur ne l'avaient forcée de se compromettre vis-à-vis de nous, en l'entraînant à prendre immédiatement l'attitude qu'elle réservait pour l'hypothèse où nous aurions éprouvé un échec.

Les conférences de Maret avec Schwarzenberg perdaient une partie de leur importance par suite de ce qui venait de se passer à Vienne. Malgré la résolution que les premières instances du comte de Narbonne (la note du 7 avril) avaient précipitée, Maret s'était efforcé de maintenir cette bonne intelligence apparente, d'où l'on revient facilement à une bonne intelligence réelle. » Mais l'avant-dernière conférence qu'il eut avec l'ambassadeur fut signalée par un incident significatif. Pour en comprendre la portée, il faut bien remarquer que cette conférence avait lieu le 20 avril, c'est-à-dire le jour même où Narbonne faisait à Vienne cette nouvelle démarche, plus vive encore que la première, démarche que le ministre n'avait pas ordonnée et ne prévoyait nullement.

Il importait, dit Maret dans ses notes, de sortir du vague

et à Bignon d'exécuter les ordres de Napoléon, quand il les recevrait. Quand ces ordres arrivèrent, le corps auxiliaire était rentré sur le territoire autrichien, et ce fut cette circonstance, et non le changement d'attitude de l'Autriche, que Frimont allégua pour se dispenser d'obéir. Il est vrai que, dans cet intervalle, la bataille de Lützen avait eu lieu.

des conjectures sur les intentions réelles de l'Autriche. Le devoir du ministre était de chercher à se former à cet égard une opinion précise avec laquelle il pût aborder Napoléon... Il chercha donc à pénétrer au fond de la pensée de l'ambassadeur. Ayant négocié ensemble l'alliance de famille et l'alliance politique, ils pouvaient regarder comme leur ouvrage les liens qui unissaient les deux cours. Ils étaient dans une position naturelle pour des épanchements confidentiels,... Lorsque le duc de Bassano, paraissant abonder dans le sens du prince de Schwarzenberg, tira de la situation de famille des deux souverains la conséquence que l'empereur d'Autriche n'avait pas en effet la liberté d'adopter un autre système que celui dont son cabinet couvrait les démarches, une émotion soudaine saisit l'ambassadeur, et ces mots mal articulés s'échappèrent involontairement de ses lèvres : *Ah! le mariage, la politique l'a fait, la politique......* ! Le ministre ne parut pas avoir entendu cette phrase inachevée ; et, continuant la conversation dans le même esprit de conciliation qu'auparavant, il réussit à la faire oublier à son interlocuteur lui-même... La conférence se termina par des assurances réciproques d'affection. Le compte rendu que le duc de Bassano rendit à l'Empereur fut sincère, en ce qu'il ne dissimula pas l'impression qu'il avait reçue ; mais il passa sous silence les paroles significatives dont le ressentiment, s'il n'eût pas mis obstacle aux négociations (avec l'Autriche), y aurait porté une aigreur propre à en rendre la marche difficile et à en compromettre le résultat. » Il fallait, écrivait le ministre, se hâter de se mettre en mesure de traiter ; profiter du moment où l'Autriche pouvait hésiter encore, et où rien ne l'empêchait de croire qu'une heureuse issue, attribuée à ses efforts, maintiendrait les deux puissances dans les rapports que le sang et la politique avaient formés, et qu'un service aussi important resserrerait plus étroitement que jamais. »

A l'occasion de cet incident, M. Thiers reconnaît « qu'il pouvait être habile de paraître n'avoir pas compris, afin d'éviter un éclat ; » mais il accuse le duc de Bassano d'avoir, avec les plus honnêtes intentions du monde, contribué à la perte de Napoléon en ne lui révélant pas aussitôt les paroles échappées au prince ambassadeur. Ce reproche n'est pas sérieux. Malgré la duplicité évidente du cabinet autrichien, Maret, comptant trop, si l'on veut, sur l'effet de nos nouveaux triomphes et sur l'affection paternelle de l'empereur François, persistait à croire qu'on ne pouvait arriver que par l'Autriche à une paix *française*, la seule que voudrait accepter Napoléon[1].

Il n'était pas dans la nature de celui-ci de se laisser intimider ni humilier. Rien ne pouvait plus l'éloigner de faire des concessions à l'Autriche, de traiter par son intermédiaire, que les indices d'un concert préalable et secret entre cette puissance et nos ennemis déclarés, pour imposer des conditions à la France. Il n'en fallait pas plus pour faire incliner Napoléon vers l'idée de risquer, à la suite d'un premier succès, une tentative d'arrangement direct et séparé avec la Russie. Cette idée était appuyée par le duc de Vicence, qui croyait pouvoir ressaisir facilement son ancienne influence sur Alexandre. Elle avait été aussi, on s'en souvient, chaleureusement soutenue par Talleyrand, mais par un motif contraire. Il prévoyait qu'une semblable ouverture n'aurait d'autre résultat que d'assurer l'accession de l'Autriche à la coalition, en don-

[1]. L'un des meilleurs historiens de Napoléon, Jomini, reconnaît que Maret montra dans cette circonstance beaucoup de tact et de finesse. « Bien que mon ministre, fait-il dire à Napoléon, partageât ma confiance dans le succès des opérations militaires, *il eût préféré aborder franchement la question de la paix*. Mais, dans l'état où j'avais amené les choses, sa mission devait naturellement se borner à pénétrer Schwarzenberg. Il fallait sonder toute l'étendue des prétentions de mes ennemis, et savoir quelle limite l'Autriche assignerait aux sacrifices qu'on allait exiger de moi. Tout en évitant d'en avoir une déclaration confidentielle, puisqu'une victoire devait en changer la teneur, le duc mettait toute son adresse à entamer la négociation sur le *minimum* des sacrifices qu'on me demanderait. Pressé d'obtenir enfin des données sur lesquelles je puisse asseoir ma conduite ultérieure, mon ministre, par de feints épanchements, provoqua la franchise naturelle du prince. » (V. Jomini, IV, 289 et suiv.)

nant à la Russie un moyen de peser, par la crainte, sur les déterminations finales de cette puissance. Maret était du même avis que Talleyrand sur cette conséquence probable d'une démarche auprès de la Russie; c'était bien pour cela qu'il la redoutait si fort. L'événement n'a que trop bien justifié les craintes du ministre fidèle, et les espérances de l'autre.

Mais c'était bien en vain que le duc de Bassano avait dissimulé le propos de l'ambassadeur, et ce silence n'a pas eu les suites que lui attribue bénévolement M. Thiers. Dans ce moment même, les témoignages les moins équivoques de la liaison souterraine du cabinet autrichien avec nos ennemis affluaient au quartier général français. C'était d'abord la révélation de la convention signée avec la Saxe pour le *désarmement* et le transport des Polonais; puis la déclaration de changement d'attitude, bien autrement tranchante à Vienne qu'à Paris; l'aveu arraché par Narbonne à Metternich, à travers une foule de phrases aimables, que l'Autriche, en raison de sa position nouvelle et impartiale de médiatrice armée, pourrait bien finir par se joindre à nos ennemis *si nous n'étions pas raisonnables*; enfin, les preuves irréfragables de la suite des intrigues saxonnes. Plusieurs jours avant de signifier son changement d'attitude, l'Autriche avait négocié secrètement celui du roi de Saxe, et même la cession éventuelle du duché de Varsovie par ce souverain, et sa retraite sur le territoire autrichien, de préférence au territoire français. Les conséquences militaires de ces démarches étaient entièrement au profit de la coalition, puisqu'elles nous faisaient fermer les portes des forteresses saxonnes, celles notamment de Torgau, place de première importance pour la défense de l'Elbe. De telles manœuvres, au moment où

1. V. Thiers, XV, 422.

la campagne s'ouvrait, n'étaient pas même conformes au devoir d'un médiateur impartial. Metternich le sentait si bien, que, comptant sur la discrétion du cabinet saxon, il se défendait d'avoir provoqué la retraite du roi sur le territoire autrichien. « Il nous est arrivé comme la foudre, » disait-il à notre ambassadeur. « Comme la foudre, soit, repartit celui-ci, mais je vous crois aussi habile que Franklin à la diriger. » Peu de jours après, la bataille de Lützen rompait cette intrigue prématurée; les conseillers saxons les plus compromis fuyaient sur la trace des coalisés vaincus, et le roi, rendu à lui-même, se hâtait de retourner dans ses États, sur l'invitation *pressante* de Napoléon. La conduite ultérieure de ce vertueux souverain, prouva bien que sa bonne foi avait été surprise, et qu'en venant se remettre dans les mains de Napoléon victorieux, il cédait moins à la nécessité qu'au penchant de son cœur[1].

Cependant, Maret et l'envoyé autrichien avaient terminé leurs conférences. Dans la dernière, Schwarzenberg communiqua au ministre de Napoléon la nouvelle de l'insuccès de la tentative pacifique que le baron de Wessenberg avait été chargé officiellement de faire à Londres. Il ajouta que le zèle du cabinet de Vienne n'était nullement ralenti par cet échec; qu'à défaut de la paix générale, il

---

1. Lors de son retour à Dresde, le roi de Saxe remit à Napoléon toutes ses notes avec l'Autriche. « Cette puissance se montrait alors à tous nos alliés... même à Naples et à la Westphalie, comme une amie de la France qui ne voulait rien que la paix, ne désirait rien pour elle-même. Mais elle les engageait à ne pas faire d'armements inutiles, à ne pas s'épuiser pour donner à la France des secours qui ne feraient que rendre l'Empereur moins traitable, et qui d'ailleurs seraient sans objet, puisque l'Autriche avait cent cinquante mille hommes à mettre dans la balance contre celui des deux partis qui voudrait continuer la guerre. » (Rapport du duc de Bassano, du 20 août 1813.)

allait faire des démarches pour une paix continentale. Schwarzenberg quitta Paris peu de jours après la bataille de Lützen. Deux mois plus tard, ce militaire diplomate, nommé en 1812 commandant du corps auxiliaire, puis élevé au grade de feld-maréchal sur la recommandation de Napoléon, recevait à Trachenberg, en reconnaissance de sa *belle campagne politique* de Pologne, le commandement en chef de la grande armée coalisée.

On voit aujourd'hui à Vienne la statue du prince de Schwarzenberg; et l'on remarque, triomphalement inscrits sur le piédestal, les noms de diverses batailles, qui, pourtant, ne furent rien moins que des triomphes, notamment celle de Dresde... Malgré cet hommage rendu à sa mémoire, Metternich a tenté de se disculper en partie à ses dépens, du reproche de fausseté vis-à-vis de la France. Il a prétendu que Schwarzenberg avait ordre de s'expliquer beaucoup plus nettement qu'il ne le fit avec le duc de Bassano et même avec Napoléon; de lui montrer l'Autriche prête à se déclarer contre lui, s'il ne souscrivait pas aux conditions qu'elle jugerait acceptables. Un tel langage aurait pu, suivant le ministre autrichien, troubler la fausse sécurité de Napoléon, modifier ses déterminations, ou rendre son opiniâtreté encore plus inexcusable. Ces assertions, qu'un historien français a cru devoir reproduire, nous paraissent d'autant plus suspectes, que Metternich s'est soigneusement dispensé de citer les instructions que Schwarzenberg a dû recevoir de lui pendant cette dernière mission à Paris. Il nous paraît bien difficile d'admettre que le chef du cabinet autrichien ait pu exiger de son ambassadeur tant de franchise vis-à-vis de Napoléon ou du duc de Bassano, quand lui-même en mettait si peu dans ses rapports avec l'ambassadeur français à Vienne.

Le duc de Bassano ne put quitter Paris que le 11 mai. Il était impatient, pour plus d'un motif, de rejoindre le quartier général, et de rentrer dans la plénitude de ses fonctions ministérielles. Le 7, il écrivait confidentiellement à Bignon :

Je vais *enfin*, mon cher ministre, me rapprocher de l'armée qui se rapproche glorieusement de vous. Je me laisse aller à l'espoir que nous nous retrouverons encore ensemble, et dans ces rapports de tous les jours si regrettables et si doux. Je vous écrirai de nouveau sur les affaires, quand j'aurai établi mon quartier général quelque part ; quant à présent, je suis *coupé* de votre correspondance... Toute ma colonie, qui, à quelques exceptions près, m'accompagne, se rappelle à votre souvenir, etc.

Dans ce moment, le duc de Bassano ne négligeait rien pour donner le plus grand retentissement possible à la victoire glorieuse, mais trop peu décisive, de Lützen. Mais la lettre suivante, dans laquelle il rendait un compte fidèle de l'impression produite à Paris par la nouvelle de cette journée, suffirait pour faire justice de tous les préjugés accrédités par la malveillance contre Maret.

La nouvelle du brillant succès qui a appris à l'Europe l'arrivée de Votre Majesté à la tête de ses armées a produit ici la sensation la plus vive. Les membres du corps diplomatique, que je viens d'entretenir les uns après les autres, m'ont paru plus étonnés de la manière dont l'esprit public s'est manifesté, que la victoire elle-même... Aux clameurs de la malveillance, au silence des hommes douteux, et à l'anxiété des gens dévoués, ont succédé les élans de la joie et de l'espérance. Mais si, lors des campagnes qui ont précédé la dernière, on ne cherchait dans un succès que le présage et la garantie d'une gloire nouvelle, aujourd'hui *que la confiance est ébranlée*, que des questions si graves doivent être résolues sur le champ de bataille, on ne veut y voir qu'un gage donné par la fortune *pour le repos et pour la paix*.

« Le moment est venu où tout Français qui a de l'honneur doit vaincre ou mourir! » Je n'ose croire que ces paroles, placées dans la bouche du général Girard, aient été l'expression d'un sentiment qui porterait Votre Majesté à ne pas ménager sa vie[1]. Elles jetteraient l'égarement dans toutes les âmes. Peut-être aussi ; permettez-moi, Sire, de vous le dire ; seraient-elles, sous d'autres rapports, peu propres à calmer les esprits. La question pour la France ne saurait se réduire à des termes aussi simples ; les nations ne peuvent pas se placer dans une telle alternative. Elles ne meurent pas ; *elles se fatiguent de la nécessité de vaincre toujours*.

Vous avez vaincu ; la victoire vient d'effacer l'impression de ces désastres qui n'avaient rien ôté à votre gloire. La modération qui est dans vos résolutions, mais qui aurait pu paraître sans dignité dans les revers, ne lui portera désormais aucune atteinte, et cette paix, *le seul vœu, le besoin pressant* de la France, quelques sacrifices que vous lui fassiez aujourd'hui, sera toujours une paix glorieuse. (Maret à Napoléon, 8 mai.)

Ainsi Maret ne dissimulait pas à l'Empereur que les temps étaient changés, que ce retour de fortune n'avait pas raffermi la confiance publique, « qu'on était las de cette nécessité de vaincre toujours. » Il le conjurait de ne pas perdre un moment pour négocier la paix, même au prix de sacrifices qui, le lendemain d'une victoire, cessaient d'être humiliants. Mais il ne se vantait pas à tout venant de ces conseils pacifiques : il ne faisait pas, comme tant d'autres, parade de lassitude et d'anxiété, sentant bien que ces démonstrations imprudentes étaient les meilleurs auxiliaires de l'ennemi. En un mot, au mérite de la

---

1. Atteint de plusieurs balles, le général Girard voulut rester sur le champ de bataille. Il déclara vouloir mourir en commandant et dirigeant ses troupes, puisque le moment était arrivé pour tous les Français qui avaient du cœur de vaincre ou de mourir. (*Moniteur* du 9 mai.)

franchise il joignait celui de la discrétion ; et par cette conduite, de tout point honorable, il donnait prise à ces inculpations de fétichisme, d'obéissance servile, qui traînent encore dans certaines histoires. Moins honnête, il eût été moins calomnié ; telle est la justice des hommes !

LX

Le comte de Bubna reparaît à Dresde. — Napoléon propose un armistice et un congrès, espérant s'arranger directement avec la Russie. — Échec et fâcheux effet de cette tentative. — La demande d'un armistice après Lützen, et sa conclusion après Bautzen, ne peuvent s'expliquer, de la part de l'Empereur, que par le désir de la paix. (Mai-juin 1813.)

Le duc de Bassano avait rejoint l'Empereur pendant la bataille de Bautzen, mais il ne put recommencer avec lui son travail accoutumé qu'à Gœrlitz, le 22 mai dans l'après-midi. Pour bien comprendre les négociations auxquelles ce ministre allait concourir, il faut retourner un peu en arrière.

Pendant le précédent séjour de Napoléon à Dresde, le comte de Bubna avait reparu. Cette démarche était la conséquence forcée de notre victoire de Lützen. Après un tel événement, il ne pouvait plus être question à Vienne de se déclarer immédiatement contre nous. On avait renvoyé Bubna auprès de Napoléon, tandis que Stadion allait rassurer les alliés. Maret fait observer avec raison, dans ses notes, que ces choix étaient précisément l'inverse de ceux qu'aurait pu faire un médiateur vraiment impartial.

Le choix de M. de Stadion, l'ennemi connu et personnel de Napoléon et de la France..., était nécessairement aux yeux de Napoléon une véritable hostilité. C'était renforcer des ennemis déjà bien passionnés, de toute la partialité d'un homme plein de passion... Pourquoi l'empereur François, au lieu de nommer Stadion auprès des souverains alliés, ne le nommait-il pas auprès de son gendre? Ce choix, qui sans doute eût manqué à certaines convenances..., n'eût pas donné à Napoléon la conviction que son beau-père avait une arrière-pensée. Peu importait l'opinion du négociateur placé près de Napoléon. Ce qui importait, c'était d'avoir un véritable ami de la paix près des souverains alliés [1]...

Le comte de Bubna avait remis à Napoléon une lettre signée de son beau-père, dans laquelle des insinuations presque menaçantes se mêlaient aux protestations les plus affectueuses. « Votre Majesté sait que je ne saurai remplir à demi un devoir. En me chargeant du rôle honorable de ramener un état de repos, je dois en vouloir les moyens. Le comte de Bubna est chargé de placer sous les yeux de Votre Majesté *quelques points* que je crois surtout devoir

---

1. M. Thiers, qui n'a voulu voir toutes ces négociations que par les yeux de Metternich, prétend au contraire que c'était pour notre bien qu'on avait envoyé Stadion auprès des alliés; que par cette mission on le *compromettait* vis-à-vis du parti anti-français, « qu'ôter un tel chef à ce parti, c'était pour soi et pour nous la meilleure des conduites. » Mais cette interprétation, imaginée longtemps après par Metternich, est absolument contredite par ses propres explications, contemporaines de l'envoi de Stadion. Alors il ne se dissimulait pas l'impression fâcheuse que cet envoi allait produire; il s'efforçait de l'amortir, en affirmant à Narbonne que Stadion état converti à l'alliance française, « qu'il était sûr de son point de vue, qu'il répondait de lui. » (Narbonne, 1er mai.) M. Thiers lui-même, s'il avait eu l'honneur d'être le conseiller de Napoléon dans ces graves circonstances, aurait eu de la peine à lui persuader qu'il devait considérer l'envoi de Stadion comme une marque d'amitié pour la France, au moment où il avait sous les yeux une dépêche de Narbonne du 10 mai, dans laquelle on lit: *M. de Stadion emporte pour l'empereur Alexandre la promesse que, dans aucun cas, on ne se battra contre lui.*

servir de base à un arrangement. » Ces points n'étaient autres que les conditions concertées depuis au moins trois mois, entre l'Autriche et ses nouveaux alliés ; destruction et nouveau partage du duché de Varsovie ; dissolution de la Confédération du Rhin ; restitution à l'Autriche des provinces illyriennes et de la frontière de l'un ; abandon par la France de la trente-deuxième division militaire, reconstruction de la monarchie prussienne.

Si Napoléon s'était décidé à suivre les conseils qui, dans ce moment même, lui arrivaient de Paris ; si, choisissant parmi ces points principaux ceux qui intéressaient spécialement l'Autriche, il lui avait offert nettement, pour prix d'une coopération énergique et sincère, au moins la plus grande partie de ce qu'on promettait à cette puissance pour se déclarer contre lui[1] ; cette offre, coïncidant avec une seconde défaite des alliés, aurait, sans doute donné un autre cours aux événements. Après Bautzen, il aurait suffi que l'Autriche menaçât les alliés de rester neutre, pour les contraindre à faire la paix.

Mais, au moment où Bubna arrivait à Dresde, Napoléon était plus irrité que jamais contre l'Autriche. Les révélations des rois de Saxe et de Danemark, les dernières dépêches de Narbonne, la correspondance interceptée des diplomates russes et prussiens envoyés à Vienne, sous prétexte de concert au sujet de la médiation, venaient de mettre en pleine lumière les véritables sentiments du cabinet autrichien. Napoléon se révoltait contre l'idée de subir à la suite d'une victoire, les conditions arrêtées d'avance entre ses ennemis et un tel médiateur, qui après avoir d'abord affirmé modestement « ne rien vouloir pour lui, »

---

1. Voir ci-dessus, la lettre du duc de Bassano, du 8 mai.

tendait à s'adjuger le meilleur lot dans les sacrifices demandés au vainqueur. Cependant l'Empereur sut se contenir cette fois ; il entendit avec un calme apparent l'énonciation des « points principaux, » et ne parut manifester de répugnance insurmontable que pour deux de ces points : la renonciation au protectorat de la Confédération du Rhin, et le sacrifice *pur et simple* des territoires de la trente-deuxième division militaire. Nous disons le sacrifice pur et simple, car on ne saurait trop le répéter, Napoléon, après comme avant Lützen, n'avait garde de s'imaginer qu'il pourrait traiter avec l'Angleterre et la Russie sans transiger sur les villes Anséatiques, sur Oldenbourg. Il entendait seulement ne s'en dessaisir que moyennant compensation. Les cabinets européens ne pouvaient s'abuser sur le sens véritable de cette prétention. Elle ne leur paraissait alors nullement exorbitante, bien qu'elle ait valu à Napoléon et à son ministre les reproches les plus amers de la part de quelques écrivains modernes, qui l'ont interprétée à tort d'une façon absolue[1].

Le comte de Bubna, ne rencontrant de résistance positive que sur ces deux points, crut, dit-on, avoir obtenu gain de cause sur tout le reste. Napoléon accueillit aussi avec une faveur marquée l'idée d'un congrès pour la paix générale ou au moins continen-

1. Parmi les historiens qui ont commis cette erreur, on compte M. Thiers, qui s'écrie : « Ainsi les départements anséatiques, etc., étaient choses inviolables et inséparables de l'Empire : ainsi Hambourg devait, quoi qu'il arrivât, avoir des préfets français ! » (XV, 232.) Il est vrai que dans le cours du même volume, à propos de cette conférence entre l'Empereur et Bubna, M. Thiers adopte l'autre version ; il reconnaît que Napoléon avait un grave motif politique pour répugner à l'abandon de ces territoires, *dont la France avait besoin comme moyen d'échange, pour se faire restituer ses colonies.* (*Id.*, p. 548.) Mais, par une distraction singulière, il a omis de faire disparaître la contradiction flagrante qui existe entre ces deux passages.

tale, et subsidiairement celle d'un armistice. Mais il comprenait ce congrès tout autrement que ses adversaires. Il entendait que tous les États engagés dans la lutte fussent librement représentés par des plénipotentiaires ayant voix consultative et délibérative, et proposait même d'admettre des représentants des insurgés espagnols; concession très-méritoire à cette date antérieure de plus d'un mois à la journée de Vittoria. Napoléon parut tout à coup prendre cette idée de congrès et d'armistice tellement à cœur, que, non content d'autoriser Bubna à en transmettre sur le champ la proposition aux alliés par l'intermédiaire du comte de Stadion, il en fit l'objet d'une lettre spéciale pour son beau-père (*Cor.*, 20019), et ordonna séance tenante qu'elle reçût, dans le plus bref délai, la publicité officielle du *Moniteur*. Elle y fut annoncée en effet dès le 24, par un article expédié directement de Dresde, et visiblement écrit sous la dictée de l'Empereur lui-même.

Voici les passages les plus importants de cet article :

L'empereur Napoléon a offert la réunion d'un congrès à Prague pour la paix générale... Du côté de la France arriveraient à ce congrès les plénipotentiaires de la France, des États-Unis, du Danemark, du roi d'Espagne et de tous les princes alliés : du côté opposé, ceux de l'Angleterre, de la Russie, de la Prusse, des insurgés espagnols et des autres alliés de cette masse belligérante... Si l'Angleterre refuse de coopérer au grand œuvre de la paix du monde, l'Empereur n'en propose pas moins la réunion à Prague... pour régler la paix du continent...

La proposition d'admettre les représentants espagnols faisait tomber le seul motif qu'eût allégué le cabinet de Londres, pour repousser les ouvertures pacifiques transmises par l'envoyé autrichien Wessenberg. Il est donc à croire que cette proposition de congrès, *arrivant après Bautzen et avant Vittoria*, aurait obtenu l'assentiment de l'Angleterre, si cette puissance n'avait pas été assurée dès lors de l'adhésion du cabinet de Vienne à la coalition[1].

Cet article témoignait de dispositions peu favorables aux espérances et aux prétentions particulières de l'Autriche. Le nom de cette puissance n'y figurait pas parmi ceux de nos alliés; aucune allusion n'était faite à sa médiation; on se bornait à dire que les principes énoncés, relativement à la réunion et à la composition du congrès, *étaient conformes aux vues de l'Autriche*.

L'Empereur, en effet, répugnait fort à cette médiation. Malgré l'opinion nettement exprimée du duc de Bassano, il penchait de plus en plus vers une tentative de rapprochement direct avec la Russie, et pensait y arriver par cette ouverture pour un congrès et un armistice. Il espérait aussi, et cette pensée l'honore, éviter par cette proposition, la nouvelle bataille imminente contre les alliés retranchés à Bautzen. Il se décida donc à faire partir de suite pour les avant-postes le duc de Vicence, qui semblait devoir être accueilli mieux qu'aucun autre par le Tzar. « Si j'ai des sacrifices à faire, disait Napoléon, j'aime mieux que ce soit au profit de souverains qui me font bonne guerre; qu'au profit de l'Autriche, qui a trahi l'alliance, et qui, sous le titre de médiateur, veut s'arroger le droit de dis-

---

1. A l'époque où ce cabinet nous déclara la guerre, le souvenir de cette offre pacifique le gênait singulièrement dans ses récriminations contre la politique française. Il essaya de s'en tirer, en prétendant qu'il avait *ignoré complétement* cette proposition. (Manifeste du 12 août.) Il en avait eu connaissance, non-seulement par l'article officiel du *Moniteur*, mais par la lettre de Napoléon du 17 mai, et par celle de Bubna à Stadion.

poser de tout, après avoir fait la part qui lui convient, etc[1].

Cette tentative, faite en l'absence et à l'insu de Maret, était conforme au système qu'il avait toujours combattu. L'événement justifia ses prévisions. Elle n'eut d'autres résultats que de resserrer davantage les nœuds secrets qui unissaient l'Autriche à la coalition. Malgré le résultat de la bataille de Bautzen, ou plutôt à cause de ce résultat trop peu décisif, la Russie persista à décliner toute communication immédiate. Caulaincourt ne fut pas reçu, et ce fut par l'intermédiaire de Stadion qu'on fut informé que les alliés étaient disposés à traiter d'une armistice. D'autre part, à Vienne, Metternich avait l'air soucieux, gêné avec l'ambassadeur français. Celui-ci écrivait à Maret le 31 mai : « *Il doit s'être passé, depuis quelques jours, des choses qui ramènent ce cabinet à des idées plus hostiles.* » Narbonne ne se trompait pas ; le jeune ministre russe Nesselrode exploitait alors habilement la terreur qu'inspirait à l'Autriche cette possibilité d'un accommodement direct entre la Russie et la France. Ce fut ainsi qu'il décida Metternich à partir tout à coup pour la Bohême avec son maître. Les occasions de rapprochement devinrent ainsi plus fréquentes. On pesa d'une manière immédiate et continue sur les résolutions du chef de cabinet autrichien. On agit sur lui par la crainte et aussi par l'orgueil, en affectant de le considérer, et l'amenant à se considérer de bonne foi lui-même comme l'arbitre des destinées de l'Europe. « Il croit mener tout le monde, disait Napoléon, et tout le monde le mène. »

Nous n'avons pas à nous occuper des détails de la négociation d'armistice, mais nous ne sau-

---

[1]. Instructions pour le duc de Vicence, du 17 mai ; *Correspondance*, n° 20017.

rions laisser passer, à cette occasion, une singulière assertion de M. Thiers. Suivant lui, « Napoléon, en signant cet armistice, n'avait d'autre intention que de gagner deux mois pour compléter ses armements ; il n'avait pas eu un moment la pensée de la paix... ; » néanmoins « il n'avait dit à personne sa pensée tout entière, *si ce n'est peut-être à M. de Bassano*, duquel il n'avait pas la moindre objection à craindre. » (XVI, 5, 7 et 8). A l'appui de cette thèse, M. Thiers mentionne trois lettres écrites par l'Empereur pendant la négociation de l'armistice. Les deux premières sont adressées au ministre de la guerre et au vice-roi d'Italie ; la troisième, au duc de Bassano, qui dans ce moment se trouvait à Liegnitz, en conférence avec le comte de Bubna, revenu encore une fois de Vienne. Comme c'est surtout dans cette dernière lettre qu'il faut, suivant M. Thiers, chercher la véritable pensée de Napoléon, il a jugé à propos, non pas de la citer, mais de la résumer dans les termes suivants :

Napoléon écrivit à M. de Bassano : « *Ne vous expliquez pas avec M. de Bubna*, emmenez-le avec vous à Dresde, et retardez le moment où nous serons obligés d'accepter ou de refuser les propositions autrichiennes. Je vais conclure l'armistice, et alors le temps dont j'ai besoin sera tout gagné. Si pourtant on persiste à exiger pour la conclusion de cet armistice des conditions qui ne me conviennent pas, *je vous fournirai des thèmes pour prolonger les pourparlers avec M. de Bubna* (XV, 600).

Voici maintenant la reproduction textuelle de la lettre adressée de Neumarkt par Napoléon à Maret, le 3 juin 1813, à laquelle se rapporte ce passage, que des lecteurs confiants pourraient prendre pour une citation littérale.

Nous sommes en discordance pour l'armistice. Les Russes

veulent se placer à Breslau, et moi je veux que Breslau soit neutre. Je voudrais que l'armistice durât jusqu'au 20 juillet, eux voudraient qu'il expirât le 5 ; la différence se réduit là. Signera-t-on ? c'est un problème. Faites part de cette négociation à M. de Bubna. Faites-lui connaître l'incertitude et la différence où nous sommes : qu'après que j'ai consenti à évacuer Breslau *par amour de la paix*, les Russes veulent l'occuper, et que, comme on en fait au quartier-général français une affaire d'amour-propre et d'honneur, il est douteux que nous l'accordions ; que dans tous les cas il est convenable que vous et M. de Bubna vous vous rendiez à Dresde, parce que, si les hostilités devaient recommencer, je changerais ma ligne d'opérations. Je désire donc que vous partiez ce soir ; vous marcherez toute la nuit avec une escorte que vous donnera le général Marchand, et vous continuerez, pareillement escorté, jusqu'à Dresde. C'est là votre place ; c'est là que vous traiterez avec M. de Bubna ; c'est là que vous me serez utile comme centre de correspondance. Si l'armistice se conclut, je me rendrai de ma personne à Dresde (*Corresp.*, 20073).

C'est là un curieux exemple des libertés que prend l'illustre historien avec les documents qui ont besoin d'être appropriés à ses idées. Ses analyses mériteraient trop souvent le nom de « belles infidèles, » infligé jadis aux traductions de d'Ablancourt. Les indications qu'il donne sur les deux autres lettres, brillent également par l'inexactitude. Il dit (XVI, 8) que l'Empereur n'osa avouer ni à Clarke, ni à Eugène, les conditions de l'Autriche ; « leur laissa même croire qu'elles étaient exorbitantes. » Or, on lit dans la lettre adressée à Clarke le 2 juin : « Cette cour, sous les couleurs les plus sentimentales, ne veut rien moins que me forcer à lui restituer la Dalmatie et et l'Istrie. Elle veut de plus la rive gauche de l'Iun ; et enfin la moitié du grand-duché de Varsovie, en donnant l'autre moitié à la Prusse et à la Russie. Elle espère arriver à ces avantages par la présence d'une centaine de mille hommes. » La lettre adressée à

Eugène le même jour, contient la même confidence dans des termes presque identiques. L'Empereur leur prescrit ensuite des mesures militaires, et M. Thiers en infère qu'il n'avait pas autre chose en tête. Mais nous pourrions citer bien des lettres semblables, écrites antérieurement par Napoléon pendant des armistices, préliminaires de traités. Faudrait-il en conclure qu'après Austerlitz, Friedland ou Wagram, Napoléon ne voulait pas la paix? D'ailleurs, ainsi que le fait observer un historien, précisément à cette même occasion, « l'Empereur ne disait à chacun que ce que chacun avait besoin de savoir pour accomplir sa tâche particulière. » Quel est l'auteur de cette remarque, qui répond victorieusement à l'induction que M. Thiers voudrait tirer du langage tenu à Eugène et à Clarke? M. Thiers lui-même.

En résumé, il peut être utile pour la glorification du comte, depuis prince de Metternich, de soutenir que Napoléon n'a recherché à signer l'armistice de Plesswitz « que pour gagner deux mois, temps nécessaire à la deuxième série de ses armements. » Mais cette thèse autrichienne, qui ne méritait pas d'être soutenue dans des ouvrages français, est contraire au texte véritable des documents, aussi bien qu'au bon sens. La demande d'un armistice après Lützen et surtout sa conclusion après Bautzen, ne peuvent s'expliquer que par un désir sincère de la paix[1]. C'est ce désir, et non, comme on l'a prétendu, « la crainte d'avoir immédiatement l'Autriche sur les bras, » qui décida l'Empereur à renoncer aux avantages immenses de la poursuite, car il était en mesure de les obtenir avant que l'Autriche fût prête. C'est donc avec raison que

---

[1] « Si nous ne voulions pas traiter de la paix, nous n'aurions pas la sottise de traiter d'un armistice dans le moment actuel. (Napoléon au duc de Vicence, 4 juin, *Corresp.*, 20083.)

le duc de Bassano dit à ce sujet dans ses notes : « si Napoléon n'avait été qu'un conquérant, il serait peut-être devenu le maître du monde. »

Cette appréciation, contraire à celle de M. Thiers, est confirmée par un contemporain, témoin oculaire des mieux informés, le général Jomini. A propos de cet armistice, il fait dire à Napoléon : « ce fut peut-être la plus grande faute de ma vie. En pliant devant l'intercession de l'Autriche, je lui inspirais une confiance dans ses forces qu'elle n'avait pas encore, et je ne fis ainsi que hâter sa décision contre moi. Si j'avais continué les hostilités, ma décision lui en aurait imposé; l'armée russo-prussienne, tournée par sa droite, écrasée par ma supériorité, refoulée dans les montagnes de Glatz, y eût trouvé des Fourches caudines, puisque l'Autriche intimidée par mes succès, n'aurait point osé lui offrir alors le passage à travers ses États. Je redevenais le maître de l'Europe en dictant la paix au vainqueur. Admettons même que l'Autriche eût pris la résolution de permettre l'entrée des troupes coalisées, ma position n'eût pas été pire qu'elle le fut au mois de septembre ; car si mon armée reçut cent mille hommes durant l'armistice, celle des ennemis en reçut le double, sans compter ceux que l'Autriche organisa. » (Vie de Napoléon, IV, 314.)

LXI

Conférence de Liegnitz entre Maret et le comte de Bubna qui n'a de pouvoirs que pour causer. — Départ et retour de ce diplomate à Dresde. — Il rapporte cette fois une note énonçant l'offre formelle de la médiation autrichienne. — Mais Bubna se trouvant encore sans pouvoirs, M. de Metternich est invité à venir lui-même à Dresde, où il n'arrive que le 25 juin. — Pendant qu'il négocie la convention relative à la médiation, le comte de Stadion signe à Reichenbach un traité secret avec la Russie et la Prusse. — Conférences militaires de Trachenberg. — Traité avec le Danemark. — Organisation du corps polonais.

On vient de voir que Maret, pendant la discussion de l'armistice, était à Liegnitz avec le comte de Bubna, de retour depuis le 30 mai au quartier général. Ce messager infatigable était reparti de Vienne, avant qu'on y eût reçu la nouvelle de la bataille de Bautzen et de la tentative de négociation directe avec la Russie. Le chef du cabinet autrichien, à cette date, avait lieu d'être satisfait des nouvelles que Bubna rapportait de Dresde, puisque l'Empereur venait d'autoriser la proposition d'un armistice et d'un congrès. Le moment semblait venu pour l'Autriche d'imprimer une allure plus vive et plus franche à la négociation, en commençant par régulariser la nouvelle situation de la puissance médiatrice vis-à-vis de la France. Maret était donc autorisé à croire que le retour si prompt de Bubna avait d'abord pour objet l'accomplissement de ce préliminaire indispensable à l'œuvre de la paix. Il n'en était rien pourtant, ainsi que le prouve l'analyse suivante des conférences de Liegnitz, rédigée d'après les communications du duc de Bassano.

Le comte de Bubna félicitait, au nom de sa cour, l'empereur Napoléon, de ses dispositions magnanimes pour la paix du monde. Elle *n'oublierait jamais* que les premières démarches pacifiques avaient été faites par lui, au moment où la victoire (de Lützen) lui conseillait de placer toute sa confiance dans le sort de ses armes. Elle allait faire des démarches pour l'ouverture d'un congrès...

Le duc de Bassano accueillit ces assurances ; mais en exprimant la confiance qu'elles devaient inspirer (?), il fit remarquer au comte de Bubna que l'objet de son voyage à Vienne n'avait pas été seulement d'obtenir que sa cour se prononçât pour la prompte ouverture d'un congrès, et s'entremît pour obtenir des ennemis de la France un consentement... ; qu'il s'agissait aussi de régler la situation nouvelle où la France et l'Autriche allaient se trouver vis-à-vis l'une de l'autre. — Par le traité du 14 mars 1812, l'Autriche était garante de l'intégrité du territoire actuel de la France. Entendait-elle soutenir cette garantie par la force des armes, si les puissances ennemies de la France prétendaient, etc... Si l'empereur Napoléon était disposé à ne pas se prévaloir avec rigueur de cette situation, ce qu'il avait manifesté en ne s'opposant point à l'offre de médiation, il n'en était pas moins convenable et nécessaire que la situation respective fût définie d'une manière précise. Il était donc indispensable de s'entendre d'abord sur l'existence du traité de Paris, et sur les parties de ce traité que les circonstances pourraient mettre dans le cas de tenir en suspens. M. le comte de Bubna, *s'étant chargé de prendre à cet égard les ordres de sa cour*, était prié de s'expliquer sur ce point. M. de Bubna ayant répondu... qu'il était autorisé à assurer que la cour de Vienne était disposée à passer un acte qui, en reconnaissant que le traité de Paris n'avait pas cessé de lier les deux puissances, renfermerait une réserve sur les stipulations qui ne seraient pas d'accord avec les circonstances ; le duc de Bassano, acceptant ces assurances comme base de l'engagement qui devait en être la suite, engagea M. de Bubna à en faire l'objet d'une négociation immédiate, et, à cet effet, à entrer dans les explications qu'il aurait été autorisé à donner sur ces réserves... M. de Bubna ne se trouva pas muni d'instructions suffisantes pour s'expliquer, ni de pouvoirs pour négocier.

Un autre objet, sur lequel on s'attendait qu'il serait en mesure, était relatif à l'acceptation de la médiation. Plusieurs points devaient nécessairement être réglés. Le duc de Bassano en fit l'énumération, et représenta qu'il était contre l'usage des cabinets, et notamment contre celui du cabinet de la France, d'accepter une médiation autrement que par une convention discutée et librement consentie... M. de Bubna admit ces considérations dans toute leur force... assura que l'Autriche n'avait jamais eu la pensée de procéder autrement... Mais il n'avait pas plus de pouvoirs pour entrer en négociations réglées sur ce second objet que sur le premier. Le duc de Bassano... l'engagea à aller lui-même presser sa cour de donner enfin ces pouvoirs.. Il lui représenta que si on devait aux instances de l'Autriche la prompte acceptation de l'ouverture d'un congrès, il n'y avait pas un moment à perdre pour conclure un arrangement qui en était le préliminaire indispensable.

Cet entretien est du 30 mai. A cette date, si l'une des deux puissances « vise à perdre le temps, » ce n'est pas assurément la France.

Le comte de Bubna, qui, comme on le voit, « n'avait de pouvoir que pour causer, » reparla aussi à Maret des *points principaux*. Comme, dans son précédent voyage, il n'avait cru apercevoir chez Napoléon de répugnance sensible que pour la renonciation au protectorat de la Confédération et aux villes hanséatiques, il avait obtenu l'autorisation d'insinuer qu'on pourrait bien renvoyer ces deux articles à la paix générale. C'était là, suivant M. Thiers, une concession immense. Aussi l'illustre historien reproche amèrement au duc de Bassano d'avoir transmis ces *propositions* ainsi modifiées « sans ajouter un mot pour les appuyer : » à Napoléon de ne pas avoir répondu, courrier par courrier, qu'il était trop heureux de les accepter. La réserve de Maret, dans cette circonstance, est facile à justifier. Tout ce qu'il était possible d'alléguer en faveur de la paix, il l'avait écrit dès le 8 mai et répété ensuite de vive voix. Si Napoléon s'était laissé aller à croire qu'une mission au quartier général russe couperait le monde en deux, s'il persistait à considérer cette solution comme possible, la faute n'en était pas à Maret, adversaire persévérant et convaincu de ce système. Mais, d'autre part, l'Autriche se conduisait de manière à gêner singulièrement ceux qui plaidaient sa cause ; et il était bien permis à un ministre français de trouver exorbitantes, le lendemain de la victoire de Bautzen, quelques-unes des conditions proposées auparavant par cette puissance. Si nous en croyons M. Thiers, tout espoir de rétablir la Pologne aurait *péri à Moscou*; mais le duc de Bassano était-il si coupable d'en juger autrement en juin 1813?

Il avait ramené Bubna à Dresde, mais cet envoyé fut presque aussitôt appelé au château de Gitschin en Bohême, où le comte de Metternich venait d'installer son maître, et dont il pensait faire aussi le siège des négociations. Bubna revint à Dresde le 10 juin. On a prétendu depuis qu'il avait reçu l'ordre de déclarer nettement cette fois que l'Autriche se mettrait contre nous, si nous n'adhérions immédiatement aux « points principaux ; » mais qu'il s'en abstint, « sachant l'inutilité des explications avec le duc de Bassano. » C'est ce qu'affirme le prince de Metternich dans ses Mémoires. Mais est-il vraisemblable qu'il ait autorisé alors quelqu'un à s'exprimer d'une façon plus catégorique qu'il ne le fit lui-même à Dresde quinze jours plus tard? On est d'autant moins porté à le croire, qu'on sait aujourd'hui par la correspondance de Gentz, le *fidus Achates* de Metternich, que le 24 juin il admettait encore la possibilité pour l'Autriche de demeurer neutre [1].

Quoi qu'il en soit, le 11 juin Bubna remit seule-

1. Dépêches inédites du chevalier de Gentz, I, 23. Dans cette lettre du 24 juin, de Gentz reconnaît « que la Russie et la Prusse ne désirent au fond que la continuation de la guerre, et ne regardent toute tentative de négociation que comme un moyen d'y faire par-

ment une note, par laquelle le cabinet autrichien offrait enfin formellement à la France sa médiation, déjà acceptée par la Russie et la Prusse. Il déclarait (qu'en raison des exigences exorbitantes de l'Angleterre, l'Autriche bornait pour le moment ses vues à un arrangement continental; promettait de communiquer à l'Empereur les bases de pacification que proposeraient les alliés, et l'engageait à énoncer les siennes.

« M. de Bassano, dit M. Thiers, *affecta* de trouver cette note infiniment grave. » Elle l'était en effet. Elle prouvait d'abord que la tentative d'ouverture directe avec la Russie avait été plus nuisible qu'utile. De plus, l'invitation de communiquer d'avance à l'Autriche les bases de pacification semblait dénoter la prétention, de la part de celle-ci, de transformer sa médiation en arbitrage. Enfin l'envoyé autrichien n'avait rien à dire de positif sur la date ni sur le lieu du congrès projeté. Il n'était pas non plus muni des pouvoirs nécessaires pour signer les conventions relatives aux réserves à introduire dans l'alliance, et à l'acceptation de la médiation. En présence de ces faits, justifiés par les documents, on a peine à comprendre qu'un historien sérieux et français vienne affirmer qu'à cette date « l'Autriche sur tous les points s'était montrée impatiente de provoquer et de donner des explications! » (Thiers, XVI, 28.)

Il fallait donc en revenir au système que Maret

ticiper l'Autriche; et qu'il est singulier que ces mêmes puissances aient pris avec le gouvernement anglais les engagements les plus positifs pour une continuation vigoureuse de la guerre (par les traités de subsides de Reichenbach), pendant qu'elles se concertaient avec l'Autriche sur les bases d'une négociation. Elles ont été portées à ces engagements, dit encore de Gentz, par leur détresse extrême en fait de ressources pécuniaires, et autant peut-être par le désir secret de leurs cabinets, de conserver un prétexte de plus pour échapper à une paix qu'ils redoutent. » (p. 24.)

avait toujours cherché à faire prévaloir : *parler clair* à l'Autriche, mettre une surenchère à son concours, soit pour la paix, soit pour la guerre. Dans cette situation, l'idée d'une entrevue entre l'empereur Napoléon et le chef du cabinet autrichien se présentait naturellement; Metternich a dit depuis qu'il en avait lui-même fait exprimer le désir. Napoléon eut quelque peine à s'y résoudre; ce ne fut qu'au bout de quatre jours qu'il autorisa Maret à admettre cette entrevue. C'était, depuis la proposition d'armistice, le premier retard imputable à la France. Dans sa réponse, le ministre français rappelait que depuis un mois on était d'accord en principe sur la nécessité de rédiger et de signer les deux conventions relatives à la médiation et à l'alliance, et que pourtant M. de Bubna revenait pour la troisième fois sans pouvoirs; que depuis la même époque, l'empereur Napoléon proposait un congrès général. Le duc de Bassano insistait de nouveau pour la prompte ouverture de ce congrès, déclinait toute responsabilité dans les retards qu'elle avait subis, et protestait incidemment contre le mode de négocier exclusivement par l'intermédiaire du médiateur, mode proposé par voie d'insinuation dans la note autrichienne du 11. Il concluait en ces termes :

Le soussigné est en conséquence chargé de demander :
1º que la cour de Vienne fasse connaître si le traité de Paris est encore existant et continue de lier les deux puissances;
2º dans le cas de l'affirmative, qu'elle donne des pouvoirs pour négocier la nouvelle convention qui doit suppléer les articles secrets du traité de Paris, considérés par elle comme n'étant pas applicables à la conjoncture actuelle; 3º qu'elle charge *une personne munie de ses instructions et de ses pouvoirs*, de négocier, conclure et signer une convention relative à la médiation qu'elle a offerte [1].

[1]. M. Thiers cite en partie cette réponse, mais en raisonnant comme si la diplomatie impériale eût soulevé alors pour la première fois

Suivant la tradition française, Napoléon et son ministre entendaient parfaitement dès lors que cette personne serait le comte de Metternich lui-même, et Bubna, qui partait pour lui remettre ces notes, était en même temps chargé de lui dire que l'empereur des Français était tout disposé à le recevoir, ainsi qu'il en avait lui-même exprimé le désir. Cette communication a dû parvenir à Gitschin dès le 17 juin. Le ministre autrichien aurait donc pu être le 19 ou le 20 à Dresde; il n'arriva que dans la soirée du 25. Il est vrai que le prince de Metternich et M. Thiers essaient de rejeter la responsabilité de ce nouvel atermoiement sur une autre lettre « à peine polie » du duc de Bassano interdisant à Metternich le voyage à Dresde jusqu'à nouvel ordre. On ajoute que ce ministre offensé n'imagina rien de mieux, *pour stimuler Napoléon*, que d'aller faire une visite aux souverains alliés, qui se trouvaient alors à Oppontschna en Silésie chez le comte Colloredo. Ce château est dans le voisinage de la petite ville de Reichenbach, où les ministres prussien et russe étaient alors occupés à signer avec l'envoyé anglais Cathcart des traités de subsides. On ajoute que Metternich faisait ce pèlerinage avec les intentions les plus pures; qu'il passa deux jours entiers à prêcher la modération aux coalisés; enfin que Napoléon et Maret, apprenant où il était, s'empressèrent de l'appeler à Dresde, etc. (V. Thiers, XVI, 28, 56, 64.)

Ce récit, tout de source autrichienne, offre bien des inexactitudes et des réticences plus ou moins involontaires. D'abord les papiers apportés par Bubna n'ont été pour rien dans la visite aux souverains

ce qu'il appelle des chicanes sur l'alliance et la médiation, dans l'unique but de retarder l'ouverture des négociations. Il n'a pu cependant lui échapper que c'était au contraire l'Autriche, qui ajournait depuis un mois la solution de ces questions préliminaires.

coalisés, attendu que le premier ministre autrichien était déjà près d'eux, quand Bubna arriva à Gitschin. Cette circonstance, qui ruine par la base la version de Metternich ; nous est indiquée par ce ministre lui-même, ou, si l'on veut, par M. Thiers. C'est lui qui nous apprend que les traités de subsides de Reichenbach avaient été signés *pendant que M. de Metternich était en route pour Oppontschna* (XVI, 67). Or, ces traités sont, l'un du 14, l'autre du 15 juin ; donc Metternich était parti de Gitschin avant que Bubna eût quitté Dresde. En second lieu, l'existence de la lettre « à peine polie » du duc de Bassano, dont Metternich ne parlait que de souvenir, nous paraît plus que douteuse[1]. Enfin il est prouvé par des documents comtemporains (notamment par une lettre du ministre de Danemarck à Vienne, du 26 juin), que Metternich, avant de se rendre à Dresde, avait fait non-seulement une, mais *deux* visites aux souverains et aux ministres de la coalition. Le célèbre homme d'État, soutenant qu'il n'allait en pareil lieu que pour prêcher la conciliation et la paix, ressemble un peu à une femme qui prétendrait n'être allée à un rendez-vous que pour prêcher la sagesse à l'homme qui lui fait la cour.

En réalité, le comte de Metternich était allé faire autre chose que de la morale à Oppontschna. Il y avait préparé les bases de la convention secrète, par laquelle l'Autriche *médiatrice* allait s'engager d'avance à joindre ses armes à celles de la Russie et de la Prusse, si les conditions arrêtées dès lors entre ces trois puissances n'étaient pas acceptées avant l'expi-

1. De Gentz n'en dit pas un mot; il dit au contraire que l'invitation adressée par Maret à Metternich de venir à Dresde était des plus amicales, et « accompagnée de l'assurance que Sa Majesté ne visait qu'à une paix telle, que chacun aimerait à rester dans la position dans laquelle il se trouverait placé par elle. »

ration de l'armistice. Les signataires de cet acte étaient : M. de Nesselrode pour la Russie, M. de Hardemberg pour la Prusse, et pour l'Autriche, le comte de Stadion, notre vieil ennemi, dont le chef du cabinet autrichien attestait deux mois auparavant au comte de Narbonne « la conversion à l'alliance française. »

Ce traité fut signé le 27 juin, pendant que le comte de Metternich négociait à Dresde l'acceptation de l'*impartiale* médiation autrichienne ! Bien que par l'un des articles (art. 11), les trois cours alliées « se fussent obligées à garder à jamais le plus strict secret, » les conférences mystérieuses des trois diplomates avaient été signalées immédiatement au duc de Bassano. Aussi, dans la célèbre entrevue de Napoléon avec Metternich, qui eut lieu le lendemain, après avoir parlé des traités de subsides déjà conclus à Reichenbach par la Russie et la Prusse avec l'Angleterre, Napoléon ajouta ces mots, dont son interlocuteur n'a eu garde de se souvenir : « on parle aussi d'un traité avec une troisième puissance ; mais vous avez M. de Stadion sur les lieux, et vous devez être mieux informé que moi à cet égard. » Quelques semaines après, en effet, Napoléon et son ministre acquirent l'entière certitude, que par un traité également conclu à Reichenbach, « la troisième puissance » venait de s'engager à joindre ses armes à celles de la Russie et de la Prusse ; si, à l'expiration de l'armistice, la France n'avait pas accepté les conditions autrichiennes ; savoir, la dissolution et le partage du duché de Varsovie entre elle, la Russie et la Prusse, sans aucune intervention du gouvernement français ; la restitution de l'Illyrie à l'Autriche, l'indépendance des villes hanséatiques, ou tout au moins de Hambourg et de Lubeck, et « un arrangement éventuel lié à la paix générale sur la cession des autres parties des territoires compris dans la trente-deuxième division militaire » (art. 1 et 2). — La guerre une fois commencée, les cours alliées devaient poser pour but de leurs efforts communs, les articles énoncés dans les notes prussienne et russe du 16 mai précédent » (art. 6); c'est-à-dire la restitution du Hanovre à l'Angleterre, la reprise de la trente-deuxième division militaire et des provinces allemandes possédées par des princes français; la dissolution de la confédération du Rhin, le rétablissement des frontières d'Autriche et de Prusse sur les bases de 1805; les frontières françaises ramenées au Rhin et aux Alpes. Les trois cours s'engageaient formellement à ne traiter que d'un commun accord; la Russie et la Prusse, à n'écouter pendant l'armistice aucune insinuation ou proposition en arrière de l'Autriche; celle-ci à n'accueillir aucune proposition contraire aux bases arrêtées par la présente convention (art. 7, 9, 10). Enfin il était stipulé, par l'article 8 « que l'on procéderait aussi promptement que possible à établir un accord militaire sur les opérations de la campagne. » Cet engagement fut exécuté avec une promptitude significative. Dès le 9 juillet, les souverains de Russie et de Prusse et leurs généraux, réunis à Trachenberg au prince royal de Suède, aux commissaires anglais *et aux commissaires autrichiens* (généraux Wacquant et de Latour), discutaient le plan de la prochaine campagne. Après trois jours de conférences dont il fut tenu protocole, ce plan fut arrêté le 12. Il fut convenu, entre autres choses, que « *quelques jours avant l'expiration de l'armistice*, cent mille soldats russo-prussiens fileraient de Silésie *en Bohême* (territoire autrichien) pour agir de concert avec autant d'Autrichiens par Freyberg et Tæplitz sur Dresde [1].

1. Protocole des conférences de Trachenberg; Koch, XI, 267.

Le traité autrichien de Reichenbach n'a jamais été rendu public. C'était un de ces actes dont il n'y a pas lieu de se vanter, même en cas de succès. Mais Metternich n'aurait pu en nier l'existence, car il y avait fait lui-même allusion dans l'une des pièces les plus importantes du congrès de Vienne [1]. Aussi il s'est prudemment abstenu de protester contre des assertions qu'il ne pouvait ignorer. Montvéran, historien sérieux et bien informé écrivait, dès l'an 1821 : « l'Autriche traita à son tour à Reichenbach. Jusqu'à la rupture, cette convention devait être, et *la pudeur la tient encore secrète*. La puissance médiatrice aurait-elle pu paraître dans les négociations de Prague, l'alliée des souverains coalisés? Cette convention n'avait été présentée à l'empereur François que comme une mesure éventuelle et de précaution. Ce n'était qu'en se servant habilement des retards qu'éprouvait l'ouverture du congrès, et en les imputant à Napoléon, qu'on avait pu obtenir, *le 27 juillet*, la ratification par l'empereur d'Autriche, de cet acte décisif. » Jomini n'était pas moins affirmatif en 1827, dans sa *vie politique et militaire de Napoléon* (IV, 318). Il lui faisait dire : « *par une convention formelle du 27 juin*, les alliés stipulaient avec le cabinet de Vienne les conditions qui me seraient imposées. Ainsi l'Autriche, qui vantait sa par-

---

1. Dans la note célèbre du 28 janvier 1815, par laquelle l'Autriche se prononçait contre l'annexion de la Saxe à la Prusse. Metternich, commençant à craindre, un peu tard, que le succès de la dernière coalition ne profitât trop à la Prusse, rappelait que le rétablissement sur les bases de 1805, stipulé au profit de cette puissance *et de l'Autriche* à Reichenbach, était bien plus avantageux pour la Prusse, puisque « cette année 1805 offrait à la Prusse sa plus grande étendue territoriale, tandis qu'à la même époque, l'Autriche était réduite par le résultat de dix années de guerre contre la Révolution française. (V. Schœll, *Congrès de Vienne*, VI, 168 et suiv.)

tialité en ma faveur, avait accédé de fait à la coalition avant l'ouverture des négociations de Prague. » Le prince de Metternich, tout puissant alors, garda le silence. Il le garda également vingt ans plus tard, quand le texte de ce traité fut publié pour la première fois *in extenso* dans le tome XII de Bignon (p. 174-180), d'après une copie faite à Dresde au mois de septembre 1813, par l'un des jeunes employés de la chancellerie du duc de Bassano. Or, ce copiste était M. Desages, qui a été directeur du mouvement politique sous le règne de Louis-Philippe. Desages, dont les ministres de ce temps-là, et notamment M. Thiers, ont pu apprécier l'honorabilité et la haute capacité, prenait un vif intérêt à la publication posthume des derniers volumes de l'œuvre du baron Bignon, sous lequel il avait fait son apprentissage diplomatique en Pologne, et dont il était resté le plus intime ami. Tout l'historique des négociations de 1813, rédigé par nous sur les notes de Bignon, et les matériaux par lui recueillis, matériaux parmi lesquels figurait la copie en question, furent soumis à la révision de M. Desages. Il en reconnut la parfaite exactitude, et nous conseilla seulement de modifier quelques expressions trop vives.

Nous comprenons bien que le prince de Metternich ait laissé volontiers cet incident dans l'ombre. Nous comprenons moins qu'un historien français se soit fait l'auxiliaire d'une telle réticence. M. Thiers passe sous silence, non-seulement le traité de Reichenbach, mais la présence des commissaires autrichiens aux conférences militaires de Trachenberg. Puis, comme il est pourtant bien forcé de mentionner l'emploi des armées autrichiennes dans le plan de campagne concerté dès lors, et la désignation du prince de Schwarzenberg comme général en chef, il en est réduit à dire que l'Autriche, dans l'hypothèse d'une rupture avec nous, *avait permis qu'on raisonnât sur ses forces comme déjà jointes à la coalition, ce qui donnait lieu de faire courir des bruits offensants pour sa loyauté*[1].

Tout en suivant les négociations avec l'Autriche, Maret eut à s'occuper, pendant l'armistice, de deux affaires importantes, le renouvellement de l'alliance danoise, et l'organisation du huitième corps de la Grande Armée (corps polonais). Nous avons raconté ailleurs en détail comment le Danemark, dont Napoléon avait d'abord autorisé la neutralité, avait été ensuite entraîné, par des promesses fallacieuses, à prendre une attitude hostile à la France. Malgré l'engagement formel pris depuis un an avec Bernadotte au sujet de la Norwége, un agent russe était venu à Copenhague faire de belles promesses. Puis, quand on jugea le Danemark suffisamment compromis, cet agent fut désavoué! Aussi, immédiatement après la bataille de Lützen, les troupes danoises se réunirent de nouveau aux nôtres sur le bas Elbe, et le président de la chancellerie danoise, de Kaas, partisan connu de la France, fut envoyé auprès de Napoléon. « Jamais alliance ne fut plus facile à conclure ; nous avions les mêmes intérêts et les mêmes ennemis. Aussi le duc

---

1. Thiers, XVI, 182. Ici encore, l'illustre historien s'écarte complétement de Jomini, qu'il a si souvent copié. Non-seulement l'Autriche prit part aux délibérations, comme le bon sens le plus vulgaire l'indiquerait à défaut des documents, mais elle y exerça une influence prépondérante, grâce au besoin impérieux qu'on avait de son concours. Elle repoussa, pour plus d'un motif, le premier plan des généraux russes, qui proposaient d'attirer aussi l'armée entière de Blücher en Bohême (V. Jomini, IV, 325). Le gouvernement autrichien trouvait que c'était déjà bien assez d'avoir chez lui 150,000 Russes et Prussiens. Il ne se souciait pas de surcharger son territoire d'un plus grand nombre de troupes étrangères, qui de plus auraient pu être pour lui un grave embarras, si les événements de la guerre, prenant une autre tournure, l'avaient déterminé à changer encore une fois de système.

de Bassano eut bientôt mis cette affaire en règle à Dresde, par un traité offensif ou défensif. » La France ne s'est pas assez souvenue, dans d'autres temps, de ce que le Danemark avait risqué et souffert pour elle. Cet oubli ne lui a pas porté bonheur [1].

Napoléon avait pris directement à sa solde, à partir du 1er juin, toutes les troupes polonaises, qui jusque-là étaient censées faire partie du contingent fourni par le roi de Saxe comme duc de Varsovie. Le 6 juin, il confia au duc de Bassano le soin d'organiser sous sa responsabilité et avec le concours de Bignon, l'équipement, l'habillement et l'armement de tous les Polonais, refondus en un seul corps sous le commandement de Poniatowski. On y comprit, outre les troupes qu'il avait ramenées de Varsovie, les trop rares débris des régiments de la Vistule et autres, qui avaient fait la campagne de Russie. Un grand nombre de lettres écrites en juin et juillet, nous montrent Napoléon suivant avec une impatience fébrile l'organisation de cette troupe d'élite. Le 27 juillet encore, il écrivait de Mayence à Maret : « Donnez tous les ordres que vous jugerez convenables. Je m'en suis rapporté à vous dès le commencement, et je m'en rapporte à vous : je ne veux rien changer qui diminue votre responsabilité. Si, au 10 août, les Polonais sont bien habillés, équipés et armés, vous aurez rempli mes intentions; sinon, vous m'aurez mal servi. » De tels soins ressortaient plutôt de l'administration de la guerre que de la diplomatie ; mais Napoléon savait depuis Wilna, que, pour des soins de ce genre, il

1. Sur cet incident peu connu de l'histoire diplomatique de 1813, voyez Bignon (XII, 57-88). Au traité patent, le duc de Bassano avait joint une convention secrète concernant les secours de troupes. Il y était stipulé qu'en cas d'occupation de la Poméranie suédoise, cette province serait *remise* au Danemark jusqu'à la paix. Par cette clause, Maret avait voulu réserver encore un moyen d'accommodement avec la Suède.

pouvait s'en rapporter au zèle et à l'intelligence de Maret et de Bignon. Le dossier des pièces relatives à cette réorganisation de ce bataillon sacré, espoir suprême de la nationalité polonaise, resta entre les mains du baron Bignon. Il prouve que l'Empereur fut aussi bien servi que le permirent la difficulté des circonstances et la brièveté du temps.

LXII

Le comte de Metternich à Dresde. — Conférences avec le duc de Bassano. — Entrevue célèbre de Metternich avec Napoléon. — Convention du 30 juin, par laquelle Napoléon accepte la médiation. — La France *consent* à une prolongation d'armistice. — Les nouvelles d'Espagne confirment les résolutions belliqueuses des alliés.

Nous avons exposé ailleurs en détail les pourparlers relatifs à l'acceptation définitive de la médiation autrichienne par la France; le congrès de Prague, « qui finit avant d'avoir commencé ; » les ouvertures directes faites au dernier moment à l'Autriche. (V. Bignon, XII, 161-267.) Néanmoins, pour pouvoir apprécier équitablement la conduite de Napoléon et celle de son ministre dans cette circonstance, l'une des plus graves du siècle, il est indispensable de donner ici au moins le sommaire de ces pourparlers. Nous insisterons sur les circonstances qui mettent plus particulièrement en relief l'attitude personnelle de Maret, ou sur lesquelles ses notes fournissent des explications nouvelles.

On vient de voir où en étaient les choses, au moment où le duc de Bassano transmit au comte de Metternich l'invitation de venir à Dresde.

L'intervention de l'Autriche compliquait la question. De quelle manière devait-elle s'exercer? L'alliance (de 1812) subsistait-elle encore? Déjà elle en avait négligé les obligations, sous le prétexte au moins prématuré de l'incompatibilité de son nouveau rôle avec celui d'allié d'une des puissances belligérantes. L'empereur Napoléon accepta la médiation, mais il repoussa un mode de négociation qui eût fait du cabinet autrichien, non pas un médiateur, mais un arbitre. Il voulait un congrès de plénipotentiaires qui après l'échange de leurs pouvoirs, pussent entrer en explication...

Le comte de Metternich se rendit à Dresde (25 juin); il remit deux notes (27 juin). Par l'une, l'Autriche renonçait à la prétention d'être le seul intermédiaire des propositions qui seraient faites de part et d'autre[1]; regardait un arrangement continental comme seul possible *pour le moment*, tout en annonçant qu'elle faisait une nouvelle tentative à Londres. Par la seconde note, elle offrait de régler, en raison des circonstances nouvelles, les conditions de l'alliance. — Quand il fallut en venir à l'application de ce dernier objet, le comte de Metternich qui, au fond, voulait s'affranchir de l'alliance entière, proposa de suspendre le traité pendant le cours des négociations, sauf à en faire revivre plus tard les stipulations, en les modifiant selon les circonstances (28 juin).

Cette proposition, rapprochée des informations particulières déjà reçues sur la *mission intéressante* de Stadion à Reichenbach, avait exaspéré Napoléon. Aussi, dans le long entretien qu'il eut le même jour avec Metternich, il lui dit sans ménagement les vérités les plus désagréables. Il s'emporta même jusqu'à lui adresser de ces reproches personnels qui ne se par-

---

1. « Il n'entre aucunement dans les vues de l'empereur d'Autriche de confondre sa médiation... *avec des formes* qui emporteraient l'exclusion de négociateurs chargés de défendre *directement* les intérêts des parties. »

donnent guère, s'ils sont injustes, et encore moins dans le cas contraire.

On ne saura jamais complétement tout ce qui fut dit de part et d'autre dans cette entrevue célèbre. La version du *Manuscrit de* 1813 (II, 36 et suiv.), vient directement de Napoléon, par l'intermédiaire de Maret. Le récit de Metternich, que M. Thiers a jugé à propos d'amalgamer avec l'autre, a été rédigé longtemps après, et tout à l'avantage du ministre autrichien. Il s'est probablement attribué de belles phrases qu'il avait peut-être préparées et n'avait pu placer, ce qui arrivait souvent aux interlocuteurs de Napoléon. Ce qui donne du poids à cette conjecture, c'est que les explications de Metternich ont beaucoup varié à propos de cette entrevue, suivant les personnes et les circonstances. Les plus anciennes indications, de son côté, se trouvent dans une lettre de son secrétaire intime Gentz, du 4 juillet suivant. Il dit que « cette conférence fut très-longue, très-orageuse...; que M. de Metternich, par son calme, sa fermeté et sa connaissance intime du caractère de l'empereur Napoléon, sut le ramener sans cesse aux bornes de la modération, et qu'on se sépara dans des dispositions très-amicales. » Ce qui ne cadre guère avec l'assertion étrange, reproduite par M. Thiers, qu'en sortant de chez l'Empereur, le ministre autrichien, furieux, n'aurait pu s'empêcher de dire à Berthier : *Votre maître a perdu la raison!*

Dans le rapport du baron de Saint-Aignan, dont nous aurons à parler, rapport rédigé après la bataille de Leipzig sous la dictée de Metternich, il est dit, à propos de cette entrevue de Dresde : « L'Empereur croyait toujours que nous ne ferions pas la guerre. Dans une conversation de neuf heures, je l'en avais prévenu cinq fois; rien ne pouvait le lui faire croire. »

Dans le temps de sa grande splendeur, avant 1830,

Metternich affirmait encore qu'il avait tenu le même langage à Dresde au mois de juin 1813, que le mois suivant à Prague; qu'il avait dit nettement à Maret, à Napoléon lui-même, « que l'Autriche marcherait avec la coalition, si la paix n'avait pas lieu. » Le duc de Bassano proteste énergiquement contre cette assertion.

C'est le 30 juillet, *pour la première fois*, dit-il, que M. de Metternich dit à M. de Vicence, dont les lettres en font foi : « L'Autriche ne sera pas neutre. Elle fera la guerre, si elle ne peut déterminer à la paix. » Le moment était venu de jeter le masque. Mais qu'en négociant l'acceptation de la médiation, le ministre du médiateur ait dit en même temps à l'Empereur et à son ministre que si la paix n'avait pas lieu (et sans dire quelle paix), l'Autriche marcherait avec la coalition, c'est une supposition qui tombe devant l'évidence du temps, du lieu, de la situation des parties. Elle n'admet pas même le cas où l'Empereur en serait venu à faire des concessions que l'Autriche jugerait suffisantes, et où les autres puissances persisteraient à vouloir la guerre... Le comte de M. eût été le plus intempérant et le plus maladroit des négociateurs; blâme qu'il n'a pas mérité.

Dans ses *Mémoires*, le prince de Metternich s'attribue au contraire le langage le plus réservé, le plus pacifique. C'est Napoléon seul qui parle constamment de guerre, et donne au ministre autrichien rendez-vous à Vienne. Nous n'y trouvons ni l'allusion au traité de Reichenbach, ni ces imprudentes paroles dont Napoléon s'accusa immédiatement au duc de Bassano : « Combien l'Angleterre vous a-t-elle donné ?... Son interlocuteur pâlit, balbutia, et jura en lui-même que jamais l'empereur Napoléon et l'empereur François ne se retrouveraient ensemble [1] (Maret). »

1. Le prince de Metternich a toujours nié que Napoléon lui eût adressé cette question plus qu'indiscrète. Dans tous les cas, ce

Napoléon s'efforça en vain de réparer cet emportement, qui compte parmi ses plus grandes fautes. Au lieu de voir dans la demande de suspension d'alliance, l'indice d'une défection prochaine ou même déjà commencée, il consentit à n'y voir que le désir d'une impartialité propre à rendre la médiation plus efficace; et, pour prouver qu'il ne voulait pas imposer à ses amis (?) une alliance qui leur fût onéreuse, il renonça sans difficulté à celle qui le liait à l'Autriche. Le 30 juin, une convention fut signée à cet effet. La médiation était acceptée pour la paix générale ou continentale. Les plénipotentiaires devaient se réunir, non au château de Gitschin, local proposé d'avance par l'Autriche aux autres puissances et agréé par elles, mais à Prague, qui offrait de plus grandes facilités de réunion. M. de Metternich *demanda et obtint* de l'empereur Napoléon qu'il ne dénoncerait pas l'armistice avant le 10 août, et il fut ajouté que l'empereur d'Autriche se réservait de faire agréer le même engagement à la Russie et à la Prusse.

Il paraît que dans les *Mémoires* de Metternich, les rôles sont intervertis. On y conte que Metternich et Maret ont disputé pendant toute la journée du 29 sur le texte de la convention sans parvenir à s'entendre; qu'elle a été signée pendant une nouvelle audience de l'Empereur, aussi charmant cette fois qu'il l'avait été peu l'avant-veille; que c'était lui qui avait dicté séance tenante le projet définitif de convention à Maret, après avoir écarté, comme *n'ayant pas le sens commun*, le projet préparé par son ministre; enfin qu'au dernier moment, c'était lui qui avait *arraché* à l'Autrichien fasciné la prolongation d'armistice, du 20 juillet au 11 août, indispensable non

n'est pas Maret qui l'a inventée. Nous devons ajouter que Bignon, peu suspect de partialité pour Metternich, a dit de lui : « l'homme prodigue n'était pas un homme vénal. »

pour la conclusion de la paix dont Napoléon ne voulait pas, mais pour terminer ses armements. (V. Thiers, XVI, 76 et suiv.) On retrouve ici la bienveillance ordinaire de l'historien pour Maret, auquel il fait jouer dans cette scène un rôle de comparse presque ridicule. Mais ses assertions sont en contradiction flagrante avec les documents. Il est difficile de croire que Napoléon ait qualifié d'absurde ce premier projet ou canevas de convention qu'il avait approuvé formellement, sinon dicté la veille[1]. Bien plus, en examinant et comparant les pièces, on s'aperçoit que celle-là n'a pas été rejetée, mais scindée. On lui emprunta, pour accélérer l'ouverture des négociations, les dispositions relatives à la paix continentale, qui furent signées immédiatement. Les autres articles furent reproduits dans un « second projet pour l'application de la médiation de l'Autriche à la paix générale, » projet que Maret remit au ministre autrichien, et dont il n'entendit plus parler, malgré ses instances réitérées ; malgré ce que Napoléon lui-même avait dit et répété à Dresde : « qu'il ferait de très-grands sacrifices, qu'il serait facile et coulant au delà de ce qu'on pouvait attendre, pour obtenir la paix générale, et beaucoup plus que pour une paix simplement continentale. » (De Gentz.)

Il est également prouvé par les documents contemporains, que la prorogation d'armistice a été demandée à Dresde *par M. de Metternich, et non par Napoléon.* Dans une longue lettre du 19 juillet, adressée aux commissaires pour l'armistice (rédigée sous forme de projet de note, pour hâter la signature de la prolongation), Napoléon disait textuellement : « le 30 juin, M. de Metternich est venu à Dresde. *Sa Majesté*

---

[1] « Sa Majesté m'a chargé de présenter le projet ci-joint. » (Duc de Bassano, 29 juin.)

ne fit pas à ce ministre la proposition de prolonger l'armistice ; car elle considérait cette prolongation comme contraire à ses intérêts... Sa Majesté, toutefois,... ne s'y refusa pas (Corr., 20286). » De son côté, Maret avait écrit de Dresde, sur le même sujet, dans les premiers jours de juillet, à l'un des plénipotentiaires déjà rendu à Prague (Narbonne) : « *M. de Metternich a désiré* que l'Empereur s'engageât à ne pas dénoncer l'armistice, et il s'y est engagé par la convention du 30 juin. Mais (aux termes de l'article 4 de cette convention) le même engagement devait être pris par les deux autres puissances, et il ne l'est pas encore... Peut-on commencer les négociations, quand l'Empereur est engagé et que les ennemis ne le sont pas? » Pendant la plus grande partie du mois de juillet, il n'y a pas trace de dissentiment sur ce point, dans les nombreuses dépêches, tant françaises qu'autrichiennes. C'est seulement dans une note du 22, qui est presque une déclaration de guerre anticipée, que se produit l'allégation équivoque que « l'*empereur d'Autriche* n'a pas demandé la prolongation d'armistice. » Cette allégation est formellement démentie par Napoléon, dans ses observations sur la déclaration de guerre autrichienne. « La France, dit-il, ne demanda point que l'armistice fût prolongé, *elle y consentit.* » Et c'est précisément sur l'hypothèse contraire que s'appuie M. Thiers, pour accuser Napoléon de mauvaise foi !

On a aussi prétendu que c'était la nouvelle de la bataille de Vittoria qui avait décidé Napoléon à accepter la médiation autrichienne.

Ce fait est faux ; il est même physiquement impossible. Lorsque M. de Metternich vint à Dresde, la médiation avait été consentie d'avance, autrement il n'y serait pas venu. C'est ce que lui dit à lui-même l'Empereur, en le recevant comme ministre du médiateur. Dès le 27, le duc de Bassano était muni de pouvoirs, etc... Il faudrait donc que Napoléon eût reçu dès le 26 ou le 27, la nouvelle d'une bataille qui s'était livré le 21 à 500 lieues de là. Elle arriva par l'estafette dans la soirée du 30 (Maret).

Mais, si, pour consentir à conclure et à proroger l'armistice en Allemagne, l'empereur Napoléon n'avait pas eu besoin de connaître ce désastre des armes françaises en Espagne, cet événement, dont la nouvelle parvint aux alliés le 3 juillet, contribua puissamment à confirmer leurs résolutions belliqueuses. Ils n'avaient plus à craindre, en effet, de voir arriver sur l'Elbe des renforts empruntés aux armées d'Espagne.

Pour la première fois, par suite d'événements prodigieux, quatre grandes puissances se trouvaient réunies dans un but commun. Tous les anciens pouvoirs monarchiques, qui tour à tour avaient exercé la prépondérance, se voyaient, par une faveur inespérée de la fortune, libres de peser ensemble sur un pouvoir nouveau, qui pendant douze ans les avaient vaincus, humiliés, menacés de ruine. Ils ne pouvaient manquer à leur destinée, en préférant aux chances de la guerre, les avantages équivoques d'une paix qui laisserait à la France sa force et sa prospérité ; aux institutions nouvelles leurs défenseurs... Si quelques restes des impressions dont un grand génie avait frappé les esprits, subsistaient encore, l'Angleterre était là..., montrant au czar les grands prêts à conspirer de nouveau, à Frédéric Guillaume ses peuples sur le point de se soulever contre lui-même, à l'empereur François le mécontentement de l'oligarchie autrichienne. Pourtant il hésitait encore ; les nouvelles d'Espagne arrivèrent comme à point nommé, pour triompher de ses dernières irrésolutions. (Maret).

LXIII

Congrès de Prague.

Ce qu'on nomme improprement les négociations de Prague se divise en deux parties bien distinctes : l'une officielle, l'autre secrète. La première comprend les communications inutilement échangées pour l'ouverture d'un congrès; la seconde, l'essai également infructueux de négociation, fait *in extremis* auprès du ministre autrichien.

Il avait été convenu que les plénipotentiaires respectifs seraient rendus à Prague dès le 5 juillet. Si l'empereur Napoléon et son ministre ne visaient qu'à perdre du temps, comme on les en accusa depuis, ils cachaient bien leur jeu. Le 3 juillet, Maret échangeait avec le comte de Bubna les ratifications de la convention du 30 juin précédent. Dès le lendemain, il annonçait au comte de Narbonne que l'Empereur avait fixé son choix sur lui et le duc de Vicence pour la négociation de Prague. Déjà il avait fait remarquer à Bubna que « l'Autriche nous mettait dans une position embarrassante, en nous laissant incertains sur la prolongation de l'armistice qu'elle avait obtenue de la France, et promis de faire agréer aux alliés. » « M. de Bubna, écrivait Maret, a fait une ouverture... Les plénipotentiaires français pourraient se rendre immédiatement au lieu de la réunion, sauf à faire connaître qu'ils ne peuvent entrer en négociation avant que la question d'armistice soit décidée. L'*Empereur y consent*[1]. » Ainsi le comte de Bubna, qui était de bonne

---

1. Duc de Bassano à Narbonne, 4 juillet. L'Empereur avait eu d'abord l'idée d'envoyer Maret lui-même comme plénipotentiaire; il y renonça, parce que son ministre lui était trop nécessaire à Dresde.

foi, trouvait tout simple alors que la négociation ne commençât qu'après qu'on serait fixé sur ce point capital.

De l'autre côté, on venait d'apprendre les nouvelles d'Espagne, et l'on se préoccupait exclusivement de mesures militaires; aussi le comte de Metternich, que nous verrons ensuite si pressé, demanda que la réunion des plénipotentiaires fut différée jusqu'au 8, et ensuite jusqu'au 12 juillet. Le 8, les plénipotentiaires russes et prussiens n'étaient pas même encore désignés, et quand la nouvelle du second ajournement parvint à Dresde, le comte de Narbonne était déjà parti pour Prague, avec l'autorisation de déployer son caractère et d'entrer en négociation, dès que la question de l'armistice serait résolue (9 juillet).

Cependant M. de Metternich ne disait rien de cette prolongation d'armistice, et il nous importait avant tout d'être fixé à ce sujet. Maret informa donc le ministre autrichien que cette question allait être traitée à fond par la voie des autorités militaires, ce que le comte de Metternich trouva d'abord *tout simple* (12 juillet). A la même date, pourtant, il informait Maret que les souverains alliés avaient admis le 10 août comme terme de négociation. Ce qui veut dire, écrivait Maret, qu'on ferait la guerre après le 10 août, dispositions singulièrement pacifiques! (Maret à Narbonne, 15 juillet[1]). Un autre témoignage non équivoque de ces dispositions, était le choix que venait de faire la Russie, pour son plénipotentiaire, au futur congrès, d'un agent d'ordre inférieur (d'Anstedt),

1. Narbonne demanda à ce sujet des explications au ministre autrichien. « Ce mot (terme de négociation), dit celui-ci, n'a rapport ni à l'Empereur Napoléon ni aux alliés, *mais bien à nous.* » (Narbonne, 17 juillet). Cette explication aurait eu besoin elle-même d'un commentaire. Elle ne fut comprise que le 30 juillet, quand le médiateur avoua que l'Autriche était engagée à se joindre à la coalition, si la paix n'était pas faite le 10 août.

Français d'origine, ancien secrétaire de l'ambassade anglo-russe à Vienne, et n'ayant jamais figuré jusque-là que dans des intrigues et des missions secrètes contre la France. Metternich disait à notre ambassadeur, surpris d'un tel choix : « Il me surprend autant que vous. » On voit par la correspondance de Gentz, que le mécontentement du ministre autrichien était sincère à cette date, soit qu'il conservât quelque velléité d'arrangement pacifique, ou qu'il appréhendât seulement l'effet moral d'une telle nomination. « Tourmenté de l'idée que Napoléon pourrait bien régler son choix sur celui de la Russie » (Narbonne, 11 juillet), il lui faisait écrire par l'Empereur d'Autriche à ce sujet. Le 15, un rapport de Bubna lui apprenait qu'il était question, comme deuxième plénipotentiaire français, du baron Bignon. Rien ne pouvait être plus gênant pour le ministre autrichien que ce contact forcé avec l'agent trop clairvoyant, qui, dès le mois de décembre 1812, avait su lire dans son jeu. « Si la nomination de M. d'Anstedt, écrivait de Gentz, était une démarche de mauvais augure du côté de la Russie, celle de M. Bignon, du côté de la France, le serait encore bien davantage. » Aussi le comte de Metternich cherchait déjà par qui lui même se ferait remplacer dans ce cas. Il fut rassuré le surlendemain, en apprenant la nomination définitive du duc de Vicence et du comte de Narbonne. Déférant au vœu de l'empereur d'Autriche, Napoléon avait renoncé à imiter la conduite de la Russie (Maret, 16 juillet[1]).

Le comte de Metternich parut d'abord enchanté de cette détermination. Mais cet enchantement ne dura guère ; bientôt il affecta de partager l'impatience des

1. Aux termes d'un arrêté impérial du 18, la mission française à Prague se composait, outre les deux plénipotentiaires, de MM. de Rayneval, Lajard et de Cabre, secrétaires de légation, de Broglie (père du duc actuel), et de Montigny, attachés à la légation.

plénipotentiaires russe et prussien, d'Anstedt et Humboldt (le frère du célèbre auteur du *Cosmos*). Ceux-ci, arrivés depuis le 12, ne donnaient signe de vie que par l'indignation qu'ils exprimaient d'attendre si longtemps. Le 22, Metternich se plaignait officiellement à Maret de ces retards, qui, suivant lui, ne pouvaient être imputés au médiateur. Il ne montrait plus la même impatience dans ses entretiens avec le comte de Narbonne. Celui-ci écrivait le même jour : « Il faut qu'il y ait un parti pris. Bien sûrement la négociation n'ira pas jusqu'en septembre. »

Un fait curieux, non remarqué jusqu'ici, c'est la coïncidence de ce refroidissement du comte de Metternich avec le passage à Prague du duc d'Otrante, se rendant à son nouveau poste de gouverneur de l'Illyrie[1]. L'Empereur l'avait autorisé à voir en passant le ministre Autrichien, avec lequel Fouché avait d'anciennes relations. Cette visite fut plus nuisible qu'utile.

Les retards qu'apportait la France, depuis le 12 juillet, à l'ouverture du congrès, étaient la conséquence forcée « des prétentions singulières et inattendues élevées à Neumark. Peut-on commencer les négociations, écrivait Maret, alors que l'Empereur est engagé et que les ennemis ne le sont pas ? » En effet, il s'était engagé, par la convention du 30 juin, à ne pas dénoncer l'armistice avant le 10 août, par conséquent à ne pas recommencer les hostilités avant le 16 au plus tôt, la dénonciation devant

---

1. Napoléon en le faisant venir en Allemagne, voulait d'abord le nommer gouverneur de Berlin, dont l'occupation semblait probable à la reprise des hostilités. Il avait tenu, d'abord, à ne pas le laisser en France, puis se décida à l'envoyer en Illyrie pour remplacer Junot, devenu tout à fait fou. Suivant une tradition assez vraisemblable, Napoléon dit à Fouché qu'il aurait peut-être bientôt à faire la remise de l'Illyrie à l'Autriche. Il fut aussi chargé de recueillir chemin faisant des informations sur les préparatifs militaires de cette puissance, et de les transmettre au prince Eugène.

être faite au moins six jours d'avance. Les généraux alliés avaient au contraire déclaré que leurs instructions ne leur permettaient pas de proroger l'armistice au delà du 4 août, plus les six jours pour la dénonciation, de manière à pouvoir se battre dès le 11. Cette déclaration, faite *le 16 juillet*, était en contradiction avec des lettres ministérielles du même jour, annonçant que les alliés acceptaient la prorogation au 10 août. Mais, d'autre part, elle semblait conforme à la première réponse dont nous avons déjà parlé, celle qui admettait le 10 août comme *terme de négociation*. Cette divergence trahissait, du côté des alliés, des tiraillements en sens divers, et des dispositions peu pacifiques. Il n'en était que plus indispensable de commencer par déterminer nettement la situation militaire. Si c'était là, comme on l'a dit, un prétexte imaginé par l'empereur Napoléon, pour gagner ou perdre du temps, les alliés s'y prêtaient avec une complaisance singulière. Ce fut seulement le 22 juillet, c'est-à-dire au bout de *huit jours,* que les commissaires, russe et prussien, furent autorisés à convenir de la prorogation au 10-16 août. Ils élevèrent de plus, au dernier moment, des difficultés qui retardèrent encore la signature de quatre jours. L'une de ces difficultés concernait le mode de communication à établir entre l'armée française avec les places bloquées (Stettin, Custrin, Danzig, Modlin, et Zamosc); l'autre, plus sérieuse encore, l'approvisionnement de ces places, dont on avait eu le tort de ne pas se préoccuper, au moment de la conclusion de l'armistice. Pendant ce temps, à Prague, on se plaignait amèrement de ces retards; on affectait de les imputer exclusivement à la France, comme s'il n'avait pas dépendu des alliés de les éviter ou de les abréger. Le comte de Narbonne se défendait mal de ces plaintes; Maret lui reprochait « de n'avoir pas

donné la bonne raison qui nous obligeait de vouloir avant tout la signature de la convention militaire. Si la négociation avait commencé, l'ennemi se serait borné à ne pas commettre d'hostilités. Il serait resté dans le même état, tandis que notre position se serait détériorée. » Il revenait encore sur ce sujet le lendemain. « L'Empereur ne craint pas d'être attaqué, mais la condition véritablement importante de la prolongation de l'armistice, c'est l'approvisionnement des places. » Narbonne, qui avait été ministre de la guerre, aurait dû mieux comprendre la nécessité d'être préalablement fixé sur ce point[1].
« Si l'Empereur, ajoutait Maret, n'a pas fait encore partir le duc de Vicence, c'est que l'Empereur ne veut pas qu'il aille à Prague user son influence et son caractère pour des discussions d'armistice. Il ne partira que quand tout sera fini à cet égard. » Enfin, « l'Empereur avait vu avec peine que le comte de Narbonne visait à des succès de société, auxquels on arrive par un esprit opposé à celui des affaires (23-24 juillet). » Pour atténuer l'impression pénible qu'aurait pu produire cette double réprimande sur un homme dont il appréciait les qualités brillantes et sympathiques, Maret ajoutait dans un billet particulier : « Je vous ai grondé hier, je vous gronde aujourd'hui; n'ayez pas peur cependant que j'en prenne l'habitude... J'aurais envie de vous dire que j'ai adouci les termes. » Toute leur correspondance particulière était sur ce ton de familiarité affectueuse. Ainsi Maret, en adressant à Narbonne des instructions et des pouvoirs dont il ne devait faire usage qu'après la solution des difficultés militaires, ajoutait : « Je vous

---

1. Des événements douloureux et récents ont montré combien est grave cette question de ravitaillement des places pendant un armistice (février 1871).

envoie plus de *pouvoirs* que de *puissance*, » jeu de mots qui scandalise fort M. Thiers. (XVI, 155.)

Ces instructions avaient été dictées par l'Empereur le 22 juillet, au moment où il venait d'être plus amplement renseigné sur les agissements secrets de l'Autriche (V. ci-après). Aussi, supposant que néanmoins le congrès aurait lieu dans la forme ordinaire, que « tout se passerait en séance, » et qu'alors il serait possible de s'entendre avec la Russie en arrière et en dépit du médiateur, il manifestait l'intention de « négocier avec cette puissance une paix glorieuse pour elle, et de punir l'Autriche de sa mauvaise foi. » Ce fut à propos de ces instructions, dictées *ab irato*, que le duc de Vicence, au moment de partir pour Prague, adressa à Napoléon une lettre patriotique, pour le conjurer de renoncer à cet espoir désormais chimérique, et de s'entendre immédiatement avec l'Autriche, puisque c'était le seul moyen d'emporter d'assaut la paix continentale. Ces instances étaient méritoires de la part de Caulaincourt, naguère si prononcé pour l'alliance russe. Aussi il disait à Napoléon : « Votre Majesté sait bien que ce n'est pas la cause de cette puissance (l'Autriche) que j'ai plaidée auprès d'elle. Ce n'est pas son abandon dans nos revers que je la prie de récompenser ; c'est le soulèvement de l'Allemagne... que je supplie Votre Majesté d'éviter à tout prix... Je supplie Votre Majesté de prendre, *comme son ministre me le fait espérer*, une salutaire résolution avant le terme fatal[1]. » Nous signalons au lecteur impartial ces derniers mots, qui ne permettent aucun doute sur l'attitude de Maret dans ces graves circonstances.

Cependant l'Empereur, jusque-là si résolu à ne

---

1. Cette belle lettre a été reproduite *in extenso* dans l'ouvrage de Bignon et dans celui de M. Thiers.

rien commencer à Prague que tout ne fût fini à Neumarkt, s'était décidé, avant de partir pour Mayenne, à délier quelque peu les mains au comte de Narbonne. Celui-ci reçut, le 25 au matin, l'autorisation de procéder à la présentation, la vérification et l'échange des pouvoirs, de façon que toutes ces formalités auraient pu être remplies avant l'arrivée de son collègue. Ensuite Maret, pour éviter de plus longs délais, prit sur lui de faire partir immédiatement le duc de Vicence. La prolongation d'armistice ne fut signée à Neumarkt qu'après ce départ. Les commissaires français, pour en finir, avaient consenti à renvoyer la question des approvisionnements à l'arbitrage du congrès ; et, comme le congrès n'eut pas lieu, cette question demeura indécise, au détriment de nos intérêts militaires.

Mais, le jour même où le comte de Narbonne se trouve en mesure de déployer son caractère (25 juillet), il acquiert la certitude que les autres puissances ont renoncé à continuer, ou plutôt à commencer la négociation. Il va d'abord chez le ministre autrichien ; le trouve abattu, préoccupé. Suivant lui, l'autorisation que Narbonne vient de recevoir arrive trop tard; « la perte de temps est irréparable, car il n'y aura pas moyen de faire prolonger l'armistice. — Quoi ! dit Narbonne, même si l'on était au moment de s'entendre ! — Dans le cas, mais dans le cas seul où les bases seraient inévitablement posées, j'espère, répond Metternich, que ce ne serait pas impossible. »

Cette tristesse, cet abattement n'étaient pas feints. Metternich n'envisageait pas sans effroi la perspective d'une lutte qui, malgré la défection de l'Autriche, pouvait, et faillit bien encore tourner à notre avantage.

En sortant de chez lui, Narbonne va faire les visites d'étiquette aux plénipotentiaires prussien et russe.

Le premier est sorti ou fait semblant de l'être ; l'autre, plus franchement impoli, fait dire qu'il est trop occupé. Il est vrai qu'en ce moment Narbonne n'étant pour eux que l'ambassadeur français en Autriche, sa visite avait dû les mettre dans l'embarras. « Il eût dû les faire prévenir par le médiateur du nouveau caractère dont il était revêtu. » Cette remarque judicieuse est du duc de Bassano.

Les pourparlers officiels, qui ne s'engagèrent que le 28, après l'arrivée de Caulaincourt, ont été cités intégralement ou analysés dans un grand nombre d'ouvrages historiques. Nous croyons d'autant plus inutile de les reproduire une fois de plus, qu'il va en être question dans une curieuse note autographe de Maret. Mais nous devons signaler auparavant une assertion absolument inexacte de M. Thiers, qui se rapporte au début de ces pourparlers. Voulant à toute force attribuer au comte de Metternich le mérite de la franchise, il raconte une longue conversation que ce ministre aurait eue à Prague avec Narbonne, au moment où l'on venait d'apprendre que l'empereur Napoléon subordonnait l'ouverture du congrès à la signature de la convention pour la prolongation d'armistice, c'est-à-dire, dès le 18 juillet. Suivant M. Thiers, ou plutôt suivant les Mémoires copiés par lui au château de Johannisberg, Metternich aurait tenu, dans cette circonstance un langage « calme, triste et grand, plein de fermeté et de noblesse. » Il aurait déclaré que présentement l'Autriche n'avait d'engagement *avec personne*. mais que l'armistice ne serait pas prolongé d'un jour, au delà du 10 août ; et que, ce terme expiré, l'Autriche ferait partie de la coalition. M. Thiers ajoute que le comte de Narbonne profondément ému, se hâta de transmettre au duc de Bassano les déclarations du ministre autrichien ; *de demander qu'on envoyât bien vite M. de Caulaincourt ;* mais que cette dépêche « n'affecta pas beaucoup M. de Bassano, et encore moins Napoléon. » (Thiers, XVI, 149 et suiv.).

Elle les affecta d'autant moins, en effet, qu'elle n'existait pas! Metternich ne dit rien de tout cela *à cette date*, et par conséquent il n'en existe aucune trace dans la correspondance de l'ambassadeur français avant sa transformation en plénipotentiaire, et l'arrivée à Prague du duc de Vicence. Ce fut seulement deux jours après cette arrivée, que le ministre autrichien fit cette déclaration *émouvante* aux deux plénipotentiaires français, qui s'empressèrent de la transmettre au duc de Bassano dans une dépêche collective. C'était bien, comme l'affirme Maret dans la note que nous avons citée plus haut[1], *la première fois* que le comte de Metternich tenait ce langage, parce qu'il n'y avait pas moyen de dissimuler plus longtemps. On comprend que dans ses Mémoires il se soit laissé entraîner à anti-dater cet aveu d'une quinzaine de jours, pour atténuer sa responsabilité morale et aggraver celle de Napoléon et de son ministre. On comprend moins qu'un historien français ait si légèrement accepté cette transposition, dont il se serait facilement aperçu, s'il avait pris la peine de comparer le récit des Mémoires avec la dépêche du 30 juillet des plénipotentiaires français.

Pour compléter la démonstration, nous plaçons en regard les versions autrichienne et française.

VERSION AUTRICHIENNE (Thiers, XVI, 151).	VERSION FRANÇAISE (Dépêche du 30 juillet).
Que l'Empereur Napoléon ne se fasse pas illusion. Le terme du 10 août arrivé, il n'y aura plus un mot de paix	Soyez bien persuadés que passé cette journée du 10, rien ne peut faire prolonger l'armistice. Je vous donne ma

---

1. V. p. 563.

à dire, et la guerre sera déclarée. Nous ne serons pas neutres, qu'il ne s'en flatte pas. Si nous demeurions neutres, comme au fond il le désire, les alliés seraient battus, nous n'en doutons pas; mais après leur tour le nôtre viendrait, et nous l'aurions bien mérité. Nous ne commettrons donc pas cette faute. Aujourd'hui, quoi qu'on puisse vous dire, nous sommes libres. Je vous donne ma parole et celle de mon souverain, que nous n'avons d'engagements avec personne. Mais je vous donne ma parole aussi que le 10 août, à minuit, nous en aurons fini avec tout le monde, excepté avec vous, et le 17 au matin vous aurez 300 mille Autrichiens de plus sur les bras. qu'on ne revienne donc point après l'événement dire que nous vous avons trompés, etc.

parole que nous arriverons à cette époque sans que l'Autriche ait d'engagement avec aucune autre puissance, et que ce ne sera qu'en cet instant même qu'il sera décidé contre qui nous nous battrons. Nous désirons extrêmement que ce ne soit pas contre vous, mais nous avons bien de la peine à l'espérer. Ce qui est impossible, c'est que nous restions neutres, et ce serait l'être que de rester ici en conférence, tandis que les Russes et les Prussiens seraient partis, ce qu'ils feront indubitablement le 10. Tout serait perdu pour nous, considération et sûreté, si nous laissions les alliés se battre seuls. Sans aucun doute ils seraient battus, et bientôt ce serait notre tour, que nous aurions bien mérité [1].

Le duc de Bassano reçut cette comunication importante en son temps, c'est-à-dire non le 17 ou

[1]. Metternich ajouta : « Une chose à laquelle je tiens plus encore qu'à tout le reste, c'est que le jour où nous ferons un traité avec l'Angleterre, ce qui aura lieu tout de suite après la fin du Congrès, l'empereur Napoléon soit bien convaincu *que je suis plus éloigné que lui-même de tout ce qui tend à donner à cette puissance de l'influence sur le continent*, mais en même temps que je me suis mis dans l'impossibilité, sous peine d'être l'horreur et le mépris de mon pays, de signer une paix qui ne soit pas honorable. » Cette assertion, relativement à l'Angleterre, semble une protestation contre le soupçon imprudemment exprimé par Napoléon dans l'entrevue de Dresde; aussi elle manque dans la version autrichienne. Il était difficile que Napoléon crût l'Autriche si hostile à l'influence de l'Angleterre sur le continent, quand elle mettait ses armées à la solde de cette puissance.

18 juillet, mais le 31 au soir. Il en fut plus ému que ne le prétend M. Thiers, car il s'empressa de la transmettre à l'Empereur, qui était encore à Mayence, en lui écrivant de sa main, ce qu'il ne faisait que dans les circonstances les plus graves : « quoique les déclarations que M. de Metternich a faites à MM. de Vicence et de Narbonne, n'aient peut-être pour objet que de rendre plus imposante son attitude de médiateur, *il pourrait entrer dans les vues de Votre Majesté de donner dès le moment de son arrivée ici une tournure assez grave aux négociations pour qu'on n'osât pas les rompre.* (Lettre du 1er août 1813, quatre heures du matin [1].) Napoléon, lui aussi, fut sérieusement affecté de cette communication. Ce fut elle qui le détermina, aussitôt son retour à Dresde, à faire faire par le duc de Vicence la démarche confidentielle dont nous parlerons tout à l'heure, démarche qui changeait les destinées de la France, de l'Allemagne et du monde, si l'Autriche avait été aussi libre d'engagement que le jurait Metternich.

Malgré l'inconvénient de quelques redites, nous croyons devoir reproduire *in extenso* les notes inédites de Maret sur le congrès de Prague. Écrites longtemps avant l'ouvrage de M. Thiers, elles n'en détruisent pas moins ses arguments contre la sincérité de Napoléon et son ministre.

L'Empereur avait peu de confiance dans les opérations du congrès. Dès longtemps il m'avait dit : « du moment où l'Angleterre est entrée dans les conseils de l'Autriche, la guerre a été décidée... » On prétend qu'il n'avait pas l'intention de faire la paix ; que le cabinet français a entravé les négociations par des chicanes de formes puériles. Napoléon

---

1. M. Thiers a cité cette lettre (XVI, 192). Mais il ne s'est pas aperçu qu'elle se référait à cette communication menaçante faite seulement la veille, et à laquelle il assigne, sur la foi du ministre autrichien, une date antérieure de quinze jours !

avait agréé la médiation, dès le moment où après la bataille de Lutzen il proposa d'entrer en négociation pour la paix. Un mois s'était écoulé depuis que l'Empereur avait demandé l'ouverture d'un congrès. Le 15 juin, il faisait réclamer la prompte remise de l'acte qui devait régler l'offre et l'acceptation de la médiation, et déclarait qu'il était prêt à le signer. Il faisait connaître en même temps, *pour prévenir toutes difficultés*, « qu'il ne pouvait négocier que dans les formes consacrées par l'usage; et par des plénipotentiaires, qui, réunis à ceux des autres puissances, échangeraient leurs pleins pouvoirs et entreraient en explication, » ce qui était une définition claire et précise d'une négociation par conférences.

M. de Metternich adhéra assez nettement à ces dispositions par la note datée du 22, qu'il remit lui-même à Dresde le 26. La question fut de nouveau traitée comme tenant essentiellement à celle de la médiation; on fut parfaitement d'accord. Ces mots : « Les plénipotentiaires français, russes et prussiens *se réuniront*, » furent choisis d'un commun accord, pour constituer une négociation par des conférences, et éloigner l'idée d'un arbitrage, où chaque partie aurait plaidé séparément sa cause devant le médiateur [1]; arbitrage contre lequel l'Empereur s'était fortement prononcé, et dont M. de Metternich niait que sa cour eût jamais eu la prétention. Les formes ainsi convenues furent prescrites aux plénipotentiaires français dans leurs instructions.

Le comte de Narbonne était depuis longtemps à Prague. Ses pouvoirs lui avaient été expédiés le 16. Les procédés et les lenteurs... au sujet de la prolongation de l'armistice occasionnèrent un retard de plusieurs jours dans le départ du duc de Vicence.....

L'Empereur, sous le sceau du secret, avait reçu des notions sur les engagements déjà contractés par l'Autriche avec les alliés. Quoiqu'il cherchât encore à en douter, il était parti (de Dresde) le 25 (juillet) à quatre heures du matin pour Mayence, afin d'y régler les dispositions à pren-

---

1. Aussi l'une des notes françaises remises pendant la discussion préliminaire du congrès, faisait ressortir combien il était ridicule de *réunir* des plénipotentiaires dans une ville pour qu'ils ne se voient ni ne se parlent, mais s'envoient des notes d'un coin de rue à un autre (Note du 8 août, non imprimée).

dre en France dans le cas sinon certain, au moins probable, d'une reprise d'hostilités ; et de se mettre en mesure même contre l'Autriche, comme il le dit dans sa lettre du 29 juillet au duc de Vicence, où l'on voit en effet l'influence qu'exerçait sur son esprit l'aspect général des affaires, rembruni par les nouvelles de Trachenberg [1].

M. de Metternich à l'arrivée de M. de Vicence, savait l'Empereur absent, et n'ignorait pas que lui seul pouvait autoriser des modifications aux formes convenues avec (le ministre autrichien) lui-même pour les négociations. Il fit son plan en conséquence. Au moment où il allait désespérer d'empêcher le congrès de s'ouvrir, où les plénipotentiaires français demandaient que les pouvoirs fussent échangés en commun, il repoussa la forme convenue des conférences, et mit en avant celle des transactions par écrit ; appliquant fort mal l'exemple du congrès de Teschen, exception unique à l'usage général, où il y avait deux médiateurs au lieu d'un, qui négociaient ensemble; chacun représentant l'intérêt de la partie qui l'avait choisi. *D'ailleurs*, à Teschen, il ne s'agissait que de la succession de Bavière, et non, comme à Prague, d'une négociation générale, et des grands intérêts du droit public de l'Europe. M. de Metternich, douze jours avant la dénonciation de l'armistice, arrêtait ainsi la négociation dès le premier pas, par une difficulté au moyen de laquelle il forçait les plénipotentiaires français à attendre les ordres de l'Empereur, qui était à Mayence. C'est donc du cabinet d'Autriche, non du cabinet de France, que sont venues les difficultés dès le début des négociations [2]. Dans

---

1. *Corresp.* 20317. « Votre langage doit être simple. Si l'on veut continuer l'armistice je suis prêt : si l'on veut se battre, je suis prêt... Si la Russie et la Prusse veulent recommencer les hostilités tout en négociant, les chances ne pourraient que m'être favorables ; d'autant plus que les armées que j'ai destinées à observer l'Autriche resteraient sur mes derrières, et me mettraient en garde contre les caprices et les changements de système de l'Autriche. » Cette lettre serait inintelligible si Napoléon avait connu les déclarations que Metternich prétend avoir faites avant l'arrivée de Caulaincourt à Prague, et qui ne l'ont été que le 30 juillet (Voir ci-dessus).
2. Il est vrai que le 17 juillet, le comte de Bubna, s'entretenant avec Maret, avait insinué que, vu la brièveté du temps qui restait à courir pour les négociations, on pourrait bien être obligé d'en

son manifeste écrit par M. de Gentz, l'Autriche ne s'accuse pas, mais elle a la pudeur d'éluder l'accusation contre le cabinet français. Elle se borne à dire que « la forme dans laquelle les pleins pouvoirs devaient être remis et les déclarations réciproques entamées, objets sur lesquels il y avait déjà eu des pourparlers de tous les côtés, devint la matière d'une discussion qui fit échouer tous les efforts du ministre médiateur. » L'écrivain allemand a été moins partial, moins hostile à la France et à la vérité, que *certains écrivains français...*

L'Empereur, lors de son départ pour Mayence, croyait que l'esprit léger, mais sagace de M. de Narbonne, et le zèle plus réfléchi de M. de Vicence, parviendraient à pénétrer les véritables intentions des alliés et du médiateur sur les sacrifices à faire à la paix ; — que dans des débats où chacun, indépendamment du but commun, avait des prétentions à part, il serait possible de découvrir les points sur lesquels on pourrait se concilier les uns et satisfaire les autres : — inconnues dont la découverte est de l'essence de toutes les négociations, et d'autant plus faciles que les négociateurs sont plus nombreux, parce que l'intérêt particulier de l'un est rarement d'accord avec les vues de l'autre ; — qu'en parvenant à jeter entre eux des germes de dissentiments, le négociateur adroit apprend ce qu'il a besoin de savoir, et sauve quelquefois ce qu'il se croyait forcé d'abandonner. L'histoire des négociations enseigne les moyens d'obtenir de tels succès, et en offre de nombreux exemples.

Enfin, Napoléon pensait et devait penser ; — car c'est en grande partie pour cela qu'on envoie des plénipotentiaires au lieu de courriers ; — qu'il recevrait des siens sinon des notions certaines, du moins des aperçus probables sur les exigences diverses de ses ennemis ; — sur le degré de tenacité relativement à telle ou telle concession, et sur la part que prétendait à ses dépouilles le médiateur, *qui ne trahissait pas pour rien...* Il comptait régler d'après ces données,

---

venir à ce mode de procéder par notes écrites, dont il avait déjà parlé dans une note du 11 juin précédent (V. p. 354). Mais cette nouvelle insinuation, que Bubna semblait faire de lui-même, avait été formellement écartée comme contraire aux arrangements pris directement depuis avec le comte de Metternich, et dont celui-ci ne se dédit que par sa note du 31 juillet.

le prix auquel il achèterait la paix. Elles lui étaient d'autant plus nécessaires que n'ayant rien à demander, n'ayant qu'à céder, toute la question résidait dans le plus ou le moins. Parmi les dépêches expédiées de Prague avant la démarche du 6 août, il n'en est pas une où cette question soit seulement effleurée...

L'Empereur, qui ne devait pas prendre l'initiative des sacrifices, avait indiqué à ses plénipotentiaires la marche à suivre par des instructions, soit écrites, soit verbales. La convenance et la dignité voulaient qu'on commençât par la demande *uti possidetis*. Les plénipotentiaires ennemis devaient s'y attendre, sauf à expliquer les changements qu'ils croyaient pouvoir exiger dans cet état de possession au détriment de la France. Alors la véritable négociation eût commencé. En attendant, les instructions ne pouvaient être que générales... L'Empereur eût volontiers consenti à de grands sacrifices, surtout s'ils avaient tourné à l'avantage de la Russie sans établir de points de contact entre elle. Peu lui importait que la paix fût glorieuse pour Alexandre, pourvu que l'état de possession de la France et de la Russie ne laissât, autant qu'il serait possible, aucun germe de mésintelligence entre elles. Ces vues étaient profondément pacifiques. Elles démontrent que Napoléon voulait avec sincérité, non-seulement la paix dont il avait besoin, mais une paix durable ; qu'il la voulait non-seulement pour lui, mais pour l'Europe. Tel était donc l'esprit de la négociation dont les plénipotentiaires français étaient chargés : « traiter la Prusse avec ménagement, favoriser la Russie de tout ce qu'on pourrait refuser à l'Autriche. »

L'Empereur ayant appris comment le comte de Metternich empêchait la négociation de s'ouvrir, autorisa ses plénipotentiaires à admettre concurremment les deux modes de négociation, agréés séparément par chacune des parties [1]. A défaut de notions officielles, il s'attendait à trouver

---

1. Projet de note, 5 août. — *Corresp.*, 20330. Dans cette note, dictée *ab irato* sous l'impression de la nouvelle attitude ouvertement comminatoire de l'Autriche, Napoléon avait jugé à propos de rappeler que la médiation n'avait été acceptée que sous la condition que le médiateur « ne se lierait, pendant la négociation, par aucune convention même éventuelle, » allusion non équivoque aux engagements de Reichenberg et de Trachenberg. Le comte de

dans leur correspondance quelques indications puisées dans des entretiens particuliers; soit avec les ministres des alliés, soit avec celui du médiateur. Pendant une semaine entière ils n'étaient pas parvenus à aborder les premiers; avec lesquels, cependant, le sens de leurs instructions générales semblait rendre les rapports faciles. C'eût été préparer utilement les voies de la négociation, que d'éloigner de l'esprit des plénipotentiaires russe et prussien l'opinion entretenue avec tant de soin par l'Angleterre, et peut-être aussi par l'Autriche, que Napoléon était un ennemi irréconciliable de la puissance de leurs souverains. Des paroles dans ce sens pouvaient ouvrir les bouches et les cœurs. Les plénipotentiaires de l'Empereur n'avaient pas réussi à les faire entendre....... N'ayant donc pu établir des relations que l'Autriche se gardait de servir, si même elle ne les empêchait pas de tout son pouvoir, ils en étaient réduits aux rapports avec le ministre médiateur, rapports « faciles, agréables et journaliers. » De tels rapports semblaient mettre les plénipotentiaires dans une situation favorable pour sonder le médiateur; pour tâcher de pénétrer ce qu'il entendait par *des prétentions modérées de la part de la France et des prétentions exagérées de la part des alliés;* prétentions auxquelles, disait-il, l'Autriche opposerait toute sa fermeté... Néanmoins les dépêches de Prague ne contenaient que des monologues du ministre autrichien : des prédictions de l'impossibilité d'éviter la guerre si l'on ne se hâtait de conclure la paix. On y cherchait en vain des indications pratiques, même des conjectures sur les moyens de faire cette paix, sur le minimum des concessions inévitables.....

Ceci ne s'accorde nullement avec la version de

Metternich répondit gravement « qu'il eût été contraire à la dignité de sa cour de prendre un tel engagement (celui de ne se lier, pendant la négociation par aucune convention même éventuelle); » apparemment parce que c'était lui faire injure que de l'en supposer capable. Ce qui n'avait pas empêché le médiateur de violer sans scrupule ce devoir d'impartialité auquel il n'eût pas daigné promettre de rester fidèle, parce que l'exigence d'une telle promesse eût été injurieuse pour sa loyauté ! Voilà le langage « franc, calme et digne, » qu'un historien français propose à notre admiration!

M. Thiers, qui raconte, d'après les Mémoires de Metternich, que celui-ci « avait fait connaître à Napoléon, dès le premier jour, les conditions invariablement convenues entre l'Autriche et les alliés. » Mais on va voir tout à l'heure les assertions de Maret pleinement confirmées par le langage que tenait à Prague le comte de Metternich lui-même, au mois d'août 1813 ; — époque où son siége n'était pas encore fait.

LXIV

Négociation secrète avec l'Autriche (5-16 août).

L'Empereur Napoléon, trompé dans son attente ; aussi peu avancé, cinq jours avant le terme de l'armistice, qu'au moment où il avait nommé ses plénipotentiaires, ordonna alors la seule démarche qui pût encore éviter la guerre. (Maret.)

Cette démarche confidentielle, depuis longtemps conseillée par le duc de Bassano, ne fut faite malheureusement que le 6, par l'intermédiaire du duc de Vicence *seul*, auquel des instructions spéciales avaient été expédiées la veille. Écrites à Dresde, de la propre main du ministre sous la dictée de l'Empereur, elles avaient été apportées à Prague par le jeune attaché de Maussion (le fils du courageux intendant de Rouen, guillotiné en 1793 pour un crime irrémissible entre tous dans ce temps-là, celui de répression d'émeute). Maret avait recommandé à ce messager de faire toute la diligence possible, de manière à rapporter dans la matinée du surlendemain la réponse, ou tout au moins un accusé de réception.

Nous reproduisons ce document, d'un caractère

essentiellement napoléonien, et qui, par une inadvertance regrettable, ne figure pas dans la *Correspondance*[1].

Vous direz à M. de Metternich que la négociation officielle ne peut plus que traîner en longueur, et qu'il est difficile d'en espérer aucun succès, d'après les principes de plénipotentiaires tels que M. d'Anstett; que, si les alliés désirent commencer les hostilités, Sa Majesté a le même désir, et, qu'en effet, si l'Autriche est neutre, il y a longtemps que nous leur sommes supérieurs! Qu'en conséquence, Sa Majesté a intérêt à ne pas différer les hostilités, afin de ne pas se trouver gênée par l'hiver; que, si l'Autriche n'est pas neutre et prend parti contre nous, Sa Majesté a encore intérêt à ne pas différer la reprise des hostilités, parce que les armements de l'Autriche, de la Prusse et de ses alliés s'accroissent tous les jours, et surpasseront promptement ceux de Sa Majesté, dont l'accroissement est arrivé à son terrme.....; que l'Empereur vous a ordonné, par une voie extra-ministérielle, de faire la présente démarche, dont vous le priez de ne pas parler au comte de Narbonne, qui n'en sait rien; que cette démarche a pour objet de savoir de quelle manière l'Autriche entend que la paix peut se faire, et si, l'Empereur Napoléon adhérant à ses propositions, l'Autriche ferait cause commune avec nous, ou si elle resterait neutre; qu'il n'est pas question ici de négociation, mais d'une ouverture toute de confiance, déterminée par des sentiments si évidents, que ce serait renoncer au but que l'Autriche dit vouloir atteindre, que de n'y pas répondre sans réserve; que cette démarche demeurera toujours secrète, et qu'aussitôt que l'Empereur Napoléon sera certain *du mot* de l'Autriche, il donnera des instructions en conséquence à ses plénipotentiaires...; que

---

1. Lettre du 5 août pour le duc de Vicence seul, dictée au duc de Bassano par l'empereur Napoléon (Archives des affaires étrangères). M. Thiers, dont cette pièce contrarie fort le système, n'en a donné naturellement qu'une analyse fort écourtée. Il affecte d'abord de considérer cette ouverture comme une feinte, n'ayant d'autre but que de différer l'action de l'Autriche. Puis, vaincu par l'évidence, il avoue que si la paix avait résulté de cette démarche, Napoléon *n'en aurait pas été fâché* (XVI, 210, 212).

la simplicité de cette démarche porte avec elle le cachet de l'homme qui la fait faire et de toute sa fermeté; que M. de Metternich doit donc penser qu'il faut se mettre à la dernière limite, et ne rien proposer qui soit déshonorant...; qu'il aura peut-être besoin de vingt-quatre heures : qu'on désire, dans ces vingt-quatre heures, écrire les conditions sous sa dictée : que, dans trois jours, votre réponse sera donnée, et que par là tous les embarras du congrès et toutes les difficultés qui l'assiégent seront dissipés : que l'Empereur Napoléon se trouve dans un état de guerre plus brillant qu'il ne pourra jamais l'être, mais que, comme il n'est pas inconséquent dans sa politique, avant de bouleverser son alliance avec l'Autriche, de détruire un système *que les deux puissances avaient regardé comme devant fonder un jour leur sécurité commune*, et qu'elles aimaient à appuyer sur des sentiments personnels, il veut savoir la question et en bien peser les avantages et les inconvénients : — que, si M. de Metternich le désire, le duc de Vicence donnera sa parole que jamais il ne sera question de cette démarche; qu'il doit voir par la manière dont cela se fait qu'on veut en finir promptement; — que Sa Majesté désire que M. de Metternich soit très-sûr de l'approbation de l'Empereur d'Autriche avant de faire réponse; — que pendant ce temps on peut toujours pousser la négociation officielle et arriver à échanger enfin les pouvoirs, puisque, si l'on pouvait être d'accord avec l'Autriche sur les principes de la paix, ce commencement de négociation serait toujours utile. Sa Majesté suppose qu'alors les puissances enverraient d'autres plénipotentiaires.

Vous demanderez, avant de faire cette ouverture à M. de Metternich, que ce que vous allez dire ne soit redit qu'à l'Empereur et ne soit transmis à aucune des puissances alliées, de même que vous aurez donné votre parole que tout ce qui se dira dans cette entrevue sera sous la foi la plus inviolable.

Le ministre recommandait ensuite à Caulaincourt, de la part de l'Empereur, d'être aussi pressant que possible, tout en concédant au besoin les vingt-quatre heures de délai, et aussi de donner à entendre que la France serait disposée à tenir compte de ce que les puissances continentales consentiraient à faire pour « obliger l'Angleterre à reconnaître des principes plus favorables à la liberté de la navigation. » Enfin, les dernières lignes de ce document n'appartiennent plus à l'Empereur, mais à Maret personnellement. Malgré la réserve obligée des expressions, il est facile d'y voir à quel point le ministre désirait le succès d'une tentative qu'il avait proposée, implorée, qui peut-être n'aurait pas eu lieu sans lui !

Vous devez vous attacher, M. le duc, à bien faire comprendre à M. de Metternich qu'il ne s'agit pas de *surfaire*, en répondant à une démarche aussi loyale; que, si les ouvertures qu'il fera ne sont considérées par lui que comme un premier acte de négociation, elles ne mèneront à rien;... qu'aujourd'hui, que toutes les questions doivent être parfaitement entendues, il ne peut pas y avoir de difficulté à exprimer des intentions positives; que, si ces intentions sont compatibles avec la position et l'honneur de Sa Majesté, comme elles peuvent l'être et comme il est du véritable intérêt de l'Autriche qu'elles le soient, elles deviendront la base des négociations. Les propositions que Sa Majesté fera faire au congrès seront réglées d'accord, et combinées de manière à rentrer facilement et entièrement dans celles qui auront été d'avance convenues entre Sa Majesté et l'Autriche, et qui conduiront au traité de paix.

Nous nous bornons à résumer ici les péripéties de cette négociation secrète[1]. Le comte de Metternich sembla moins satisfait que stupéfait de cette communication. Il avait pourtant dit assez souvent, et il le répète encore dans ses *Mémoires*, qu'il s'attendait à ne connaître la pensée de Napoléon que dans les derniers jours. Il promit d'aller le lendemain à Brandeis consulter son Empereur, et de rapporter sa réponse à cinq heures. M. de Metternich revint en effet à

1. V. Bignon, XII, 222-266.

l'heure dite, mais il n'avait pas plutôt quitté la résidence impériale, qu'un courrier avait été lancé à sa poursuite. Ce messager arriva à Prague, quelques instants après le ministre, qui repartit aussitôt, après avoir fait dire au duc de Vicence qu'il irait le voir le lendemain matin de bonne heure (Caulaincourt à Maret, 7 août). M. Thiers, si sévère pour les atermoiements français, glisse légèrement sur ceux de l'Autriche. Il se borne à dire « que ce fut une journée malheureusement perdue. » (XVI, 216.) Quel motif avait déterminé ce revirement, cette hésitation? Faut-il croire que le ministre autrichien n'était pas seul *maître* de son *maître*, et que le secret de la démarche de Napoléon avait été trahi[1]? Par ce retard, l'Autriche assumait sa part de responsabilité du sang qui allait couler pour l'établissement d'un système politique funeste à la France, et plus tard à l'Autriche elle-même.

Dans la matinée du lendemain (lundi 8 août), M. de Metternich alla en effet chez Caulaincourt et lui parla en ces termes, que le négociateur français transcrivit sous sa dictée.

La démarche actuelle est une démarche de *finesse* ou de *force*. En envisageant la question sous ses divers rapports, Sa Majesté (l'empereur François) aurait pu s'arrêter à l'idée naturelle, *que l'empereur Napoléon ne veut que connaître les vues des puissances*, afin d'en tirer des moyens quelconques de justifier la guerre et de la continuer. Mais, dans cette

---

1. Comme l'indique le duc de Bassano (Voy. ci-dessus), il y avait dans la noblesse autrichienne des ennemis irréconciliables de la France, dont l'alliance de famille n'avait fait que surexciter la haine. Le chef de ce parti était l'instigateur des guerres de 1805 et 1809, le comte de Stadion, très-appuyé par l'impératrice, qui, comme on sait, n'était pas la mère de Marie-Louise. On sait aussi que le *chevalier* de Gentz, pour lequel Metternich n'avait pas de secrets, lui avait été donné par Stadion, qu'il avait été longtemps pensionné par l'Angleterre et l'était problablement encore.

hypothèse, que Sa Majesté rejette, Elle croit ses vues si justes et tellement dans l'intérêt de la France et de son gendre, qu'Elle trouverait encore un motif de s'expliquer. Si c'est une démarche de force, il faut *parler clairement*; c'est ce que je vais faire. (Caulaincourt à Maret, 8 août).

Ainsi le Metternich de 1813, bien différent de celui des Mémoires, reconnaissait sans difficulté qu'à cette date si rapprochée de la rupture, Napoléon n'était pas encore renseigné d'une façon nette et positive sur « les vues des puissances, » puisqu'on admettait, et qu'on trouvait naturel qu'il eût fait cette dernière démarche pour arriver à les connaître. En réponse à cette démarche, le ministre autrichien se décidait à « s'expliquer, » à « parler clairement. » Il ne l'avait donc pas fait encore jusque-là !...... Avons-nous besoin de faire remarquer la concordance parfaite de ce langage avec celui du duc de Bassano? Tout s'était borné à des insinuations sur les demandes probables des alliés, demandes dont les unes semblaient à l'Autriche exagérées, les autres raisonnables, etc.

De son propre aveu, donc, le comte de Metternich « parlait clairement » pour la première fois le 8 août. L'énoncé des conditions auxquelles l'Autriche considérait encore la paix comme possible, était la reproduction textuelle de l'article 2 du traité secret de Reichenbach; dissolution et partage du duché de Varsovie, rétablissement de Hambourg et Lübech comme villes libres; arrangement éventuel lié à la paix générale, sur les autres parties de la trente-deuxième division militaire et sur la renonciation au protectorat de la Confédération du Rhin; reconstruction de la Prusse avec *frontière sur l'Elbe*; cession des provinces illyriennes à l'Autriche. C'était seulement par des *explications confidentielles* que cette dernière puissance était censé connaître ces conditions, que les deux autres cours *paraissaient mettre* à un arrangement pacifique. Le ministre autrichien les présentait comme son *ultimatum*. « Il attendait un *oui* ou un *non* dans la journée du 10 ; il était décidé à déclarer, dans celle du 11, conjointement avec la Russie et la Prusse, que le congrès était dissous, que l'Autriche joignait ses forces à celles des alliés, qu'elle ferait dès lors abstraction des conditions actuelles, que toutes propositions faites après le 11 ne pourrait plus se lier avec la présente négociation. » Une pareille précipitation serait absolument inexplicable, si la puissance soi-disant médiatrice n'en avait été encore qu'aux pourparlers, aux « explications confidentielles. » Mais l'Autriche agissait réellement en conformité de l'engagement secret qu'elle avait pris à Reichenbach, de se tourner contre nous, si les premières conditions n'étaient pas acceptées avant l'expiration de l'armistice.

Le duc de Vicence s'empressa de transmettre les propositions autrichiennes, en suppliant Napoléon de les accepter promptement. Il écrivit dans le même sens au duc de Bassano, pour le conjurer de venir lui-même à Prague « avec les dernières volontés de l'Empereur, signer la paix du monde dans une matinée, ne réclamant que l'honneur d'être son premier aide de camp. » Cette lettre se croisa avec une dépêche confidentielle du ministre, dépêche qui prouve encore combien celui-ci était porté pour la paix. Prévoyant que les propositions formelles de l'Autriche seraient à peu près conformes aux insinuations précédentes, Maret supposait que ces propositions, modifiées de concert avec la France, deviendraient un texte de discussion avec les alliés. Dans cette hypothèse, il indiquait d'avance les points auxquels l'Autriche devait tenir le moins. Il lui semblait peu probable que cette puissance prît un intérêt bien vif à la reconstruction de la monarchie de Frédéric II ; qu'elle fût résolue à se battre pour assurer à la Prusse des places sur l'Elbe !... En ceci, le ministre de Napoléon comprenait mieux le véritable intérêt de l'Autriche, voyait plus loin et plus juste dans son avenir que le comte de Metternich.

Mais Napoléon s'abusait sur un point capital, le temps qui restait pour obtenir un résultat. Malgré les avertissements venus de Prague, il persistait à croire que le délai de six jours qui avait été ajouté pour la dénonciation de l'armistice, était pareillement acquis à la négociation. Il faut dire aussi que la conduite du ministre autrichien n'était guère d'accord avec ses paroles, puisqu'ayant reçu le 6 la communication du duc de Vicence, il n'avait remis sa réponse que le surlendemain. « Cette réponse, dit M. Thiers lui-même, ne pouvait être que le 9 sous les yeux de Napoléon, et n'y fut, en effet, que le 9 à trois heures de l'après-midi. Il aurait fallu qu'il se décidât sur l'heure, et expédiât la réponse dans la soirée même du 9, afin que cette réponse arrivant le 10 au matin à Prague, avec des pouvoirs pour Caulaincourt, on pût signer les bases avant minuit [1].

Mais cette réponse, confiée comme la lettre du duc, à M. de Maussion, ne fut expédiée qu'à l'heure où elle aurait dû parvenir, dans la matinée du 10 ; et ce retard de quelques heures perdit tout. Ici, M. Thiers a raison de déplorer que Napoléon, « qui avait tant de fois saisi l'instant propice sur les champs de bataille, ait laissé échapper le moment politique le plus important de son règne. » Mais il ne s'en tient pas là, et prétend rejeter en partie cette faute de Napoléon sur

1. Il fallait alors, en y mettant toute la célérité possible, plus de vingt heures pour aller de Dresde à Prague. Aujourd'hui, cette distance est franchie sans peine en cinq heures par le chemin de fer ; — sans parler de la télégraphie électrique.

son ministre. « Et M. de Bassano, que faisait-il pendant ces heures fatales? que ne passait-il cette nuit aux pieds de son maître, à lui répéter de vive voix les ardentes prières de M. de Caulaincourt? *Mais Napoléon n'entendit rien de pareil...* (XVI, 221.) » Il ajoute que Napoléon ne fit pas autre chose, « pendant toute la nuit, que de manier et de remanier ses états de troupes avec son ministre, qui lui laissait croire que la gloire consistait à ne jamais rien céder. » (Id.) Mais comment M. Thiers est-il si bien instruit de ce qui s'est passé entre Napoléon et son ministre, qui n'en ont jamais parlé à personne? Il y a là une de ces inductions plus que hardies, que se permet trop souvent l'illustre écrivain. De ce que Maret a gardé le silence sur ce qu'il a pu dire, M. Thiers s'empresse de conclure qu'il n'a rien dit!

Cette erreur est d'autant plus inexcusable, que M. Thiers avait sous la main la preuve du contraire dans une dépêche inédite du duc de Bassano, expédiée dans la matinée du 10 août, en même temps que le contre-projet.

« *J'aurais pu*, écrivait-il à Caulaincourt, *réexpédier mon courrier dans la nuit même*, SI SA MAJESTÉ N'AVAIT PAS VOULU LAISSER PASSER LA NUIT SUR DES RÉSOLUTIONS SI IMPORTANTES. Elle avait d'ailleurs entretenu M. de Bubna, qui a expédié *hier soir* à M. de Metternich son aide de camp avec une lettre, pour le pressentir sur les dispositions de Sa Majesté, et annoncer que mon courrier ne pourrait partir qu'aujourd'hui. M. de Bubna ne doute pas que les prétentions relatives aux villes hanséatiques et à la Confédération du Rhin ne soient promptement abandonnées... »

Cette dépêche, M. Thiers ne l'a pas vue, ou n'a pas voulu la voir; son siège était fait. Elle exonère absolument Maret de toute responsabilité dans le funeste retard, car elle prouve qu'il était en mesure d'expédier son courrier en temps utile, et que c'est bien Napoléon, *lui seul*, qui a fait retarder ce départ. L'Autriche n'ayant formulé ses conditions qu'au bout de quarante-huit heures, l'Empereur n'avait pas voulu paraître plus pressé qu'elle. Il pensait qu'elle lui laisserait bien le même délai pour répondre, surtout connaissant d'avance cette réponse par la communication officieuse, mais sûre, du comte de Bubna, qui devait parvenir et parvint en effet à Metternich *le 10 avant minuit*[1]. Mais, quoi qu'en aient dit ses détracteurs, il n'y a rien à induire de ce retard contre sa sincérité. Une circonstance curieuse, non remarquée jusqu'ici, prouve bien que les instances patriotiques de Caulaincourt et de Maret avaient produit sur lui une impression profonde. Cette circonstance, c'est l'interruption complète de sa correspondance, pendant la journée entière du 10 août. Les ordres militaires donnés à profusion jusque-là, s'arrêtent brusquement dans la matinée du 9; le reste de cette journée ayant été employé, comme dit Maret, à « peser les propositions de l'Autriche, » qui venaient d'arriver, et à préparer avec son ministre le contre-projet français. Le 10, silence absolu, dans l'attente des nouvelles de Prague. L'expédition des ordres militaires ne recommence que le lendemain, après l'arrivée de la dépêche de Caulaincourt, annonçant que la remise de la déclaration de guerre de l'Autriche a précédé l'arrivée de la réponse française[2].

1. Suivant M. Thiers, ou plutôt suivant M. de Metternich, l'entretien de Napoléon avec Bubna n'aurait eu lieu que *le 10 au matin*. Cette transposition de date, dont le but est facile à comprendre, est démentie par la dépêche de Maret que nous venons de citer, et par la réponse de Caulaincourt.
2. « M. de Metternich m'a demandé si j'aurai une réponse ce soir... Il m'a répété que l'Autriche ne pouvait rien changer au terme indiqué... M. de Narbonne recevra *cette nuit* la déclaration annoncée, avec les passeports... L'empereur Alexandre doit arriver sous quatre jours. » (Duc de Vicence, 10 août.)

Nous croyons qu'il est impossible d'expliquer autrement une telle lacune, dont il n'existe qu'un second exemple dans tout le cours de la campagne de 1813 : pendant les journées de Leipzig.

Les reproches adressés par M. Thiers au duc de Bassano sur son inertie prétendue dans cette circonstance, ne sont que l'écho affaibli des calomnies mises en circulation contre ce ministre vers la fin de 1813; nous verrons bientôt dans quel but. Alors on allait jusqu'à l'accuser d'avoir empêché Napoléon de faire la paix à Dresde. On racontait, par exemple, qu'au moment où l'Empereur, vaincu par les instances de tels et tels, tenait la plume pour signer l'acceptation des propositions autrichiennes, Maret s'était écrié : « *Cette fois, l'on ne dira pas que c'est vous qui dictez la paix!* » qu'alors Napoléon, pris d'un accès de colère, avait *écrasé la plume sur le papier*, revenant à la résolution de jouer le tout pour le tout..... Une autre de ces légendes apocryphes, très-accréditée encore à Paris pendant les Cent Jours, représentait Napoléon, tenant à Dresde, *le 6 août* 1813, un conseil auquel assistaient *Caulaincourt* (qui était alors à Prague), Berthier, Daru, Maret, etc. Les trois premiers avaient parlé en faveur de la paix, ce qui leur avait valu des épithètes peu flatteuses de la part du maître. Aussi Maret, son tour venu, s'était énergiquement prononcé pour la guerre à outrance, etc[1]. Nous n'aurions pas cité cette fable, si elle n'était pas l'unique fondement du récit que fait M. Thiers d'un entretien qui, suivant lui, aurait eu lieu vers le 20 juillet. Comme elle semblait favorable à la thèse soutenue par l'illustre historien, il en a conclu qu'elle devait être vraie, que

---

1. On trouvera cette légende narrée en détail dans les *Souvenirs d'un homme de lettres*, œuvre posthume de Jal (Paris, L. Techener, 1877). Il l'avait recueillie à Paris en 1815, comme venant d'un général anonyme.

la date seule était erronée. Il l'a en conséquence reportée de quinze jours en arrière, ce qui lui permettait d'y laisser Caulaincourt, alors encore présent à Dresde, et même d'y faire intervenir Fouché qui venait d'y arriver (V. Thiers, XVI, 167).

L'ultimatum français remis le 11, mais que le comte de Metternich connaissait depuis la veille par la lettre de Bubna, se rapprochait beaucoup du projet autrichien. Napoléon consentait à la rétrocession et au partage du duché de Varsovie, moyennant une indemnité bien inférieure pour la Saxe; à la restitution d'une grande partie des provinces illyriennes à l'Autriche. Dantzig ne retournait pas à la Prusse, mais devenait ville libre..... De l'aveu du ministre autrichien, à quelques détails près, ces conditions auraient fait la paix le 10. Mais il n'en était plus de même depuis qu'il avait remis la déclaration de guerre, et, « *en même temps*, disait-il, transmis à M. de Stadion l'ordre de signer un traité d'alliance avec la Russie et la Prusse » (Caulaincourt à Maret, 10 août). On sait à quoi s'en tenir maintenant sur l'exactitude de cette allégation, reproduite par Metternich dans ses Mémoires, et transcrite de confiance par M. Thiers. Le traité dont il s'agit avait été signé à Reichenbach, *la veille* de l'acceptation de la médiation autrichienne par la France. Son exécution avait commencé le 12 juillet suivant par les conférences militaires de Trachenberg, où un Autrichien, le prince de Schwerzenberg, avait été nommé généralissime, où l'on s'était séparé en se donnant rendez-vous dans le camp de l'ennemi. Cette exécution se poursuivait dans la nuit du 10 au 11 août par l'entrée des Russes en Bohême[1]. « Ce n'est plus une paix au-

1. Des feux allumés, dès minuit, sur les hauteurs voisines de Prague, leur avaient annoncé que l'accès du territoire autrichien leur était ouvert, et depuis ce moment il en arrivait sans cesse.

trichienne que nous pouvons faire, disait le 15 Metternich : *Aujourd'hui, nous avons* 150,000 *Russes chez nous.* » Aucun nouveau traité ne fut signé alors. Ceux de Tœplitz, destinés à donner une forme diplomatique à la convention secrète de Reichenbach, ne furent conclus que le 19 septembre suivant, et par le comte de Metternich en personne.

Les notes de Maret nous fournissent un résumé des dernières péripéties de cette négociation secrète.

On était en négociation pour la paix, non avec les plénipotentiaires des alliés, mais avec celui du médiateur, lorsque la médiation finit par la rupture du congrès... La négociation continua néanmoins avec l'Autriche, ouvertement réunie à nos ennemis.

Le 11, M. de Metternich insiste pour l'abandon (par la France) de l'Illyrie, sans excepter Trieste, et contre toutes dispositions contraires aux vues des puissances qui s'accordaient pour réédifier la Prusse. L'empereur d'Autriche se chargeait de communiquer nos propositions à celui de Russie, qui était attendu le 14 à Brandeis.

Le 13, Napoléon abandonne tout ce qui était en contestation, accède aux concessions réclamées par M. de Metternich, charge M. de Bubna d'en porter l'assurance à son maître, et donne à M. de Vicence tout pouvoir pour conclure et signer à ce prix [1]. Le 14, M. de Metternich rend compte à l'empereur d'Autriche des dernières propositions françaises. Le 15, il diffère de s'expliquer, l'empereur de Russie n'étant pas encore arrivé.

Le 16, l'empereur de Russie arrive, et, dès la première entrevue, il rejette les propositions, et décide l'empereur d'Autriche à courir les chances de la guerre.

Ce dénoûment était inévitable dans la situation que l'Autriche s'était faite, en se liant d'avance à la

---

1. Dès le 11, M. de Metternich avait exprimé le désir, que si l'on voulait donner suite à la négociation, le duc de Vicence reçût *d'avance* des pouvoirs étendus. Ces pouvoirs lui furent expédiés le 13 août à minuit. Ce n'était pas sans peine que Maret avait obtenu cette dernière concession de l'Empereur.

coalition. Ses premières propositions n'ayant pas été acceptées en temps utile, elle était forcée, par son engagement antérieur, de les déclarer désormais inadmissibles, et de prendre, pour but de l'effort commun, le refoulement de l'Empire Français à la limite du Rhin et des Alpes. (Art. 1er et 6 de Reichenbach.)

Ce fut seulement après l'échec définitif de cette négociation, que le duc de Bassano répliqua au manifeste autrichien (note du 18 août). Après de vives et justes récriminations, il proposait d'ouvrir de nouvelles conférences qui marcheraient de front avec les hostilités, rappelant que c'était ainsi qu'avaient commencé les négociations d'Utrecht, de Nimègue, de Ryswick, d'Aix-la-Chapelle. Dans sa réponse (du 21 août), tout en protestant contre les inculpations *gratuites* du duc de Bassano sans les réfuter, le comte de Metternich promettait, au nom des trois souverains, « qu'ils allaient porter incessamment à leurs alliés les nouvelles propositions de la France. » Mais ils se gardèrent bien de le faire, et, comme dit Maret, « depuis la bataille de Dresde jusqu'à celle de Hanau, il ne fut répondu à sa proposition qu'à coups de canon. »

Avant de quitter ce pénible sujet, nous devons signaler une dernière tentative d'ouverture pacifique avec l'Autriche, le 27 ou le 28 de ce même mois d'août. Elle n'est connue que par quelques lignes d'une lettre de Maret à Metternich, du 3 septembre suivant. Après lui avoir accusé réception de son office du 2 août, Maret ajoutait : « Sa Majesté a écrit à l'empereur d'Autriche après la bataille de Dresde. Les Russes ont arrêté (c'est-à-dire, empêché de passer) le parlementaire porteur de cette lettre. L'empereur Alexandre a fait exprimer ses regrets de cet incident (?). Nous avons été obligés d'envoyer la lettre de l'Empereur par Zittau, d'où nous pensons qu'elle sera parvenue sans obstacle. » Il est probable, au contraire, qu'elle ne parvint pas, puisqu'elle manque dans la *Correspondance*. Dans tous les cas, elle avait cessé d'être dangereuse pour la coalition, après les affaires de la Katzbach et de Culm. Toutefois, on trouve la trace évidente de l'émotion causée par la négociation secrète et par ce nouvel incident, dans la rédaction si méticuleuse du quatrième article secret des traités russe et prussien de Tœplitz avec l'Autriche. Non contentes de renouveler l'engagement formel pris à Reichenbach, « de n'entrer dans aucun arrangement ou négociation pour la paix que d'un commun accord, » les parties contractantes « promettaient *de la manière la plus solennelle* de n'écouter aucune insinuation ou proposition qui leur serait adressée *directement ou indirectement* par le cabinet français, sans se la communiquer réciproquement. » Il est clair que cette précaution était prise surtout contre l'Autriche, naturellement plus exposée à des tentatives semblables. Le retard apporté par elle à la signature de ces traités, le maintien de son contingent en un corps distinct et séparé, *stipulation renouvelée du traité français de* 1812, autorisaient cette défiance de ses nouveaux alliés. N'était-il pas naturel, en effet, de craindre que, dans l'hypothèse de revers persistants et considérables, elle ne recommençât, en sens inverse, les mêmes manœuvres qu'après la retraite de Russie ; qu'elle ne considérât les promesses faites à Reichenbach comme un nouvel *engagement de circonstance*[1]?

Toujours est-il que le cabinet de Vienne ne brûla ses vaisseaux qu'après que la confiance de nos adversaires, un moment ébranlée par le terrible échec de

---

1. C'est ainsi que de Gentz, rédacteur du manifeste autrichien du 11 août, qualifiait l'alliance française de 1812.

Dresde, eût été raffermie par les succès de Grossbeeren, de la Katzbach, de Culm, et enfin par l'échec définitif de l'armée française dirigée contre Berlin (bataille de Dennewitz), qui venait d'avoir lieu le 6 septembre. Le rapprochement de cette date avec celle de la signature des traités de Tœplitz (9 septembre), est assez significatif.

Nous avons dû nous étendre longuement sur cet épisode, l'un des plus graves et des plus douloureux de notre histoire moderne. Tout en déplorant, de la part de Napoléon, un retard dont on abusa d'une manière si funeste pour la France et pour lui, nous avons maintenu, et nous espérons avoir démontré par les documents, que s'il y eut à cette époque une politique fallacieuse, ce ne fut pas celle de la France! On avait pu s'y tromper à une époque voisine de la catastrophe, quand les émotions de la lutte à peine finie vibraient encore dans les âmes, quand l'horizon était, pour ainsi dire, obscurci de toute la fumée des champs de bataille, de toute la poussière du grand Empire écroulé!

Mais, alors que la postérité a depuis longtemps commencé pour Napoléon, *qu'aucune autre haine que celle des ennemis de l'ordre public ne proscrit plus sa renommée*, que tant de faits nouveaux ont éclairé les faits anciens; dire que Napoléon avait refusé les propositions autrichiennes *qu'il avait acceptées*, venir encore vanter la bonne foi du cabinet de Vienne dans les négociations de 1813, c'est faire preuve de la crédulité la plus obstinée. L'armistice fut conclu par les alliés, pour donner le temps à l'Autriche de compléter ses armements; — le congrès admis, pour aider cette puissance à dénouer les liens qu'elle n'osait rompre ouvertement. Voilà la vérité; l'Europe ennemie l'a reconnu, aussitôt qu'elle a cessé d'avoir intérêt à la contester. (Maret.)

Ces lignes remontent aux dernières années de la Restauration. Ne dirait-on pas qu'elles ont été écrites pour répliquer à l'historien français qui, trente ans plus tard, est revenu « vanter encore la bonne foi du cabinet de Vienne[1] ? »

Nous espérons aussi avoir pleinement justifié Maret, non-seulement de l'accusation encore plus absurde qu'odieuse d'avoir détourné Napoléon de traiter à Dresde, mais du reproche de n'avoir pas assez énergiquement plaidé la cause de la paix. Au reste, il aurait suffi, pour sa défense, de rappeler, *d'après M. Thiers lui-même*, ces paroles adressées publiquement à Maret par l'Empereur, lors de la première abdication : « Bassano, ils prétendent que c'est vous qui m'avez empêché de faire la paix... *Qu'en dites-vous ?* » (Thiers, XVII, 829).

LXV

Rôle de Maret pendant la seconde campagne de Saxe. — Propositions de Francfort. — Maret remplacé par Caulaincourt au ministère des relations extérieures ; motifs de ce changement. — Négociations de Valençay. — Tentative de négociation avec Pie VII ; Maret et l'évêque de Plaisance.

Pendant les deux terribles mois qui succédèrent à la rupture des négociations, le duc de Bassano ne cessa de justifier, sous tous les rapports, la confiance sans bornes de l'Empereur. Leur correspondance, plus active que jamais, a fourni aux écrivains militaires les meilleurs matériaux pour l'histoire de cette cam-

1. Il convient d'ajouter qu'en présence des événements qui, dans les dernières années de sa vie (1848-1859), avaient si complétement déconcerté ses anciennes prévisions, le prince de Metternich avait lui-même fini par passer condamnation sur son ancienne politique. Peu de temps avant sa mort, il disait encore à une personne digne de toute confiance, qui le redit à M. le duc de Bassano actuel, *que son plus grand regret était de n'avoir pas traité en 1813 avec Napoléon.* Cet aveu ôte bien de l'importance à la longue apologie de M. Thiers. *Habemus confitentem reum !*

pagne. En Saxe comme naguère à Wilna, l'Empereur parlait à Maret à cœur ouvert dans les circonstances les plus critiques, sachant bien qu'il n'avait à redouter de sa part ni indiscrétion, ni défaillance. Dans les moments où ils étaient séparés, le ministre était toujours tenu au courant des dispositions militaires et des événements, soit par l'Empereur lui-même, soit par l'état-major général. « Cela est utile, écrivait Napoléon à Berthier, le 3 septembre, à cause de son activité et de l'intérêt qu'il met à me prévenir de tout. » (Corr., 20500). Il se servait de lui, de préférence, pour les communications militaires qui exigeaient le plus profond secret. Ainsi, après la bataille de Dennewitz, ce fut par une lettre confidentielle de Maret, que celui-ci était censé écrire de lui-même, que le ministre de la guerre (Clarke) reçut l'avertissement de s'occuper des places du Rhin[1].

Le 7 octobre, Napoléon sortit de Dresde pour la dernière fois. Le roi de Saxe, n'ayant pas voulu y rester en son absence, partit le même jour avec le grand quartier-général. Le duc de Bassano ne devait d'abord quitter Dresde qu'avec le corps diplomatique, et lors de l'évacuation définitive de cette ville par le maréchal Saint-Cyr. Mais, au dernier moment, Napoléon jugea convenable qu'il accompagnât le roi. Il croyait

---

1. Maret à Clarke, 8 septembre. Cette lettre a dû être écrite aussitôt que l'Empereur eut reçu la nouvelle de ce désastre, car on sait qu'elle ne lui parvint que dans la soirée de ce jour. Pendant ce temps, Napoléon gardait vis-à-vis des généraux une contenance impassible, affectant de ne considérer cet événement qu'à un point de vue purement théorique. (V. Thiers, XVI, 438 et suiv.) De même, huit jours auparavant, il n'avait laissé voir qu'à Maret à quel point il était ému du désastre de Vandamme (V. Manuscrit de 1813, II, 320). Suivant M. Thiers, l'indisposition subite de Napoléon, qui exerça une si grande influence sur cette catastrophe, serait une invention *des flatteurs*. La gravité de cette indisposition fut attestée, le jour même, au baron Bignon par le grand écuyer (Caulaincourt), qui n'a jamais été accusé de flatterie.

devoir ce témoignage particulier d'égards à son loyal et vénérable allié. Cet arrangement lui procurait en outre l'avantage d'entretenir avec son ministre des communications plus promptes et plus faciles. Depuis le départ de Dresde jusqu'à la veille de la bataille (7-15 octobre), la *Correspondance* ne donne pas moins de quinze lettres de l'Empereur au duc de Bassano. Il lui envoyait des renseignements suivis sur la situation militaire, le chargeait de répandre les nouvelles les plus favorables, d'annoncer en France l'approche d'un engagement général ; à Murat, le mouvement de concentration définitif sur Leipzig. De son côté, tout en faisant sa cour au vieux roi, Maret, toujours infatigable, correspondait non-seulement avec l'Empereur, mais avec les principaux membres du corps diplomatique qu'il avait laissés à Dresde, nòtamment avec le baron Bignon. Ces lettres, tout à fait intimes, sont entièrement de la main du duc de Bassano. Nous en donnons quelques extraits : on y verra quelle peine se donne le fidèle et courageux ministre, si bien instruit du véritable état des choses, pour conserver cet « air de confiance » qui était un des plus impérieux devoirs de sa position, et qu'on lui a si injustement reproché.

Mon cher baron, rien ne pouvait me plaire davantage que de faire caravane avec vous, et de donner tous les soins qui pouvaient dépendre de moi à la marche de MM. Potocki, Gorzewski, etc.[1]. Mon projet était bien de ne me séparer ni d'eux, ni de vous... Mais l'Empereur, ayant décidé subitement, à quatre heures du matin, qu'il convenait que j'accompagnasse le roi et la reine de Saxe, je suis convoyé, mené, et je ne puis mener personne. Ceci changera d'un moment à l'autre... Je comptais prendre ici des ordres positifs

---

1. Il s'agit ici des anciens ministres du duché de Varsovie, et des membres de la commission du gouvernement lithuanienne, qui avaient suivi le corps de Poniatowski.

de l'Empereur. Il était parti ; il ne pouvait entrer dans sa prévoyance que nous mettrions neuf heures à faire sept lieues [1]..... Jusqu'à présent, il est certain qu'on ne veut point évacuer Dresde sans y être forcé par les événements ou par les combinaisons militaires. (Meissen, 7 octobre.) — *Il est probable que nous irons à Leipzig*, et qu'on invitera le corps diplomatique à s'y rendre. Rien ne s'oppose à ce que vous le précédiez, sans rien dire cependant, et comme de vous-même. Il convient surtout que je ne vous aie pas écrit sur cela. Nous sommes à Düben : nos forces sont réunies. Il n'y a pas encore eu d'affaires un peu sérieuses. *On marche dans l'espérance !...* (Wurzen, 10 octobre.)

La dernière lettre est du 13. A partir de cette époque, les communications avec Dresde furent tout à fait interceptées, et quand le maréchal Saint-Cyr se décida à tenter sérieusement de rejoindre le gros de l'armée, il était déjà trop tard !

Le duc de Bassano, qui avait vu de près tant de victoires, eut la douleur d'assister, du donjon de l'ancienne citadelle, à cette *bataille des nations*, où l'Empire français fut noyé dans le sang des armées soldées par l'Angleterre. En présence de ce panorama d'extermination, Maret put du moins se dire qu'il n'avait pas tenu à lui que les propositions françaises qui auraient pu faire la paix à Prague, n'y arrivassent quelques heures plus tôt ! A la fin de la seconde journée, celle du 18, il fut chargé d'annoncer au roi de Saxe « que l'Empereur le laissait maître de renoncer à une cause trahie par la fortune. » Maret ne put le déterminer à se séparer de nous qu'en lui déclarant, sur sa demande, que Napoléon faisait plus que de l'y autoriser, « qu'il lui en donnait le conseil. » La douleur que ressentait cet excellent prince de la défection de son armée, lui faisait oublier l'incertitude de son propre

---

1. A cause des habitudes de la cour de Saxe, qui voyageait à infiniment petites journées.

sort. On sait qu'il dut s'estimer heureux de ne perdre que la moitié de ses États, pour prix de sa trop longue fidélité à la France!

Maret était revenu trouver l'Empereur à l'hôtel des *Armes de Prusse* (!), qui existe encore. Napoléon y passa la nuit à dicter des ordres pour la retraite aux ducs de Vicence et de Bassano, faisant office de secrétaire; — deux serviteurs dévoués, séparés par des malentendus qui furent aussi l'un des malheurs de ce temps. Nous n'avons pas heureusement à raconter la catastrophe du lendemain. Elle enleva à la France un défenseur aussi loyal que vaillant; à Maret, l'un de ses amis les plus chers, le prince Joseph Poniatowski......

Le duc de Bassano était encore ministre des relations extérieures, quand arriva à Paris le baron de Saint-Aignan, beau-frère du duc de Vicence, chargé officieusement par les ministres de la coalition d'une proposition pour le rétablissement de la paix générale, incident connu dans l'histoire diplomatique du temps, sous le nom de *négociation de Francfort*, et exposé en détail dans l'ouvrage du baron Bignon[1].

Les conditions de la paix générale, énoncées par le comte de Metternich et approuvées par ses collègues, étaient celles stipulées à Reichenbach et ensuite à Tœplitz comme but de l'affaire commune; c'est-à-dire : « que la France se renfer-

1. Tome XIII, p. 23 et s. On y trouvera le rapport entier de M. de Saint-Aignan, qui n'avait été encore imprimé qu'incomplétement. Parmi les passages rétablis par Bignon d'après le texte original, quelques-uns font aujourd'hui peu d'honneur à la perspicacité du ministre autrichien. Suivant lui, par exemple, « les négociations avec les princes d'Allemagne avaient été faites avec tant de besoin réciproque, *que l'alliance était garantie pour plus d'un siècle;* les peuples allemands, bons et paisibles, n'étaient en révolution que contre la France, qui n'avait rien fait pour eux (?); ils étaient incapables *d'autre mouvement révolutionnaire que celui qu'il plairait à l'Autriche de nourrir*, etc. »

mât dans les limites formées par les Alpes, les Pyrénées et le Rhin, sauf une frontière qu'elle conservait en Piémont, l'Autriche devant en acquérir une sur le golfe Adriatique;

« Qu'elle renonçât à exercer sur les Pays-Bas hors de ces limites aucune autre influence que celle qui appartient naturellement et nécessairement à un grand État;

« Qu'elle reconnût : l'indépendance de l'Espagne sous la souveraineté de Ferdinand VII; celle de l'Italie, de la Suisse, de l'Allemagne et de la Hollande.

« Pour compenser les renonciations qui lui étaient demandées, on lui faisait espérer la restitution de ses colonies. On annonçait que l'Angleterre, qui avait les mains pleines, rendait *à pleines mains* (en faisant toutefois *pleinement* réserve de ce qu'elle appelait ses droits maritimes, qui avaient été la première cause de la guerre). »

Enfin, les événements militaires ayant tourné à l'avantage des puissances coalisées, elles reproduisaient la proposition faite inutilement par la France dans la situation inverse, depuis le mois de mai jusqu'au mois d'août précédent, celle de négocier en se battant.

Lorsque le ministre français présenta le projet de la réponse qu'il adressa le 13 novembre à M. de Metternich, elle contenait, conformément à l'intention manifestée d'abord par Napoléon, l'acceptation explicite des bases de Francfort. Cette partie fut supprimée; en lisant cette lettre avec attention, on voit bien qu'elle a été tronquée[1]. Napoléon qui avait reconnu à Prague combien les alliés méritaient peu de confiance lorsqu'ils parlaient de paix, jugea qu'il leur

---

1. Elle ne contenait plus que la désignation du duc de Vicence plénipotentiaire, celle de la ville de Mannheim pour le futur congrès, et l'assurance « qu'une paix, sur la base de l'indépendance de toutes les notions, tant sous le point de vue continental *que sous le point de vue maritime*, avait été l'objet constant des désirs et de la politique de l'Empereur. » Ce langage trop vague avait de plus le grave inconvénient d'impliquer une sorte de réserve anticipée contre les « droits maritimes » sur lesquels l'Angleterre n'admettait pas de contestation.

serait trop facile de désavouer ce qui avait été dit, dans un entretien confidentiel, à une personne sans mission et sans caractère spécial, et qu'il serait plus habile de les amener à donner à leurs propositions une consistance officielle. Son ministre lui proposa à cet effet de renvoyer à Francfort M. de Saint-Aignan, avec autorisation de faire et de signer en son nom une déclaration d'acceptation des bases, en présence des ministres qui les avaient dictées. Cette déclaration (si elle n'avait pas été éludée) aurait été reçue par une note écrite, et le terrain de la négociation se serait ainsi trouvé établi diplomatiquement. Napoléon préféra l'envoi d'une lettre annonçant seulement la nomination d'un plénipotentiaire. Il ne doutait pas que le ministre autrichien ne répondît par une demande de l'acceptation formelle des bases proposées, lesquelles recevraient de cette réponse le caractère officiel et irrévocable qui leur manquait. « J'en suis si convaincu, disait Napoléon à son ministre, que je dicterais sa lettre dès aujourd'hui. » On ne lui reprochera pas d'avoir alors voulu gagner du temps, puisqu'il était entendu que les négociations n'arrêteraient pas le cours des opérations militaires. La réponse attendue semblait en effet justifier ses espérances, car elle engageait les hautes puissances alliées de la manière la plus formelle. Elles sont prêtes, disait M. de Metternich, à entrer en négociation, dès qu'elles auront la certitude que Sa Majesté l'Empereur des Français admet les bases générales et sommaires (27 nov.). Ce qui ne l'empêcha pas, quand cette certitude lui eût été donnée, courrier par courrier, de répondre que les empereurs de Russie et d'Autriche avaient encore besoin de *consulter leurs alliés* (Maret).

Ici encore Maret, aussi zélé pour la mémoire de l'Empereur que jadis pour sa personne, fait valoir les motifs qui portèrent Napoléon à ne pas accepter immédiatement, comme le lui conseillait et l'en conjurait son ministre, les propositions de Francfort. Le duc de Bassano était cette fois d'accord avec le ministre autrichien lui-même, qui avait dit à Saint-Aignan « que Napoléon éviterait bien des maux à l'humanité et bien des dangers à la France, en ne retardant pas *d'un jour* les négociations [1]. » L'idée de Maret, de répondre à ces propositions par l'envoi d'un plénipotentiaire ayant mission de les signer, était une pensée de salut pour la France et pour l'Empereur. Nous en trouvons une preuve non équivoque dans un document inédit d'une haute importance, écrit sous l'inspiration de l'homme le moins suspect de partialité pour le duc de Bassano. C'est un « Précis (manuscrit) des négociations de Francfort et de Châtillon, » rédigé au mois d'avril ou de mai 1814, par l'un des principaux fonctionnaires des affaires étrangères, le comte de La Besnardière, pour le nouveau ministre (Talleyrand), qui a dû en faire usage lors des négociations du traité de Paris [2]. Voici comment il s'exprime à propos de ce grave incident :

... De tant de forces que le chef de la France avait portées au delà du Rhin, il n'en ramenait point assez pour couvrir cette barrière. Cependant l'ennemi craignit d'abord de la franchir, et proposa en novembre de conclure une paix générale... (Suit l'indication des *bases générales et sommaires*.) La première réponse du cabinet français fut vague. Pressé de s'expliquer, il accepta les bases proposées... *Si, dès l'instant qu'on les lui proposa, il eût fait partir un plénipotentiaire avec pouvoir de les signer, les alliés (et eux-mêmes l'ont avoué depuis) n'auraient su comment se rétracter, et peut-être même n'en auraient pas eu l'idée*. Mais, perdant en hésitations le moment favorable, et donnant aux ennemis le temps de connaître sa situation, il leur fit naître l'envie d'en profiter. Ils pénétrèrent en France et retardèrent l'ouverture du congrès, de telle sorte qu'à l'époque où il s'ouvrit (non plus

---

1. Ces mots : d'*un jour*, se trouvent dans le rapport original. Ils avaient été retranchés dans l'imprimé ; on devine aisément pourquoi.

2. Ce *Précis* ou *Mémoire* à consulter porte plusieurs annotations, corrections et indications de passages à supprimer, *de la main du prince de Bénévent*. Le caractère de ces modifications donne à penser qu'il a dû en être fait une copie expurgée pour Louis XVIII. La Besnardière avait été à Châtillon avec le duc de Vicence.

à Mannheim, mais à Châtillon), leurs armées n'étaient plus qu'à quarante lieues de Paris.

Ajoutons, pour faire à chacun sa juste part de responsabilité, que l'adhésion sans réserve donnée le 2 décembre aux bases de Francfort, par le nouveau ministre des relations extérieures (Caulaincourt), ne serait pas arrivée trop tard, si un émissaire de deux hauts fonctionnaires de l'Empire n'était venu apporter auparavant aux souverains et aux ministres alliés des renseignements sur l'état de l'opinion publique et des partis en France, et sur la faiblesse des ressources dont l'Empereur pourrait disposer en cas d'invasion immédiate[1]. Cette communication exerça une influence décisive sur les déterminations des alliés. L'invasion fut immédiatement résolue par eux dans un conseil tenu le 1er décembre, et l'adhésion formelle de Napoléon aux bases de Francfort ne leur parvint qu'après la publication de leur manifeste du 7 du même mois.

D'après les indications et les conseils venus de Paris, les puissances alliées déclaraient, dans ce manifeste, « *qu'elles ne faisaient pas la guerre à la France*, mais à cette prépondérance que Napoléon avait trop longtemps exercée pour le malheur de l'Europe et de la France elle-même, à laquelle elles garantissaient d'avance une plus grande étendue que sous ses rois, etc. » En un mot, c'était pour son bien qu'on allait l'envahir, et beaucoup de gens prirent cette assertion au sérieux.

Napoléon venait pourtant de donner un nouveau gage de ses dispositions pacifiques, en prenant un autre ministre des relations extérieures. Nous repro-

---

1. Cet émissaire, un sieur P..., passa ensuite au service de la Russie. Il est mort dans la misère vers 1840.

duisons les explications fournies sur cet incident par Maret lui-même.

Les malheurs de la campagne de Russie avaient ranimé les espérances de ceux qui complotaient la ruine de Napoléon dans l'intérieur; la bataille de Leipzig les combla. C'était, disait-on alors, *le commencement de la fin*. Mais l'entreprise, pour amener cette fin, dont la force étrangère pouvait seule procurer le succès, devait être conduite avec encore plus de prudence à l'intérieur qu'à l'extérieur. Tant que le duc de Bassano conserverait le ministère dont les agents officiels le secondaient avec dévouement et habileté, et dont les agents secrets avaient pénétré dès le commencement de la campagne dans les quartiers généraux des souverains alliés; — les trames ourdies à l'étranger étaient en péril, et la main encore puissante de Napoléon pouvait d'un moment à l'autre frapper ses ennemis domestiques.

Il fut donc arrêté d'éloigner le duc de Bassano; d'arracher des mains d'un ministre qu'on n'espérait ni séduire ni abuser, les moyens d'information dont il tenait tous les fils et auxquels il eût été difficile d'échapper. Mais comment persuader à Napoléon qu'un ministre encore investi de toute sa confiance l'avait trompé, quand lui-même avait tout vu par ses yeux; qu'il l'avait servi maladroitement, quand l'Empereur lui-même déclarait hautement qu'il avait été bien servi? On fit courir partout le bruit *qu'en 1813, le duc de Bassano avait mis sous les yeux de l'Empereur, en France d'abord, puis à Dresde, des exposés infidèles des ressources de l'Empire, de sa situation avec les puissances étrangères, de l'état des négociations* (!!)..; que dans tous les conseils il se prononçait pour la guerre; enfin, qu'au moment où Napoléon allait signer la paix, son ministre l'en avait empêché par cette insinuation : « Cette fois on ne dira pas, etc. »... Le ministre de la police, dont les conspirateurs avaient fasciné les yeux, et qui croyait avoir eu à se plaindre du duc de Bassano[1], se chargea de rendre populaire l'opinion répandue dans les salons. Elle fit bientôt

---

1. Dans deux circonstances, lors de la nomination de Savary au ministère de la police, et dans l'affaire Czernischeff. Ils se réconcilièrent dans la suite, et Maret fournit obligeamment au duc de Rovigo des renseignements pour ses *Mémoires*.

des progrès rapides; toutes les polices dont les rapports passaient sous les yeux de Napoléon, en furent les échos. Alors, ceux qui avaient mis ces bruits en circulation, ceux qui y ajoutaient foi plus ou moins, les *trompeurs* et les *trompés*, s'unirent pour lui représenter que de cette opinion, fausse ou vraie, résultait une vérité certaine; que le premier moyen de prouver son désir sincère de la paix, était de retirer le portefeuille des négociations au ministre qu'on accusait de ne vouloir pas la paix. On mettait soigneusement en opposition dans le public le duc de Bassano ou le duc de Vicence... Napoléon résista longtemps. On lui représenta alors les dangers personnels du ministre qu'il aimait. On lui montra l'opinion exaspérée à tel point, que la vie de ce ministre, s'il ne quittait pas le portefeuille, serait sérieusement menacée[1].

Ce fut à la fin de novembre que le duc de Bassano quitta les relations extérieures. Napoléon néanmoins ne voulut pas se séparer de son ministre, qu'il savait d'ailleurs incapable de l'abandonner dans ces jours d'orage. Il lui fit reprendre le ministère de la secrétairerie d'État, et lui conserva son intime confiance pour les affaires politiques. Il lui laissa aussi la conduite de deux négociations particulières dont ce ministre avait eu la première pensée : l'une avec Ferdinand pour traiter de son retour en Espagne; l'autre avec le pape pour traiter de son retour à Rome. La première réussit; un traité fut signé à Valençay dès le 8 décembre. Si le duc de Bassano avait pu être chargé de veiller à son exécution, 200,000 vétérans français auraient été rendus au mois de février, dans les plaines de la Champagne. Mais on tenta d'empêcher Napoléon de le ratifier; on en divulgua le secret; on différa le départ de Ferdinand sous divers prétextes, et le mois de février s'était écoulé avant qu'il fût entré en Espagne. La négociation avec le pape, suivie sous la direction du duc de Bassano, par Mgr Fallot de Beaumont, archevêque nommé de Bourges, échoua devant la fermeté inébranlable du Saint-Père...

---

1. Dans une autre note, Maret dit qu'au retour de Leipzig, on était parvenu à exciter contre lui un *tolle* général, jusque dans les marchés parisiens. Ces exemples de l'aveuglement populaire dans les circonstances critiques ne sont pas rares en France, et surtout à Paris.

Napoléon disait à son ministre : « Si ces deux négociations réussissent, je publierai cet éminent service..., et vous reprendrez à la confiance publique les droits que vous avez toujours à la mienne, malgré les efforts de *nos* ennemis... » Deux fois, pendant le mois de décembre, et dans des conseils extraordinaires... réunis pour traiter des grands intérêts du moment, il interrompit la discussion pour prendre *ex abrupto* la défense du duc de Bassano contre ceux qui l'avaient attaqué, et notamment contre le prince de Bénévent. En justifiant l'un avec chaleur, il attaquait l'autre avec si peu de ménagement, que plusieurs fois celui-ci se crut découvert et près de sa perte...

On trouvera dans l'ouvrage du baron Bignon (XIII, 88 et suiv.) le récit détaillé de la négociation de Valençay, « provoquée, entamée et suivie » par le duc de Bassano par l'intermédiaire du comte de La Forest, « avant même que la connaissance des bases de Francfort en eût constaté l'opportunité. » On a prétendu que, « dans tous les cas, ce traité n'aurait pu être d'aucune utilité. » Telle n'était pas l'opinion de l'homme le mieux placé pour en juger. Wellington pensait, exactement comme Maret, « que si l'Empereur avait renvoyé *de suite* Ferdinand en Espagne et retiré les garnisons françaises, la paix aurait été faite, ou du moins la guerre serait devenue si difficile, qu'il aurait été impossible (aux Anglais) de la continuer avec succès » (Napier). Malheureusement ce renvoi immédiat fut combattu énergiquement par deux personnages sincèrement dévoués à l'Empereur, mais qui avaient eu l'imprudence de révéler le secret de cette négociation au prince de Bénévent, qu'ils croyaient injustement disgracié et de bon conseil. Ce dangereux confident était convaincu d'avance avec raison que la régence constitutionnelle espagnole refuserait d'approuver un traité souscrit par un prince captif, et qu'elle prétendait d'ailleurs ne reconnaître pour roi qu'après qu'il aurait juré la constitution de 1812. En conséquence, Talleyrand mit toute son habileté à démontrer que, dans l'intérêt bien entendu de Napoléon, il importait de subordonner l'exécution du traité à la ratification par la régence. Il y réussit si bien, que si nous en croyons Maret, l'un des personnages abusés par Talleyrand *se jeta aux pieds* de l'Empereur pour le conjurer de ne pas renvoyer d'avance le prince des Asturies[1]. Près de *deux mois* furent ainsi perdus, pour aboutir au refus péremptoire de la régence. Cependant Maret, qui venait de rejoindre le quartier général, avait soutenu que malgré ce refus de ratification, l'exécution du traité pouvait encore être utile, et Napoléon avait autorisé, le 8 février, le départ *incognito* de Ferdinand. Par suite d'un enchaînement, de malentendus, de retards déplorables, pour ne rien dire de plus (V. Bignon, XIII, 106 et suiv.), l'ordre du 8 février n'avait pas encore reçu d'exécution, quand le duc de Bassano, sur ses instances réitérées, fut autorisé, le 2 mars, à envoyer au ministre de la guerre l'ordre d'expédier sur-le-champ des passe-ports à Valençay; « Sa Majesté jugeant convenable que les princes partissent sans délai. » Ce départ si longtemps traîné en longueur n'eut lieu définitivement que le 13 mars; et Ferdinand ne fut rendu aux avant-postes espagnols que le 25, quand tout était perdu.

Maret avait conservé le dossier complet de la dernière tentative de négociation faite auprès du pape, par l'intermédiaire de l'évêque de Plaisance (décembre 1813-janvier 1814.) Nous y trouvons des renseignements complets sur cet incident peu et mal connu jusqu'ici.

« Depuis longtemps, l'Empereur méditait de réta-

---

[1]. Tout ceci se passait dans la seconde quinzaine de novembre, alors que quelques partisans sincères de l'Empereur, tels que le duc de Rovigo, croyaient possible et demandaient la rentrée de Talleyrand aux relations extérieures.

blir le pape dans ses États ; il avait parlé plusieurs fois au duc de Bassano de ce projet, qui, dans le commencement du mois de décembre 1813, devint entre eux l'objet d'entretiens plus fréquents. » Pour quiconque connaît la réserve extrême dont Maret se faisait plus que jamais un devoir dans les mauvais jours, cela signifie que *depuis longtemps* il conseillait à l'Empereur de réparer la faute la plus grave de son règne, qu'il l'en suppliait depuis leur retour de Leipzig.

L'Empereur me demanda de lui désigner un évêque qui pût être chargé d'une mission auprès de Sa Sainteté. Je ne doutais point, d'après le but qu'il s'agissait d'atteindre, qu'il y en eût un seul qui ne se trouvât heureux et honoré de la remplir. Mais il me paraissait nécessaire que celui que je proposerais réunît à la sagesse de son esprit, à la *pureté de ses principes*, l'usage de la langue italienne, et un caractère qui le rendît personnellement agréable au pape.

Maret consulta à ce sujet le cardinal de Bayanne, que l'Empereur avait fait sénateur quelques mois auparavant. Celui-ci indiqua comme tout à fait propre à remplir cette tâche, Fallot de Beaumont, évêque de Plaisance et *nommé* à l'archevêché de Bourges. C'était un prélat d'un caractère honorable et de mœurs exemplaires, gallican modéré, né dans le comtat d'Avignon avant sa réunion à la France, et personnellement bien vu du pape. Le duc de Bassano s'applaudissait de pouvoir enfin, au gré de ses vœux, « prêter son ministère à des arrangements dont les conditions permettaient cette fois d'espérer le succès, puisqu'ils avaient *uniquement* pour objet de faire cesser les longs malheurs du pape et de rétablir le calme dans l'Église. » L'évêque de Plaisance en jugea de même, et se rendit à Fontainebleau « avec la commission verbale de s'informer si Sa Sainteté était disposée à entrer dans de tels arrangements. Il était autorisé, en cas de réponse favorable, à assurer qu'il recevrait de suite les pouvoirs nécessaires.

Ayant obtenu sans difficulté une audience du Saint-Père (19 décembre), il lui témoigna la douleur qu'il ressentait, ainsi que toute l'Église, de le voir éloigné de son siége et de ses États, et ajouta qu'il ne croyait pas impossible de lever les obstacles qui s'opposaient à son retour. Le pape répondit, avec son affabilité ordinaire, qu'il était décidé à ne parler d'affaires que lorsqu'il serait de retour à Rome ; qu'il avait examiné devant Dieu les motifs de sa conduite, et que rien ne pouvait le faire changer. Il ajouta qu'il avait défendu aux cardinaux de lui parler d'aucune affaire..... »

Un mois après, une seconde démarche, plus pressante, fut jugée nécessaire en raison des circonstances, et spécialement de l'attitude menaçante du roi de Naples et de ses mouvements militaires. « Il y avait lieu de craindre (et c'est ce qui eut lieu en effet), qu'il ne s'emparât des forteresses que nous occupions encore, et que les retards apportés par le refus du pape, ne suscitassent à son rétablissement des obstacles que nous ne serions pas en mesure de lever. »

Cette nouvelle démarche fut faite, comme l'autre, par l'évêque de Plaisance, auquel Maret remit, le 18 janvier, un projet de traité et un modèle de lettre à écrire au pape pour se légitimer au besoin près de lui. Ce modèle de lettre était ainsi conçu :

TRÈS SAINT-PÈRE,

Je me suis rendu auprès de Votre Sainteté pour lui faire connaître que le roi de Naples ayant conclu avec la coalition une alliance dont il paraît qu'un des objets est la réunion éventuelle de Rome à ses États, Sa Majesté a jugé conforme à la véritable politique de son empire et aux intérêts du peuple de Rome, de remettre les États Romains à Votre Sainteté. Je suis en conséquence autorisé à signer un traité, par lequel Votre Sainteté serait reconnue dans sa souveraineté temporelle, et les États Romains, tels qu'ils ont été réunis à l'Empire français, seraient remis, ainsi que les forteresses, entre les mains de Votre Sainteté et de ses agents. *Cette convention ne saurait être relative qu'aux objets temporels, et au pape comme souverain de Rome.* Je m'estimerais bien heureux, si, etc., etc.

Le projet de traité comprenait sept articles. L'Empereur reconnaissait Pie VII comme souverain temporel de Rome et des pays formant ci-devant les États Romains ; s'engageait à les lui remettre le plus tôt possible (1 et 2.) Il y aurait paix perpétuelle et amitié entre les deux souverains et leurs successeurs (3). Les articles suivants (4,5,6) stipulaient la confirmation par le pape des actes publics et privés ayant eu lieu pendant l'annexion, la faculté laissée aux Romains de rester Français en déclarant leur intention de s'établir en France, le maintien des propriétés ; droits et prérogatives appartenant à la France avant la réunion. Enfin le traité devait être ratifié dans le délai de cinq jours, et plus tôt, si faire se pouvait.

On voit qu'il ne s'agissait pas d'un nouveau concordat, mais d'une restitution pure et simple, sans conditions d'aucune sorte. Ce que disait Maret de la cession probable de tout ou partie des États Romains au roi de Naples par la coalition, était conforme aux dernières informations venues d'Italie, et habilement calculé pour faire impression sur le pape et les cardinaux *noirs*, s'ils avaient voulu l'écouter. Le 25 décembre précédent, Murat avait demandé à Napoléon les provinces en deçà du Pô ; et, par son traité avec l'Autriche du 11 janvier, cette puissance lui promettait une indemnité à prendre dans les Légations, en échange de sa renonciation à la Sicile. Il est vrai que ce traité, comme celui de 1812 avec nous, fut considéré bientôt après comme un *engagement de circonstance.*

Cette nouvelle tentative fut repoussée par Pie VII et ses conseillers ordinaires, ave une fermeté d'autant plus inébranlable peut-être, qu'on savait l'Empire français plus ébranlé.

Le pape me dit qu'il ne pouvait entendre à aucun traité, car la restitution de ses États était un acte de justice et ne pouvait être l'objet d'un traité; que d'ailleurs tout ce qu'il ferait hors de ses États paraîtrait l'effet de la violence...; que tout ce qu'il demandait était de retourner à Rome le plus tôt possible; qu'il n'avait besoin de rien, et que la Providence le conduirait. Je lui fis quelques observations, particulièrement sur la rigueur de la saison; mais il me répondit qu'aucun obstacle ne l'arrêterait. « Il est possible, me dit-il encore, que mes péchés ne me rendent pas digne de revoir Rome; mais soyez assuré que mes successeurs auront tous les États qui leur appartiennent. » Et il ajouta, montrant un Christ placé sur la cheminée de son appartement : « Voilà celui auquel je me confie; c'est à lui seul à disposer de moi. » (20 janvier).

J'avais dès lors, écrivait le lendemain l'évêque à Maret, la certitude que Sa Sainteté ne voulait entendre à aucun traité; je pouvais partir sur-le-champ. Mais un départ si précipité *aurait trop marqué;* je voulais d'ailleurs donner le temps de conférer avec les cardinaux. Ce matin, j'ai été chez Sa Sainteté. Elle m'a très-bien reçu, m'a parlé de la neige tombée cette nuit, du climat de la France et autres choses intéressantes. En la quittant, je lui ai dit que je comptais partir demain matin, et que je prendrais ses ordres, bien fâché de n'avoir pu conclure un accommodement que je croyais très-utile aux intérêts du Saint-Siége. Le Saint Père m'a répété qu'il ne pouvait traiter qu'à Rome, et que, lorsqu'il y serait, il ne refuserait rien de ce qui serait raisonnable, m'assurant toujours qu'il n'était pas et ne pouvait pas être ennemi de Sa Majesté ni de la France... (21 janvier).

Au reçu de la première de ces lettres, Maret représenta à l'Empereur « que son but principal pouvait être atteint », en autorisant immédiatement le départ du pape. L'Empereur y consentit; et le 23 janvier Pie VII quittait ce palais de Fontainebleau, où quelques semaines plus tard Napoléon devait signer son abdication!

Le rôle du duc de Bassano finit à la transmission de l'ordre du départ. Il resta absolument étranger à ce qui se passa ensuite, notamment au mode de ce départ. Malgré l'insistance de Pie VII, aucun de ses cardinaux n'eut la permission de l'accompagner. Maret ne put faire changer cette disposition, que déplorait avec raison l'évêque de Plaisance. « Soyez assuré, écrivait-il le 24 janvier, du mauvais effet que cette solitude produira. On ne manquera pas de dire, si Sa Sainteté voyage seule, qu'Elle est transportée par force; et le bon effet que la nouvelle de son départ pour Rome avait opéré sera suivi d'une peine générale... Au moins cinq ou six cardinaux avec lui, lui donnaient l'apparence d'un cortége honorable. Votre Excellence voit mieux que moi les conséquences de cette mesure..... »

Aussitôt après la chute de l'Empire, ce prélat fut violemment attaqué à l'occasion de cette démarche. On lui reprocha de s'être fait, par ambition, l'intermédiaire de propositions fallacieuses et contraires aux prérogatives du Saint-Siége. Il répondit victorieusement à cette calomnie, en faisant imprimer une Relation de ce qui s'était passé entre le pape et lui, relation dont Pie VII reconnut l'exactitude. On se rejeta alors sur le projet de traité resté inconnu, puisque le pape avait refusé d'en entendre la lecture. On insinua que ce traité ne lui restituait qu'une partie de ses États, et peut-être avec des conditions. Les documents qui précèdent prouvent la fausseté de ces soupçons; mais il n'en resta pas moins une *mauvaise note* à Rome contre le malheureux prélat. S'il avait effectivement eu quelque arrière-pensée ambitieuse, on lui en fit faire une rude pénitence. Non-seulement sa nomination à Bourges ne fut pas confirmée, mais il dut se démettre de l'évêché de Plaisance.

Le duc de Bassano, dont il avait invoqué le témoignage, avait répondu avec empressement à cet appel par une note en forme de lettre, du 2 juin 1814. Cette note devait être communiquée au ministre de l'intérieur d'alors, l'abbé de Montésquiou, que Maret avait connu du temps de la Constituante, et auquel il avait rendu depuis quelques services. Il exposait les faits, « qui ne pouvaient, disait-il, laisser à l'évêque et à lui-même que des souvenirs dont ils s'honoreraient toujours, » et déclinait, pour eux deux, toute responsabilité dans les ordres ultérieurs qui avaient prescrit l'isolement du pape pendant le voyage, et un long arrêt à Savone[1].

LXVI

Négociations de Châtillon. — La *carte blanche*.

Le duc de Bassano rejoignit l'Empereur la veille de la bataille de Brienne, et ne le quitta plus qu'au moment de son départ pour l'île d'Elbe.

Depuis qu'il avait cessé d'être ministre des relations extérieures, il était resté complétement étranger à la correspondance de son successeur, jusqu'à l'ouverture

---

1. M. Thiers semble avoir ignoré l'existence de cette tentative de négociation, bien qu'il en soit longuement question, non-seulement dans la brochure fort rare de l'évêque, mais dans les *Mémoires* du cardinal Pacca et dans l'ouvrage de Bignon (XIII, 414). Il se borne à dire que Napoléon, *ne sachant que faire* du pape à Fontainebleau, où des coureurs ennemis pouvaient venir l'enlever, se décida à le faire partir (XVII, 208).

du congrès de Châtillon. Pendant cette dernière période, le duc de Vicence, cumulant les fonctions de ministre et de plénipotentiaire, écrivait toujours directement à l'Empereur, qui lui répondait le plus souvent par l'intermédiaire du secrétaire d'État. Celui-ci dut plusieurs fois rappeler « que dans ses lettres, il n'y avait de lui que la signature. » Il se réduisit, avec une abnégation patriotique, au rôle d'instrument passif, sauf dans une seule occasion, suivant lui la dernière où il fût encore possible de traiter.

Le duc de Vicence s'était d'abord imposé (conformément aux ordres de l'Empereur) l'obligation de ne traiter que sur les bases de Francfort... Le 4 février, il demanda de nouveaux pouvoirs, dans lesquels il ne fût plus fait mention de ces bases. Ils furent rédigés dans les termes qu'il indiquait et expédiés le même jour. Napoléon avait longtemps hésité à les signer...

En ce moment, le duc de Bassano reçut de Châtillon une nouvelle lettre conçue en ces termes : « Il n'est plus temps de se faire illusion. L'ennemi a un immense développement de forces et de moyens. Si l'Empereur a des armées assez nombreuses pour que son génie le fasse triompher, certes, il ne faut rien céder de nos limites naturelles! Mais, si la fortune nous a assez trahis pour que nous n'ayons pas dans ce moment les forces nécessaires, cédons à la nécessité ce que nous ne pourrions défendre, et ce que notre courage ne peut reconquérir... Obtenez donc de Sa Majesté une décision précise. Dans une question de cette importance, il faut être positif... Il ne faut avoir les mains liées d'aucune manière. Le salut de la France dépend-il d'une paix ou d'un armistice qui doive être conclu sous quatre jours? Dans ce cas, je demande des ordres précis, et qui donnent la faculté d'agir[1]. »

Le duc de Bassano remit cette lettre à Napoléon. Il le conjura de céder... L'Empereur avait l'air de l'écouter à peine. Il lui montra du doigt un passage dans un volume de Mon-

---

1. On était alors sous l'impression de la bataille de la Rothière, perdue trois jours auparavant. Jamais la situation n'avait été si grave.

tesquieu qu'il feuilletait avec distraction... « Lisez, dit-il, lisez tout haut! » Ce passage était celui-ci : « Je ne sache rien de plus magnanime que la résolution que prit un monarque qui a régné de nos jours, de s'ensevelir sous les débris du trône, plutôt que d'accepter des propositions qu'un roi ne doit pas entendre. Il avait l'âme trop fière pour descendre plus bas que ne l'avaient mis ses malheurs[1]... »

« Et moi, sire, s'écria le duc de Bassano, je sais quelque chose de plus magnanime, c'est de jeter votre gloire pour combler l'abîme où la France tomberait avec vous! » — « Eh bien! messieurs, faites la paix!... que Caulaincourt la fasse ; qu'il signe tout ce qu'il faut pour l'obtenir! je pourrai en supporter la honte ; mais n'attendez pas que je dicte ma propre humiliation! » L'exemple récent du congrès de Prague, nous avait appris combien il était difficile d'obtenir de lui de proposer, une à une, les conditions qu'il devrait subir... Il écrivit d'abord au duc de Vicence : « Les conditions sont, à ce qu'il paraît, arrêtées d'avance entre les alliés... Aussitôt qu'ils vous les auront communiquées, *vous êtes le maître de les accepter* ou d'en référer à moi dans les vingt-quatre heures. » L'alternative, en pareille matière, pouvait embarrasser le plénipotentiaire dans un moment décisif. Ce n'était donc pas assez. Quand le duc de Bassano vit cette lettre, elle partait. Il demanda avec instance que de nouveaux ordres effaçassent ce que ceux-ci pouvaient avoir de conditionnel. A la suite d'une conversation qui dura une grande partie de la nuit, enfin il fut autorisé à écrire, et écrivit en toute hâte la lettre suivante : (5 février).

« Je vous ai expédié hier (cette nuit) un courrier avec une lettre de Sa Majesté, et les nouveaux pleins pouvoirs que vous avez demandés. Au moment où Sa Majesté va quitter Troyes, Elle me charge de vous en expédier un second et de vous faire connaître, en propres termes, que Sa Majesté vous donne CARTE BLANCHE pour conduire les négociations à une heureuse issue, sauver la capitale et éviter une bataille où sont les dernières espérances de la nation. »

Ces expressions, que Napoléon avait approuvées, étaient précises, énergiques. Cependant le duc de Bassano crut nécessaire de donner à l'autorisation qu'elles contenaient

---

1. *Grandeur et décadence des Romains*, ch. v.

encore plus de force et de solennité, afin de garantir pleinement le plénipotentiaire, quelque usage qu'il dût faire de cette « carte blanche, » et de le couvrir, au besoin, de sa propre responsabilité. A cet effet, il ajouta : « Les conférences doivent avoir commencé hier, 4. Sa Majesté n'a pas voulu attendre que vous lui eussiez donné connaissance des premières ouvertures, de crainte d'occasionner *le moindre retard*. Je suis donc chargé de vous faire connaître que l'intention de l'Empereur est que vous vous regardiez comme investi de tous les pouvoirs, de toute l'autorité nécessaire dans ces circonstances importantes, pour prendre le parti le plus convenable, afin d'arrêter les progrès de l'ennemi et de sauver la capitale... »

Malheureusement le duc de Vicence, qui le 4 février s'effrayait de n'avoir pas des pouvoirs assez étendus, s'effraya le 6 d'en recevoir d'illimités. Il se plaignit du laconisme de la dépêche du secrétaire d'État, et réclama des instructions détaillées, précises, sur les sacrifices auxquels il pourrait consentir. Napoléon venait d'arriver à Nogent-sur-Seine. Le grand maréchal (Bertrand) et le duc de Bassano le pressèrent d'accéder à la demande de son plénipotentiaire, en le laissant toutefois libre de s'écarter au besoin de ces nouvelles instructions, et d'user de la carte blanche. L'Empereur eut à cette occasion avec Maret une conférence qui dura une grande partie de la nuit ; elle « fut des plus orageuses. » Il s'agissait en effet de le déterminer à réitérer ses concessions en détail ; à *dicter sa propre humiliation*. Le duc de Bassano parvint à obtenir ce nouveau sacrifice.

Il fut décidé qu'on ne devait pas hésiter à abandonner la Belgique et même la rive gauche du Rhin, si l'on ne pouvait avoir la paix qu'à ce prix. Les instructions du plénipotentiaire furent rédigées dans ce sens : offrir d'abord l'abandon de la Belgique, puis celui de la rive gauche du Rhin, s'il était indispensable. L'Italie, le Piémont, Gênes, l'état de possession à établir en Allemagne, même les colonies, étaient des sacrifices faits d'avance.

On doit concevoir, d'après ce qui s'était passé à Troyes, et d'après le caractère de Napoléon, quels durent être les efforts de son ministre dans un entretien de plus de sept heures, pour parvenir à un tel résultat. On doit reconnaître aussi que l'*homme de la paix* avait au quartier général un auxiliaire dévoué.

C'était sous ce nom d'*homme de la paix*, que les ennemis extérieurs et domestiques de l'Empire continuaient de désigner spécialement Caulaincourt, par opposition à Maret, dit l'*homme de la guerre*. Ils réussirent, par cette tactique, à faire naître et à prolonger entre eux des dissentiments regrettables.

En quittant l'Empereur, Maret, aussi infatigable que lui, avait passé le reste de la nuit à préparer la dépêche pour Châtillon que Napoléon devait signer à sept heures du matin. Mais il reçut à cinq des renseignements précis sur les mouvements des armées russe et prussienne... Étendu sur ses cartes, il les parcourait le compas à la main, quand le duc de Bassano se présenta. « Ah! vous voilà! lui dit l'Empereur. Il s'agit maintenant de bien autre chose. *Je suis en ce moment à battre Blücher de l'œil!* et la signature des dépêches pour le duc de Vicence fut ajournée[1].

Pendant ce temps, quelque chose d'irrévocable s'était accompli au congrès de Châtillon. Dans la séance du 7 février, les plénipotentiaires alliés avaient demandé, en principe, « que la France rentrât dans les limites qu'elle avait avant la Révolution, » c'est-à-dire qu'elle abandonnât les limites

---

1. Manuscrit de 1813. — Notes inédites de Maret. Napoléon passa à Nogent les journées du 7 et du 8 février, et ne partit que le 9 dans l'après-midi pour *Champaubert*. On voit par les ordres expédiés de Nogent, que dès le 7 il avait entrevu la possibilité d'un grand succès militaire.

naturelles, le Piémont, Gênes, le protectorat de l'Italie et de l'Allemagne... Tous ces sacrifices avaient été consentis d'avance par l'Empereur à Troyes le 6, à Nogent encore le 7, grâce aux instances du grand maréchal (Bertrand), du prince de Neufchâtel, du duc de Bassano...

Si le plénipotentiaire français, usant de la *carte blanche* qui ne lui fut retirée que dix jours plus tard (après Champaubert, Montmirail, etc.), avait signé sur ces bases, la paix était faite, *en supposant que les alliés voulussent la paix avec Napoléon*, car il est prouvé qu'ils ne l'eussent pas mise à un plus haut prix. Comment ces sacrifices auraient-ils été pour Napoléon « un éternel grief contre son plénipotentiaire, » comme celui-ci semblait dès lors le craindre? L'autre ministre était là pour dire à l'Empereur : « Vous-même, vous les aviez consentis[1]. »

Nous pensons que l'hésitation de Caulaincourt fut déterminée par un motif plus désintéressé que la crainte d'une disgrâce. Dans une longue conversation qu'il eut en 1815 avec Bignon sur les négociations de Châtillon, le duc de Vicence lui dit, en propres termes; « qu'il avait eu d'abord l'*ordre* de signer sur la base des anciennes frontières, mais qu'il ne l'avait pas fait, ayant (ou croyant avoir) la certitude que l'Empereur ne ratifierait jamais un tel traité. » Cette circonstance est celle où la mésintelligence entre les deux ministres produisit le plus fâcheux résultat. Suivant toute apparence, des explications intimes, des exhortations personnelles du secrétaire d'État, jointes à l'envoi de la carte blanche, auraient encouragé le plénipotentiaire à en faire usage sans références nouvelles. Mais pouvait-il

1. Napoléon lui-même convient, dans ses *Mémoires*, « qu'il n'aurait pas été assez fort contre la situation des choses et contre l'opinion *pour refuser de ratifier un traité signé*. » (*Mémoires*, II, 317.)

s'attendre à de tels épanchements de la part de celui dont, la *veille encore*, il se plaignait amèrement, priant l'Empereur de ne pas les soumettre à la gêne réciproque de correspondre ensemble[1]!

Le duc de Vicence s'abstint donc de faire usage de ses pouvoirs illimités dans cette séance du 7. Pour gagner du temps, il demanda des explications sur l'emploi des territoires réclamés à la France; fit remarquer combien ces nouvelles conditions s'éloignaient de celles de Francfort; objection fondée en équité, mais inutile en fait, puisque les plénipotentiaires alliés avaient nettement déclaré que les nouvelles conditions étaient basées sur la situation présente, « résultat des derniers succès obtenus par leurs armes. » Ces plénipotentiaires, dont deux au moins, ceux de Russie et d'Autriche[2], étaient hostiles à toute paix, s'empressèrent de prendre *ad referendum* cette réponse, aussi vague qu'ils pouvaient le souhaiter.

Deux jours après, alarmé de leur silence prolongé, le duc de Vicence se décida à une démarche indirecte, que Maret a sévèrement critiquée.

Il crut avoir trouvé le moyen de tout concilier... en offrant, *rien que pour un armistice*, de renoncer à la Belgique et à la rive gauche du Rhin..., c'est-à-dire de subir presque tous les sacrifices exigés pour la paix. Mais cette combinaison présentait l'avantage que les progrès de l'ennemi seraient immédiatement arrêtés, et que Napoléon, s'il désapprouvait les concessions, restait maître de recommencer les hosti-

---

1. Lettre à l'Empereur, du 4 février. Les griefs de Caulaincourt n'avaient d'autre fondement que des propos de salon, probablement fort exagérés.

2. Les comtes de Stadion et de Razumowski, « auxquels, dans d'autres temps, Napoléon tout-puissant n'avait point épargné ces coups *de haut en bas* dont il n'était pas assez avare » (Maret). On sait que l'Angleterre avait, à elle seule, trois plénipotentiaires à Châtillon (Aberdeen, Cathcart, Stewart), plus le ministre Castlereagh.

lités à l'expiration de l'armistice. Il faut bien que cette explication soit vraie, puisqu'il est impossible d'en trouver une autre... Donc, quoique le cas soit pressant, le duc envoie cette demande au comte de Metternich, qui est à trente lieues de là, « pour savoir si les plénipotentiaires ont des pouvoirs, » ce qu'il aurait pu leur demander lui-même à l'instant. Pourquoi aller chercher au loin un intermédiaire?... M. de Metternich est-il encore médiateur comme à Prague?... M. de Vicence n'a pas senti que la principale influence était celle de l'Angleterre ; que la question essentielle de la négociation était toute anglaise; que des plénipotentiaires anglais ne pouvaient pas refuser une paix dont l'abandon d'Anvers et de la Belgique serait le prix... Ils étaient habiles, nombreux, sans autre passion que celle du bien de leur pays qui n'avait point d'humiliations à venger; enfin, le ministre anglais lui-même était présent.

Si le 7, 8 ou 9 février, le duc de Vicence avait abandonné pour la paix Anvers, la Belgique et le Rhin, *elle était faite.* Il a compromis la négociation... en n'acceptant pas immédiatement, en vertu de ses pouvoirs absolus, la déclaration du 7 comme base, en ne désintéressant pas les plénipotentiaires anglais par une déclaration franche sur Anvers et la Belgique ; — en se fiant à un intérêt équivoque de sensibilité pour implorer d'un ministre absent... un armistice inopportun, puisqu'au même prix on lui offrait la paix ; — en signalant ainsi la détresse de Napoléon, qu'il montrait trop heureux de livrer des provinces jusqu'alors si obstinément défendues, pour obtenir la faveur de respirer quelques instants [1]...

On a dit, il est vrai, et M. Thiers a répété que le duc de Vicence n'avait pu agir autrement, « ayant

---

1. Ceci n'est pas un jugement formulé après coup. La correspondance de Châtillon prouve que l'opinion de Maret était la même à l'époque où Napoléon, vainqueur, révoquait les pouvoirs illimités de son plénipotentiaire, et le faisait féliciter par Maret lui-même de n'en avoir pas fait usage. Les termes employés par Maret, indiquaient assez que, sur l'un et l'autre point, il n'était pas de l'avis de l'Empereur. « Sa Majesté ne veut plus la paix que sur les bases de Francfort: *elle m'ordonne* de vous le dire *en propres termes... Elle veut* que j'ajoute l'expression de sa satisfaction sur la conduite que vous avez tenue. » (18 février.)

reçu du plénipotentiaire russe l'étrange déclaration que les séances étaient suspendues par ordre de l'empereur Alexandre (XVII, 298). » Mais il est prouvé d'abord, par les pièces de la négociation, que la démarche faite auprès du ministre autrichien est antérieure et non postérieure à la déclaration du plénipotentiaire russe. Cette démarche est du 9, et l'on voit par ce qu'écrivit le lendemain Caulaincourt à Napoléon et à Metternich, que la déclaration russe, quoique datée aussi du 9, venait seulement de lui être remise dans la matinée du 10. Puis, quand les conférences si brusquement interrompues, furent reprises le 17 (grâce aux échecs essuyés dans cet intervalle par les armées coalisées); les plénipotentiaires alliés ayant affecté à plusieurs reprises de se prévaloir de cette démarche du 9, le duc de Vicence fit observer autant de fois qu'alors « il était loin de s'attendre que les séances seraient aussi inopinément suspendues, et la négociation interrompue pendant neuf jours, ce qui avait changé l'état de la question et l'objet qu'il se proposait. (Protocole du 17 fév.)[1].

Un fait incontestable, c'est que l'Empereur Alexandre « se fonda, pour suspendre les séances, sur ce que M. de Caulaincourt n'avait pas accepté immédiatement les propositions (Thiers, XVII, 328). On a vu que les alliés, de leur propre aveu, n'auraient osé se rétracter au mois de novembre 1813, si Napoléon avait pris alors *la balle au bond*, suivant l'expression de Caulaincourt. Il en eût probablement été de même, en février 1814, si celui-ci avait fait de suite usage

---

1. M. Thiers convient que cette démarche « laissait trop voir de désespoir, » et fait justement observer « qu'il y a des positions où il faut savoir cacher sous un front de fer les sentiments les plus nobles de son âme. » Pourquoi donc a-t-il si souvent reproché au duc de Bassano cette dissimulation courageuse?

de sa carte blanche. En agissant ainsi, il n'avait à craindre ni disgrâce ni désaveu. C'est ce dont fait foi la lettre qui révoque ses pouvoirs illimités, lettre écrite sous l'impression de cette série de prodiges militaires, par lesquels « Bonaparte eût sauvé Napoléon, » s'il n'avait eu affaire qu'aux ennemis étrangers ! « Je vous ai donné carte blanche, écrivait l'Empereur, pour sauver Paris, et éviter une bataille qui était la dernière espérance de la nation... Si les alliés eussent accepté vos propositions, il n'y aurait pas eu de bataille ; je n'aurais pas couru les chances de la fortune, dans le moment où le moindre insuccès perdait la France. Il est juste qu'en retour, j'aie les avantages des chances qui ont tourné pour moi... » Cette révocation *formelle* est du 17 février, jour de la reprise du congrès ; elle fut connue à Châtillon seulement le 19. On en a conclu que le duc de Vicence aurait pu encore valablement s'engager le 17 sur la base des anciennes limites, reproduites ce jour-là par les alliés. Mais il est juste de tenir compte d'une lettre antérieure, qui pouvait être considérée comme une révocation anticipée de la « carte blanche, » même par un plénipotentiaire moins circonspect que Caulaincourt. On lit dans cette lettre, dictée par Napoléon le 12 février à la *Haute-Épine,* le soir de la bataille de Montmirail : « L'Empereur croit qu'en ce moment il ne peut plus être question pour les alliés d'aller à Paris. Vous sentez l'assurance qui résulte dans les affaires, de ce que la capitale ne soit plus menacée. Il ne peut y avoir de paix raisonnable que sur les bases de Francfort : *toute autre ne serait qu'une trêve.* » Mais ces combats, dont le résultat avait modifié les résolutions de l'Empereur, n'auraient pas eu lieu, s'il avait appris pendant sa marche, que son plénipotentiaire avait fait usage de ses pouvoirs.

La situation est changée désormais. L'entente est

devenue impossible entre les alliés, qui prétendent nous imposer les mêmes conditions qu'avant leurs défaites, et Napoléon, qui s'exagère les conséquences de ses victoires, et n'entend pas avoir vaincu pour rien. C'est pendant ce retour de confiance, entre la bataille de Montmirail et la deuxième de Laon, que, poursuivant un succès décisif qui finalement lui échappera, il ne veut plus, à aucun prix, céder Anvers ni la Belgique ; qu'il approuve les hésitations précédentes de son plénipotentiaire ; qu'il s'adresse encore à l'empereur d'Autriche (21 fév.) ; démarche dont l'unique résultat fut de resserrer les liens qu'il espérait rompre, en hâtant la conclusion du traité de Chaumont. (1ᵉʳ mars.)

Cependant le duc de Vicence n'avait fait que changer de crainte en apprenant des succès qu'il considérait, comme plus périlleux qu'utiles. Dès le 14 février, il écrivait à Napoléon, à propos de la journée de Montmirail : « l'extrême danger serait de nous exagérer nos espérances. » Le même jour, ayant sans doute reconnu l'injustice de ses griefs contre Maret, il le conjurait en particulier de se joindre à lui pour plaider la cause de la paix.

> Vous êtes près de l'Empereur, vous avez sa confiance... Vous voyez par ma correspondance quelle est ici la situation des affaires. Je n'exagère rien ; et, dans les derniers temps, j'ai plutôt affaibli la vérité pour ne pas accabler l'Empereur. Peignez-lui, de grâce, sa position avec l'énergie que le moment exige. Nous ne sommes plus à l'époque de Lunéville ni à celle de Tilsit. Toute l'Europe est contre nous, et nous avons affaire à des gens qui savent tout ce que peut leur nombre, et à qui tous les moyens sont bons. Ils n'auront de scrupule sur aucun, si l'on ne finit vite[1]. Il ne faut pas se faire illusion ; on ne veut pas négocier avec nous ; on veut

---

1. Rien de plus juste, mais pourquoi n'avait-il pas lui-même *fini vite*, quand il avait carte blanche ?

nous dicter des conditions, et l'on nous ôte jusqu'à la liberté de nous plaindre. Comme nous n'avons pas le choix des moyens et qu'il n'y en a qu'un seul pour nous tirer d'affaire ; si la négociation se continue, faites que Sa Majesté se décide. Faites-le pour l'intérêt de Sa Majesté même, pour celui de la France, et pour que la postérité ne croie pas que dans des circonstances si graves, lorsqu'il ne fallait pour tout sauver qu'*un mot* de l'Empereur, il ne s'est trouvé près de lui personne pour le porter à dire ce mot ou pour le dire en son nom. Vous êtes sûrement fort attaché à l'Empereur, fort dévoué à votre pays. Est-il juste, quand il s'agit de le sauver, que je sois seul à la brèche, à Châtillon ou au quartier général?

Caulaincourt oubliait trop que l'envoi de la carte blanche ne s'était pas fait tout seul. C'était prêcher, non pas même un converti, mais quelqu'un aussi orthodoxe que lui-même. C'est ce que lui fit sentir Maret dans une réponse un peu froide, mais suffisamment explicite.

Monsieur le duc, vous ne mettez en doute ni mon attachement à l'Empereur, ni mon dévouement à mon pays. Vous avez donc trouvé vous-même la seule réponse que je puisse faire à votre lettre du 14 de ce mois. Un homme d'honneur, et doué de quelque force d'âme, lorsqu'il est animé par de tels sentiments, sait toujours ce qu'il doit faire et fait toujours ce qu'il doit. Pour ne pas me juger ainsi, il aurait fallu commencer par me refuser ce que vous m'accordez. Je ne vois donc dans votre lettre que la bonne opinion que vous avez de moi, et je vous remercie d'avoir bien voulu l'exprimer... (23 février).

Maret était donc aussi « sur la brèche!.. » Mais il n'était pas facile d'arracher à Napoléon, vainqueur dans six combats, ce *mot* qu'il venait de rétracter, et qu'on avait eu tant de peine à obtenir quand tout semblait désespéré. « Ce fut le 19 février, au château de Surville qui domine Montereau, et d'où Napoléon dans ce moment même, voyait fuir ses ennemis, qu'il reçut le projet de traité préliminaire présenté à Châtillon l'avant-veille ; projet par lequel on exigeait qu'il renonçât, non-seulement à tous les territoires acquis depuis 1792, mais à toute intervention dans les arrangements ultérieurs... » Ce fut à cette occasion que Napoléon écrivit à son plénipotentiaire : « Vous parlez toujours des Bourbons. J'aimerais mieux voir les Bourbons en France, avec des conditions raisonnables... » Son premier mouvement avait été de tout rompre. Néanmoins « le prince de Neufchâtel et le duc de Bassano n'hésitèrent pas, ce jour-là même, à conjurer Napoléon d'oublier ses nouvelles victoires, et de fléchir pour le salut de la patrie.» Après des instances qui se prolongèrent pendant une partie de la nuit, Maret obtint l'autorisation d'écrire dans des termes qui permettaient de continuer la négociation[1]. Ce n'était malheureusement pas assez. Plus que jamais il eût fallu finir vite ; — s'il n'était déjà trop tard.

Nous avons raconté ailleurs en détail (Bignon, XIII, 300-442.) les dernières péripéties et le triste dénoûment du congrès de Châtillon. En transmettant au plénipotentiaire la révocation de la carte blanche, et l'ordre de suivre désormais la marche ordinaire, c'est-à-dire de rendre compte de tout avant de ne rien signer (18 février) ; le duc de Bassano qui écrivait cette lettre, et qui venait de combattre des espérances qu'il ne pouvait partager, la terminait par ces mots dont le sens ne pouvait échapper à son collègue : « J'ai déjà eu l'honneur d'écrire à Votre Excellence que toutes mes lettres sont dictées par

---

[1]. Cette scène, placée par erreur à Nogent, le 9 février, dans plusieurs ouvrages, n'a eu lieu que dix jours plus tard, au château de Surville. (Maret.)

Sa Majesté. *Je n'ai sans doute pas besoin de lui dire qu'il en est de même de celle-ci.* »

Une dernière fois, nous retrouvons l'influence personnelle de Maret, dans les ordres expédiés de Reims à Châtillon le 17 mars. A cette époque, la situation militaire était redevenue aussi grave que dans les premiers jours de février. L'Empereur, qui depuis le retrait de la carte blanche, avait compté sur un succès décisif pour conserver au moins les limites de 1792, venait de voir ce succès lui échapper par l'inepte capitulation de Soissons. A Reims, il reçut dans la soirée du 16 mars des nouvelles de Caulaincourt, qui malheureusement avaient déjà trois jours de date. Vivement pressé par les plénipotentiaires alliés, celui-ci se voyait forcé de remettre le 15 un contre-projet rédigé d'après ses dernières instructions. « Ce seront toujours, disait-il, les bases de Francfort sous une autre forme. J'aurais bien voulu offrir quelque chose au delà. Les ordres de Votre Majesté m'en ont ôté le pouvoir. Il est évident qu'il faut céder Anvers et une portion de la Belgique. » En conséquence, il s'attendait à voir son projet rejeté sans discussion, et par suite la négociation rompue, prévision qui se réalisa en effet.

« Dans ces moments extrêmes, dit Maret, l'envoi de pouvoirs absolus était le seul moyen d'aller au but, s'il pouvait encore être atteint. Le duc de Bassano fut autorisé à les donner ; mais pour produire une impression plus forte sur le plénipotentiaire, il obtint que Napoléon écrirait directement. » Cette lettre (*Corr.* 21505) autorisait formellement le duc de Vicence « à faire les concessions indispensables pour maintenir l'activité des négociations, et arriver à connaître l'ultimatum des alliés, » renvoyant pour les détails à celle du duc de Bassano, expédiée en même temps. Celui-ci répétait cette autorisation, et comprenait nominativement Anvers et la Belgique parmi les concessions admises (17 mars). C'était, en un mot, une nouvelle *carte blanche*.

Ces dépêches furent confiées à M. Frochot, jeune homme d'une activité et d'une intelligence peu communes, qui, né dans le pays, était plus propre qu'un courrier à une mission aussi importante[1]. Arrivé à Nogent, le général autrichien qui y commande lui refuse le passage et l'envoie à Montereau pour prendre la route de Tonnerre. Sur cette route, un corps russe s'empare de lui et le ramène sur celle de Troyes. A quelque distance de cette ville, un général autrichien le fait mettre en liberté. Frochot n'était plus qu'à douze lieues de Châtillon. Mais on ne lui permit pas de suivre le chemin direct. On le força à rétrograder, sans vouloir rien entendre sur l'urgence de sa mission et les droits d'un courrier. Enfin, le 21 au matin, à quelques lieues de Châtillon, il rencontra le duc de Vicence...

Celui-ci retournait au quartier général; depuis l'avant-veille le congrès était dissous !

De Reims à Châtillon, par la route directe, il n'y a pas quarante lieues. Donc, sans cette série d'incidents qui avaient quadruplé la durée du trajet, la nouvelle *carte blanche* obtenue et expédiée par Maret le 17 au matin, serait arrivée en temps utile. On sait aujourd'hui que la marche des armées alliées sur Paris ne fut décidée que dans la nuit du 23 au 24 mars. Cette

---

1. Frochot, auditeur au Conseil d'État et ci-devant sous-préfet d'Oldenbourg, était le fils de l'honnête et malheureux préfet de la Seine, qui avait expié par une complète disgrâce un moment d'*apoplexie morale*, lors de la tentative révolutionnaire de Mallet. Le duc de Bassano aimait et estimait Frochot, qu'il avait connu chez Mirabeau. En 1815, il fut des premiers à rappeler les éminents services administratifs de l'ex-préfet de la Seine. Celui-ci fut nommé à la préfecture des Bouches-du-Rhône, où il se conduisit admirablement dans les circonstances les plus difficiles. Il mourut pendant la Restauration, du chagrin que lui causa la mort prématurée de son fils, celui-là même dont il s'agit ici. (V. *Frochot, préfet de la Seine*, par M. L. Passy, 1867.)

résolution aurait-elle été prise si l'on avait su alors que Napoléon consentait à traiter sur la base des anciennes limites? Il est bien permis d'en douter.

On a dit que le duc de Vicence aurait dû rebrousser chemin, pour communiquer ces dernières dépêches aux plénipotentiaires, qui n'avaient pas encore quitté Châtillon. Outre que ceux-ci avaient déclaré le 19 « leurs pouvoirs éteints, » Caulaincourt avait appris la veille confidentiellement qu'il n'y avait plus de possible qu'une négociation directe avec les ministres des cours alliées. Il se borna donc, pour le moment, à faire connaître de suite au comte de Metternich les nouvelles instructions qu'il venait de recevoir en chemin. « Elles avaient, disait-il, augmenté ses regrets, car elles ne lui laissaient pas de doute sur la possibilité qu'on aurait eue de s'entendre, même à Châtillon. Je me hâte ajoutait-il, de rejoindre le quartier général, afin de vous rejoindre plus tôt. (Lettre du 21 mars). Son voyage comme celui de Frochot, se prolongea par suite des détours considérables qu'on lui fit faire, et il ne rejoignit l'Empereur qu'à Saint-Dizier, dans la nuit du 24 au 25 mars. Il reçut immédiatement de lui les pouvoirs les plus étendus pour la conclusion de la paix, et se hâta d'en prévenir le ministre autrichien ; mais il n'était plus temps[1]. Le

---

1. M. Thiers passe sous silence les pouvoirs envoyés le 17 mars à Caulaincourt, et prétend que l'Empereur aurait dit à celui-ci, lors de son retour au quartier général : « qu'il avait bien fait de ne pas accepter les conditions des alliés, parce qu'il aurait été désavoué, que mieux valait jouer le tout pour le tout, etc. (XVII, 541.) La meilleure preuve que Napoléon ne dit rien de tout cela, c'est que le lendemain matin Caulaincourt écrivait de Doulevant à Metternich : « arrivé cette nuit seulement près de l'Empereur, Sa Majesté m'a *sur-le-champ* donné ses derniers ordres..., remis en même temps tous les pouvoirs nécessaires pour négocier et signer la paix avec les ministres des cours alliées. » Dans une seconde dépêche expédiée le même jour (25 mars), Caulaincourt disait encore : « l'Empereur me met à même de renouer les négo-

comte de Metternich, qui le 18 mars encore écrivait à Caulaincourt : « le jour où l'on sera décidé pour la paix avec des sacrifices indispensables, venez pour la faire; » avait fait subitement volte-face depuis la rupture du congrès, et s'était prononcé en faveur des Bourbons. C'est du moins ce qu'affirmait de Gentz, dans une lettre du 11 avril suivant, récemment publiée (*Dépêches inédites de Gentz*, p. 75). Mais il faut remarquer qu'alors la restauration des Bourbons était accomplie, et qu'il convenait au chef du cabinet autrichien de faire croire qu'il avait eu les honneurs de l'initiative.

Après que le baron Bignon eut reçu, par le testament de Napoléon, la mission d'écrire l'histoire de la diplomatie française de 1792 à 1815, le prince de Talleyrand lui affirma, à diverses reprises, qu'à *Châtillon, la paix n'était plus possible*. Il avait, disait-il, la certitude que « quand même le négociateur français aurait accédé à toutes les demandes des alliés, les plénipotentiaires auraient déclaré encore qu'ils avaient ordre d'en référer à leurs souverains. » Cette affirmation, calculée pour atténuer la responsabilité de Taillerand dans les événements ultérieurs, est contredite par les documents. Ils prouvent que, malgré la mauvaise volonté des grandes puissances *continentales*, la paix eût été faite à Châtillon, si, avant la suspension des conférences, Caulaincourt avait signé sur la base des anciennes limites en vertu de la *carte blanche;* ou bien encore si, à la reprise du congrès, il avait reçu de nouveaux pouvoirs pour signer sur cette base, pouvoirs dont, cette fois, il n'aurait sûrement pas hésité à se servir.

ciations, et de la manière la plus franche et la plus positive... Il n'y a pas de raison pour que la paix ne soit pas faite dans quatre jours. » M. Thiers ne parle pas plus de ces dépêches de Doulevant que de celles de Reims.

On sait aujourd'hui combien Maret avait raison de penser « que la question de la négociation était désormais toute anglaise, » et d'improuver qu'on s'adressât à l'Autriche. Le plénipotentiaire de cette puissance (Stadion), qui, au mois d'août précédent, avait empêché la conclusion de la paix à Prague, en retardant d'un jour la communication des conditions (V. p. 589), était un ennemi aussi irréconciliable de Napoléon que Pozzo et Razumoffsky. Le baron de Vitrolles, dont la démarche eut une certaine influence sur les événements, n'était parvenu jusqu'aux souverains alliés que grâce à la recommandation de Stadion, qu'il avait été voir à Châtillon, pendant la suspension des conférences[1]. » Il était, dit de Pradt, muni d'un *moyen de se légitimer* vis-à-vis du diplomate autrichien. » Ce *moyen* consistait dans un signe de reconnaissance des plus profanes; les noms de deux aimables Viennoises, jadis connues très-particulièrement de MM. de Dalberg et de Stadion. Quant au premier ministre autrichien, jouet de toutes les passions qu'il croyait maîtriser, il n'y avait plus à compter sur lui depuis Francfort.

L'influence prépondérante dans la question de la paix ou de la guerre, ne pouvait être plus que celle de la puissance qui soldait les armées. Or, comme on était aussi las en Angleterre de la compression intérieure et des charges de la guerre qu'on pouvait l'être en France; il paraît évident que lord Castelreagh, harcelé

---

[1]. Il était resté deux jours à l'hôtel de la *Côte-d'Or*, dont le patron le prit pour un Bourbon déguisé. Le duc de Vicence n'en fut informé qu'après son départ. (16 février.) Quinze jours après, Caulaincourt *faisait honte* à Stadion de ce que la présence du comte d'Artois était tolérée sur la ligne occupée par les troupes autrichiennes. Stadion assura que ce prince avait reçu l'ordre de sortir de France... « Mais, écrivait Caulaincourt à l'Empereur, cela a été dit de telle façon que, si l'ordre est tel, M. le plénipotentiaire y est aussi étranger que possible (3 mars).

par les whigs, n'aurait pu faire autrement que de conclure la paix, si ses conditions avaient été acceptées de suite [1]. Ce n'est pas la faute du duc de Bassano, si cette dernière occasion de salut nous a échappé! Il était resté, jusqu'à la fin, le « ministre des bons conseils. »

LXVII

Première abdication.

Tous les historiens ont rendu justice à la noble attitude de Maret pendant les péripéties qui précédèrent et décidèrent la première abdication. Sa conduite, dans cette circonstance, a même désarmé le célèbre écrivain que nous avons vu parfois si injuste à son égard. Parmi ceux dont la fidélité demeura inébranlable, M. Thiers cite les généraux Drouot et Bertrand, les ducs de Vicence et de Bassano; ce dernier, plus empressé, plus respectueux que jamais pour Napoléon malheureux. C'est à Fontainebleau que celui-ci adressa plus d'une fois ces paroles consolatrices : « Bassano, ils prétendent que c'est vous

[1]. Les maux de la guerre, qu'on reprochait en France à Napoléon, étaient alors exclusivement imputés en Angleterre à Pitt et aux continuateurs de son système. (V. notamment dans l'*Éloge de Brougham*, par M. Mignet, son éloquente imprécation contre la mémoire de Pitt, l'*immortel* homme d'État, « immortel par les misères de son pays sacrifié !) » L'un des hommes les plus marquants du parti de la paix en Angleterre, était le célèbre financier Baring (depuis lord Ashburton), dont le fils devint dans la suite le gendre du duc de Bassano.

Les dépêches envoyées de Reims le 17 mars, étaient bien les dernières que Caulaincourt eût reçues. Cependant il lui en avait été expédié une autre le 19 qui fut interceptée, et donna lieu l'année suivante à un incident dont il sera question plus loin.

qui m'avez empêché de faire la paix !... Qu'en dites-vous? Cette accusation doit vous faire sourire, comme toutes celles qu'on me prodigue aujourd'hui. » Il dit aussi en particulier au duc de Vicence : « On accuse Bassano bien à tort. En tout temps, il faut une victime à l'opinion. On lui impute mes plus graves résolutions. *Vous savez, vous qui avez tout vu, ce qui en est.* C'est un honnête homme, instruit, laborieux, dévoué, et d'une discrétion inviolable. »

Jusqu'à la dernière heure, Maret remplit à Fontainebleau son office de secrétaire d'État, avec la même ponctualité, le même zèle que naguère aux Tuileries, à Berlin, à Vienne, à Wilna, à Dresde. Nous en trouvons la preuve dans une de ses notes, qui se rapporte à la démarche tentée le 4 avril, pour faire agréer l'abdication de Napoléon en faveur de son fils. Quand il s'agit de désigner les personnages chargés d'accompagner à Paris le ministre des affaires étrangères (Caulaincourt), celui-ci aurait voulu avoir avec lui Berthier, pour faire valoir les considérations militaires, et le duc de Bassano, *pour se tenir le plus près possible de la pensée de Napoléon.* Mais celui-ci lui refusa l'un et l'autre. Berthier lui était indispensable, disait-il, pour transmettre ses ordres à l'armée. Maret, *quoiqu'il fût bien innocent des dernières guerres*, en était responsable aux yeux du public et des souverains[1]. » L'Empereur préféra envoyer avec Caulaincourt deux maréchaux. Après avoir désigné d'abord Ney, il ajouta : « Prenez aussi Marmont, *qui m'est dévoué.* » Puis, revenant sur ce qu'il avait dit : « Non, ne prenez pas Marmont, *il est trop nécessaire sur l'Essonne.* » C'était à nos ennemis que Marmont était devenu nécessaire !

---

1. Tous ces détails ont été empruntés par M. Thiers à des notes du duc de Vicence.

L'abdication (en faveur du roi de Rome) était déjà signée : on expédiait les pouvoirs des négociateurs, lorsque M. de Vicence vint à la chancellerie dire au duc de Bassano que l'Empereur, pensant à substituer le maréchal Macdonald au maréchal Marmont, voulait le consulter sur ce changement. Le duc de Bassano se rendit au palais. « Quelles que puissent être, dit-il, les opinions du maréchal Macdonald, l'honneur domine à tel point son caractère, que s'il accepte la mission, il la remplira dignement; » et le maréchal fut nommé. Les plénipotentiaires reçurent l'ordre formel de dire au duc de Raguse, en passant par Essonne, que Napoléon l'avait choisi; mais que, « *ne voulant pas refuser à sa fidélité, garantie par tant de bienfaits d'un côté, et de services de l'autre, ce dernier témoignage de confiance et d'affection,* » si Marmont ne pensait pas qu'il serait plus utile à la tête de son corps qu'à Paris, il était le maître d'expédier d'Essonne même un courrier qui rapporterait ses pouvoirs.

Le même jour, le duc de Bassano écrivit au comte de Metternich pour l'informer de la démarche de Napoléon et de la condition qu'il mettait à son abdication. M. de Saint-Mars, chargé de cette dépêche, la remit à son adresse à quelques lieues de Paris (Villeneuve-Larchevêque).

On sait que Macdonald justifia pleinement l'opinion de Maret, bon juge en fait de loyauté. Grâce à lui, la cause qu'il était venu défendre eût triomphé peut-être, sans la défection de celui dont la fidélité semblait « garantie par tant de bienfaits et de services, » pourtant moindres que les bienfaits. Cette défection faisait disparaître le principal argument en faveur de la régence, l'attitude unanime de l'armée. De plus, elle compromettait irrévocablement la situation militaire de l'Empereur, qui, en cas d'échec de la proposition de régence, aurait pu recommencer les hostilités avec des chances sérieuses de succès; car *nous n'avions pas été vaincus!* « L'ingrat! dit-il en apprenant cette défection; il sera plus malheureux que moi! » Et jamais prophétie ne fut mieux justifiée.

« Oh! quelle chute ce fut, mes compatriotes! Moi, vous, nous tous, nous sommes tombés avec lui, tandis que la trahison chantait victoire sur nous! » Ces paroles que Shakspeare met dans la bouche d'Antoine après la mort de César, ne semblent-elles pas s'appliquer aussi bien à la chute de Napoléon[1]?

Une autre note de Maret ajoute quelques circonstances intéressantes à ce qu'on connaissait de la tentative de suicide de Napoléon, dans la nuit du 12 avril. Dès le 8, une lettre en chiffres, dictée par lui et adressée au baron de Menneval, secrétaire des commandements de l'Impératrice, annonçait qu'il fallait tout prévoir, *même la mort de l'Empereur*[2]*!* Napoléon considérait, non sans raison, sa vie comme le seul obstacle à l'établissement de la Régence. Ce suicide n'était pas un acte de désespoir, mais d'abnégation et d'amour paternel. Aussi, pendant toute la journée du 12, il avait refusé de ratifier le traité rapporté de Paris par le duc de Vicence. Dans la même journée, s'entretenant avec Maret, « il avait discuté froidement avec lui pendant plusieurs heures la question du suicide. Bien qu'il eût fini par la résoudre négativement, cette

---

1. Parmi les récits du rétablissement de la Restauration, nous recommandons celui de M. Thiers comme le plus complet, et fort supérieur à tous ceux publiés jusqu'ici, à commencer par le nôtre (Bignon, XIV, 1-115). L'œuvre avait été commencée et fort avancée par le prince de Talleyrand et le duc de Dalberg. Tous deux avaient contre Napoléon des griefs qui leur faisaient peu d'honneur. Il en était de même de l'archevêque de Malines, furieux de sa disgrâce trop bien méritée. Ce dernier a fort exagéré l'importance de son rôle, qui ne fut en réalité que celui de la mouche du coche, — une mouche, il est vrai, très bourdonnante. Mais le succès, encore douteux, ne pouvait être assuré que par l'adhésion d'un personnage militaire marquant. C'est de la défection du duc de Raguse que date vraiment la chute de l'Empire. Le malheureux devait apprendre seize ans plus tard (à Saint-Cloud, le 30 juillet 1830), quelle impression laissent de tels services à ceux-là même qui en ont profité.

2. *Souvenirs du baron de Menneval*, II, 162.

préoccupation avait paru tellement forte, qu'on avait pris la précaution d'éloigner de lui ses pistolets. » Mais on avait oublié le sachet qu'il s'était fait donner par le docteur Yvon en 1812, et qui ne l'avait pas quitté depuis. On sait que ce dernier ami le trahit comme tant d'autres, et ne fit qu'ajouter de violentes douleurs physiques à ses peines morales. Le duc de Bassano était accouru des premiers à son chevet.

Le surlendemain de cette pénible scène, Maret reçut la lettre olographe suivante :

Monsieur le duc de Bassano, votre attachement à ma personne ne s'est jamais démenti, et je n'ai eu, dans toutes les circonstances qu'à me louer du zèle que vous avez montré pour mon service. C'est avec plaisir que je vous donne ce témoignage de ma satisfaction.

Cette lettre n'étant à autre fin, etc.

NAPOLÉON.

A Fontainebleau, ce 14 avril 1814.

Nous transcrivons, d'après l'original inédit, cette lettre, titre d'honneur précieusement conservé dans une famille où le dévouement et l'abnégation sont des qualités héréditaires.

Peu de jours après, Maret assistait à la scène épique des adieux[1]. Quelques écrivains malveillants ou mal informés, avaient prétendu que l'Empereur pouvait à

1. Vingt-cinq ans plus tard, le président de l'Académie des sciences morales et politiques n'oublia pas cette circonstance, dans le discours prononcé sur la tombe de Maret. « Dans les *Adieux de Fontainebleau*, dit-il, à côté de ces guerriers qui se pressent encore une fois autour de leur général..., on voit une noble figure sur laquelle viennent se peindre de fidèles douleurs : c'est celle du duc de Bassano, le seul des ministres de l'Empire qui soit resté jusqu'au dernier moment auprès de l'Empereur. » Dans le célèbre tableau d'H. Vernet, auquel M. Ch. Dupin faisait allusion, la figure très-ressemblante de Maret, en costume de ministre, est la première sur la gauche du spectateur, à côté de Napoléon.

peine parler et se soutenir. Maret proteste énergiquement contre cette légende mensongère. « Napoléon, dit-il, puisant de nouvelles forces dans la grandeur du sacrifice qu'il venait d'accomplir, et ayant embrassé ses amis (car l'adversité ne les lui avait pas tous ravis), descendit les degrés de son palais, dans une attitude aussi assurée que lorsqu'il avait monté les marches du trône. Il porta sur ses vieux soldats un regard attendri, mais calme, et leur parla d'une voix ferme comme son âme. »

Ceci se passait à Fontainebleau, le 20 avril 1814. Onze mois après, jour pour jour, Napoléon, de retour dans ce palais, en repartait pour Paris !

LXVIII

Le duc de Bassano pendant les Cent Jours.

On sait que le retour de l'île d'Elbe fut accéléré, sinon déterminé par la nouvelle certaine qu'il était fortement question à Vienne de s'emparer par surprise de Napoléon, au mépris des stipulations du traité de Fontainebleau.

Les premiers avis (de ce projet d'enlèvement) furent donnés par les agents que Napoléon et Joachim avaient à Vienne. Des dispositions furent faites alors pour mettre Porto-Ferrajo en état de défense. Pendant qu'on s'en occupait, deux nobles Anglais, MM. St..... et ....., indignés d'un complot dont la honte retomberait sur leur nation, quittèrent Vienne et vinrent donner à Napoléon des détails qui lui révélèrent l'imminence du danger. On n'en avait pas connaissance à Paris. Les partisans de Napoléon étaient sans rapports avec lui.

Une autre note de Maret nous apprend que par son attitude réservée pendant cette période, il déjoua *deux fois* des périls qui menaçaient non-seulement sa liberté, mais sa vie et celle de bien d'autres ; et « que, pendant l'hiver de 1815, il ne dut qu'à la maladresse des assassins d'échapper aux coups de feu qui devaient l'atteindre chez lui. » Voici ce qui s'était passé.

Après le départ de Fontainebleau, Maret, brisé d'esprit et de corps, était allé se reposer pendant quelques mois à la campagne en Bourgogne, chez son beau-père, le comte Léjéas, et quelques autres de ses parents, qui naturellement furent dénoncés plus tard comme conspirateurs. Il rentra à Paris en novembre, et y passa tout l'hiver.

Peu de temps après son retour, Maret apprit de bonne source l'arrivée d'un certain nombre de *Verdets*, appartenant aux bandes soi-disant royalistes du midi. Ils venaient, disait-on, pour faire un mauvais parti à plusieurs anciens fonctionnaires de l'Empire, et Maret était du nombre. Il déjoua ces sinistres projets en les faisant ébruiter : éclairées ou contraintes par la rumeur publique, les autorités prirent des mesures pour protéger les personnes menacées. Un soir, pourtant, un coup de feu fut tiré d'assez près, dans la direction d'une des fenêtres de la maison qu'habitait le duc de Bassano, au moment où quelqu'un qu'on prit sans doute pour lui, s'approchait de cette fenêtre. La balle siffla aux oreilles de Lord Kinnaird, pair d'Angleterre, qui dans ce moment sortait de la maison[1].

Quelques semaines plus tard, des ouvertures furent faites à Maret par quelques généraux qui comp-

1. Savary, alors retiré en province, faillit être victime, à la même époque, d'un guët-à-pens semblable. (V. ses *Mémoires*, VII, 321.)

taient sur lui pour les mettre en communication avec l'Empereur. Maret répondit que, ne correspondant pas avec Napoléon, il ne pouvait leur donner ni son avis, ni son assentiment, et les supplia de ne pas compromettre leur ancien chef. Ce langage était conforme aux dernières recommandations de l'Empereur à Fontainebleau, et d'ailleurs imposé par la situation exceptionnelle de Maret, dont toutes les démarches étaient épiées. Il a plu à M. Thiers d'attribuer cette circonspection à un *défaut de spontanéité*. Cependant le duc de Rovigo, auquel il ne reproche pas d'avoir manqué d'initiative, se conduisait comme Maret, et avec plus de réserve encore, car il ne se décida qu'assez longtemps après lui à envoyer vers Napoléon un émissaire qui le rencontra déjà débarqué.....

Dès la fin de janvier 1815, le duc de Bassano avait cru devoir faire parvenir à l'Empereur des renseignements sur l'état des choses et des esprits en France. Il confia cette mission verbale à un ex-sous-préfet de l'Empire qui l'avait sollicitée, et lui révéla, pour se *légitimer*, un fait dont l'Empereur et le duc de Bassano avaient seuls connaissance. Fleury de Chaboulon n'était chargé que d'exposer la situation. Par cette démarche, le duc de Bassano affirmait de nouveau son dévouement. Mais, tout en n'hésitant pas à se compromettre personnellement, il ne voulait pas assumer la responsabilité d'un conseil. « L'Empereur, avait-il dit, décidera dans sa sagesse ce qui lui reste à faire. » Il est aujourd'hui bien reconnu que sa résolution fut absolument indépendante de toute connivence intérieure, et que la mission de Fleury de Chaboulon ne fit qu'en hâter l'accomplissement.

Huit jours avant la rentrée de l'Empereur, Bourrienne, nommé préfet de police *in extremis*, reçut l'ordre d'arrêter vingt-cinq personnes, dont l'une était le duc de Bassano. En tête de cette liste figurait Fouché, le seul dont on tenta de se saisir ; mais il était aussi difficile de le faire arrêter par des agents de police, que de faire tirer des soldats français sur Napoléon... Quatre mois plus tard, nous retrouvons dans l'ordonnance de proscription du 24 juillet le nom de Maret, et, à la fin, celui de Fouché ! Mais ce n'était plus comme proscrit que ce dernier figurait sur cette nouvelle liste; c'était comme proscripteur !

Le 20 mars, moins d'une heure après son arrivée aux Tuileries, l'Empereur était seul dans son cabinet avec Maret et Cambacérès. Le premier dit à Napoléon qu'il allait trouver la France bien changée, qu'elle ne pouvait plus être gouvernée par ses anciennes maximes, etc. En un mot, le duc de Bassano parla dans le sens le plus libéral. Cambacérès ayant affirmé qu'il se trompait..., le duc répliqua que son contradicteur n'avait pas quitté Paris, qu'il n'y avait même vu qu'un très-petit nombre de personnes, tandis qu'en allant visiter les terres de sa famille, il avait pu, lui, étudier l'opinion dans plusieurs provinces, comme il l'avait fait d'ailleurs à Paris, où sa porte n'avait jamais été fermée...

Maret exerça tout d'abord les fonctions de ministre de l'intérieur. Il proposa Carnot pour ce ministère, ce qui concorde bien avec l'esprit de la note qu'on vient de lire, et reprit l'office de secrétaire d'État. Toutefois, dès les premiers jours, il s'éleva entre Napoléon et lui un dissentiment dont la cause fait honneur au caractère du ministre.

Le surlendemain de son retour, l'Empereur rendit, sous forme d'amnistie, un décret de proscription. Le ministre refusa de le contre-signer. L'Empereur, résistant à ses conseils, à ses supplications même, ne changea point de résolution, mais changea la date de son décret. Il le supposa signé à Lyon ; et, traitant son ministre comme un officier public requis de certifier sa signature, il lui en donna l'ordre sous peine de désobéissance. Le ministre, avant d'obéir, remarquer à l'Empereur que cet acte, le seul publié sous cette forme pendant un règne de quinze années, constaterait son refus d'agir comme ministre.

En racontant ce fait pendant sa captivité, Napoléon disait qu'il avait été un moment ébranlé, et qu'au fond, il n'en avait pas voulu à M. Maret d'une résistance qui avait un généreux principe, puisque parmi les hommes dont il combattait la proscription, se trouvaient ses ennemis personnels, qui le proscrivirent lui-même trois mois après. « Ce qu'il a fait était bien, ajoutait-il. Ce que je faisais était juste : à chacun ses œuvres ! [1] »

Ces détails, et ceux qui suivent, également relatifs à la conduite personnelle de Maret dans les Cent Jours, sont empruntés à une notice inédite du général Montholon, remise au duc de Bassano peu de temps après la mort de Napoléon. Cette notice se rapporte principalement à l'un des incidents les plus considérables de l'histoire de ce temps, la capitulation du duc d'Angoulême. Placé alors sous l'influence d'hommes énergiques, ce prince avait fait, de l'aveu de l'Empereur lui-même, « tout ce qui était possible [2]. »

---

1. Il s'agit du décret antidaté de *Lyon, 12 mars*. L'article premier de ce décret accordait amnistie pleine et entière aux fonctionnaires civils et militaires, qui avaient l'année précédente appelé ou secondé l'étranger, « tramé ou favorisé le renversement des constitutions de l'Empire ou du trône impérial. » L'article 2 exceptait de cette amnistie douze personnes et ordonnait la séquestration de leurs biens. Ces douze proscrits étaient : Lynch, la Rochejacquelein, A. de Noailles, Marmont, S. de Larochefoucauld, Bourrienne, Bellart, Talleyrand, Jaucourt, Dalberg, Montesquiou (l'abbé de). Tous les décrets impériaux se terminaient par cette formule : PAR L'EMPEREUR, le ministre secrétaire d'État, le... — Celui dont il s'agit se termine ainsi : POUR EXPÉDITION CONFORME, le 22 mars 1815. C'est le seul qui porte cette mention.

2. On sait que le général Ernouf, ancien chef d'état-major de l'armée de Sambre-et-Meuse et aïeul de l'auteur de ce livre, figurait parmi ces hommes énergiques. L'Empereur suivit à leur égard la politique généreuse et sage conseillée par Maret. Le général Daultanne, qui avait fait les fonctions de chef d'état-major du prince, eut pour toute punition quinze jours d'arrêt : Ernouf et les autres

Nous reproduisons, d'après le général Montholon, le récit complet de ce qui se passa entre l'Empereur et le ministre secrétaire d'État, à l'occasion de cette capitulation.

L'Empereur m'a dit souvent que dès le moment de son arrivée à Paris, il avait trouvé dans le duc de Bassano une opinion arrêtée sur la direction à donner à la marche du gouvernement, et que cette opinion n'était partagée par aucun de ses autres conseillers ; qu'il eut beaucoup de peine à décider le duc de Bassano à reprendre le portefeuille de la secrétairerie d'État et à l'empêcher, dès les premiers jours, de donner sa démission qu'il offrait toutes les fois qu'une mesure de rigueur était adoptée ; que cette démission fût donnée par écrit dans le mois d'avril, à l'époque où l'on reçut la nouvelle de la capitulation du duc d'Angoulême, et que c'est à ce qui se passa dans cette occasion importante qu'il dut de conserver près de lui un ministre qui lui rendit alors le plus important des services. Voici les circonstances de ce fait qui s'était gravé d'une manière toute particulière dans la mémoire de l'Empereur.

Toutes les dépêches télégraphiques transmises à Paris, aux différents ministres, et transmises de Paris par eux, étaient adressées par le directeur du télégraphe au ministre secrétaire d'État, qui ne leur donnait cours qu'après les avoir mises sous les yeux de l'Empereur.

Une dépêche télégraphique du duc d'Albuféra, reçue le 10 avril, annonça que le duc d'Angoulême avait capitulé[1] ; mais cette énonciation vague, sans indication de temps, de lieux et de conditions, fut regardée comme un bruit de quartier général et trouva d'abord peu de créance. On pu-

---

ne furent nullement inquiétés. Nous n'avons pas à discuter ici la conduite de ces généraux, ni leurs griefs contre l'ancien gouvernement impérial. Mais on nous permettra bien de dire que ceux qui osèrent alors résister à Napoléon avec des troupes françaises, ne doivent pas être confondus avec ceux qui ne se ralliaient à lui que pour le trahir ensuite, dans la lutte engagée contre la coalition étrangère.

1. *Le duc d'Albuféra au ministre de la guerre, Lyon, 10 avril* : « Le duc d'Angoulême a capitulé, il n'y a plus de guerre civile à craindre en France. »

blia cependant cette nouvelle ; mais Napoléon se borna à faire ordonner par le ministre de la guerre de poursuivre vigoureusement les opérations militaires[1].

Le 12, à dix heures du matin, le duc de Bassano avait été mandé aux Tuileries, à l'occasion de sa démission par écrit qu'il avait envoyée la veille. L'Empereur racontait qu'après un long entretien, n'ayant rien gagné sur la résolution de son ministre, il lui avait dit d'y penser encore et de revenir à sept heures du soir, et que, s'il persistait, sa démission serait acceptée. « Je traitais, disait-il, avec le duc de Bassano, comme je devais le faire avec un ami. »

Le duc de Bassano sortait de cette audience vers midi, lorsqu'on lui remit la dépêche télégraphique du général Grouchy, annonçant que la capitulation avait été signée avec le général Gilly, et que le duc d'Angoulême devait s'embarquer à Cette[2].

Le duc de Bassano rentra aussitôt dans le cabinet et présenta cette dépêche à l'Empereur. Une discussion s'établit en présence du baron Fain, premier secrétaire du cabinet. Le duc de Bassano soutenait qu'il fallait ordonner l'exécution de la capitulation. L'empereur hésitait ; il opposait aux arguments de son ministre de nombreuses considérations ; mais encore frappé de la conversation qu'il avait eue avec lui quelques moments auparavant, il se sentit plus disposé à céder à ses instances. Il céda, exigeant seulement qu'on fît restituer, par un article additionnel, les diamants de la Couronne. « Ce que je propose à Votre Majesté vaut tous les « diamants du monde, répondit le duc de Bassano. » Cependant l'addition fut adoptée. « Il n'était pas dans son carac- « tère, disait l'Empereur, de me rappeler à cette occasion

---

1. *Le ministre de la guerre au général commandant à Lyon :* « Paris, le 10 avril. Il faut poursuivre vigoureusement les débris des insurgés et délivrer Toulon et Marseille. »

2. *Le général Grouchy à l'Empereur* : « Lyon, 11 avril, 10 heures 31 minutes. La guerre civile est terminée. Le duc d'Angoulême poussé par nos troupes qui le poursuivaient depuis Valence, et ayant derrière lui le général Gilly, a capitulé avec ce général. La condition de la capitulation est qu'il s'embarquera, le plus promptement possible, à Cette. Depuis que le 58e et 83e régiments de ligne et le 14e de chasseurs qui se sont joints à nos troupes, ont marché contre lui, son armée a été réduite à une partie du 10e régiment d'infanterie, 10 bouches à feu et 1600 hommes de différents pays. »

« une autre époque; mais je vis bien que ce souvenir portait
« l'épouvante dans sa pensée, et je sentis que si onze ans
« auparavant il avait eu dans ma confiance la part que je lui
« ai donnée depuis, ses conseils auraient combattu l'in-
« fluence fatale qui agit alors sur moi. »

En quittant l'Empereur, et dans le salon même de service, le duc de Bassano expédia, par un des courriers du cabinet, l'ordre qu'il venait d'obtenir[1]. Il le rédigea de manière que dans tous les cas et quelque chose qui pût arriver, la capitulation dût être immédiatement exécutée. Cette dépêche aurait dû être signée par le ministre de la guerre, selon l'usage, et parce qu'elle était dans ses attributions; mais le duc de Bassano ne voulait partager avec personne l'honneur d'avoir sauvé la liberté et peut-être la vie du duc d'Angoulême. Il redoutait d'ailleurs l'intervention d'un ministre dont il connaissait les dispositions; il s'était hâté de prendre sur lui toute la responsabilité, en donnant l'ordre en son propre nom. La suite de ce récit montrera à quel point ses appréhensions étaient fondées.

Pendant que ceci se passait, une suite de la dépêche arrivée le matin et une nouvelle dépêche du général Grouchy parvenaient au télégraphe, et arrêtaient la transmission. M. Chappe, recevant tout à la fois ces dépêches et l'ordre du duc de Bassano, crut devoir différer encore de le transmettre, supposant qu'il pouvait y avoir lieu à quelque changement. Le duc de Bassano, rentré chez lui, reçut dans l'après-midi la lettre de M. Chappe et les nouvelles dépêches.

Elles contenaient : l'une, l'annonce que le duc d'Albuféra se rendait au pont Saint-Esprit, pour suivre le duc d'Angoulême et être en mesure d'exécuter les ordres que lui donnerait l'Empereur; l'autre, la nouvelle que le général Grouchy, qui écrivait de Lapalud, avait fait arrêter le duc d'Angoulême, nonobstant la capitulation qu'il ne voulait pas ratifier avant d'avoir reçu de nouveaux ordres[2].

---

1. *Le ministre secrétaire d'État, au duc d'Albuféra:* « Paris, 11 avril. Tâchez, s'il est possible, de faire ajouter à la capitulation une clause formelle qui porte que les diamants de la couronne seront restitués. *Dans tous les cas, faites exécuter la capitulation.* »
2. *Le général Grouchy à l'Empereur* (dépêche transmise de Lyon, le 11 avril après-midi). « Ne sachant pas si l'intention de Votre Majesté est de laisser sortir le duc d'Angoulême, je ne ratifierai pas

Le général en chef faisait, en même temps, le tableau le plus frappant de l'exaltation des troupes qui se dirigeaient sur le pont Saint-Esprit et de l'effervescence des gardes nationales qui affluaient de toutes parts.

Le devoir du ministre secrétaire d'État était de porter sur-le-champ les nouvelles dépêches à l'Empereur et de demander de nouveau ses ordres. Mais « il y avait autre chose dans « cet homme-là, disait Napoléon, et ce n'était pas la pre-« mière fois qu'il prenait sur lui pour me bien servir. Il « m'avait vu incertain ; il prévoyait que pendant le temps « qui s'était écoulé, j'aurais reçu des conseils bien différents « des siens. Il ne se trompait pas : trois ministres étaient « accourus auprès de moi ; ils avaient combattu ma déter-« mination. Qui sait ce qui serait arrivé, si j'avais cru que « je pouvais délibérer encore ? »

Le duc de Bassano prit sur lui, par un acte si hardi qu'il aurait pu être jugé coupable, une responsabilité bien plus grande encore : il envoya au télégraphe un des chefs de division de la secrétairerie d'État, avec ordre de faire transmettre sur-le-champ et en sa présence, la dépêche ordonnant l'exécution de la capitulation. Quant aux nouvelles dépêches, il les retint pour ne les porter à l'Empereur qu'à sept heures du soir, moment où la nuit rendrait toute transmission impossible [1].

Voici dans quels termes Napoléon s'exprime à ce sujet dans ses Mémoires :

« La dépêche télégraphique fut remise par le duc de Bas-

cette capitulation. Je me rends de suite au pont Saint-Esprit pour le suivre et pour être à même de le faire arrêter dans le cas où Votre Majesté m'en donnerait l'ordre. J'espère être arrivé à temps. Je prie Votre Majesté de me faire connaître ses intentions par le télégraphe. » — *Le duc d'Albufera au ministre de la guerre* (Lyon, le 11 avril après-midi). « Le général Grouchy m'écrit le 9 au soir de la Palud ce qui suit : « J'ai fait arrêter le duc d'Angoulême, et je ne « veux point ratifier la capitulation faite par le général Gilly avant « de connaître les intentions de l'Empereur. »

1. « D'autres conseils pouvaient avoir influé sur la résolution de Napoléon. *Ils l'avaient en effet changée.* D'un autre côté, l'exaltation des troupes et des gardes nationales faisait craindre que la translation du duc d'Angoulême dans une forteresse de l'État, dont il avait été d'abord question, n'exposât au plus effrayant danger la personne du prince, et la gloire même de Napoléon. » (Note de Maret.)

sano à Napoléon à son lever. On conviendra qu'il y avait lieu à délibération, mais tout se passa entre Napoléon et son ministre, et, en une demi-heure, il fut décidé que la capitulation serait exécutée. Quelques oppositions se manifestèrent dans l'après-midi, lorsque la nouvelle eût été connue. Un rapport du ministre de la guerre, après avoir rappelé à Napoléon l'ordre de courir sus publié contre lui, développait les motifs de ne pas se dessaisir d'un otage aussi précieux que l'était le duc d'Angoulême. Le soir, à son travail avec Napoléon, le duc de Bassano lui remit une seconde dépêche télégraphique annonçant que, d'après le refus de la ratification par le général en chef, la capitulation n'existait plus. Napoléon demanda à son ministre si la première dépêche était partie? — Oui. — Si, avant de l'expédier, il avait reçu la seconde? — Oui. — Napoléon approuva la conduite de son ministre[1], et s'il était besoin de dire pourquoi à ceux qui liront ceci, ils seraient incapables de le comprendre; le caractère de Napoléon leur serait inconnu... Et le duc de Bassano erre dans l'exil!! »

Napoléon aimait à répéter avec quelle émotion le duc de Bassano lui dit : « Je vois que je puis encore être utile auprès de Votre Majesté ; je retire ma démission ! » « Telles sont, ajoutait-il, les seules faveurs dont il ait été jaloux : à ce prix, j'étais sûr qu'il ne penserait plus à me quitter. »

L'ordre de l'exécution de la capitulation ne fut pas révoqué : il ne pouvait plus l'être. Une autre dépêche prescrivit le lendemain une autre disposition relative aux fonds qui pouvaient avoir été recueillis dans la marche de l'armée royale.[2] Une lettre au général Grouchy fut dictée pour être insérée dans le *Moniteur* du lendemain.

Ce récit complet, avec pièces à l'appui, rectifie la

1. « Après un silence... Napoléon me dit avec une profonde émotion : vous avez bien fait! (Maret).
2. *Le ministre secrétaire d'État, au duc d'Albuféra;* Paris, le 12 avril. « Il faut empêcher le duc d'Angoulême d'emporter l'argent pris dans les caisses, et rien de précieux appartenant à la France. Tout cela doit être envoyé ici. » — *Le duc d'Albuféra au ministre de la guerre;* Lyon, 17 avril. « Le général Corbineau est parti hier matin, il est porteur de la capitulation avec l'article additionnel relatif aux diamants de la couronne. Le général Radet accompagnera le duc d'Angoulême jusqu'à Cette. »

version inexacte de M. Thiers (XIX, 340), qui soustrait au duc de Bassano tout le mérite de sa généreuse initiative, toute influence sur l'événement. Elle tendrait en effet à faire croire que la dépêche télégraphique prescrivant d'exécuter, *dans tous les cas*, la capitulation, aurait été expédiée sur l'ordre itératif de l'Empereur, depuis qu'il avait eu communication des dernières dépêches du duc d'Albuféra et du général Grouchy, — celles qui annonçaient que la ratification de la capitulation était suspendue et le prince arrêté. On vient de voir que les choses ne se sont nullement passées ainsi. Craignant que d'autres considérations, d'autres conseils ne portassent l'Empereur à prendre une résolution moins digne de lui, le ministre secrétaire d'État, *avant* de lui faire connaître ces dernières dépêches, avait fait partir l'ordre d'exécuter la capitulation ; de telle sorte qu'un contre-ordre ne serait plus arrivé en temps utile.

Cet exemple mémorable suffirait pour prouver que la discrétion chez Maret n'était pas de la faiblesse, et qu'il était autre chose qu'un *écho monotone* des pensées de l'Empereur.

Ce qui est dit dans la notice précédente, de la divergence qui s'était manifestée dès les premiers jours entre Maret et d'autres ministres, au sujet de la direction à suivre, se rapporte à toutes les mesures de rigueur, au maintien provisoire du principe de la confiscation dans l'Acte additionnel ; à cet Acte lui-même que Maret désapprouvait, bien que M. Thiers prétende le contraire. Ce n'était pas que l'établissement d'un régime libéral dans l'hypothèse du maintien de la paix, ou après qu'elle aurait été reconquise, ne lui parût indispensable; on a vu que lui-même s'en était franchement expliqué avec l'Empereur dès les premiers moments. Mais, en présence de l'excommunication politique fulminée à Vienne, et

« dont on eut la première nouvelle à Paris dès le 22 au soir ; » Maret se prononça pour la dictature. L'Empereur eut lieu de regretter amèrement, pour la France et pour lui-même, d'avoir repoussé ce conseil, et recommencé trop tôt la monarchie constitutionnelle.

Le duc de Bassano est l'auteur des explications insérées dans les numéros 134 et 145 du *Moniteur* de 1815, sur les pièces falsifiées produites par lord Castlereagh devant la chambre des Communes, pour justifier la guerre à outrance contre Napoléon, et l'arrêt de déchéance prononcé à Vienne contre Murat nonobstant son traité avec l'Autriche. Ces pièces avaient été envoyées au ministre anglais dans les premiers jours de mars. Pour prouver que Murat, depuis son traité, avait trahi la coalition avant la chute de l'Empire, — un subalterne trop zélé, employé à la secrétairerie d'État de Louis XVIII, y ayant découvert trois lettres antérieures de Napoléon au roi et à la reine de Naples, dont quelques passages pouvaient à la rigueur s'adapter aux événements de 1814, avait changé les dates et comblé les lacunes par des interpolations maladroites. Dans une de ces lettres, on faisait dire par Napoléon à Murat qu'il comptait sur sa *contrition*, expression qui surprend moins, quand on sait que l'auteur présumé de ces retouches était un abbé [1].

Le hasard avait fait découvrir aux Archives du Louvre les brouillons des copies livrées à lord Castlereagh. Dans

---

1. Cet abbé de cour est nommé, à propos d'une autre circonstance, dans les *Mémoires* de Bourrienne, XI, ch. xv. Deux de ces lettres avaient été écrites pendant l'hiver de 1813, époque où Maret était, de la part de l'Autriche et de l'Angleterre, en butte aux mêmes suggestions qu'après la campagne de Leipzig. Le faussaire avait tiré parti de cette ressemblance de situation. — On sait aujourd'hui que Murat ne s'était réconcilié avec Napoléon que depuis l'arrivée

ces brouillons, écrits de la main de l'abbé F....., et qui se trouvaient encore réunis aux minutes originales, on avait falsifié le sens, la date et les expressions. Ainsi fut mis au grand jour le système de faux employé dans plus d'une circonstance contre la France; l'espèce de mystification subie par le Parlement britannique et par l'Europe, et dont lord Castlereagh était l'agent, ou la dupe.

La prétendue dépêche du 19 mars était le produit d'une fraude du même genre. A cette date, l'Empereur ne pouvait pas encore connaître la dissolution du Congrès de Châtillon et le départ du duc de Vicence, auquel il avait envoyé l'avant-veille, sur les instances de Maret, de nouveaux pouvoirs illimités. (V. ci-dessus) Toute la correspondance de Châtillon était écrite en chiffres ; précaution indispensable, puisque nos courriers étaient forcés de traverser les armées ennemies. L'Empereur avait fait adresser de Fère Champenoise au plénipotentiaire français une dernière dépêche, chiffrée comme les précédentes, lui prescrivant, dans le cas où le traité ne serait pas encore signé, de faire tous ses efforts pour obtenir que la question de la remise d'Anvers, Mayance et Alexandrie fût renvoyée à un arrangement militaire, comme cela avait eu lieu lors des négociations de Presbourg, Vienne et Tilsit. Cette dépêche, portait la signature du duc de Bassano. Mais elle n'était et ne pouvait être écrite en entier de sa main ; « Il faudrait supposer que cette lettre importante aurait été écrite entièrement *en clair*, ce qui est absurde. » Néanmoins, dans la séance de la Chambre des Communes du 28 avril, lord Castlereagh, pour prouver la mau-

de celui-ci à l'île d'Elbe. Nous avons raconté ailleurs comment ce prince infortuné, si funeste à l'Empire par sa défection en 1814, ne lui fut pas moins funeste l'année suivante par son imprudente levée de boucliers, qu'on dut croire à Vienne concertée avec l'Empereur, bien qu'elle fût absolument contraire à sa volonté.

vaise foi de Napoléon, mentionna une dépêche du 19 mars *interceptée*, dans laquelle il était dit « que l'Empereur *voulait compter jusqa'au dernier moment sur les événements militaires*; qu'il était décidé, *quand même il aurait ratifié le traité*, à ne pas se dessaisir de ces forteresses, enfin que le duc de Vicence eût à brûler cette lettre aussitôt qu'il l'aurait lue. » Dès que l'on eût connaissance à Paris de la séance dans laquelle le ministre avait cité cette pièce et celles relatives à Murat, l'Empereur ordonna les recherches nécessaires. L'on retrouva, comme il est dit dans la note précédente de Maret, les brouillons du faussaire, naïvement annexés aux minutes originales des lettres au roi de Naples. On retrouva aussi la dictée originale de la dépêche du 19 mars; elle ne contenait aucune de ces phrases compromettantes, accumulées comme à dessein dans la pièce citées par le ministre anglais. « Cet original et ceux des autres lettres également falsifiées, furent mis sous les yeux de plusieurs Anglais, qui se trouvaient alors à Paris, et qui en vérifièrent l'authenticité. » Malgré cette protestation, la dépêche interpolée fut reproduite après la bataille de Waterloo dans le fameux recueil de Schœll, devenu si rare aujourd'hui [1], avec cette mention que « l'original, *écrit de la main de M. Maret*, se trouvait déposé à la chancellerie de Vienne. » Maret dément énergiquement cette assertion.

Nous affirmons que cela n'est pas. Une lettre en chiffres n'est point écrite de la main d'un ministre, et son déchiffrement ne peut pas même être de la main du duc de Vicence, puisque la lettre chiffrée avait été interceptée. Si ce déchiffrement existe à Vienne d'une main quelconque, il

---

1. *Recueil de pièces destinées à détromper les Français*, etc. T. V, p. 120.

n'a pu être fait que par l'*ennemi*. On peut juger, dans tous les cas, la confiance qu'il mérite.

Maret n'a pas voulu dire tout ce qu'il savait ou supposait. Comme, parmi ces interpolations, on retrouve toutes les phrases de la minute originale, on est forcé d'admettre que quelque diplomate français, possesseur du chiffre, aura été complice de cette falsification, commise à Vienne pendant le Congrès[1]...

Une dernière note de Maret sur l'époque des Cent Jours se rapporte à l'excessive tolérance de Napoléon, qui pendant cette période, laissait tout dire, tout savoir. « C'était, dit-il, avec réflexion que Napoléon agissait ainsi. Vainqueur, sa modération et la connaissance publique des excès de ses ennemis ajoutaient à sa gloire. Vaincu, il emportait la consolation d'avoir évité des rigueurs qui ne l'auraient pas sauvé. »

Le duc de Bassano, souvent en désaccord avec la plupart de ses collègues, avait donné définitivement sa démission de ministre secrétaire d'État dans les premiers jours de juin. Il continua néanmoins d'en remplir les fonctions, et accompagna Napoléon en Belgique.

---

1. Sur le mémorable débat dans lequel furent produites ces pièces falsifiées, V. Bignon, XIV, 366-375. Le ministère anglais obtint la prorogation de l'*income-tax* (sans laquelle le renouvellement de la guerre n'aurait pu avoir lieu) par une mystification parlementaire sans exemple; en affirmant qu'il ne s'agissait que d'une attitude de défense armée, d'un état intermédiaire entre la paix et la guerre; quand le traité *offensif* et défensif du 25 mars, complément de la déclaration du 13, était déjà signé et ratifié. Selon toute apparence, la perte de la bataille de Waterloo par les alliés, eût été le signal de la chute et de la mise en accusation du ministre coupable d'un pareil mensonge.

LXIX

Après Waterloo (19-29 juin 1815).

Napoléon avait fait deux plans. L'un consistait à rester sur la défensive, c'est-à-dire à laisser l'ennemi entrer en France, et à manœuvrer pour profiter de ses fautes. L'autre était de prendre l'offensive en Belgique, et d'agir ensuite selon le succès... Le premier était le meilleur, le seul bon. Napoléon en jugeait ainsi; mais tous les hommes non militaires appelés à avoir une opinion, lui représentèrent qu'aussitôt que quelques départements seraient envahis, le découragement, la désorganisation se mettraient partout, et *que le signal de la défection serait donné par la Chambre des représentants.* Il céda !... (Maret.)

Le duc de Bassano était resté non loin de l'Empereur, et très-tard, sur le fatal champ de bataille. Aussi, au moment de la débâcle, il ne put rejoindre sa voiture engagée dans la cohue des équipages militaires, et gagna non sans peine Philippeville, où il ne précéda Napoléon que de quelques instants. Il le devança également à Paris, où il apportait la copie du bulletin des journées de Ligny et de Waterloo, qui parut dans le *Moniteur* du 21. Quatre jours après, Maret adressait au duc de Vicence une dernière lettre ministérielle (inédite), que nous reproduisons dans sa navrante simplicité.

Monsieur le Duc,

Le travail présenté par Votre Excellence au Conseil des ministres du 14 de ce mois m'a été apporté au quartier général le 17 au soir... Ce travail n'avait pu encore être présenté à l'Empereur au moment de la *retraite*. J'avais pris des mesures pour que les papiers fussent détruits, s'il était impossible de conserver le portefeuille. Je viens de m'assurer que ces mesures ont été exécutées. On n'a pas laissé brûler les papiers dans ma voiture, qui se trouvait engagée au milieu des trains d'artillerie; mais ils ont été déchirés tous les uns après les autres, et jetés dans la boue, de sorte que l'ennemi n'aura pas même pu en recueillir les débris. J'ignore ce que contenait votre travail. S'il renfermait des objets secrets, ce secret n'aura pas été compromis. Les chiffres et les instructions ont été détruits avec un soin encore plus particulier[1].

Agréez, etc.

LE DUC DE BASSANO.

On ne peut se défendre d'une émotion profonde, en retrouvant pour la dernière fois, au bas d'une telle pièce, cette signature, naguère associée à tant d'actes de puissance et de gloire. Le mot de Bossuet revient à la mémoire : *quel état! et quel état!*

Neuf heures sonnaient à l'Élysée (le 20 au soir), quand le roulement des voitures retentit dans la cour. L'Empereur entre; il parcourt la correspondance, ouvre un billet de la reine Hortense et lui répond. Il prend ensuite quelque nourriture, se couche et s'endort, après avoir recommandé qu'on l'éveille à l'arrivée du duc de Bassano et du comte Regnaud (de Saint-Jean-d'Angely), qu'il avait fait demander en arrivant. Bientôt ils arrivent. « Eh bien! ce bulletin? » dit aussitôt l'Empereur[2]. Plongé dans une morne rêverie, il interrompt deux fois cette lecture. Au moment où il est question des derniers avantages obtenus sur l'armée anglaise, il s'écrie : « *La bataille était gagnée!* » On poursuit : « *Elle est perdue!...* » « Si tout patriotisme, tout honneur n'est pas mort, vont-ils me déclarer la guerre, *maintenant*, ajoute l'Empereur? — Ils vont parler d'économiser l'eau et les pompes quand la maison est en feu! s'écrie Maret. — La dictature, dit Regnaud,

---

1. Cette lettre, adressée le 25 juin au ministre des affaires étrangères, fut remise au baron Bignon, sous-secrétaire d'État chargé de l'*intérim* en remplacement de Caulaincourt, devenu membre de a commission de gouvernement.

2. Celui qu'il avait dicté à Philippeville pour le *Moniteur*.

pourrait seule tout sauver aujourd'hui. « Mais l'Empereur ne voulut pas un autre 18 brumaire. Après quelques instants de silence, il reprit d'une voix altérée : « J'ai recommencé la monarchie constitutionnelle ! convoquez les ministres[1]. »

Ainsi Napoléon, dans cet entretien intime, peu de moments après son retour, se prononçait déjà contre l'idée d'un coup d'État, tandis que la majorité des représentants, abusée par des intrigues perfides, ne voyait en lui qu'un ennemi de plus !

Les ministres arrivèrent de bonne heure dans la matinée ; Fouché l'un des premiers. Il avait l'air affecté, *sensible* et prévenant. L'Empereur se contint ; mais l'entendant parler du calme qui régnait dans Paris, il dit assez haut, avec un sourire amer : « Du calme ! ah ! on est tranquille selon lui ! »

Bientôt parut la reine Hortense. L'Empereur se retira pendant quelques minutes avec elle ; les sanglots de la princesse arrivaient jusqu'à nous. En la reconduisant, il lui baisa la main et lui dit : *envoyez-moi votre fils*[2]. Le conseil des ministres commença vers huit heures du matin.

Les avis y furent partagés ; mais l'Empereur persista à écarter toute idée de mesure violente, et chargea son frère Lucien et les ministres d'aller solliciter le concours des représentants. Néanmoins, il prévoyait déjà l'insuccès de cette mission. L'invitation *directe* de se rendre immédiatement à la Chambre, transmise sur la proposition de Lafayette aux ministres délibérant encore à l'Élysée, était une véritable déclaration de guerre au pouvoir exécutif... Pendant cette déplorable séance, l'Empereur marchant à pas pré-

---

1. Ces détails, et ceux qui suivent, sont empruntés à une note du baron Bignon, intitulée : 21 *juin. Conversation avec le duc de Bassano.*
2. Le frère aîné de celui qui devait être Napoléon III.

cipités sous les ombrages de l'Élysée avec Benjamin Constant, lui dépeignait la situation en traits de flamme. Cet entretien est bon à reproduire et à méditer aujourd'hui. Les événements de 1870 lui ont redonné une poignante actualité.

« Il ne s'agit pas de moi à présent ; il s'agit de la France. On veut que j'abdique. A-t-on calculé les suites inévitables de cette abdication? C'est autour de moi, autour de mon nom, que se groupe l'armée : m'enlever à elle, c'est la dissoudre. Cette armée n'entend pas toutes vos subtilités. Croit-on que des axiomes de métaphysique, des déclarations de droits, des discours de tribune, arrêteront une débandade ? Me repousser quand je débarquais à Cannes, je l'aurais conçu ; m'abandonner aujourd'hui, je ne le conçois pas ! *Ce n'est pas quand les ennemis sont à vingt-cinq lieues, qu'on renverse un gouvernement avec impunité ! Pense-t-on que des phrases donneront le change aux étrangers ?* Si l'on m'eût renversé il y a quinze jours, c'eût été du courage ; *mais je fais partie maintenant de ce que l'étranger attaque ; je fais donc partie de ce que la France doit défendre*. En me livrant, elle se livre elle-même, elle se reconnaît vaincue, elle encourage l'audace du vainqueur. Ce n'est pas la liberté qui me dépose ; c'est Waterloo, c'est la peur, une peur dont vos ennemis profiteront... Et quel est donc le titre de la Chambre, pour me demander mon abdication? Elle sort de la sphère légale, elle n'a plus de mission ; mon droit, mon devoir, c'est de la dissoudre. » Alors il parcourut rapidement les conséquences possibles d'une dissolution. Séparé des Chambres, il n'était plus qu'un chef militaire, mais l'armée lui restait. En supposant même qu'elle se divisât, la portion qui lui demeurerait fidèle pouvait se grossir de cette classe véhémente et nombreuse ; facile à soulever, parce qu'elle est sans propriété ; facile à conduire, parce qu'elle est sans lumières. Comme si le hasard eût voulu fortifier Napoléon dans le sentiment des ressources que lui promettait cette résolution désespérée ; au moment même où il comparait ses forces à celles de ses adversaires, soudain l'avenue de Marigny retentit des cris de *Vive l'Empereur !* Une foule d'hommes, appartenant pour la plupart à la classe ouvrière, se pressait dans cette avenue, tentait d'escalader les murs de l'Élysée, offrant à Napoléon de l'entourer et de le défendre. Il promena quelque temps ses regards sur cette multitude passionnée. « Vous le voyez, me dit-il, ce ne sont pas là ceux que j'ai comblés d'honneurs et de trésors. Que me doivent ceux-ci? Je les ai trouvés, je les ai laissés pauvres. L'instinct de la nécessité les éclaire, la voix du pays parle par leur bouche; et si je le veux, — si je le permets, cette Chambre rebelle, dans une heure elle n'existera plus.

Mais la vie d'un homme ne vaut pas ce prix. Je ne suis pas revenu de l'île d'Elbe pour que Paris fût inondé de sang…[1] »

On a dit que Napoléon avait péri pour avoir trop osé. On devrait dire plutôt qu'il a péri pour n'avoir pas osé autant qu'il pouvait le faire. Ce fut une faute à lui d'élever sa famille; ç'en fut peut-être une encore plus grave de ne pas changer plus de dynasties. Il avait dépendu de lui d'anéantir la Prusse en 1807!!. Et, de même qu'il aurait pu allumer en Russie un feu plus ardent que celui de Moscou en proclamant l'émancipation des serfs, il pouvait, en 1815, donner de l'Élysée le signal d'une insurrection populaire. Nous voudrions pouvoir l'accuser d'une aversion, d'une défiance exagérée pour de tels moyens. Mais en 1848, et plus récemment encore, les démagogues ont pris soin de le justifier. Nous les avons vus à l'œuvre! Napoléon ne fut jamais plus grand qu'à cette dernière heure, où il préféra le long martyre de l'exil aux horreurs d'un tel succès; — où il dédaigna de ramasser les guenilles sanglantes de la Terreur pour se refaire une pourpre impériale!

Dans une de ses dernières notes, Maret donne des détails intéressants et inédits sur la séance du conseil des ministres du 22 au matin, dans laquelle fut signée

1. *Lettres sur les Cent Jours.* Depuis le 21 jusqu'au 25, jour du départ de Napoléon pour la Malmaison, plusieurs démonstrations du même genre eurent lieu autour de l'Élysée, et donnèrent occasion à l'Empereur de réitérer les mêmes déclarations à son frère Lucien, au général Solignac, etc.

l'abdication. Son récit contredit quelques historiens qui racontent que, la plupart des ministres et des conseillers présents insistaient pour l'abdication, les uns parce qu'ils en espéraient quelque chose pour la chose publique ou pour eux; les autres, notamment Rovigo, Lavalette, *Bassano*, se contentant de dire « *qu'il fallait abandonner des gens qui ne méritaient pas qu'on les sauvât!* » (Thiers, XX, 370).

Quand Napoléon exposa à ses ministres rassemblés la nécessité de l'abdication, *ils furent consternés*, mais sa résolution était prise. Ses trois frères étaient présents; l'un d'eux avait rédigé un projet d'abdication de sa main. Un ministre arrivé le dernier au conseil, commençait à parler contre la démarche elle-même; Napoléon l'interrompit en faisant observer *qu'il ne pouvait plus être question que de la forme*. Celle de ce premier projet était mauvaise, en ce qu'elle réservait aux frères de Napoléon une part dans le gouvernement. Ils durent entendre que la confiance nationale les repoussait, et Napoléon comprit que pour conserver au moins à cette démarche toute sa dignité, il fallait mettre de côté des prétentions d'ailleurs inutiles, puisque tout dépendait désormais d'une Chambre qui sacrifiait l'État à sa politique républicaine et à ses passions...

Les chambres avaient nommé le duc de Bassano ministre secrétaire d'État de la nouvelle commission de gouvernement; — « des Cinq Empereurs, » comme les appelait ironiquement Napoléon.

Il n'accepta pas, pour beaucoup de raisons qu'il est difficile de ne pas comprendre sans qu'on les dise, et pour une qu'il faut dire. Mandé à la commission sur son refus, le 23 juin à neuf heures du soir, le président Fouché lui dit : « Votre intérêt est de rester avec nous. *Ayant le pouvoir, nous traiterons tous pour nous.* » Le duc de Bassano indigné se retira. Quatre ans d'exil, dix ans de disgrâce, ne lui ont pas encore appris à regretter d'avoir obéi à la voix de l'honneur [1] !

---

1. Ecrit en 1825. — L'objet de cette Étude sera rempli, si nous

Maret voulut donc rester compromis. Courtisan assidu de l'infortune, il ne quitta guère Napoléon pendant son dernier séjour à la Malmaison. Suivant une tradition qui paraît exacte, il ne fut pas étranger à l'offre patriotique que fit Napoléon le 29 juin au matin, de reprendre un seul jour le commandement pour écraser l'une des deux masses ennemies qui s'avançaient sur Paris, laissant entre elles un large espace. Cette communication fut repoussée ; les collègues de Fouché ne crurent pas à un tel succès, et lui ne le *voulait* pas. « Ayant questionné le général Becker, porteur de ce message, sur les personnes qui étaient actuellement à la Malmaison, et sachant que M. de Bassano était du nombre, il s'écria qu'*il voyait bien d'où partait le coup*, et il écrivit un billet destiné à M. de Bassano, dans lequel il lui répétait qu'il y aurait le plus grand danger à retenir Napoléon seulement une heure de plus. » (Thiers, XX, 442.)

Dans la soirée du même jour, l'Empereur quitta la Malmaison, et se dirigea sur Rambouillet en évitant Paris;—Paris où il devait rentrer en triomphe, mais seulement vingt-cinq ans après, et dans un char funèbre ! Ce fut à Rambouillet que Maret se sépara bien malgré lui, et cette fois pour ne plus le revoir en ce monde, du grand homme dont il avait été l'un des serviteurs les plus dévoués. Aucun peut-être n'avait secondé Napoléon avec autant de zèle et d'abnégation dans la grande œuvre qu'il avait entreprise ; — œuvre qui n'était pas, comme on l'a prétendu, l'établissement

avons réussi à faire partager aux personnes honorables de tous les partis, la conviction que l'homme capable de penser et d'agir ainsi, mérite une autre récompense que la calomnie ou l'oubli !

1. Il parlait souvent dans sa vieillesse, et avec une émotion profonde, de ces derniers adieux. Jusqu'à la fin, il conjura l'Empereur de lui permettre de l'accompagner dans son exil. Profondément touché de ce dévouement plus grand que son infortune, Napoléon s'en montra digne en refusant d'accepter ce dernier sacrifice.

d'une monarchie universelle, mais celui de « la paix universelle sous l'influence française. »

LXX

Années d'exil. — Attitude de Maret pendant la seconde Restauration.

On vient de voir que Maret n'aurait eu qu'à se laisser faire, pour se trouver garanti par un simulacre de défection. Mais préférant à la sécurité l'honneur, il avait voulu garder jusqu'au bout le mérite d'une fidélité sans tache. Cette conduite loyale eut pour salaire la persécution, comme souvent il arrive. Le 24 juillet, il fut compris avec Soult, Carnot, Exelmans, etc., dans la fameuse ordonnance dite « des trente-huit proscrits. » Elle était contre-signée par Fouché, devenu ministre de Louis XVIII ; et qui, un mois auparavant, avait voulu associer Maret à ses intrigues! Tous les parents, les protégés du duc de Bassano furent privés de leurs emplois. Son frère aîné, le comte Maret, avait été destitué de sa place de directeur des vivres de la guerre, rayé de la liste des conseillers d'État, privé même de la pension de retraite, unique indemnité de ses longs travaux, qui ne lui fut restituée que longtemps après. Parmi les instigateurs de ces mesures, figuraient plusieurs personnages que le duc de Bassano avait défendus pendant les Cent Jours. Bien que sa participation au retour de l'île d'Elbe se réduisît aux renseignements transmis par l'intermédiaire de Fleury de Chaboulon, il fut, ainsi que sa famille, l'objet des délations les plus absurdes. On en jugera par quelques notes secrètes, que le hasard a fait tomber entre nos mains. Elles avaient été recueillies dans la ville natale de Maret, à l'occasion de son précédent séjour en Bourgogne, dans l'été de 1814.

Lejéas-Charpentier, directeur des contributions indirectes de la Côte-d'Or. Beau-frère de Maret. Les assemblées qui avaient lieu pour le retour de Buonaparte se tenaient chez lui et chez son frère, ou à leur campagne. Ce Lejéas était un de ceux qui payaient les *indignes* fédérés bourguignons. — Lejéas, frère du précédent, receveur général; même conduite. — Dameau, leur ami particulier. C'est chez lui qu'étaient adressés tous les agents, allant et venant de l'île d'Elbe, et c'est sa maison sur les remparts qui les recélait. — Ballant, procureur général à Dijon..., affreux par la manière de penser et la conduite qu'il a tenue. Toute la correspondance de l'île d'Elbe avec Maret était sous le couvert du sieur Ballant, pour éviter tout soupçon. C'est également à lui que Caulaincourt envoyait la correspondance particulière avec Buonaparte, pendant les conférences de Châtillon. — Marinet, banqueroutier de Genève, établi à Dijon sous la protection de Maret et de Lejéas, dont il portait la correspondance à l'île d'Elbe et à Paris. Quelques soupçons avaient donné lieu à son arrestation peu de jours avant le débarquement; mais un juge chargé de l'instruction, et qui était du complot, l'aida à brûler ses papiers. — Frochot, ex-préfet de la Seine, est venu passer quinze jours à Dijon, pendant lesquels il n'est pas sorti de chez les Lejéas. Il s'est absenté quelques jours; *tout le monde est imbu* qu'il a fait pendant ce temps le voyage de l'île d'Elbe...

Si tous les Français qu'on accusait alors d'avoir été à l'île d'Elbe avaient réellement fait ce voyage, toutes les flottes européennes n'auraient pas suffi pour les y porter.

Maret était sorti de France, immédiatement après le départ de l'Empereur. Il crut pouvoir se fixer en Suisse, où l'un de ses amis mettait à sa disposition le château d'Alaman, sur les bords du lac de Genève.

Mais le choix de cet asile inquiéta les nouveaux dominateurs de l'Europe ; ou bien encore ils espérèrent faire d'importantes découvertes dans les papiers de l'ancien ministre de Napoléon, y surprendre des secrets du passé ou de complots futurs. Pour la seconde fois, en vingt ans, le droit des gens fut violé dans la personne de Maret, sur le territoire helvétique, et par le gouvernement autrichien. A peine était-il arrivé, que sa retraite fut envahie de nuit, par un bataillon entier de troupes fédérales ; dans le tumulte de cette invasion, Maret reçut plusieurs coups de baïonnette sur les mains. Cette expédition avait eu lieu à la requête de l'archiduc Jean, connu par sa malencontreuse campagne de 1809 en Italie. Maret se plaignit énergiquement au prince de Metternich de cette violence, qui rappelait le guet-à-pens de Novale. Il n'en fut pas moins gardé à vue, puis conduit sous bonne escorte à Berne quelques jours après. Là, il eut connaissance de l'arrêt d'exil lancé contre lui, et reçut des passeports autrichiens pour Lintz. Puis il fut interné à Gratz en Styrie, où il resta environ un an. C'est une contrée des plus pittoresques, mais dont l'âpre climat ne convenait nullement à la santé fort ébranlée du proscrit. Le gouvernement autrichien, s'humanisant enfin, lui assigna pour résidence la ville de Goritz (Frioul), où Charles X, banni à son tour, est venu mourir vingt ans plus tard. Maret y passa sa seconde année d'exil (1816). Il n'y eut qu'à se louer de la bienveillance et même du respect des autorités. On n'avait pas oublié sa conduite modérée, ni les services qu'il avait rendus en 1805 et 1809. D'ailleurs, à cette époque encore si voisine des événements, — alors que le prisonnier de Sainte-Hélène vivait encore, — notre ancien prestige était à peine amoindri en Allemagne. On s'y demandait parfois encore si ce qui s'était passé depuis 1813 n'était pas un rêve qu'allait suivre un terrible réveil[1].

En 1817, il obtint l'autorisation de résider à Trieste, où il demeura jusqu'à la fin de son bannissement. Dans sa retraite, l'ancien ministre secrétaire d'État partageait ces loisirs, si nouveaux pour lui, entre l'éducation de ses enfants et la rédaction de Mémoires qui, malheureusement, lui furent soustraits par un secrétaire infidèle. Il n'en est resté que les fragments intercalés dans notre travail.

Après quatre ans et demi d'exil, « le duc de Bassano rentra en France, au mois de janvier 1820, par l'effet d'une mesure générale, et avec ceux des exilés qui, comme lui, n'avaient ni sollicité, ni obtenu d'exceptions. »

Jusqu'en 1830, dit-il encore, la surveillance de la haute police pesa sur moi de toutes les manières. J'ignore quand elle finit et si elle finit. Il fut défendu à mon préfet de me nommer maire de mon village; et, en 1829 encore, on me repoussait du conseil général de mon département. Mon nom, que je n'avais pas voulu faire inscrire sur la liste des pensions de retraite..., ne figurait que sur celle des électeurs, d'où l'on n'avait pu la proscrire...

Dès l'époque de sa rentrée, et depuis, certains hommes, naguère serviteurs zélés du gouvernement impérial, n'avaient cessé d'entretenir contre Maret les défiances des ministres de la Restauration. Il en eut personnellement la preuve d'une façon assez cu-

---

1. On retrouve cette impression exprimée d'une façon saisissante dans un opuscule contemporain, dû à l'un des plus grands écrivains de l'Allemagne, Jean-Paul Richter. Il assiste en songe à un interminable défilé de Français vainqueurs parmi les populations germaniques terrifiées, qu'ils saluent d'apostrophes menaçantes : « Ah! vous croyiez que c'était fini! Pourtant nous voici revenus et cette fois pour toujours! » etc. (*Herbstblumine*, 1816.)

rieuse. Peu de temps après son retour d'exil, il était allé un matin faire une visite au ministre des affaires étrangères d'alors, lequel n'était autre que l'un de ses anciens protégés, le futur duc Pasquier. Maret était seul dans le salon d'attente qui précédait immédiatement le cabinet, où quelqu'un était en grande conférence avec le ministre. Le duc de Bassano attendait déjà depuis quelque temps, quand son nom, distinctement articulé, vint frapper son oreille. Il reconnut la voix d'un de ses ex-collègues, qui le signalait comme un conspirateur incorrigible, qu'il faudrait toujours surveiller de près. Ce donneur d'avis et le ministre étaient près de l'orifice d'un calorifère, qui transmettait toute leur conversation à Maret, assis par hasard à côté d'une autre bouche de l'appareil. Quand il fut reçu à son tour, il répéta ce qu'il venait d'entendre à M. Pasquier, et lui conseilla, en riant, de se méfier des indiscrétions du calorifère de l'État..

Ces soupçons étaient injustes; le tempérament moral de Maret, la rectitude placide de son âme répugnaient aux complots. Il demeura étranger à tous ceux qui furent ourdis pendant la seconde Restauration. Mais ses sympathies appartenaient au parti libéral modéré, auquel s'étaient ralliés la plupart de ses anciens amis politiques. Tout en s'honorant d'avoir loyalement servi l'homme de génie qui, par la dictature, avait voulu « faire de la France la première nation du monde, mais n'avait pas réussi, » il croyait que la monarchie des Bourbons, placée dans une situation bien différente, ne pourrait durer qu'à condition de respecter les libertés promises.....

La chute de l'Empire avait fait une large brèche à la fortune du duc de Bassano. Sa dotation mobilière de 60,000 francs de rente sur le Mont Napoléon de Milan, subit, comme toutes les autres, une réduction de quatre-vingt-dix pour cent. Sa dotation immobilière se composait de quelques terres peu importantes en Westphalie et en Pologne, et d'un domaine considérable en Belgique. La position de confiance qu'occupait Maret près de l'Empereur ne lui permettait pas d'imiter la conduite prudente d'autres donataires, qui s'empressaient de réaliser leurs immeubles situés dans les pays conquis. Non-seulement il avait gardé *Closter-Zande*, ancien domaine royal, mais il y avait fait des embellissements, des plantations surtout, qui en ont considérablement augmenté la valeur. Cette propriété se trouvait sur un territoire réuni à la France avant le règne de Napoléon, et concédé par les traités de 1815 à des princes qui n'avaient jamais régné en Belgique. Maret avait donc quelque droit de se croire propriétaire incommutable. Il n'en fut pas moins dépossédé par le gouvernement des Pays-Bas, et n'obtint, pour les dépenses considérables qu'il avait faites sur ce domaine, qu'une indemnité bien inférieure à la plus-value.

Peu de temps avant la première Restauration, Maret avait prélevé sur ses ressources personnelles près d'un demi-million, pour constituer une rente au profit d'une tierce personne, conformément à des instructions confidentielles de Napoléon. Pendant les Cent Jours, il avait été couvert de cette avance au moyen d'un transfert d'actions sur les canaux d'Orléans et du Loing, naguère confisquées sur la famille d'Orléans. Celle-ci contesta la validité de ce transfert, comme postérieur à une loi du 5 décembre 1814 qui avait ordonné que les actions encore disponibles à cette époque lui seraient restituées ; les tribunaux lui donnèrent

---

1. De toutes les dotations concédées par Napoléon, une seule fu respectée; celle du duc de Raguse ! La coalition lui devait bien cela.

raison[1]. Dans le cours de ce procès, qui, pendant plusieurs semaines préoccupa vivement l'attention, le ministère public, tout en concluant contre le duc de Bassano, rendit un éclatant hommage à sa bonne foi et à l'honorabilité de son caractère. « Considéré comme homme public, dit-il, l'histoire jugera le duc de Bassano, parce que son nom se trouve mêlé à de nombreuses pages de notre histoire. Mais, comme homme privé, il ne paraît pas qu'on puisse élever contre lui aucune imputation qui motiverait le plus léger soupçon d'indélicatesse. »

En 1827, un incident d'une nature fort différente provoqua de sa part une protestation qui eut un grand retentissement. Dans une de ses réceptions officielles, l'ambassadeur d'Autriche à Paris (comte d'Appony), s'avisa de faire annoncer plusieurs maréchaux et officiers généraux par leurs noms de famille, en supprimant l'énonciation de leurs titres d'origine napoléonienne qui rappelaient des victoires remportées sur l'Autriche, ou des conquêtes sur le territoire autrichien. Tous protestèrent, en se retirant aussitôt, contre cette impertinence, qui trouva néanmoins des défenseurs dans quelques journaux royalistes. Ils prétendirent qu'on devrait renoncer à des dénominations qui rappelaient d'*irritants* et *fâcheux* souvenirs, et que le duc de Bassano en avait depuis longtemps donné l'exemple, en renonçant à son titre dans ses relations avec le gouvernement autrichien. Maret s'empressa de donner à cette assertion le démenti le plus formel. Dans aucune correspondance, dans aucun acte public ou privé, il n'avait séparé son nom du titre de duc de Bassano. Il était difficile d'admettre que l'ambassadeur autrichien n'eût pas été autorisé secrètement par sa cour. Aussi

---

1. Jugement du 25 mars et arrêt du 5 juillet 1823.

l'on crut généralement que cette protestation énergique contre un procédé blessant pour l'honneur national, avait coupé court à des tentatives semblables de la part de représentants d'autres puissances.

Du fond de sa retraite, le duc de Bassano s'occupait de remplir un dernier devoir envers la mémoire du grand homme qu'il avait servi. Jamais souverain n'avait été plus insulté que Napoléon après sa chute. Toutes les attaques rétrospectives, dirigées contre le premier Empire dans les dernières années du règne de Napoléon III et depuis 1870, ne sont guère que des répétitions des diatribes anciennes. Maret apporta, dans l'accomplissement de cette œuvre de réhabilitation historique, l'abnégation dont il avait fait preuve dans sa carrière active. Il employa les nombreux documents restés entre ses mains, toutes les ressources que lui fournissait une mémoire vaste et sûre, à démolir cette légende apocryphe qu'on prétendait substituer à l'histoire. Pourtant il ne voulut pas entrer personnellement dans la lice, non par peur de se compromettre, mais parce qu'il craignait que son dévouement avéré n'affaiblît la portée de son témoignage. Mais il fut, en réalité, l'organe le plus actif de la réaction napoléonienne qui se produisit pendant les dernières années de la Restauration, réaction conforme au sentiment national, et qui a exercé une influence considérable sur les événements ultérieurs. On sait aujourd'hui que les *Manuscrits* du baron Fain sur les événements des trois dernières années de l'Empire, ont été en grande partie écrits sous l'inspiration du duc de Bassano. Il avait également fourni au colonel Gourgaud des renseignements pour son excellent examen critique de l'*Histoire de la campagne de Russie* de Ségur; à M. de Norvins, pour son *Histoire de Napoléon* et pour son *Portefeuille de* 1813; à Pons de l'Hérault pour son récit du Congrès de Châtillon ; au baron Bignon enfin, pour le grand ouvrage qu'il entreprit conformément au mandat du prisonnier de Sainte-Hélène. Dans ces communications, Maret, fidèle à ses habitudes de discrétion, évitait toujours autant que possible de se mettre en scène. Si parfois il repousse des attaques personnelles, c'est toujours avec une modération extrême, à moins que l'inculpation ne rejaillisse sur celui dont il s'efforce encore d'assister la mémoire. Aussi, dans les circonstances où sa justification aurait pu nuire à l'Empereur, il préférait garder le silence. C'est ainsi qu'on a ignoré si longtemps que Maret avait conjuré Napoléon de ne pas quitter son armée après le passage de la Bérésina, et de faire la paix après la victoire de Lützen. Il a pu quelquefois pousser le zèle apologétique jusqu'à l'atténuation de fautes inexcusables ; mais qui donc oserait lui en faire un crime ? L'exagération des attaques excusait celle de la défense.

Malgré ses griefs personnels contre le gouvernement de la Restauration, Maret ne voyait pas sans effroi la France rejetée dans la voie des aventures révolutionnaires par des tendances maladroitement rétrogrades. Peu de temps avant la retraite du ministère Villèle (1827), le comte Ch. de Damas, l'un de ces royalistes fidèles et sensés qui osaient dire la vérité à Charles X, avait demandé au duc de Bassano, son compatriote et son ami personnel, un Mémoire confidentiel sur la marche que devrait suivre un nouveau ministère. En 1830, on prétendit que ce Mémoire contenait la première idée des mesures violentes qui venaient d'entraîner la chute de la branche aînée. Maret répondit à cette calomnie en faisant imprimer

1. La plupart des notes dans lesquelles Maret avait été forcé de parler de lui, restèrent inédites de son vivant, et paraissent pour la première fois dans le présent ouvrage.

son manuscrit, et prouva par des témoignages respectables qu'il n'y avait pas changé une ligne. Dès le début, il faisait bien allusion au projet d'un coup d'État, déjà mis en avant dans les conseils secrets de la couronne. Mais c'était pour signaler le danger de ce parti extrême; la nécessité de préférer les voies de l'ordre légal, au procédé dangereux de lois exceptionnelles.

Quelques passages empruntés à ce Mémoire devenu fort rare, suffiront pour donner une idée exacte de l'esprit dans lequel il était conçu.

Le roi veut changer son ministère..... Qu'en coûtera-t-il au roi? Rien. Le pouvoir, fondé sur la légalité, ne sera pas moins grand, et sera plus assuré que jamais. La stabilité de la loi garantit immuablement la stabilité du trône quand il repose sur elle, tandis que cette succession annuelle de révolutions dans l'ordre légal, dont le ministère s'est fait une nécessité, entretient le peuple dans les idées de changement..., le dispose, au profit des factions, à laisser mettre en question le trône lui-même... Cette considération n'est pas seulement royale, *elle est dynastique.*

Avec la légalité, l'art de gouverner est facile. Sans elle, le pilote est sans boussole au milieu des tempêtes : le ministère en fait l'épreuve... Avec la légalité proclamée comme système fixe, invariable de la nouvelle administration, sa composition est aisée. Sans la proclamation d'un système qui agisse sur les masses qu'on a si imprudemment agitées, *et d'où le mal pourrait venir, gigantesque comme elles, tout ministère serait insuffisant.....*

Ces lignes étaient écrites trois ans avant la révolution de juillet [1].

---

[1]. Maret sut qu'un des conseillers intimes de Charles X, ayant eu connaissance de ce *Mémoire*, avait dit que « c'était l'œuvre d'un jacobin. »

LXXI

Derniers travaux de Maret. — Ministère de 1834.

Malgré le procès de 1823, Maret n'était pas un ennemi pour le nouveau roi des Français. Ses premiers rapports avec la famille d'Orléans remontaient à l'époque de la Constituante, comme on l'a vu au commencement de cet ouvrage. Depuis l'avénement de Napoléon, et jusque dans les Cent Jours, Maret, toujours prêt à coopérer au soulagement des grandes comme des petites infortunes, avait été plus d'une fois auprès de l'Empereur l'intermédiaire de la duchesse douairière d'Orléans, et de la duchesse de Bourbon, la propre mère du duc d'Enghien! Comme d'autres anciens et loyaux serviteurs de l'Empire, le duc de Bassano ne crut pas devoir se montrer hostile à un gouvernement qui promettait la conciliation de l'ordre avec la plus grande somme possible de liberté.

Nous reproduisons sous toutes réserves, à titre de document historique, une notice du duc de Bassano sur son attitude politique pendant cette dernière période de sa vie, et notamment sur son court ministère de 1834.

Par une étrange contradiction, la révolution de Juillet tomba, dans les premiers moments, sous l'influence des mêmes hommes qui avaient élevé la Restauration sur les ruines de l'Empire. Cette influence faiblit un instant, et Maret reprit une position politique. Il fut du nombre des pairs nommés sous le ministère Périer.....

Il se montra, dès les premiers jours, ce que Napoléon dit dans ses Mémoires qu'il était près de lui : le représentant des principes de l'Assemblée constituante[1]... Il soutint avec force, comme rapporteur, le projet de loi pour l'abolition des majorats. Plus tard, quand les fameuses lois de septembre furent soumises à la Chambre des Pairs, le duc de Bassano proposa et soutint avec énergie, mais sans succès, un amendement qui atténuait les dispositions les plus exorbitantes de ces lois, par rapport à la composition du jury et à la procédure des cours d'assises. Dans les procès politiques, il vota avec la minorité opposante, qui se prononçait contre les mesures arbitraires proposées au nom de la sûreté de l'État, et voulait que les procédures suivissent régulièrement leur cours, et que les droits des accusés fussent respectés [2].

Le 8 novembre 1834, le ministère, dont M. Thiers faisait partie, mais dont M. Guizot était le personnage influent, voulut imposer au roi le duc de Broglie comme ministre des affaires étrangères et président du conseil. Cette prétention, exprimée dans des termes propres à blesser la dignité royale, s'appuyait sur ce que M. Guizot nommait un principe constitutionnel : le roi ne pouvait se refuser à une mesure sur laquelle les ministres étaient unanimes. Mais un autre principe dominait celui-là. Au droit constitutionnel de choisir librement ses ministres, le roi joignait celui de les renvoyer. Dès le lendemain, une combinaison *ab irato* fut conçue. Elle dépendait de l'acceptation du duc de Bassano, et l'on pouvait croire qu'elle consommerait la ruine des doctrinaires... Avec un tel but et un tel espoir, un refus de sa part était impossible [3].

1. Maret ne dit pas que la première fois qu'il monta à la tribune, ce fut pour demander le rappel de ceux des *votants* qui vivaient encore. Ce n'était pas lui qu'on pouvait accuser d'avoir jamais approuvé ce vote funeste; on a vu qu'en décembre 1792, il avait risqué sa vie pour sauver Louis XVI. Mais il avait connu par lui-même les souffrances de la détention et du bannissement, et pensait que vingt-cinq années d'exil devaient désarmer la justice des hommes. D'ailleurs, il faut bien le dire, le maintien de cet arrêt de proscription semblait une anomalie depuis le 8 août 1830.

2. Il combattit notamment avec vigueur, lors du procès d'avril, les propositions de son ancien collègue Marbois. Celui-ci, trop zélé sous tous les gouvernements, voulait, entre autres choses, qu'on jugeât sur pièces les accusés qui refusaient de reconnaître la compétence de la Cour.

3. Les ministres démissionnaires étaient MM. de Rigny, *affaires*

La composition du nouveau cabinet était conforme aux principes du gouvernement parlementaire. Elle comprenait quatre députés du tiers parti, dont les idées étaient conformes à celles du duc de Bassano. L'un d'eux était le propre frère du président de la Chambre; un tel choix semblait une sûre garantie du concours de ce personnage, qui exerçait sur ses collègues un grand ascendant. Le général Bernard gardait, au ministère de la guerre, la place du maréchal Soult, alors absent.

Le duc de Bassano accepta le ministère de l'intérieur. La question de la présidence n'avait pas été agitée d'abord, mais elle lui fut unanimement déférée le lendemain (10) par ses collègues, quand le nouveau ministère se réunit pour prêter serment entre les mains du Roi.

Ce ministère, qui comptait trouver son appui dans les Chambres, se hâta de les convoquer pour un terme prochain. Il convoqua aussi, à aussi bref délai que possible, les colléges électoraux qui avaient des députés à nommer. Par cette promptitude inaccoutumée, il tenait à prouver qu'un ministère favorable à la liberté des élections peut se passer d'ajournements.

Bientôt revenus de l'étourdissement d'une chute si imprévue, les doctrinaires n'eurent d'autres préoccupations que de susciter des embarras au nouveau ministère. Tout d'abord, un membre du précédent cabinet, qui faisait partie du cabinet nouveau, proposa un article officiel tendant à remettre en honneur les principes du ministère tombé. Cette proposition fut repoussée; le président du conseil résista avec fermeté à toutes les instances..... Aussi, les attaques de la presse doctrinaire furent principalement dirigées contre lui. Le *Journal des Débats* lui reprocha d'avoir dit récemment : « *Qu'il fallait restaurer la révolution de Juillet.* » Invité à désavouer ces paroles, le président du conseil s'y refusa, parce qu'effectivement il les avait prononcées, non depuis sa nomination au ministère, comme

étrangères; Thiers, *intérieur;* Duchâtel, *commerce;* Humann, *finances.*

Le nouveau ministère était ainsi composé : Bresson, *affaires étrangères;* général Bernard, *guerre;* Ch. Dupin, *marine;* Teste, *commerce;* Hip. Passy, *finances;* duc de Bassano, *intérieur.* M. Persil, membre du cabinet précédent, conservait dans celui-là le porefeuille de la justice.

on avait paru l'insinuer, mais deux ans auparavant, dans un entretien avec Casimir-Périer. Il expliqua ce qu'il avait entendu par « la restauration de la révolution de Juillet. » Il lui semblait nécessaire et même urgent d'éloigner des grandes charges de l'État, ceux des hommes de la Restauration auxquels les libéraux sincères supposaient un esprit de retour vers les principes qui l'avaient perdue.

Certains personnages du parti doctrinaire prirent avec raison cette déclaration pour eux. Leurs attaques n'en furent que plus violentes. Ils eurent pour auxiliaires des spéculateurs..... Épouvantés de ces clameurs, trois des ministres qui appartenaient à la Chambre des députés, se séparèrent du président du conseil. La combinaison législative se trouvait manquée ; le cabinet fut dissous ; et, le 18, la restauration du ministère doctrinaire fut opérée[1].

Nous croyons que ce ministère de huit jours ne fut qu'une manœuvre comminatoire. Le chef de l'État avait voulu donner une leçon à des hommes qui prétendaient lui faire payer trop chèrement leurs concours. « C'était, suivant l'expression de Metternich, une de ces légères querelles qui s'élèvent dans les meilleurs ménages, et servent à rendre les raccommodements plus doux. » Il paraît néanmoins que plusieurs des ministres momentanément évincés avaient pris la chose fort au sérieux. On mit en jeu contre le nouveau ministère les ressentiments que conservaient contre son chef certains hommes d'État étrangers, les préventions et les craintes de quelques notabilités du monde financier. Sous l'effort d'une telle coalition, la chute était inévitable.

Maret n'avait accepté ce ministère que dans l'espoir d'être encore utile à son pays. Néanmoins, plusieurs de ses anciens amis, et même des personnes de sa famille ne l'avaient pas vu sans regret s'embarquer,

1. Dès le 15, le Roi avait rappelé MM. de Rigny, Thiers, Guizot et Duchâtel. M. Thiers reprit le ministère de l'intérieur, qu'il occupait dans la combinaison précédente.

presque septuagénaire, dans une aventure dont l'unique résultat fut de susciter contre lui de violentes rancunes personnelles. Le souvenir de cet incident de 1834 a réagi sur des appréciations dont nous avons du signaler, dans le cours de ce travail, l'injustice et l'acrimonie. L'axiome : *genus irritabile vatum!* convient aux favoris de toutes les Muses, aux historiens comme aux poëtes.

Depuis cette époque, le duc de Bassano se borna à remplir avec exactitude ses devoirs à la chambre des Pairs [1]. Il était également assidu à l'Institut, dont il avait été nommé membre dès 1803, en remplacement de Saint-Lambert. Éliminé par l'ordonnance de 1816, il était rentré en 1830 dans la classe des sciences morales et politiques. Dans le discours prononcé sur la tombe de Maret, le président de cette classe rappela « son exactitude aux séances, son empressement à remplir l'office de rapporteur, l'aisance de son style, le charme plus grand encore de sa parole............ »

LXXII

Mort de Maret. — Ses obsèques. — Discours d'Étienne. — Conclusion.

Maret ne vécut pas assez pour assister au retour triomphal des restes de Napoléon. Il était mort l'année précédente (le 13 mai 1839), âgé de soixante-quinze ans, à la suite d'une courte maladie. « Ses derniers

---

1. Dans ces dernières années, il était président de la commission chargée du règlement des pensions affectées autrefois sur la *Caisse de Vétérance* fondée par Napoléon Ier, et s'occupait avec zèle de cette tâche philanthropique.

moments, comme toute sa vie, dit le *Moniteur*, furent l'objet des plus honorables sympathies. » Par une coïncidence étrange, le duc de Bassano se mourait au moment où l'éloge de son ancien collègue et ennemi le prince de Bénévent, mort l'année précédente, était prononcé en séance publique par M. Mignet. L'illustre secrétaire perpétuel s'acquitta avec son habileté ordinaire de cette tâche délicate. Après avoir loué, excusé tout ce qui rigoureusement pouvait l'être, passé condamnation sur le reste et rappelé « les explications que le défunt donnait à ses *changements*, » M. Mignet concluait par ces paroles sévères, mais justes, qui semblaient un éloge indirect à l'adresse d'un autre confrère mourant : « toutefois, quels que soient les services qu'on puisse rendre à son pays en conformant toujours sa conduite aux circonstances, il vaut mieux n'avoir qu'une seule cause dans une longue révolution, *et un seul rôle noblement rempli dans l'histoire.* »

Malgré l'émotion produite dans Paris par la tentative révolutionnaire qui avait éclaté trois jours auparavant[1], les funérailles de l'ancien ministre de Napoléon furent célébrées avec un recueillement profond, au milieu d'une assistance nombreuse, où figuraient la plupart des collègues de Maret à la chambre des Pairs et à l'Institut. Tous n'avaient pas servi la même cause que lui, ou n'avaient pas servi que celle-là; mais tous s'accordaient pour rendre hommage à la loyauté de l'homme public, comme aux vertus de l'homme privé. L'article que le *Moniteur* consacra le 6 mai au souvenir de celui qui avait été son premier rédacteur en chef et l'auteur de sa fortune, était empreint d'une émotion inaccoutumée dans la feuille officielle.

1. Complot de Barbès (12 mai 1839).

Les obsèques de M. le duc de Bassano ont été célébrées avec le cérémonial dû à son rang comme pair de France, grand cordon de la Légion d'honneur, et membre de l'Institut. L'église de Notre-Dame-de-Lorette était revêtue de draperies dans lesquelles apparaissaient, dans des écussons, les armes données par l'Empereur à M. de Bassano : armes historiques et parlantes, une main écrivant avec une épée...

Après avoir cité les principales notabilités présentes, l'auteur de l'article (A. Grün ?) poursuivait ainsi :

Un sentiment profond de regrets, un accord unanime pour rendre hommage au noble caractère du duc de Bassano, à sa conduite pure, à sa délicatesse, à un désintéressement porté peut-être jusqu'à l'excès, à sa fidélité....., régnaient dans cette réunion, au sein de laquelle une scène de deuil faisait revivre tant de grands souvenirs historiques... Les uns rappelaient les premières missions diplomatiques de M. Maret, sa longue et douloureuse captivité : les autres avaient vu le duc sous la tente de l'Empereur, dans les capitales conquises, sur les champs de bataille les plus célèbres...; secondant le mouvement des affaires par une infatigable habitude du travail, la plus rare facilité, et la variété de connaissances nécessaires, dans le poste si difficile qu'il a occupé pendant quinze ans. Tous parlaient de sa bienveillance constante pour ses anciens amis; la plupart aimaient à dire qu'ils avaient trouvé en lui, dans les diverses carrières qu'ils avaient parcourues, un guide sûr et un patron zélé, et reportaient à sa mémoire des témoignages d'attachement et de gratitude inviolables. C'était une belle oraison funèbre, que ce concours d'éloges et de souvenirs.....

Les coins du drap mortuaire étaient portés par MM. le duc Decazes (père), le général Heudelet, Dupin et Mignet. MM. de Bassano fils ouvraient la marche du deuil..... Une messe en musique a été entendue avec un profond recueillement; et le convoi a pris la route du cimetière du Père-Lachaise, où la dépouille mortelle de M. de Bassano a été placée dans le tombeau de famille où repose madame la duchesse de Bassano[1].

Le discours de Dupin aîné, l'un des représentants de 1815, et l'avocat de la partie adverse dans le procès de 1823, prouvait combien Maret était respecté, même de ses ennemis politiques. Celui de l'académicien Étienne, l'un des plus anciens et des plus intimes amis du défunt, résumait sa vie avec l'éloquence du cœur, et mérite d'être reproduit presqu'en entier. Ce sera la meilleure conclusion de cette Étude.

Qu'il soit permis à une voix reconnaissante de déposer un tribut de douleur sur cette tombe, prête à se fermer sur un de ces rares et grands citoyens qui, dans nos temps si agités, ont réuni les vertus de l'homme d'État aux vertus de l'homme de bien.
Vous, qui ne l'avez connu que dans les hautes régions du pouvoir et dans le tumulte de la vie publique, vous savez quelle droiture d'esprit, quel patriotisme, quel désintéressement, quelle inébranlable fidélité ont distingué sa noble et laborieuse carrière. Mais il faut, comme moi, l'avoir vu dans l'intimité de la vie privée, au sein de sa famille et de ses amis, pour apprécier cette âme si expansive et si pure, cette aménité de mœurs et de langage que n'altérèrent jamais ni l'éclat de la faveur, ni les disgrâces de la fortune...

Il rappela ensuite les débuts de Maret dans le journalisme, ses premiers services diplomatiques, sa captivité. Il raconta qu'à l'époque du couronnement de Napoléon en Italie, Maret s'était empressé d'aller revoir son ancien cachot de Mantoue, de le montrer à sa famille, à ses amis, parmi lesquels se trouvait

---

1. Cette fidèle compagne de ses grandeurs et de son exil l'avait précédé de quelques années dans la tombe. — De cette union étaient nés cinq enfants; deux fils et *trois* filles, et non deux seulement, comme nous l'avons dit précédemment par erreur.

Étienne lui-même; qu'à cette occasion il avait demandé et obtenu une commutation de peine pour un condamné qui attendait, dans ce même cachot, l'heure de son supplice..........

Foulant aux pieds les lois les plus saintes, les ennemis de la France avaient jeté Maret dans la prison des plus vils criminels. Quelle noble vengeance en tira plus tard le duc de Bassano! Pendant cette brillante période de conquêtes qui ont immortalisé nos armées, il reparut chez l'étranger, ministre de ce grand Empereur qui fut maître de tant d'États, et qui permit à tant de rois de reprendre le sceptre tombé de leurs mains. Alors le duc de Bassano fut le protecteur de toutes les infortunes. Il suppliait pour les vaincus; il aimait à briser les fers des captifs; aussi a-t-il laissé des amis nombreux dans les pays soumis par nos armes. *Il se faisait chérir partout où nous nous faisions craindre.* Et quand, plus tard, la fortune contraire amena dans le sein de notre patrie les peuples dont nous avions si longtemps triomphé, tous saluèrent de leurs respects la disgrâce de l'homme de bien. Tous, dans l'orage qui grondait sur la France, lui offraient un refuge hospitalier.

Et dans ces longues années, où il voyait tous les jours en tête à tête l'arbitre des destinées de l'Europe, quelle victime de nos troubles civils a vainement invoqué le duc de Bassano? Quelle infortune l'a trouvé insensible? Quel mérite ignoré ou méconnu n'a rencontré en lui un protecteur chaleureux? Avocat du malheur devant le trône, il se plaisait à désarmer la colère d'un monarque irrité, à vaincre ses préventions, ses défiances. Rien ne rebutait la bonté de son cœur; repoussé d'abord, il revenait à la charge; sa patience bienveillante et courageuse ne se fatiguait pas, et la persévérance de l'homme de bien triomphait enfin de tous les obstacles.

Oh! qu'alors il était heureux! avec quel empressement, avec quel zèle il annonçait à un proscrit le terme de sa disgrâce, à une famille la fin de ses malheurs!

D'autres retraceront les éminents services de l'homme d'État; cette vie si pleine et si agitée du ministre qui, suivant Napoléon sur tous les champs de bataille, traçait ses décrets sur l'affût d'un canon, et datait les bulletins de la

Grande Armée de toutes les capitales de l'Europe. Le duc de Bassano a joui de toute la confiance de l'homme prodigieux qui tint si longtemps dans ses mains le sort des empires : il ne la perdit jamais, il la justifia toujours. Attaché à sa haute fortune, *il le fut plus encore à ses revers.* Pour plaire aux pouvoirs qui depuis ont régné sur la France, il ne s'excusa pas, comme tant d'autres, de sa fidélité ; il s'en fit gloire ! Il a conquis, sinon la faveur, du moins l'estime de tous les gouvernements ; et, dans les partis les plus divers, il a gardé des amis également dévoués, parce que sa bienveillance s'est répandue sur les victimes de toutes les époques, et ne s'est jamais informée de l'opinion à laquelle appartenait le malheur qu'il fallait secourir.

Rendu, après tant de vicissitudes, à sa famille et à ses amis, il partageait ses dernières années entre la culture des lettres et le soin de ses intérêts, *les seuls qu'il eût négligés.* L'Institut et la Chambre des Pairs le comptaient parmi leurs membres les plus exacts. Là, c'était l'ancien ami de Colin d'Harleville, d'Andrieux, d'Arnault, de Picard, les compagnons de sa jeunesse, au milieu desquels il aimait à passer, dans le temps de sa haute fortune, les rares loisirs que lui laissaient les soins du ministère. Ici, on retrouvait l'homme d'État, confident de l'arbitre de l'Europe durant quinze années.....

Il y a quelques jours encore, entouré de ses amis, il leur ouvrait son cœur sur la situation de la France. Parvenu à son seizième lustre, il était plein de force et de courage. Ni le nombre des années, ni les fatigues d'une vie éprouvée par tant de travaux et tant de revers, n'avaient altéré sa santé, ni affaibli sa haute intelligence.

Soudain, il est frappé d'un mal mortel ! Dans le délire passager d'une poignante douleur, sa voix éteinte ne fait entendre que ces mots : *France ! Patrie !* Sa famille absente accourt autour de son lit de mort ; il revoit ses enfants, les presse sur son sein, les bénit, et cette âme si pure s'envole vers le ciel.

Ceux qui auront bien voulu lire en entier cette longue Étude, reconnaîtront qu'il n'y a rien de banal, rien d'affecté dans cet éloge funèbre ; tout y est sincère et mérité. Parmi les compagnons des travaux et de la gloire de Napoléon Ier qui participent à l'immortalité de sa mémoire, il est quelques personnalités plus éclatantes que celle de Maret. Il n'en est pas de plus honorables.

FIN.

TABLE DES MATIÈRES

I. Maret père. — L'Académie de Dijon. — Beau caractère de Maret père. — Sa correspondance avec Piron. — Sa mort glorieuse................................. 1
II. Premières années de Hugues-Bernard Maret........... 5
III. Portrait de Maret. — Ses relations avec Buffon, Condorcet, Panckoucke, etc. 11
IV. Premiers travaux de Maret. — Son *Bulletin de l'Assemblée*. — Prompt et grand succès de cette publication. 17
V. Réunion du *Bulletin* de Maret avec la *Gazette Nationale* ou *Moniteur universel*. — La *Chanson patriotique* du 26 février 1790 ; curieux rapprochement. — Histoire apocryphe des premières relations entre Bonaparte et Maret....... 24
VI. Relations entre Maret et Mirabeau. — Maret au club des Feuillants. — Il quitte le *Moniteur* à la clôture de la Constituante. — Beau trait de désintéressement. 30
VII. Débuts de Maret dans la carrière diplomatique (Avril 1792). — Révolutions du Brabant et de Liége. — Lebrun-*Tondu*. . 36
VIII. Situation de la Belgique après la restauration autrichienne. — Discordes des réfugiés belges. — Communications secrètes du ministère français avec le comité des réfugiés belges et liégeois unis par l'intermédiaire de Maret 42
IX. Dumouriez et Maret. — Premières dépêches de celui-ci. — Manifeste des réfugiés, rédigé par lui. — Il est nommé secrétaire de légation à Bruxelles, puis à Hambourg. — Instructions de Bonne-Carrère à Maret, au sujet de sa véritable mission d'agent général en Belgique............... 48
X. Coup d'essai diplomatique de Maret ; réconciliation des réfugiés cléricaux et libéraux. — Retraite de l'armée française et

ses fatales conséquences. — Suite de la mission de Maret. — Mémoire sur les affaires belges, rédigé par lui pour le nouveau ministre Chambonas (juillet 1792). 57

XI. Conduite irréprochable de Maret. — Suite de sa correspondance avec Bonne-Carrère. — Dumouriez et Sémonville. — Maret chef de division aux relations extérieures — Il sauve la vie à Stanislas Girardin. 64

XII. Maret accompagne Dumouriez en Belgique. — Son rappel à Paris pour une mission secrète en Angleterre (Nov. 1792). 72

XIII. Relations de la France avec l'Angleterre en 1792. — Chauvelin ; ses imprudences. — Démarches secrètes de Talleyrand ; missions de Noël et de Mourgues. — Miles, agent anglais. — Entrevue de Chauvelin avec lord Grenville. . . 75

XIV. Objet réel et prétexte ostensible de la mission de Maret. — Dépêche (inédite) de Maret à Lebrun, du 29 novembre. — Sa Conférence secrète avec Pitt (2 décembre) 85

XV. Dépit de Chauvelin — La majorité du conseil exécutif décide que la négociation ouverte avec Pitt par Maret, sera continuée par Chauvelin. — Dépêche de Maret du 14 décembre ; récit de sa dernière entrevue avec Pitt. — Échec complet de Chauvelin. 98

XVI. Version inexacte de Dumouriez sur la deuxième mission de Maret à Londres. — Lettre de Maret à Miles (7 janvier). — Démarches conciliantes prescrites à Chauvelin ; retard funeste dans les communications. — Effet produit à Londres par l'événement du 21 janvier. — Départ trop précipité de Chauvelin. — Envoi de Maret à Londres comme chargé d'affaires. — Lettre curieuse de Reinhard (28 janvier). . . 107

XVII. Voyage de Maret. — Son arrivée à Londres. — Sa longue et curieuse dépêche à Lebrun (31 janvier) — Rappel et retour en France. — Danger qu'il court dans la traversée. . 122

XVIII. Récit des deux missions de Maret en Angleterre, dans l'*Annual Register*. — Cette négociation pouvait-elle empêcher l'exécution de Louis XVI et la guerre ? — Origine de la haine de Talleyrand contre Maret. 131

XIX. Maret refuse le poste de commissaire dans les Pays-Bas. — Dernière et inutile tentative pour ouvrir avec l'Angleterre une négociation, dont Maret aurait été chargé (avril). — Il est nommé ambassadeur à Naples, par Lebrun, au moment de la chute des Girondins. — Fin tragique de Lebrun. 138

XX. Situation périlleuse de Maret. — Ses protecteurs. — Motifs qui le déterminèrent à accepter le poste de Naples. — Ses instructions (inédites). — Importance de cette mission, qui aurait pu sauver la Reine. 146

TABLE DES MATIÈRES. 687

XXI. Objectif commun des missions de Maret et de Sémonville. — Leur réunion à Genève. — Ils apprennent que des émissaires de la Commune de Paris ont été lancés à leur poursuite. — Le citoyen Ysabeau. — Traversée difficile de la Suisse. — Arrivée et séjour forcé à Coire. — Lettres de Maret à Deforgues, écrites de Coire (10 juillet) et de Vico-Soprano (17 et 23 juillet). — Avis et pressentiment d'une embuscade autrichienne. 155

XXII. Dernière journée du voyage. — Chiavenna. — Novale. — Madame de Montgeroult. — Avertissement tardif du curé de Novale. — Guet-apens. — Calomnies pour excuser la violation du droit des gens. — La politique autrichienne plus impitoyable pour Marie-Antoinette que les Jacobins. 167

XXIII. Transport à Gravedona. — Détention à Mantoue. — Maladie sérieuse. — De Mantoue à Kuffstein. 176

XXIV. Suite de la relation. — Séjour des ministres prisonniers à Kuffstein. 181

XXV. Suite et fin de la détention de Maret et de Sémonville. — Réparation. — Belle vengeance de Maret. 184

XXVI. Maret est envoyé à Lille, comme l'un des plénipotentiaires chargés de traiter de la paix avec l'Angleterre. — Exposé de ces négociations (par le baron Bignon). — Dépêche (inédite) de Maret à Barras. — Rappel de Maret et de ses collègues lors du 18 fructidor, et rupture de la négociation. . 192

XXVII. Opinion de Napoléon, de Maret et de Bignon sur ces négociations. 208

XXVIII. Disgrâce de Maret. — Ses premières entrevues avec Bonaparte. — Après le 18 brumaire, il est nommé secrétaire des Consuls, puis secrétaire d'État. 211

XXIX. Maret, secrétaire d'État. — Caractère véritable de ses rapports avec le chef du gouvernement. 215

XXX. Mesures auxquelles coopéra plus particulièrement Maret pendant le Consulat. — Le *Moniteur* devient journal officiel. — *Journal de Paris*. — Constitution batave. — Sénatus-Consultes de 1802 et 1804. — Réflexions de Maret. . . . 220

XXXI. Mariage de Maret. — Ses divers logements sous l'Empire. — Son rôle lors du couronnement. — Il est nommé comte en 1807, et duc de Bassano en 1809. — Usage qu'il fait de sa dotation. 230

XXXII. Maret pendant la campagne de 1805 et celle de 1807. — Le duché de Varsovie. — La famille de Bourgoing. — Traité avec la Perse. — Statuts constitutionnels des nouveaux États créés à Tilsit. 235

XXXIII. Réflexions de Maret sur les événements de Bayonne.

— Il rédige la Constitution destinée à l'Espagne. — Il accompagne Napoléon à Erfurt, puis à Madrid (1808) et à Vienne (1809). — La secrétairerie d'État installée à Schœnbrunn. — Maret dans l'île de Lobau. — Le testament du général Lasalle.................................. 248

XXXIV. Négociation avec l'Autriche. — Conférences stériles d'Altenbourg. — Nouvelle période de la négociation ; conférences de Schœnbrunn, suivies par Maret. — Il est nommé duc de Bassano............................... 255

XXXV. Histoire véritable du divorce de Napoléon. — Conseil consultatif du 7 février 1810. — Maret se prononce pour le mariage autrichien. — Ses motifs............... 267

XXXVI. Disgrâce de Fouché. — L'Empereur lui donne pour successeur Savary. — Le futur duc Pasquier, protégé de Maret, est nommé préfet de police................ 279

XXXVII. Le duc de Bassano ministre des affaires étrangères. — Légende apocryphe à propos de cette nomination. — Motifs réels qui ont déterminé le remplacement du duc de Cadore.. 285

XXXVIII. Projets et préparatifs de la Russie contre le duché signalés par Poniatowski et Bignon. — Premières dépêches du duc de Bassano............................... 290

XXXIX. Le duc de Bassano s'efforce d'atténuer l'impression produite par l'allocution de l'Empereur au prince Kourakin. — Rapport confidentiel du 16 août 1811. — Incapacité de l'ambassadeur Kourakin. — Congé intempestif du secrétaire Nesselrode, etc................................. 300

XL. Traité avec la Prusse (24 février 1812). — A l'instigation de Maret, Napoléon conseille à son frère de convoquer des Cortès napoléoniennes (août 1811). — Rejet de ce sage conseil. 310

XLI. Traité d'alliance du 14 mars avec l'Autriche. — Conversation curieuse à ce sujet d'Alexandre avec l'ambassadeur autrichien. — Intrigues secrètes qui ont déterminé la conclusion du traité de Bucharest......................... 318

XLII. Affaires de Suède. — Attitude sage et conciliante du duc de Bassano. — Violence et imprudence de l'ambassadeur Alquier. — Son rappel. — Ordre trop promptement exécuté d'envahir la Poméranie. — Alliance de la Suède avec l'Angleterre et la Russie. — Ses dernières démarches pour un retour à l'alliance française, repoussées par Napoléon, malgré le duc de Bassano............................... 325

XLIII. France et Russie (suite). — Irritation croissante. — Incident Tchernitchef. — Maret, Savary et Pasquier. — Dernier entretien du czar avec l'ambassadeur français....... 343

TABLE DES MATIÈRES. 689

XLIV. Ultimatum russe. — Mission de M. de Narbonne à Wilna. — Instances de l'ambassadeur russe. — Attitude prudente du duc de Bassano. 350
XLV. Nouvelles instances du prince Kourakin. — Sa conduite inexplicable. — L'ambassadeur français Lauriston demande en vain l'autorisation de rejoindre le czar. — Le comte de Narbonne congédié au bout de vingt-quatre heures. — Nouveaux atermoiements de Napoléon et son ministre. 358
XLVI. Correspondance officielle et intime du duc de Bassano avec le ministre français à Varsovie. — Une lettre de Napoléon omise dans la *Correspondance*. — De Pradt ambassadeur extraordinaire, malgré les objections de Maret contre ce choix. 371
XLVII. Napoléon et Maret à Dresde. — Dernière entrevue de Napoléon et de François II. — Instructions remises par Maret à l'ambassadeur très-extraordinaire de Pradt, etc. 379
XLVIII. Maret à Wilna. — Mesures qu'il prend, de concert avec Bignon, pour l'organisation administrative de la Lithuanie. 394
XLIX. Juillet 1812. — Lettres de Maret à Napoléon. — Honteuse pusillanimité de l'ambassadeur de Pradt. — Mission du comte Morski. 401
L. Août 1812. — Suite de la correspondance de Maret. — Nouvelles bévues de l'ambassadeur de Pradt. — Regrettables démêlés du gouverneur général Hogendorp avec Jomini et Bignon. 407
LI. Septembre 1812. — Inconvénients de la présence à Wilna de membres du corps diplomatique. — Lenteur persistante des Autrichiens. — Funestes événements sur la Dwina. — Fêtes à Wilna, à l'occasion de la victoire de la Moscowa et de l'entrée à Moscou. — Disgrâce du duc de Dalberg. — Nouvelle tardive de la rupture des États-Unis avec l'Angleterre. 419
LII. Incendie de Moscou. — — Suite des manœuvres équivoques du corps autrichien. — De Pradt réprimandé de nouveau. — Suite de la correspondance de Maret avec l'Empereur. — Incidents fâcheux de diverse nature. — Nouvelle de l'abandon définitif de Moscou ; date véritable de cette résolution (octobre). 428
1er-27 novembre 1812. — Situation pénible de Maret, à — Ses efforts pour dissimuler

communications en. . . . . .
stances réitérées du duc de Bassano, le commandant du corps

44

autrichien s'obstine à suivre une direction qui l'éloigne de Napoléon. — Angoisses de Maret.................. 446

LIV. Nouvelles du passage de la Bérézina; de l'état déplorable de l'armée, reçues à Wilna pendant une fête. — Malgré l'avis de Maret, Napoléon se décide à partir. — Trajet émouvant de l'Empereur pendant la première nuit. — Maret va au-devant de Napoléon...................................... 458

LV. Deux heures de travail avec l'Empereur. — Approvisionnements immenses réunis à Wilna par Maret et Bignon pour l'armée, qui n'en profitera pas.— Efforts de Maret pour pallier nos malheurs. — Il fait partir le corps diplomatique, et part lui-même pour Varsovie........................ 469

LVI. Maret à Varsovie. — Entretien avec de Pradt, qui lui épargne la peine de le révoquer en sollicitant son rappel, etc. — Le duc de Bassano, de concert avec Poniatowski, s'efforce de relever le courage des Polonais. — Rapport de Bignon sur l'évacuation de Wilna. — Maret à Berlin ; belles promesses du roi de Prusse..................... 475

LVII. Retour de Maret à Paris. — De Pradt remplacé par Bignon. — Défection de la Prusse................. 484

LVIII. France et Autriche (janvier-février 1813). — Correspondance du duc de Bassano avec le comte de Metternich et le baron Bignon. — Fin de la *campagne politique* du corps autrichien. — Commencement d'intelligences secrètes de l'Autriche avec la Russie et la Prusse................ 494

LIX. Influence de Maret dans la négociation du concordat de Fontainebleau. — Ses derniers ménagements pour la Suède. — Suite des rapports entre la France et l'Autriche. — Le comte de Narbonne à Vienne et le prince de Schwarzenberg à Paris. — Suite de l'affaire du corps auxiliaire autrichien et du corps polonais. — Intrigue de l'Autriche avec la Saxe, rompue par la victoire de Lützen. — Lettre remarquable de Maret à Napoléon (8 mai)................. 511

LX. Le comte de Bubna retourne à Dresde après la bataille de Lutzen. — L'Empereur Napoléon propose un armistice et un congrès, espérant s'arranger directement avec la Russie. — Echec et fâcheux effet de cette tentative. — La demande d'un armistice après Lutzen, et sa conclusion après Bautzen, ne peuvent s'expliquer, de la part de l'Empereur, que par le désir de la paix. (Mai-juin 1813.)................. 535

LXI. Conférence de Liegnitz, entre Maret et le comte de Bubna, qui *n'a de pouvoirs que pour causer*. — Offre formelle de la médiation autrichienne. — M. de Metternich vient à Dresde. — Pendant qu'il négocie la convention relative à la médiation, le comte de Stadion signe à Reichenbach un traité secret avec la Russie et la Prusse. — Conférences militaires de Trachenberg. — Traité avec le Danemark. — Organisation du corps polonais. 546

LXII. Le comte de Metternich à Dresde. — Conférences avec le duc de Bassano. — Entrevue célèbre de Metternich avec l'Empereur Napoléon. — Convention du 30 juin, par laquelle Napoléon accepte la médiation. — La France *consent* à une prolongation d'armistice. — Les nouvelles d'Espagne confirment les résolutions belliqueuses des alliés. 560

LXIII. Congrès de Prague................... 568

LXIV. Négociation secrète avec l'Autriche (5-16 août). ... 585

LXV. Rôle de Maret pendant la seconde campagne de Saxe. — Propositions de Francfort. — Maret remplacé par Caulaincourt au ministère des relations extérieures ; motifs de ce changement. — Négociations de Valençay. — Tentative de négociation avec Pie VII ; Maret et l'évêque de Plaisance. . 601

LXVI. Négociations de Châtillon. 619

LXVII. Première abdication. 637

LXVIII. Le duc de Bassano pendant les Cent Jours. 642

LXIX. Après Waterloo (19-29 juin 1815). 657

LXX. Quatre ans d'exil. — Attitude de Maret pendant la seconde Restauration. 664

LXXI. Derniers travaux de Maret. — Ministère de 1834. . . 674

LXXII. Mort de Maret. — Ses obsèques. — Discours d'Etienne sur sa tombe. — Conclusion. 678

FIN DE LA TABLE DES MATIÈRES.

Paris. — Imp. E. Capiomont et V. Renault, rue des Poitevins, 6.

www.ingramcontent.com/pod-product-compliance
Lightning Source LLC
Chambersburg PA
CBHW061948300426
44117CB00010B/1260